HISTÓRIA DA VIDA PRIVADA NO BRASIL 3

CB124125

Conselho editorial

Lilia Moritz Schwarcz — *presidente do conselho*
Fernando A. Novais — *coordenador da coleção*
Laura de Mello e Souza — *organizadora de volume*
Luiz Felipe de Alencastro — *organizador de volume*
Nicolau Sevcenko — *organizador de volume*
Fernanda Carvalho — *consultora de iconografia*

HISTÓRIA DA VIDA PRIVADA NO BRASIL 3

República: da Belle Époque à Era do Rádio

Coordenação geral da coleção
Fernando A. Novais

Organizador de volume
Nicolau Sevcenko

COMPANHIA DE BOLSO

Copyright © 1998 by Os Autores

Grafia atualizada segundo o Acordo Ortográfico da Língua Portuguesa de 1990, que entrou em vigor no Brasil em 2009.

Nesta versão de bolso, não foram reproduzidas as ilustrações que constam na primeira edição da coleção *História da vida privada no Brasil*, publicada originalmente pela Companhia das Letras em 1998. As mais de trezentas imagens deste volume agora estão disponíveis na página do livro na internet: www.companhiadasletras.com.br/vidaprivada3

Capa
Jeff Fisher

Secretaria editorial
Fernanda Carvalho

Pesquisa iconográfica
Iara Schreiber

Preparação
Márcia Copola

Revisão
Jasceline Honorato
Renato Potenza Rodrigues

Índice remissivo
Alef Luiz Adriano

Dados Internacionais de Catalogação na Publicação (CIP)
(Câmara Brasileira do Livro, SP, Brasil)

História da vida privada no Brasil : República : Da Belle Époque à Era do rádio / organizador do volume Nicolau Sevcenko. — 1ª ed. — São Paulo : Companhia de Bolso, 2021. — (História da vida privada no Brasil ; 3 / coordenação geral da coleção Fernando A. Novais)

Bibliografia.
ISBN 978-85-359-3322-2

1. Brasil – Civilização – História 2. Brasil – Condições sociais 3. Brasil – Usos e costumes 4. Famílias – História – Brasil – I. Novais, Fernando A. II. Sevcenko, Nicolau. III. Série.

20-33158 CDD-390.0981

Índice para catálogo sistemático:
1. Usos e costumes : Brasil 390.0981

Cibele Maria Dias — Bibliotecária — CRB-8/9427

2021

Todos os direitos desta edição reservados à
EDITORA SCHWARCZ S.A.
Rua Bandeira Paulista, 702, cj. 32
04532-002 — São Paulo — SP
Telefone: (11) 3707-3500
www.companhiadasletras.com.br
www.blogdacompanhia.com.br

SUMÁRIO

Introdução
O PRELÚDIO REPUBLICANO, ASTÚCIAS DA ORDEM E ILUSÕES DO PROGRESSO

Enquanto o telégrafo nos dava notícias tão graves [...], *coisas que entram pelos olhos, eu apertei os meus para ver coisas miúdas, coisas que escapam ao maior número, coisas de míopes. A vantagem dos míopes é enxergar onde as grandes vistas não pegam.*

MACHADO DE ASSIS, *A Semana*, 11/11/1900

Para os sábios mais consideráveis, uma certa amplitude de pensamento acarreta o invencível sacrifício de tudo quanto escapa à lógica da continuidade, de tudo quanto se exalta e afirma, pelo simples fato de ser, *um direito à existência, à sua diferença essencial em relação ao que a rodeia e por isso mesmo, implicitamente, a sua* singularidade.

SÉRGIO BUARQUE DE HOLANDA, "Perspectivas", abril de 1923

Este terceiro volume da *História da vida privada no Brasil* procura acompanhar o fluxo intenso de mudanças, atingindo todos os níveis da experiência social, que se concentrou de fins do século XIX até cerca de meados do XX. Estimuladas sobretudo por um novo dinamismo no contexto da economia internacional, essas mudanças irão afetar desde a ordem e as hierarquias sociais até as noções de tempo e espaço das pessoas, seus modos de perceber os objetos ao seu redor, de reagir aos estímulos luminosos, a maneira de organizar suas afeições e de sentir a proximidade ou o alheamento de outros seres humanos. De fato, nunca, em nenhum período anterior, tantas pessoas foram envolvidas de modo tão completo e tão rápido num processo dramático de transformação de seus hábitos cotidianos, suas convicções, seus modos de percepção e até seus reflexos instintivos. Isso não apenas no Brasil, mas no mundo tomado agora como um todo integrado. O historiador inglês Eric Hobsbawm descreveu assim a origem desse processo:

> A economia capitalista, como não poderia deixar de ser, tornou-se global. Ela consolidou essa sua característica de forma mais intensa durante o século XIX, à medida que foi estendendo suas operações para regiões cada vez mais remotas do planeta, transformando assim essas áreas de modo mais profundo. Sobretudo, essa economia não reconhecia fronteiras, funcionando melhor onde nada interferia na livre movimentação dos fatores de produção. O capitalismo era assim não só internacional na sua prática, mas internacionalista na sua teoria.[1]

A raiz dessa dinâmica expansionista foi a irrupção, em fins do século XVIII, ao redor de 1780, da Revolução Industrial. Esse surto inaugural da economia industrializada fora baseado em três fatores básicos: o ferro, o carvão e as máquinas a vapor, propiciando o surgimento das primeiras unidades produtivas, as fábricas. Seu centro de origem e irradiação fora a Inglaterra, e ele esteve voltado sobretudo para a produção de tecidos manufaturados de algodão e lã, distribuídos em escala mundial pelas novas ferrovias e navios a vapor.

O momento seguinte da expansão da economia industrial, e aquele que mais diretamente nos interessa aqui, foi desencadeado pelo advento da chamada Segunda Revolução Industrial, também intitulada de Revolução Científico-Tecnológica, ocorrida de meados do século à sua plena configuração em 1870. Apesar de ser comumente denominada de "segundo momento da industrialização", a Revolução Científico-Tecnológica na realidade é muito mais complexa, ampla e profunda do que um mero desdobramento da primeira, como o nome poderia sugerir. Ela representava de fato um salto enorme, tanto em termos qualitativos quanto quantitativos, em relação à primeira manifestação da economia mecanizada. Resultando da aplicação das mais recentes descobertas científicas aos processos produtivos, ela possibilitou o desenvolvimento de novos potenciais energéticos, como a eletricidade e os derivados de petróleo, dando assim origem a novos campos de exploração industrial, como os altos-fornos, as indústrias químicas, novos ramos metalúrgicos, como os do alumínio, do níquel, do cobre e dos aços especiais, além de desenvolvimentos nas áreas da microbiologia, bacteriologia e da bioquímica, com efeitos dramáticos sobre a produção e conservação de alimentos, ou na farmacologia, medicina, higiene e profilaxia, com um impacto decisivo sobre o controle das moléstias, a natalidade e o prolongamento da vida.[2]

No curso de seus desdobramentos surgirão, apenas para se ter uma breve ideia, os veículos automotores, os transatlânticos, os aviões, o telégrafo, o telefone, a iluminação elétrica e a ampla gama de utensílios eletrodomésticos, a fotografia, o cinema, a radiodifusão, a televisão, os arranha-céus e seus elevadores, as escadas rolantes e os sistemas metroviários, os parques de diversões elétricas, as rodas-gigantes, as montanhas-russas, a seringa hipodérmica, a anestesia, a penicilina, o estetoscópio, o medidor de pressão arterial, os processos de pasteurização e esterilização, os adubos artificiais, os vasos sanitários com descarga automática e o papel higiênico, a escova de dentes e o dentifrício, o sabão em pó, os refrigerantes gasosos, o fogão a gás, o aquecedor elétrico, o refrigerador e os sorvetes, as comidas enlatadas, as cervejas engarrafadas, a Coca-Cola, a aspirina, o Sonrisal e, mencionada por último mas não menos importante, a caixa registradora. E não era só uma questão da variedade de novos equipamentos, produtos e processos que entravam para o cotidiano, mas o mais perturbador era o ritmo com que essas inovações invadiam o dia a dia das pessoas, principalmente no contexto desse outro fenômeno derivado da revolução, as grandes metrópoles modernas. É o que se pode comprovar pelo testemunho pessoal de um dos pioneiros do design industrial, Raymond Loewy: "Estando com apenas catorze anos, em Paris, onde nasci, eu já tinha visto o surgimento do telefone, do aeroplano, do automóvel, da eletricidade doméstica, do fonógrafo, do cinema, do rádio, dos elevadores, dos refrigeradores, do raio X, da radioatividade e, ademais, da moderna anestesia".[3]

Essas transformações drásticas do modo de vida ocorreram concentradamente em especial entre a última década do século XIX e as primeiras do século XX, entre os países mais desenvolvidos da Europa e nos Estados Unidos. O que significa dizer que, comparativamente, nessa porção do mundo ocidental, a realidade mudou num ritmo lento e compassado do Renascimento até fins de 1800, período em que tanto as velocidades quanto as medidas de força de tração eram consideradas sobretudo em relação ao deslocamento e potencial dos equinos e muares, principal fonte de energia até então, visto que mesmo as máquinas a vapor eram avaliadas por seu "horse-power". Mas desse ponto em diante, quando o impacto da Revolução Científico-Tecnológica se faz sentir na sua plenitude, alterando tanto os hábitos e costumes cotidianos quanto o ritmo e intensidade dos transportes, comunicações e do trabalho, o mundo que então se estabelece já nos parece francamente familiar. Seus potenciais são medidos em escalas técnicas abstratas de estrito valor matemático como os volts, watts, amperes, hertz, roentgen, mach. É já o "mundo moderno" no qual vivemos. Embora estejamos convivendo hoje com um momento ainda mais intensamente marcado pela saturação tecnológica, podemos perceber que é dentro dessa configuração histórica "moderna", definida a partir da passagem do século, que encontramos nossa identidade.

Uma outra característica marcante da Revolução Científico-Tecnológica é o impulso extraordinário que ela deu para a consolidação da unidade global do mercado capitalista, nos quadros daquela dinâmica expansionista a que se referia o professor Hobsbawm. Nesse sentido, se a primeira industrialização dera origem a unidades produtivas relativamente modestas, as fábricas, pelo elementar de suas máquinas e o limitado número de trabalhadores, esse novo salto produtivo gerou gigantescos complexos industriais, com equipamentos sofisticados e de grande escala, como as turbinas elétricas ou as usinas siderúrgicas, envolvendo em cada unidade até dezenas de milhares de trabalhadores.[4] Essa prodigiosa escalada da produção obviamente tanto implicava uma corrida voraz pela disputa das matérias-primas disponíveis em todas as partes do mundo, como também exigia a abertura de um amplo universo de novos mercados de consumo para absorver seus excedentes maciços. Foi essa ampliação na escala das demandas e das exportações que gerou o fenômeno conhecido como neocolonialismo ou imperialismo, que levou as potências industriais, na segunda metade do século XIX, a disputar e dividir entre si as áreas ainda não colonizadas do globo ou a restabelecer vínculos de dependência estreitos com áreas de passado colonial.

O resultado dessa nova expansão europeia foi um avanço acelerado sobre as sociedades tradicionais, de economia agrícola, que se viram dragadas rapidamente pelos ritmos mais dinâmicos da industrialização europeia, norte-americana e, em breve, japonesa. Não bastava, entretanto, às potências incorporar essas novas áreas às suas possessões territoriais; era necessário transformar o modo de vida das sociedades tradicionais, de modo a instilar-lhes os hábitos e práticas de produção e consumo conformes ao novo padrão da economia de base científico-tecnológica. Foram essas tentativas de mudar as sociedades, suas culturas e costumes seculares, que desestabilizaram suas estruturas arcaicas, desencadeando uma série de revoltas, levantes e guerras regionais contra o invasor europeu e seus aliados locais, entre a metade do século XIX e o início do século XX.

Essas insurreições se multiplicaram por toda parte, sendo via de regra abafadas por meio de massacres generalizados, garantidos pela imbatível superioridade técnica dos armamentos europeus, com grande destaque para as novas armas de repetição, a artilharia e obuses, explosivos químicos e armas incendiárias. Assim foi numa sequência contínua, com o Levante Indiano de 1857-8, a Rebelião Tai-Ping na China de 1850-66, a Guerra Civil Americana de 1861-5, a Restauração Meiji no Japão de 1868, o Levante Argelino de 1871, a Reforma Religiosa de Al Afgahani no Afeganistão de 1871-9, o Movimento Nacional Egípcio de 1879-82, entre vários outros. Na América Latina esse processo se concentrou sobretudo na luta pelo controle do eixo econômico e territorial estratégico representado pelo Rio da Prata e sua rede hidrográfica. A Inglaterra se aliou com o Império brasileiro e com as elites liberais dos países platinos contra a resistência de líderes tradicionalistas do Uruguai (1851, 1864-5), Argentina (1852) e do Paraguai (1865-70).

A escala e o custo extraordinários dos confrontos bélicos no Prata, em especial a catastrófica Guerra do Paraguai, forçaram um endividamento galopante que desestabilizou as bases do Império brasileiro. Foi no contexto desse processo de desestabilização institucional que se fundou o Partido Republicano (1870), propondo a abolição da monarquia, e entrou em cena uma nova elite de jovens intelectuais, artistas, políticos e militares, a chamada "geração de 70", comprometida com uma plataforma de modernização e atualização das estruturas "ossificadas" do Império, baseando-se nas diretrizes científicas e técnicas emanadas da Europa e dos Estados Unidos.[5]

As bases de inspiração dessas novas elites eram as correntes cientificistas, o darwinismo social do inglês Spencer, o monismo alemão e o positivismo francês de Auguste Comte. Sua principal base de apoio econômico e político procedia da recente riqueza gerada pela expansão da cultura cafeeira no Sudeste do país, em decorrência das crescentes demandas de substâncias estimulantes por parte das sociedades, que experimentavam a intensificação do ritmo de vida e da cadência do trabalho. Os ricos fazendeiros de café do Sudeste pretendiam que com a República fosse implantado o sistema federalista, assegurando-lhes não só o controle dos seus próprios rendimentos quanto condições de usar seu poder econômico para decidir os destinos da futura ordem republicana.

Quando um conluio envolvendo militares radicais, cafeicultores paulistas e políticos republicanos culminou na proclamação da República, não era de surpreender que uma das primeiras medidas adotadas fosse uma completa abertura da economia aos capitais estrangeiros, sobretudo ingleses e americanos, a permissão para bancos privados emitirem moeda, uma nova lei liberal das sociedades anônimas e a criação de um moderno mercado de ações, centrado na Bolsa de Valores do Rio de Janeiro.[6] A ideia das novas elites era promover uma industrialização imediata e a modernização do país "a todo custo". Os resultados foram dois: um fluxo inédito de penetração de capitais ingleses e americanos no país e a mais escandalosa fraude especulativa de todos os tempos no mercado de ações, chamado singelamente de "o Encilhamento", numa referência ao ponto de partida do qual os cavalos disparam no turfe. Era a entrada triunfal do Brasil na modernidade.

O efeito direto dessa falcatrua desenfreada foi arruinar os capitalistas mais proeminentes da praça, os quais constituíram a elite econômica da era monárquica, propiciando a ascensão de uma nova camada de arrivistas, enriquecidos no jogo especulativo e nas negociatas dos primeiros anos do novo regime. Paradoxalmente essa classe de argentários de moralidade dúbia se transformaria, junto aos cafeicultores do Sudeste, nas principais bases sociais e econômicas de sustentação da elite científica e tecnocrática inspirada no rígido racionalismo positivista. Esse processo de mudança social alcançou amplas dimensões, na medida em que o advento do novo regime e a instauração da nova ordem econômica desencadearam igualmente movimentos especulativos em torno das taxas cambiais, do mercado imobiliário e de aluguéis, dos fornecimentos de gêneros alimentícios de primeira necessidade e da ampla gama de importações, além das generalizadas deposições e ainda mais volumosas reposições nos quadros de funcionários e empregados públicos de toda ordem, por meio das "degolas", "derrubadas", "exílios", "despejos" e sua contrapartida, o que Euclides da Cunha, um republicano histórico precocemente decepcionado, chamou de "sintomas mórbidos de uma política agitada, expressa no triunfo das mediocridades e na preferência dos atributos inferiores, já de exagerado mando, já de subserviência revoltante [...] é uma seleção natural invertida: a sobrevivência dos menos aptos, a evolução retrógrada dos aleijões, a extinção em toda linha das belas qualidades de caráter, transmudadas numa incompatibilidade à vida, e a vitória estrepitosa dos fracos sobre os fortes incompreendidos... Imaginai o darwinismo pelo avesso aplicado à história...".[7]

A ascensão desses "homens novos", como eram chamados os grupos arrivistas, coincidiu ademais com a Abolição (1888) e a desmobilização de enormes contingentes de ex-escravos no Sudeste, em paralelo com a vultosa imigração estrangeira, alterando os quadros hierárquicos e de valores da sociedade, na medida mesma em que se consolidavam as práticas do trabalho assalariado e da constituição de um mercado interno mais dinâmico. Esse conjunto de transformações gerou um amplo processo de desestabilização da sociedade e cultura tradicionais, cujo sintoma mais nítido e mais excruciante, pelos custos implicados no desejo das novas elites de promover a modernização "a qualquer custo", foi o episódio da Revolta de Canudos, de 1893 a 1897.

As autoridades republicanas foram alertadas sobre a existência do povoado de Canudos, no sertão da Bahia, nesse ano de 1893, pois até então ele nem sequer constava dos mapas oficiais. Os dirigentes no Rio de Janeiro receberam a queixa das autoridades baianas, relativas a um núcleo de "fanáticos religiosos", comandados "por um indivíduo Antônio Vicente Mendes Maciel, que pregando doutrinas subversivas fazia grande mal à religião e ao Estado, distraindo o povo e arrastando-o após si, procurando convencer de que era o Espírito Santo, insurgindo-se contra as autoridades constituídas, às quais não obedecia e manda desobedecer".[8]

Inicialmente foi enviada uma força policial para submeter os rebeldes, a qual foi destroçada antes de chegar ao povoado. Em seguida foram enviados dois destacamentos do exército, igualmente batidos pelos amotinados. Por fim foi enviada do próprio Rio de Janeiro uma expedição militar fortemente armada, com artilharia pesada e equipamentos modernos, comandada pelo auxiliar direto do marechal Floriano, o general Moreira César, positivista obstinado, notório pelo entusiasmo sanguinário com que suprimia grupos rebeldes. Para espanto geral, não só a expedição foi totalmente desbaratada, como o general Moreira César foi abatido pelo fogo inimigo. Pânico geral! A única maneira de justificar a catástrofe foi atribuir aos revoltosos a imagem de conspiradores monarquistas, decididos a derrubar o novo regime, mantidos, organizados e fortemente armados a partir do exterior por líderes expatriados do regime imperial. Aniquilá-los por completo era portanto uma questão de vida ou morte para a jovem República.

Nesse espírito foi armada a quarta expedição, composta de duas divisões completas do exército, que partiram do Rio de Janeiro com o mais concentrado poder destrutivo reunido desde a Guerra do Paraguai. Depois de inúmeras refregas, em que correram sérios riscos de ser destruídas antes de chegar ao arraial rebelde, as tropas afinal conseguiram cercá-lo, submetendo-o ao mais intenso assédio, sob fogo cerrado de armas de repetição e artilharia. Como quem fosse feito prisioneiro pelos soldados era imediatamente degolado, os sobreviventes resistiram até o fim. Na incapacidade de impor uma vitória militar, os oficiais decidiram verter barris de querosene sobre os casebres de pau e palha, queimando vivos os moradores remanescentes e os últimos combatentes, reduzindo a cidade de Canudos a cinzas. O assalto final se deu com as tropas investindo contra uma única trincheira, onde dois homens e uma criança lutaram até a morte.

Dessa última expedição participou como correspondente de guerra do jornal *O Estado de S. Paulo* o jovem escritor positivista Euclides da Cunha, formado engenheiro na Escola Militar da Praia Vermelha no Rio de Janeiro. Ele escreveria em 1902 o livro *Os sertões*, em que narra esse episódio e que é uma das peças centrais para entender as tensões que assinalam a cultura brasileira no século XX. Euclides descreve como foi até o local dos combates acreditando piamente que Canudos era de fato um reduto de monarquistas financiados do exterior e decididos a derrubar o governo republicano. Foi apenas chegando lá que se deu conta da verdade, surpreendendo-se: eram apenas trabalhadores rurais pobres, sem nenhuma educação formal, com um profundo sentimento religioso, e que estavam atordoados por mudanças de grande impacto simbólico ocorridas num repente, sem que eles fossem minimamente esclarecidos sobre seu significado, seu surgimento ou sua razão de ser. Para eles, como para o grosso da população alheada dos processos decisórios, o imperador era uma figura sagrada, assim como o eram o sacramento do matrimônio ou o campo santo dos cemitérios. A deposição do monarca, assim como a separação da Igreja e do Estado, decretada pelos republicanos, só poderia lhes soar como atos, além de incompreensíveis, de desprezo e profanação de suas crenças mais íntimas e sublimes. De resto, além de tentar manter no seu meio isolado e em seus lares o zelo e o respeito por esses princípios sagrados, eles só estavam tentando se defender contra os desmandos das autoridades e dos potentados locais, usando para isso as armas que haviam tomado dos seus próprios perseguidores.

Formada por populações rurais migrantes, vindas de diferentes partes do sertão nordestino, Canudos caracteriza um exemplo cristalino dos modos de ajuste e agregação espontâneos no curso dos deslocamentos contínuos em que se mantêm as populações pobres do interior do país, conforme a análise de Maria Cristina Cortez Wissenbach no capítulo 1. Em menos de uma década ela se tornou a terceira cidade da Bahia em população, consideradas aí todas as dificuldades de mensuração de um contingente cujas características mais marcantes eram exatamente a fluidez e a mobilidade. Ela veio a se tornar um poderoso foco de atração justo pelo seu alto grau de organicidade, solidariedade coletiva, valorização da faina metódica e prosperidade, sob uma atmosfera de elevação espiritual inspirada por um líder sintonizado com os valores mais profundos e caros dos seus seguidores. Foi esse estado de preenchimento de suas aspirações mais altas que lhes deu a confiança e o impulso para resistir às formas tradicionais de exploração a que as populações pobres eram submetidas nos sertões brasileiros, tanto pelo poder público quanto pelo arbítrio de agentes privados. Foi esse o seu crime e por isso foram condenados.

Euclides explicou também em seu livro como eles puderam derrotar forças militares cujos recursos eram várias vezes superiores aos seus. O problema estava nas próprias características do exército e, por extensão, das elites litorâneas brasileiras. Os oficiais eram treinados em francês, por instrutores belgas, por meio de manuais belgas com táticas apropriadas para os territórios dos Países Baixos. Nenhum deles tinha a menor noção das condições típicas dos sertões brasileiros. Seus uniformes coloridos eram alvos fáceis para os sertanejos, seus canhões afundavam no solo arenoso, suas roupas de lã eram a receita certa para a desidratação sob o sol da caatinga. Euclides demonstrou que as sucessivas expedições foram derrotadas antes de mais nada por sua ignorância total a respeito das terras, das gentes, dos hábitos e da cultura popular brasileira. Os oficiais eram representantes lídimos da elite social, política e econômica das capitais litorâneas: sempre voltadas para o Velho Continente, do outro lado do Atlântico, e com ele identificadas.[9]

Outras situações semelhantes se sucedem, reiterando a permanência desse impasse. É o caso, por exemplo, das vicissitudes que cercaram as transformações da capital da República. No início do século XX a população do Rio de Janeiro era pouco inferior a 1 milhão de habitantes. Desses, a maioria era de negros remanescentes dos escravos, ex-escravos, libertos e seus descendentes, acrescidos dos contingentes que haviam chegado mais recentemente, quando, após a abolição da escravidão, grandes levas de ex-escravos migraram das decadentes fazendas de café do Vale do Paraíba, em busca de novas oportunidades nas funções ligadas sobretudo às atividades portuárias da capital. Essa população, extremamente pobre, se concentrava em antigos casarões do início do século XIX, localizados no centro da cidade, nas áreas ao redor do porto. Esses casarões haviam se degradado em razão mesmo da grande concentração populacional naquele perímetro e tinham sido redivididos em inúmeros cubículos alugados a famílias inteiras, que viviam ali em condições de extrema precariedade, sem recursos de infraestrutura e na mais deprimente promiscuidade. Para as autoridades, eles significavam uma ameaça permanente à ordem, à segurança e à moralidade públicas. Por essa razão foram proibidos os rituais religiosos, cantorias e danças, associadas pelas manifestações rítmicas com as tradições negras e, portanto, com a feitiçaria e a imoralidade. Assim como o marechal Floriano comandou a extinção das escolas de capoeira e a perseguição sem limites a seus mestres e praticantes.[10]

Mas o cerceamento e o rígido controle das crenças, rituais e práticas da comunidade negra, seus descendentes e seus convivas, que os havia de todos os matizes sociais e raciais, não bastavam às autoridades. Eram consideradas igualmente graves do ponto de vista dos governantes as ameaças postas à saúde pública pela sua convivência adensada, em precárias condições sanitárias, nas áreas centrais da cidade. O Rio de Janeiro era o principal porto de exportação e importação do país e o terceiro em importância no continente americano, depois de Nova York e Buenos Aires. Mais que isso, como capital da República ele era a vitrine do país. Num momento de intensa demanda por capitais, técnicos e imigrantes europeus, a cidade deveria operar como um atrativo para os estrangeiros. Mas, ao contrário, ela era acometida por uma série de endemias, que assolavam e vitimavam sua população, e eram ainda mais vorazes para com os estrangeiros, os quais não dispunham dos anticorpos longamente desenvolvidos pela população local. O Rio apresentava focos permanentes de difteria, malária, tuberculose, lepra, tifo, mas suas ameaças mais aflitivas eram a varíola e a febre amarela, que todo verão se espalhavam pela cidade como uma maldição. Por isso a cidade tinha, desde o século XIX, a indesejável reputação de "túmulo do estrangeiro".[11]

Além desse problema, havia a questão do porto. As instalações portuárias do Rio de Janeiro eram obsoletas ao ponto de tornar impraticável o volume crescente de suas transações comerciais. Os antigos cais tinham pouca profundidade e não permitiam que as grandes embarcações e os modernos transatlânticos os abordassem diretamente, devendo permanecer ancorados à distância e transferir suas mercadorias por um complicado sistema de transbordo por embarcações menores, ao mesmo tempo precário, lento e extremamente oneroso. Ademais, quando chegavam a terra firme, as mercadorias teriam que atravessar a cidade para ser destinadas às linhas de trem que as remeteriam para outros pontos do território nacional, o que não era menos complicado numa cidade cuja estrutura viária ainda provinha em grande parte do período colonial, toda composta de vielas tortuosas, onde fatalmente os caminhões precisariam fazer complicadas manobras de recuo toda vez que se deparassem com veículos de tração animal, visto que não haveria espaço para ambos no vão apertado das múltiplas ruelas.

As autoridades conceberam um plano em três dimensões para enfrentar todos esses problemas. Executar simultaneamente a modernização do porto, o saneamento da cidade e a reforma urbana. Um time de técnicos foi então nomeado pelo presidente Rodrigues Alves: o engenheiro Lauro Müller para a reforma do porto, o médico sanitarista Oswaldo Cruz para o saneamento e o engenheiro urbanista Pereira Passos, que havia acompanhado a reforma urbana de Paris sob o barão de Haussmann, para a reurbanização. Aos três foram dados poderes ilimitados para executar suas tarefas, tornando-os imunes a quaisquer ações judiciais, o que criou uma situação de tripla ditadura na cidade do Rio. Como era de se prever, os três se voltaram contra os casarões da área central, que congregavam o grosso da população pobre. Porque eles cerceavam o acesso ao porto, porque comprometiam a segurança sanitária, porque bloqueavam o livre fluxo indispensável para a circulação numa cidade moderna. Iniciou-se então o processo de demolição das residências da área central, que a grande imprensa saudou denominando-o com simpatia de a "Regeneração". Para os atingidos pelo ato era a ditadura do "bota-abaixo", já que não estavam previstas quaisquer indenizações para os despejados e suas famílias, nem se tomou nenhuma providência para realocá-los. Só lhes cabia arrebanhar suas famílias, juntar os parcos bens que possuíam e desaparecer de cena. Na inexistência de alternativas, essas multidões juntaram restos de madeira dos caixotes de mercadorias descartados no porto e se puseram a montar com eles toscos barracões nas encostas íngremes dos morros que cercam a cidade, cobrindo-os com folhas de flandres de latões de querosene desdobrados. Era a disseminação das favelas.[12]

Além de se acumular nas favelas, os despejados o fizeram em cortiços e hotéis baratos, os "zungas", em que famílias inteiras alugavam esteiras no chão, alinhadas umas ao lado das outras, em condições sub-humanas. Como essas alternativas ainda acarretavam riscos de ordem sanitária, a Administração da Saúde se voltou contra elas. Desencadeando uma campanha maciça para a erradicação da varíola, foram criados os batalhões de visitadores que, acompanhados da força policial, invadiam as casas a pretexto de vistoria e da vacinação dos residentes. Se constatassem sinais de risco sanitário, o que naquelas condições era quase inevitável, tinham autorização para mandar evacuar a casa, cortiço, frege, zunga ou barraco, condenando-os eventualmente à demolição compulsória, e seus moradores não tinham direito à indenização. Foi a gota d'água para a população pobre, despejada e humilhada. Num surto espontâneo, massas de cidadãos se voltaram contra os batalhões de visitadores e a força policial, dirigindo-se para o centro da cidade, onde as obras de reforma urbana prosseguiam. Lá chegando, entrincheiraram-se entre as valas abertas, tomando ferramentas e materiais de construção como armas, com as quais se puseram a enfrentar os reforços enviados pela polícia. O motim ficou conhecido como a Revolta da Vacina, de 1904, e é um dos episódios menos compreendidos da história recente do Brasil. Do ponto de vista das autoridades as pessoas se revoltaram porque na sua ignorância tinham medo e desconheciam o processo de imunização pelas vacinas. Nesse sentido, teria sido um levante irracional, de gente rude, com mentes obsoletas e incapazes de compreender o curso inexorável do progresso. Por isso mesmo foi tratado como um segundo Canudos enquistado no seio da capital, o qual seria também preciso eliminar para salvar a República.

Como a polícia não dava conta de submeter os revoltosos, aos quais grupos cada vez maiores da população, aterrorizados pelo sistema draconiano da tripla reforma, iam aderindo de forma crescente, foi convocada a Guarda Nacional. Inútil, a resistência só aumentava. Foram então acionados os bombeiros, e a situação permanecia incontrolável. O presidente Rodrigues Alves assumiu o comando da repressão, pondo em ação tropas do exército. Nada, a insurreição não cedia. Foram então convocadas tropas da marinha, igualmente sem resultado. Diante disso, chamaram-se tropas auxiliares dos estados limítrofes de Minas Gerais e São Paulo. Só assim, com todas essas forças concentradas, após dez dias, é que o movimento foi debelado. E teve início a repressão. O chefe de polícia da capital deu ordens para que toda e qualquer pessoa abordada no centro da cidade que não pudesse comprovar emprego e residência fixos, fosse detida. Como a tripla reforma criara um imenso déficit habitacional e como a maioria da população vivia de expedientes temporários, num mercado de emprego instável, esse decreto envolvia praticamente toda a população pobre. Os detidos eram levados para a ilha das Cobras, onde eram despidos e violentamente espancados, para então ser espremidos nos porões de vapores que partiam incontinenti para a Amazônia. Lá, a pretexto de servir de mão de obra para a extração da borracha, os prisioneiros eram despejados no meio da selva, sem orientação alguma nem guias, sem recursos nem ajuda médica, para desaparecer em meio à floresta.[13]

A "Regeneração" se completou no fim desse mesmo ano de 1904. Seu marco foi a inauguração da avenida Central, atual avenida Rio Branco, eixo do novo projeto urbanístico da cidade, contemplada com um concurso de fachadas que a cercou de um *décor* arquitetônico *art nouveau*, em mármore e cristal, combinando com os elegantes lampiões da moderna iluminação elétrica e as luzes das vitrines das lojas de artigos finos importados. As revistas mundanas e os colunistas sociais da grande imprensa incitavam a população afluente para o desfile de modas na grande passarela da avenida, os rapazes no rigor *smart* dos trajes ingleses, as damas exibindo as últimas extravagâncias dos tecidos, cortes e chapéus franceses. A atmosfera cosmopolita que desceu sobre a cidade renovada era tal que, às vésperas da Primeira Guerra Mundial, as pessoas ao se cruzarem no grande bulevar não se cumprimentavam mais à brasileira, mas repetiam uns aos outros: "Vive la France!". Como corolário, as pessoas que não pudessem se trajar decentemente, o que implicava, para os homens, calçados, meias, calças, camisa, colarinho, casaco e chapéu, tinham seu acesso proibido ao centro da cidade. Mais que isso, nas imediações, as tradicionais festas e hábitos populares, congregando gentes dos arrabaldes, foram reprimidos e mesmo o Carnaval tolerado não seria mais o do entrudo, dos blocos, das máscaras e dos sambas populares, mas os dos corsos de carros abertos, das batalhas de flores e dos pierrôs e colombinas bem comportados, típicos do Carnaval de Veneza, tal como era imitado em Paris.[14]

Tanto o episódio de Canudos quanto o da Revolta da Vacina, com suas evidentes afinidades, são dos mais exemplares para assinalar as condições que se impuseram com o advento do tempo republicano. Um tempo mais acelerado, impulsionado por novos potenciais energéticos e tecnológicos, em que a exigência de acertar os ponteiros brasileiros com o relógio global suscitou a hegemonia de discursos técnicos, confiantes em representar a vitória inelutável do progresso e por isso dispostos a fazer valer a modernização "a qualquer custo". As ações concretas desencadeadas por esses discursos, como visto nesses dois exemplos, se traduziram em formas extremas de opressão quando voltadas para as populações destituídas de qualquer educação formal e alheadas dos processos decisórios. Casos como esses se multiplicaram, como se sabe, em outros episódios trágicos como, apenas para ilustrar, a Guerra do Contestado (1912-6) na fronteira entre o Paraná e Santa Catarina ou o bombardeio desumano da população paulista quando da Revolta de 1924, seguido de execuções sumárias de imigrantes.[15]

No afã do esforço modernizador, as novas elites se empenhavam em reduzir a complexa realidade social brasileira, singularizada pelas mazelas herdadas do colonialismo e da escravidão, ao ajustamento em conformidade com padrões abstratos de gestão social hauridos de modelos europeus ou norte-americanos. Fossem esses os modelos da missão civilizadora das culturas da Europa do Norte, do urbanismo científico, da opinião pública eslcarecida e participativa ou da crença resignada na infalibilidade do progresso. Era como se a instauração do novo regime implicasse pelo mesmo ato o cancelamento de toda a herança do passado histórico do país e pela mera reforma institucional ele tivesse fixado um nexo coextensivo com a cultura e a sociedade das potências industrializadas. A compreensão dos fenômenos do subdesenvolvimento e das desigualdades inerentes ao sistema de trocas no mercado internacional levou um longo tempo para germinar e adquirir uma significativa substância crítica entre as elites republicanas.[16] E enquanto essa consciência crítica não amadurecia, prevaleceu o sentimento de vergonha, desprezo e ojeriza em relação ao passado, aos grupos sociais e rituais da cultura que evocassem hábitos de um tempo que se julgava para sempre e felizmente superado.[17]

Nesse sentido seria reiterar essa percepção disfuncional da realidade do país assumir que os padrões de privacidade construídos ao longo da história das sociedades europeias pudessem se reproduzir com as mesmas características no meio social brasileiro. Como foi observado nos volumes 1 e 2 desta coleção, as práticas da colonização e os efeitos da escravidão deixaram marcas indeléveis em todos os níveis das relações sociais no Brasil. Enfocar o âmbito da vida privada nesse contexto exige atenção especial para os modos pelos quais são as tensões entre os vários estratos da sociedade, tensões essas reforçadas pela dupla carga opressiva do estatuto colonial e da ordem escravista ou sua herança, que definem ulteriormente como cada grupo ou indivíduo irá construir os sentidos que articulam suas experiências íntimas. Não há, portanto, nem uma concepção única de privacidade, nem as que existem são equivalentes ao seu congênere europeu ou sequer são estáveis, redefinindo-se constantemente de acordo com as dinâmicas da vida social e das transformações históricas.

Jürgen Habermas descreveu com muita clareza como se operou, nas sociedades europeias ao longo dos séculos XVII, XVIII e XIX, a gênese simultânea do "grande público" dos salões, dos teatros e da imprensa, por um lado, e, pelo outro, o processo de "privatização" como uma emancipação psicológica da consciência burguesa, derivada da progressiva autonomia dos indivíduos no mercado capitalista e dos cidadãos na ordem política representativa. Ambos esses desenvolvimentos têm, portanto, uma mesma e inseparável raiz histórica, em razão da qual eles só poderão ser interpretados em suas relações recíprocas: "assim como a privacidade de um se funda na dimensão pública do outro, e a subjetividade do indivíduo privado se refere desde o início à esfera pública".[18] Desdobramentos desse processo se difundem pela trama da expansão internacional do capitalismo, indo elementos desse fenômeno dual fixar-se nas fímbrias mais distantes do sistema, lançando também suas sementes na sociedade brasileira. A intensificação dos contatos e das trocas internacionais promovida pela instauração do regime republicano naturalmente acelerou esse curso de transformações históricas. Na dinâmica da nova ordem, tanto ampliou-se a construção de uma consistente esfera pública, reforçada pela expansão crescente da imprensa e das oportunidades de convívio cultural, quanto se agudizaram os sentidos e valores associados ao desfrute de experiências de privacidade.

Esse, contudo, é o panorama ideal, na medida em que as condições históricas do país tornam tanto a participação no contexto do espaço público quanto o gozo da privacidade privilégio de poucos. Os episódios de Canudos e da Revolta da Vacina, acima comentados, revelam o quanto essa situação era precária para as camadas subordinadas da população. A autoridade pública permitia-se invadir e não raro destruir, seja o casebre sertanejo, seja o cortiço, o barraco ou o mocambo nas cidades. Não havia quaisquer hesitações nem sequer em bombardear a matriz da cidade de Canudos, com a população civil de mulheres e crianças que havia se refugiado no seu interior, como não se hesitava em invadir o espaço sagrado dos terreiros de cerimoniais de tradição africana, prender e espancar oficiantes e fiéis, sequestrar e destruir instrumentos e objetos religiosos. Conforme a tradição herdada da escravidão, a repressão não se limitava à detenção, mas, dependendo da ameaça, podia ir do espancamento sistemático ao exílio na selva, ao fuzilamento sumário, à degola em massa. Em suma, nem lares, nem âmbitos sagrados, nem corpos e nem vidas, do ponto de vista dos agentes da ordem, tinham garantias quando se tratava de grupos populares.

O que não significa dizer que, em consequência dessas condições drásticas, apenas as classes privilegiadas conheceram o impulso da participação na esfera pública ou os recessos da experiência privada. Ao contrário, na medida mesma em que essas novas circunstâncias adquirem maior visibilidade, pelos meios de comunicação e a publicidade, tornam-se o foco das tensões e polarizam os jogos das dramatizações e negociações entre os diferentes níveis sociais. Grupos cada vez maiores anseiam compartilhar das gratificações latentes nesses dois contextos, assim como artistas, intelectuais, publicistas e líderes de todos os tipos preconizam o acesso a eles e as garantias neles implícitas como esteios do processo de democratização. A história da vida privada nesse início do período republicano deve ficar na interseção dessas múltiplas tensões e tentar avaliar a ampla gama de ações pelas quais diferentes criaturas, em contingências as mais diversas, procuraram dar substância aos seus anseios, inventando meios e lutando para ampliar seus sentidos de pertencimento à coletividade e de autonomia individual.

É esse o impulso que leva populações rurais a criar complexos rituais de discriminação e recobrimentos afetivos de seus exíguos espaços de vivência, compartilhando-os generosamente com quem os sabe compreender e respeitar.[19] Esse é o mesmo efeito que leva João do Rio e Blaise Cendrars, por exemplo, a visitar, conviver e ser amistosamente recebidos nas favelas do Rio de Janeiro.[20] Ou o que revela o extraordinário apego de populações imigrantes às formas, objetos e espaços de algum modo ajustáveis às suas reminiscências de origem. Além desses modos de dignificação de um teto e do nicho doméstico, qualquer que seja ele, observa-se a manutenção de todo um circuito de contatos sociais, trocas culturais e práticas ritualizadas em redes clandestinas, cercadas por códigos de silêncio e jargões indecifráveis, acessíveis apenas aos iniciados, como meio peculiar de garantir-se contra as invasões da autoridade arbitrária e intolerante.[21] Essas práticas encontram seu equivalente nos muitos meios pelos quais as gentes do povo desenvolveram rezas, amuletos, mandingas e rituais de bênção ou fechamento do corpo, como defesa de sua última fonte de autonomia. Um recurso curioso nesse sentido eram as tatuagens, difundidas em profusão nos meios populares do Rio de Janeiro, um de seus usos sendo o de marcar toda a extensão das costas com imagens do Cristo crucificado, com o calculado intuito de intimidar os agentes policiais nas eventuais sessões de espancamento.[22]

Apesar dessa pulsação difusa da violência, que revelava tanto a intensidade das transformações em curso quanto as resistências que se lhe opunham, a consolidação do novo regime se deu numa atmosfera de euforia e ostentação. Passados os primeiros momentos da transição da ordem militar para a civil, do marechal Deodoro ao fim do mandato de Prudente de Morais, as turbulências deram lugar ao projeto de "saneamento financeiro" do presidente Campos Sales, controlando o meio circulante e estabilizando a dívida externa. No plano político foi articulada a chamada "política dos governadores", segundo a qual apenas os candidatos aliados à bancada situacionista no Congresso tinham seus diplomas eleitorais reconhecidos. O que permitiu ao governo do Rio de Janeiro uma situação de controle centralista, neutralizando o que no início do regime haviam sido denominadas as "vinte ditaduras", resultado da redução do princípio federal à ação irrefreada das oligarquias estaduais. Esses arranjos conservadores foram coroados com o Convênio de Taubaté (1904) que, ao criar um favorecimento cambial arbitrário à cafeicultura, fundou as bases da "política do café com leite", por meio da qual os estados mais populosos e ricos, São Paulo e Minas Gerais, imporiam sua hegemonia de forma praticamente contínua até 1930.[23]

Do ponto de vista das relações internacionais se destacou a atuação do barão do Rio Branco, defensor da política das soluções arbitradas para as disputas territoriais e que conduziu à definição territorial atual das fronteiras do país. O caso de Rio Branco é bastante revelador do modo como se efetivou a estabilização institucional da Primeira República. Herdeiro do prestígio e da posição de seu pai, o visconde do Rio Branco, membro do Conselho do Império, ele representava o ápice da elite ilustrada do regime deposto. Monarquista convicto, foi, no entanto, convocado por Rodrigues Alves para exercer o cargo de ministro das Relações Exteriores, no qual se manteve ao longo de diferentes administrações até sua morte, em 1912. Ocorre que o próprio Rodrigues Alves fora conselheiro do Império e, se a ele acrescentarmos outros personagens que desfrutavam da mais elevada reputação no período, como Ruy Barbosa ou o paulista Antônio Prado, o homem mais rico e influente do país, verificamos que ambos haviam igualmente sido conselheiros do Império. A situação deixa claro como a estabilização do país foi comandada por uma elite vinda dos quadros da monarquia, cuja atuação, porém, se efetivava por meio do discurso cientificista e da competência técnica da geração dos republicanos positivistas, como o grupo sob o comando de Rio Branco no Ministério das Relações Exteriores, e que incluía notabilidades como Euclides da Cunha, Artur Orlando e Aluísio Azevedo ou os auxiliares diretos de Rodrigues Alves, os engenheiros Lauro Müller e Pereira Passos e o médico higienista Oswaldo Cruz.

A estabilização brasileira assinala uma sincronia com a ordem internacional, na medida em que no plano global o processo de transição desencadeado pela Revolução Científico-Tecnológica gerou um amplo excedente de produção, lançando o conjunto do sistema numa "grande depressão", de que só iria emergir a partir dos anos de 1890. O reequilíbrio entre produção e consumo permitiria então um desafogo e a expansão dos negócios na Europa e nos Estados Unidos, ensejando um clima geral de otimismo e confiança ilimitada no crescimento econômico. "De meados dos anos 1890 até a Grande Guerra, a orquestra econômica global tocou na clave maior da prosperidade... O enriquecimento baseado no crescimento explosivo dos negócios formou o pano de fundo do que se tornou conhecido como 'os belos tempos' (Belle Époque)."[24]

A atmosfera da "Regeneração" era o correspondente brasileiro desse surto amplo de entusiasmo capitalista e da sensação entre as elites de que o país havia se posto em harmonia com as forças inexoráveis da civilização e do progresso. Esse crepúsculo promissor ao mesmo tempo do século e do novo regime patenteava que a República viera para ficar e com ela o país romperia com a letargia do seu passado, alçando-se a novas alturas no concerto das nações modernas. As altas expectativas foram contempladas com o oportuno presságio do aeronauta brasileiro Santos Dumont, contornando em 1901 a Torre Eiffel, o ícone internacional do progresso técnico-científico, com um balão dirigível, e em 1917 levantando voo com o 14-Bis e inaugurando a era das máquinas voadoras, com o patrocínio do governo do Brasil! Fato tão auspicioso que foi imortalizado nos versos da modinha: "A Europa curvou-se ante o Brasil".[25] Essa euforia do progresso era ainda confirmada pelas realidades visíveis da urbanização, do crescimento econômico, da industrialização e do grande fluxo de imigrantes estrangeiros, reconfigurando o padrão demográfico e cultural do país.[26]

Essa mudança nas representações e expectativas relativas ao futuro e ao destino do país, fossem elas marcadas pelo otimismo dos grupos beneficiados com a "Regeneração" ou pelos pressentimentos sombrios dos que, nos sertões ou nas capitais, viam ameaçados seu modo de vida e seus valores, indica a percepção geral de que a sociedade estava sendo engolfada por um processo de transformação mais amplo e complicado que a mera reforma das instituições políticas. É nesse sentido que a cronologia deste terceiro volume da *História da vida privada no Brasil* toma como base de referência inicial uma visão retrospectiva do período de 1870 a 1900, o momento em que a Revolução Científico-Tecnológica se cristaliza, difundindo as novas condições da economia globalizada e seus princípios de racionalidade técnica. Esse efeito globalizante e o "bando de ideias novas" que o acompanham iriam articular a inserção do país nesse contexto modernizador e propiciar a gestação das novas elites formadas pelos modelos de um pensamento científico cosmopolita.[27] Essas elites atuariam, já na ordem republicana, como mediadoras na integração do país aos novos termos da gestão internacional do capitalismo.

O marco seguinte seria já o momento inicial do período republicano, essa fase eufórica para os grupos beneficiados com o novo regime, a Belle Époque brasileira, cuja duração abrange o período da guerra europeia, durante o qual ampliam-se suas exportações para as nações beligerantes, desenvolvendo-se ademais novas indústrias para substituir parte do que antes se importava. Esse período abrangeria grosso modo de 1900 a 1920 e assinala a introdução no país de novos padrões de consumo, instigados por uma nascente mas agressiva onda publicitária, além desse extraordinário dínamo cultural representado pela interação entre as modernas revistas ilustradas, a difusão das práticas desportivas, a criação do mercado fonográfico voltado para as músicas ritmadas e danças sensuais e, por último mas não menos importante, a popularização do cinema.

De 1920 a 1930 o regime começa a periclitar, arrastando-se em estertores até o golpe fatal, com a deposição do último presidente paulista e a ascensão de Getúlio Vargas. Os preços do café, o principal produto da pauta de exportações, não se sustentam mais no mercado internacional, e as práticas especulativas dos cafeicultores causam a acumulação de estoques que só restaria queimar sob o impacto da crise mundial de 1929. A desestabilização do regime fica patente pelo adensamento das frentes de contestação interna, em particular a dos jovens oficiais do exército, que não demorariam a se coligar com as oligarquias dos estados alheados do jogo político pelo esquema do "café com leite". As contestações operárias recrudescem nas capitais, ensejando a articulação de partidos políticos de massa como alternativa de gestão social. Esse é o momento especialmente em que, na senda da mudança do panorama da cultura internacional no pós-guerra, se instaura uma crítica nacionalista dos modelos cosmopolitas vigentes, dando origem a novos discursos nativistas, que se tornariam o cimento ideológico do populismo em gestação. A euforia dos "belos tempos" se consuma num espasmo de energia reacionária.[28]

Nos anos 1930 e 1940, vividos predominantemente sob a tutela varguista (1930-45), a orientação autoritária do governo pretendeu compor doses complementares de repressão e doutrinação a fim de construir sua base social de sustentação política. Haurindo ensinamentos dos regimes repressivos que se multiplicam na Europa nesse período, as autoridades federais procurariam tirar o máximo proveito das técnicas de propaganda e dos meios de comunicação social, muito especialmente do rádio. Os dois rituais básicos da nova ordem eram o discurso presidencial de 1º de maio no Estádio de São Januário e o noticiário diário da Voz do Brasil, ambos assentados sobre esse mesmo nexo simbólico, a voz dramatizante de Vargas, irradiada, recebida e incorporada como a expressão do animus profundo da nação. Ademais, o envolvimento da imagem do presidente com o cinema, o teatro, o disco, o humor gráfico, o Carnaval e a gravura popular revelava que a prática inédita de produzir o consenso por meio de apelos sensoriais e conotações afetivas se mostrava muito mais eficiente que a racionalidade dos discursos. Ao amestrar os potenciais desestabilizadores das novas tecnologias, o regime expunha a inclinação conformista de suas formas de consumo e sua particular adequação como recursos de gestão social. Interferindo na dinâmica dos instintos e dos afetos mais íntimos de cada um, o regime consolidava a ordem política coletiva.

O salto direto de uma população majoritariamente analfabeta no início do século para uma ordem cultural centrada nos estímulos sensoriais das imagens e dos sons tecnicamente ampliados fornece uma indicação da trajetória da sociedade brasileira nesse período de mudanças intensas e rápidas. Expostas de um lado às pressões de um mercado intrusivo e de outro às intervenções das elites dirigentes, empenhadas em modelar as formas e expressões da vida social, as pessoas e grupos se viram forçados a mudar, ajustar e reajustar seus modos de vida, ideias e valores sucessivas vezes. Suas vidas privadas foram fortemente afetadas pelas turbulências históricas do que foi chamada "a era dos extremos".[29] Nesse contexto, a introdução da televisão em 1950 viria dar o toque final, o golpe de graça. Lembremos aquele frei Vicente do Salvador, citado na epígrafe do capítulo do professor Fernando Novais no primeiro volume desta coleção, dizendo que "nesta terra andam as coisas trocadas, porque toda ela não é república, sendo-o cada casa". O quadro agora mudou por completo, pois não só a terra é toda uma república, como cada casa tende a compartilhar simultaneamente as mesmas notícias, as mesmas fofocas, a mesma canção e o mesmo gol.

No trabalho com o conselho editorial desta *História da vida privada no Brasil*, a ênfase tem sido, desde o início, enquadrar as múltiplas experiências da privacidade no todo maior da sociedade e cultura brasileiras. Nesse sentido, o empenho da análise histórica mantém sempre presente o pano de fundo das condicionantes básicas que moldaram a intervenção europeia nessa área dos trópicos, no contexto do processo da colonização. A elite dominante, com raízes no Velho Mundo, procurou impor seus padrões e seus fins a uma natureza e a populações que tratava como meros instrumentos de seus projetos maiores. Seu recurso para efetivar esses fins eram códigos rígidos e sistemas de racionalidade, aplicados com vistas a modelar os comportamentos e as práticas, desde o âmbito geral até os recônditos da intimidade e da consciência de cada habitante do país. O poeta João Cabral de Melo Neto resume essa iniciativa por meio da imagem do "engenheiro", bastante renascentista e portanto evocativa dos princípios que têm orientado a relação com o país desde o início da colonização.

> *A luz, o sol, o ar livre*
> *envolvem o sonho do engenheiro.*
> *O engenheiro sonha coisas claras:*
> *superfícies, tênis, um copo de água.*

*

Um lápis, o esquadro, o papel;
o desenho, o projeto, o número:
o engenheiro pensa o mundo justo,
mundo que nenhum véu encobre. [...][30]

Ocorre que o véu existe. Tanto a natureza quanto as populações submetidas à intervenção europeia têm suas próprias pulsações e respondem com seus recursos a um projeto no qual se pretende que atuem como figurantes e não como protagonistas. Nesse plano ortogonal e rígido, "a cidade toda é quadrada/ em paginação de jornal,/ e os rios, em corretos/ meandros de metal". A realidade do embate entre esse propósito racionalizador e o anseio das gentes desejosas de controlar seus destinos e multiplicar suas oportunidades leva a complicados jogos de confrontos, negociações, adaptações e recriações. Essa tem sido a tônica dos estudos que compõem esta coleção e que, segundo a orientação do seu coordenador, professor Fernando Novais, assinala o modo distintivo de conceber e viver experiências privadas num contexto integralmente assinalado pela herança colonial. É no interior desse quadro encoberto pelo véu espesso da história que pretendemos sondar em busca "do homem que é o núcleo do núcleo de seu núcleo".[31]

O esforço desses trabalhos, portanto, é estabelecer uma percepção equilibrada do efeito homogeneizador do enquadramento da sociedade e cultura brasileiras numa dinâmica global, ao mesmo tempo que ressaltar os muitos traços que singularizam a formação histórica do país. O professor Sérgio Buarque de Holanda demonstrou em suas pesquisas a característica sobretudo erradia da população, que, diante dos obstáculos postos pelo latifúndio, pela escravidão e pela precariedade do mercado interno, fazia da sua disposição de deslocamento a garantia mesma de sua roça, de sua liberdade e do valor de sua mão de obra. Esse mecanismo de defesa e autonomia acabou configurando uma sociedade inevitavelmente fluida, instável, marcada por arranjos provisórios e informais, por práticas de sobrevivência improvisadas e adaptativas, sempre recalcitrantes a quaisquer compromissos fixos e normas inflexíveis. Submetidas às pressões transformadoras do período aqui estudado, essas características se mantiveram, combinando-se, porém, com os estímulos introduzidos pelos potenciais das novas técnicas, equipamentos, artigos, símbolos, procedimentos ou quadros de valores associados à "vida moderna". Ou seja, para esses grupos a errância tanto pode seguir no sentido territorial, quanto pode agora se traduzir também numa metabolização constante de símbolos, por meio da qual as pessoas agregam a si signos e sentidos que conotam a força e o prestígio da "modernidade". Como o malandro bacana, que não tem as roupas mais caras mas causa alarde pelo modo exuberante de se vestir e o jeito macio de andar.

Essa forma de conduzir a análise da história social desenvolvida pela sensibilidade refinada do professor Sérgio Buarque de Holanda constituiu a inspiração básica dos trabalhos reunidos neste volume. Trata-se de uma linha de pesquisa que vem sendo seguida por outros historiadores, entre os que tiveram o privilégio de ser seus colegas ou alunos, e por pesquisadores inspirados nas suas obras em todos os recantos do Brasil. No caso deste volume, nossa dívida em particular é para com a professora Maria Odila Leite da Silva Dias que, tendo sido discípula e assistente do professor Sérgio Buarque de Holanda, transmitiu seu legado diretamente para os autores aqui apresentados. Mais do que afinidades eletivas, há nessa filiação o anseio, característico dos dois historiadores, de examinar as singularidades que assinalam a formação histórica brasileira e compreender o modo como interagem e se transformam, em consonância com as tensões predominantes no plano maior, mundial, das relações entre sociedades assinaladas por diferentes graus e processos de desenvolvimento. Naturalmente as variáveis a serem abordadas em trabalhos desse tipo são múltiplas, e tanto os níveis de análise quanto os focos temáticos poderiam ser outros e diversos dos apresentados no volume, em que ficam registradas as opções e especialidades de cada autor. A ênfase nos textos que se seguem, conforme a orientação geral da coleção, recai sobre o nexo que articula as dimensões da história da cultura, da história do cotidiano e da história da cultura material, como o âmago a partir do qual se procura penetrar no nível da vida privada e dos ritos da intimidade, tais como se manifestam na sociedade brasileira do período. Nesse sentido, tanto eu como os demais autores que contribuíram para este volume, somos gratos às ricas sugestões e comentários propostos pelos colegas que compõem a comissão editorial: Laura de Mello e Souza, Lilia Moritz Schwarcz e Luiz Felipe de Alencastro, bem como à nossa pesquisadora iconográfica Yara Schreiber e à consultora Fernanda Carvalho. Pairando sobre todos nós, mediando as tensões, esclarecendo os impasses e definindo os horizontes de nossa aventura conjunta, somos gratos à batuta generosa e segura do professor Fernando Novais.

No primeiro capítulo Maria Cristina Cortez Wissenbach analisa a cultura popular das sociedades rurais, examinando justamente aquelas características da mobilidade e fluidez dessas populações a que nos referíamos antes. Seu estudo busca revelar como opera a construção de sentidos relacionados às dimensões do privado e do individual, em grupos regidos por um imaginário numinoso e convenções tradicionais de longa duração histórica. Para esses grupos, as situações de privacidade não representam anseios de afirmação individual ou prerrogativas como para as elites, mas se produzem mediante as circunstâncias concretas da vivência, integração e confronto entre repertórios herdados de diferentes fontes culturais e níveis sociais, resultando em arranjos que por sua vez refletem o legado das suas constantes itinerâncias. Em última instância, as projeções e fantasias dessas populações transitam através dos diversos quadrantes do território brasileiro, redefinindo e atualizando seus anseios reprimidos e preservando traços de identidade na crença compartilhada das manifestações mágicas. Já Paulo César Garcez Marins, escrevendo sobre a remodelação de algumas capitais, observa as populações móveis pelo ângulo dos praticantes das recém-criadas ciências do planejamento e da gestão urbana. Esses técnicos insistem obstinadamente em controlar as sociedades, submetendo-as a modelos consagrados de racionalidade ortogonal, otimização de fluxos, discriminação espacial e higienização sanitária, para ato contínuo se verem frustrados pela plasticidade esquiva com que as populações pobres escapam aos seus planos intrincados, invadindo áreas reservadas, desviando e captando recursos clandestinamente, aproveitando oportunidades imprevistas e remodelando os usos e espaços segundo suas demandas específicas.

Zuleika Alvim acompanha a saga de levas de imigrantes deslocados de seus territórios de origem por forças históricas que não compreendem, trazidos de recantos remotos do mundo para um país que lhes é absolutamente desconhecido, atraídos por promessas que logo se dissolvem nas mais excruciantes decepções, e postos em contato com lugares, gentes e culturas com os quais acabariam estabelecendo os mais surpreendentes cruzamentos. Elias Thomé Saliba descobre nas criações e performances humorísticas um dos canais privilegiados por meio dos quais os temas da vida pública são reapropriados pela ótica desconcertante da perspectiva privada, que embaralha o que se pretendia rigorosamente categorizado e dissolve pelo riso o que fora previsto para organizar a mente e metodizar os gestos. No âmbito da casa, tanto a gestão desse acervo do lar quanto a das fainas rotineiras de que resultam a reprodução do cotidiano e a coesão da família são atribuições que a ética dominante faz recair pesadamente sobre as mulheres, como nos descrevem Marina Maluf e Maria Lúcia Mott. Nelson Schapochnik examina reminiscências materiais, objetos, correspondências, fotos, pertences pessoais, todo um acervo de peças cercadas de aura afetiva, artigos de produção industrial em massa transformados em esteios da individualidade, cujo conjunto compõe a esfera concreta das coisas familiares que as pessoas distinguem como o seu mundo íntimo. Meu capítulo final pretende compreender os modos pelos quais as novas tecnologias alteram as formas de percepção sensorial, possibilitando novos modos de atuação sobre a imaginação, seja pelo estímulo às projeções míticas, seja pelo agenciamento das energias instintivas.

Como se pode ver, nossos limites e nossas escolhas ilustram apenas algumas indicações das muitas e ricas possibilidades abertas para uma história da vida privada no Brasil do início do período republicano, que evidentemente não se esgotam com os trabalhos aqui apresentados. Se eles porventura instigarem novas questões e outras pesquisas, terão cumprido o seu papel. Mas os autores se sentirão sobretudo gratificados se, de algum modo, derem expressão às "singularidades" para as quais nos chamou a atenção Sérgio Buarque de Holanda e às "coisas miúdas", em que Machado de Assis encontrava as maiores revelações.

Nicolau Sevcenko

1. DA ESCRAVIDÃO À LIBERDADE: DIMENSÕES DE UMA PRIVACIDADE POSSÍVEL

Maria Cristina Cortez Wissenbach

Vivendo quatrocentos anos no litoral vastíssimo, em que palejam reflexos da vida civilizada, tivemos de improviso, como herança inesperada, a República. Ascendemos, de chofre, arrebatados na caudal dos ideais modernos, deixando na penumbra secular em que jazem, no âmago do país, um terço da nossa gente. Iludidos por uma civilização de empréstimos; respigando, em faina cega de copistas, tudo o que de melhor existe nos códigos orgânicos de outras nações, tornamos, revolucionariamente, fugindo ao transigir mais ligeiro com as exigências de nossa própria nacionalidade, mais fundo o contraste entre o nosso modo de viver e o daqueles rudes patrícios mais estrangeiros nesta terra do que os imigrantes da Europa. Porque não no-los separa um mar, separam-no-los três séculos...[1]

EUCLIDES DA CUNHA, *Os sertões*, 1902

A experiência da liberdade vivida por negros forros nunca foi invulgar na história brasileira. Acompanhando o processo de alforrias que oscilava ao sabor dos fluxos e refluxos da economia agroexportadora e mineradora, as formações sociais de forros cresceram na sociedade brasileira desde o século XVIII e adquiriram maior proporção ao longo do XIX, especialmente a partir da lenta derrocada do regime escravista.[2] As formas pelas quais os alforriados integraram-se ao universo de homens livres foram diversas; só para a Bahia oitocentista e entre libertos africanos, foi possível recolher relatos de diferentes maneiras que estes escolheram para resguardar, romper ou flexibilizar a experiência da escravidão e as raízes culturais e religiosas africanas.[3] Mais acentuadamente, multiplicaram-se os caminhos que os ex-escravos tomaram depois da Abolição. Na reconstrução da vida em liberdade após a emancipação geral, a adequação à nova condição foi moldada por uma série de fatores: particularidades regionais e conjunturas econômicas diversas, proporcionalidade do elemento negro no cômputo das populações de cada parte do país, presença de outros segmentos na disputa do mercado de trabalho e de agrupamentos negros já consolidados deram tonalidades distintas às escolhas e às possibilidades dos ex-escravos.

Embora a Abolição tenha sido fato histórico decisivo, rompendo vivências pregressas, os ex-cativos traziam de suas experiências anteriores um aprendizado social que instruía o sentido da liberdade, constituído muitas vezes a partir de noções de subsistência e padrões de organização social distintos dos que eram imaginados pelas classes dominantes. A pecha de vagabundos e ociosos, desorganizados social e moralmente, que lhes foi atribuída na visão daqueles que reconstruíam o país após a desmontagem do regime escravista, impede a princípio a interpretação de suas trajetórias sociais enquanto movimentos singulares, vivenciados nos limites do que era possível, mas com base em escolhas e valores próprios.

Alguns desses valores foram manifestados direta ou indiretamente em conversas que ex-escravos mantiveram, nos anos imediatos à lei de 13 de maio, sobretudo com observadores estrangeiros, mais interessados em ouvi-los. No geral, era difícil levá-los a relembrar suas vidas como escravos e, quando indagados, simplesmente se esquivavam por detrás de largos sorrisos, mera estratégia entendida como perda de memória. Relatando um desses encontros, observava, em 1911, o francês L. Gaffre: "A velha negra nos recebeu muito bem; sua grande face redonda não anuncia à primeira vista as experiências desastrosas dos longos anos de servidão; mas foi em vão que tentei fazê-la falar sobre os velhos tempos, sobre a condição dos escravos, sobre a conduta dos senhores. A velha mulher dissimulava atrás de um grande sorriso de dentes sempre brancos uma espécie de reserva que não me permitia lhe arrancar a não ser fragmentos de conversa".[4] Em outras ocasiões, os mesmos observadores conseguiam fazer fluir não só memórias como alguns julgamentos. Comparando as condições relativamente precárias nas quais vivia com as da época da escravidão, o velho liberto contrapunha a perda de poucas regalias, entre elas a de comer carne-seca em algumas refeições, às lembranças dos castigos e da extrema disciplina que imperava no trabalho com o café. "'E você apanhava muito frequentemente?' 'Oh! sim, frequentemente, quando eu estava atrasado no trabalho, e é errado bater nos trabalhadores que estão atrasados, porque, veja a minha mão', e dizendo isso o velho negro me mostrava cada um dos seus dedos, 'nenhum destes dedos são iguais um ao outro; assim os trabalhadores no campo: alguns são mais ágeis, outros são mais fortes, e não se deve bater num homem porque ele é menos poderoso que seu vizinho'[...]."[5] Para ele, o usufruto de sua nova condição implicava simplesmente o reconhecimento de sua individualidade, das diferenças entre os homens, tão patentes quanto as diferenças entre os dedos da mão.

Muitas vezes, para os homens negros, o sentido da liberdade inscrevia-se em direções dissonantes de um eventual sentido imaginado pelos antigos senhores e por aqueles que pretendiam, na derrocada do escravismo, a solidificação de determinados padrões de vida e de trabalho. Para eles, a condição de homem livre seria concretizada, de imediato, na realização de desejos e na posse de objetos que lhes haviam sido proibidos quando eram escravos. Uma pequena história narrada pelo mesmo L. Gaffre serve bem para ilustrar esse aspecto. Durante o colóquio com a ex-escrava acima citada, em uma casa de poucos objetos, a atenção do francês é chamada por um "magnífico par de sapatos, de um calibre sólido mas de uma feitura evidentemente antiga, posto em evidência sobre uma espécie de credência no salão". E ele passa a tentar compreender a razão daquela estranha exibição remetendo-se às histórias que lhe haviam sido contadas:

> No dia seguinte ao decreto da Libertação, negros e negras deixaram apressadamente os lugares onde tinham vivido

> durante longo tempo nas humilhações da escravidão e, das fazendas e sítios, afluíram em direção às cidades próximas. A maior parte desses novos cidadãos livres tinha pequenas economias. Ora, seu primeiro ato foi correr às lojas de calçados. A escravidão, com efeito, não lhes dava o direito de se calçar, e parecia claro como o dia a essas bravas gentes que iriam se equiparar aos seus senhores de ontem usando, como eles, botas e borzeguins. O primeiro gesto da liberdade foi então aprisionar os pés nas fôrmas escolhidas e, por consequência, mais ou menos adaptadas. Digo "mais ou menos", mas a verdade da história me obriga a dizer muito "menos" do que "mais". Porque os bons pés dos bons negros, pouco acostumados a estar estreitados, protestaram com estardalhaço — e todo o mundo sabe qual é a maneira de os pés protestarem —, e foi o suficiente para que se visse o espetáculo mais inesperado como primeiro efeito da libertação. Negros e negras, em todas as cidades para as quais se dirigiriam, passavam felizes e orgulhosos, com uma postura altiva, descalços, mas todos levando um par de sapatos por vezes à mão, como um porta-joias valioso, ou por outras a tiracolo, como as bolsas vacilantes da última moda mundana.[6]

Para milhares de homens e mulheres que eram ainda mantidos no cativeiro, nos momentos após a emancipação, a liberdade era um dom a ser orgulhosamente exibido e depois vivenciado. Sugestivamente, a mesma exibição foi encontrada entre os relatos de forros na Bahia, só que estes, além de se calçarem e se vestirem como seus ex-senhores, traziam consigo guarda-chuvas, signos de dignidade social africana;[7] também no Sul do país, em Desterro, Santa Catarina, os jornais comentavam, ironicamente é claro, comportamentos similares dos ex-escravos nas comemorações que se seguiram ao Treze de Maio.[8]

Como assinalou Borges Pereira, após a Abolição os negros distribuíram-se por um espaço social comum a outros grupos étnicos da sociedade brasileira.[9] Nas zonas rurais, nos amplos espaços da economia de sobrevivência ou gravitando em torno das monoculturas, as populações negras mesclaram-se e se confundiram com largas camadas de populações nacionais já mestiçadas com o elemento índio e com o próprio negro, aderindo ao universo de valores e estilo de vida dos homens livres. A territorialidade negra se manteve em bairros rurais originários de doações de parcelas de terras aos libertos, algumas delas anteriores à Abolição, em grupos de remanescentes de quilombos ou de simples ocupantes das terras e, principalmente, nos agrupamentos negros existentes nas cidades brasileiras.

A conjuntura histórica em que se deu o final do regime escravista propiciou essa mescla entre populações livres e pobres, acentuando ainda mais a fisionomia mestiça da sociedade brasileira. Ao longo da segunda metade do século XIX, fenômenos de origens diversas — a começar pelas proibições do tráfico africano (1850) e a intensificação do comércio interno de escravos, a Guerra do Paraguai (1865-70), as grandes secas do sertão (finais das décadas de 1870 e 1880), a Abolição (1888) e a República (1889) — provocaram alterações socioeconômicas significativas e, como decorrência, amplos movimentos de populações acompanhados pelo incremento das formações sociais de homens livres. A intensidade das misturas étnicas que aí ocorreram expressou-se em infindáveis denominações que, ao mesmo tempo que indicavam as múltiplas possibilidades de cruzamentos, diziam respeito às particularidades regionais, adequavam-se a diferentes modos de vida em diferentes meios geográficos: os termos *caipira*, *caboclo*, *sertanejo*, *caipora*, *cafuzo*, *catrumano*, *tabaréu*, *curiboca*, *mumbava*, *paroara* etc. foram referidos a grupos sociais que, no geral, residiam ou trabalhavam em terra alheia, como agregados, moradores ou arrendatários, sem se fixar por muito tempo.

A existência de populações tradicionalmente nômades marcou a fisionomia de extensas regiões do Brasil colonial e imperial.[10] Excluindo zonas de povoamento mais denso e estável, localizadas no litoral e nos centros urbanos, a dispersão em grandes extensões geográficas, a mobilidade e a miscigenação foram características que marcaram a fisionomia e o viver de largos contingentes que se deslocavam periodicamente no interior de uma mesma área ou em direção a outros pontos do país. Os traços dessa infixidez aparecem disseminados por quase todos os habitantes das zonas rurais: nos caipiras e caboclos, paulistas e mineiros, que a assimilaram de seu passado histórico e étnico e que continuavam a expressá-la em constantes mudanças, quando deixavam para trás moradias, capelas e até mesmo bairros rurais,[11] prenunciando com suas roças volantes a marcha e a contramarcha das lavouras monocultoras;[12] nos deslocamentos sazonais dos moradores do sertão, fugindo nas épocas das estiagens para as serras e depois retornando às suas tradicionais querências;[13] assimilada intrinsecamente ao desempenho dos trabalhos de vaqueiros, tangedores, domadores de cavalos, das vastas planícies do Sul ou da pecuária nordestina, ou espalhada por todo o país na forma de carreiros e condutores de tropas. Hábito que se conservou ao longo dos séculos, imprimindo marcas profundas nos meios de vida, na parcimônia de bens, na recusa às criações.

> Quem é pobre, pouco se apega, é um giro-o-giro no vago dos gerais, que nem os pássaros de rios e lagoas. O senhor vê: o Zé-Zim, o melhor meeiro meu aqui, risonho e habilidoso. Pergunto: "Zé-Zim, por que é que você não cria galinhas-d'angola, como todo mundo faz". "Quero criar nada não...", me deu resposta: "Eu gosto muito de mudar..."[14]

Mobilidade provocada, sem dúvida, por um sistema que relegava aos homens livres um viver à margem e um aproveitamento residual, a estrutura da sociedade escravocrata engendrou homens andarilhos, "sem vínculos, despojados, a nenhum lugar pertenceram e a toda parte se acomodaram".[15] Mobilidade intensificada pelo monopólio da propriedade da terra, pelos grandes latifúndios e pela presença de escravos, num território que oferecia grandes extensões ainda não ocupadas, mudar de lugar sempre foi hábito dos homens livres pobres.

Outras vezes, essa conformação apresentava-se como meio de escapar às contingências da dominação patriarcal, personalista, dos alistamentos forçados e dos cenários das guerras locais. Se ao longo do período colonial o recrutamento para tropas constituiu o maior espantalho de populações livres,[16] a fuga ao alistamento intensificou-se na sociedade do Império, adquirindo nova conotação, uma vez que passou a ser estratégia peculiar de domínio a elas dirigida e por meio da qual discriminavam-se "andarilhos, tropeiros e roceiros como 'vadios', desocupados ou ociosos, perseguindo-os com posturas e alvarás de recrutamento para o exército de primeira linha".[17] Associado à truculência dos agentes recrutadores, para os quais "não havia hora ou lugar que lhes fosse defeso", esse temor levava, ao menor sinal, a população a desertar os lugares habitados, indo refugiar-se no mato. Também nas cidades encontram-se os mesmos indícios; falando sobre a Bahia da época da Guerra do Paraguai, relembrava Manuel Querino que, passada a euforia dos primeiros momentos, à medida que chegavam os mutilados, narrando os incidentes, as fadigas e as privações das campanhas, começavam a ser necessários recrutamentos desordenados com seus tons de barbárie: "Parecia que a Bahia tomara a peito fornecer o pessoal necessário às funções da guerra; varejavam-se casas, arrancavam-se rapazes ocultos nos armários".[18] Tal foi o impacto do recrutamento que, mais de meio século após a guerra, em 1928, em viagem à região norte, Mário de Andrade pôde ainda observar seus efeitos: "Belém, 25 de maio: Hoje a lancha Tucunaré nos levou almoçar longe no Caripi. O furo de Barcarena estava sarapintado de velas. Dizem que é habitadíssimo porém não se enxerga casa, a caboclada deste furo desde a Guerra do Paraguai que ergue os seus lares no escondido, temendo mais recrutamento. Só de vez em quando um caule de miriti jogado perpendicularmente à margem se entremostra num refego das ramas arrastando a saia n'água".[19]

A observação dos dados censitários revela um movimento intenso de migrações internas ao longo dos anos de 1872 a 1900,[20] indicando que, de uma mobilidade tradicional, passou-

-se a deslocamentos mais amplos, numérica e geograficamente. Localizam-se na região nordeste as maiores perdas populacionais: evidências do comércio interno de escravos que despovoou a economia do açúcar e do algodão e alimentou em parte a do café; flagelados das grandes secas dos finais das décadas de 1870 e 1880 que, para "não perecer à míngua", dirigiam-se para a Amazônia, para a florescente indústria da borracha e depois para o Centro-Sul. Nas demais regiões, a movimentação das populações nacionais também esteve presente, embora nem sempre captada pelos censos oficiais: desmobilizados da Guerra do Paraguai e, logo após, ex-combatentes, sobreviventes e moradores dos cenários das guerras de Canudos e do Contestado, da Revolução Federalista no Sul, que vagavam pelo país muitas vezes sem condições de se fixar. E, é claro, a própria Abolição, cujo benefício mais imediato foi o usufruto da liberdade de movimento que era vedado aos escravos. O crescimento dos grandes centros urbanos e a ampliação da rede ferroviária serviram para incrementar ainda mais esse processo, uma vez que ofereciam facilidades de deslocamentos e polos de atração.

É necessário pontuar as interseções entre a mobilidade e a sobrevivência de brancos pobres, mestiços e forros: eram as transumâncias que lhes davam maleabilidade necessária para escapar da penúria e da fome, da violência que se entrelaçava ao mandonismo local e aos recrutamentos forçados, que permitiam que fosse contornada a posse desigual das terras, dos latifúndios, fugir das intempéries que inviabilizavam o sobreviver. Eixo sobre o qual se estruturava o modo de vida de largos contingentes, a mobilidade transparecia na posse exígua de bens, na concepção de roças, na própria maneira de construir as casas: "Quem anda em terra alheia, pisa no chão devagar", dizia-se entre as populações pobres do Recife dos inícios do século XX.[21] Refazer as estruturas básicas de sobrevivência de uma imensa parcela da população brasileira implica, pois, discernir as contingências do provisório na vida daqueles que se colocavam na retaguarda dos setores econômicos ligados à subsistência, às bordas das grandes propriedades, desapropriados em contínuo deslocamento que sobreviviam de serviços esporádicos e do cultivo de pequenas lavouras e de criações, vivendo em habitações cuja qualidade maior era a possibilidade de ser abandonadas. Disponibilidade que se manteria incorporada em outros ditos populares que ensinavam a não se voltar para trás, com o risco de se ter azar pelo resto da vida.

Nos limiares do século XX, o fenômeno da mobilidade dos homens livres e a intensidade do processo de miscigenação impõem, assim, outras dimensões para se interpretar os elementos constitutivos da privacidade desses grupos e os parâmetros que presidiam a vida cotidiana de largas parcelas da população brasileira. Mais do que formas de convívio íntimo, dizem respeito a estratégias de sobrevivência nas quais as relações com o meio, os laços societários primários, os ritos do dia a dia e os da religiosidade popular tiveram que ser constantemente reelaborados, harmonizando-se às contingências de mudanças frequentes no vaivém habitual. Interpretar a historicidade das condições de vida desses grupos implica, também, superar os limites dos preceitos burgueses e discernir valores e visões de mundo a eles peculiares em experiências sociais diversificadas e fluidas; implica avaliar a reorganização de suas vidas contornando os resquícios do domínio escravista, os flagelos da fome e das secas, fugindo dos alistamentos e das conturbações políticas, buscando novos espaços sociais que permitissem minimizar não só as mazelas do desenraizamento, como também a condição de exclusão pretendida pelos projetos modernizantes das elites brasileiras.

VALORES E CONDIÇÕES DE VIDA NO MUNDO RURAL

A análise das condições de vida dos ex-escravos que permaneceram nas zonas rurais se confunde na mescla de tipos sociais que organizavam suas vidas em torno de culturas de subsistência. Esse processo de mimetismo dos negros com camadas de homens livres pobres, mestiços e brancos, intensificado no pós-Abolição, adequava-se ao projeto de constituição de um campesinato que, na raiz, se encontrava subjacente às reivindicações escravas.[22] Ao se pôr em trânsito, após a experiência do trabalho compulsório, de margens mínimas de autonomia e de lazer e da impossibilidade de manifestações culturais diretas, os trabalhadores negros, aderindo ao lençol da economia de subsistência, puderam concretizar alguns de seus valores relativos à liberdade.

A adesão aos padrões de organização social e modo de vida dessa população heterogênea pelos egressos da escravidão oscilou com certeza nas diferentes regiões, condicionada sobretudo pelas vias diferenciadas de substituição do trabalho escravo. As variações podem ser notadas, como exemplo, entre as áreas cafeeiras. Em determinadas zonas de São Paulo, onde os colonos estrangeiros, numericamente abundantes, puderam suprir as necessidades das plantações comerciais, os trabalhadores negros foram relativamente dispensados, aderiram ao modo de vida caipira, caboclo, empregando-se esporadicamente, ou dispersaram-se em direção às cidades. Em Minas, o afluxo menor de imigrantes obrigou fazendeiros e trabalhadores nacionais a se readequar aos novos ritmos, sem que houvesse uma falência generalizada da produção.[23] O mesmo ocorreu na economia açucareira do Nordeste, na cultura do algodão, onde a adoção de trabalhadores livres já vinha sendo realizada havia mais tempo, com a transferência dos contingentes escravos para o Sudeste.[24]

Os estudos realizados sobre essa camada social que se espraiava por vastas extensões geográficas, composta de tipos regionais distintos e de graduações sociais que iam de pequenos proprietários e arrendatários a simples ocupantes das terras, agregados, parceiros e meeiros, trabalhadores ocasionais e diaristas, têm indicado uma certa regularidade nos padrões de sua organização.[25] Costuma-se dizer que viviam em torno de mínimos vitais: uma economia voltada para a produção dos gêneros necessários para o consumo e para a formação de pequenos excedentes, obtida basicamente por meio do trabalho familiar; uma sociabilidade que se estendia das células familiares às relações de vizinhança e aos grupos condensados em torno de unidades sociais um pouco mais amplas, pequenas vilas, arraiais, bairros rurais, no geral de população rala; relações de dominação marcadas por padrões personalistas que se substanciavam em direitos e obrigações, frequentemente o uso da terra outorgada pelo proprietário em troca de serviços, do pertencimento a clientelas que formavam a base dos apoios políticos e eleitorais dos poderes locais; e, finalmente, uma vida religiosa e uma cultura popular cadenciada por ritos do catolicismo rústico, por festas e comemorações dos santos de sua devoção, por uma forte tradição oral expressa nas modas de viola, nos sambas e batuques rurais, nos cateretês, cururus, cocos etc.

É necessário relativizar também a questão do isolamento dessas populações, especialmente para explicar a permanência de valores, práticas sociais e concepções que sem dúvida destoavam dos que vigoravam nos centros urbanos. Os estudos têm demonstrado que a produção obtida em pequenas roças e criações, a fabricação doméstica de farinhas e outros produtos, o artesanato de palha, de barro, eram responsáveis muitas vezes pelo abastecimento de centros urbanos, disseminando-se pelos seus arredores e ao longo das grandes rotas de comunicação.[26] Parte substancial da produção pulverizada em milhares de pequenas hortas, culturas, criações e artesanatos domésticos era vendida nas feiras, nas ruas e nos mercados das cidades, gerando uma intensa movimentação e atividades que as autoridades procuravam a muito custo controlar.[27] Afora esse aspecto, o isolamento social e físico foi igualmente relativizado pela análise da dinâmica da sociabilidade desses grupos e por sua integração a unidades maiores através de caminhos que os ligavam às cidades mais próximas e às mais distantes e da rede ferroviária que passaria a cortar o país a partir dos anos finais do século XIX.[28]

Relacionada à construção das estradas de ferro vem uma parte dos testemunhos sobre o viver dessas populações. Nos inícios do século XX, cortando regiões insalubres, no geral acompanhando o curso dos rios, os trabalhos de construção das ferrovias eram constantemente ameaçados de interrupção pela ocorrência de epidemias. Para enfrentar as paralisações, os engenheiros responsáveis pelas obras tiveram que recorrer ao apoio das autoridades sanitárias, especialmente aos cientistas de Manguinhos, recém-saídos do combate às epidemias de febre amarela, cólera e peste bubônica da capital da República.[29] Episódio pouco conhecido do sanitarismo brasileiro dos inícios do século e que mobilizou figuras de projeção da instituição, as expedições percorreram, entre os anos de 1907 e 1913, regiões do interior paulista, de Minas, da Bahia e os vales do São Francisco e do Tocantins, chegando até a Amazônia, acompanhando a Estrada de Ferro Madeira-Mamoré, cujo preço, dizia-se, era o de uma vida por dormente. Além desses, outros relatos sobre os meios de vida e de sobrevivência das populações rurais chegam em fragmentos das obras de viajantes estrangeiros e observadores nacionais dispostos a descobrir o Brasil, e dos cronistas que inventariavam crenças e valores do mundo caipira ou dos sertanejos. Cada um deles, descrevendo-o sob um prisma particular, enfatiza aspectos e enuncia visões sobre o mundo rural: os viajantes, marcados pelo relativo afastamento dos cenários físicos e sociais que visitavam, conseguiam captar por vezes detalhes triviais que nem sempre mereciam a atenção dos que viviam cotidianamente a realidade brasileira; os cronistas enalteciam os valores da vida rústica como solução onírica ao ritmo trepidante dos tempos modernos; os sanitaristas, atentos às deformidades sociais e físicas, coletavam os exemplares para seus laboratórios e revelavam aspectos de um Brasil doente, muitas vezes por meio de testemunhos iconográficos expressivos.

Nas áreas de cultura de sobrevivência espalhadas pelo Brasil, e durante um longo período que se estendeu aos inícios do século XX, predominaram condições de vida e visões de mundo relativamente similares. A começar pelas moradias, no geral choças construídas de pau a pique, de barro a sopapo ou de adobe, cobertas de sapé ou de qualquer outra palha existente na região. A descrição das habitações de moradores negros, caboclos e sertanejos repete-se com uma certa uniformidade nos relatos de cronistas, nas impressões de viajantes e nos relatórios de expedições sanitárias. Mais uma vez o viajante Gaffre se mostrou sensível para captar os detalhes de uma delas: "Uma casa semelhante a tantas outras que pude visitar na zona rural; um quadrilátero de quatro a cinco metros de largura e dois metros de altura sob a caída do teto; as paredes em talos de bambu recobertos de terra vermelha seca; o teto coberto desta palha proporcionada pela erva prateada e rugosa da região. Nenhum móvel no interior. Em um canto da palhoça, uma esteira à terra sobre a qual se estendem algumas vagas cobertas. Em outro, cerca de meia dúzia de tijolos dispostos para permitir acender o fogo e pousar os utensílios. E, por sua vez, como utensílios e bateria de cozinha, um tacho negro perto do qual fumega o gargalo ensebado de uma chaleira".

No interior dessa moradia despojada, a divagação do francês segue os movimentos livres da fumaça, como que sintonizando também a liberdade de vida do caboclo, seu morador: "Quanto à fumaça que faz neste interior miserável uma cortina pudica, posso afirmar que ela passa por onde deseja. Nada se ocupa em lhe traçar o caminho. Como não há chaminé, ela ganha naturalmente o teto, onde os traços de sua passagem são visíveis, ou então sai tranquilamente pela porta, por vezes pela janela, a menos que lhe seja mais agradável permanecer dentro, o que me pareceu ser o mais comum [...] No momento em que chegamos à grande porta aberta — a treliça de bambus móveis jacente à terra que a representa —, o dono da habitação estava [...] displicentemente alongado sobre sua esteira, fumando".[30]

Construídas com os materiais dispostos à mão, estacas de bambu, troncos das árvores, os tetos recobertos de sapé; o barro que se retira num simples abaixar do corpo e com o qual se recobrem as paredes, de início lisas e depois "estaladas em milhares de bocados" sob a ação do sol; poucos ou quase nenhum móvel; os leitos, simples esteiras postas no chão ou então redes; a cozinha que se limita a um fogareiro e a pouquíssimos utensílios; as portas, amarrados de treliças de bambu e cipó — tais foram elementos comuns às diversas descrições das habitações vindas de diferentes pontos do Brasil. As variações encontradas ficam por conta das particularidades climáticas e de vegetações características. Os mocambos em volta de Recife eram feitos igualmente de pau a pique — nunca de taipa, advertem os autores, pois é técnica mais resistente e duradoura —, recobertos com folhas de coqueiros, dendezeiros e também das variantes locais do capim-sapé; em vez do cipó, era com fibras de embira que se faziam as amarrações.[31] As mesmas coberturas poderiam ser notadas na versão mineira da casa de pau a pique, denominada de "cafua" na chapada Diamantina, aparentada, segundo Mata Machado, ao mocambo nordestino e à cubata de Angola.[32] Nas zonas marítimas e ribeirinhas, nos subúrbios em volta de Teresina, poderiam ser encontradas outras construídas inteiramente das folhas dos buritis — um tipo de palmeira —, inclusive portas e janelas; em algumas moradias, especialmente próximas aos centros urbanos, notavam-se coberturas feitas de folhas de zinco ou telhas de barro.

Em 1906, às margens do Paraíba, no Norte do país, um médico mineiro da comitiva de Afonso Pena descreve as condições de vida e de moradia típicas de um morador ribeirinho:

> Era uma casa de "salão", nome que indica ser uma das melhores construídas à margem do rio. É toda de palha de palmeira. A entrada, uma grande sala retangular de uns 40 metros quadrados, estava iluminada por uma lamparina a querosene presa ao esteio de pau roliço que ficava bem ao centro e que era um dos sustentáculos do teto. O seu proprietário, um lenheiro, sentado em um banco de madeira e recostado à parede de palha ressequida, conversava com sua mulher sentada em um toco junto de uma porta sem portais [...] O seu ofício é tirar lenha para vender aos vapores que navegam o rio. Ele é um simples agregado que não tem contrato algum com o dono das terras. Quando, por qualquer motivo, tem de mudar-se, ateia fogo à casa, que pouco valor tem. Até bem pouco tempo, ele tirava as lenhas sem nada pagar ao dono da terra; hoje, porém, este

já lhe proibiu essa prática e só cederá a lenha por preço que não lhe convém. Poucas plantações de roças se fazem, sendo para isso o tempo próprio de janeiro e fevereiro. O lugar é sadio [...] Ali não há cerca de qualidade alguma; tudo está em aberto. Também pouco adiantam as cercas, porque quase não há cultura e nem criação. A pequena cultura que há, é feita mesmo à beira do rio.

Fragmentos da visão de mundo do ribeirinho anunciavam-se também na simplicidade com que enfrentava os problemas advindos das doenças: "Perguntei-lhe como se arranjava quando tinha alguém doente; onde encontrava médico e remédio. 'Ora!', disse-me ele, 'aqui cada um entende de medicina, e no mato há muito remédio bom para tudo. E coisa com que ninguém se incomoda, é com doença. E também, o senhor sabe, onde há médico e botica, a gente morre do mesmo modo'".[33]

Quando a intenção era diagnosticar as doenças e combater seus efeitos, a descrição das condições de vida dessas populações vinha com os acentos diferenciados próprios aos olhares dos cientistas de Manguinhos. Sublinhavam o quadro das várias endemias causadas pela rusticidade, pela falta de equipamentos sanitários e por hábitos incorporados na sobrevivência; as choças de barro "mal construídas eram mais apropriadas para a moradia de 'barbeiros' que para residência de homens";[34] vivendo às margens dos rios, seus hábitos contribuíam para alastrar ainda mais o impaludismo e as infecções intestinais. Na visão desses homens, a constituição física patológica estendia-se, por sua vez, à mestiçagem degenerativa que servia para incrementar ainda mais a indolência dos nacionais, a preguiça, a falta de ânimo que se encontrava nos moradores dos ranchos e das pequenas cidades, quase sempre recostados, fumando seus cachimbos e cheirando seus rapés. "Não obstante o grande número de povoações, entre as quais se contam algumas cidades regulares, o vale do São Francisco dá impressão duma região pobre e atrasada. Quanto à população, convém dizer que o elemento índio nela é quase nulo. No entanto a raça preta entra com um contingente grande, muitas vezes predominante. Não são raros os lugares onde, entre os nativos, falta o elemento completamente branco. Isto naturalmente influi muito sobre o caráter da população, que geralmente vive de modo bastante primitivo."[35] Ou ainda, observando outras cidades que se mostravam "extremamente decadentes, com sua população, na totalidade constituída de negros e mestiços, inutilizada pelo terrível flagelo que é a moléstia de Chagas, não atingindo nenhuma delas quatrocentos habitantes. Além desses arraiais, pequenos lugarejos de meia dúzia de habitações, algumas fazendas e pobres casebres esparsos à margem da estrada e à beira dos riachos, cujos habitantes são também, na maioria, vítimas da tireoidite, da ancilostomose e do impaludismo. Enfim, a solidão, a miséria, o analfabetismo universal, o abandono completo dessa pobre gente, devastada moralmente pelo obscurantismo, pelas abusões e feitiçarias, e física e intelectualmente por terríveis moléstias endêmicas".[36]

Quatro séculos pouco serviram para alterar a aparência dos ranchos; conservaram-se tal como na época colonial como frágeis construções, assemelhadas entre si nas moradias de caipiras, sertanejos, ribeirinhos e caiçaras, africanos e crioulos, causando um certo estarrecimento entre os estrangeiros, acostumados a outros padrões de estabilidade. Sobretudo, provocava-lhes espanto a ausência de solidez das habitações: "Um clima muito doce não ensinou aos brasileiros o *home*", ponderava Pierre Denis, nos inícios do século XX, "a julgar pelas suas habitações, parece que acampam nas terras e não residem nelas".[37] No entanto, outros viajantes foram capazes de ir além e vislumbrar que por detrás da rusticidade dessas construções se fazia presente uma série de ritos e valores de cortesia, de hospitalidade, bem como exigências de respeito. Independentemente das técnicas de construção utilizadas, da fragilidade e da transitoriedade das habitações, estava-se diante do território privativo de seu morador: "Advertido de nossa visita, ele se levantou, e com um ar que não escondia uma certa cortesia, nos convidou a entrar. Entrar na cabana de um caboclo sem esse convite seria considerado por ele como um cúmulo de audácia, uma violação de domicílio à qual não se arriscam jamais aqueles que estão conscientes dos modos e da altivez dos mestiços".[38]

Além disso, uma série de crenças acompanhava a construção das casas: os cipós usados nas amarrações deveriam ser tirados na lua minguante, as estacas na crescente, e o revestimento de barro deveria ser feito de preferência na minguante para evitar que quebrasse em demasia, enquanto outras garantiriam sua proteção — chifres de boi pendurados na porta das casas para livrá-las do mau-olhado e impedir a chegada de determinados animais; cinzas de palmas bentas dispostas em cruz na entrada para resguardá-las das intempéries; não faltando também quem fizesse defumação de folhas de guiné às sextas-feiras. "'Qual a razão, José, deste magnífico par de cornos de boi que eu vejo acima da porta de vossa casa?' 'Senhor, este é o chifre. Com isso eu não preciso temer o mau-olhado [...] E se a serpente rondar em torno de minha casa, só preciso bater nos chifres e jogar uma lenha no fogo e me convenço que ela não virá se aninhar sobre o teto nem nas cobertas de meu leito'."[39]

A transitoriedade das moradias e a disposição à mudança, tão características do viver rural, estavam previstas também numa outra série de simpatias e interdições que acompanhavam o dia a dia de populações como essas, aconselhando, entre outros preceitos, que, na ocasião das mudanças, fossem transportados inicialmente o sal e o carvão. No inventário sobre abusões e simpatias do Vale do Paraíba paulista, Alceu Maynard recolheu o relato de um de seus entrevistados em que este afirmava ser voz corrente entre os habitantes da região que "quando uma pessoa se muda, na última viagem que faz com os terecos não deve olhar para trás, caso aconteça terá má sorte para o resto da vida". "O Policarpo, ao mudar-se, esqueceu-se dos seus aviamentos de caçada: polvarinho, chumbeiro e embornal, dentro de uma cumbuca no jirau da casa antiga. Volta a buscá-los e ao entrar na casa a procurar sobre o jirau, eis que vê um velho barbudo, cabeludo, com unhas grandes que lhe diz: 'Já que voltastes hei de lhe acompanhar para sempre, pois eu sou o Caguira'. E conclui Major Pinto, nosso informante: o Policarpo é mesmo de muito azar, tem caguira para tudo."[40]

Diante da ausência de boticas e de médicos, as populações rurais enfrentavam a adversidade das doenças com receitas caseiras, com folhas e raízes encontradas nas matas, com excretos dos animais misturados, no mais das vezes, com simpatias e orações. Vivendo os expedicionários de Manguinhos em mundos diferentes, seus relatos indicam a enorme distância entre concepções e vocabulários; seus diários contêm as traduções, no geral entre parênteses, do linguajar popular na caracterização das doenças e as mais variadas receitas para a cura dos males, associadas às benzeduras, que se tornavam tanto mais complexas quanto mais graves os males que se dispunham a curar.[41] Concepções de doenças geralmente vistas como males vindos de fora, corpos estranhos ou entidades nosológicas que se alojavam nos corpos dos indivíduos e tomavam conta deles e que, para serem debelados, demandavam ervas, simpatias e procedimentos próprios. Num inquérito sobre a medicina popular da região do São Francisco, Eduardo Campos oferece alguns exemplos desse aspecto peculiar do linguajar sertanejo:

> Possui um vocabulário todo seu, regional e característico, para expressar o que está sentindo. Uma dor que o incomoda nos quadris, na região ilíaca esquerda, impressionando o hipogastro, de preferência define-a como "dor de veado" ou "dor na passarinha". Dor lancinante no peito acompanhada de mal-estar, respiração opressa, há de ser invariavelmente o que chamam de "espinhela caída". Ao sangue atribuem a causa de muitas enfermidades, achando-se muitas vezes com que supõe ser "assanhamento" ou "fraqueza do sangue". Uma inflamação com estado febril é "morrinha no corpo", e explicam esse estado como sendo proveniente do sangue sujo que lhes corre "do coração pros pés e dos pés pra cabeça". Se o enfermo é uma criança e se encontra febril — definhando —, não há causa imediata senão o "mau-olhado", "quebranto", posto por pessoa invejosa. Gripe é

"catarrão amalinado", "sezão" é maleita e erisipela é simplesmente "esipra" ou "zipra".[42]

As ervas utilizadas para o tratamento das doenças, irradiadas por meio das receitas da medicina popular, algumas delas depurativas, outras sudoríficas, outras ainda simplesmente simbólicas, encontravam-nas espalhadas pelas matas, ou eram cultivadas em canteiros, e suas qualidades terapêuticas, algumas vezes conhecidas mediante a observação do comportamento de animais, vinham de ensinamentos imemoriais. De seus tempos de meninice, relembrava d. Risoleta os préstimos que seu pai, escravo trazido do Nordeste para as culturas cafeeiras paulistas e libertado com o Treze de Maio, destinava não só aos filhos como a toda a vizinhança: "As plantas medicinais todo mundo tinha em volta da casa; era marcelinha, era losna, era carqueja, carobinha, um remédio bom pro sangue. Meu pai nunca deu remédio de médico pra nós, era tudo chá. Ele conhecia todo matinho, o cipó-cruz que serve para reumatismo que não sara, ele fazia na pinga. Quem não bebia pinga ele fazia no vinho branco aquelas garrafadas que deixava enterradas na terra nove dias e depois de nove dias dava pra pessoa ir tomando. E sarou quanta gente de doenças, ele curava tudo, minha casa era assim de gente para ouvir ensinar remédio, ele conhecia todos e dizia: 'Eu mesmo vou buscar e faço pra vocês. Vocês não vão conhecer e ainda vão trazer algum mato que é veneno'. Essas coisas tudo é conhecer".[43]

"Essas coisas tudo é conhecer" — o cultivo, a colheita e as propriedades terapêuticas das plantas demandavam um saber próprio que envolviam não só o discernimento de qualidades específicas de folhas, raízes e caules, como também a guarda de preceitos que deveriam presidir a preparação de garrafadas e mezinhas. Os estudiosos da medicina popular e mágica destacaram amplos rituais e associações complexas, também imbricados com a religiosidade e a maneira de se conceber as correspondências do mundo. A plena eficácia de ervas e raízes dependeria de certas constelações: o alecrim possui virtudes redobradas quando é tirado do andor de Nosso Senhor dos Passos, na sexta-feira do "Encontro", ou do Santo Sepulcro; a arruda dá sorte, espanta o mau-olhado e a inveja, mas também pode ser usada para estimular a menstruação, contra dores intestinais e reumáticas, para desinflamar os olhos; o cipó-cruz, conhecido para o tratamento do reumatismo simples, articular ou muscular, é uma planta que goza de alta reputação; além de poderoso antídoto à mordedura de cobras é também, na razão inversa, usado contra mau-olhado, contra a "fascinação". Dos primórdios do século XX, relata-nos Carlos Teschauer a maneira pela qual foi concebida tal correspondência: "Os índios de Missões (na república argentina) chamavam-na também cipó de feiticeiro. Tinham por coisa assentada que o uso do isipó era remédio eficaz e preservativo contra o mau-olhado e todo o feitiço. A vista fixa, diz Granada, serena e aparentemente meiga, porém insidiosa e pérfida da jararaca que fascina e embaraça o voo das aves e arrasta os animais a suas cruéis e devoradoras fauces, valia tanto para os índios como o encanto e o quebranto dos feiticeiros e bruxas — o isipó-cumuçu desvirtua o veneno da jararaca; por conseguinte servirá também, concluem, para remédio contra a fascinação".[44]

Por tudo isso e mais pela relação simbiótica que mantinham com o meio, na visão de mundo dos habitantes do interior a natureza revestia-se de um sentido mágico, despertando no caipira, no caboclo, por seus sons e ruídos, um misto de temor e de respeito. "A mata é misteriosa", dizia um velho mineiro ao cronista do início do século, "pode ser um pio de ave noturna ou o urrar de uma fera. Há certos sons indecifráveis, mesmo para os que estão familiarizados com a vida nas brenhas. Daí as superstições, a crença no sobrenatural, tão comum entre os rústicos."[45] Nesses termos, Roger Bastide, com seu olhar de estudioso europeu, vê impressa aí a oposição entre a floresta virgem e o campo cultivado, desdobrando-se em direção ao caráter mágico atribuído às matas, povoadas por seres fantásticos e monstros e que, segundo ele, se fazia sentir muito mais entre as populações negras e mestiças do que nos caipiras brancos.[46] Talvez um elemento a mais da prevalência dos negros nas artes da magia, mito que se espalhou entre narrativas populares e contos das zonas rurais que reconheciam os homens negros como os mais poderosos nas coisas do sobrenatural.[47]

Inscrita em suas habitações, à infixidez da vida dos roceiros correspondiam técnicas seculares de sua agricultura itinerante, entre as quais predominavam a derrubada e a queimada das matas, o que os levava a raramente criar raízes profundas num mesmo lugar. A imensidão do território ainda por ocupar alimentava, por sua vez, a facilidade com que partia para os novos lugares, plantando até que a terra "se canse", movimentando-se um pouco mais, fazendo novamente a derrubada e roça em "terra nova".[48] Ao projetar suas plantações nos alqueives bravios, esses agricultores pediam ao próprio solo os signos de sua fertilidade: nos "frondosos paus-d'alho, nas jangadas-bravas, nos jaborandis e sapuvufus" encontravam os padrões de boa terra.[49] Reclamavam, segundo os estudiosos da tradição caipira dos arredores de São Paulo, quando determinados tipos de plantações quebravam a ordem natural. Relação que tendeu a se intensificar à medida que a derrubada das matas deu lugar não mais às culturas alimentares, mas a produtos que não tinham a ver com a nutrição de seres humanos ou animais. Para os moradores de vários pontos do interior paulista, ouvidos por Xidieh entre os anos de 1946 a 1958, eucalipto não é árvore, é tão somente eucalipto, corpo estranho ao resto do mato: "Nem cobra vive nessa plantação e nem bicho come aquilo ali, passarinho não faz ninho, não dá fruita, a sombra não cobre e o pau malemar dá pra se queimar".[50] Para eles, árvore legítima — jacarandá, cabreúva, candeia, guarantã, ipê, saguaraji, peroba, pinho, cedro — não é aquela que, absorvendo toda a energia do solo, impede a diversidade da mata; é a que vive junto com os bichos, com os insetos, com os cipós e com o homem.

Outras vezes a mobilidade que para algumas populações decorria de suas culturas, fazia-se sazonal entre aqueles que, premidos pelas urgências do sobreviver, se deslocavam por força dos flagelos trazidos pela natureza. Euclides da Cunha relata rituais ímpares, nos quais se mesclavam fundamentos de observação da natureza com preceitos divinatórios e que, desde o mês de dezembro, acompanhavam a longa espreita da sina das populações sertanejas.

> E espera, resignado, o dia 13 daquele mês. Porque em tal data, usança avoenga lhe faculta sondar o futuro, interrogando a Providência.
>
> É a experiência tradicional de Santa Luzia. No dia 12 ao anoitecer expõe ao relento, em linha, seis pedrinhas de sal, que representam, em ordem sucessiva da esquerda para a direita, os seis meses vindouros, de janeiro a junho. Ao alvorecer de 13 observa-as: se estão intactas, pressagiam a seca; se a primeira apenas se deliu, transmudada em aljôfar límpido, é certa a chuva em janeiro; se a segunda, em fevereiro; se a maioria ou todas, é inevitável o inverno benfazejo.
>
> Esta experiência é belíssima. Em que pese ao estigma supersticioso tem base positiva, e é aceitável desde que se considere que dela se colhe a maior ou menor dosagem de vapor d'água nos ares [...].
>
> Entretanto, embora tradicional, esta prova deixa ainda vacilante o sertanejo. Nem sempre desanima, ante os piores vaticínios. Aguarda, pacientemente, o equinócio da primavera, para definitiva consulta aos elementos. Atravessa três longos meses de expectativa ansiosa e no dia de S. José, 19 de março, procura novo augúrio, o último.
>
> Aquele dia é para ele o índice dos meses subsequentes. Retrata-lhe abreviadas em doze horas todas as alternativas climáticas vindouras. Se durante ele chove, será chuvoso o inverno; se, ao contrário, o sol atravessa abrasadoramente o firmamento claro, estão por terra todas as suas esperanças.
>
> A seca é inevitável.
>
> [...] Passa certo dia, à sua porta, a primeira turma de "retirantes"[...] Noutro dia outra, outra. E outras. É o sertão que se esvazia.

Não resiste mais. Amatula-se num daqueles bandos, que lá se vão caminho em fora, debruando de ossadas as veredas.[51]

Afora circunstâncias excepcionais, como nas das épocas das secas, a dieta dos habitantes do interior demonstra também uma pequena variação regional, geralmente em consequência das culturas e atividades em que se encontravam envolvidos. A alimentação do caipira era constituída basicamente do que produziam suas roças: principalmente a mandioca, o milho e o feijão; entre as populações sertanejas, numa economia em que predominava a pecuária, a carne-seca, o jabá, misturado com farinha de mandioca e feijão, era a base da alimentação; entre os ribeirinhos, a pesca, sobretudo a do surubim, que poderia ser preparado fresco ou seco, acompanhado pelo pirão, angu ou paçoca, produto que descia o São Francisco em suas barcaças. Já na mesa dos caipiras dificilmente encontrava-se, no dia a dia, a carne de vaca, que era substituída ocasionalmente ou com maior frequência pelo que obtinham caçando. Fornecendo o complemento necessário à sua alimentação, entre as caças prediletas mencionam-se: macuco, inhambus, pacas, cutias, quatis, porcos-do-mato, "de que há a espécie menor, cateto ou caititu, e a maior, queixada. A capivara se encontra à beira d'água".[52] Além de revelar o conhecimento minucioso que os caipiras tinham dos hábitos dos animais e das técnicas de sua captura, como sugere o mesmo autor, de todas as atividades relacionadas à sobrevivência, a caça constituía momento especial na rotina da vida dos roceiros e, por esse motivo, aparece como marco das histórias por eles contadas. Godofredo Rangel relatou, na forma de crônica, uma das inúmeras conversas que teve com um filho de fazendeiro arruinado dos interiores de Minas: "O velho Próspero foi caçador apaixonado. Quando lhe peço que me conte trechos de sua vida vêm estes, as mais das vezes, misturados com episódios de caça; o primeiro parto de siá Marciana ligava-se intimamente com a aventura de uma célebre Pirata, cadelinha onceira; quando lhes morreu o segundo filho, estava, havia três dias, batendo mato bravo, atrás duma bandeira de queixadas".[53]

Alguns produtos deveriam ser obtidos nos armazéns das redondezas, entre eles o sal, o fumo, a pinga, constituindo assim fatores de sociabilidade intergrupal,[54] obrigando os grupos mais arredios, como os catrumanos, os tabaréus dos sertões do São Francisco e os caiporas dos interiores paulistas, a manter contatos periódicos com os centros de população. Nas feiras das cidades poderia ser observada uma variedade de produtos artesanais, dos pequenos excedentes das roças ou das atividades ligadas à coleta. Ainda no século XIX, em visita a uma localidade no Sergipe, Gardner afirmava ter sido surpreendido com "a variedade de artigos para venda, embora fossem compostos, principalmente, de gêneros alimentícios e de peças para vestuário. Entre outros, observamos uma abundância de farinha de mandioca, charque, grandes peixes, rapadura, mel em sacolas, carne fresca, banana, sabão, sapatos, algodões simples, cordas feitas de fibras, fumo, utensílios de barro para cozinha".[55] Gêneros e produtos que muitas vezes eram obtidos por meio de "barganhas", em lugares onde, de tão isolados, "a moeda não tinha curso" e "trocavam-se ovos, galinhas, mandioca por linha, agulha e quinquilharia, de que os cientistas já se haviam munido no Rio de Janeiro".[56]

À medida que se penetra no universo de valores e na compreensão dos meios de sobrevivência dessas populações, em alguns poucos fragmentos que esclarecem a relação que mantêm com as matas e com os animais, o planejamento de suas culturas alimentares cadenciado pelos ritmos da natureza, a ótica de observação vai se alterando. Aquilo que com frequência era qualificado como preguiça, ócio ou negação ao trabalho sistemático, passa a ser relativizado, entendido como alternância de tempos de plantio e de colheita, períodos de trabalho e de vacância, característica dos ciclos agrícolas; o que era visto nos termos de rusticidade e de primitivismo adquire nova complexidade em seus amplos significados na organização da vida do dia a dia.

"A ÚNICA BANDEIRA QUE CONHECEM É A DO DIVINO":[57] RITOS DA SOCIABILIDADE DO HOMEM RURAL

Num viver relativamente disperso em grandes extensões territoriais, as relações de vizinhança, os mutirões, as festas religiosas e os dias de guarda marcavam a sociabilidade dos homens do mundo rural. As práticas religiosas e as comemorações dos santos merecem um capítulo à parte, dadas as características muito particulares dessas manifestações, englobadas sob a expressão "catolicismo rústico" ou "popular", e o profundo significado que tinham na organização social de sertanejos, de caipiras e de caboclos. Marcadas pela relativa ausência dos homens da Igreja, desde a época colonial e ao longo do Império, as liturgias do catolicismo se dissolveram aí em práticas leigas singulares e relativamente autossuficientes: as rezas, as novenas, as promessas, as procissões, as cruzes na beira das estradas, os altares domésticos, as capelas perfaziam dimensões por meio das quais se expressava uma religiosidade intensa, em termos não só de profundidade de crença mas de significado na estruturação social dos grupos do interior. Enquanto os padres apareciam muito esporadicamente, os rituais do catolicismo popular eram dirigidos por homens da própria comunidade — festeiros, rezadores, penitentes, folientos, benzedores, curandeiros —, que despontavam como as lideranças informais dos grupos locais.

A religiosidade dos grupos rurais estruturava-se em torno dos santos de sua devoção, num relacionamento íntimo, próximo, "descontraído e até galhofeiro, não obstante profundamente respeitoso".[58] Os santos compartilhavam dos espaços privativos das moradias e com eles costumava-se conversar como com um membro da família. Presentes nos altares domésticos que existiam em quase todas elas, poderiam estar representados em toscas estatuetas de barro ou em reproduções na forma de heliogravuras fixadas à parede, entre as quais o viajante pôde notar, na morada da ex-escrava, o Sagrado Coração de Jesus e santo Antônio de Pádua, ao lado de "pequenas e coloridas mulheres de Montmartre que dançavam o maxixe, retiradas das propagandas de lojas dos magazines" e de fotos de parentes e amigos.[59] Na visão do habitante do mundo rural não se concebia um santo distante, impessoal e invisível, habitando outras dimensões que não a de sua vida rotineira. A relação que o devoto mantinha com ele implicava uma série de reverências, no geral na forma de honrarias e obrigações, necessárias para que este não tivesse motivos de se zangar, enviando secas prolongadas, inundações, nuvens de gafanhotos etc.; no entanto, dizia-se, caso se zangasse sem motivo ou não atendesse aos pedidos de seus devotos, existiriam mil e uma maneiras de contrariá-lo: poderia ser castigado, exilado em capelas de pouca importância, suprimido de flores e velas, colocado de cabeça para baixo dentro de um poço, amarrado com fitas.[60]

A proximidade física com os elementos do sagrado era ainda mais evidente quando envolviam os ritos e objetos de proteção a que estavam habituados caipiras, caboclos e sertanejos. Extraordinariamente crédulos, como afirmava um comentador da vida caipira, trazem ao pescoço, "junto ao rosário de capiá, grosseiros manipansos, patiguás sebentos, onde ocultam orações eficazes contra quebrantos e feitiços, e que os tornam invulneráveis, acreditam, aos ferimentos por armas de fogo"; outros carregam em patuás poderosas orações que os resguardam de inimigos, tornando-os por vezes invisíveis.[61] Num universo de homens no geral iletrados, não era imprescindível que tais rezas fossem lidas; bastava que, nos momentos de apuro, eles as segurassem nas mãos e as substituíssem por um padre-nosso, uma ave-maria;[62] outras ainda, tais como as que deveriam portar os doentes, não poderiam ser olhadas com o risco de perder seus efeitos.[63]

Além dessas, existia uma infinidade de outras orações para os mais variados fins que acompanhavam as agruras do dia a dia: orações para santa Clara, para conter as tempestades, breves para partos laboriosos, para arranjar marido, evitar pragas nas plantações; outras, consideradas "orações fortes" ou "rezas bravas", acompanhavam as garrafadas, os rituais e as simpatias de benzedeiras e curandeiros contra cobreiros, bicheiras, mau-

-olhado, feridas brabas, mordeduras de cobras etc. Faziam-se presentes também no combate aos males que afligiam os animais, quando eram oradas nas chamadas "curas pelo rastro": "O vaqueiro, às vezes, sabe de 'rezas fortes' e cura o animal, andando pelo rastro que deixou e rezando, soturno e baixo, num largo murmúrio e num recolhimento de mente: 'Males que comeis, a Deus não louvais! Permita, meu Deus, que todos caiais! De um em um, de dois em dois, de três em três, de quatro em quatro, de cinco em cinco, de seis em seis, de sete em sete, de oito em oito, de nove em nove, de dez em dez, que não tenham pés!'".[64]

Desde que oradas com fervor, existia a crença de que essas orações seriam capazes de produzir efeitos surpreendentes e com isso proteger os homens dos perigos da vida e os animais e as plantações das mazelas da natureza: "Por elas se consegue tudo: o cangaceiro perseguido vira-se em curto e atochado tronco à margem de um caminho ou em uma mão de pilão encostada à parede de fumarenta cozinha; a chuva caindo em bátegas não molha um comboio de farinha tangido por quem as saiba rezar; os roçados não encruam ou vice-versa; os presos fogem pelas grades fechadas das prisões, passando invisíveis à face dos guardas".[65]

O cotidiano do caipira, do caboclo, estava marcado por uma temporalidade própria, na qual se combinavam dois níveis de regularidade: o ciclo da natureza, com a sucessão de estações do ano, e o ciclo das comemorações de seu catolicismo todo singular.[66] Pontuando o dia a dia e extrapolando as ocasiões especiais da sociabilidade local, os ritos religiosos comunitários geralmente se davam com maior intensidade nos períodos de vacância do ano agrícola, ao final das colheitas, nos períodos de estio. Para o interior de São Paulo, Alceu Maynard localizou-os, preferencialmente, entre os últimos dias de novembro e o mês de dezembro, coincidindo com as festividades do ciclo natalino; entre abril e maio, por ocasião da semana santa e, mais intensamente, nos finais de agosto e inícios de setembro, quando se festejava a mais concorrida delas: a festa do Divino Espírito Santo.[67] Embora o calendário de festividades não fosse coincidente, em quase todos os lugares do Brasil a festa do Divino deslocava-se da data determinada pela liturgia oficial da Igreja — o domingo de Pentecostes — para a época do final das colheitas dos principais produtos dos roceiros: o milho e o feijão, "a fim de permitir aos lavradores cumprirem as suas promessas de dar mantimentos para a festa do santo".[68] A mesma correspondência com os momentos de plantio e colheita se fazia presente por ocasião das romarias e das penitências, ritmo que somente se alterava quando os flagelos vinham como castigos dos céus, exigindo com maior regularidade a remissão das culpas, na forma de autossuplícios e mortificações.

Originadas das devoções particulares e dos compromissos mantidos com os santos nas fainas diárias, as festas de santos pontuavam os momentos em que as graças recebidas seriam contempladas e as promessas cumpridas, marcando ocasiões de relações intergrupais. Em sua concepção popular, desde a época colonial, constituíam unidades mais amplas do que os simples rituais das missas, procissões e rezas coletivas; geralmente eram precedidas por fases preparatórias: com meses de antecedência, as folias do Divino, por exemplo, percorriam as casas dos arrabaldes para a coleta das obrigações, que vinham na forma de gêneros e animais. Com duração de vários dias, eram seguidas à noite por folguedos, jogos, danças, cantorias e bailes que completavam as comemorações de exaltação aos santos preferidos. Assim, entre outros exemplos, os maracatus, os moçambiques, os sambas, os cateretês, os cururus e os jongos acoplavam-se às festas do Divino, às de Nossa Senhora do Rosário e de São Benedito, às festas da Santa Cruz e de São Gonçalo, atribuindo-lhes novas características e uma conformação diferenciada das que lhes deram origem, algumas delas rituais de origem ibérica.

Roger Bastide assinala que, além de expressar uma forma particular de exaltação, essa espécie de intromissão de danças e cânticos étnicos nas comemorações católicas foi ocasionada, historicamente, pelas estratégias de catequese utilizadas pelos jesuítas, e posteriormente pelos representantes da Igreja, na conversão de índios e de populações negras.[69] No entanto, à medida que a presença eclesiástica se tornava mais rala, a festa enquanto conjunto de expressões — rezas, procissões, cânticos e danças — consolidou-se, em especial porque conduzida por uma mentalidade popular que não via, nessas ocasiões e nem mesmo no dia a dia, a cisão entre o sagrado e o profano.[70] Não é de admirar que, ao tentar recuperar o comando da vida religiosa brasileira, sobretudo nos inícios do século XX, as autoridades da Igreja procuraram coibir principalmente a parte vista como profana e exógena das festas religiosas, e conter as expressões imorais dos batuques, dos sambas de umbigada, dos cururus e desafios que se seguiam aos rituais; interdições estas que ocorreriam tanto nas festas das zonas rurais como nas tradições do mundo das cidades. Já nos finais das décadas de 1930 e 1940, recolhendo aquilo que consideraram resquícios das velhas festas, muitos dos pesquisadores atribuíram a decadência de celebrações a essa ingerência, particularmente nas medidas que coibiram, entre outros, os barracões de samba nas festas e romarias do Bom Jesus de Pirapora e as folias do Divino em vários pontos do Brasil.

Por sua grande independência, os rituais do catolicismo popular haviam recolhido e assimilado, além disso, elementos característicos que extrapolavam os das liturgias oficiais, principalmente por meio da incorporação de concepções mágicas de origens remotas e que seriam catalogadas pelos cientistas dos inícios do século XX como resíduos de formas de expressão arcaicas e pagãs. Concepções que se impregnavam nas promessas, nas peregrinações e nos ex-votos depositados nos centros de devoção popular. Tais como aquelas trazidas nos relatos de L. Gaffre, ao se referir às conversas que manteve com seu entrevistado caboclo: "Cheio de sentimento religioso, ele gostava de me explicar no que consistiam as práticas de seu culto. Havia feito uma promessa ultimamente: a de ir a Parecida [sic]. Partiu para sua peregrinação ao renomado santuário barbudo como um Nazareno e cabeludo como um merovíngio. E voltou desprovido de quase tudo, tal como um monge. Cabelo e barba foram deixados como ex-votos à Virgem. Este havia sido o voto do caboclo".[71] Estava presente aí a crença disseminada entre as populações rurais de que os resíduos corporais, no caso cabelo e barba, continham parte da vitalidade de seu portador, conforme assinalou também Mário de Andrade quando analisou as concepções que orientavam a medicina dos excretos.[72]

Embora mimetizados a brancos pobres, mestiços e caboclos em estilos de vida, valores e meios de sobrevivência, e integrados aos ritos de sociabilidade do mundo rural, os grupos negros espalhados por vastas regiões do Brasil ou condensados em torno de comunidades relativamente fechadas mantiveram expressões culturais bastante características, chegando mesmo a compor, com uma linguagem simbólica toda própria, muitos dos ritos e festas comuns aos demais setores das populações rurais. Em especial, de profunda visibilidade e sonoridade, apresentam-se as chamadas danças dramáticas negras,[73] que se remetem a manifestações forjadas na época da escravidão, quando o regime escravista determinou a convivência em grupos de trabalhadores escravos e no interior dos quais foram recriadas expressões a eles peculiares.

No mundo das fazendas e nas aglomerações urbanas, a permissividade de danças e cânticos aos moradores das senzalas era a maneira pela qual os senhores os mantinham relativamente satisfeitos e produtivos. Por ocasião do término das colheitas, nas datas comemorativas das famílias senhoriais, estabelecia-se uma dualidade cultural aceita como parte do jogo de dominação: enquanto saraus se davam nas grandes moradias, nos terreiros assistia-se aos sambas, lundus, cocos e batuques dos negros com seus gestos e sonoridade particulares. O mesmo ocorria nos ajuntamentos urbanos, onde as irmandades de homens negros acolhiam o anseio dos escravos e forros por formas religiosas e associativas e com base nas quais se desenvolveram seus autos singulares, tais como os moçambiques, os congos, os maracatus, as taieiras, os cucumbis.[74] Reeditando desde as festas de colheita até as celebrações de identidades étnicas e sociais, a escravidão mantinha as portas abertas aos elementos culturais dos negros escravos e forros, que recriavam em expressões ímpares aquilo que havia sido interrompido pelo desenraizamento e pela destribalização, compactuando a memória da África e a vivência da escravidão. Embora não explicitamente, encobertos pelas estratégias de dissimulação característica do enfrentamento da dominação escravista, elementos de uma cosmovisão singular expressos muitas vezes por meio de sua religiosidade difusa estariam subjacentes às festas e aos batuques dos negros, mesmo quando se seguiam a colheitas que, de fato, só eram fruto de seu trabalho. Sentido este sugerido por Roger Bastide, quando em viagem ao Daomé, em 1954, descreveu a festa do inhame novo: "Ninguém pode provar os frutos da nova colheita antes que se tenham efetuado sacrifícios. Trata-se de uma festa de dessacralização da colheita, com vistas a torná-la consumível — mas, ao mesmo tempo, de um sacrifício de ação de graças, pois essa dessacralização só pode se dar pela oferenda de primícias às divindades que a protegeram e tornaram-na possível. É somente depois dos deuses terem comido os primeiros inhames novos que o comum dos mortais poderá se alimentar, por sua vez impunemente".[75]

Dessa maneira, é possível supor que, mescladas em diferentes níveis com elementos de procedências diversas, apresentando peculiaridades regionais relativas às diversas nações africanas aqui aportadas, as formas de associação cultural foram mobilizadas por ocasião da Abolição, constituindo esteio de vínculos de sociabilidade fundamentais para a reorganização dos libertos nas diferentes situações sociais pelas quais optaram ou às quais foram compelidos. Expressões culturais tais como os jongos e o samba, por veicular sentidos mais profundos referidos às concepções e visão de mundo dos negros, utilizados como meio de transmissão de valores e de contato com as forças sobrenaturais, permaneceram apesar da destruição do regime escravista e da desmontagem das senzalas, alimentando as coletividades de ex-escravos tanto nas zonas rurais como nas cidades. A impressão que se tem é que, após a Abolição, chegaram mesmo a se solidificar, acoplando-se com as festas do ciclo natalino ou com as da época de São João, marcando a data significativa de sua história — o Treze de Maio — e as cerimônias consagradas aos seus santos de maior devoção, a Virgem do Rosário e são Benedito.[76] Ou então fluindo ao longo do tempo, quando os grupos de negros e mulatos não esperavam dias marcados para se manifestar da forma que mais lhes agradava: por meio de músicas e danças. Hospedado num velho engenho de açúcar do Nordeste, Mário de Andrade testemunhava, com sua sensibilidade de observador atento às danças populares, um coco nordestino, versão local dos sambas de umbigada encontrados em diferentes pontos do Brasil.

> Por detrás da casa, parecendo perto, principia um bate-bate surdo. É longe um zambê, coco pra dançar, acompanhando a puita, zambê, ganzá, e a "chama", outro tambor de voz medonha, atravessando os ares. A "chama" é o telegrama de convite. Quem a escuta vem pro coco.
>
> A luzinha do querosene é quase inútil na noite. O braseiro fumacento alumia a taipa bordada da parede e serve de pano de fundo. A cabrocha dá um salto pro meio da roda, gira e cai numas letras duma leveza espantosa, saúda os "coqueiros" e tocadores, faz mais outras letras, dá umbigada num parceiro e sai da roda. É a vez deste. O coco esquenta e fico por ali vendo o pessoal, encompridado pelo fundo do braseiro, saracotear num espetáculo assombrado [...].
>
> São 24 horas e me deito. O zambê continua no longe. E continuará de certo até que rompa a arraiada. Uma sensação estranha de século XIX... Samba de escravos perpetuado através de todas essas liberdades servis... Que não acabarão de verdade enquanto não vier uma fatal, mas longínqua ainda, bandeira encarnada.[77]

Embora sejam raros os testemunhos de escravos e de ex-escravos que permitam reavaliar, de fato, a extensão desses espaços na dinâmica social das senzalas e na recomposição da vida em liberdade, alguns indícios podem ser inferidos com base em fragmentos de depoimentos, segundo os quais as festas — marcos significativos de interrupção das rotinas do dia a dia — eram aguardadas com entusiasmo e preparativos, pontuando, em seus redutos, os momentos que precediam os dias de guarda ou que acompanhavam as comemorações dos grandes feitos nacionais que aí repercutiam. Nas recordações da ex-escrava, ex-moradora do quilombo do Jabaquara, foram esses momentos tão marcantes quanto sua união com Manuel Leocádio, um "crioulo desempenado, capoeira destemido e com batuque que só vendo!", e de quem não se separava nem mesmo quando este era recrutado para as tropas, acompanhando-o aos cenários das lutas locais. Só não o pôde fazer quando seu companheiro foi enviado como combatente à Guerra de Canudos, de onde nunca mais voltou.

> Trabalhei muito para meu home. Mas a vida era boa. Nos sábados todas as noites tinha batucada. O samba ia inté o sol raiar. E como eu era doida por um batuque [...] Ah! ia me esquecendo! Veio a abolição. Ficamos livres. Ninguém queria acreditá lá no Jabaquara. Mais depois que vimos que era verdade mesmo (Virgem Nossa Senhora!) tudo enlouqueceu. Foi uma festança que ninguém pode imaginar. Ninguém queria mais trabalhar. Era batuque dia e noite [...] Finalmente tudo serenou. E a vida passou a correr como sempre, até que um dia Manuel Leocádio entrou no nosso rancho que ficava no sopé do morro e me disse que o nosso Imperador tinha sido embarcado num vapor para fora do Brasil; quem mandava agora era a República. Como eu não soubesse o que era República, ele me explicou, dizendo que, daí em diante todos nós éramos iguais, tanto branco como preto. Que preto podia até sê o dono do governo! Acabando de escutar aquilo, eu disse cá comigo: "esse crioulo está ficando louco". Mas não estava não. Era tudo verdade. Nem preciso dizer que houve fandango no Jabaquara.[78]

A diversidade sempre foi característica das manifestações culturais e religiosas brasileiras. Roger Bastide, com um olhar acostumado à longevidade e às permanências do folclore europeu, admirava-se da extrema fluidez que aqui encontrava: por vezes, expressões similares com léxicos regionais distintos ou, ao contrário, uma mesma denominação que encobria realidades diferenciadas; mutabilidade e plasticidade ao longo do tempo — nascidas nas estratégias de conversão — logo adquiriram vida própria, transmudando-se em expressões originais; mobilidade nas datas e nas migrações de um grupo étnico a outro, de um grupo social a outro.[79] Sem dúvida, tais manifestações continham a fluidez e a pluralidade da sociedade da qual eram expressão.

DISSONÂNCIAS SOCIAIS NA CIDADE MODERNA

Um dos traços característicos dos finais do século XIX e inícios do século XX foi o intenso crescimento dos contingentes urbanos da população brasileira. Confluindo à série de transformações pelas quais passava o país, essa tendência demográfica, início de um processo que inverteu a distribuição socioterritorial da população brasileira, correspondeu, de imediato, ao afluxo de levas de migrantes nacionais e estrangeiros que foram sendo atraídos para as cidades, sobretudo a partir do último quartel do século XIX. Aspecto menos conhecido do que a imigração estrangeira, é necessário sublinhar aqui o peso das migrações internas, significativas em cidades como o Rio de Janeiro e Recife, e em São Paulo sobretudo a partir dos anos de 1920, indicando as inferências que fatos socioeconômicos e políticos provocavam na dispersão das populações nacionais.[80]

Nessa época, o adensamento de populações nas grandes cidades ocorreu sem que houvesse uma correspondência na expansão da infraestrutura citadina e na oferta de empregos e de moradias, transformando esse avolumar menos num desenvolvimento e mais num inchaço, o que acentuou o contraste entre as desigualdades sociais que aí se fizeram presentes. Estreitadas ainda nos seus cenários coloniais, vivendo fases de uma industrialização incipiente, numa economia aferrada mais aos setores de serviços e aos negócios da exportação do que às atividades produtivas propriamente ditas, passando por crises cíclicas de carestia e aumento dos preços de gêneros, de moradias e de aluguéis, as cidades cresceram na multiplicação da pobreza, das precárias condições de vida e principalmente na diversidade de tipos étnicos e sociais que compunham as chamadas camadas populares. Mais do que isso, as transformações se deram no contexto de uma urbanização abrupta que se cimentava em formas improvisadas, levando o viver nas cidades a ser marcado pelas contingências de um provisório que muitas vezes se convertia em estruturas perenes.[81] Traço marcante da urbanização da época, esse provisório aparece manifesto de diferentes formas e em diferentes lugares, mas, desde logo, delineava-se na chegada dos seus novos moradores; entre outros contingentes, migrantes que, fugindo das secas, se abrigavam em torno de Recife: "Foram se aboletando na barra da cidade, em casas que seriam pra dois meses e ficaram anos, de barro feio, cobertas com a própria folha caída dos coqueiros, brigando por causa dos terrenos com o rebento verde-claro do mangue".

"Hoje [continua Mário de Andrade, em 1928], os mocambos são tão numerosos como os coqueiros. Alastram o tamanho da cidade grande, formando na barra dela um barrado de barro e folhas secas. Babado crespo não tem dúvida, mas babado bem triste, sujo de lama, sujo de gente do mangue."[82]

Em termos da fisionomia social das cidades, a conglomeração de populações adventícias vindas dos mais diferentes lugares aumentava a impressão de desordem citadina, provocando uma espécie de mal-estar generalizado entre as autoridades e os setores dominantes. O temor social, que nas épocas anteriores à Abolição provinha da figura dos escravos, em suas rebeldias domésticas, suas revoltas coletivas e ligações pontuais com a plebe urbana,[83] espraiava-se agora na direção de figuras multifacetadas de diferentes etnias e composições de mestiçagem que iam do branco estrangeiro ou nacional pobre, passando pelo mulato e chegando ao negro retinto, localizados indistintamente nas moradias coletivas e nos cortiços, nas áreas insalubres da cidade, invadindo cotidianamente as ruas, os mercados e as praças públicas. Livres de tutelas diretas, vistas como multidão indisciplinada em seus meios de vida e expressões culturais, o impacto ocasionado por essas populações era mais acentuado ainda porque estas irrompiam num momento em que se buscava, nas cidades bem alimentadas pela expansão da agricultura comercial e da exploração da borracha e pela consolidação de suas elites políticas, viabilizar projetos de modernização, embelezamento e europeização dos cenários centrais.

"Ali estava, afinal, a tapera enorme que as expedições anteriores não haviam logrado atingir" — acompanhando as tropas que chegavam a Canudos, Euclides da Cunha pôde visualizar finalmente o arraial prestes a ser destruído e, num misto de admiração e de sobressalto, descreve-o na imagem da cidade imprevisível que emergia no longínquo sertão: "Aparecia de improviso, toda, numa depressão mais ampla da planície ondulada. E no primeiro momento, antes que o olhar pudesse acomodar-se àquele montão de casebres, presos em rede inextricável de becos estreitíssimos e dizendo em parte para a grande praça onde se fronteavam as igrejas, o observador tinha a impressão exata, de topar, inesperadamente, uma cidade vasta [...] A casaria compacta em roda da praça, a pouco e pouco se ampliava, distendendo-se, avassalando os cerros para leste e para o norte até às últimas vivendas isoladas, distantes, como guaritas dispersas — sem que uma parede branca ou telhado encaliçado quebrasse a monotonia daquele conjunto assombroso de cinco mil casebres impactos numa ruga da terra".[84]

O episódio de Canudos, ocorrido nos primeiros anos da República, é uma referência para se dimensionar a questão social presente nas cidades brasileiras da época. Embora ela própria — Canudos ou Belo Monte, como preferia o Conselheiro — cidade de vida brevíssima, converteu-se em poucos anos na segunda maior da Bahia, com uma população estimada entre 20 e 30 mil habitantes, superior à de muitas outras aglomerações do estado.[85] Imagem de referência porque representava uma concentração similar àquela que ocorria nos centros urbanos e evidenciava características e possibilidades de seus moradores indesejados. Formada por populações mal fixadas à terra, de andarilhos que se deslocavam continuamente e que não tinham lugar certo na estrutura da sociedade brasileira, mas também por pequenos proprietários e comerciantes; congregando toda sorte de mestiços, indivíduos e famílias que deixavam para trás suas querências, vendiam seus bens em nome de esperanças de um vir a ser, Canudos de certa forma prefigurava a explosão demográfica das cidades. Era também o retrato vivo da potencialidade de uma multidão que, até então dispersa e pouco habituada à sedentarização, arregimentava-se em torno das promessas de um beato, similar aliás a tantos outros que vagavam pelo interior, acalentada por sonhos de um futuro de rios de leite e de mel.

Quando nas curtas épocas de paz, a cidade de Canudos demonstrava seu dinamismo: era um centro comercial expressivo e cobiçado pelos mercadores do lugar, mantinha relações com as localidades e os chefes políticos da região, possuía suas estruturas administrativas e seu conselho de governo e era frequentada pelos vigários das adjacências;[86] no entanto, quando arregimentada para as lutas, a bandeira do Divino era o estandarte dos jagunços que seguiam para os confrontos entoando hinos religiosos, esfarrapados, mas abrigados nas suas crenças religiosas. De outra parte, a simplicidade das moradias, feitas de adobe e de barro, facilitava essa grande expansão. Numa só manhã, conta-nos Euclides da Cunha, os recém-chegados eram capazes de levantar centenas de barracos; casaria fragilíssima, não resta dúvida, mas que, dizia ele, quando em destroços se tornava formidável, inexpugnável. Em uma dramática passagem, o autor revela o contraste ocasionado por uma civilização de barro que retirava das ruínas sua capacidade de sobreviver: "Porque a envergadura de ferro de um exército, depois de o abalar e desarticular todo, esmagando-o, tornando-o montão informe de adobes e madeiras roliças se sentia inopinadamente manietada, presa entre tabiques vacilantes de pau a pique e cipós, à maneira de uma suçuarana inexperta agitando-se, vigorosa e inútil, nas malhas de armadilha benfeita".[87]

Direta ou indiretamente, Canudos marcou as preocupações que tomaram conta das cidades brasileiras diante de seu crescimento inusitado. Ampla e exaustivamente noticiado na imprensa urbana, revelando um esforço imenso da sociedade em digeri-lo, o episódio pontuou as discussões sobre a nacionalidade mestiça presente nas obras dos homens de ciências e da literatura dessa época.[88] Era, entre outros aspectos, a prova mais cabal de como as "epidemias místicas" poderiam se espraiar rapidamente e contagiar largas parcelas dos povos "incautos" e "primitivos", segundo os termos usados por Nina Rodrigues.[89] No entanto, sua lembrança não se limitou às discussões acadêmicas; a referência sub-reptícia à Aldeia Sagrada aparece também nas crônicas das revistas semanais do Rio de Janeiro. Na primorosa *Renascença*, destinada a difundir o ideal de modernidade e a privilegiar a nação não em sua pluralidade mas em seus aspectos renovados,[90] Everardo Backheuser, em 1905, obriga seus leitores a olhar para o outro lado da avenida, onde, "destacando-se pela originalidade e pelo inesperado", crescia o morro da Favela de forma "interessante", para não dizer estranhamente: "É interessante fazer notar, a formação dessa pujante aldeia de casebres e choças no coração mesmo da capital da República, eloquentemente dizendo pelo seu mudo contraste a dois passos da Grande Avenida, o que é esse resto de Brasil pelos seus seis milhões de quilômetros".[91]

Não era somente uma analogia distante entre observador e personagens, mas uma referência imediata, pois os cronistas indicam a origem do mais famoso morro do Rio e da primeira favela carioca. Observam que as primeiras habitações do morro da Providência foram sendo criadas a partir de acampamentos de ex-combatentes da Guerra de Canudos que, junto a suas mulheres, as chamadas viandeiras, abastecedoras de gêneros, as quais haviam acompanhado as tropas, mantiveram-se próximos ao Ministério da Guerra, esperando resolução sobre sua desmobilização; a eles se juntaram os sobreviventes de Canudos, centenas de mulheres e crianças trazidas para a capital federal. Aos poucos, o que era um simples abrigo transformou-se em moradia definitiva, casebres que foram subindo pelas escarpas da montanha até o seu topo.[92] A denominação que recebeu nessa época, Favela, é mais elucidativa ainda, uma vez que se refere à do morro de onde se avistava o arraial e onde ficaram estacionadas as tropas em torno de Canudos. Invertidas as posições, do alto do morro desfrutava-se de belíssima paisagem da cidade, lá onde as viandeiras fizeram construir uma capela e assentaram, segundo também os cronistas, uma imagem de Nosso Senhor, de devoção de Antônio Conselheiro. Mais significativo ainda é refletir sobre o fato de que a referência a Canudos transformou-se em designativo de condições de vida e de problemas sociais agudos, no fim do século passado, quando se comemoraram os cem anos da tomada do arraial de Antônio Conselheiro no longínquo sertão.

Na cidade moderna projetada pelos reformadores dos inícios do século, não haveria lugar para tais aglomerações, que cresciam de maneira interessante, nem para os traços do mundo rural, nem para os resíduos do passado, nem para as festas populares. Em *Cenas da vida carioca*, Raul Pederneiras sintetiza o que deveria ser apagado da memória e do cenário citadinos: figuras sociais populares ou do gosto popular, seus meios de sobrevivência e ofícios tradicionais, seus pontos de encontro: o palhaço, o baleeiro, a preta mina, o engraxate ao ar livre, os carregadores, o trapeiro, os capoeiras, os condutores de peru e vendedores a domicílio de leite de vaca, os quiosques, a bandeira do Divino.[93] Mas, ao contrário de suas expectativas, eles estavam todos ali bem diante dos olhos e atrapalhando os projetos de modernização da cidade.

Essa inadequação, embora instituída aqui em termos de discurso, envolve uma problemática aguda que invadiu de maneira intrincada a visão de todos aqueles que por motivos variados deixaram seus registros, observaram o modo de vida das classes populares, penetraram em suas casas. O difícil é superar a barreira imposta pelo filtro dos cronistas, dos sanitaristas, ideólogos da nova cidade; sobretudo porque a cidade moderna devia ser entendida como uma cidade sem memória, sem as tradições e os laços que a uniam ao passado. Da mesma forma que o negro passou a ser visto como um ser a-histórico, assim também passaram a ser vistas suas manifestações, seus padrões de organização, suas velhas tradições, que remontavam ao passado étnico e da escravidão. Subjacente a essa visão do negro como um ser anômalo nos novos tempos, por suas tendências ao desregramento e à desorganização, existia uma ideia recorrente de tratá-lo como vazio de experiências e aprendizados; na visão de muitos, o negro ressurgia, assim, no período pós-Abolição, como um ser vindo do nada, do vazio deixado pela escravidão e que, posteriormente, seria preenchido pelo conceito igualmente vago da marginalidade social.

Durante todo o período da escravidão brasileira, as cidades exerceram uma enorme atração sobre os grupos de escravos e forros que continuamente se deslocaram em direção aos núcleos urbanos. Essa atração, que decorria de vários fatores, tinha como chamariz e esteio a existência de aglomerações constituídas por tais segmentos sempre dispostas a abrigar os recém-chegados. Costuma-se dizer que se estabeleciam nas cidades "territórios negros", espacialidade marcada por laços sociais, estruturas de parentesco e expressões culturais singulares que se revelaram fulcros significativos no processo de resistência à dominação escravista e à discriminação social que se lhe seguiu.[94] É claro que a extensão desses territórios dependeu da proporcionalidade de homens negros nas populações de cada uma das cidades; enquanto se espalhavam por largas áreas em Salvador e no Rio de Janeiro, apresentaram-se relativamente delimitados em São Paulo, nos bairros do Bexiga, Barra Funda, Lavapés, Cambuci, ou em Porto Alegre, na colônia africana de Mont Serrat. Mas o que se deve ter em mente é que, no momento da Abolição, os ex-escravos encontravam nas cidades comunidades preexistentes, relativamente estáveis, capazes de estabelecer liames com as experiências anteriores e fornecer os sentidos que buscavam para sua reorganização social.[95]

Com os fluxos contínuos de migrações — de estrangeiros e de nacionais —, os trabalhadores negros e mestiços perderam muito da primazia que desfrutavam no mercado citadino e tiveram suas experiências marcadas pela convivência com outros segmentos étnicos e sociais: dividindo bairros e coabitando moradias coletivas, compartilhando oportunidades de trabalho, amalgamando crenças religiosas e tradições culturais, a diversidade das classes populares implicou por certo adaptações, mas não significou de modo geral a diluição desses territórios. Pelo contrário, aumentando ainda mais o terreno das pluralidades sociais, é lícito supor que a identidade dos grupos negros manteve-se acentuadamente, em especial se for levado em conta que esta, de um lado, fundamentava a resistência contra a discriminação racial e, de outro, estruturava-se a partir da noção de pertencimento, conceito vital para a reconstituição de suas vidas após os traumatismos da experiência da escravidão.

Numa primeira mirada da sociedade urbana da passagem do século, não são nítidas as distinções entre os diversos segmentos que formavam as classes populares. A ocupação, a expansão desordenada do solo urbano, acentuada com a explosão demográfica, instalou-se nos interstícios das cidades — fundos de vales, várzeas dos rios, mangues, acompanhando as linhas de estradas de ferro, subindo pelas escarpas das montanhas e morros —, invadiu as zonas centrais, tomou conta da periferia e atingiu as adjacências rurais. As moradias populares que foram se multiplicando por esses locais acompanharam ou impuseram os traçados irregulares das ruas e obedeceram às imposições físicas dos terrenos e à disponibilidade de espaços. Os observadores que tentaram sistematizar em diferentes níveis de graduação os tipos de habitações característicos da época — cortiços, pensões, casarões plurifamiliares — acabaram por afirmar a alta densidade que caracterizava todas elas, a mistura de tipos sociais e de nacionalidades distintas. Nos lugares mais distantes, ou lado a lado com as edificações do centro das cidades, reproduziam-se em certo sentido as moradias das zonas rurais; repetia-se por vezes um mesmo padrão de construção, casas de meia-água, feitas dos materiais de que se dispunha — além do barro a sopapo, do sapé e da palha, resíduos materiais das atividades citadinas, caixotes de madeira, latas de querosene, folhas de zinco —, demonstrando acima de tudo a capacidade que os moradores tinham de se mimetizar com o meio, fosse qual fosse. No entanto, ao contrário das choças dispersas pelo interior, as chamadas casinhas enfileiravam-se, alinhadas ou desalinhadas, compartilhando muitas vezes de uma mesma cobertura, separadas por tênues paredes. A concentração, o viver conjunto em exíguos espaços, era o elemento mais característico da vida citadina e teve por certo profundas implicações.

Num padrão que se repete para outras grandes cidades, Everardo Backheuser distingue, para as classes populares do Rio de Janeiro dos inícios do século, as diversas alternativas de se morar: as habitações coletivas, as casas de cômodos, as estalagens e os cortiços, localizados sobretudo nas ruas da Cidade Nova, na Gamboa, na Saúde, na Frei Caneca. Ao definir a constituição dos cortiços, enuncia traços de sua aparência bem como de seu interior: "Pequenas casinhas de porta e janela, alinhadas, contornando o pátio, são habitações separadas, tendo a sua sala da frente ornada de registros de santos e anúncios de cores gritantes, sala onde se recebem visitas, onde se come, onde se engoma, onde se costura, onde se maldiz dos vizinhos, tendo também a sua alcova quente e entaipada, separada da sala por um tabique de madeira, tendo mais um outro quartinho escuro e quente onde o fogão ajuda a consumir o oxigênio, envenenando o ambiente. Dorme-se em todos os aposentos...".[96]

Também em São Paulo, de acordo com o relatório sobre as moradias populares, de 1893, encontra-se disposição similar: cortiços que ocupavam o interior dos quarteirões, formados por pequenas unidades que não chegavam a ultrapassar três por quatro ou cinco metros, construídas em torno de um pátio central no qual se localizavam a torneira, o banheiro e os tanques coletivos. Internamente, nota-se a mesma composição, a sala e o cubículo de dormir, este último sem qualquer tipo de ventilação. Na disposição dos móveis e na confusão das roupas salienta o intendente também uma certa desordem: "As paredes com quadros de mau gosto têm o reboco ferido por uma infinidade de pregos e tornos de que pendem vários objetos de uso doméstico e a roupa de serviço. Os móveis desagradavelmente dispostos têm sobre si empilhadas peças de roupas para lavar".[97]

Desde o século XIX, em muitas das cidades brasileiras — Rio de Janeiro, Salvador, São Paulo e Recife, entre outras —, as camadas populares assenhorearam-se também dos sobrados das zonas centrais, casarões deixados por seus habitantes originais, que passaram a preferir locais mais retirados, livres da insalubridade, das epidemias e da desordem que tomava conta do centro. Perdendo essas moradias sua feição afidalgada, aí a densidade de moradores era maior ainda; lá onde tinham vivido poucos indivíduos, concentraram-se dezenas de famílias que foram ocupando todos os espaços disponíveis: quartos que se subdividiam por paredes frágeis em inúmeros outros, becos formados debaixo das escadas, edículas que foram sendo construídas nos quintais, nos porões e sótãos, nos desvãos dos telhados ou dos pisos. Nesses locais reuniam-se tipos de trabalhadores e de ociosos, homens e mulheres honrados e desviantes, segundo os termos de Backheuser: "Trabalhadores, carroceiros, homens ao ganho, catraieiros, caixeiros de bodegas, lavadeiras, costureiras de baixa freguesia, mulheres de vida reles, entopem as casas de cômodos [...] velhos casarões de muitos andares, divididos e subdivididos por um sem-número de tapumes de madeira, até nos vãos dos telhados entre a cobertura carcomida e o forro carunchoso. Às vezes, nem as divisões de madeira; nada mais que sacos de aniagem estendidos verticalmente em septos permitindo quase a vida em comum, uma promiscuidade de horrorizar...".[98]

Ao contrário de parte dos registros iconográficos dos cenários urbanos dispostos sem que houvesse a presença de gente, as imagens das habitações populares feitas na época primam por focalizar em primeiro plano, parados na frente de suas casas, homens e sobretudo mulheres e crianças. Por vezes, flagram detalhes das construções e das atividades cotidianas, no geral mulheres envolvidas na lavagem das roupas na espécie de quadrilátero central, e sugerem o que havia de mais significativo na organização de suas vidas: o convívio apertado pela pobreza, a mistura de gerações, as atividades feitas em conjunto. O dia a dia das classes populares era, sem dúvida, marcado por tensões, conflitos e brigas domésticas agravadas por uma vizinhança extremamente próxima e pelas duras condições do sobreviver. Mas o quintal coletivo, para onde davam portas e janelas, onde se localizavam os tachos, as tábuas de bater e os aparadores de folhas de zinco para o trato das roupas, era o local onde se compartilhava das aflições, do cuidado das crianças e dos ensinamentos passados de geração a geração. Muitas vezes, simples receitas de quitutes, de benzeduras e simpatias contra as bicheiras das crianças, ou contra mau-olhado, oriundas de diferentes procedências, trocadas em dialetos e línguas distintas e que acabavam por ser decifradas por conta das urgências do sobreviver — vislumbres da riqueza de uma cultura urbana e popular nascida na composição multiétnica das cidades da época.

Numa perspectiva mais ampla, o levantamento de simples detalhes das condições de vida das classes trabalhadoras já deixa entrever fragmentos das dissonâncias que compunham as cidades, maneiras diversas de se vivenciar e de se apropriar dos espaços sociais. Ao detalhar a disposição dos cortiços e das habitações coletivas, nos quais somente frágeis biombos separavam a intimidade das unidades familiares, defrontamo-nos com outras dimensões para pensar a noção de privacidade, uma vez que o viver compartilhado fazia explodir aspectos imbuídos no conceito, ao mesmo tempo que sublinhava outros. Se a ideia de intimidade deve ser redimensionada com base em novos parâmetros, surgem em composição padrões de solidariedade e de trocas sociais que se apresentavam como mecanismos essenciais para a sobrevivência dos grupos populares; se o espaço dos interiores era exíguo, seus moradores faziam uso dos quintais coletivos, tomavam conta das calçadas diante das casas, das ruas e de seus pontos de encontro, dos botequins e dos mercados para estabelecer suas relações mediadas por outros elementos que não os que orientavam o viver das camadas dominantes ou que organizavam o trabalho fabril. A ideia de lar, de fato, tal como preceituada na época, não encontrava aí ressonância e nem mesmo se constituía em núcleo organizador de suas vidas, da mesma forma que as ruas não eram simplesmente espaço de circulação. Assim, como tem sido observado pelos estudiosos, "a concepção popular de moradia como espaço de sociabilidade se choca frontalmente com a representação do lar veiculada pelo discurso urbanístico da época".[99] Por esse e outros motivos, as favelas e os cortiços passaram a ser conceituados como "não casas", vistos como núcleos de desordem, insalubres e promíscuos.

Fragmentos de notícias sobre as condições de vida das classes populares urbanas surgiram imbricados nas ações públicas e, sobretudo nesse período, naquelas produzidas na esteira do combate às epidemias que assolaram as cidades brasileiras. Aproximadamente entre os anos de 1890 e 1920, surtos de febre amarela, de febre tifoide, de varíola, de peste bubônica e da terrível influenza, a gripe espanhola, apareceram, expandiram-se e dizimaram parcelas dos moradores citadinos, atingindo especialmente seus setores mais pobres, mas não exclusivamente a eles.

A ocorrência das epidemias evidenciava, a um tempo, o anacronismo das estruturas urbanas em face do adensamento populacional e as precárias condições de vida de uma população que não parava de crescer, os quais, juntos, transformavam as doenças em endemias quase inextirpáveis.[100] Já os relatórios das autoridades sanitárias que atuavam nas epidemias de febre amarela, na São Paulo dos inícios do século, diziam da extrema dificuldade em conter a proliferação dos mosquitos transmissores "em casas não forradas [...] verdadeiras pocilgas, em que as suas paredes e coberturas tinham caráter de verdadeiras redes", tamanha sua fragilidade.[101] Ao ser obrigados a penetrar nesses locais, os inspetores sanitários pressentiam as condições que irremediavelmente ocasionariam a propagação das doenças: além da falta de equipamentos sanitários, as situações de mobilidade e de aglomeração características do viver urbano. Em 1903, um desses doentes era "Pedro Cassano, solteiro, italiano de 20 anos, vendedor ambulante de peixe, recém-chegado da Capital Federal, indo direto para uma moradia comum [...] prédio encravado no meio de muitos outros, tem tanque comum para a lavagem de roupas, onde foram lavadas as roupas do doente, e uma só latrina...".[102] Mesmo para as camadas mais abastadas, viver nas cidades, especialmente na época do verão, era empreendimento arriscado. Olavo Bilac relata os temores que invadiam a sociedade carioca quando se aproximavam os meses de estio: época tradicionalmente festiva, ele via a animação se deslocando junto aos setores mais ricos para a formosa Petrópolis, "coroada de rosas vermelhas e camélias alvas, cortejada pela gente feliz e elegante", "enquanto na velha cidade tomada de sol, cheia de miasmas, sob a revoada dos mosquitos servidores das febres, fica a gente que trabalha sem descanso, penando e suando".[103]

Conjuntamente com os projetos de remodelação urbanística e as demolições que dariam lugar à nova paisagem, os códigos sanitários elaborados nos inícios da República se voltam contra as formas coletivas de moradia, configuradas como centros irradiadores de epidemias, além de assegurar ao poder público o direito de intervenção no cotidiano de seus moradores e nos moldes de sua sobrevivência.[104] Conferindo aos agentes sanitários, médicos, fiscais e caça-mosquitos um poder desmesurado em nome da saúde pública, as campanhas contra as epidemias se defrontaram com entraves provenientes de características inerentes à organização das classes populares: o controle das doenças deveria levar em conta a infixidez dos moradores das favelas e cortiços e enfrentar a indisposição deles contra as ingerências do poder público no seu cotidiano, especialmente na ocasião da higienização dos domicílios ou quando eram coagidos às campanhas de vacinação obrigatória. Em que pese a capacidade que os sanitaristas da época tiveram de controlar e extirpar doenças endêmicas, como, por exemplo, a febre amarela e a varíola, a cada intervenção a mobilidade crescia, e cresciam também as resistências e os protestos. Protestos estes que poderiam se manifestar em simples impropérios dirigidos aos agentes sanitários até rebeliões mais contundentes, como as que marcaram a cidade do Rio de Janeiro no ano de 1904, ou os motins populares ocorridos em Santos, em 1889, em que se mesclavam as reivindicações das primeiras greves de estivadores com exigências de maior atenção aos doentes atacados pela febre amarela.[105]

Uma vez que não se saneavam os problemas em sua origem, a derrubada dos cortiços e a interdição dos domicílios que não apresentavam as condições sanitárias desejadas provocavam tão somente novos deslocamentos e a formação de novos antros da miséria, no dizer dos sanitaristas. A cada epidemia desnudavam-se a intensa mobilidade das populações urbanas e a rotatividade de alguns de seus segmentos, sobretudo nas cidades portuárias que, além de comportar contingentes em constante trânsito, marinheiros vindos de todas as partes, eram vistas como locais de passagem, simples acampamentos à espera de novas oportunidades. Nos últimos anos do século XIX, a situação da cidade de Santos era exemplo vivo do que ocorria em inúmeras outras: "Quando fecha-se um desses cortiços, toda essa gente desalojada corre por todos os pontos da cidade à procura de cômodos. A notícia correndo de boca em boca traz sobre a Comissão [Sanitária] pragas e maldições, porquanto a maior parte dessa gente considera Santos uma cidade de acampamento, uma cidade em que eles devem estar sempre de pé no estribo, e por isso, sujeitando-se a todas as agruras e oscilações da sorte [...] A prova disso é que em Santos nada é tão variável como a população dessas pocilgas, que não é a mesma de seis em seis meses".[106]

Epidemias e sanitarismo, intervenções e resistências, poder e multidão foram binômios que cadenciaram os ritmos da vida das cidades brasileiras da época e em cuja dinâmica imbricou-se o próprio movimento de constituição do poder social e das formas de domínio instauradas pela República brasileira. As revoltas contra as campanhas de vacinação obrigatória, os movimentos policlassistas contra a carestia e o aumento dos preços de gêneros e transporte, e as primeiras grandes greves do operariado nascente, que ocorreram ao longo das décadas iniciais do século XX, enunciam o novo componente presente no jogo político da época: a multidão. De fato, desde os finais do século XIX, a multidão fazia sua aparição como elemento inerente ao tecido urbano, especialmente ao das grandes cidades, em efervescência constante, ora abrilhantando as festas cívicas do final do Império — as comemorações da Abolição, o aniversário do imperador em 1888 e outras tantas —, ora revelando sua face conturbada e indisciplinada — nos movimentos sociais que tomaram conta das ruas do Rio de Janeiro e de São Paulo.[107] A tradicional festa da Glória, no Rio, propiciava ocasião especial em que se procurava consolidar os elos entre a massa da população e os representantes do poder. Em 1930, evocando-a dos tempos idos da monarquia, Manuel Bandeira assinalava esse sentido que, segundo ele, foi aos poucos se perdendo, ou sendo transferido para outras ocasiões. A festa reunia "todas as raças, desde o caucasiano sem mescla até o africano puro", todas as posições sociais e profissões, destacando-se, no ápice da colina, a figura dos "imperadores do Brasil, e antes deles os vice-reis e governadores gerais" que "compareciam todos os anos à festa, prestigiando com a sua presença a tradicional solenidade, e isso dava ao cortejo um cunho de comunhão democrática que singularizou entre todas as comemorações eclesiásticas o dia da Glória do Oiteiro".[108]

Entretanto, os episódios políticos dos inícios da República fizeram aflorar muito mais as relações conturbadas e ambíguas que se estabeleceram entre o poder e a multidão. Desde os acontecimentos dos finais do século XIX, o epicentro da turbulência da plebe urbana era, sem dúvida, a capital federal, que, ao longo do período, conheceu momentos de extrema agitação. Turbulência expressiva que chegou a delinear linhas de atuação do poder central: em 1908, o presidente Campos Sales ditava a maneira pela qual a nação deveria ser gerida: "É de lá [dos estados] que se governa a República, por cima das multidões que tumultuam, agitadas, nas ruas da Capital da União".[109]

Em seu estudo sobre o século XVIII francês, Arlette Farge avalia os comportamentos das massas populares parisienses em sua feição múltipla — aparecendo ora como multidão engajada, necessária à própria soberania do poder, ora como massa indisciplinada, agitada e desordeira, incapaz de preencher os projetos a ela destinados: "Em sua própria evidência, ela tem algo de irreconciliável com o projeto perpetuamente elaborado a seu propósito, a saber, aquele de uma coletividade naturalmente laboriosa, fiel e submissa e aprovadora de uma ordem que vem de cima".[110] Ordem esta que de fato não se realizava.

A par de registros interessados no inusitado e no exótico presentes em alguns cronistas, é importante notar que os flagrantes do cotidiano das classes populares vieram à luz sobretudo quando acontecimentos excepcionais quebravam bruscamente a rotina da cidade, quando emergiam os conflitos, as tensões e o descompasso no geral diluídos no ritmo do dia a dia; numa escala individual, delitos, prisões e julgamentos em que estiveram envolvidos indivíduos pertencentes a esses setores; em termos mais amplos, os movimentos insurrecionais das camadas populares tais como os que ocorreram no período conturbado da Primeira República. Assim, se Canudos revelou a face desconhecida de largos segmentos da população brasileira, nas cidades a Revolta da Vacina de 1904, a Revolta da Armada de 1910, a Greve Geral de 1917 em São Paulo, e, numa cadência mais contínua, as graves epidemias, deixaram à mostra as feridas de uma sociedade em formação.

Episódio exemplar das manifestações policlassistas da época em questão, a Revolta da Vacina exprimiu os descontentamentos difusos e as reivindicações pouco claras das camadas populares do Rio de Janeiro, mas deixou evidente que estas não toleravam invasões truculentas na organização de sua sobrevivência e no interior de suas moradas, que não admitiam a violação dos corpos de suas mulheres e crianças,[111] e suspeitando das profilaxias impostas, enunciavam outras percepções e outras maneiras de conceber e contornar as doenças, vistas por vezes como desagrados de deuses e orixás.[112] Na época, somente um sanitarista familiarizado com as crenças populares, sobretudo com as dos segmentos negros, poderia vislumbrar o sentido daquilo que era evidenciado claramente pelas ruas das cidades quando grassavam as epidemias. Ao percorrer as ruas de Salvador, observava Nina Rodrigues:

> Em um só dia que as exigências da clínica me fizeram percorrer grande parte da zona mais vitimada pela varíola, tive ensejo de contar vinte e tantos desses estranhos depósitos feitos da noite precedente.
>
> Prende-se este fato a uma crença fetichista africana, profundamente enraizada na nossa população. A erupção variólica representa para ela apenas uma manifestação da possessão pelo *orisa* Saponan, Homonolu ou Abaluaê.
>
> Decorrem desta concepção crenças populares que se transformam em obstáculos insuperáveis à aplicação regular das medidas sanitárias profiláticas. A população de cor despreza a vacina porque está convicta de que o melhor meio de abrandar a cólera do *orisa* é fazer-lhe sacrifícios que consistem em lançar nos cantos das ruas em que ele habita a sua iguaria favorita — milho estalado em azeite de oliva [...].
>
> Ora, se na população da capital têm curso práticas e doutrinas desta natureza, pode-se prever o que há de ser a religião dos sertanejos.[113]

Também no mundo dos arredores ainda de feição caipira da capital de São Paulo, à medida que a vacina ia de encontro a concepções tradicionais das doenças e sua obrigatoriedade era vista como imposição truculenta e por vezes ameaçadora, a reação às campanhas poderia se manifestar de outras formas. Colhida entre as narrativas populares que se fixaram na memória dos moradores de Santo Amaro, conta-nos Frederico Lane a história de um caipira rebelde que, diante do destacamento policial que o fora buscar para ser vacinado, protegia com ameaças sua integridade bem como a de sua família: "Avistando os soldados, o homem, certo de que defendia seus direitos, trancou a família dentro da casa e encostando-se na parede da frente, armado de afiadíssima foice, gritou: 'Meceis póde me vaciná. Mais eu também vacino argun de foice!'".[114]

O que deve ser assinalado é que, para além de uma conceituação estreita e unívoca que aprisiona os comportamentos das classes populares em avaliações que privilegiam seu aspecto desordeiro, promíscuo e sobretudo anárquico, em diferentes níveis de sua organização, faziam-se manifestas concepções próprias que se adequavam às contingências singulares e nelas configuravam as estratégias que garantiriam sua sobrevivência. Além disso, como assinala ainda Farge, costuma-se reter as imagens veiculadas pelo sistema de poder, que percebia a multidão como um bloco compacto, homogêneo, cujas diferenciações e hierarquias pouco se distinguiam, e cujas tensões internas, concepções e atitudes plurais decifravam-se ainda menos.[115] Obliterar formas sociais e de convívio dissonantes ao projeto modernizador, negar a diversidade da nação por meio de um discurso que homogeneizava, foram intenções claras dos registros históricos produzidos no período que vimos abordando. Se, no caso das populações que viviam no interior do país, isso foi facilitado pela distância destas dos centros da modernidade, tornava-se de fato mais complexo quando referido às camadas populares das cidades. Aqui, destacar o anacronismo do que era estranho, ou mesmo interessante, foi um modo de se contornar o que não poderia ser negado: sua presença constante no cenário citadino.

TRABALHO E SOCIABILIDADES NO MUNDO DAS CIDADES

Na economia urbana da passagem do século, a expansão das cidades gerou sem dúvida uma ampliação nas oportunidades de trabalho, mas esta se deu mais no setor de serviços e nos espaços da economia informal, das vendas ambulantes nas ruas aos pequenos negócios de fundo de quintal, do que nos diversos ramos da indústria. Os estudiosos apontam para uma industrialização ainda dispersa, aferrada à produção de gêneros de consumo — indústrias têxteis, aniagens e tecidos de algodão e de lã, bebidas e objetos de uso —, incapaz de absorver o número crescente de trabalhadores que chegavam em proporção superior à das necessidades ou demandas das novas indústrias.[116] Mesmo em sua aparência, os primeiros tempos da industrialização manifestavam-se de maneira tímida e oscilante — galpões atijolados emparelhados às casinhas dos distritos populares, seguindo ao longo das linhas férreas, com as quais tinham ligações diretas, expandindo-se em direção às adjacências rurais. Bairros populares que se delineavam como "um ininterrupto suceder de pequenas habitações, quase sempre térreas e sem nenhum jardim à frente, geralmente geminadas (duas a duas, quatro a quatro), todas mais ou menos iguais, de estilo pobre ou indefinível. Estendem-se assim, em sua monotonia e em sua humildade, em filas intermináveis, que chegam a ocupar quarteirões inteiros. No meio delas, porém, surge de quando em vez a pesada e característica fachada de uma fábrica ou, então, pequenas oficinas ou fabriquetas".[117] Ou ainda, em decorrência de peculiaridades dos primórdios da industrialização brasileira, construções que se dispersavam por entre as zonas mais afastadas dos subúrbios e onde era possível vislumbrar, com muita frequência em São Paulo do período, "as fábricas emolduradas pela vegetação de sítios e roças, o terreno salpicado aqui e ali de casas operárias e casas camponesas".[118]

Junto ao mercado de trabalho informal sobreviviam não só os grupos nacionais como também os contingentes de imigrantes que igualmente aderiram à intensa mobilidade das populações, uma vez que também não se fixavam e que, particularmente no interior de São Paulo e após as colheitas de café, punham-se em trânsito, procurando outras fazendas ou dirigindo-se às cidades onde se deixariam contaminar pelas formas plásticas do sobreviver, impostas, é claro, pelas contingências do mercado de trabalho.[119] Sob tais aspectos, comentava Pierre Denis, rapidamente abrasileiraram-se.[120] Quanto às populações de negros e mulatos, conservavam-se nas suas antigas funções, nas vendas ambulantes, no setor de carregamentos e transportes, nos cultivos agrícolas dos arrabaldes das cidades, prestando serviços como funileiros, marceneiros, catraieiros, carregadores, ensacadores, ou ainda nos trabalhos vistos como degradados. Nina Rodrigues, observador do mercado de Salvador, comenta o emprego dos ex-escravos africanos:

> Depois da Abolição, em 1888, os Africanos afluíram todos para esta cidade e nela concentraram-se. Apenas um número muito limitado ainda vive nas cidades do centro, em Cachoeira, Santo Amaro, Feira de Santana, em um ou outro engenho da zona açucareira do Estado. Passou para eles o período das grandes atividades. Limitam-se hoje ao pequeno comércio e a fretes. As mulheres, em vendas ou quitandas, nas portas das casas ou ambulantes em tabuleiros, praticam o comércio urbano de comidas feitas, especialmente dos preparados culinários africanos, muito do sabor da população, de condimentos, frutos, legumes, produtos da Costa (xoxó, abuxó, azeite de dendê, contas usadas na África e utilizadas nas práticas do culto nagô-jeje). Os homens, os mais válidos, são ganhadores ou mariolas; poucos conduzem ou carregam as últimas cadeirinhas ou palanquins, outros são aguadeiros; alguns, pequenos lavradores ou criadores nos arrabaldes ou roças da vizinhança da cidade [...] Preferem a convivência dos patrícios, pois sabem que, se os temem pela reputação de feiticeiros, não os estima a população crioula.[121]

Em quase todos os setores mencionados tiveram que disputar as oportunidades intermitentes de trabalho, tarefas e ofícios com os imigrantes, concorrência esta que, se em geral se deu de forma passiva, não eludiu confrontos mais contundentes. As fricções étnicas ocorreram sobretudo em determinadas áreas e funções, marcadas por ondas de xenofobia, como, por exemplo, em 1908, nas lutas entre nacionais e imigrantes pela disputa da Sociedade de Resistência dos Trabalhadores em Trapiche e Café, no porto do Rio de Janeiro, até então reduto tradicional dos grupos de trabalhadores negros e mulatos da área da Saúde.[122] Em

São Paulo, manifestaram-se em 1896, em torno do caso do Protocolo Italiano, em choques que tiveram como palco os bairros de maioria italiana, Brás e Bom Retiro, e que, segundo Boris Fausto, punham a nu as tensões acumuladas na cidade.[123]

Nas condições de intenso crescimento demográfico em cidades que tinham, de fato, pouco a oferecer, as atividades da economia informal por si só demonstravam o fenômeno de sua multiplicação, garantindo o sobreviver de largas camadas da população. Sublinhe-se a capacidade desses setores em se adequar a cada nova conjuntura e a de se espalhar em direção a tantos trabalhadores, criando por vezes novas atividades, como, por exemplo, aquelas ligadas à chamada indústria de trapos, florescente sobretudo na época da Primeira Guerra Mundial e que se alimentava dos resíduos de tecidos e de aparas de papéis produzidos pela sociedade urbana, originando uma multiplicidade de tipos de catadores, comentados por João do Rio entre as estranhas e pequenas profissões de sua época.[124] Em outros termos, também Pierre Denis estranhava a quantidade mínima de trabalho capaz de ocupar um grande número de trabalhadores: "Se quereis um barco, vinte barqueiros disputam a honra de vos servir. No mercado de Pernambuco lembro-me de ter visto vinte vendedoras, cada uma com seu tabuleiro de fruta, podendo caber toda ela em dois cestos".[125]

Em São Paulo, particularmente o bairro do Bexiga congregou a diversidade social e étnica da população pobre da cidade, ilustrando ainda o compartilhar de meios de sobrevivência informal entre imigrantes e negros. Área de ocupação antiga e historicamente demarcada pela existência de redutos de escravos fugidos, forros e africanos livres da época do Império, nos inícios do século conviviam os moradores originais com os recém-chegados que aí se estabeleceram em razão da barateza dos terrenos e a existência dos casarões: portugueses, espanhóis e sobretudo italianos que imprimiriam ao bairro sua feição tradicional.[126] Encravado entre os vales dos afluentes do Tamanduateí — Anhangabaú e os riachos do Saracura Grande e o Pequeno — e as partes altas da Bela Vista e o espigão da Paulista, era o

Bexiga nessa época espaço ainda aberto, cortado por descampados e poucas ruas, relativamente amplas e pavimentadas. Nas lembranças de um menino, imigrante romeno que percorria o bairro como vendedor ambulante de roupas — o turco da prestação, como era chamado —, a ocupação desordenada que à primeira vista não se fazia sentir, escondia-se no interior dos quarteirões, onde se multiplicavam os "becos, vielas e subvielas, meandros, nichos e escaninhos", formando conjuntos de moradias que desciam em direção aos vales, em íngremes escadarias, e onde, "em cada patamar, ladeavam portas que se abriam para outras portas e atrás de cada porta uma família de oito a dez pessoas".[127]

Enquanto na Mooca ou no Brás predominavam as primeiras aglomerações operárias, os moradores do Bexiga eram, em sua maioria, tarefeiros, sem vínculo empregatício, vivendo de expedientes variados oferecidos em virtude do crescimento da cidade: vendedores de gelo e de produtos alimentícios, carpinteiros, sapateiros, carroceiros etc. Mantinham-se ainda como tais na década de 1930, quando passaram a ser exímios abridores de buracos, para a Repartição de Águas e a Companhia de Gás, lascadores de pedras, ajudantes de pedreiros nas obras que a Companhia City realizava na região de Pinheiros.[128] As mulheres do bairro, por sua vez, ocupavam-se sobretudo da lavagem de roupas, batidas nas pedras às margens dos riachos ou nos tanques coletivos, afazeres para os quais contavam com a ajuda de suas crianças que, com grandes trouxas de roupas, iam e voltavam das partes altas onde morava a clientela, encarregadas também, ao longo do dia, de vigiar a secagem das mesmas, guardadas tal como um rebanho.[129]

Assim, o que importa assinalar é que, ao contrário dos projetos que tentaram organizar a paisagem urbana numa imagem única, ela oferece centenas de meandros, ressurgindo multifacetada especialmente ao se levar em conta outras estratégias de sobrevivência, outras sociabilidades que não só as das classes dominantes. Mesmo a configuração urbana deve ser abrandada, sobretudo retrocedendo-se um pouco aos finais do século XIX, quando muitas das cidades brasileiras guardavam ainda ilhas de ecologia relativamente intactas no seu interior. A expansão urbana desordenada levava à alternância de zonas de alta densidade com áreas de ocupação rarefeita, preservando-se ainda descampados, matas, beiras de rios que constituíam locais importantes para a sobrevivência das populações.[130] Pelas ruas das cidades ou nos mercados, junto aos roceiros dos arredores, misturavam-se vendedores ambulantes de lenha, de carvão, de peixe, imprimindo uma característica toda especial aos baixios da cidade, chamando a atenção das autoridades que procuravam higienizar os logradouros públicos. Nem mesmo o mundo rural ficava tão longe assim; matizando os ares cosmopolitas e modernos do Rio de Janeiro da passagem do século, Lima Barreto evocava, em 1919, trechos de sua infância que havia passado na ilha do Governador, quando seu pai fora transferido para a Colônia de Alienados: "Vivendo, por assim dizer, isolada do Rio de Janeiro, quase sem comunicações diárias com o centro urbano, abandonada pelos grandes proprietários, devido à decadência de suas culturas perseguidas atrozmente pela saúva, estava todo ela [a ilha] entregue a moradores pobres, apanhadores de suas frutas semissilvestres, como caju, lenhadores e carvoeiros, pescadores e alguns roceiros portugueses que tenazmente se batiam contra a implacável formiga, fazendo roças de aipins, de batatas-doces, de quiabos. Essa espécie de 'enclave' que era a ilha do Governador naquele tempo, profundamente rural e pobre, aqui pertinho da capital do Brasil, foi que me deu uma reduzida visão da roça e de hábitos e costumes roceiros".

Morando, por volta de 1890, no lugar denominado Galeão, o autor relembrava ainda das antigas práticas sociais, entre elas as cavalhadas, realizadas na esplanada defronte à igreja da freguesia, e os cultos religiosos feitos aos santos, presididos por "capelães rústicos, isto é, 'rezadores' ingênuos e ignorantes, que diante de toscos oratórios acompanhados pela assistência, entoavam nas cabanas ladainhas e outras orações".[131]

A manutenção de matas e fundos de vale tinha uma importância estratégica na preservação de ritos religiosos disseminados entre as camadas populares citadinas. Aos locais onde a natureza se encontrava ainda relativamente preservada deslocavam-se feiticeiros, curandeiros e benzedoras em busca de suas ervas e raízes curativas ou simbólicas, alimentando-se da crença de que as arrudas, as guinés, as samambaias aí colhidas possuíam força mágica superior à daquelas plantadas nos jardins das casas.[132] É claro que a urbanização, e em especial o controle das autoridades policiais, acabou por restringir rituais de maior visibilidade, feitos em lugares relativamente públicos, embora considerados sagrados. Relembrava Andreza Maria, mãe de santo da Casa das Minas, em São Luís do Maranhão, que a Água, usada nos cultos voduns, era buscada em jarras na Fonte do Apicum, no Caminho da Boiada, mas "como não se pode ir à fonte [...] sem chamar atenção e porque o povo acusaria as *Noviches* de feitiçaria, colhemos agora essa Água das torneiras...".[133] Por outro lado, à medida que se adensavam nas cidades etnias e crenças distintas, a grande demanda por ervas e objetos de magia provocava o surgimento de mercadores especializados nesse tipo de comércio — ervanários e raizeiras que se confundiam eles próprios com feiticeiros e curandeiras, dada a familiaridade com os atributos e o manuseio das ervas e dos objetos.

Responsável pelo registro de imagens desse comércio nos mercados de São Paulo, em 1920, o botânico Frederico Hoehne, do Instituto Butantan, ficou encantado com a panaceia de produtos, objetos e fetiches que se punham à venda nos ervanários e, junto ao trabalho científico de classificação das ervas e do reconhecimento de suas qualidades terapêuticas, aproveitou para fazer digressões sobre a aparência desses estabelecimentos, onde para andar era necessário se defrontar com amarrados de ervas, cestos com sementes e cuidar para não se embaraçar em ramos, feixes de cipós que pendiam do teto, "em mistura com estorricadas peles de cobras, jacarés, lagartos, tatus e molhos de cebolas entre os quais teríamos de nos esgueirar, evitando ainda as cestas diversas, vidros de óleos, pastas de cera da terra, em profusão no assoalho, com o risco de furarmos o chapéu de encontro com as muitas couraças de tatu ou derrubar uma daquelas pilhas mal fixadas, sujeitando-nos por isso a indenizações de prejuízos causados".[134]

Utilizava-se o botânico de um mesmo tom impressionista e de recursos similares que pontuavam, nas notícias da imprensa da época, as descrições das moradias de homens negros acusados de praticar ritos de feitiçaria e nas quais era sublinhada a imagem do exotismo, do primitivismo e da barbárie desses setores. No entanto, conforme tem sido destacado, exotismo que pode ser visto sob outra ótica, em seu efeito de dupla mão, quando era também utilizado como artimanha de resistência cultural, provocando naqueles que dele se aproximavam sentimentos ambivalentes de medo, respeito e também de atração, e que junto ao segredo — "a guarda zelosa de áreas proibidas ou interditas a estranhos" — produziam a perplexidade que acabava por atingir o "outro", desorientando-o, distanciando-o.[135]

De forma mais disseminada em trechos da cidade do Rio de Janeiro, comentadores da vida carioca, tais como Lima Barreto, pressentiam "alguma coisa de aringa africana" ao vislumbrar para os lados da Conceição, da Prainha e de Santa Rita a proliferação das quitandas, dos galinheiros, das baiucas dos ervanários, minas e mandingas que davam um ar característico à região do Valongo, dos morros da Saúde à Cidade Nova.[136] De fato, estava-se diante de cenários físicos que foram sendo apropriados pelas camadas populares e nos quais estas imprimiam a força de sua visibilidade, seus sons e ruídos, suas formas de expressão. Espécie de transfiguração da paisagem citadina que poderia atingir, por vezes, locais públicos que se transformavam em territórios sagrados: segundo uma velha tradição existente em Porto Alegre, o mais antigo axé da cidade teria sido assentado no centro do Mercado Público, que por sua configuração física formava uma encruzilhada, fazendo deste um ponto de referência para as gerações de batuqueiros que se seguiram ao ato fundador.[137]

Aos poucos vão sendo desvendados sentidos implícitos em locais, objetos, ervas e determinados tipos de comidas, enunciando elementos que davam coesão a crenças e a rituais afro-

-brasileiros que ora se preservavam, ora se transmudavam mas que se mantinham concatenados às suas tradições e raízes culturais e religiosas. Tradições estas que se mostravam mais presentes em cidades como Salvador, que nunca teve cortados seus laços com a África e onde era notável o comércio de produtos vindos diretamente da Costa — "noz de cola (obi e órobo), azeite de dendê, ao lado de panos e sabão da Costa e outros objetos de culto religioso" —,[138] escambo do qual se utilizava igualmente o ir e vir de notícias dos familiares africanos, realizado de maneira discreta e no circuito da oralidade desses grupos e, assim, ignorado pela sociedade dominante, no dizer de Verger.[139] Também no Recife, comercializavam-se objetos religiosos da mesma procedência, entre eles búzios e *aguiri* da Costa, este último constituído de "três pequenas caixas de ouro em forma de pentágono, ligadas por um cordão", usado como meio de proteção, bem como para atrair boa sorte.[140] Dos portos do Nordeste, muitos dos produtos seguiriam em direção ao Rio de Janeiro, onde atenderiam às demandas dos negros imigrados para essa cidade e que, desde o último quartel do século XIX, gravitavam em torno das famosas tias baianas da "Pequena África", dos cultos que presidiam e dos grupos de lazer que se formavam a sua volta.[141]

A apreensão das vias informais de agrupamento social permite que sejam esmiuçados sentidos particulares que os laços primários e as formas associativas foram tomando no âmbito da organização dos grupos aqui abordados. Mais particularmente, obrigados a restaurar noções e valores lesados pela experiência da escravidão, os escravos e os ex-escravos recompunham o sentido de família em direções amplas, estendendo-a das células nucleares para o contexto de grandes parentelas, mobilizadas por meio de hierarquias e de vínculos religiosos, de parentescos de fundo étnico ou aqueles forjados no tráfico e nas quais os designativos *pai*, *mãe*, *tia* eram utilizados em relações que superavam as da simples consanguinidade. A noção de pertencimento, elemento central no processo de reorganização social dos afro-brasileiros, era o lastro que dava sentido ao que Artur

Ramos chamaria de "o espírito associativo dos negros brasileiros": entre outros exemplos, as famílias de santo nos candomblés, nas macumbas e nos batuques; os cordões e os ranchos carnavalescos; os cantos dos ganhadores; as maltas de capoeiras; o povo do Catumbi, o pessoal do Bexiga, a turma da Barra Funda, os valentões da Glete etc. Grupos de famílias negras constituídas nos inícios do século e que mantiveram tradições culturais e associativas singulares, as quais, quando relembradas, provocariam fortes sentimentos de saudosismo. Participante dos primeiros cordões carnavalescos da Barra Funda, relembrava Donata Ramos que quando o Camisa Verde foi reorganizado em 1950, saindo com as marchas antigas, provocou uma "choradeira" geral no bairro: "Na Barra Funda as nega veia veterana desmaiô: 'Ai! Donata!' [...] e desmaiô".[142]

O papel de liderança das mulheres delineava-se sobretudo junto às coletividades afro-brasileiras, organizadas como grandes parentelas e estruturadas em torno de cultos, danças e cânticos e dos primeiros agrupamentos carnavalescos — os ranchos e cordões dos inícios do século.[143] Nas crônicas e nos relatos em que as classes populares vêm em geral sob o manto do anonimato, quase sempre sem rosto, os observadores não puderam deixar de mencionar nominalmente as famosas mães de santo, líderes dos agrupamentos do Rio de Janeiro, de Salvador, do Maranhão, de São Paulo, a larga influência junto aos demais setores sociais citadinos e os elos que, por vezes, elas instituíam com altas esferas do poder, garantindo a respeitabilidade e a proteção de suas Casas; entre outras, tia Ciata, da Pequena África, mãe Aninha, do Gantois, tia Emiliana, da Barra Funda, e mais tarde, Andreza Maria, da Casa das Minas em São Luís do Maranhão. Sobre a extensão da influência desta última, dizia Nunes Pereira: "A presença da Dona dessa Casa se denuncia nos mais obscuros fatos domésticos e nas maiores solenidades" — segundo nos relata o autor: no gosto estético dos penteados das *Noviches*, no preparo e na ornamentação dos pratos, na disposição interna da Casa e dos rituais, nos trajes e nas atitudes dos membros daquela família.[144]

Destaques de gênero e de papéis informais que decorriam das tradições de matrilinearidade africana mas que haviam sido lentamente consolidados nas lides diárias e nas experiências de vida das forras na sociedade do Brasil colonial e imperial, constituindo, no momento da reorganização pós-abolicionista, esteio de manutenção de tradições culturais, valores e solidariedade dos setores de negros e mulatos.[145]

A percepção da importância que os nexos associativos tiveram na reestruturação pós-abolicionista não implica necessariamente dizer que os grupos de homens negros e mulatos fossem coesos e que inexistissem entre eles distinções e graduações sociais. É comum nos registros das primeiras gerações do século a menção de que existiam as famílias e em torno delas, ou fora delas, os valentões, os boêmios, os capoeiras, grupos de trabalhadores menos favorecidos pelo emprego público ou por ofícios manuais, no geral empregados como carregadores dos armazéns dos portos e das estradas de ferro. Segundo o depoimento de um velho sambista de São Paulo, embora esses setores não participassem dos festejos das famílias, mantinham entre si relações amistosas — "mas era coisa à parte", faz questão de sublinhar.[146] Mas também eles, setores vistos como menos disciplinados, tinham maneiras próprias de se posicionar socialmente, enfrentando aquilo que, na ótica da sociedade mais ampla, os desqualificava. Versados nas artes da capoeiragem, reunindo-se em determinados pontos das cidades — no morro do Castelo, do Rio de Janeiro,[147] em São Paulo no morro do Piolho do Cambuci, no trecho inferior da rua Glete, próximo à linha férrea,[148] em Salvador no bairro da Sé, no Terreiro de Jesus —, eram logo reconhecidos, segundo o depoimento de Manuel Querino, por uma atitude singular do corpo, pelas roupas que trajavam e por adereços ou insígnias que denotavam força e valentia e, sobretudo, por um gestual característico que denotava estarem sempre de sobreaviso: "O capoeira era um indivíduo desconfiado e sempre precavido. Andando nos passeios, ao aproximar-se de uma esquina tomava imediatamente a direção do meio da rua; em viagem, se uma pessoa fazia o gesto de cotejar a alguém, o capoeira de súbito, saltava longe com a intenção de desviar uma agressão, embora imaginária".[149]

Ao longo do Império, sobretudo na segunda metade do século XIX, os capoeiras foram elementos indispensáveis nos pleitos eleitorais das cidades do Nordeste e na movimentação política da corte, os preferidos dos aliciadores na guerra contra os paraguaios, abriam as procissões religiosas e o desfile dos ranchos negros nos Carnavais dos inícios do século. No entanto, figuras potencialmente perigosas, suas lideranças foram as primeiras a sofrer as intensas campanhas e perseguições movidas pelas autoridades policiais da República, sobretudo nos grandes centros urbanos. Perseguições que se sucederam contra os vadios, os que não tinham residência ou trabalho fixos, os curandeiros, os feiticeiros, os candomblezeiros, alvos preferenciais de uma política que procurava disciplinar as ruas e os hábitos populares.

"Rua foi feita para ajuntamento. Rua é como cobra. Tem veneno. Foge da rua!" — máxima popular de sentido ambivalente e declinada em eubá — uma das línguas gerais dos africanos no Brasil —, recolhida nas ruas cariocas por João do Rio, sintetiza o significado do espaço público na vivência dos grupos populares e enuncia a ampla gama de trocas sociais que aí eram experimentadas, bem como dos perigos que deveriam ser enfrentados.[150] Viver nas precárias condições das cidades, cercados por ameaças de diferentes proveniências, epidemias, inimigos e rivais, intimidação constante de ser preso como desclassificado eram, entre outros, desafios frequentes que demandavam proteção regular que se buscava por meio do "fechamento do corpo", da posse de amuletos e patuás, nos quais trariam suas orações, muitas delas quase iguais àquelas que usavam os homens do interior ou ainda similares às que portavam as populações brasileiras desde as longínquas épocas da Colônia:

> O meu corpo não será preso, nem ferido, nem meu sangue derramado.
>
> Andarei tão livre como andou Jesus Cristo, nove meses no ventre da Virgem Maria.

Meus inimigos terão olhos e não me verão, terão boca e não me falarão, terão pés e não me alcançarão, terão mãos e não me ofenderão, pela glória de São Jorge, Amém, Jesus.

(Quem trouxer esta oração no pescoço não morrerá ofendido pelo inimigo).[151]

A busca de proteção permeava também os signos que faziam inscrever em seus próprios corpos, tatuagens cujo sentido, em toda a sua extensão, ninguém melhor do que o mesmo João do Rio para descrever: "A tatuagem é a inviolabilidade do corpo e a história das paixões. Esses riscos nas peles dos homens e das mulheres dizem as suas aspirações, as suas horas de ócio e fantasia de sua arte e a crença na eternidade dos sentimentos — são a exteriorização da alma de quem os traz". Continuando suas observações, afirmava o cronista que os símbolos de proteção eram variadíssimos e mudavam segundo a etnia, as crenças e os ofícios de quem os portava; entre eles, notou no corpo de pais de santo e mães de santo do Rio as figuras dos seus orixás protetores, mas quando indagados sobre a presença da coroa imperial, hesitavam, "coçam a carapinha e murmuram num arranco de toda a raça, num arranco mil vezes secular de servilismo inconsciente: — Eh! Eh! Pedro II não era o dono?". E, sobretudo, não se deixavam fotografar, "com um pavor surdo como se fosse crime usar essas marcas simbólicas".[152] Pois que elas poderiam denunciar aquilo que muitas vezes não poderia ser proferido publicamente, entre outros sentimentos, a extrema afeição que as populações negras nutriam pelo velho imperador e sua filha — a Redentora. Sentimentos estes que, nos quadros da República nascente, escondiam mas mantinham como atributos de proteção.

Entre as últimas décadas do século XIX e as primeiras do XX, a sociedade brasileira esteve convulsionada por uma série de fatos e processos históricos que, vistos na perspectiva da organização das camadas populares brasileiras, tiveram repercussões distintas e atingiram de maneiras variáveis os padrões e os meios de sobrevivência a ela subjacentes. Publicado em 1935, um pequeno artigo de Antônio de Alcântara Machado sugere algumas reflexões sobre essa questão. Evocando a São Paulo dos anos 1920, comentava que para o italianinho do Bexiga, para o mulato da Barra Funda e do Cambuci pouca importância tinham as lutas e as intrigas políticas ou os escândalos da sociedade; importavam-lhes, sim, as enchentes que se espraiavam pelos distritos populares, o aumento do preço das passagens dos bondes, os assassinatos e os atropelamentos ou, ainda, as campanhas militares quando estas, incidentemente, invadiam e atingiam seu dia a dia, mesmo quando não percebessem claros os motivos. Em geral, os acontecimentos mais significativos na vida dessas populações eram divulgados por meio de modinhas ou de lundus, cantados nas ruas da cidade tais como notícias de jornal. "Foi logo depois do barulho de 1924. Às duas da madrugada. Na rua Jesuíno Pascoal. Dentro do cortiço o violão tocava 'A morte de uma rosa'. Chorosamente. E a voz do mulato de palheta baritonizava: *Nesta bela Pauliceia/ Que odisseia./ Enquanto a gente dormitava/ Repousava/ Do canhão o troar se ouvia/ Que queria/ Matar a quem talvez sonhava// De homens um grupo estouvado/ Intencionado/ Com o governo revoltou/ E atirou/ Sobre o povo da cidade/ Que maldade./ Ferozmente ensanguentou*".[153]

Segundo Alcântara Machado, seriam estes compositores os verdadeiros cronistas da cidade, mesmo que anônimos, anódinos e tão fugazes quanto suas criações musicais, que apareciam, difundiam-se oralmente, para em seguida desaparecer, deixando somente ralos registros na memória dos habitantes citadinos ou, circunstancialmente, anotadas por um ou outro observador menos preconceituoso. De maneira similar, grande parte dos registros sobre as condições de vida e os valores de uma imensa fração da população brasileira também se perdeu, obliterada pelas crônicas oficiais e pelas mediações ideológicas dos que, por motivos diferenciados, se dignaram observá-los. Os vestígios de sua presença, no movimentado e conturbado contexto dos finais do século XIX e inícios do XX, permaneceram dissolvidos na multiplicidade e diversidade de tempos históricos e ritmos de vida, nos detalhes de locais públicos por eles apropriados, impressos em pequenos rituais, na forma de tatuagens e de gestos e na organização informal de suas relações sociais.

Considerada de outro ângulo, a história social dos grupos dominados nos inícios da República deixa entrever concepções, padrões de organização e de sociabilidade peculiares a homens e mulheres que foram obrigados a forjar dimensões de uma privacidade muitas vezes improvisada nos espaços do possível, mas quase sempre tenazmente constituída. Remanescentes de um regime que vincou a história brasileira por quase quatro séculos, e com ele historicamente entrelaçados, observa-se a permanência de vivências sociais, particularmente daquelas em que estruturas familiares e de parentesco etnorreligioso, laços de uma sociabilidade informal, haviam dado sentido à luta cotidiana dos escravos e dos forros, bem como a dos homens livres pobres, em resistir aos intentos reificadores da escravidão. E de certa forma permaneceram com tal sentido na recomposição social dos ex-escravos, sobretudo quando tiveram que enfrentar a discriminação do mundo pós-Abolição, transformada em exclusão pelo projeto modernizante da elite brasileira, que eludia de seus propósitos amplos setores sociais em nome de uma pretensa inadequação aos chamados novos tempos.

Na vida em senzala, nos ajuntamentos de negros escravos e forros nas cidades, nas formações sociais de homens livres que foram se avolumando ao longo dos séculos delineou-se uma outra noção de privacidade, identificada menos à domesticidade e mais à sobrevivência, ampliada da intimidade às formas de associação e de convívio social, celebrada em expressões de identidade social, religiosa e cultural. Noção que muitas vezes levava a ser recomposto no espaço público o que havia sido desarticulado com o domínio escravista, reequacionando o que era tradicionalmente colocado nos limites de quatro paredes. Contraditoriamente ou não, a privacidade popular se orientava em direção ao mundo das ruas.

2. HABITAÇÃO E VIZINHANÇA: LIMITES DA PRIVACIDADE NO SURGIMENTO DAS METRÓPOLES BRASILEIRAS

Paulo César Garcez Marins

Fim da escravidão. Migrações e imigração. A aurora do regime republicano dava-se em meio a transformações demográficas e sociais, que liberavam populações, e franqueava novos destinos geográficos às esperanças de sobrevivência de muitos dos velhos e novos brasileiros. Mutações difíceis, todavia. As grandes cidades surgiam no horizonte como o espaço das novas possibilidades de vida, do esquecimento das mazelas do campo, da memória do cativeiro.

Novos habitantes, vindos das antigas senzalas e casebres do interior do país ou dos portos estrangeiros, somavam-se aos antigos escravos, forros e brancos pobres que já inchavam as cidades imperiais, e junto a eles aprenderiam a sobreviver na instabilidade que marcaria suas vidas também em seu novo habitat. Movimentar-se-iam, todos eles, pelas ruas alvoroçadas em busca de empregos e de tetos baratos para abrigar-se, num deslocamento contínuo que fundia vivências, experiências, tensões — e espaços.

Tumulto e *desordem* foram palavras fácil e comumente aplicadas à dinâmica das capitais já republicanas, à ocupação de suas ruas e casas, e a seus habitantes, cada vez mais numerosos e movediços. As elites emergentes imputavam-se o dever de livrar o país do que consideravam "atraso", atribuído ao passado colonial e imperial do país, e visível na aparente confusão dos espaços urbanos, povoados de ruas populosas e barulhentas, de habitações superlotadas, de epidemias que se alastravam com rapidez pelos bairros, assolando continuamente as grandes capitais litorâneas.

Acreditar na adjetivação que as intenções normativas das elites atribuíam à aparência das ruas e casas das antigas cidades, herdadas da Colônia e do Império, inviabiliza, entretanto, a possibilidade de compreender essas cidades e as experiências humanas, ali vividas em seus múltiplos espaços, em uma de suas maiores características: a instabilidade. "Desordem" e "tumulto" eram justamente as dimensões, muito eficientes, que grande parte das populações urbanas brasileiras encontravam para sua sobrevivência, para seu agir social.

Casas e ruas fundiam-se numa dinâmica plasmada e difusa, em que os limites espaciais constituíam-se historicamente ao sabor da ambição fundiária dos proprietários e da complacência sonsa das autoridades. O "desleixo", descrito em um estudo notável,[1] parecia comandar a prática de justapor casas e alinhar ruas — quadro em que as autoridades se situaram, num equilíbrio sutil. Nesse "aparente" desleixo esgueiravam-se as "aparentes" desordens funcionais, num torvelinho de diluições e mimetismos em que escravos, forros e seus descendentes, miseráveis e remediados, logravam obter mais facilmente as condições de sua sobrevivência, e de seus próprios padrões culturais e de sociabilidade.[2] Seria essa dinâmica aquela a receber os forasteiros da República, vindos das fazendas ou das aldeias europeias oitocentistas.

O quadro difuso e instável das cidades brasileiras, já naturalmente hipertensionado pela escravidão e seus processos de exclusão social, tendeu a se agravar com a Abolição e com a instauração de princípios democráticos. Surgia então a figura aterradora da massa de "cidadãos" pobre e perigosa, viciosa, a qual emergia da multidão de casas térreas, de estalagens e cortiços, de casas de cômodos, de palafitas e mocambos que eram a vastidão da paisagem das cidades herdadas do Império.[3] Acusadas de atrasadas, inferiores e pestilentas, essas populações seriam perseguidas na ocupação que faziam das ruas, mas sobretudo seriam fustigadas em suas habitações.

Elos do país com o exterior, Rio de Janeiro, Salvador, Recife, Porto Alegre e o binômio Santos-São Paulo espantavam investimentos e imigrantes ansiados pelas elites alicerçadas na economia das fazendas e usinas. Urgia "civilizar" o país, modernizá-lo, espelhar as potências industriais e democratizadas e inseri-lo, compulsória e firmemente, no trânsito de capitais, produtos e populações liberados pelo hemisfério norte.[4] As grandes capitais da jovem República constituíam o horror a qualquer um que estivesse habituado aos padrões arquitetônicos e sanitários de grandes capitais europeias, como Paris, Londres, Viena e São Petersburgo, a Nova York e Washington, ou mesmo às cidades secundárias dos países centrais.

As grandes cidades do hemisfério norte, local privilegiado de concentração demográfica, industrial e simbólica, erguidas pelas fortunas burguesas, haviam sido alvo de vastos programas de reformas urbanas durante grande parte do Oitocentos. Pressionadas pelas crescentes migrações rurais, por convívios sociais tensionados pela miséria promovida por baixos salários e más condições higiênicas, desestabilizadas pelos distúrbios populares que marcaram as revoluções liberais que culminaram na década de 1840, as grandes capitais europeias seguiriam, cada uma a sua escala, o grande modelo de cirurgia material e social constituído pela capital de Napoleão III, em que se destacou a figura tirânica de Haussmann, o gestor da Paris burguesa e monumental surgida entre 1853 e 1870.

As necessidades de aeração, circulação, lazer, de monumentalidade e de controle sociopolítico determinadas pelos discursos técnicos e pelas ansiedades das elites emergentes do Segundo Império francês foram satisfeitas a golpes violentos contra as antigas tradições de convívio social e de propriedade fundiária que mantinham os parisienses aquartelados em suas casas, ruelas e bairros — dimensões espaciais que se sucediam, num emaranhado suscetível a barricadas que a qualquer momento poderiam obstruir o controle da cidade pelas autoridades.

Rasgando o tecido contínuo da cidade, que ainda lembrava aquela do Antigo Regime, os grandes bulevares de Haussmann articulavam Paris mediante um sistema viário que cobria toda a cidade, gerindo a localização e funcionalidade de espaços públicos e controlando os grandes bairros onde habitavam os parisienses pobres ou miseráveis que ameaçavam a segurança e o esplendor das burguesias, as quais resplandeciam nos lucros e no luxo faustoso do Segundo Império.[5]

Mais do que qualquer outro tipo de construção funcional, foram as casas e os edifícios residenciais aqueles mais intensamente atingidos pelas cirurgias capitaneadas por Haussmann. As moradias foram alvo da enxurrada de discursos e práticas normativas que procurava chegar ao cidadão em seu espaço mais difuso, mais suspeito — e menos alcançado pelos tentáculos do Estado. A privacidade das populações parisienses deveria sujeitar-se ao interesse "público", apanágio definido por outras intenções "privadas" alojadas no aparelho institucional.

Milhares de unidades habitacionais foram destruídas em Paris à custa de desapropriações, e as muitas remanescentes foram fustigadas pelas posturas cada vez mais ousadas. As novas construções foram submetidas à aprovação governamental, o que restringia intensamente a possibilidade de se construir como se quisesse. A especulação estabelecia uma lógica paralela de exclusão espacial, em que as imediações das grandes artérias foram lentamente impossibilitando o habitar pouco custoso.

Alusões à matriz parisiense foram se espalhando pelas antigas capitais europeias, que sofriam intervenções de grande escala, como Viena, Florença ou Bruxelas, atingindo ainda cidades sul-americanas como Buenos Aires.[6] Em todas elas as novas disciplinas impostas alcançavam em cheio os limites tradicionalmente vastos das concepções do que vinha a ser a propriedade ou a habitação. As casas e os espaços domésticos foram então o mais possível submetidos a uma ordem estável, necessária às novas funções urbanas promovidas pelo capitalismo industrial. O privado passava a ser, portanto, controlado não apenas pelos desígnios do indivíduo, mas pela ordem imposta pelo Estado. Esse modelo de convívio urbano, trespassado pelos procedimentos de especialização espacial e segregação social, esteve pulsando no cerne dos procedimentos de controle da habitação e vizinhanças implementados nas capitais brasileiras a partir do advento da República.

Marcadas pelas distantes referências dos países setentrionais, às elites republicanas urgia constituir uma estreita diferenciação espacial em cidades e populações completamente avessas aos modelos europeus. Percorreremos algumas das muitas tentativas de implementação das referências europeias no Rio de Janeiro e nas principais capitais do país, em que o Estado buscou, por todas as frentes, estabelecer a caracterização dos espaços de abrangência pública, reservada à circulação e lazer controlado, e daqueles privados, reservados à prática da intimidade institucionalizada pelos códigos de comportamento específicos e rígidos, a serem mantidos e promovidos preferencialmente pela família nuclear. A uma ordem estipulada pelos gestores do Estado para as ruas — públicas — devia corresponder outra destinada às casas — privadas.

A diferenciação entre ruas e casas, entre espaços "públicos" e "privados", devia ainda ser necessariamente acompanhada pela geografia de exclusão e segregação social, que acabasse separando em bairros distintos os diversos segmentos da sociedade. Privacidade, portanto, não poderia mais confundir-se com domesticidade, com os simples limites da casa, mas escapava para uma dimensão que abarcava os convívios, os vizinhos — todos sujeitos a uma mesma gramática de comportamento. Harmonizando-se as vizinhanças facilitava-se o conhecimento da fisiologia urbana — e das múltiplas "disfunções" geradas nas clivagens sociais altamente tensionadas nas capitais brasileiras, sobretudo após a concentração de grandes massas populacionais nas cidades já na primeira década republicana.

As estratégias de institucionalização encadeada de casas, ruas, bairros e, por fim, da própria cidade, sofridas pelas capitais brasileiras, deparavam-se não apenas com a tradição do "tumulto" e do "desleixo", mas com a dificuldade da organização republicana em gerar suas células constitutivas — os cidadãos —, de quem se poderiam exigir deveres quanto mais se oferecessem direitos, viabilizadores da estabilidade proposta para os espaços.

Se a formação das grandes periferias sem infraestrutura —

e os múltiplos processos de exclusão que as alimentaram — será a característica da expansão das grandes metrópoles brasileiras contemporâneas, as ilusões de controle total das convivências sociais — e da dinâmica social enredada entre espaços públicos e privados — teriam que enfrentar as ações e persistências dos brasileiros que praticaram suas próprias noções de identidade, intimidade, habitação e vizinhança. De suas ações privadas, múltiplas e confrontantes já na Belle Époque, surgiria o perfil contraditório e tenso da construção da própria coisa pública — *Res publica*.

LIMITES PRIVADOS EM CONFRONTO NA BELLE ÉPOQUE: CORTIÇOS, FAVELAS, PALACETES E VILAS

Primeira cidade brasileira a sofrer um amplo projeto de reformas após o advento republicano, referenciado no exemplo "civilizador" da Paris haussmanniana, o Rio de Janeiro, capital da nação até 1960, seria alvo das mais variadas tentativas de controle das moradias, no sentido de harmonizar as vizinhanças e estender à dimensão coletiva, pública, os padrões de privacidade controlada e estável. A condição privilegiada da cidade, sede de três esferas de poder público, não foi, entretanto, fator suficiente para que as tentativas resultassem em grandes sucessos. À ineficiência dos procedimentos fiscalizadores, somava-se a limitada dimensão das intervenções oficiais, incapazes de dialogar com o fluxo contínuo de novos habitantes que acorriam à capital da República.

As iniciativas reformadoras tomadas pelas autoridades públicas, sobretudo após a posse de Rodrigues Alves em 1902, esbarravam também na mescla de atividades e funções que se justapunham em quase todas as ruas da cidade, em especial nos distritos centrais. Casas de comércio dividiam paredes com habitações luxuosas ou remediadas, e não raro com cortiços, estalagens ou casas de cômodos. Tudo alinhado diretamente sobre as ruas, mediado pelas numerosas janelas e portas, e pelos muros dos quintais.

Já se disse, com certo exagero, que sobrados e ruas eram inimigos na generalidade das cidades brasileiras.[7] Muitas moradias estavam, certamente, marcadas pelos antigos hábitos de reclusão formal, herdados das tradições islâmicas e do cerimonial aristocrático lusitano — matriz dos antagonismos espaciais cultivados pelas elites brasileiras. Mas da maior parte das construções assobradadas e da imensidão de casas térreas das cidades, o que se deve lembrar mais vivamente é o intenso entra e sai nas portas, uma diluição contínua de espaços — algo mais necessário à dura sobrevivência improvisada dia a dia pelos muitos pobres e miseráveis que povoavam as cidades brasileiras do que as ilusões de reclusão e discrição propaladas pelas elites.[8]

O Rio republicano recebera — e manteria — uma larga faixa de vidas baseadas em um cotidiano difícil, muito distante das diferenciações e regramentos promovidos pela moral burguesa ou pelo capitalismo industrial, tanto quanto já o era para as tradições que exigiam reclusão. Mesmo o imprescindível controle de epidemias tropicais, que devastavam populações cariocas, sobretudo após 1850, era incipiente, e quase impossível em uma cidade na qual mal se divisavam os moradores das freguesias, que mudavam de domicílio com a mesma frequência com que trocavam de emprego.

A casa, o espaço doméstico, era uma referência basicamente móvel para essas populações, como o era a sua própria sobrevivência. As construções disponíveis para a moradia popular restringiam-se a obedecer às poucas exigências possíveis diante da pobreza e da própria mobilidade, restando às autoridades apenas multar aqui ou ali os proprietários ou locadores mais desobedientes — uma debilidade que se repetia no controle dos logradouros públicos.

As posturas das vereanças, as concessões de serviços para infraestrutura urbana e o pequeno exército de médicos sanitaristas pouco tinham podido fazer pelo controle efetivo da dinâmica da cidade, e de suas habitações populares superpovoadas e materialmente precárias, muitas delas levantadas sob o impulso da liberação de capitais do tráfico e do aumento das atividades portuárias e industriais da corte.[9] O Rio de Janeiro ingressava no rol das capitais republicanas do Ocidente, sob o escárnio e o horror de viajantes estrangeiros, negociantes e imigrantes.

O quadro precário das habitações das maiores faixas das populações urbanas cariocas se repetia nas demais capitais provinciais, o que se tornava evidente nas altas taxas de mortalidade que acometiam os domicílios populares, provocadas pelas sucessão de surtos de cólera-morbo, febre amarela, varíola, malária e em particular de tuberculose, além da peste bubônica, que passaria a fazer muitas vítimas em fins do século XIX. Doenças todas que grassavam em razão das péssimas condições de salubridade oferecidas pelas ruas imundas, mas sobretudo pelas casas lotadas e sem infraestrutura de esgotamento e abastecimento de água, insuficientes e ineficientes mesmo na corte. Os efeitos das epidemias e endemias eram multiplicados por causa dos ainda incipientes resultados profiláticos da medicina científica, às vésperas do salto microbiológico, e das práticas curativas vindas das tradições africanas e hipocráticas, muito disseminadas na capital.[10]

Urgia aos dirigentes do regime que se instalava, inspirado nas ideias tecnocráticas de governo, arrancar o Rio de Janeiro da letargia e inoperância que atribuíam ao execrado regime imperial, julgado incapaz de livrar a cidade de convívios considerados promíscuos e desestabilizadores da saúde pública. Fazia-se mister generalizar os procedimentos disciplinares para os espaços públicos e privados, diferenciando-os mediante a oposição à dinâmica difusa que os mesclava, e que favorecia a convivência entre segmentos e interesses sociais muito distintos mesmo nas áreas mais centrais da capital. Compreende-se, pois, a prioridade concedida ao combate institucional às habitações populares, consideradas como os principais focos de dispersão das epidemias pela cidade, e havia muito tempo condenadas à extirpação pelos médicos higienistas, ansiosos por curar as cidades de suas "patologias" sanitárias, sociais e espaciais.

A ambição de arrancar do seio da capital as habitações e moradores indesejados pelas elites dirigentes começou a se materializar com as medidas visando a demolição dos numerosos cortiços e estalagens, espalhados por todas as freguesias centrais do Rio de Janeiro, o que se processou sob a legitimação conferida pelo sanitarismo.[11] A inauguração das medidas de exclusão habitacional e social na capital da República permite entrever, no entanto, as muitas dificuldades na implantação das referências urbanizadoras estrangeiras que se repetiriam nas décadas seguintes, e que fariam naufragar os anseios de homogeneizar vizinhanças e politizar os âmbitos privados à revelia das mazelas sociais.

As primeiras atitudes objetivando a eliminação dos cortiços cariocas mostravam-se tão tímidas quanto incapazes de reorientar para longe a moradia das populações expulsas. Pode-se supor com certa segurança que já na demolição do célebre Cabeça de Porco — situado nas faldas do morro da Providência e posto abaixo pelo prefeito Barata Ribeiro em 1893 — começaram a surgir os irônicos resultados iniciais colhidos pelo atropelo das intervenções republicanas.

A miséria e os miseráveis que haviam perdido suas habitações na derrubada violenta do cortiço tinham à disposição o morro contíguo — e as madeiras da demolição que a própria prefeitura lhes permitira recolher. Barracos de madeira já estavam disseminados no morro de Santo Antônio, ponto privilegiado da cidade, e logo estariam presentes no da Providência, nos anos que se seguiram às picaretas de Barata Ribeiro. Na vizinhança do Cabeça de Porco, surgia a "Favela", apelido que seria dado ao morro da Providência pelas tropas vindas de Canudos em 1897, as quais estacionaram ali e acabaram denominando o local desse nome por associação a plantas com favas, comuns tanto no morro carioca quanto nas cercanias do arraial de Antônio Conselheiro, o Belo Monte.[12]

As favelas, surgidas no Rio de Janeiro quase contemporaneamente à República, inauguravam de modo exemplar o rol de frustrações das elites em eliminar as convivências de habitações e populações diversas no seio da maior e mais importante cidade brasileira de então, fornecendo um paradigma do que se processaria ao longo do século XX em quase todas as medidas que visavam a exclusão social mediante a condenação e eliminação de habitações inconvenientes.

As vastas reformas urbanas empreendidas a partir de 1903 no Rio de Janeiro pelas ações combinadas dos governos federal e municipal miravam em cheio a liberdade de ocupação dos espaços públicos e privados das áreas mais centrais da capital. Tinham esperança de garantir a transformação social e cultural da cidade, e obter um cenário decente e atraente aos fluxos do capitalismo internacional, tão refreados pelas precárias condições da capital quanto ambicionados pelas elites atreladas aos grandes interesses exportadores instalados no governo da União.[13]

Agindo tanto no controle dos espaços privados como no dos logradouros públicos, as reformas urbanas cariocas expulsariam grande parte da pobreza e da miséria, das manifestações populares e das atividades tradicionais visíveis nas ruas e nas casas modestas da cidade. As práticas sanitárias consagrariam os ditames da medicina científica contra o curandeirismo. A obrigatoriedade oficial de vacinação contra a varíola geraria em 1904 o mais intenso levante popular havido no Rio de Janeiro, a Revolta da Vacina, que transformaria o centro da cidade num caos de quebra-quebras e barricadas. Instalou-se um clima de ansiedade e desconfiança entre os integrantes das elites locais, incluindo-se aqueles membros que em princípio somaram suas vozes à aversão dos populares pela vacina ou contra o rol interminável de demolições que se haviam iniciado na capital.

Os pudores das casas e famílias, as sacrossantas ideias de propriedade privada, as tradições religiosas de culto a Omolu, o orixá ligado à varíola, tudo era exíguo diante das seringas de vacinas, ou dos inspetores sanitários que violavam a intimidade de lares de todos os segmentos sociais.[14] Devassavam-se corpos, casas e quintais, em razão da imperiosa imposição oficial de eliminar a varíola, a febre amarela e a peste. A privacidade devia ser estimulada, desde que se adequasse aos interesses da esfera pública, trespassada por interesses particulares dos que ditavam as regras políticas e sanitárias — o que naturalmente atingia muito mais as habitações coletivas e os bairros em que se concentravam, foco do levante de 1904, do que os palacetes e casas médias, na maioria obedientes aos dispositivos legais para construção e saneamento básico.

A "profilaxia" dos espaços públicos e dos corpos deveria ser, portanto, acompanhada daquela dos lares e, por extensão, dos bairros e do centro, livrando a capital das convivências tachadas de insalubres e perigosas, sanitária e socialmente. Caso fosse necessário, punham-se as habitações condenadas abaixo, garantindo ao menos a eliminação das moradias indesejadas por suas permeabilidades, consideradas promíscuas.

Os ecos da Revolta da Vacina calaram a maioria das possíveis dissensões entre as elites locais. Os divergentes rapidamente se acomodaram às somas pagas pelas desapropriações de seus imóveis, pelas compensações em títulos públicos, substitutos das rendas de aluguéis, ou pela possibilidade de reconstruções lucrativas, estimuladas pelas reformas comandadas por Rodrigues Alves. Tudo embalado pelo triunfo das práticas sanitarizadoras implementadas por Oswaldo Cruz e amplificadas pelas demolições dos projetos haussmannianos do prefeito Pereira Passos e de Paulo de Frontin.

Ainda que as reformas de Pereira Passos não tenham tido o grau de complexidade sistêmica daquelas realizadas na Paris oitocentista, que ele mesmo vivenciara em seu período de estudos na França,[15] o Rio de Janeiro foi palco de uma firme tentativa de reformar os costumes, aliando o controle e o redesenho dos espaços públicos ao ataque violentíssimo aos espaços privados e às propriedades edificadas.

A apropriação parcial do programa parisiense, adequado a uma cidade industrializada e com forte demanda de serviços, veria seus resultados chocarem-se com uma sociedade, e com uma economia nacional, que não podia acolhê-la satisfatoriamente nem mesmo em sua escala reduzida, tampouco fazê-la frutificar segundo as ambições dos dirigentes brasileiros.

Instalou-se um "bota-abaixo" de cortiços, estalagens, sobrados e casas térreas classificadas como insalubres e indignas, sob a aparência das melhores intenções sociais.[16] Para aqueles que compartilhavam das ideias intolerantes dos dirigentes das reformas, as melhorias nas canalizações e infraestrutura não eliminavam a chaga social das habitações populares miscigenadas às casas comerciais do centro ou às moradias destinadas aos setores sociais mais estáveis estabelecidos nos arrabaldes.

"Certamente não basta obtermos água em abundância e esgotos regulares para gozarmos de uma perfeita higiene urbana. É necessário melhorar a higiene domiciliária, transformar a nossa edificação, fomentar a construção de prédios modernos e este *desideratum* somente pode ser alcançado rasgando-se na cidade algumas avenidas, marcadas de forma a satisfazer as necessidades do tráfego urbano e a determinar a demolição da edificação atual onde ela mais atrasada e repugnante se apresenta."[17] Era a justificação para o vasto programa de alargamento de ruas e traçado de novas avenidas sob o antigo tecido dos quarteirões das freguesias centrais e da linha portuária, articulando-os com os arrabaldes em que se multiplicavam os interesses especulativos desde a instalação das companhias de bondes e estações de trem ao sul e ao norte da cidade.

O acesso da área central aos subúrbios populares ao norte da cidade, além de São Cristóvão, foi facilitado pelo prolongamento da avenida do Mangue, na Cidade Nova, e pelos aterros na Prainha, Valongo, Gamboa e na praia Formosa, onde se assentou o novo cais portuário e a longa avenida Rodrigues Alves. No vetor sul da cidade, os aterros entre a Misericórdia e a praia da Saudade deram abrigo à avenida Beira-Mar, que articulava o centro aos bairros em que desde os tempos de d. João VI vicejavam as chácaras de estrangeiros e aristocratas. Agora, o acesso à Glória, Catete, Laranjeiras, Cosme Velho, Flamengo e Botafogo era rápido e elegante, tendo sido a Guanabara flanqueada com jardins e esculturas inspirados em Paris. O arejamento atlântico de Copacabana, ligada ao Rio por bondes quando era pouco mais que um imenso areal, estava ainda mais acessível às novas moradias e à especulação, sobretudo após a inauguração do túnel do Leme, em 1906.[18]

A legislação implementada pela tirania de Pereira Passos em 1903, imposta à cidade em meio ao fechamento da Câmara — suscetível às pressões dos que viviam de aluguéis em construções precárias e baratas —, proibia a construção de estalagens e cortiços na cidade, e de casas térreas num amplo perímetro que englobava o centro e os bairros ao sul, além de regular enfaticamente as novas edificações:

> A parte referente às condições do terreno estabelecia normas quanto ao aterro dos pântanos ou alagadiços; proibia que em ruas novas ou pouco edificadas se construísse em terrenos com menos de 6 m de largura (visando a limitar o parcelamento especulativo indiscriminado dos lotes urbanos, e, quem sabe, inviabilizar as pequenas moradias em áreas que tendiam a ser rapidamente ocupadas); exigia que todo o terreno construído fosse fechado por um muro ou gradil.
>
> Tratando das condições que deviam satisfazer os prédios a construir ou reconstruir, regulamentava as fachadas, as paredes divisórias de prédios contíguos, os alicerces, os materiais de construção empregados, o arejamento e a ventilação, a altura máxima dos prédios em relação à largura das ruas, a colocação de reservatórios de água, encanamentos de esgotos, latrinas etc.[19]

Submetia-se a possibilidade de novas construções aos desígnios impostos pelo poder público, na esperança de regular a intimidade e a privacidade das residências mediante os padrões sanitários de infraestrutura, o que encarecia os custos, limitando o rol de proprietários capazes de construir. O âmbito privado devia ser explicitamente diferido do público, por meio da exigência de gradis e muros, ao mesmo tempo que se continham vizinhanças populares ampliando as dimensões mínimas do lote, o que se aliava à interdição das casas térreas no centro e na Zona Sul.

O desejo de espargir as habitações "civilizadas" pela cidade chegava à quintessência nos arrabaldes litorâneos, onde se materializavam as características do habitar aerado e higiênico. Seguindo tradições que já vinham do reino e do Império, solares e palacetes eram erguidos em meio a jardins, muitos deles isolados em seus lotes e protegidos por extensos gradis de ferro que afastavam seus frontispícios faustosos e a intimidade dos moradores do movimento das ruas.[20] Como quase todos os vizinhos edificavam — e comportavam-se — de maneira semelhante, chegava-se à possibilidade de habitar entre iguais, numa generalização de alcance "público" advindo dos padrões domésticos e privados homogêneos.

A migração das elites para os bairros ao sul da cidade assegurava-lhes distância da "promiscuidade" das áreas centrais e das adjacências do palácio imperial de São Cristóvão, onde muitas residências outrora distintas haviam sido transformadas em casas de cômodos, ou avizinharam-se às indústrias que se instalavam na região. Mesmo a moradia dos mortos elegantes debandava dos antigos cemitérios terceiros do Caju e Catumbi, inseridos em bairros claramente populares, para o Cemitério São João Batista, no Botafogo,[21] com sua vizinhança sofisticada.

A ânsia de assegurar vizinhanças homogêneas atingiu a própria sede do governo nacional, que já havia se deslocado desde 1897 do Palácio do Itamaraty para o Palácio do Catete, antiga residência dos barões de Nova Friburgo.[22] Situado na rua larga de São Joaquim, o palacete adquirido à marquesa de Itamaraty em 1889 localizava-se em meio ao oceano de habitações coletivas que povoava as freguesias imediatas de Santa Rita e Santana, a metros do próprio Cabeça de Porco, vizinhança por demais incômoda que incluía, naturalmente, o Ministério da Guerra, excessivamente próximo.

As amenidades do vetor sul da cidade foram consideradas mais decentes aos despachos presidenciais da República, ironicamente realizados sob os tetos erguidos com a fortuna de um dos maiores proprietários de escravos do Império. A sede do Executivo nacional abandonava o equilíbrio neoclássico do solar dos Itamaraty para alojar-se no luxo ostentado pelo neomaneirismo veneziano do palácio dos Friburgo — uma curiosa República que se abrigava em símbolos da titulada elite imperial e que não se dignaria jamais erguer para si um palácio enquanto permaneceu sediada no Rio de Janeiro. As boas "casas" do regime antigo puderam ser — às escâncaras — as residências dos republicanos atavistas, que seguiam os passos das elites escravocráticas em direção aos palacetes e *villas* da Zona Sul.

E não eram apenas essas as reminiscências trazidas do Império a alimentar as pretensões das elites reformadoras e exclusivas. Petrópolis permanecia como referência de bem viver, uma pequena Europa serra acima, ornada de elaboradas moradias neoclássicas e ecléticas, e isolada dos calores e epidemias tropicais do Rio.[23]

Mais do que uma refinada fantasia europeia, Petrópolis era ainda uma cidade de pobreza quase invisível, eclipsada nas dependências domésticas dos palacetes ou no comércio restrito. Ideal, paradigmática para as mentes que, desterradas nos trópicos, imaginavam poder "civilizar" as capitais das antigas províncias e a própria sede nacional segundo os ditames da sonhada Europa, Petrópolis transformou-se em espaço mítico de um presente republicano livre dos incômodos herdados do passado escravista que embalava o Rio de Janeiro, e que expunha as mazelas e vizinhanças da pobreza em todos os pontos centrais da cidade. Saneada dos convívios bárbaros e aviltantes às ambições dos dirigentes republicanos que veraneavam no alto da serra da Estrela, Petrópolis transitou do Império à República como lembrança preciosa dos "bons tempos" dos Bragança, em que cada um dos viventes sabia seu "lugar" — mesmo que tal lugar fosse bastante fluido em cada uma das movimentadas ruas da antiga corte, atacadas a partir de 1904 pelas demolições e remoções de Pereira Passos.

Os sonhos de civilização emergiam, serra abaixo, na consolidação dos bairros refinados da Zona Sul carioca, refúgio cada vez mais acentuado de espaços privados semelhantes no aburguesamento, avizinhados na mesma harmonia mítica de Petrópolis. A intenção de assegurar a implantação de áreas residenciais homogêneas articulava-se ainda com as grandes obras públicas da área central. Inúmeras propriedades privadas, incluindo residências de todos os segmentos sociais, foram submetidas à intenção de definir logradouros específicos para a circulação, em que a ocupação de ruas e avenidas devia expulsar as antigas práticas de permanência dos que se alojavam ou trabalhavam nos espaços públicos.

A avenida Central, depois renomeada Rio Branco em homenagem ao barão que definira os também confusos limites geográficos do Império e da República, aparecia como a mais emblemática das novas artérias surgidas do bota-abaixo, inspirada nos bulevares parisienses e na avenida de Mayo, que presidia desde 1894 o centro aburguesado da rival Buenos Aires, capital que nos primeiros anos do século XX ultrapassara o Rio de Janeiro como principal centro portuário sul-americano.[24]

A nova avenida coroava as intenções de redefinição da antiga relação entre espaços públicos e privados na capital da República. O fausto das construções institucionais e particulares consagrava-lhe novos ritmos espaciais, tudo patrocinado diretamente pela União, que encetava no centro da capital o símbolo do controle dos espaços públicos, abertos à custa da violenta submissão das propriedades privadas aos procedimentos desapropriadores. Os antigos ocupantes das ruas apertadas e barulhentas da área central, os mesmos que se beneficiavam do "tumulto" e da "desordem", deviam ser excluídos dos novos logradouros "públicos". Reservados para aqueles que soubessem se comportar dentro de padrões de "civilidade", as novas artérias expulsavam — em tese — os miseráveis do Rio, "privatizando" para as elites e setores médios um espaço, em princípio, comum, "público".[25]

A concentração do suntuoso conjunto formado pelo Senado Federal (Palácio Monroe), pela Biblioteca Nacional, Museu Nacional de Belas-Artes e pelo Teatro Municipal na extremidade sul da nova avenida indicava o também novo coração da cidade. O centro agora voltava-se para os bairros residenciais nos lados da enseada de Botafogo e do Atlântico, criando-se o eixo que enlaçava as regiões enfim subordinadas à nova gramática entre os espaços públicos e os privados ambicionada pelas elites reformistas.[26]

Davam-se as costas para o campo de Santana, São Cristóvão e os bairros em volta do Engenho Velho, lembrança monárquica cheia de solares decadentes. O Norte da cidade era deixado aos médios, aos miseráveis que eram expulsos das residências coletivas demolidas na área central, e às levas de cariocas e imigrantes que podiam instalar-se nas casas modestas da zona suburbana, crescente ao longo das estradas de ferro Central, Leopoldina, Rio d'Ouro e Melhoramentos do Brasil.[27] Com as verbas governamentais canalizadas para as reformas portuárias e para o fausto dos alargamentos e aterros ajardinados no centro e nos bairros sulinos, restaria aos subúrbios iniciar décadas de reivindicações para a infraestrutura de casas e ruas, e soluções para o transporte entre os empregos, nas áreas centrais, e as distantes moradias que seguiam a sacrificante geografia da lógica especulativa: "Em ruas da cidade e ruas de seus subúrbios mais próximos, aos quais o município já deu todas as vantagens que podia dar, encontram-se a cada passo terrenos desabitados. Em compensação, nos bairros mais remotos, a construção é incessante".[28]

Quanto mais longe ficassem as populações — e suas habitações — expulsas pelas reformas e seus agentes, tanto melhor seria. As planícies que se estendiam para além dos morros do Telégrafo, do Pedregulho e de São Januário, e da serra do Engenho Novo, passaram a acolher parte das levas de moradores que eram expelidos das áreas mais centrais pelas demolições ou pela valorização dos terrenos e pela especulação que estocava as áreas mais próximas do centro. Engenho Novo e de Dentro, Méier, Cascadura, Irajá, Pavuna, Bonsucesso, Ramos e dezenas de outros bairros foram acolhendo os vastos segmentos médios e empobrecidos, enquanto aqueles que nem nos subúrbios ferroviários podiam habitar passavam a vagar pelas construções que restavam deterioradas no centro, em ruas imediatas às áreas do programa de reedificações: "A população que se deslocava não tinha onde morar, alojava-se aqui para amanhã de novo, com armas e bagagens, se remover para um outro ponto. Foi se afastando do centro quando os meios de fortuna o permitiam; foi se aglomerando no centro, tornando mais perigosa sua estadia, quando os recursos ordinários eram parcos".[29]

A prioridade no embelezamento das ruas e artérias centrais e dos bairros ao sul principiava a mostrar a real dimensão da capacidade do poder público em readequar os padrões habitacionais, e a própria ambição de sanear e zonear socialmente a nova capital redesenhada. Os temores do fracasso das medidas sanitárias, infundados porque de fato elas lograriam eliminar a maioria das doenças epidêmicas e endêmicas do Rio, prenunciavam a continuação e a dispersão não das patologias biológicas, mas daquelas temidas, as sociais e habitacionais: "[...] são exatamente estes acúmulos insalubres de moradores pobres que tornam impossível a sanificação completa da cidade. Eles já são atualmente focos epidêmicos. Até hoje, porém, estavam concentrados em um ponto. Agora vão irradiar".[30]

A dispersão das populações pobres deu-se realmente, e em grande parte, pelos subúrbios ao norte da cidade, mas não foi esse o único rumo daqueles que estavam sendo expulsos pelo bota-abaixo e pelas normas que perseguiam as "promíscuas" habitações populares. As atitudes governamentais de edificação de moradias populares eram tímidas — delas são testemunhos os conjuntos ainda existentes ao longo da avenida Salvador de Sá —, levando os despejados a se acomodar onde pudessem. Como a construção de novos cortiços e estalagens estava proibida desde 1903, as casas de cômodos, que foram descritas com o verbo assustador de João do Rio, tendiam a espalhar-se ainda mais pelas edificações vizinhas ao novo centro do comércio e do lazer da Belle Époque carioca, abrigando boa parcela dos desabrigados e enfurecendo os anseios civilizadores:

> São as ruas da Cidade Nova, da Gamboa, de Frei Caneca, que sempre foram a habitual residência de gente pobre as que hoje continuam a ser procuradas e por isso se enchem

> ainda mais os cômodos que os minguados vencimentos dos operários permitem pagar.
>
> E, assim reunida, aglomerada, essa gente — trabalhadores, carroceiros, homens ao ganho, catraieiros, caixeiros de bodegas, lavadeiras, costureiras de baixa freguesia, mulheres de vida reles entopem as casas de cômodos, velhos casarões de muitos andares, divididos e subdivididos por um sem-número de tapumes de madeira, até nos vãos de telhados entre a cobertura carcomida e o forro carunchoso. Às vezes, nem as divisões de madeira: nada mais que sacos de aniagem estendidos verticalmente em septos, permitindo quase a vida em comum, numa promiscuidade de horrorizar. A existência é ali, como se pode imaginar, detestável.[31]

Para os cariocas que nem mesmo podiam pernoitar nos casarões havia a possibilidade de ainda fazer bom uso interpretativo de um dos artigos do código de posturas de 1903. Os primeiros barracos de madeira, que desde a década de 1890 acumulavam-se no morro da Providência, a "Favela", e no de Santo Antônio (onde ocorreriam várias tentativas de erradicação das habitações entre 1901 e 1916), começariam a se espalhar nos incontáveis morros cariocas, disponíveis em todas as zonas da cidade, favorecidos pela flacidez do próprio dizer legal: "Os barracões toscos não serão permitidos, seja qual for o pretexto de que se lance mão para obtenção de licença, salvo nos morros que ainda não tiverem habitações e mediante licença".[32]

Os morros estavam por todo o Rio, e quase todos eram desabitados; quanto às licenças... essas puderam ser facilmente esquecidas, ou mesmo contornadas. Quando morar nas habitações coletivas superlotadas alcançava um custo impossível, ou as condições de moradia ficavam insuportáveis, umas poucas madeiras e a complacência das autoridades abriam novas — e panorâmicas — perspectivas de habitação:

> Para ali vão os mais pobres, os mais necessitados, aqueles que, pagando duramente alguns palmos de terreno, adqui-

rem o direito de escavar as encostas do morro e fincar com quatro moitões os quatro pilares de seu palacete...

Ali não moram apenas os desordeiros, os facínoras como a legenda (que já tem a Favela) espalhou; ali moram também operários laboriosos que a falta ou a carestia dos Cômodos atira para esses lugares altos.[33]

Numa singular simbiose com as reformas da cidade, os moradores expulsos pelas demolições alimentavam-se dos destroços, extraindo dali os materiais de construção que acabariam perpetuando as vizinhanças que as obras públicas pretendiam extirpar: "O desenvolvimento das construções no morro de Santo Antônio acentuou-se no governo passado, durante as demolições para a abertura da avenida Central. À noite, desciam as íngremes veredas, para a cidade, bandos de homens, crianças e mulheres, insinuando-se pelos escombros, pelas minas das velhas ruas que desabavam para nascer a avenida, e ali, com cautela desentranhavam paus, vigotes, tábuas, velhas folhas de zinco, tudo quanto mais a mão demorava, para voltar, a horas mortas, organizando a triste caravana da miséria. No dia imediato, ao romper do sol, já mourejavam no desbastamento do terreno, para assentar os alicerces de uma nova habitação".[34]

Apesar de as habitações coletivas tradicionais serem continuamente perseguidas, sobretudo na área central, nos bairros da Zona Sul e na distante Copacabana — onde aliás existiam alguns cortiços já antes de 1905 —, as favelas acabariam sendo toleradas. Com uma rapidez impressionante, os barracos foram erguidos por todas as regiões mais urbanizadas do Rio de Janeiro, inclusive naquelas escolhidas pelas elites para morar em "boa vizinhança", solapando os sonhos da gestão Rodrigues Alves.

Os 219 barracos da Favela da Providência e os 450 do morro de Santo Antônio estavam, já em 1913, ao alcance do olhar de qualquer um que estivesse nas esquinas ou janelas das novas ruas e avenidas afrancesadas abertas na década de 1900: aqueles a metros da nova avenida Marechal Floriano, principal artéria transversal à avenida Central, e estes coroando os céus do largo da Carioca, um dos pontos de circulação mais elegante da capital.[35]

Vozes na imprensa encarregavam-se de renovar os preconceitos contra a ameaça que vinha das novas formas de habitação dos miseráveis cariocas. Controladas as epidemias na década de 1910, os apelos do sanitarismo já não eram cabíveis para as vontades que queriam expulsar as populações pobres junto com as habitações infectas. Mas, afinal, o que se podia fazer? Se a Favela era descrita como "uma vergonha para uma capital civilizada" e "antro de facínoras", era também impossível ignorar que a República dos fazendeiros esquecia-se de promover as reformas sociais que suportassem as exigências feitas pelo Estado aos novos cidadãos. Na ausência desse cuidado, a existência de miseráveis — maciça e incontornável — possibilitava que eles agissem como pudessem, ou quisessem, lutando pela sobrevivência nos empregos e funções instáveis disponíveis por toda a cidade.[36] Perto deles exibiam a morada de suas misérias aos olhos ansiosos pela "civilização", numa vizinhança que as autoridades foram instadas a aceitar: "Tanto na Favela como no morro de Santo Antônio moram centenas de trabalhadores, gente honesta, digna de consideração dos poderes públicos, e que só se foi meter nos tão malsinados casebres porque não encontrou outras habitações [...] Cuidado, Calma, Prudência são de bom conselho nessas conjunturas apertadas, em que o pobre tem o direito de exigir que se lhe respeite a própria miséria, causada principalmente pela incúria dos poderosos".[37]

Num tempo em que apenas trens e bondes precários serviam as periferias longínquas — ao que se somava a quase intransponível topografia carioca — como esperar horas e horas por empregados? Os morros e brejos do centro e da Zona Sul acabaram sendo a resposta cômoda para as elites habituadas a agudas explorações sociais. Afinal, a convivência próxima entre senzalas, colônias e salões senhoriais estava na memória de muitos. A pobreza acabou por avizinhar-se ao luxo das residências aburguesadas: a metros dos quintais e jardins franceses da rua de São Clemente, no Botafogo, subiriam anos depois os barracos do morro Dona Marta.

Mal acabavam as grandes demolições e expulsões da gestão Rodrigues Alves, já começava a surgir a maior parte das favelas do centro e da Zona Sul do Rio de Janeiro. Em 1907, encontram-se referências a barracos no morro da Babilônia, seguindo-se o aparecimento das favelas do Salgueiro (1909), na Tijuca, e da Mangueira (1909), no morro do Telégrafo, localizado atrás da Quinta da Boa Vista. Já em 1912 estavam em morros do Andaraí, em Copacabana e no Leme, e também no morro de São Carlos, no Estácio. O morro dos Cabritos, entre Copacabana e a lagoa Rodrigo de Freitas, já abrigava barracos em 1915, e em 1916 havia favelados também no morro do Pasmado, coroando a paisagem do Botafogo, e nos subúrbios ao norte da cidade.[38]

A expansão das populações faveladas avançara no seio dos bairros de palacetes, marcando a paisagem e arruinando as ambições de afastar as vizinhanças empobrecidas. O fracasso em forjar vizinhanças homogêneas no Rio de Janeiro passava a consolidar-se no mesmo momento em que fortunas de recursos públicos eram destinadas especificamente à expulsão das habitações populares das áreas centrais da cidade. A intenção de "civilizar" os convívios, e discipliná-los por meio do controle da habitação e das vizinhanças, não lograva resultados eficientes nem na capital do país.

Os resultados satisfatórios para as ambições "saneadoras" das elites foram fragmentados, assim como o foram as atitudes e ideias apropriadas das sociedades e os modelos de adequação urbana tomados dos países hegemônicos. A renovação do país esbarrava nas características de convivência herdadas de seu passado colonial e imperial, de sua inserção secundária nos sistemas políticos e econômicos internacionais, bem como nas estratégias a que muitos brasileiros tinham se acostumado para enfrentar os agudos regimes de exclusão social, econômica e política.

Ainda que a Revolta da Vacina tenha sido totalmente debelada, os projetos de exclusão social e espacial empreendidos na capital da jovem República foram, com certeza, abalados pelo grito de alerta das populações que eram o alvo das reformas da Belle Époque carioca. Às codependências sociais, que já forçavam vizinhanças heterogêneas na própria Zona Sul, somava-se a força do pânico gerado pela insurgência que tinha devastado a área central e os bairros portuários vizinhos ao morro da Providência — berço da Favela, que se tornara o apelido da forma nova de habitar dos miseráveis nos espaços privilegiados da cidade:

> Eu lembro este alvitre a menos que não queira o Governo ser obrigado a jugular uma rebelião francamente popular, causada pela carência e carestia das casas. O menos prestigioso dos agitadores políticos levantará, no dia em que quiser, toda a população dos bairros miseráveis da cidade, homens, mulheres e crianças, se desfraldar esta bandeira.
>
> Se os senhores representantes da nação pensarem um instante nos efeitos dessa formidável sublevação, de que não tem notícia nem conhecimento o Rio de Janeiro, não hesitarão em votar uma lei que dê cabal solução a esta crise que atravessa a população pobre.
>
> E para pensarem nisto, basta que percorram, um dia apenas, estas zonas da suburra carioca, para perceberem, como já tenho eu percebido, os primeiros rugidos da tempestade próxima.[39]

As palavras enfáticas do engenheiro Everardo Backheuser, secretário de uma comissão de inquérito convocada em 1905 pelo ministro do Interior e Justiça, J. J. Seabra, a fim de propor soluções para a crise habitacional, foram publicadas meses depois do estouro da Revolta da Vacina, em novembro de 1904, e lembravam enfaticamente a perigosa lacuna das obras reformadoras da gestão de Rodrigues Alves.[40] Se a maior parte dos cariocas acabaria sendo empurrada para os subúrbios setentrionais da cidade, não seria possível, afinal, descartar uma vasta população residual, que se acumularia nos cortiços e morros, pressionada pela especulação, pela ausência de infraestrutura de locomoção e pela própria incapacidade das elites dirigentes em promover uma política habitacional direta que garantisse sua ambição saneadora. A lei que solucionasse a pressão popular por moradias, que desse "cabal solução a esta crise", jamais viria a existir. A iniciativa de construção, por parte do Estado, de conjuntos de moradias durante as reformas cariocas foi exígua, acumulando uma demanda que voltaria a ser atendida anos depois, no Rio e nas diversas capitais do país que sofriam processos de exclusão habitacional referenciados na experiência carioca.

As dificuldades geradas pela experiência fragmentária e irresoluta das reformas urbanas do Rio de Janeiro repercutiriam nas maiores cidades da República, que tentavam reproduzir nos estados os modelos europeus ou cariocas de readequação espacial. E se já havia sido trabalhosa a obtenção dos imensos financiamentos que pagariam as reformas cariocas, no Recife, em Salvador e Porto Alegre as dificuldades foram ainda maiores — tanto para implementar intervenções que livrassem as cidades das epidemias e da "promiscuidade" entre espaços públicos e privados, quanto para homogeneizar vizinhanças ou assegurar a exclusão das moradias populares do centro.

Os jornais da capital gaúcha deixam, por exemplo, entrever uma cidade tomada pelas sobreposições de convívios sociais semelhantes àqueles que estavam sendo combatidos no Rio de Janeiro. Uma notícia de 1898 é clara no ataque à antiga justaposição social, a qual permitia que habitações completamente díspares se alinhassem em ruas ou quarteirões próximos, arranjo que era o mesmo em todas as cidades brasileiras de então:

> A moradia em porões é de necessidade urgente proibir, mas de modo terminante, sem transigências. Os pseudofilantropos, proprietários de porões e cortiços, perguntariam logo: mas onde irá morar essa gente pobre?
>
> É fácil a resposta. Há quatro anos dificilmente encontrar-se-ia casa grande ou pequena mesmo em arrabalde; agora não existem menos de quatrocentas em disponibilida-

> de. *Os arrabaldes estão aí, e devem ser habitados pelos proletários. Na cidade propriamente dita, só devem residir os que podem sujeitar-se às regras e preceitos da higiene.*
>
> Ora, num porão ou cortiço, não pode haver asseio e, consequentemente, a higiene desaparece.
>
> O que resulta desta aglomeração de indivíduos sujos, sem escrúpulos de ordem alguma, é a infecção atingir os asseados, porque *de nada servirá que o morador do pavimento superior pratique tudo a bem da saúde, se ele tiver no inferior ou mesmo do lado um vizinho imundo.*
>
> Condenar os porões *in totum*, proibindo a moradia nos piores, e elevando a décima nos melhores, será um passo enorme no sentido do saneamento da cidade.[41]

A voz do jornal podia ser o libelo de qualquer um dos programas de reformas urbanas do início da República. O discurso sanitário, higiênico, endossa a intenção de livrar a cidade dos seus convívios "patológicos", numa medicina urbana que expulsasse aqueles que não podiam se enquadrar nos preceitos apropriados dos modelos burgueses da Europa e dos Estados Unidos. Repetiam-se no Rio Grande do Sul as mesmas intenções praticadas no Rio de Janeiro, visando enquadrar a capital gaúcha no padrão de controle necessário às cidades portuárias integradas nas redes capitalistas, aptas para receber os fluxos internacionais, tornando-a digna da projeção econômica de celeiro e centro do charqueado brasileiros.

Grandes edifícios públicos passaram a pontuar a paisagem de Porto Alegre nos primeiros vinte anos do século, sem que houvesse fôlego para uma intervenção drástica no tecido urbano e na geografia das habitações e setores sociais. Edifícios administrativos acabaram sendo, durante a Belle Époque, os grandes marcos da intervenção oficial na cidade, que viu a maior parte de seu Plano Geral de Melhoramentos, criado em 1914 pelo engenheiro João Moreira Maciel ficar apenas na planta.[42]

O vasto plano de ajardinamento, retificação de ruas e abertura de avenidas, citação evidente das reformas de Paris e do

Rio de Janeiro, seria implementado apenas ao longo da década de 1920, e ainda assim parcialmente. A abertura da avenida Júlio de Castilhos foi a maior obra realizada, correndo paralela à linha central de retificação do cais do Guaíba. Assegurou-se a ligação do centro com os bairros ribeirinhos a sudeste do núcleo da capital, os quais concentrariam mais e mais a população operária que começava a se avolumar na cidade. As parcelas privilegiadas da população local se estabeleceriam ao longo do espigão da cidade, nos novos loteamentos que tinham a avenida da Independência como eixo de expansão e circulação. Propiciava-se, assim, a diferenciação de vizinhanças necessárias às ideias do habitar civilizado, o que as habitações e confrontações heterogêneas da área central não permitiriam concretizar.[43]

Nas grandes capitais nordestinas, Salvador e Recife — terceira e quarta cidades mais populosas do país em 1900 —,[44] as pressões demográficas ocasionadas pelas migrações do Agreste e do sertão, assolados pelas secas, tendiam a multiplicar as vizinhanças heterogêneas, comuns nas habitações justapostas de suas áreas centrais. As elites dirigentes que se alternavam no poder procuraram, ao longo das primeiras décadas do século, aparelhar as cidades segundo os modelos europeus e cariocas, lutando para evitar a perda da projeção nacional que atingia havia décadas a Bahia e Pernambuco. Era imprescindível que se livrassem as capitais das precárias condições higiênicas a que estavam submetidas, pois estas espantavam as possibilidades de incremento nas atividades industriais, afetando também o papel desempenhado por Salvador e Recife de intermediadores portuários de suas respectivas áreas de abrangência no Nordeste.

Com bairros extensos e populosos construídos desde os séculos XVIII e XIX, as capitais acabavam apresentando as mesmas precariedades sanitárias do Rio de Janeiro. As condições de habitação eram especialmente indesejáveis, pois os altos sobrados das ruas mais centrais tinham elevado índice de ocupantes e domicílios, versões locais das casas de cômodos do Rio de Janeiro. Alvo privilegiado das reformas urbanas efetuadas na República Velha, os bairros centrais de Salvador e Recife sofriam as costumeiras acusações de concentrar populações contagiosas, que seriam capazes de ameaçar a prosperidade das capitais em razão das míseras e promíscuas condições habitacionais em que viviam, de onde espalhariam suas mazelas pelo restante das cidades. As demolições foram novamente a solução mais adotada pelo aparelho estatal para livrar as capitais dos convívios que mesclavam ruas e casas — e setores sociais — e que faziam das cidades, ainda no século XX, o aspecto vívido do passado urbano colonial e imperial que os dirigentes republicanos queriam a todo custo abolir.[45]

As primeiras reformas em Salvador acumularam-se em 1906 e 1910, priorizando a Cidade Baixa. As intervenções concentraram-se sobretudo na ampliação do cais e na abertura da avenida Jequitaia, para facilitar o acesso a Penha e Mares. Houve também várias demolições de casario nos distritos do Pilar e Conceição da Praia, visando ao combate das epidemias que se dispersavam pela cidade a partir da área portuária, pontuada de habitações populares.[46]

Áreas tradicionalmente habitadas pelas elites durante o período colonial, os distritos centrais da Cidade Alta vinham já fazia algumas décadas perdendo os moradores de maior poder aquisitivo, migrados para os bairros em direção da ventilada barra da baía de Todos os Santos, ocupados pelas chácaras de ingleses desde os princípios do século XIX. Semelhante aos arrabaldes cariocas de Laranjeiras, Cosme Velho e Botafogo, a área compreendida pelo Campo Grande, Vitória e Graça, e ainda Garcia, Canela e Barra, acabou por atrair progressivamente os moradores abastados de Salvador, que passaram a se instalar em casas e palacetes cercados por jardins, recuos e gradis que os afastavam do convívio direto com o movimento das ruas. Abandonavam as casas da Sé e do Paço, cada vez mais assoladas pelas vizinhanças incômodas, atraídas pela transformação das antigas residências senhoriais em casas de cômodos. Como nos porões de Porto Alegre, os subterrâneos e as "lojas" dos sobrados abrigavam populações que se comprimiam em espaços sem ventilação ou insolação, o que se repetia nos cômodos

dos compridos andares superiores, fundos e mal iluminados — condições semelhantes àquelas dos altos sobrados dos distritos centrais da capital pernambucana, sobretudo em Santo Antônio e no bairro do Recife.[47]

Entre 1912 e 1916 a migração das elites para os bairros do distrito da Vitória foi consagrada por um amplo programa de alargamentos viários comandados por J. J. Seabra, ministro do Interior e Justiça na gestão Rodrigues Alves — o mesmo que convocara a comissão secretariada por Everardo Backheuser em 1905. As obras de Seabra culminavam com a abertura da avenida Sete de Setembro, novo bulevar que assegurava o rápido deslocamento dos bairros residenciais das elites para o centro.[48] Foi também o momento de modernização arquitetônica das novas vias públicas de Salvador, promovendo-se a demolição total ou parcial de igrejas coloniais como a Ajuda, São Pedro, Rosário e Mercês, reconstruídas todas na linguagem dos movimentos historicistas europeus. O mesmo ocorria na restauração do palácio do governo estadual, bombardeado durante a intervenção de 1912, na reforma da Câmara e nos novos edifícios da rua Chile, sede do comércio refinado da cidade e via de recepção do tráfego da avenida Sete. Os novos palacetes da Vitória, também historicistas, encontravam sua identidade comum às obras que redefiniam os espaços públicos da velha capital baiana.[49]

Para as largas faixas de soteropolitanos que estavam privados dos requintes das moradias da Vitória, aqueles que nem mesmo suportavam pagar os aluguéis dos sobrados centrais insalubres — mas caros e disputados em virtude da proximidade dos locais em que conseguiam ou agenciavam trabalho — acabavam por demandar os arrabaldes, fomentando o crescimento periférico atabalhoado. Santo Antônio Além do Carmo e Brotas, distritos urbanos de Salvador com abundantes terrenos baldios, passaram a acolher novos moradores e suas habitações precárias, ampliando as primeiras aglomerações suburbanas que formariam grandes bairros populares e negros — como aquele sugestivamente denominado Liberdade.

Alguns vales próximos ao distrito da Vitória passariam também a abrigar aqueles que não podiam construir suas moradias nos caros terrenos dos cumes dos bairros litorâneos, reservados às residências dos setores mais abastados. Inverter-se-ia em Salvador a geografia do habitar carioca: os ricos e médios nos morros, e a pobreza no fundo dos vales — reelaborando-se as vizinhanças que tinham motivado as elites a debandar dos distritos centrais de Salvador.[50]

A mesma dificuldade em assegurar vizinhanças homogêneas ocorria no Recife, que crescia tentacularmente ao longo da malha aquática em que se assentava. Nos alagados e nas planícies extensas, a capital pernambucana se expandia por meio de uma multidão de casebres, construídos inicialmente em taipa de mão, palmáceas e capim — os notórios mocambos. O setor de chácaras abastadas que se desenvolvera no decorrer do século XIX nas cercanias do Capibaribe, na Madalena, em Apipucos e Torre, seria aos poucos circundado pelos aglomerados de mocambos, que se estenderiam ainda por Afogados, nas vizinhanças da praia da Boa Viagem. Envolveriam as áreas centrais num cinturão de moradias que seriam a máxima contradição ao padrão de adequação habitacional para uma cidade cujas elites queriam êmula de Paris ou do Rio de Janeiro.

A precariedade sanitária que grassava na cidade levaria as autoridades a deslocar o engenheiro Saturnino de Brito para a capital pernambucana em 1910, depois de seu sucesso nas obras de expansão e higienização efetuadas em Santos, porto paulista do café. O plano de saneamento de 1909-10 associou-se ao programa de demolições do bairro do Recife, o mais antigo da capital, já em andamento desde as desapropriações iniciadas em 1909. Avenidas foram surgindo à custa das costumeiras condenações e demolições de estabelecimentos comerciais e habitações enquadrados nos conceitos de insalubridade.[51]

A demolição de moradias reduziu em cerca de 50% o número de habitantes do bairro entre 1910 e 1913, gerando uma carestia habitacional que só viria a agravar as condições atropeladas em que se constituíam as cada vez mais numerosas periferias da cidade. No mesmo ano de 1913 os arrabaldes já abrigavam cerca de 37 735 mocambos — 43,3% do total de habitações do Recife.[52]

As intervenções havidas no Recife entre 1910 e 1913, excessivamente fragmentadas e concentradas nas áreas centrais, acabaram alimentando a expansão desenfreada dos arrabaldes periféricos, assim como ocorria em Salvador, no Rio de Janeiro e mesmo na nova capital mineira. Em Belo Horizonte, inaugurada em 1897 sob forte referenciamento das ideias zoneadoras francesas, o rígido controle proposto para a área central, fixado num sistema de lotes, avenidas e ruas dispostos numa malha quadrangular circundada por uma avenida de mediação periférica, mostrar-se-ia igualmente incapaz de regrar a rápida expansão das habitações nos arrabaldes.[53]

BAIRROS COMO ESPAÇOS PRIVADOS: SINGULARIDADES DA URBANIZAÇÃO PAULISTANA

Pode-se dizer que, coincidindo com o nascimento de Belo Horizonte, a capital paulista também ressurgia. A cidade de São Paulo chegava à República recuperando-se do marasmo que estendera o aspecto setecentista até meados da década de 1870. Sofreria experiências de segregação social, promovidas ou protegidas pelo aparelho estatal, bem mais consistentes e eficientes do que as ocorridas nas outras grandes capitais brasileiras republicanas.[54]

Anteriores às intervenções nordestinas e gaúchas, e contemporâneas àquelas realizadas na cidade do Rio de Janeiro durante a presidência de Rodrigues Alves, as primeiras atitudes governamentais para a redefinição dos espaços públicos e privados de São Paulo afinavam-se com os mesmos princípios que norteariam as reformas e os processos de exclusão habitacional das grandes cidades brasileiras já mencionados. A pequena área urbanizada e a própria escala populacional da capital paulista, de porte bastante reduzido até 1890, ano em que tinha cerca da metade da população do Recife, foram fatores muito favoráveis às intervenções e à abertura de novas áreas urbanizadas afeitas a princípios de zoneamento social e disciplinamento do construir e do habitar. Permitiu-se, assim, o surgimento de uma fisionomia e uma fisiologia ao gosto do excludente sanitarismo social em voga nas mentes das elites republicanas, que buscava livrar as cidades de suas "patologias" coloniais e imperiais.

As primeiras intervenções de aformoseamento de espaços públicos já vinham acontecendo desde a década de 1870, quando a capital paulista passou a centralizar definitivamente a economia da província. Entroncando as linhas férreas que levavam à corte e ao Vale do Paraíba, ao próspero Oeste e a Santos, porto escoador da produção cafeeira, São Paulo consolidou-se como centro político e financeiro paulista. Passou a atrair levas cumulativas de fazendeiros que migravam sobretudo das fazendas e cidades do Oeste, e que se fixavam na capital buscando ascensão definitiva aos negócios da província, marcada pelo movimento republicano que representava os interesses da nova área cafeeira.

A região da Luz, ao norte da cidade, abrigou ainda no Império os primeiros fazendeiros instalados em palacetes, semelhantes àqueles neoclássicos que povoavam as estradas do Botafogo e Flamengo, Vitória ou a várzea do Capibaribe. Afastados do alinhamento das ruas, e mobiliados e decorados de acordo com o gosto suntuoso do Segundo Império francês, diferiam já radicalmente da austeridade dos sobrados de taipa apiloada, cheios de escravos a servir, que pontuavam as ruas mais nobres do núcleo da cidade, como a Direita e São Bento.[55]

Os integrantes antigos das elites locais, ou migradas, que ainda residiam nas ruas centrais foram progressivamente abandonando os sobradões e a vizinhança social heterogênea de ruas quase todas povoadas de casas térreas, intimamente associadas à população negra da cidade, que sobrevivia de agências improvisadas, num cotidiano urbano alheio aos proventos do café, cultivado em distantes áreas do interior da província.[56] Uma cidade cujas taipas dissolviam-se por causa das chuvas, em que a dificuldade de acompanhar a imponência das cidades imperiais do litoral pode ser sentida na singular coleção de fotografias realizadas por Militão Augusto de Azevedo ao longo das três últimas décadas do Império, cheias de casas semiarruinadas em todas as ruas centrais.

Todo esse aspecto, em que se entreviam os tempos rudes da antiga capitania de sertanistas e tropeiros, era o horror dos triunfantes cafeicultores e empresários paulistas republicanos. Após a morte de Floriano Peixoto, a proeminência econômica das elites paulistas as levaria a ascender incontestavelmente como grupo político dominante na República, fazendo três presidentes consecutivos e regendo com os mineiros o concerto dos partidos republicanos da República Velha. Eram inadmissíveis aos interesses dos cafeicultores, e do florescente parque industrial, as condições de insalubridade das habitações paulistanas, que não diferiam muito das que havia nas demais capitais brasileiras — por pouco a febre amarela não produzia na cidade de São Paulo os mesmos estragos que fazia nos demais estados da República, e no próprio litoral e interior paulistas.

A profunda alteração da demografia paulistana, ocorrida na década de 1890, sincronizou-se e se ampliou em relação às mudanças drásticas ocorridas na sociedade do país entre 1888-9 e 1900. A imigração estrangeira demandada pela cafeicultura, sobretudo de italianos, sofreu alterações de gestão que permitiram uma migração gigantesca de populações para a antiga capital, a qual quadruplicou sua população durante a década de 1890.[57]

As condições precárias das habitações populares generalizavam-se tanto nas antigas construções de taipa e tijolos da área central, quanto nas casinhas que pipocavam nos bairros e arrabaldes localizados ao longo das linhas férreas da Central do Brasil, Sorocabana e São Paulo Railway (Santos-Jundiaí), e também das terras alagadiças que cercavam a área urbanizada da cidade a leste, ao norte e a sudeste. O abrupto inchaço habitacional agudizava o perigo das epidemias, que já assolavam o Rio de Janeiro, as capitais nordestinas e tinham sido com muito custo combatidas em Santos.

A instabilidade dos empregos nas manufaturas ou as agências improvisadas acaba sendo o destino amplo das esperanças dos estrangeiros que, como os ex-escravos e seus descendentes, passaram todos a inchar as ruas, casas e cômodos do Brás, Mooca, Cambuci, Bom Retiro, Barra Funda, Pari e Bexiga, ou ainda das áreas ao longo das estações férreas do futuro ABC — Santo André, São Bernardo e São Caetano — já integradas no processo de industrialização e urbanização da cidade desde fins do Oitocentos.[58]

Alinhadas diretamente com as calçadas, as habitações populares formaram a paisagem marcante dos bairros de imigrantes, em cujas janelas debruçadas sobre as ruas rompia-se a desejada diferenciação espacial das elites empenhadas em discernir fronteiras entre espaços públicos e privados. De espaço previsto para a circulação viária, os logradouros, com escasso movimento automotivo, transformavam-se em extensão das pequenas salas de estar, e rodas de cadeiras espalhavam-se pelas calçadas, metamorfoseando a sociabilidade dos vilarejos rurais europeus. As músicas, o vozerio alto e acalorado rompiam os tênues limites de paredes e vidraças, fundindo experiências — e fomentando solidariedades.[59]

As precárias condições sanitárias presentes nas casas dos bairros de imigrantes, juntamente com as encontradas nos cortiços espalhados por quase toda a cidade, justificaram a expansão do aparelho oficial de fiscalização higiênica, cujos resultados antecederam os que seriam alcançados no Rio de Janeiro na primeira década do século XX — não por acaso pelas mesmas elites paulistas. A remodelação do Serviço Sanitário deu-se ainda em 1892, seguida pela edição do Código Sanitário de 1894 — que proibiu novos cortiços — e as normas de 1896 e 1906, culminando o reaparelhamento dos dispositivos de fiscalização com a reforma do próprio Código em 1911, que definiu como sendo dos municípios a competência de adequação sanitária das habitações. As intenções normativas do poder público surpreenderam a cidade de São Paulo no início de sua expansão geográfica, o que possibilitou uma paulatina padronização dos espaços domésticos, disciplinando-os mediante o apanágio da "saúde pública":

> Quer no ponto de vista social, quer sanitário, a higiene domiciliar merece detido exame dos poderes públicos [...]
>
> São as casas imundas o berço do vício e do crime.
>
> Os indivíduos que vivem na miséria e abrigados aos pares, em cubículos escuros e respirando gases mefíticos, que exalam de seus próprios corpos não asseados, perdem de uma vez os princípios da moral e atiram-se cegos ao crime e ao roubo de forma a perderem sua liberdade ou a ganharem por essa forma meios de se alimentarem ou dormirem melhor.[60]

Uma solução para as coabitações e indefinições de espaços domésticos familiares das moradias coletivas tradicionais foi a das vilas operárias ou de casas populares, já presentes no Rio de Janeiro desde os fins do Império. Ambas se expandiram em São Paulo mediante o cumprimento das normas mínimas exigidas legalmente, espalhando-se pelos bairros das zonas leste e oeste da cidade, servidos pelos trens e bondes.[61] Otimizando o controle sanitário sobre as casas construídas individualmente, as vilas ainda submeteram seus ocupantes às primeiras experiências de massificação da moradia, seja pela disposição rígida das plantas arquitetônicas em cada unidade privada seja pela própria uniformidade externa dos blocos de habitações.

A incipiência da urbanização paulistana por ocasião da República acabou por viabilizar não só um controle mais eficiente dos bairros e habitações populares, mas o próprio zoneamento dessas áreas, em locais efetivamente distintos daqueles em que depressa se concentraram as moradias obedientes à clivagem entre espaços privados e públicos almejada pelas elites republicanas. O inchaço abrupto e insalubre sofrido por São Paulo não obstou que os setores sociais mais abastados e médios fossem agregando-se, já a partir da década de 1880, em novos e amplos bairros, próximos entre si, que acabaram por garantir as vizinhanças homogêneas que se desmanchavam no Rio de Janeiro e nas outras grandes capitais estaduais.[62] A ausência de morros ou vales nas proximidades dos bairros planificados e providos de melhorias eximiu os palacetes e casas médias de vizinhos destoantes, como favelas ou mocambos.

Campos Elísios, porções de Santa Ifigênia e da Liberdade, e sobretudo o emblemático bairro arruado em 1893, Higienópolis, passaram a abrigar as famílias abastadas ligadas aos negócios da cafeicultura. Em 1891 foi inaugurada a avenida Paulista, a qual, a partir da década seguinte, também passaria a acolher imigrantes enriquecidos ou famílias ligadas a atividades financeiras e imobiliárias que construiriam amplas residências para rivalizar com os suntuosos palacetes das famílias dos "barões do café" — ou de suas poderosas viúvas ou filhas — instalados solidamente em Higienópolis e nos bairros mais centrais.[63]

Se os porões altos encarregavam-se de distanciar os cômodos das casas médias da circulação das ruas, jardins frontais e laterais asseguravam a intimidade dos palacetes. Gradis de ferro completavam a separação entre o espaço da privacidade e o domínio público, assegurada pelos portões ostensivos, de grandes dimensões e lavor carregado. Os palacetes filiados aos padrões franceses — classicistas ou *art nouveau* — fixaram-se como paradigma nos projetos dos engenheiros-arquitetos, disputando as preferências das elites com as residências impregnadas das formas do neomaneirismo, disponível desde o último quartel do século XIX em razão da presença dos mestres de obras e artesãos italianos.[64]

A diferenciação espacial entre as ruas e os lotes das residências abastadas prosseguia nos ambientes internos. As plantas arquitetônicas e as residências que restaram do período evidenciam uma intensa especialização dos cômodos, estabelecendo uma gramática rígida para as atitudes privadas das famílias — o que dificilmente ocorria nos cômodos superlotados das habitações populares. As áreas sociais são repartidas em salões numerosos, com funções específicas: hall, recepção formal, estar (living), jogos, *fumoir*, música, escritório, gabinete etc. Cada aspecto da vida privada das famílias devia se processar em seu espaço correto, característica que distinguia também os cômodos para homens, mulheres e crianças. Nos cômodos íntimos as separações prosseguiam mediante saletas íntimas (*boudoirs*), quartos para vestir e o uso do maior número possível de dormitórios, assegurando a intimidade dos membros da família. Os cômodos de serviço permaneciam segregados na parte posterior das construções, assim como as acomodações de empregados domésticos.[65]

A marcante diferenciação dos espaços privados praticada pelas elites em suas próprias residências pode representar um protótipo das distinções espaciais, da "ordem" que desejavam disseminar por toda a cidade. Sua escala progressiva pode ser traçada dos diferentes cômodos entre si ao contraste da habitação com o terreno ajardinado, passando pelos recuos com os vizinhos do bairro, chegando até o zoneamento social dos próprios bairros da capital. A normatização do privado acabava, pois, entrelaçando-se com a própria configuração dos espaços "públicos".

A construção dos novos bairros residenciais elegantes, adequados aos preceitos sanitários, plásticos e comportamentais gerados no cotidiano burguês das cidades europeias, conseguiu forjar em São Paulo uma mancha contínua de vizinhanças homogênas. Excluiu-se a proximidade dos menos favorecidos, desestimulando-se seu trânsito público nas ruas dos bairros de elite. Uma ampla faixa que cercou o centro paulistano de oeste a sudoeste livrou-se da interseção de bairros ou habitações populares.

A área central, considerada não "civilizada", também foi atingida pelas demolições excludentes, da mesma forma que no Rio de Janeiro. As reformas implementadas ao longo da primeira década do século XX nas gestões consecutivas do conselheiro Antônio da Silva Prado, integrante da mais influente família paulistana de então, promoveram a construção de grandes edifícios oficiais, consolidando-se a pontuação dos espaços públicos por edifícios monumentais iniciada já na primeira década republicana.[66]

Um extenso programa de retificações e alargamento das ruas

centrais permitiu melhor definição dos espaços de circulação pública, garantindo fluidez viária e angulação aos novos edifícios erguidos. Logrou-se também a expulsão de muitas residências populares que se mantinham no centro, alheias à necessidade de instituir uma área de negócios livre de habitações ou, pior, de atividades obscuras como a prostituição.[67] Visavam-se sobretudo as construções que desafiavam os séculos com seus beirais de telhas coloniais e fachadas "caiadas" do barro esbranquiçado — a tabatinga —, que eram numerosas ainda na década de 1910 em toda a área central.

Os resultados das reformas de Antônio Prado acabaram assemelhando-se aos obtidos na mesma década no Rio de Janeiro. Os moradores expulsos pelas obras migraram para as construções que ainda restavam nas proximidades, acentuando o contraste entre os quarteirões novos e aqueles antigos que escaparam às demolições, também povoados de casas térreas e sobrados envelhecidos. A gestão do prefeito seguinte, o barão de Duprat, prosseguiu no intuito de prover a cidade de espaços públicos bem definidos, que correspondessem ao que se conseguia nos bairros residenciais. As novas áreas de lazer da região central — o Parque do Anhangabaú e o D. Pedro II — contaram com o saneamento das várzeas que a cercavam e com a valorização dos terrenos imediatos, arrasando-se novamente muitos casebres e casinhas que permaneciam nas bordas das ruas europeizadas.[68]

Ao mesmo tempo que as autoridades públicas lutavam para discernir os espaços e as funções da área central, surgia um impulso definitivo para a homogeneização de vizinhanças habitacionais. A separação social processada mediante a distinção das áreas habitacionais, já parcialmente experimentadas nos bairros abertos nos fins do século XIX, foi radicalizada pela experiência dos bairros-jardins. O novo tipo de loteamento para moradias acentuou a exclusão social no que concerne aos espaços domésticos e à homogeneização de vizinhanças, gerando uma paisagem que caracteriza São Paulo, diferenciando-a das demais capitais brasileiras.

Por sugestão de Bouvard, o eminente arquiteto francês contratado para grandes remodelações em Buenos Aires — e que prestava assessoria a Duprat nas reformas de São Paulo —, principiou-se a formação de uma empresa imobiliária que relacionou capitais franceses e ingleses a interesses de empresários paulistas. A partir de 1911, a City of São Paulo Improvements and Freehold Co. — a Companhia City — iniciou a compra de enormes extensões de terras na cidade, visando executar loteamentos. Já em 1913 começava a surgir o Jardim América, primeiro bairro da Companhia, localizado na área suburbana a sudoeste da cidade, no início da planície situada abaixo do espigão da avenida Paulista. O bairro foi projetado pelos consagrados arquitetos ingleses Barry Parker e Raymond Unwin, responsáveis pelo projeto de Hampstead, nos arredores de Londres. Os arquitetos eram os sucessores de Ebenezer Howard, o criador das *gardens city*, as "cidades-jardins", uma proposta de habitação suburbana para classes médias e pobres, idealizada para atenuar as precárias condições de moradia das grandes metrópoles industriais inglesas.[69]

Com as mesmas soluções de ruas sinuosas, muitas áreas verdes, arborização e casas situadas em meio a jardins, preconizadas por Howard e presentes nas *gardens city* inglesas, foram postos à venda os lotes do Jardim América, cujo projeto inicial seria alterado numa visita do próprio Parker a São Paulo entre 1917 e 1919. Mas, ao contrário do que ocorria com as cidades-jardins britânicas, o primeiro bairro da City não foi destinado a segmentos menos favorecidos.[70]

A Companhia direcionou seu primeiro loteamento aos segmentos mais abastados, abandonando as ideias iniciais das *gardens city*, e em alguns anos o bairro se tornaria símbolo do viver distinto das elites paulistanas. Dispositivos propostos por Parker regularam minuciosamente a proporção e localização das construções dentro dos lotes — detalhavam-se inclusive as cercas entre os terrenos particulares —, controlando-se de maneira indireta o perfil dos proprietários e costumes desejados pela Companhia. Além de assegurar vizinhanças homogêneas,

Parker impôs ainda um outro dispositivo, incorporado na legislação municipal anos depois: definiu o bairro para uso exclusivamente residencial, aspecto explorado com ênfase em anúncios da Companhia, em que se destacavam as dez razões que distinguiam o bairro: "Por que se deve comprar e construir neste bairro: [...] Porque Jardim América é em São Paulo o único bairro reservado exclusivamente para residências. [...] Porque todo o proprietário tem a vizinhança garantida mediante servidões mútuas".[71]

Garantiu-se, portanto, a manutenção dos proprietários e de seus espaços privados, erguidos sob fiscalização rigorosa, que era prevista nos contratos de servidão exigidos por ocasião da venda de lotes, visando "construções regulamentadas, isto é, garantia de boa vizinhança".[72] As características de privacidade, impostas aos moradores, acabariam ainda por estender-se aos próprios espaços públicos do bairro, mediante a configuração das ruas ou do destino dado às áreas verdes de uso comum.

O arruamento do bairro foi realizado num esquema geométrico quase fechado. Sendo as ruas públicas, não se podia impedir o acesso de estranhos ao bairro, mas a privacidade dos lares estava razoavelmente garantida pela sinuosidade viária, confusa para o transeunte ou para os que quisessem usar as ruas como passagem de tráfego. Ainda assim, o fluxo de forasteiros era raro, pois pouco se teria a fazer no bairro senão visitas, já que comércio e serviços estavam proibidos de se instalar nos lotes.[73]

Os inusitados jardins projetados no interior das quadras residenciais, franqueados ao público nas alterações propostas por Parker, foram gradualmente extintos mediante a incorporação dos espaços pelos lotes lindeiros.[74] O máximo de áreas públicas mantidas ao longo da implantação do bairro foram praças pequenas, de escala pouco convidativa a forasteiros.

O padrão exclusivo do Jardim América foi expandido pela própria Companhia City para muitas das glebas que adquirira a partir de 1911, surgindo nos anos e décadas seguintes, e com o mesmo tratamento paisagístico do Jardim América, os bairros do Anhangabaú, City Butantã, Alto da Lapa, Bela Aliança, Pacaembu, Alto de Pinheiros, Jardim Guedala, Boaçava e Caxingui. Muitos dos bairros foram destinados também aos setores médios da população, embora o comportamento excludente dos dispositivos de construção, a plasticidade e o acentuado conforto ambiental fossem elitizando sua ocupação paulatinamente.

O modelo da Companhia City foi seguido por outros incorporadores em São Paulo, e logo surgiram novos bairros-jardins, igualmente zoneados funcional e socialmente. Jardim Europa, Jardim Paulistano, a Cidade Jardim, Sumaré, Jardim das Bandeiras e, anos mais tarde, largas porções nos altos do Morumbi, foram formando uma mancha mais ou menos contínua de bairros semelhantes concentrados na região sudoeste da capital paulista, todos abertos já em meados do século XX, em franco contraste com aqueles de ruas retilíneas que se espalhavam velozmente por toda a periferia da cidade.

Nos vazios entre os bairros de ruas sinuosas, outros empreendimentos de traçado quadrangular foram adotando algumas características habitacionais ou paisagísticas dos vizinhos que se consagravam. Jardim Paulista, Jardim Lusitânia, Vila Paulista, Vila Primavera ou, em menor escala, Perdizes, Água Branca, Paraíso, Vila América e partes da Consolação garantiram a padronização visual e social das áreas entre os bairros-jardins *stricto sensu*, forjando uma experiência habitacional singular da capital paulista que seria referência para incontáveis incorporadores em cidades por todo o Brasil.[75]

Era possível, e ainda é, andar quilômetros dentro da cidade de São Paulo vendo-se pouquíssimas casas e ruas fora do padrão que distinguia os bairros-jardins, os quais se tornaram pouco a pouco o refúgio preferido dos paulistanos ansiosos por privar-se da convivência íntima com as mazelas e misérias que se avolumavam na cidade industrial, o principal parque do país já a partir da década de 1920.[76]

A expansão formidável dos bairros-jardins era alimentada

pela própria desestabilização dos bairros mais antigos, em que antes se concentravam as elites paulistas instaladas na capital. A partilha de heranças, as flutuações financeiras e o paulatino abandono dos modelos de família extensa, de muitos filhos e amplas parentelas, foram modificando as formas de sociabilidade que ergueram as residências elegantes da Belle Époque.

A manutenção de muitos dos grandes palacetes e sobrados, obsoletos, ou por demais custosos, inviabilizou a permanência das elites em Campos Elísios, Luz, Higienópolis, Consolação, Liberdade, na avenida Brigadeiro Luís Antônio, e posteriormente na própria avenida Paulista. A ausência de uma legislação rígida de controle do uso e ocupação das casas e terrenos nos bairros mais antigos, como havia nos bairros-jardins, a maior proximidade de áreas de grande circulação ou de bairros populares, as migrações vindas do combalido interior cafeeiro e a própria alta na demanda por aluguéis foram esvaziando os grandes palacetes e os bairros mais antigos daqueles setores sociais que os haviam erguido. Já na década de 1930 vários palacetes de Higienópolis tinham se convertido em pensões para setores médios, cujas famílias residiam, individualmente, nos numerosos e amplos cômodos das residências.[77]

A modificação do perfil social das moradias, ocorrida nos antigos bairros elegantes de São Paulo, não foi suficientemente significativa no que se referia aos limites da clivagem social que se desenhara nos bairros de função residencial da cidade. Tanto a capital paulista como o Rio de Janeiro, ao final da República Velha, seriam objeto de propostas de adequação urbana visando garantir a rápida expansão dos bairros residenciais populares e distritos industriais, assegurando-se um alívio às pressões que se abatiam sobre a geografia excludente dos espaços privados. A difusão de um novo modelo de habitação e vizinhança — os apartamentos — iria relacionar-se intensamente com as tensões sociais acumuladas na escalada de urbanização das populações brasileiras durante a Belle Époque.

OS APARTAMENTOS E A MASSIFICAÇÃO DA MORADIA: DOS CONDOMÍNIOS AOS CONJUNTOS HABITACIONAIS, PASSANDO PELAS REMOÇÕES

A resistência à moradia coletiva, discriminada pelos discursos oficiais como sinônimo de todas as desgraças sanitárias presentes nas capitais brasileiras desde o Império, foi aos poucos arrefecendo diante da novidade constituída pelos apartamentos, inicialmente dirigidos aos segmentos mais abastados das grandes cidades. O receio de decair socialmente, advindo do desprezo para com as coabitações, foi vencido com a adoção de acabamentos custosos utilizados nos revestimentos externos e nas áreas internas de circulação dos edifícios. Justificava-se, assim, o apelo da denominação dos primeiros edifícios, "palacetes", palavra consagrada, capaz de atenuar hesitações ou preconceitos.[78]

Em São Paulo, os edifícios de apartamentos foram ocupando muitos dos bairros que eram abandonados pelas elites, aproveitando os grandes lotes, a arborização das ruas ou o prestígio, empanado, dos antigos bairros elegantes. Os "palacetes" foram erguidos diretamente nas calçadas, como nas capitais europeias oitocentistas, padrão que entraria pela década de 1930. Os bairros de Santa Ifigênia, mas sobretudo Vila Buarque e Santa Cecília, são regiões que testemunham o primeiro modelo de verticalização, o qual guarda na ausência de recuos, nas portarias com acabamentos luxuosos e no próprio gabarito de sete ou oito andares a referência direta às experiências de edificação das cidades europeias.

Mas as características de privacidade e isolamento experimentadas nos bairros de palacetes e nos "jardins" acabariam se repetindo na verticalização da moradia. Dispositivos da legislação paulistana exigiram, já em 1937, que os edifícios erguidos nos bairros residenciais privilegiados guardassem recuos laterais e frontais.[79] Isso assegurou a insolação e ventilação aos apartamentos, e ao interior dos quarteirões, ao mesmo tempo que se repetia o afastamento entre os espaços público e privado, inseridos naqueles bairros quando abrigavam os palacetes. Higienópolis é o exemplo mais consistente de substituição das casas por edifícios de apartamentos dentro das exigências de 1937, num paradigma do modelo que se reproduziria em quase todos os bairros que não encontravam limites ao adensamento, como aqueles da Companhia City.

As pressões por moradia, que permaneciam nas bordas da mancha dos bairros de elite, deveriam ser afastadas o quanto possível das áreas centrais, a fim de evitar o encortiçamento dos antigos sobrados e palacetes — e a desvalorização definitiva dos bairros já "decadentes". O Plano de Avenidas, sugerido para São Paulo pelo engenheiro e depois prefeito Prestes Maia, e que foi implementado ao longo das décadas seguintes, coincidiu com a necessidade de preservar as vizinhanças dos bairros privilegiados, mediante o redirecionamento do crescimento daqueles populares.

Prestes Maia preconizou a abertura de grandes artérias radiais que partiam para os bairros, enfeixadas em torno de uma avenida perimetral à área central. A execução de seu projeto, iniciada a partir de 1938, quando ele já era prefeito de São Paulo, garantiu acesso rápido aos arrabaldes, viabilizando o crescimento atabalhoado e especulativo gerado pela venda de lotes populares, destinados a aluguel ou autoconstrução.[80] A verticalização foi também facilitada, seja por meio da ampliação da altura total dos edifícios, seja por meio das novas vias públicas implantadas pelo projeto de Prestes Maia, que deveriam receber o incremento do fluxo gerado nos bairros adensados horizontal ou verticalmente.

O Rio de Janeiro veio a conhecer um processo de verticalização igualmente acentuado, em que a relação entre a ocupação dos lotes e as ruas manteve-se por muito tempo fiel aos padrões oitocentistas das capitais europeias — e à própria tradição urbana da cidade. A exiguidade de terrenos nas regiões central e sul cariocas favoreceu uma ocupação intensa dos lotes disponíveis nos bairros espremidos entre os maciços rochosos que pontuam a faixa litorânea da cidade. As dificuldades em controlar as justaposições sociais na Zona Sul, já sensíveis desde a expansão das favelas ao longo da década de 1910, iriam novamente se evidenciar, acentuando o contraste entre as formas de habitação e vizinhança nas duas maiores cidades do país.

A construção de unidades habitacionais verticais começara no Rio de Janeiro desde fins da década de 1910, em volta da praça Floriano Peixoto, e se intensificaria na década de 1920, com uma crescente participação dos bairros da Zona Sul na proporção dos prédios levantados.[81]

A fase inicial de construção de habitações verticais foi marcada pela edificação de prédios de altíssimo luxo, com elaboradas fachadas de inspiração no classicismo francês. Pontuando a praça Floriano Peixoto e a avenida Beira-Mar, os primeiros edifícios repetiram o papel de seus congêneres paulistanos — muito mais modestos — no papel de arrefecer os preconceitos relativos à habitação coletiva.

Principiava a competição dos incorporadores pela moradia dos setores mais abastados do Rio de Janeiro, o segmento social a que se direcionou inicialmente o novo gênero habitacional. As orlas da Glória, Flamengo e Botafogo foram escolhidas para situar os primeiros prédios de apartamentos da Zona Sul, em que a fusão dos custosos elementos decorativos de referência francesa juntava-se às escalas vindas das cidades norte-americanas.

Os novos arranha-céus da Zona Sul enfrentavam a dura concorrência das suntuosas residências erguidas em Santa Teresa, e nas ruas São Clemente, das Laranjeiras, Senador Vergueiro, Marquês de Abrantes e suas imediações, espaços preferidos das elites residentes no Rio durante as décadas de 1900 a 1920. Pontificaram nesse período os palacetes da família Guinle, erguidos por Armando Carlos da Silva Telles, que suplantavam de longe seus congêneres paulistanos. Semelhantes às maiores residências de Buenos Aires, muitos traçados em Paris por René Sergent,[82] os palacetes dos Guinle, erguidos na capital federal e no estado do Rio de Janeiro, são notáveis pelo emprego de caríssimos acabamentos e obras de arte importados da Europa.

Paradigma de luxo durante a República Velha, lembram ainda o notável conjunto de residências dos Vanderbilt, erguidas na Nova Inglaterra e exemplo maior da vocação suntuosa das moradias das elites emergentes norte-americanas.

Era imperioso conferir exclusividade e luxo àqueles que se dispusessem a migrar dos palacetes para os apartamentos, já que eram incontornavelmente um gênero de moradia coletiva, aspecto nauseante para as elites, que condenavam os cortiços, estalagens e casas de cômodos.

O regime de serviços comuns, presente em muitos dos primeiros apartamentos — as chamadas "casas de apartamento", um gênero de flat —, foi rapidamente substituído pela segmentação total das unidades, que passaram a incluir dependências completas de serviço. Foram condenados ao desaparecimento os andares reservados à habitação comum dos empregados domésticos, cujos espaços nos apartamentos passariam a ser demarcados com rigidez, gerando um zoneamento interno que já foi assinalado como uma característica marcantemente nacional. A diferenciação rígida entre áreas íntimas e de serviço — e entre seus respectivos ocupantes — foi um anseio que escapou largamente aos apartamentos de luxo. A permanência e a circulação mereceram a criação de caminhos e espaços diferenciados, sedimentando para os setores médios uma distinção em que se sente o bafejar dos tempos da escravidão.

A aprovação da Lei de Condomínios em 1928 consolidou em definitivo a possibilidade jurídica de individuação completa de cada unidade habitacional, restringindo a área comum apenas aos espaços de circulação e recepção, custosamente decorados. Procurava-se afastar de uma vez por todas o espectro que condenava os prédios de apartamentos aos estigmas relacionados às habitações coletivas, vindos desde o Império, e que por muitos anos ainda gerou um sugestivo apelido aos condomínios residenciais verticais: "cortiços de luxo".[83]

Copacabana constituiu o exemplo mais notável de verticalização habitacional do Rio de Janeiro, tendo sido ali as casas leves, praianas, rapidamente substituídas pelos prédios de apartamentos, erguidos de início na região em torno da praça Bernardelli — o Lido —, coração elegante do bairro litorâneo.[84] A sofisticação que cercou o bairro, local do hotel Copacabana Palace, não foi, entretanto, forte o bastante para logo ameaçar a primazia das antigas regiões residenciais ao longo da baía de Guanabara, que disputaram por décadas com os bairros atlânticos as parcelas mais abastadas da população carioca. Botafogo, Laranjeiras, mas sobretudo a linha litorânea do Flamengo e do morro da Viúva permaneceram por muitos anos como reduto dos apartamentos essencialmente urbanos e elegantes, deixando a Copacabana a aura do morar balneário.

A pressão dos incorporadores imobiliários junto à administração pública possibilitou a concentração paulatina de novos prédios de apartamentos, esparramados pelas avenidas litorâneas ao longo das décadas de 1930 e 1940. O gabarito — a altura total dos edifícios — foi continuamente ampliado, permitindo a exploração intensa dos lotes, fator que aos poucos impediu a própria visualização das montanhas cariocas, além de comprometer a salubridade tão almejada pelas elites que conduziram a reforma da antiga capital imperial, fato que já não escapava aos visionários de então: "[...] dia virá em que, fatalmente, os grandes edifícios de apartamentos, por falta de áreas disponíveis para sua ventilação e insolação, formarão um aglomerado asfixiante de moradias insalubres e impróprias à vida humana".[85]

Copacabana conheceu em poucos anos uma massa compacta de prédios sem recuos frontais ou laterais — diferindo de modo radical do que se processava nos bairros equivalentes de São Paulo —, o que praticamente privou os habitantes do interior do bairro da sensação de estar a metros da praia e dos ventos marítimos. A premonição do artigo de 1928 chega a ser irônica, se se considerar que o morro do Castelo, berço da cidade, fora arrasado anos antes justamente sob a alegação de bloquear a brisa saneadora. O Bairro Peixoto, porção mais interna de Copacabana, é exemplo da luta dos habitantes locais para conter a voracidade de agentes ligados à especulação imobiliária, ansiosos por liberar o gabarito local, que oscilou precariamente entre três e quatro pavimentos residenciais ao longo das décadas do século XX.[86]

As alterações nas condições de inquilinato e as facilidades de crédito foram responsáveis pela proliferação de apartamentos minúsculos, muitos comprados pelos próprios moradores, espalhando-se pelo bairro, durante as décadas de 1940 e 1950, os edifícios de *kitchenettes* e conjugados, habitações compactadas sem luz ou aeração condizentes com o clima carioca. Os apartamentos modestos aos poucos alteraram o perfil dos bairros da Zona Sul, em especial Copacabana e Ipanema, modificando a destinação elitista prevista desde o Plano Agache, primeira tentativa sistemática de zonear socialmente os bairros do Rio de Janeiro, realizado durante a gestão presidencial de Washington Luís e, portanto, contemporâneo ao Plano de Avenidas de Prestes Maia.[87]

Reservados por Agache para o habitar dos setores médios e altos da população carioca, os bairros da Zona Sul não foram alvo, entretanto, de uma experiência ocupacional restritiva semelhante à ocorrida nos bairros-jardins de São Paulo, cujas disposições de exclusividade funcional, incorporadas e expandidas pelos dispositivos legais, propiciaram à capital paulista áreas extensas de homogeneidade social, em que os espaços privados estendiam, indiretamente, sua característica excludente às ruas e aos bairros — aos espaços públicos.

A verticalização de alguns bairros paulistanos de ocupação não exclusiva, como Higienópolis, Perdizes e Vila América, preservou de modo razoável a vizinhança dos bairros restritivos, sendo os apartamentos habitados basicamente por setores de elite ou da chamada classe média alta. No Rio de Janeiro, o Grajaú, na Zona Norte, a Urca, alguns loteamentos em Laranjeiras e no Jardim Botânico, ou o Bairro Peixoto, na Zona Sul, foram experiências tímidas de especialização social de moradias. Mantida precariamente, a ocupação desses bairros não chegou a abrigar os rígidos padrões de ocupação exclusiva dos bairros-jardins paulistanos, nem a se generalizar nos bairros da Zona Sul do Rio, tampouco nas demais regiões da cidade.[88]

As pressões do capital imobiliário, extremamente competitivo no contexto de desaceleração da indústria carioca, foram aos poucos reproduzindo, em toda a Zona Sul, a experiência de convívios sociais e comportamentais justapostos, que se quisera extinguir na capital nacional desde os anos em que se materializavam as ideias reformadoras e fragmentadas da Belle Époque. A justaposição sufocante de prédios de apartamentos, muito díspares entre si, foi ainda assediada pelos barracos dos morros da Zona Sul carioca, que se expandiam incontrolavelmente.

As favelas, que já eram detectáveis nos bairros litorâneos desde a década de 1910, prosperaram diante da precariedade do poder público em erradicar até as concentrações de moradias populares mais centrais, próximas aos símbolos do Rio "civilizado". Se os numerosos cortiços e casas de cômodos do bairro da Misericórdia e do morro do Castelo foram eliminados do centro do Rio de Janeiro apenas entre 1920 e 1922, pelos esforços combinados de Epitácio Pessoa e do prefeito Carlos Sampaio, o que se poderia esperar do combate aos barracos? Multiplicavam-se as favelas, como se multiplicavam as reproduções do modelo insuficiente de reforma urbana experimentado desde a eliminação do Cabeça de Porco — os moradores e as moradias indesejáveis, expulsos, agregavam-se nas proximidades, e suas mazelas cobriam novos morros, emoldurando a ilusão das planícies arenosas, cobrindo a face do Rio de "chagas" tão indesejáveis quanto inevitáveis: "Construídas contra todos os preceitos da higiene, sem canalizações d'água, sem esgotos, sem serviço de limpeza pública, sem ordem, com material heteróclito, as favelas constituem um perigo permanente de incêndio e infecções epidêmicas para todos os bairros através dos quais se infiltram. A sua lepra suja a vizinhança das praias e os bairros mais graciosamente dotados pela natureza".[89]

As palavras de Agache previam a confrontação social no futuro que seria gerada pela convivência heterogênea de habitações e dos segmentos sociais nelas residentes, acusando as favelas de corromper o Rio de Janeiro "não só sob o ponto de vista da ordem social e da segurança, como sob o ponto de vista da higiene geral da cidade, sem falar da estética".[90] Se o apelo tradicional aos pavores epidêmicos já não era suficiente para justificar remoções, e sendo o fator plástico considerado quase desprezível, recorria-se então, sem pudores, às discrepâncias socioeconômicas para alimentar o anseio de novamente impulsionar a remoção das populações, que ousavam agregar-se aos bairros elitizados: "Pouco a pouco surgem casinhas pertencentes a uma população pobre e heterogênea, nasce um princípio de organização social, assiste-se ao começo do sentimento da propriedade territorial. Famílias inteiras vivem ao lado uma da outra, criam-se laços de vizinhança, estabelecem-se costumes, desenvolvem-se pequenos comércios".[91]

Uma eficiência social ocorrendo nos interstícios do *bem viver*, escancarados aos olhos que se voltassem para a exuberância da topografia carioca, não mais apenas no centro, como ocorria nos anos que cercaram as reformas de Pereira Passos, mas galopantemente pelas zonas Sul, Norte e suburbana. Uma vizinhança que, além de enlaçada nos empregos oferecidos nos apartamentos e casas, tinha seu poder de barganha para diluir as tentativas de remoção de favelas.

Entre 1917 e 1926, houve registros de remoções de barracos e populações faveladas nos morros da Babilônia e Dois Irmãos, e no do Telégrafo, este já nas portas da área suburbana ao norte da cidade. Ao mesmo tempo, acusava-se a existência de favelas no Catumbi, e também na Lagoa, Ipanema, Leblon e Gávea, sendo ainda esse o período em que surgiram duas das maiores favelas cariocas — a Rocinha e a da praia do Pinto.[92]

O advento de Vargas traria, contudo, uma reviravolta nos planos excludentes de Agache e das elites que o contrataram, suavizando o combate às favelas e às suas populações, o que se estenderia pelos quinze anos que se seguiram ao término do Estado Novo. As migrações do campo para a cidade se intensificavam, estimuladas pelos surtos de industrialização observados entre 1930 e 1960, e cada vez mais as massas urbanas destacavam-se nas práticas de cooptação política, de que se serviu largamente tanto o Estado Novo quanto o regime populista que o sucedeu até 1964.

Ainda que houvesse umas poucas remoções no período de Vargas, vitimando "centenas e centenas de criaturas, cujo único mal é serem pobres na cidade mais linda do mundo", as favelas prosperaram enormemente. Se a década de 1940 tem sido considerada aquela do *boom* dos apartamentos na Zona Sul, foi também a de uma verdadeira explosão de barracos nos morros de toda a cidade, bem como nos bairros suburbanos, em franca expansão ao longo das linhas férreas e concentrações industriais, sob os olhos complacentes das autoridades públicas.[93]

O centralismo da administração do Estado Novo fizera vista grossa ao cumprimento do Código de Obras carioca, criado ainda em 1936 e que proibia ampliação ou melhorias nas áreas faveladas da capital. As grandes atuações da administração pública, especialmente na gestão municipal de Dodsworth (1937-45), concentraram-se na abertura das avenidas Presidente Vargas e Brasil, facilitando a articulação do centro da cidade com os subúrbios, estradas interestaduais e os municípios da Baixada Fluminense, que já principiavam a assumir características de cidade-dormitório. Ignorou-se o combate às vizinhanças díspares nas zonas Sul e Norte, ou mesmo a necessidade de saneamento básico nas favelas.[94]

Embora a maior parte das favelas e populações faveladas, segundo o censo de favelas realizado no Rio de Janeiro entre 1947 e 1948, estivesse nas zonas suburbanas (44% e 43%), e no binômio centro-Zona Norte (22% e 30%), era na Zona Sul, com 24% e 21% respectivamente, que as concentrações de barracos causavam maior escândalo e constituíam um atentado à construção de uma imagem adequada a uma capital nacional bem como aos interesses da especulação imobiliária, ávida por valorizar os terrenos litorâneos.[95]

A letargia no controle do zoneamento social durante o Estado Novo geraria atitudes rompantes, como a criação de uma Comissão para Extinção de Favelas, em 1947. A Comissão retomou, sem grandes efeitos práticos, algumas poucas atitudes

— tímidas — do Estado Novo, como a construção dos chamados Parques Proletários Provisórios, entre 1941 e 1944, no Caju, na Gávea e na praia do Pinto, as duas últimas nas imediações da lagoa Rodrigo de Freitas. Nos parques foram alojados os moradores de barracos removidos dos morros do Livramento e do Pinto, e de bordas da Lagoa; mas a substituição das casas transitórias pelas definitivas jamais ocorreria.

A elaboração e aplicação do programa dos Parques Proletários contou com a participação-chave do médico pernambucano Vítor Tavares de Moura, veterano na luta travada entre as elites de Pernambuco e o gigantesco número de mocambos que já cercavam o Recife ao findar da República Velha, e que constituiria a mais emblemática luta pela extinção de habitações populares ditas insalubres no Nordeste, a ponto de servir como referência para as experiências do Rio de Janeiro.[96]

O fracassado programa carioca de erradicação de barracos não se defrontara certamente com uma escala de favelização comparável àquela observada no avanço dos mocambos sobre as áreas mais urbanizadas do Recife. Se em 1913 os casebres já constituíam 43,2% do total de imóveis na capital pernambucana, chegariam à cifra formidável de 63,7% em 1940, ano em que o censo nacional acusava a volta do Recife à condição de terceiro município mais populoso do Brasil e o primeiro do Nordeste, posto este que viria a perder para Salvador apenas no censo de 1980. As migrações vindas do interior, cada vez mais acentuadas, inchavam o Recife: seus novos moradores espalhavam-se pelos terrenos alagados que compunham o sistema fluviomarítimo da planície em que se assentava a cidade.[97]

A pressão das habitações e do habitar popular sobre as áreas urbanizadas segundo os princípios normativos das elites era tamanha, que surgiria, ainda na República Velha, em 1924, a Fundação A Casa Operária, com a intenção de fomentar o controle das moradias e das populações no Recife.[98] A pressão dos locadores agravava ainda mais as difíceis condições de obter habitação na capital, aspecto que não escapava à imprensa alarmista, que já em 1921 procurava conscientizar os que se mantinham alheios ao precário equilíbrio do tenso arranjo social em que eram mantidos os habitantes da cidade: "Não tardará o dia em que esses desesperos [de entregar todos os proventos como aluguel] se conjuguem e saiam para as ruas a procurar domicílio, não armados de Cartas de Fiança e de garantias de toda ordem, mas de bem municiados rifles e bombas de dinamite".[99]

Os resultados obtidos pela Fundação foram pequenos diante da intensa pressão demográfica sofrida pelo Recife, que se agravaria em razão do imobilismo do aparelho estatal em lidar com a crise habitacional — ou com o próprio desdém dos mocambeiros. Em princípios da década de 1920, o prefeito Lima Castro constrói as 150 casas da "vila operária", experiência pioneira de massificação habitacional em Pernambuco, como forma de realocar e "civilizar" os moradores de mocambos. Ninguém as quis. As casas populares não eram caras, mas eram completamente exóticas para os costumes populares: "As casas populares ficavam vazias porque não davam caranguejos como os mocambos", lembrou um opositor político.[100]

Os mocambos iniciais de taipa de mão ou palha, perfeitamente adaptados às condições climáticas recorrentes em todo o litoral, foram se concentrando nas áreas imediatas aos bairros centrais e residenciais. Ladeados pelas versões de casebres que incorporavam materiais adquiríveis no meio urbano — como telhas e folhas de zinco, que acabaram por suplantar rapidamente os materiais rurais —, sua transformação acabou por inviabilizar os discursos que viam na tipologia original uma expressão adequada do saber construir popular, passível de proteção e estímulo.[101]

A regulamentação para as moradias erguidas pela Fundação A Casa Operária chocara-se ainda uma vez com os costumes dos mocambeiros, que deviam se submeter a exigências extremas: "O indivíduo pobre não se pode dar ao luxo de ter papagaios, uma série de passarinhos, galos de briga e, por isso, possuir estes animais, caros muitas vezes de manter, foi proibido". Excessos que nem ao menos correspondiam a uma produção de moradias compatível com o crescimento do número de pobres e miseráveis.[102]

O alarme dos movimentos de esquerda que se expandiam em Pernambuco, como na própria capital nacional, acelerou a constituição da Campanha contra o Mocambo, em 1938, que procuraria não repetir os fracassos das casas populares de Lima Castro. Seus efeitos já seriam sentidos no ano seguinte, com a criação da Liga Social contra o Mocambo.

Entidade privada, mantida mediante a mobilização financeira de setores abastados ou conservadores da sociedade pernambucana, a Liga objetivava a extinção sistemática dos mocambos, que abrigavam cerca de 47% da população do município (164 837 habitantes) em torno de 1940.[103] Visava-se também a alocação dos moradores em casas padronizadas, situadas em locais convenientes ao disciplinamento dos convívios sociais da capital, concretizando o anseio daqueles que clamavam contra as vizinhanças miseráveis: "Combate eficaz aos monstrengos de palha e zinco que, dia a dia, mais se espalham pelo Recife, acocorando-se, em paralelo, às avenidas asfaltadas e em torno às boas casas de alvenaria, que dificilmente lhes vão conquistando terreno".[104]

A atividade da Liga — que entre 1940 e 1945 promoveu a demolição de cerca de cem mocambos por semana! — consoava com as obras que a administração interventora do Estado sustentava no bairro de Santo Antônio, o segundo mais antigo do Recife, e que articulava toda a área central.[105] Os "pardieiros" foram postos abaixo, expulsando moradores e extinguindo serviços que ainda se mantinham no centro da cidade, instalados nas edificações coloniais e imperiais, muito parceladas e associadas à permanência e ao trânsito nas ruas. As palavras proferidas na entrega do projeto de reforma e adequação de Santo Antônio prenunciavam as atividades da Liga, e explicitam a orquestração das atividades de disciplinamento do habitar e das habitações: "Urbanizar é higienizar, facilitar, disciplinar, embelezar, dar enfim ao homem os elementos de uma vida que o afaste, cada vez mais, das formas iniciais dos estádios inferiores da comunidade humana [...] A remodelação de uma parte central do Recife [...] trará, é claro, saúde, imponência e beleza à cidade [...] a urbanização da cidade é que fornecerá à Edilidade elementos para que ela possa elevar o *standard* de vida do povo, construindo casas populares e libertando Pernambuco do ultraje dos mocambos".[106]

A solução habitacional ao "ultraje" ficou, entretanto, longe de conseguir acompanhar a rapidez das demolições ou a continuidade da construção de novos mocambos, cujos proprietários e moradores ignoravam largamente as disposições oficiais de interdição, como faziam os favelados no Rio de Janeiro. Mesmo mediante a articulação com associações, indústrias e os ricos institutos previdenciários nacionais ou locais, não se pôde dar conta da expansão da demanda habitacional e tampouco refrear a expansão dos mocambos. Entre 1939 e 1944 foi construída pelos diversos agentes uma soma de 7582 novas habitações padronizadas; entre 1945 (ano em que a Liga foi absorvida pelo Estado e transformada em autarquia) e 1961, outras 10 389 unidades — números insuficientes para absorver as demandas e extinguir a paisagem de choupanas que ruralizavam a capital e que pareciam reproduzir-se espontaneamente nas periferias.[107]

As defasagens da política habitacional oficial ocorridas no Recife acabavam se repetindo em todas as grandes cidades do país, incluindo-se as experiências de caráter nacional. A Fundação da Casa Popular, instituída após a queda do Estado Novo, jamais contou com amparo político para viabilizar os recursos necessários à construção de unidades habitacionais que suportassem as demandas populares, o que naturalmente se agravaria com o incremento das migrações inter-regionais experimentadas na década de 1950.

Os próprios Institutos de Aposentadoria e Previdência — os IAPs — acabaram transferindo parte substancial de seus recursos previstos para habitações populares ao financiamento direto de habitações particulares erguidas no *boom* das décadas de 1940 e 1950, o que acabaria por enfraquecer o programa de construção de unidades populares e médias destinadas a seus próprios associados. Suportava-se ainda todo tipo de interferências obscuras nos processos de seleção de credores ou inquilinos, o que também afetava intensamente as atividades da Fundação da Casa Popular.[108]

HABITAÇÕES "CIVILIZADORAS": A UTOPIA NA AURORA DA EXPLOSÃO DAS METRÓPOLES

A atividade construtora dos IAPs — o mais amplo programa de massificação de moradias implementado na primeira metade do século XX — sucedera e ampliara aquela já permitida às antigas Caixas de Aposentadoria, algumas ainda na República Velha. A partir de 1933, as Caixas passaram a ser transformadas em institutos, e seus presidentes eram indicados diretamente pelo Ministério do Trabalho, Indústria e Comércio, o que assegurava a ascendência do governo nas extensas atividades habitacionais dos IAPs, sobretudo naqueles vinculados aos industriários (IAPI), comerciários (IAPC), bancários (IAPB), marítimos (IAPM), servidores do Estado (IAPSE) e aos empregados em transportes e cargas (IAPETEC).

O saldo de novas edificações erguidas diretamente pelos IAPs entre 1937 e 1964 totalizou 76 236 unidades, levando os programas habitacionais a transformar os institutos no maior grupo construtor de moradias populares e médias do Brasil vinculado ao Estado, participando inclusive da construção de unidades para suprir a extinção dos mocambos, deflagrada no Recife. Em fins da década de 1940, o IAPI já tinha erguido um total de 31 587 unidades habitacionais, espalhadas em conjuntos residenciais presentes em dezenove das maiores cidades industriais brasileiras, como o Rio de Janeiro (12 238), São Paulo (4835), Porto Alegre (2496), Recife (1450), Belo Horizonte (928), Salvador (696), Osasco (4 mil) e Santo André (3 mil). O volume de unidades do IAPI era, contudo, irrisório diante da demanda habitacional da categoria trabalhista densamente presente nas grandes cidades, defasagem que se acentuaria nos programas habitacionais dos demais institutos.[109]

Tanto na fase inicial dos programas, com grande quantidade de casas, quanto no período em que a construção de blocos de apartamentos foi largamente predominante, a padronização das unidades consistiu numa saída para baratear a produção e o financiamento, ampliando-se a oferta. As vastas séries de edifícios iguais que compunham os conjuntos levantados em todas as grandes cidades do país multiplicavam a experiência pioneira presente nas vilas populares, vilas operárias e avenidas erguidas desde o Império nas maiores capitais brasileiras, perseguindo-se a homogeneização dos padrões arquitetônicos e habitacionais dos moradores. Mas a escala das formas iniciais de massificação mostrar-se-ia insignificante diante da iniciativa construtora dos IAPs, cujos projetos levantavam as numerosas fachadas quase idênticas em todo o país.

Em casos extremos, a intenção disciplinadora alcançava minúcias do próprio interior das residências construídas pelos institutos. Alguns conjuntos, erguidos durante o Estado Novo ou nas gestões que o seguiram imediatamente, eram entregues aos moradores com inúmeros itens de mobiliário comprados pelos institutos, sob a justificativa de barateamento de custos e servindo ainda à precaução contra eventuais transferências de hábitos não higiênicos trazidos de cortiços ou gêneros semelhantes de moradia que contaminassem as vizinhanças.[110] Assegurava-se dessa forma a padronização sanitária e de "conforto" já estabelecida nas sugestões técnicas do Ministério do Trabalho aos IAPs, que deviam nortear o convívio nas novas moradias: "Além de assistência social, que deveria acompanhá-los por muitos anos [...] Razões econômicas, razões de higiene [...] levam-nos [...] a pleitear que se dê a casa e, com ela, os móveis e os utensílios, de um modo geral. Baterias de alumínio, aparelhos de boa louça, talheres de bom metal, toalhas e lençóis de bom pano, tudo será acessível, se comprado em grande quantidade, será higiênico, se fácil de lavar, será humano se der ao pobre a alegria de viver num ambiente são e confortável".[111]

Essas palavras, proferidas em 1938, anunciam o pico da capacidade disciplinadora das intenções alojadas no aparelho do

Estado — e prenunciam seu declínio, diante da massificação que seria induzida aos espaços privados pela sutil sociedade de consumo do pós-guerra. Ao aparelho estatal restaria tarefa mais árdua e despida de preceitos pedagógicos... as remoções, em tese soluções mais rápidas, chegariam no limite de retirar-se a própria residência do Estado da capital nacional, seio da República.

Contraponto absoluto da liberdade em que se constituíam as moradias das favelas — que já abrigavam 7,12% dos habitantes da capital da República, segundo o censo nacional de 1950 —, a massificação divulgada pelos IAPs, dirigida inclusive a setores médios, foi ainda referência para os empreendimentos oficiais destinados a populações de menor renda, justamente os mais difíceis de enquadrar nos conceitos de privacidade e vizinhança politizados.

Os conjuntos projetados pelo arquiteto Affonso Reidy para o Departamento de Habitação Popular da prefeitura carioca, entre 1947 e 1952, refinaram as soluções massificadoras utilizadas nos conjuntos dos institutos, estendendo o controle homogeneizador dos módulos habitacionais para as áreas de convívio comum, experiência já adotada em alguns conjuntos de IAPs. Se por um lado tinha-se o cuidado de flexibilizar ligeiramente as fachadas, evitando insurgências contra a monotonia das soluções dos IAPs, previa-se a justaposição aos conjuntos de apartamentos de edifícios auxiliares que abrigassem escola, lavanderias mecânicas, mercado e centro de saúde, disseminando pelos espaços públicos os preceitos "pedagógicos" estabelecidos em âmbito privado nos blocos habitacionais.[112]

Os resultados obtidos no conjunto denominado Pedregulho, para funcionários municipais de baixa renda, e que tornaram a proposta mundialmente conhecida pela qualidade do projeto, a qual abarcava os acabamentos e jardins, ficaram, entretanto, como lembrança do desinteresse em estender iniciativas de tal envergadura às vastas populações miseráveis da capital. Destinado à população favelada removida das imediações da lagoa Rodrigo de Freitas, o conjunto previsto para substituir o Parque

Proletário Provisório da Gávea em 1952 foi drasticamente reduzido e adulterado, terminando ali a busca por soluções habitacionais que visassem prover os antigos favelados de recursos essenciais, como ambulatórios, escola, jardins de infância, campo de jogos e *playground*.[113]

Soluções complexas como as propostas por Reidy tinham decerto o custo elevado necessário a ambições mais ousadas e abrangentes do que as praticadas pelos IAPs. Ambas foram, contudo, paulatinamente esvaziadas de recursos e sustentabilidade financeira em virtude dos processos inflacionários ou de congelamentos de aluguéis promovidos pela União. Momento crítico para as cidades, a gestão de Juscelino Kubitschek seria pautada por seu notório Plano de Metas, gerador de substancial aumento no fluxo migratório dirigido às maiores cidades brasileiras e que ironicamente não fazia nenhuma menção a soluções para a crise habitacional, a qual se acentuaria no Rio de Janeiro e em São Paulo.[114]

As discrepâncias sociais, a miséria dos exércitos de reserva mantidos nas capitais, o desnível entre periferias e áreas nobres, entre favelas e edifícios, entre conjugados e coberturas, todo o quadro de tensão das grandes metrópoles inchadas restava miragem nos amplos horizontes do Planalto Central brasileiro. A decisão de construir a nova capital do Brasil veio acompanhada de um projeto urbanístico completamente diferente da tradição das cidades brasileiras. O plano piloto de Brasília, projetado pelo vencedor do concurso seletivo, o arquiteto Lúcio Costa, tornava-se a materialização — totalmente redimensionada — de décadas de anseio de controle espacial e social havido nas diversas administrações públicas espalhadas pelo país, e que encontravam na nova cidade-capital a possibilidade de concretizar as idealizações de uma vida urbana nova, alheia às agruras históricas da sociedade brasileira.

A previsão de áreas específicas para os setores funcionais possibilitava uma compartimentação de atividades e convívios, que girariam em torno do eixo administrativo, função essencial da cidade. Muito embora o memorial de Costa previsse a coexistência de setores sociais no plano piloto, e a obrigatoriedade de se "prover dentro do esquema proposto acomodações decentes e econômicas para a *totalidade* da população", a realização da capital não efetivou vizinhanças díspares, nem promoveu a construção de moradias populares necessárias.[115]

A disposição dos conjuntos de apartamentos nas superquadras, situadas nos setores habitacionais da nova capital, rompeu com o tradicional alinhamento entre lotes e ruas presentes nas cidades brasileiras, eliminando esquinas nos cruzamentos e forçando a reversão dos convívios públicos ao interior das superquadras, que deveriam ser autossuficientes. O comércio e serviços foram restritos a setores e ruas específicas e exclusivas, lindeiras com os conjuntos de apartamentos.

Traçados e concebidos como transformadores da convivência social, os arranjos das superquadras e de seus blocos habitacionais metamorfoseavam localmente o pensamento reformador dos Congressos Internacionais de Arquitetura Moderna — os CIAMs — e atinham-se à pedagogia plástica e espacial de Le Corbusier, a referência constante nas carreiras de Costa e Niemeyer, os quais supunham ser a arquitetura e o urbanismo modernos vetores capazes de transformação social e cultural.[116] As superquadras espalhavam pela nova capital as pulsações já pressentidas em experiências do próprio Costa, nos grandes conjuntos dos IAPs e sobretudo nos de Affonso Reidy.

A disposição de Brasília, e de sua gramática para espaços públicos e privados, fazia convergir duas utopias distintas para o Planalto Central. Aquela propalada por seus autores, que viam na cidade moderna, liberta das tradições mesquinhas, a possibilidade de forjar uma sociedade livre e capaz de prover seus cidadãos de dignidade, e outra — vitoriosa — minada pelo pensamento excludente que vicejava entre as elites brasileiras, as quais encontrariam no projeto da nova capital um habitat livre dos setores que perturbavam a harmonia tão perseguida nas reformas urbanas que se acumularam desde a proclamação da República e que fracassavam fragorosamente no Rio de Janeiro e nas demais grandes cidades brasileiras.[117]

A implantação do projeto urbanístico do plano piloto de Brasília desconheceu mesmo aqueles numerosos operários que a construíram. Petrópolis que ressurgia no cerrado, a cidade não concretizou seu plano inicial de abrigar residentes pobres — a harmonia que se concretizava esquecia-se dos desejos de seus autores e fixava-se na ausência de superquadras e conjuntos residenciais à disposição dos segmentos mais modestos da sociedade da capital. Massificada entre iguais, Brasília podia assim prosseguir como uma transformação viável e irônica da sociedade brasileira. Calçadas sem movimento, sem botequins, prédios suspensos — isolados — em pilotis, amplos gramados, massas arbóreas que intimizavam as superquadras de moradores semelhantes, sem miséria, sem casas velhas, sem morros, sem várzeas, sem mangues. As cidades-satélites, que envolveriam a nova capital nas décadas seguintes, permaneceram, todavia, como lembrança de que nem a ilusão de remover as elites, em lugar de favelas e mocambos, poderia forjar uma separação de espaços que apagasse a realidade brasileira.

A Vila Sara Kubitschek (1958) foi a primeira das agregações inesperadas à capital, batizada no ardil dos favelados para proteger-se nas mercês do manto da primeira-dama. Erguida antes mesmo da inauguração de Brasília, a Vila Sara revelou as possibilidades de reprodução na nova capital das ocupações efetuadas pelos miseráveis nas antigas capitais litorâneas, que ignoravam interdições e lutavam por permanência.[118] Suas condições de habitação eram em Brasília igualmente nauseantes para os setores privilegiados da população local, e nacional, que veriam ao longo das décadas seguintes o aborto das ilusões de isolar a capital das discrepâncias sociais do Brasil, e de livrá-la dos convívios e relações espaciais que inviabilizavam a ambição de viver segundo os preceitos "civilizatórios", passaporte para a inserção numa ordem econômica, social, política que desejavam em seu desterro imaginário sul-americano.

A fundação e concepção de Brasília são o ponto culminante de décadas de tentativas de implantação, no meio urbano das cidades brasileiras, das características de exclusão e marginalização apropriadas fragmentariamente das cidades geradas pelo capitalismo industrial europeu e norte-americano, ou adequadas a ele e à gramática social calcada em padrões burgueses de diferenciação e controle sistêmico para as diferentes dinâmicas das diferentes sociedades urbanas.

Únicos aspectos mais viáveis na implementação dos modelos estrangeiros, os movimentos segregacionais perseguidos pelas elites instaladas nos aparelhos estatais dispersos pelo país sofreram historicamente a ação da maior parte dos brasileiros e estrangeiros que residiam ou que acorreram às capitais que se industrializavam ampliando as possibilidades de emprego no setor terciário. Mas os novos arranjos socioeconômicos dificilmente os arrancariam das atividades e circunstâncias instáveis e flutuantes, a que se apegava, aliás, boa parcela dos habitantes das grandes cidades brasileiras já de maneira pronunciada desde o Setecentos.[119] A fluidez dos arranjos espaciais em que se enlaçavam as características instáveis da sociedade brasileira foi, portanto, foco privilegiado da ação reguladora, disciplinadora das elites instaladas no Estado.

O processo intenso de metropolização sofrido no Brasil a partir da instalação dos parques industriais e os surtos migratórios a eles associados inviabilizariam qualquer projeto de perpetuar o controle das formas de moradia e vizinhança nas grandes capitais. Espaços públicos e privados passaram a se fundir a contragosto das intenções normativas, não apenas nas ruas e na configuração heterogênea dos bairros, mas no avanço sobre mananciais — fonte para todas as pias, chuveiros e vasos sanitários das cidades — ou na própria violência que passaria a assaltar ruas e casas.

Empurrando a maior parte dos brasileiros para condições de sobrevivência permeadas pela violência e pelo sofrimento, mas também pela gama de ações e reações com que se debatem no ganho cotidiano, e no diálogo tenso com os setores sociais e espaços privilegiados, redimensionaram-se os choques entre as sucessivas intenções sistematizadoras experimentadas desde a colonização, irremediavelmente atadas a violentos processos de exclusão social, e as contínuas possibilidades de se criarem estratégias de transformação e desvio, fertilizadas pela própria instabilidade oriunda dos procedimentos excludentes, e que diluem muito da intenção de marginalizar populações que estão, enfim, intensamente articuladas ao tecido social.

A pirotecnia que cercou as últimas grandes remoções de favelados da Zona Sul do Rio de Janeiro, já no limiar do regime militar, não podia esconder a impossibilidade de excluir os favelados diante da dependência da mão de obra disponível nos barracos, dos acordos eleitorais, da incapacidade de promover a construção de habitações populares nas periferias e, sobretudo, de assegurar transporte rápido e barato que suportasse as deslocações dos moradores para áreas distantes de seus antigos locais de trabalho, consumo, lazer e sociabilidade. As ameaças semeadas pelos discursos da Belle Époque arrastavam-se à era das metrópoles gigantescas, apegando-se inutilmente aos preconceitos que olvidavam o quanto já era impossível prescindir das vizinhanças empobrecidas ou resistir a elas.

A marginalidade ainda propalada por grande parte dos agentes constituintes da opinião pública esbarrava, e esbarra, na imensa quantidade de empregados domésticos e condominiais, comerciários, atendentes, toda sorte de trabalhadores estáveis ou ambulantes de que se servem os moradores, consumidores, comerciantes e prestadores de serviços estabelecidos nos bairros privilegiados, que usufruem da própria proximidade das favelas, mocambos ou cortiços.[120] A vizinhança, tão renegada, tornara-se cumulativa, tão necessária quanto incontornável, próxima mas arredia, quadro emblemático carioca que se repete e se reapresenta em Salvador, Porto Alegre, Recife, Belém, Fortaleza, Brasília, na orgulhosa capital paulista, em todas as grandes cidades brasileiras.

Ao longo das décadas seguintes ao fim do Estado Novo, as cidades brasileiras veriam a consolidação da proeminência quantitativa das populações urbanas sobre as rurais. A violência em que se assentava o arranjo social brasileiro foi revelando seus frutos nas grandes capitais, diluindo a marginalização espacial das habitações — e limite dos espaços privados. Fronteiras que se amenizam, seja por meio da criminalidade e da gigantesca escalada de homicídios, seja no crescimento intenso das atividades econômicas informais — cuja ponta mais visível é a multidão de ambulantes nas ruas —, seja na própria impossibilidade de manter a qualidade ambiental dos espaços públicos e das moradias. Cercados de grades, alarmes, cães, os espaços privados defendem-se com toda a parafernália que prolongue a ideia de que é possível manter os frutos da violência e da exclusão do lado de fora das portas que velam pelas habitações.

Vizinha de uma das maiores favelas cariocas, a do morro Dona Marta, Laura Rodrigo Octávio, sobrinha de um ativo empreendedor imobiliário paulistano, viveu cem longos anos a partir de 1894, suficientes para conviver com todas as transformações sofridas por São Paulo e Rio de Janeiro após o advento republicano. Testemunha de um dos maiores surtos de urbanização havidos no mundo durante o século XX e de suas mazelas sociais, resignou-se com a violência que assola o cotidiano dos favelados, seus vizinhos, impotentes como ela. Ao ser indagada sobre como conviver com os tiroteios —[121] em que as metralhadoras desconhecem qualquer limite entre espaços públicos e privados —, respondeu lacônica, numa metáfora da vida das centenas de favelados, tão vulneráveis em seus pobres barracos como a senhora em seu casarão: "Se estiver com meu aparelho de surdez, tiro fora. É muito desagradável ouvir as balas".

3. IMIGRANTES: A VIDA PRIVADA DOS POBRES DO CAMPO

Zuleika Alvim

A história do imigrante talvez seja um dos melhores relatos do choque entre o público e o privado, sobretudo se voltarmos nosso foco para os grandes movimentos populacionais ocorridos entre 1830 e 1930, que caracterizaram a Europa expulsora, de um lado, e a América ávida por povoadores, de outro. Com certeza é nesse período que populações inteiras, cujo horizonte estava circunscrito às aldeias nativas e o comportamento pautado por regras seculares, que passavam de pai para filho pela via oral, viram-se atiradas num vasto mundo de anônimos.

Europeus, africanos e asiáticos, portadores de culturas e hábitos tão díspares, passaram a conviver entre si, obedecendo a regras controladas não mais pelas comunidades a que pertenciam e onde todo o mundo se conhecia, mas por autoridades impalpáveis e invisíveis como as do Estado, da burguesia naval que os transportava de um lado ao outro do mundo, de novos donos de terras ou indústrias, seus novos patrões nas terras de adoção.

Mais do que tudo, esse choque entre público e privado se concretizou nas novas atividades produtoras que os imigrantes foram obrigados a exercer para sobreviver, nos hábitos de morar, de cuidar da higiene pessoal, de se alimentar e ainda nas práticas religiosas, educacionais e sanitárias, tão diferentes daquelas do seu mundo natal. Entre uma italiana paupérrima que não via nenhum mal em liberar a cabeça de seus filhos e do marido dos piolhos na frente de todos os passageiros do navio que os transportava para o Novo Mundo e um grupo de japoneses, tão habituados ao banho diário, que não hesitaram em desnudar-se e jogar-se no rio Iguape, em Registro, para se banhar na frente dos moradores da cidade, séculos de hábitos, educação e cultura estavam em jogo. É por esses atalhos que se pretende caminhar, não esquecendo que conceitos expostos em outras monografias, as quais trataram o mundo privado tendo a elite como tema, nada têm a ver com a vida dos pobres que vieram para o Brasil entre meados do século XIX e inícios do século XX, com quem se trabalhará.

O BRASIL E O IMAGINÁRIO

As famílias polonesas Cielsielski, Kotory, Sporski e muitas outras chegaram ao Paraná em 1890, o primeiro ano do período conhecido na história da Polônia como o da "febre brasileira", que durou até 1894.

Saíram de Sierpiec, na província de Plock, uma das atingidas pela febre emigratória. Nada a estranhar. Afinal, nas praças públicas daquele país era comum pregadores descrevendo o Brasil como o lugar em que "crescem árvores que dez homens não conseguem derrubar durante um dia. Sobre seus tocos, uma carroça pode fazer a volta e o homem não precisa suar, porque no Brasil existem máquinas que ceifam essas árvores quais alfanjes [...] A lenha? Há tanta lenha que bastará para os filhos, netos [...] e a casa situar-se-á em meio a terreno limpo, em cujo derredor a mulher cultivará repolho, batata e tudo o que se faz necessário para a alimentação, como verduras, centeio, trigo, cevada, aveia, bem como haverá um eito de terra destinado ao pasto das vacas".[1]

As famílias italianas Sinibaldi, Furlan, Ramacieri e muitas outras chegaram a São Paulo a partir do ano de 1886, o primeiro de um processo que duraria até 1920 e que trouxe para as plantações de café mais de 2,5 milhões de imigrantes.

Saíram das províncias vênetas do Norte e do Sul do país, movidos não por uma febre temporária, mas por um verdadeiro êxodo populacional que a Itália conheceu a partir de meados do século XIX. Nas praças italianas, como nas polonesas, ouvia-se cantar:

Vamos para a América
Naquele belo Brasil
Aqui ficam os nossos ricos senhores
A trabalhar a terra com a enxada [...][2]

Essas famílias dirigiram-se para o Brasil em virtude do quadro de atração de mão de obra para o país, atitude tomada pelo governo imperial após a abolição dos escravos com o intuito de não deixar faltar trabalhadores, sobretudo em São Paulo, onde a multiplicação de cafezais, a partir de 1870, os exigia.

Muito antes dessa data, quando no Brasil se estava longe de pensar na imigração assalariada mas se almejava criar núcleos coloniais de povoamento no Sul por causa das contínuas lutas com os vizinhos do Prata em defesa do território nacional, os alemães do Volga que foram para lá também cantavam:

O carro já está em frente à porta,
Partimos com mulher e filharada,
Emigramos para a terra prometida,
Ali se encontra ouro como areia.
Logo, logo estaremos no Brasil.[3]

É bom lembrar que o marco da imigração alemã para o Brasil foi a fundação de São Leopoldo, no Rio Grande do Sul, em 1824.

Esse mundo imaginário de um Brasil afável, gentil, onde tudo se multiplicava à larga, permeou parte do campo europeu do século XIX. Algumas máximas foram constantes nessas canções, como a de uma natureza luxuriante e benfazeja, da qual seria possível extrair alimentos à vontade, a dicotomia entre ricos e pobres e, finalmente, a ideia de que seria fácil enriquecer. É evidente que tais canções nada mais eram do que a expressão do modo como viviam os homens e mulheres que as entoavam. É também claro que durante o período emigratório os agenciadores de mão de obra promoveram a multiplicação dessas imagens, mas não foram seus criadores. O ideário da abundância dos trópicos introduzido na Europa pelos inúmeros relatos de descobridores e viajantes a partir do século XVI fizera escola.[4]

A EUROPA EXPULSORA

Mas afinal o que era essa Europa onde camponeses de vários países, que pouco conheciam além dos limites de suas aldeias, cantavam e declamavam poesias em que o Brasil era retratado como o paraíso terrestre?

A passagem do sistema de produção feudal para o de produção capitalista seguiu linhas básicas em todos os países que se industrializaram; o que variou foi a época em que isso aconteceu. Os pilares dessa passagem foram: concentração da terra nas mãos de poucos proprietários; altas taxas de impostos sobre a propriedade, que impeliram o pequeno proprietário a empréstimo e consequente endividamento; oferta por parte da grande propriedade de produtos a preços inferiores no mercado, eliminando a concorrência do pequeno agricultor, e, por fim, a transformação deste em mão de obra para a indústria nascente.

À medida que se implantava, tal processo foi liberando um excedente de mão de obra que a industrialização tardia de países como a Itália e Alemanha, por exemplo, não tinha condições de absorver. Isso, aliado a um crescimento demográfico nunca visto, como o ocorrido no século XIX, quando a população da Europa aumentou em duas vezes e meia, ao avanço da tecnologia, que permitiu que tarefas antes executadas pelo homem pudessem ser realizadas por máquinas, e à melhoria sem precedentes dos transportes, pôs à disposição do mercado verdadeiras hordas de camponeses sem terra e desocupados.

Foi exímia a habilidade do capital em gerar um exército de trabalhadores, condição *sine qua non* para sua multiplicação incessante. Mas quando o número de desempregados, impossível de ser absorvido no novo sistema, começou a constituir ameaça, foi preciso tomar providências imediatas. A fome, associada à miséria e ao desespero, poderia com certeza desencadear revoltas populares em escala incontrolável, o que os donos de indústrias queriam evitar a qualquer custo.

Emigrar foi a solução ideal encontrada, uma vez que esse panorama geral harmonizava-se perfeitamente com as necessidades dos novos países — Estados Unidos, Argentina e Brasil —, que por motivos variados iniciaram um grande movimento de atração de imigrantes para suas terras.

> Mais de 50 milhões de europeus — população global da Itália hoje — deixaram o continente entre 1830 e 1930. Grande parte teve como destino a América do Norte [...] mas 11 milhões, ou seja, 22% do total, foram para a América Latina, dos quais 38% eram italianos, 28% espanhóis, 11% portugueses e 3% da França e Alemanha.
>
> Desses 11 milhões que foram para a América Latina, 46% foram para a Argentina, 33% para o Brasil, 14% para Cuba, e o restante dividiu-se entre Uruguai, México e Chile.[5]

Esse foi o panorama expulsor em linhas gerais. No entanto, a dificuldade está em compreender como um processo dessa dimensão mudou a vida de seus protagonistas, sobretudo no âmbito do privado. Afinal, não estamos falando de um único grupo, mas de alemães, italianos, espanhóis, portugueses, poloneses, enfim, de uma gama de nacionalidades cujo modo de vida, hábitos e costumes foram pautados por uma história diversa. Sem prescindir do fato de que tais diferenças devem ser levadas em conta nas análises de inserção no Novo Mundo, é preciso um esforço para buscar o similar, o que transformou o pacato homem do campo, independentemente da sua nacionalidade, em um emigrante.

Não há dúvida de que, mesmo tendo essa diáspora ocorrido em momentos e países diferentes, antecedentes comuns a permearam. Ao analisar as causas da expulsão do Vêneto, região que cooperou com 30% do total de imigrantes italianos para o Brasil, Emilio Franzina diz que os observadores da época extasiavam-se pelo fato de que no Vêneto "podia-se morrer de inanição e que a única alimentação da classe rural não passava de polenta, uma vez que a carne de vaca era 'um mito' e o pão de farinha de trigo inacessível pelo seu alto preço".[6]

Ao comparar o Vêneto com o resto da Itália e outros países emigracionistas, nota-se que a fome e a miséria não diferiam em nada. Aliás, muito antes de ter alcançado o campo, a fome atingira as cidades, onde vivia uma multidão expulsa da agricultura, sobretudo nos países já industrializados. As descrições que Arlette Farge faz dos quarteirões pobres em Paris no século XVIII, por exemplo, mostram que a diferença entre quem possuía algum tipo de ocupação e a multidão desempregada não passava de um prato de comida.[7] Descrições semelhantes podem ser aplicadas aos pequenos vilarejos onde viviam os camponeses espanhóis, lituanos, russos, entre outros, cujo destino foi o Brasil.

A produção pela qual os trabalhadores rurais pautavam sua sobrevivência vinha da terra, apoiada no trabalho de toda a família e codificada em vasta gama de contratos, que ofereciam, salvo raras exceções, uma separação mais aparente do que efetiva entre as diversas categorias de trabalhadores. Recebiam dos proprietários segundo o contrato estabelecido, mas normalmente o pagamento envolvia parte em dinheiro, parte em gêneros.

À medida que a disputa pelos mercados consumidores se acirrou, sobretudo a partir de 1870, multiplicou-se a concentração da terra. Enormes contingentes populacionais deixaram de ter o status de pequenos proprietários, vaqueiros, produtores de queijos, entre outros, e passaram para a categoria de trabalhadores braçais nas grandes propriedades rurais, geridas em moldes capitalistas.

É bom lembrar que mesmo os que continuaram como pequenos proprietários não tinham mais condições de viver em suas terras. Pelo sistema habitual de herança no mundo rural, com a morte do pai prevalecia, ou a passagem da propriedade para o filho mais velho, ou a divisão da terra entre todos os filhos.

Isso levava, no primeiro caso, à exclusão dos demais membros da família da terra e, no segundo, a um fracionamento da propriedade que tornava impossível extrair dela qualquer sustento. E. Willems mostra que no Palatinado, região da Alemanha de onde vieram muitos emigrantes para o Brasil, a divisão da propriedade chegou a um nível tal "que por vezes o dote concedido a uma filha casadoura era constituído de uma única árvore frutífera".[8]

Na Itália, por exemplo, quando as dificuldades não puderam mais ser contornadas, o verbo *buscar* ganhou destaque. Buscou-se trabalho primeiramente nas cidades, e em seguida nos países vizinhos, estabelecendo-se uma migração sazonal. Nos momentos de maior demanda de mão de obra extra — colheitas, por exemplo —, os lavradores empregavam-se e, ao terminar o período, voltavam para suas casas. Finalmente, quando todos esses paliativos deixaram de surtir efeito, buscou-se a emigração.

O COTIDIANO DO CAMPONÊS EUROPEU NO SÉCULO XIX

Para alguns países expulsores, como Itália e Espanha, por exemplo, as descrições dos locais onde os imigrantes moravam e da promiscuidade em que eram obrigados a viver em razão da miséria são bons exemplos da repercussão da crise econômica na bucólica paisagem do campo. Mais ainda, demonstram como conceitos que pautaram as análises da vida privada pelas cidades, voltadas para uma burguesia nascente, nada têm a ver com as condições em que viviam os pobres do campo. Não existiam cômodos separados para pais e filhos, e se estava longe do que Norbert Elias chamou de "refinamento das sensibilidades", por meio do qual se sofisticaram as maneiras de comer, de se lavar, de amar e portanto de morar, sobretudo a partir do século XVIII.[9]

Um bom exemplo são as casas de trabalhadores rurais no Sul da Itália, no início do século XIX,

> [a casa era] uma espécie de cabana em forma de cone, composta de um muro circular de pedra e de tijolos feitos de ar-

> gila e esterco, secos ao sol, e coberta por palha [...] Ali, em um catre, dorme a família inteira, e se os porcos e galinhas não estão com eles, estão com o burrico num compartimento vizinho e pelas fissuras mal vedadas da parede emanam os mais fétidos odores. Como não existem no campo barracões para os instrumentos de trabalho, estes também ficam amontoados em um canto dentro das casas, ou vizinhos a elas, misturados a caixotes velhos, onde na época da colheita se amontoam batatas e tomates.[10]

A proximidade de pais e filhos, irmãos e irmãs, levou os observadores da época a alertar sobre os casos de incesto, nada incomuns. A ausência de banheiros obrigava-os a fazer as necessidades corporais em meio às plantações, sem qualquer cuidado para com os riscos que isso pudesse trazer para a saúde.

Mesmo assim, os camponeses não admitiam ingerências na sua maneira de viver. No interior de suas casas viviam como queriam e como haviam aprendido com seus ancestrais, e qualquer tentativa de penetração nesse mundo por parte do poder público não era vista com bons olhos.

Um observador da época, Constantino Ottolengui, descreve a reação violenta dos agricultores às tentativas do setor público de imiscuir-se nos seus hábitos de higiene.

> Há alguns anos, em uma cidadezinha [na Calábria] havia uma forma de escarlatina que fazia grandes vítimas, principalmente entre as crianças. As autoridades do lugar, impressionadas com o fato, fizeram várias reuniões e, depois de inúmeras discussões, concluíram que, entre outras medidas de higiene, era preciso proibir totalmente a livre circulação dos porcos entre as pessoas, para evitar que o estrume dos animais ficasse pelas estradas. Impuseram a limpeza nas casas e estabeleceram uma pena financeira para quem não cumprisse tal ordem.
>
> O encarregado de divulgar tal deliberação por pouco não foi linchado pela população surpresa e indignada, so-

> bretudo com a ideia de precisar se separar dos porcos, com os quais dividia o interior de suas moradias em obediência a hábitos seculares.
>
> Uma imponente demonstração de protesto foi logo organizada, e os convalescentes saltaram dos seus leitos furiosos e misturaram-se aos outros, enquanto os doentes febris e debilitados erguiam-se de seus catres maldizendo os intrusos. As mulheres cobriam de imprecações santo Antônio, o santo protetor, junto ao leito dos enfermos, em meio a um charco pútrido de resíduos inenarráveis e fétidos excrementos [...] Diante de tudo isso, os porcos continuaram a passear, sem ser molestados, e as casas e estradas continuaram cobertas pelos seus excrementos.[11]

Os alimentos dos camponeses não ofereciam melhor visão. Se nas dietas dos italianos do Norte predominava a polenta, no Sul contava-se basicamente com o pão de farinha de cevada ou de centeio acompanhado de verduras ou cebolas cruas. Isso não era privilégio dos peninsulares, pois poloneses e alemães alimentavam-se sobretudo de batatas e, quando possível, repolho.

Seu cotidiano transcorria entre o trabalho e a igreja. De um modo geral, não se interessavam pela política e nem participavam dela. Muitos porque nem sequer sabiam ler e, portanto, não podiam acompanhar qualquer manifestação a respeito. Outros porque o seu nível de vida não lhes permitia ocupar-se de nada além do cotidiano.

Mesmo na Espanha, com uma tradição mais combativa no campo, as incursões dos lavradores na área da política não passavam de ações específicas contra um desarranjo externo ao seu modo de vida. Diz Brenan:

> [...] em todas as vezes [que se mobilizaram] repetiu-se o mesmo processo: uma reação repentina e espontânea do povo contra o inimigo insidioso em terras espanholas, e depois um rápido aquietar-se apenas o motivo da revolta terminasse.

Havia sido assim com os hebreus, com os mouros, com os austríacos e franceses para enfim o povo levantar-se furioso contra os proprietários de terras e padres que abusavam da sua paciência.[12]

Ainda que miseráveis, apáticos para com a política, muitos extremamente religiosos, como os poloneses ou, na Itália, os vênetos, para esses homens e mulheres alguns valores do mundo rural permaneciam inabaláveis. O amor à terra era sem dúvida o maior deles, era o fulcro de suas existências, e toda a ordenação destas estava voltada para a manutenção de seu pedaço de terra.

O mundo para esses homens e mulheres eram os limites da comunidade a que pertenciam e dentro da qual as desavenças e os atritos eram resolvidos, sempre visando a coesão do grupo; seu ideal econômico era a autossuficiência, "a organização social e familiar estritamente local e a mentalidade tradicionalista e mágica".[13]

Mesmo quando grande parte daqueles que procuraram a América já haviam perdido tal horizonte, isto é, já haviam se tornado proletários rurais em seus próprios países, o desejo da reconstrução desse mundo permanecia. Afinal, como diz Gerald Brenan ao analisar a situação dos camponeses espanhóis na fase pré-emigratória, "a classe trabalhadora nunca mostrou desejos de imitar os costumes e modos de pensar dos estratos sociais superiores, tendo suficiente independência de espírito para preferir os próprios".[14]

Assim, motivos econômicos, perseguições religiosas, crescimento demográfico, desenvolvimento tecnológico, expansão das companhias de navegação podem ser apontados como causas da emigração em larga escala, principalmente a partir de 1850. Mas acima de tudo os camponeses partiram porque, como "os artesãos que nas cidades não experimentaram nenhum orgulho em aceitar o uso das marmitas nas fábricas",[15] lutaram o quanto puderam para fugir à proletarização, lutaram para manter seus valores, como o apego à terra e à forma de viver.

E é por esses valores que suas vidas nos outros países serão pautadas. Embora inseridos em economias diversas daquelas que estavam habituados, caso dos que foram para os Estados Unidos, por exemplo, que se dirigiram às fábricas, é no privado que esses homens e mulheres continuarão a ser poloneses, italianos, alemães, espanhóis. Enfim, no Novo Mundo "suas condições de sobrevivência supõem a preservação de suas estruturas familiares e de seu modo de vida".[16]

Foi no panorama descrito que um mundo longínquo, fora do horizonte da aldeia, penetrou no cotidiano camponês europeu. Não mais por meio das canções ou poesias populares, mas por meio de caixas de fósforos, lenços de cabeça e de bolso, fotos de navios que transportavam emigrantes, panfletos, pregações de conhecidos próximos, como párocos e comerciantes. A América entra nos lares camponeses como o pão com que se alimentavam, pela estratégia montada pelos países arregimentadores de mão de obra, como o Brasil.

Em 1874, escreve um observador: "[...] a tarefa de agenciador não requer muita especialização, basta dizer aos camponeses que dentro de alguns meses terão dinheiro aos montes, que num par de anos serão proprietários de latifúndios, que de trabalhadores braçais tornar-se-ão patrões e persuadir meia dúzia dos mais importantes de que o apostolado está completo [...] E assim, aos gritos de 'Viva a América, morram os patrões', levas de emigrantes deixaram a região dirigindo-se para o Brasil".[17]

A ATRAÇÃO DE IMIGRANTES PARA O BRASIL

A política imigratória brasileira oscilará, desde a época joanina até os anos 1880, entre o desejo de alguns liberais do Império de trazer pequenos proprietários, visando povoar as regiões sulinas do país e com isso sustar a cobiça dos vizinhos platinos pela região, e o desejo dos grandes fazendeiros de manter uma política agrária calcada na grande propriedade e na agricultura de exportação. Para que esse último desejo se realizasse, a necessidade de farta mão de obra era imperativa, fosse ela alimentada pela entrada maciça de escravos, como ocorreu até meados do século XIX, ou por imigrantes pobres cujo destino seria substituir os primeiros nas plantações e não tornar-se pequenos proprietários.

Como já vimos no volume anterior, no texto de Luiz Felipe de Alencastro e Maria Luiza Renaux, "Caras e modos dos migrantes e imigrantes", o embate apontado entre as duas faces da política imigratória passou por requintes em que o branqueamento da raça e a necessidade de uma nação mais civilizada, e de um país onde o binômio senhor/escravo fosse amenizado, com a introdução de pequenos proprietários, não estiveram ausentes e esforços nesse sentido não faltaram, mas seu sucesso foi limitado.

"Em 1867, as terras públicas disponíveis para a colonização em apenas sete províncias do Império mediam nada menos do que 503 965 hectares, enquanto em 1861 existiam 33 colônias habitadas por 33 970 estrangeiros; 14 anos depois o número das colônias crescera para 89, das quais 66 no Sul (de São Paulo ao Rio Grande do Sul), mas, comprovando as dificuldades encontradas por essa política, eram pouco mais da metade das que foram criadas."[18] Não bastava vontade política para garantir o bom andamento dos núcleos coloniais. O governo não tinha verbas suficientes para arcar com as despesas de traslado e assentamento desse tipo de imigrante, ainda que o reembolso fosse feito no prazo de dez anos pelo próprio imigrante.

Funcionários mal treinados no gerenciamento dos núcleos, demora na demarcação dos lotes e abertura de estradas, ausência de hospedarias para abrigar as pessoas imediatamente após a sua chegada obrigaram muitas famílias embarcadas com destino ao Sul a esperar seis meses para se estabelecer ou até mesmo um ano, em casos-limites, nos quais o governo era obrigado a mantê-las, aumentando ainda mais suas despesas. Vários relatos chamam a atenção para o número de europeus maltrapilhos que desfilavam pelas cidades sulinas, pedindo esmolas para sobreviver.[19]

IMIGRANTES EUROPEUS E ASIÁTICOS QUE
ENTRARAM NO BRASIL NO PERÍODO DE 1819 A 1939

Nacionalidade	*1819-1883*	*1884-1940*	*Totais*
Alemães	62 327	170 645	232 972
Austríacos	8 404	85 790	
Franceses	8 008	32 373	
Espanhóis	15 337	581 718	597 055
Ingleses	6 678	23 745	40 381
Italianos	96 018	1 412 263	1 508 281
Iugoslavos		22 838	22 838
Japoneses		185 799	185 799
Poloneses		47 765	47 765
Portugueses	223 626	1 204 394	1 428 020
Russos	8 835	108 121	116 956
Sírios		20 507	20 507
Suíços	7 289	10 270	17 559
Turcos		78 455	
Outros			
Subtotal	436 522	3 984 683	4 421 205
Outros	110 128	174 034	284 162
Total geral	546 650	4 158 717	4 705 367

Fonte: Brasil. Secretaria de Planejamento da Presidência da República; Fundação IBGE; Séries estatísticas retrospectivas. *Repertório Estatístico do Brasil, Separata do Anuário Estatístico do Brasil Ano V - 1939/1940*, 1986; V. I. J. S. WITTER et al. *Inmigracion y estadisticas en el Cono Sur de America*; A. H. NEIVA e J. F. CARNEIRO, *O problema imigratório brasileiro*; M. S. F. LEVY, "O papel da migração internacional na evolução da população brasileira (1872/1972)", *Revista de Saúde Pública*, São Paulo, 1974, n. 8, supl., pp. 49-90.

Outros fatores que contribuíram para o insucesso desse empreendimento foram a ausência de uma política unitária para a introdução dos imigrantes, a qual podia ser feita às expensas do governo federal, do governo provincial ou de particulares, o que provocava a diluição das reclamações entre as três estâncias, e a ausência de um responsável pela falta de infraestrutura que os colonos eram obrigados a enfrentar.

No entanto, dentro do quadro da política imigratória, o panorama aqui descrito significava a opinião de parte do governo; o outro lado do binômio imigratório, o dos fazendeiros que desejavam perpetuar a grande propriedade e o comércio de exportação, não estava nem um pouco interessado na introdução de pequenos proprietários, mas na de imigrantes em larga escala que pudessem minorar a escassez de escravos iniciada a partir de 1850, com a proibição do tráfico negreiro.

Mais fortes economicamente, mais organizados do ponto de vista infraestrutural, não foi difícil para os grandes proprietários impor suas regras, e o exemplo mais bem-acabado foi o de São Paulo. A partir dos anos 1870, na província paulista, teve início a introdução de imigrantes europeus com passagens pagas pelos fazendeiros e obrigados a cumprir um contrato de cinco anos, findos os quais as despesas antecipadas deveriam ser restituídas. Claro que tal sistema limitava o desejo de imigração em larga escala, pois essas famílias deveriam dispor de algum capital para se manter até a primeira colheita do café, que poderia, em se tratando de plantações novas, demorar cinco anos. No começo de 1881, politicamente bem situados na província, os fazendeiros conseguiram que o governo arcasse com as despesas de metade das passagens dos imigrantes e por fim, pela lei de 28 de março de 1884, o governo provincial assumiu o traslado integral dos colonos e pequenos proprietários para os núcleos. Os números apontam o que significou essa conquista.

A TRAVESSIA

Tomada a decisão de emigrar, tinha início uma história que se pode dizer de movimento infindo. A mobilidade, já esboçada no século XVIII por aqueles que se dirigiam para as cidades, ou outros países europeus, em busca de empregos, passa a ser normal.

Frequentemente esse deslocar-se nem sequer se configurava na prática, mas permanecia como uma atitude a ser tomada.

Ao sair, os camponeses não imaginavam se fixar ou recriar o mundo ao qual estavam habituados em terras estranhas, estabelecendo assim uma contradição que os acompanhará para sempre nos países de adoção. Saíam pensando em conseguir algum dinheiro e voltar ao país de origem. Quando a vida no Brasil não lhes possibilitou conseguir o pedaço de terra almejado, passaram a se movimentar dentro do território brasileiro em busca de melhores condições de vida, como aconteceu no Sul do país. Em São Paulo, transferiam-se de fazenda em fazenda na busca de salários melhores, que lhes permitissem comprar suas terras, ou mesmo de patrões melhores. E muitas vezes, à procura de atividades mais compatíveis com suas experiências anteriores de vida, iam para outros países, Argentina ou Uruguai, a fim de se dedicar à cultura do trigo, por exemplo.

Mas, como vimos no capítulo de Maria Cristina Cortez Wissenbach, "Da escravidão à liberdade: dimensões de uma privacidade possível", se a mobilidade dos ex-escravos e caboclos pouco incomodava os donos de terra, o mesmo não ocorria com os imigrantes. No Sul, porque o governo central os queria estabilizados nas colônias, o que ajudaria nos atritos com os vizinhos platinos; nas fazendas de café, porque não interessava aos cafeicultores pagar os bilhetes de traslado e não contar com trabalhadores em suas plantações. No caso do imigrante, o próprio direito de se locomover, em muitos casos, precisou ser conquistado.

O desejo de aglutinação do grupo dentro do Brasil também era causa de mobilidade, o que não era visto com bons olhos pelas autoridades, temerosas dos enquistamentos. No caso dos alemães, no Sul, isso foi bastante comum, e pouco adiantava a venda de lotes intercalados com lotes para camponeses de outras nacionalidades, italianos ou poloneses, por exemplo. Assim que podiam, trocavam ou vendiam seus lotes, a fim de retomar a prática de vizinhança, não de alemães simplesmente, mas de pessoas vindas da mesma aldeia.

Quando essa mobilidade não foi possível, como no caso das fazendas paulistas, que mantinham os imigrantes como verdadeiros prisioneiros, ela se deu pela fuga. São inúmeros os relatos de homens que saíam à noite das fazendas e que tinham suas mulheres e filhos sequestrados pelos patrões por causa das dívidas contraídas — antecipações salariais em dinheiro ou gêneros alimentícios. Para libertá-los, muitas vezes era necessária a intervenção dos cônsules.[20]

Com o tempo, até o ato de fugir foi aperfeiçoado. Assim, os japoneses que foram para as fazendas de café por volta de 1910, não aguentando o tipo de trabalho ou a exploração a que eram submetidos, desenvolveram quase um ritual para as fugas.

> Como não se podia pretender usar veículos, tinha-se que estar decidido a fugir a pé. Se possuísse objetos de porte, antecipadamente os confiava à guarda de algum amigo, ou dava-os de presente a alguém, ou ainda, se fossem valiosos, vendia-os. Mas as coisas necessárias ele tinha que carregar, distribuindo-as entre os familiares. Se sabia que no caminho iria necessitar de pouso, então teria que levar a esteira (trazida do Japão para embalar objetos) e o sobretudo [...] Quem fosse para longe tinha que andar até a estação da estrada de ferro. Sucede que não servia a estação mais próxima da fazenda, devendo-se procurar uma outra mais distante ou de outra linha. Tinha que andar assim, sem despertar atenção, de 20 a 30 km. Como fazia calor excessivo durante o dia, caminhava à noite. Para tanto, precisava prevenir-se de alimentos, pois seria muito arriscado procurar os armazéns. De modo que utilizava atalhos no mato, por onde passassem poucos caminhantes. Mas mesmo assim não conseguia livrar-se da impressão de estar sendo perseguido [...][21]

Bem, fossem originários de Sierpiec, na Polônia, do Vêneto, na Itália, ou de qualquer outro país, a vida dos que emigraram para o Brasil passou a ser vivida pelo avesso. Anexaram às suas pacatas existências um período que podemos denominar "de traslado" e que, longe de significar uma viagem de um ponto a outro, transformou-se numa verdadeira epopeia, se considerarmos o tempo empregado e os choques que significou para muitos.

A partir do momento em que decidiam sair, precisavam de um tempo para vender suas propriedades seculares ou qualquer outro pertence que pudesse virar moeda, preparar alguns documentos e enfrentar uma primeira viagem até os portos de embarque, onde, "cercados por uma corja da pior estirpe [...] viam-se totalmente depenados do pouco dinheiro que traziam [...] sendo obrigados a pagarem hotéis e incentivados a comprarem bugigangas que lhes eram oferecidas como indispensáveis no Brasil".[22]

De fato, em conluio com agentes de viagem e companhias de navegação, uma verdadeira rede de exploradores vivia da boa-fé dos emigrantes. Como eram obrigados a estar nos portos com muita antecedência em relação à data de partida, efetuavam gastos desnecessários.

Emigrantes que tiveram oportunidade de contar com experiências anteriores de parentes, ou mesmo de outros grupos, como os italianos, por exemplo, que chegaram depois dos alemães, quando puderam tentaram evitar esses abusos.

Foi assim com a família Rossato, cujo filho, Paulo, chegara ao Rio Grande do Sul em 1883, vindo do Vêneto. Algum tempo depois, ele escrevia a seus pais incitando-os a vir para o Brasil, e contava suas experiências para que evitassem os mesmos erros.

> [...] Nas tavernas e em Gênova gastei 19,40 liras. Além disso estava combinado com Domingos Tin [o agente] o preço de 155 liras, livre de carregamento. Mas, quando fomos pagar, pediram 160. São todos ladrões. Nos fizeram chegar dois dias antes, apenas para nos tirarem um pouco mais de dinheiro. Em Gênova, se pudessem arrancariam também o coração. Vocês, quando chegarem em Gênova façam suas refeições em São Pedro della Renna: é um pouco mais longe, mas compensa. Cuidem de sair de casa de tal forma que ao desembarcarem em Gênova possam partir imediatamen-

> te. Providenciem o necessário em Valdagno. Se for necessário, tragam um corote de rum e um de azeite e cebolas, mas comprem a grelha em Gênova [...] Este é o endereço que me deu o comissário do navio para que não fôssemos atrás de tantos velhacos. O custo da viagem é de 140 a 150 francos livre de carregamento [...][23]

No entanto, se os conselhos dos mais experientes serviam para que os imigrantes evitassem abusos, ensinando-lhes como enfrentar o desconhecido, o convívio inicial deles com outros passageiros no navio demonstrava que não seria tão fácil aplacar as diferenças culturais. E o interessante é que não era preciso comparar culturas tão diferentes quanto a dos japoneses e a dos italianos, como veremos mais tarde. Os choques aconteceram entre imigrantes de um mesmo país, demonstrando que entre um alemão do Palatinado e um da Baixa Saxônia, ou entre um italiano do Vêneto e outro de Nápoles, as diferenças de hábitos, língua etc. eram significativas.

Assim, Luigi Toniazzo, vêneto também, descreve sua viagem com destino ao Rio Grande do Sul, em 1893, indignado:

> Como estávamos amontoados naquele navio meu Deus, quando embarcaram outros passageiros. Naquele bendito vapor éramos mais de 2500 pessoas ocupando a terceira classe, apertados como sardinhas em latas. Não compreendia patavina de quanto falavam aqueles napolitanos e eu, tímido por natureza, não conseguia compreender como havia tido coragem de lançar-me no meio de tantos desconhecidos [...]
>
> Até o dia 13, não encontrei nada de novo em relação à natureza, mas acho necessário anotar as malditas rixas daqueles nojentos e porcos napolitanos, que a todos serviam de fastio por causa de seus modos imundos e de sua incivilidade mais que terrível. Assoavam o nariz com as mãos, bem aos nossos pés, quando estávamos a comer, sem perceber-se da imprudência e estavam cheios de piolhos como galinhas;

> coçavam-se nos seios de suas mulheres e estas ficavam a matar piolhos na presença de todos. E este trabalho era feito sem a mínima vergonha, como se estivessem fazendo bordado.[24]

Esse período, na vida dos que o enfrentaram, transformou-se num verdadeiro acontecimento que não só acompanhou a memória de seus protagonistas mas perdurou por algumas gerações. Desse modo, muitos descendentes de italianos, entrevistados no Sul, invariavelmente iniciaram os relatos sobre as viagens de seus antecedentes com um "coitado de meu avô" ou "pobre de minha mãe".

O significado dessas viagens para a memória dos que partiam não podia ser diferente. Da saída de um ponto seguro, como os pequenos povoados em que viviam, até a possibilidade de deitar-se novamente sobre um colchão, fosse ele feito de um amontoado de folhas de bambu, macela ou palha de milho, levava tempo.

José Wolski, de origem polonesa, foi um dos pioneiros em Ijuí, no Rio Grande do Sul, e dá um relato impressionante sobre o que era essa viagem à terra desejada.

> Saíram de Bremen no dia 25/11/1890, no navio *Bismark*. Eram cerca de cem famílias e vinham das vizinhanças de Warszawa e Kalisz. Chegaram no Rio de Janeiro em 25 de dezembro do mesmo ano. Poucos dias depois, seguiram viagem marítima até Porto Alegre, de onde foram embarcados por trem até Santa Maria. Daí foram encaminhados para Silveira Martins, onde permaneceram quatro meses. Desta localidade alguns seguiram em carroças e a maioria a pé, com destino a Ijuí. Chegaram em 3/5/1891. Permaneceram na vila, cerca de um mês, em outro alojamento para imigrantes. Aí, deixavam suas esposas, filhos e haveres, e os homens seguiam à pé para o mato, a fim de tomar posse das colônias.[25]

Seu relato é de 1890 e em nada diferia daquele, feito por Carl Seidler, relativo aos alemães que chegaram a Santa Catarina, em 1829, para fundar São Pedro de Alcântara e permaneceram em Florianópolis seis meses à espera da demarcação de seus lotes.[26] Sessenta e um anos haviam se passado!

Nesse traslado, dialetos ou línguas diferentes misturavam-se a hábitos alimentares jamais imaginados, como o arroz e feijão à moda brasileira. O pânico de ficar longe de seus pares levava a extremos — é o que relata A. Hempel, membro de uma expedição científica ao Brasil e à Argentina, observando o momento da partida de um grupo de poloneses do abrigo para imigrantes, em Paranaguá: "Chegamos à Casa da Imigração no instante em que os aldeões embarcavam no trem, com destino a Curitiba. Defrontamo-nos com um deles que, juntamente com a mulher e filhos, estava sendo conduzido pela polícia. O homem gemia horrivelmente. Interrogamos e obtivemos a resposta de que um de seus filhos teve seu pé esmagado por uma carroça. Para evitar que o acidentado viesse a falecer pelo caminho, o chefe determinou que ficasse no hospital. O homem gritava de medo. Temia ficar só, em meio a gente estranha".[27]

Durante meses, vivendo numa situação provisória, os imigrantes defendiam-se como podiam, estabelecendo práticas do privado apoiados em valores que lhes eram comuns. É do mesmo A. Hempel o relato sobre o período em que eram obrigados a permanecer nas hospedarias, esperando chegar ao destino final. Em visita ao Rio de Janeiro, o autor vai até a hospedaria na ilha das Flores, onde permaneciam os imigrantes cujo destino não era São Paulo, muitas vezes por quarenta dias ou mais, se houvesse suspeita de epidemias nos navios que os transportaram.

> Trata-se de uma pequena ilha, com morro saliente e alongado [...] a casa para alojamento dos imigrantes estende-se ao longo do morro. É uma construção grande, alta e coberta de zinco [...] as dependências perdem-se no verde viçoso das árvores tropicais [...]

No refeitório, uma sala enorme com mesas, iguais a todas as casas da imigração, serve-se o almoço. Um grupo de emigrantes de Kalisz faz a limpeza das mesas, varre e confabula animadamente. Diariamente recebem carne, pão, feijão preto etc.

[...] As camas consistem de uma espécie de andaime, sobre o qual é posta uma esteira de capim, à guisa de colchão. Numa outra sala encontramos grupos de nossa gente, ao lado de italianos. Repousam em fileiras diferentes. Passeiam pelas varandas, visitam a ilha com sua vegetação exuberante, ou vagueiam à beira-mar.[28]

Falando ainda de um outro grupo alojado em Pinheiro, também no Rio de Janeiro, Hempel demonstra como os poloneses, católicos fervorosos, por onde passassem improvisavam altares com a imagem de Nossa Senhora do Monte Claro, sua protetora: "[...] à sombra de uma palmeira, no outeiro, armaram um altar para entronizar o quadro de Nossa Senhora e o Crucifixo. O Sr. Teófilo Dublasiewicz, emigrante de Plock, postou-se de pé. O homem, considerado enviado do papa, inicia o sermão, enquanto a multidão de ouvintes aumenta. Fala com bom senso. Ao dirigir-se às mães, pede que no estrangeiro cuidem ainda mais de seus filhos. Suplica para não permitirem que se tornem ladrões, vagabundos, ou desrespeitem os dias santificados [...]".[29]

Passado o momento de ruptura com sua aldeia natal e, no caso citado, munidos do objetivo de "recriar uma nova Polônia", os imigrantes não tinham a menor noção do que os esperava, como mostram os comentários dos que estavam alojados na ilha das Flores, na mesma visita de Hempel:

Os emigrantes notaram que falamos polonês. Cercam-nos admirados por verem "senhores poloneses" neste local. Acotovelam-se ao nosso lado, perguntando pelos mais variados assuntos [...] [como queriam ir para o Paraná] perguntam se lá existem montanhas. Os emigrantes de Ma-

> zowsze temem sobremaneira as montanhas, pois acreditam que aqueles que forem deslocados para regiões quebradas jamais dali poderão sair. As mulheres desejam saber se lá existem padres poloneses para se confessarem em sua língua materna [...] os homens [...] preocupam-se com salários e desejam saber se as terras que receberão serão com matas [sic], se poderão semear centeio, bem assim querem saber sobre a qualidade do solo e outras coisas ligadas à agricultura. Tem-se a impressão de que a respeito de tudo isso suas ideias são confusas e seus conhecimentos idealistas, teóricos e fantásticos [...][30]

A NOVA TERRA

O caso dos poloneses é bastante interessante, porque é no medo, pode-se dizer, quase mítico de viver em regiões montanhosas que está o embrião da inserção do grupo no Brasil. Sempre que puderam, poloneses e russos procuraram as planícies às quais estavam habituados no país de origem e onde podiam cultivar o que lhes era familiar, como o trigo.

A paisagem brasileira configurou-se, mais do que se pensa, com base em valores do mundo privado desses imigrantes, lembrando aqui "que no meio rural a casa é a unidade econômica de base. A família e a terra se confundem, e suas necessidades se impõem a seus integrantes [...]".[31] Não se pode, portanto, imaginar para o mundo rural o desenvolvimento das suas atividades econômicas desvinculadas da noção de privado de que eles eram portadores.

Quando, finalmente, conseguem chegar aos seus lotes, levantar suas casas e se instalar em definitivo, esse desenhar a paisagem à semelhança do país de origem começa a se delinear. A descrição de tais instalações no Paraná é um bom exemplo:

> Rasgaram-se caminhos, no seio da floresta, onde antes só havia picadas [...] De ambos os lados [...] aninham-se as casinhas dos colonos. Em derredor da residência foi aberta

> uma clareira, desbravado o mato e preparada a terra para receber sementes. Os gigantes tombados [pinheiros] permanecem, pois não é fácil queimá-los; o centeio viceja por entre as toras de madeira de lei, chamuscadas pelo fogo. Ali buscam o solo a batatinha, o repolho e outros, como na melhor das hortas. Toda travessia [do núcleo] pelo viajante é envolta em fumaça, pois ardem pilhas de lenha seca. O trabalho fervilha em toda parte, do nascer ao pôr do sol. É tempo de semear, uma vez que aqui é primavera. Quem não plantar milho, centeio, batata e feijão, terá que ficar na dependência da "cadernetinha" durante o resto do ano [...][32]

Pela predominância do centeio, da batata e do repolho, alimentos básicos para os poloneses no país de origem, caracterizou-se a paisagem paranaense onde os núcleos desses imigrantes surgiram.

No caso dos núcleos italianos, muitas vezes a paisagem se delineava antes da chegada dos imigrantes ao Brasil. Assim, o mesmo Paulo Rossato, ao escrever uma segunda carta ao seu pai, em 1884, recomendava o que devia trazer ao partir da Itália:

> Tragam ferramentas para a colônia: dois podões grandes, de cabo de ferro, 4 machados [...] e as facas de ponta. Tragam também as seguintes mudas: figueiras agrestes e também das outras, roseiras, enxertos, parreiras de São Martinho, cerejeiras, damasqueiros [...] Há disso também por aqui, mas tragam da Itália, que queremos fazer lindo pomar e a terra é boa. Tragam videiras de uva *negrara*, *xebido*, *docana*, *corbina* e todas as que quiserem. Tragam também sementes de acácia e de espinhos brancos. Procurem as de espinho porque aqui fazem cercados com achas, para colocar nelas os animais, mas estes, como podem imaginar, acabam fugindo e as cercas estão sempre arrebentadas. Tragam também oliveiras, nogueiras de nozes pequenas e também daquelas de casa, damasqueiros e ameixeiras. Coloquem essas

> plantas em uma lata daquelas de petróleo com um pouco de areia e musgo, e verão como chegam todas bem até aqui.[33]

Não só a paisagem, a ser recriada no Brasil, estava determinada nas recomendações do filho imigrante ao pai. Ao lado das parreiras, até hoje tão características das colônias italianas do Rio Grande do Sul, vinham as sugestões de Rossato sobre o que trazer para a montagem da casa.

> Para a família tragam os seguintes objetos: todo material de cozinha: o caldeirão de lavar roupa, o panelão [...] [onde se fazia a polenta] a máquina de fazer macarrão, os lampiões [...] Se for possível, tragam também os tubos para fazer velas porque aqui são muito caros [...] e todos os copos, garrafas, tigelas e pratos. Tratem de trazer um relógio como aquele dos Matii. Existem também aqui tais objetos, mas muito caros [...] Você, pai, traga todos os instrumentos de carpintaria e, se puder, compre também um serrote para fazer tábuas, bem como uma soga para a panela do sabão [...]
>
> E depois, partam, mas tratem de partir alegres, cantando, pois não convém que vocês partam chorando. Não tenham medo de deixar amigos que são inimigos. Aqui vocês encontrarão amigos e alegria à vontade, temos comida à fartura para vocês e, dentro de dois anos, também bebida.[34]

O relato encorajador não descreve o espaço a que os objetos eram destinados: a casa. Esta, no Sul, normalmente possuía uma cozinha construída fora do corpo principal em torno da qual tudo girava. Nesse compartimento, além da atividade óbvia de se cozinhar — nos primeiros tempos, nada além do que pinhões recolhidos na floresta —, faziam-se as refeições, praticava-se a higiene diária, que consistia em lavar pés, mãos e rosto depois de um dia de trabalho, como ainda reunia-se a família para rezar o terço após o jantar. Era aí também, no caso dos italianos, que se davam os chamados "filós" — reuniões com conhecidos ou vizinhos em que se conversava, jogava, cantava e iniciavam-se os namoros. A cozinha assumiu, no Sul, o papel desempenhado pelos estábulos no país de origem desses imigrantes.

A cozinha era construída fora do corpo da moradia em razão do temor de incêndios, especialmente no caso dos italianos, que cozinhavam sobre o "fogolaro" — um buraco na terra, feito no meio desse compartimento, em cima do qual punham a lenha a que ateavam fogo. Tal disposição, no entanto, não era privilégio dos peninsulares, pois a casa dos poloneses e dos alemães seguia a mesma orientação.

Independentemente da nacionalidade dos moradores, o corpo principal da casa obedecia a um certo padrão. Dois cômodos serviam de dormitórios, um destinado ao casal, os únicos a ter uma cama propriamente dita e um colchão de pena em que dormiam com os filhos menores, e o outro para os demais membros da família, onde dormiam muitas vezes dois ou três na mesma cama, direto sobre folhas secas de bambu ou macegas. Os colchões de palha de milho, mais confortáveis, só podiam ser feitos quando, além do milho crescido para dele se extrair a palha, houvesse teares para a confecção de tecido rústico, com o qual se faziam os forros. Por fim, existia um terceiro compartimento destinado à sala mas que dificilmente, nos primeiros tempos, cumpriu esse papel. Nele se guardavam ferramentas e roupas de trabalho. Qualquer outro móvel era uma adaptação dos troncos de pinheiros cortados.

É bom lembrar ainda que os vestígios arquitetônicos, hoje buscados pelos pesquisadores como característicos de cidades alemãs, italianas ou polonesas, só assumiram essa feição, no Sul, na segunda ou terceira reconstrução das casas. Nenhum colono recém-chegado podia se dedicar a erguer sua moradia pautado por modelos do país de origem. Estabelecidos no meio da floresta, a primeira providência dos imigrantes era levantar o mais rápido possível um barraco que abrigasse os seus. Muitos, em seguida, construíam casas melhores de madeira, para só na terceira moradia buscar um padrão estético familiar.

Muito diferente foi a inserção dos imigrantes em São Paulo. Movidos pelo mesmo desejo de possuir um pedaço de terra, italianos, espanhóis, portugueses e japoneses, só para nos referirmos aos grupos mais numerosos, enfrentaram outro panorama.

Como já dissemos, se tomarmos um século de imigração para o Brasil, 1830 a 1930, vemos que os primeiros cinquenta anos foram calcados numa política de traslado de camponeses voltada para a ocupação e o povoamento de extensas regiões, em particular no Sul, porém tiveram pouco significado do ponto de vista numérico.

Os últimos cinquenta anos do processo, ao contrário, são definidos por uma política imigratória clara, pautada pelo anseio dos cafeicultores paulistas por mão de obra farta e barata para as suas plantações, sobretudo a partir de 1884. Desejosos de substituir os escravos em suas fazendas, eles não mediram esforços. Assim, com o intuito de facilitar a realização de tais objetivos, uma infraestrutura sem precedentes foi montada, envolvendo passagens gratuitas, arregimentadores em toda a Europa, colocação de colonos nas fazendas, construção de uma hospedaria em São Paulo para abrigar os recém-chegados até sua ida para as plantações de café, uma forma de pagamento que conjugava salários com os resultados da venda de produtos das lavouras pessoais no mercado. Todas essas transações, que exprimiam as relações entre colonos e fazendeiros, eram firmadas numa caderneta de trabalho, cuja capa trazia impresso um contrato.

As divergências sobre a ideia do que era um trabalhador livre, portanto em condições de ter uma vida pessoal pautada pelos seus hábitos, evidenciavam-se nesse contrato. No artigo 13º podia-se ler que ao colono era permitido retirar-se das fazendas por justa causa quando houvesse:

1 — falta de pagamentos já vencidos;
2 — doenças que o impeçam de continuar a trabalhar na fazenda;

3 — proibição por parte do proprietário de comprar ou vender a terceiros gêneros dos quais tenha necessidade, bem como o excedente de sua colheita de cereais e animais de sua criação;

4 — maus-tratos físicos recebidos do proprietário, pessoas da família deste ou do administrador, bem como atentados à honra da mulher ou filhas do colono.[35]

Nesse momento ficava estabelecido até onde ia a ingerência dos patrões ao mundo privado dos colonos, quando castigos corporais e a honra de suas mulheres e filhas precisavam constar de um contrato de trabalho. O respeito por um padrão de vida digno precisou ser conquistado, em São Paulo.

Como no Sul, o motivo que levou cerca de 70% dos 2,5 milhões de aportados no estado a se dirigir para as fazendas de café paulistas foi o anseio de possuir um pedaço de terra e manter a autonomia camponesa. No entanto, se os que deram uma feição ao Brasil meridional puderam, desde sua chegada, assumir um compromisso de dívida por dez anos junto ao governo ou companhias particulares e adquirir um pedaço de terra, o mesmo não aconteceu com os que se dirigiram para São Paulo. Aí, as passagens subsidiadas trouxeram um contingente populacional sem precedentes, porém escolhido entre os mais pobres, uma vez que ao estado não convinha financiar passagens para famílias de trabalhadores que após alguns anos conseguissem recursos para abandonar as plantações de café.

Assim, contrariamente ao que ocorreu no Sul, onde os imigrantes tiveram que aguardar seis meses ou mais para conseguir tomar posse de seu pequeno pedaço de terra, derrubar a floresta e iniciar suas plantações, os colonos que se dirigiram para as fazendas puderam contar com uma infraestrutura que lhes permitiu momentos mais confortáveis apenas desembarcados.

A visão de um Brasil de vegetação farta e benfazeja, entoado nas canções que exaltavam a emigração, parecia-lhes verdadeira, pelo menos enquanto subiam a serra para alcançar São Paulo, vindo de Santos.

Um observador comenta: "[...] os imigrantes olham com curiosidade a paisagem completamente nova para eles, admiram a vegetação na sua exuberância, os bosques luxuriantes e as plantações de bananas. 'Quanta lenha abandonada!', exclamavam. Diante da visão de um pasto com algumas vacas e que ao longe apresentava uma plantação de cana, eles começaram a gritar de alegria. 'Olha, aqui tem até açúcar!', exclamavam".[36]

Contudo, essa primeira impressão logo sofria sérios abalos. Bastava acertarem os contratos de trabalho com um representante dos fazendeiros, que iam até a Hospedaria dos Imigrantes com essa finalidade e partirem para o seu destino final.

> Partiam para as fazendas muitas vezes amontoados nos vagões das ferrovias [...] Para aqueles cujas fazendas se encontravam vizinhas às estações, os problemas eram menores, mas caso contrário, deviam fazer vinte, cinquenta quilômetros de estrada a pé ou sobre carros muito incômodos e estradas desastrosas. Velhos, mulheres com crianças pequenas, enfermos e mesmo os mais sãos enfrentavam, abatidos, essa caminhada [...]
>
> Alcançando a fazenda, que olham como um oásis desejado e o fim dos seus males, qual não é o desalento em que caem quando encontram tudo diferente daquilo que lhes tinha sido pintado [...] São apresentados ao fazendeiro, que nesse momento deve se mostrar como autoridade máxima, como patrão, que os olha com ar severo e certa indiferença, dizendo-lhes que [...] espera que eles se mostrem agradecidos pelas altas despesas que ele fez trazendo-os às suas terras, e por tê-los tirado da miséria e da fome [...]
>
> Distante da casa do fazendeiro se estende uma fileira de casinhas, normalmente construídas com barro e cobertas de palha, minúsculas para o número de pessoas que devem abrigar e com portas assinaladas por números progressivos, porque, de agora em diante, cada família, mais do que pelo sobrenome, devia se reconhecer pelo número da casa em que mora [...]

> É um espetáculo desolador, de enternecer o mais duro coração, assistir à tomada de posse de semelhante moradia [...] Vi velhos [...] circundados dos filhos, noras e netos, irromper em prantos inconsoláveis e aumentar com seus gemidos profundos o desespero na pequena família [...] Depois da primeira e triste refeição [...] começa-se a falar um pouco com a família e entre os vizinhos. Enxugam-se as lágrimas [...] se levantam do monte de palha onde normalmente estão sentados e saem para seus trabalhos. Os mais corajosos animam os outros [...][37]

O relato, de 1895, é de um observador italiano e pouco difere do que, anos mais tarde, em 1910, Tomoo Handa faz para os japoneses cujo destino fora as fazendas de café.

Foi nesse contexto que os imigrantes que se dirigiram para São Paulo tiveram que recomeçar suas vidas e retomar seus valores. Não puderam, como no Sul, reconstituir uma paisagem que lhes lembrasse o país de origem. Ao contrário, precisaram se habituar à monotonia dos cafezais que se estendiam por quilômetros e quilômetros. Quando essas plantações eram novas, a uniformidade podia ser quebrada pelos pés de milho e feijão que os fazendeiros permitiam aos colonos plantar entre as fileiras do café e cujo fruto poderiam comercializar para complementar seus salários. Mas quando os cafezais eram velhos, isso era proibido.

A RECONSTRUÇÃO DO MUNDO PERDIDO

O que comer

A retomada dos seus hábitos de vida não era fácil. Se a posse do tão almejado pedaço de terra não era possível num primeiro momento, era-o, contudo, a forma de trabalhar a terra.

Assim, mesmo vivendo em uma sociedade tão diversa, aos imigrantes não ocorria trabalhar a terra de uma forma que não envolvesse os membros da família. Todos cumpriam tarefas de acordo com a sua força física e as suas habilidades. Homens e mulheres labutavam no cafezal e aproveitavam para plantar milho e feijão entre as fileiras. Crianças e velhos cuidavam das hortas vizinhas à casa e dos animais, e exerciam tarefas menos pesadas, sempre sob a orientação da principal figura feminina, em geral a mulher do colono.

A possibilidade de adquirir uma propriedade no futuro dependia desse trabalho, extrassalários, do qual todos, sem exceção, participavam. Enquanto isso não ocorria, era entre as paredes de suas casas que os colonos tentavam a reconstrução do mundo perdido. Do ponto de vista alimentar, por exemplo, os italianos comiam basicamente "cereais, isto é, trigo consumido em forma de pão e macarrão, milho consumido como polenta pelas famílias provenientes da Itália setentrional, ou como broa pelos provenientes da Itália meridional [...] Além disso, comiam feijão, arroz, batata e muita verdura fresca", plantados na pequena horta que tinham direito de cultivar.[38]

O arroz e feijão à moda brasileira talvez nunca tenha sido tão odiado como o foi pelos japoneses. Recriar o mundo alimentar foi difícil para os imigrantes dessa nacionalidade. Chegando às fazendas, ficavam à mercê dos donos das vendas, cujos conselhos pouco lhes serviam.

> [...] os imigrantes compravam os suprimentos da cozinha brasileira, mas não havia quem ensinasse às mulheres o modo de preparar a comida [...], os intérpretes não cuidavam disso [...] e tampouco, naquela época, se podia pensar em convidar algum brasileiro [para tal finalidade].
>
> Assim sendo, no desconhecimento do preparo dos gêneros comprados a duras penas, comiam carne-seca e o bacalhau seco assados. Nem desconfiaram, por algum tempo, que deviam deixá-los imersos na água para amolecerem. A comida brasileira que até então os imigrantes haviam provado não ia além de canja da Hospedaria de Imigrantes, do arroz gorduroso à brasileira e do feijão contendo toucinho [...] Mas não quiseram de imediato imitar o preparo desses pratos: o que eles queriam era a comida japonesa, ainda que

fosse arroz cozido, solto e imerso em água quente. Queriam mastigar peixe salgado [...][39]

Os costumes originais desses imigrantes ajudaram a redesenhar a paisagem nos terrenos que recebiam em torno às suas casas ou em lugares destinados à lavoura deles. Assim, enquanto as hortas italianas se cobriam de pimentões, tomates e outras verduras habituais na alimentação natal, os japoneses não descansavam enquanto não viam brotar o arroz: "A vida para ele[s] só deixava de ser dura quando podia[m] comer arroz à vontade". E se o terreno destinado à própria lavoura fosse capoeira ficavam felizes, pois, normalmente constituídos de terras baixas, era inadequado à plantação do café, mas não à de arroz, que nesse tipo de terreno cresce muito bem. Domingos e dias santos eram gastos no trabalho de suas lavouras. "A esse anexavam sucedâneos da comida original tais como picles de mamão ou picões cozidos à moda japonesa."[40]

Como morar

Contrariamente ao Sul, onde eram os colonos que construíam suas casas, desde os primeiros barracões em meio à floresta, em São Paulo as moradias nada tinham de pessoal. Em geral tratava-se de uma fileira de casinhas previamente construídas, ou mesmo velhas senzalas adaptadas, alinhadas longe da sede da fazenda e que em nada se pareciam com aquelas descritas pelos guias dos imigrantes. O espaço interno, onde não raro viviam famílias com quatro ou mais filhos, não passava de 36 m^2, com "quatro muros em tijolos ou de pau a pique e que dificilmente superavam três ambientes. Do lado, ou mesmo dentro da casa, uma cabana rudimentar feita de taquaras e coberta com folhas de palmeira era destinada a guardar o milho e servia também para recolher porcos, galinhas e cabritos à noite".[41] As divisões internas eram feitas do mesmo material, mas não havia portas separando os ambientes, e as janelas, sem vidro, eram fechadas com madeira.

O interior das casas, no entanto, denotava a origem de seus habitantes. Assim, as dos italianos eram sempre descritas como "limpas, com leitos altos cobertos com lençóis de pano grosseiro mas limpos; um baú no canto [do quarto] continha outras roupas [...] Na cozinha as louças eram de barro cozido, algumas vezes também esmaltadas [...] mesas, algumas cadeiras ou bancos, raramente armários [...] das paredes pendiam imagens de santos, crucifixos, retratos de parentes distantes, quadros da família real, Garibaldi e Mazzini".[42]

Nessas descrições as contradições entre o público e o privado são exteriorizadas de maneira singular. Figuras da Unificação italiana como Mazzini, Garibaldi e a família real aparecem juntas sem que tenha havido qualquer conotação ideológica entre eles. Claro que nos trópicos, mais do que exemplos a ser seguidos, o liberal Mazzini e a família real não passavam de recordações.

As moradias bem sortidas tinham em seu cardápio toucinho e linguiças, que pendiam do teto da cozinha, legumes, milho e frutas secas, que ficavam amontoados num pequeno depósito situado no fundo da casa.[43]

As casas dos peninsulares apresentavam ainda um caráter mais definitivo que as dos japoneses. Eram pequenas, mal dando para abrigar as famílias, tinham poucos móveis, mas denotavam uma preocupação com a higiene e a estética, como chama a atenção um observador nipônico: "[...] Os italianos eram os primeiros no conservar a casa limpa, especialmente a cama, enchendo o colchão com bastante palha de milho e forrando-o com lençol alvíssimo [...] Nesse ponto diferiam muito dos japoneses dispostos a economizar o que quer que fosse. Estes, quase sem exceção sacrificavam o presente na pressa que tinham pelo futuro. Além disso, com a diferença no modo de viver, nem sabiam como dispor os móveis da casa e muito menos, como os imigrantes italianos, exibir ostensivamente camas esplêndidas em locais visíveis".[44]

O pouco cuidado com que os japoneses arrumavam suas casas foi regra, mas só para os primeiros anos, sobretudo quando eles ainda pensavam em voltar para a terra de origem o mais rápido possível. Desesperados com a vida nas fazendas, nada similar à que viviam no país natal, os nipônicos não demonstravam qualquer apreço por suas moradias. Como diz Tomoo Handa: "Nas casas de colonos brasileiros ou imigrantes europeus era comum topar [nas salas] com uma mesa guarnecida de toalha branca ou estampada, e sobre a qual era costume colocar uma moringa pequena e algum copo ou caneca [...] já na casa do imigrante japonês recém-chegado nada disso se encontrava. A sala muitas vezes não passava de um espaço vazio, sem mesa, bancos ou cadeiras e não era mais que um depósito [...], onde [ele] ao voltar do trabalho depositava seus instrumentos de trabalho e pendurava suas roupas em simples pregos".[45]

Preocupados muito mais em obter alimentos condizentes com os seus hábitos de nutrição, como arroz e verduras, por exemplo, os japoneses não hesitavam em abandonar a casa para dedicar seus finais de semana às próprias plantações. Com o passar do tempo, no entanto, deixam de receber as visitas no leito de madeira coberto com esteira, único móvel providenciado à chegada, no qual sentavam à moda japonesa para conversar, e passaram a construir mesas e cadeiras com restos de madeira que conseguiam nas serrarias das fazendas. Não abandonavam, todavia, o toque original, e lustravam esses móveis a ponto de deixá-los luzidios; mas não usavam toalhas como os outros imigrantes, e muito menos moringas sobre a mesa. "Não possuíam quadros de santos, mas penduravam uma folhinha na parede [...] cujos dias, impressos num bloco, eram retirados diariamente folha por folha. Na parte superior achava-se impresso 'Casa São José', ou qualquer outra denominação e, logo abaixo, 'Armazém de Secos e Molhados' [...] havia impressa a figura de uma bela italiana. Bastava uma folhinha para a sala adquirir vida."

A higiene pessoal

Interessante é o fato de como, do ponto de vista da higiene pessoal, tudo mudava. Habituados com banhos diários, os japoneses não sossegavam enquanto não conseguiam construir um *furô*. Mesmo nos primeiros tempos, quando a vida nas fazendas ainda tinha um caráter provisório, os "recém-chegados que não tinham como tomar banho, quando não aguentavam mais, procuravam quem tivesse uma banheira do tipo japonês para, então, poderem deliciar-se com um bom banho de imersão".[46] Esse costume tão arraigado de higiene corporal transformou os japoneses em motivo de espanto, como relata um depoente de Handa sobre a chegada de um grupo a Registro: "[...] os homens recém-vindos do Japão, não hesitaram em se desvencilhar de todas as suas vestes, e em pelo, de um salto, mergulharam no rio. O assombro da plateia brasileira foi imensurável. Nem os nativos tomariam tal atitude! Que bárbaros eram aqueles japoneses! Consternados, correram a avisar a polícia local. A autoridade, mais sensata, no lugar da esperada providência enérgica simplesmente declarou tratar-se de uma diferença de hábitos [...]".[47]

Os italianos, ao contrário, cuidavam menos da higiene pessoal. Acostumados a um banho por semana, apesar do clima quente da nova terra, foram precisos muitos anos para que mudassem seus hábitos. Ao voltar do trabalho, apenas lavavam as mãos, o rosto e os pés em uma bacia. Aos sábados, tomavam banho e vestiam roupas limpas.

A religiosidade

A possibilidade de se praticar a religião foi uma outra esfera a ser conquistada pelos imigrantes. A preocupação com o assunto se manifestava antes da partida para os países de adoção. Assim, o mesmo Paulo Rossato que recomendava aos pais o que trazer para montar a casa aqui, não esquecia das moças da família, dizendo-lhes que incluíssem na bagagem algo para cobrir a cabeça durante suas práticas religiosas: "Tragam também um veuzinho. Que as meninas não vendam os lenços brancos, porque aqui quem não tem o véu vai à missa com um lencinho na cabeça [...]".[48]

Católicos fervorosos, vênetos e poloneses não descansavam enquanto não construíssem uma pequena capela e não tivessem um padre para rezar a missa. Afinal, abandonados pelos governantes no país de origem, perseguidos pela miséria que os obrigava a emigrar, desrespeitados nos países de adoção, onde eram obrigados a permanecer meses esperando que lhes dessem um destino, nada lhes restava a não ser a religião. "A paróquia era o seu mundo, a única instituição com a qual estavam mais familiarizados, e de cuja vida participavam [...] Ali ele[s] era[m] alguém. Fora do âmbito familiar a paróquia era o único grupo social organizado ao qual o camponês pertencia."[49] Portanto, nada a estranhar no fato de procurarem de todas as formas ter algum amparo espiritual, muito antes de pensarem em escolas para seus filhos, o que sempre era visto com espanto pelos observadores.

Construir uma igreja envolvia trabalho conjunto, sacrifícios, espírito de iniciativa visando o bem comum. Isso na realidade era uma retomada da vida coletiva desenvolvida na aldeia de origem. O depoimento de uma senhora, descendente de vênetos, no Rio Grande do Sul é um bom exemplo.

> A igreja de Nova Vicenza é dedicada a São Vicente Mártir. Não a igrejinha principal. É aquela perto da nossa casa, porque a terra onde está foi doada pelo meu avô. Tinham uma igrejinha de madeira bem pequena, depois construíram essa [...] Meu pai colocou uma olaria [...] e lá fizeram os tijolos para construir a igreja nova, mas foi tudo à mão. Todos os Pasqualle hospedavam o filho de algum colono, davam-lhe comida e cama para ele trabalhar nas obras da igreja, e nós, além de darmos comida e cama por dois anos, demos também a terra [...] Os colonos todos ajudaram a fazer a igreja, fazendo tijolos. Depois com os estipêndios compraram o resto do material [...][50]

Na busca desse amparo espiritual várias etapas precisavam ser cumpridas e, antes do sacerdote, outros membros da comunidade exerciam o papel de formadores religiosos. Todo ensinamento inicial era dado em casa e o papel feminino era fundamental nessa tarefa. Antes de dormir, a mãe reunia todos os filhos e depois do jantar ensinava-lhes as orações básicas, como o pai-nosso, a ave-maria e o credo. Muitas vezes, por falta de tempo, isso acontecia enquanto ela fazia a polenta.[51]

Em São Paulo, as dificuldades por que os imigrantes passaram muitas vezes levaram a se negligenciar o papel exercido pelas mães nos ensinamentos religiosos. Vivendo em fazendas distantes, quase como prisioneiras, e impedidas de ter uma vida mais comunitária, como ocorria no Sul, nem mesmo a fé dessas mulheres permanecia intacta. "Quando se reprovam as mães que se esquecem de iniciar seus filhos nos princípios religiosos [...] elas respondem que estão numa terra de loucos e que os filhos não entendem nada daquelas coisas [ensinamentos religiosos]. O que elas procuram dizer é que quando não existe uma igreja, quando um padre não permanece no meio deles, é muito difícil dar algumas noções de religião às crianças [...]."[52]

Até conseguir uma igreja ou a presença de um padre, nos dias santificados ou aos domingos recorria-se a um colono — em geral um homem que sabia ler e iniciado nos preceitos religiosos —, o qual assumia as funções do sacerdote e fazia as orações junto ao grupo.

Os católicos não eram os únicos a se ressentir da falta de religiosos. Os japoneses também tiveram que improvisar monges até mesmo para os funerais. "Era difícil um enterro sem rezas budistas, pois sempre havia alguém que sabia dizer pelo menos algum tipo de prece. Naquele tempo, longe de tudo e de todos, ninguém ligava, evidentemente, a que seita budista o defunto pertencera, se bem que a Jôdo Shinshu contava com maior número de adeptos. Portanto, independente da seita a que teriam pertencido, todos eram 'encomendados por monges amadores', que na ocasião até nomes póstumos budistas lhes conferiam."[53]

Finalmente, quando conseguiam uma capela ou uma igreja e podiam contar com padres, estes assumiam com frequência um papel que ia além do de transmitir os ensinamentos religiosos, divulgando alimentos desconhecidos ou práticas cotidianas que, a longo prazo, poderiam ser benéficas, como a de evitar a devastação do meio ambiente. Diz um depoente do Rio Grande do Sul:

> Na ex-colônia Alfredo Chaves todos conhecem o Padre Mandioca, porque em suas andanças pela colônia levava dois cestos, um para as alfaias e vasos sagrados e outro para as mudas de aipim e mandioca para distribuir aos colonos [...] dizendo: a mandioca é boa e faz bem às pessoas e também engorda os animais [...] Além de Padre Mandioca, o sacerdote Hermenegildo Polesso era também conhecido por "Il Boschitello", porque insistia com os colonos para não cortarem todos os matos e guardarem as madeiras de lei, além de mandar plantar árvores, especialmente pinheiros, nos trechos empedrados da colônia e ao redor das cercas.[54]

Muitos levavam medicamentos que distribuíam à população, uma vez que médicos e remédios alopáticos poucos conheceram, como um dos padres camáldulos, que viajava pela região do município de Ana Rech. Olhando para aqueles que estavam fracos, dizia: "'Tem falta de sangue, precisa que lhe demos um fortificante' e lá vinha o óleo de bacalhau",[55] talvez um dos raros fortificantes que se conheceu no Brasil até praticamente os anos 1940.

Em São Paulo, enquanto permaneciam nas fazendas, não tinham condições de construir igrejas, e o conforto espiritual não fazia parte das preocupações de seus empregadores. Visitando a Santa Veridiana, fazenda de propriedade da família Prado, um funcionário do governo italiano relata que

> o número de colonos que ali trabalhava girava em torno de seiscentos, entre homens, mulheres e crianças; todos italianos provenientes na maior parte de Belluno e Treviso [...] só de uma coisa se lamentava aquela brava gente, especial-

mente as mulheres e os velhos: a fazenda era provida de um farmacêutico que fazia as vezes de médico, uma fanfarra com maestro e tudo, era vizinha à estação de trens e tinha uma espécie de bar, onde se podia beber boa pinga, cervejas razoáveis e vinhos péssimos, mas para a saúde da alma, quase nada. Tinha uma espécie de barracão com um altar que servia provisoriamente de oratório, mas o padre estava longe e só vinha uma vez por semana e às vezes nem isso. "Muito pouco!", exclamavam as mulheres e os velhos. "E se alguém fica doente e morre, quem nos confessará e recomendará nossa alma ao Senhor?"[56]

A concepção da grande maioria dos imigrantes sobre a prática religiosa, no entanto, longe de identificá-la à busca pura e simples de conforto para a alma, associava-a à festa. E nem poderia ser diferente. Fazia parte do catolicismo popular e era um dos raros momentos em que podiam encontrar seus conterrâneos e ter um mínimo convívio social, quebrando a monotonia que caracterizava as fazendas. Um viajante italiano, mais condescendente com o fato de se misturar festa e religião, comenta: "aos domingos e dias festivos o silêncio das cidadezinhas é quebrado por um pouco de vida e animação [...] Todas as pessoas que moram na roça dirigem-se à cidade para assistir às práticas religiosas e tratar de seus negócios [...] A frequência dos fogos de artifício é grande [...] não existe acontecimento grande ou pequeno nas vilas que não seja comemorado com o disparo de foguetes. Todos os domingos, já é uma regra, no ato da comemoração da missa, disparar uma dúzia de bombas e foguetes [...]".[57]

Mas nem sempre a ideia de festa era vista com bons olhos, sobretudo pelos protestantes, como relata furioso o pastor de origem alemã João Ehlers referindo-se a São Leopoldo: "Eles [os colonos] construíram ao lado das igrejas existentes certo número de capelas a fim de arranjar pretextos para festas. A quermesse propriamente dita era precedida por uma quermesse preliminar e uma festa final. Até na Sexta-feira Santa, os colonos se teriam entregue, nas imediações da igreja, a orgias alcoólicas".[58]

Apesar da indignação de padres e pastores, a ideia de religião que os colonos traziam incluía, além da prática dos rituais sacros, a festa e uma certa postura de magia. O baixo clero, em países como a Itália e a Alemanha, por exemplo, não hesitava em se unir aos camponeses em procissões, novenas ou outros rituais como recursos para obter boa colheita ou chuva, na época da seca.[59]

Remédios, benzeduras e curandeiros

Mesmo sendo católicos fervorosos, muitos não se furtavam a práticas nada condizentes com os preceitos religiosos, como as benzeduras. Benzia-se erisipela com a aliança de alguém que casara, fazendo-se círculos por três vezes ao redor do local atingido, e dizia-se: "Erisipela selvagem, até o padre acabar de rezar a missa, vai secar". Dizia-se que, ao final de três dias, havia passado. Para benzer "sapinho", jogavam água no cocho dos porcos, depois pegavam três paninhos cortados em quadrados, molhavam nessa água e passavam na boca do portador da doença, estendendo em seguida os paninhos perto do chiqueiro. Devia-se repetir esse procedimento durante três manhãs; dizia-se então que o "sapinho" secava e nunca mais aparecia. Contra os vermes, colocavam um copo d'água com chumbinhos de espingarda sobre a cabeça da criança e, quando a água começava a criar bolhas, segundo eles diziam, quando começava a "ferver", os vermes desciam.[60]

O curandeiro era outra presença obrigatória na vida dos colonos. D. Vitória, famosa em Veranópolis, no Rio Grande do Sul, foi responsável pela cura de uma menina que havia nascido muito fraca, apresentando sinais de raquitismo. Com benzeduras e quarenta banhos numa bacia grande cheia de nata de leite bem desmanchada, a menina se curou, tendo aumentado oitocentos gramas no peso ao final do tratamento.[61]

Em São Paulo, um jornalista italiano, em 1915, escrevendo

para a *Italica Gens*, revista de origem católica, expressa sua reprovação a tanto misticismo: "Me surpreendi de encontrar aqui entre os italianos tanta ignorância e superstição. À bagagem italiana se uniu aquela dos negros e indígenas [...] nem médicos, nem padres, nem professores conseguem destruir esses malefícios. Encontrei em Brodowski um padre italiano, o qual cumpre sua missão com zelo, mas, não obstante seu empenho e instrução, os resultados não são muito encorajadores. Não podem duas ou três pessoas de boa vontade restaurar todo o ambiente de padrão moral e material. Assim, é quase impossível lutar contra o curandeirismo [...]".[62]

Distantes vinte ou trinta quilômetros do povoado mais próximo de suas casas, sem dinheiro para médicos e remédios, pouco restava aos colonos, quando doentes, além das benzeduras, curandeiros e orações, as únicas coisas a que podiam se apegar.

A famosa trilogia dos remédios, tanto nos núcleos do Sul como nas fazendas paulistas, era composta de óleo de fígado de bacalhau para fortificar, sal amargo para o estômago e óleo de rícino como purgante. Fora isso, dependia-se da medicina vegetal ou dos curandeiros. No Rio Grande do Sul, Segundino Schmitz, um ervateiro alemão, ficou famoso seguindo as receitas do avô e do pai. Em meio a uma lista enorme, recomendava: "Amarelão — chá de raiz de salsa, aipo, quina, devem-se misturar os três; bronquite — xarope de eucalipto, malva, sálvia e casca de cereja, tudo junto [...]".

Os conselhos para algumas doenças vinham acompanhados de comentários como:

> Ataque cardíaco — Ah! esse é bruto. Conserva, mas não cura. Usa-se folha de cipó pata-de-vaca, capim-cidreira, cancerosa.
>
> Azia — Tenho 83 anos e não sei o que é acidez do estômago. Meu pai tomava leite de vaca coalhado. Quem não quer conhecer acidez de estômago, tome coalhada, que o estômago vai funcionar como um relógio [...] A azia vem de

muito gás no estômago. Contra a azia do feijão, tomar um copo de leite depois da refeição; para azia do pão ou bolacha, tomar algum chá amargo; para azia de batata-doce, é bom o chá de aipo; para azia de polenta, basta comer logo depois uma colher de açúcar; para azia de refrigerante, chá de folha de camboatá com araçazinho-do-campo.[63]

Um detalhe esquecido pelos críticos é que, mesmo que os imigrantes quisessem se socorrer de médicos, isso era praticamente impossível: "Em São Paulo, em 1906, vinte anos após o ingresso maciço de imigrantes, os médicos somavam dez para 52 mil habitantes em Ribeirão Preto [...] seis para 55 mil habitantes em São Carlos do Pinhal [...], quatro para 34 mil em Araraquara e quatro para 38 mil em Rio Claro".[64] Sem falar que o preço de uma consulta equivalia ao que se ganhava em um ano com a colheita.

AS RELAÇÕES INTERGRUPAIS

Na busca da pequena propriedade, resta um capítulo, sem dúvida muito mal estudado, que é o das relações intergrupais. Pouco se sabe dos diversos atritos entre colonos de nacionalidades diferentes convivendo no mesmo espaço, como no caso das fazendas em São Paulo, e menos ainda das relações estabelecidas entre imigrantes, negros, caboclos e sobretudo índios — os habitantes mais antigos.

Nessas relações, a noção de solidariedade, tão comum nas pequenas aldeias de origem, foi com certeza a que sofreu maiores abalos. Alemães originários do Norte não se davam com alemães do Sul, e os dois não aceitavam os poloneses. Italianos setentrionais e meridionais viam-se com estranheza e mesmo desprezo; ambos, no entanto, não gostavam dos japoneses.

Tomoo Handa relata que em muitas fazendas os atritos entre japoneses e italianos foram usuais, como ocorreu na Fazenda Santa Maria, de propriedade de Rodrigues Alves, cujo fiscal, um italiano, protegia seus patrícios dando-lhes os melhores cafezais para cuidar e anotando nas cadernetas dos japoneses pesos e medidas errados, o que os levava a receber menos dinheiro por tarefas idênticas.[65]

Toda e qualquer desavença entre os países de origem era transferida ao país de adoção, passando a fazer parte do cotidiano dos imigrantes como se estes ainda estivessem na própria pátria.

Foi o caso dos poloneses e alemães. Muitos poloneses que vieram para o Brasil saíram da Posnânia, Pomerânia e Silésia, dominada primeiramente pela Prússia e depois pela Alemanha, onde a luta dos patriotas para se libertar dos invasores fora constante. Os poloneses, além de perseguidos e mortos, sofreram outros tipos de represália, objetivando a sua desnacionalização. Assim, assistiram à germanização completa de suas escolas, à proibição, a partir de 1876, de se expressar em outro idioma que não o alemão — seus sermões e cânticos religiosos só podiam ser proferidos nessa língua, e à eliminação dos nomes poloneses das ruas, praças e qualquer outro logradouro público.[66]

No fundo tratava-se da luta de Bismarck contra o catolicismo e o nacionalismo polonês, que culminou na guerra agrária, quando os alemães se apossaram de grandes extensões do território da Polônia. O ódio entre os dois povos se manteve no Brasil. Assim, no diário de Mariano Hesse, polonês radicado no Paraná, aparece um relato de como as contendas políticas dos países de origem continuavam se exteriorizando na vida cotidiana dos imigrantes.

Entre as várias funções que exerceu no Paraná, Hesse trabalhou em uma cervejaria cujo proprietário era um alemão.

> Ao lado da firma em que trabalhava, havia um bar, ponto de reunião dos alemães. Vinham para confabulações e beber cerveja. Cantavam alegremente. Um belo dia, com os ânimos influenciados pela cerveja, teve início uma discussão política. Na época tinham sido confiscadas as propriedades de Poznan [terras pertencentes à Polônia]. Muitos alemães mostravam o desejo de retornar à Europa e estabelecer-se nas terras desapropriadas. Fui envolvido nos debates.

> Até aquele momento ninguém havia me interrogado sobre a minha origem, uma vez que meu sobrenome soava alemão. Declarei categoricamente que era polonês e, levado pelo entusiasmo da juventude, sustentei que a desapropriação não passava de rapina.
>
> Schultz, o açougueiro que se sobressaía pela obesidade, gritou "Polnische Schwein" [Polonês Porco] e cuspiu-me no rosto.
>
> Obscureceu a minha vista. Atirei-me contra aquele corpulento alemão e desferi golpes em sua face. Criou-se uma confusão generalizada. Distribuí socos a esmo, mas vendo que lutava contra uma maioria maciça, lancei-me na fuga.
>
> No dia seguinte vi-me despedido do emprego, pois havia ofendido um dos melhores clientes da fábrica.[67]

Esse mesmo imigrante, na época da Primeira Guerra Mundial, foi novamente objeto do sarcasmo alemão contra os poloneses quando, recebendo a visita de um amigo, levou-o para almoçar no restaurante de um conterrâneo. Sentaram-se ao lado de um grupo bem alegre de teutos, que movidos a cerveja começaram a levantar brindes em homenagem a Guilherme II.

> Um alemão corpulento principiou a referir-se com sarcasmo às legiões [polonesas] e com frequência clamava. "Dumme Polen! [Poloneses estúpidos]" Meu companheiro não compreendia, mas eu tinha consciência clara de que estavam zombando dos poloneses.
>
> Pouco importa, continuava ele a vociferar, eles que formem o "kanonen-futter" [as legiões de balas para canhão], e depois será mais fácil exterminá-los.
>
> Cada piada desse naipe era recebida por uma estrondosa gargalhada e tudo era perpassado de canções germânicas. Sentia-me sobre brasas [...]
>
> Inopinadamente um barulho de vidro quebrado ressoou pela sala. Uma voz ameaçadora de um alemão desconhecido, munido de bengala e de braço levantado, protestou.

Como podeis zombar desta gente que agora, ombro a ombro, luta conosco, contra o inimigo? São nossos aliados e não permito que alguém os despreze!, gritava o alemão, dirigindo-se aos alemães em festa.

Todos se calaram diante da feição severa e da aparência majestática do velho alemão. A festa terminou e todos retiraram-se cabisbaixos [...][68]

Na hostilização diária, os antigos ódios se concretizavam em cenas menos contundentes porém repletas de preconceito. Assim, os poloneses eram vistos pelos alemães como sujos, ignorantes e preguiçosos, sobretudo em regiões onde o contato entre eles foi mais próximo, como Santa Catarina. No Paraná, por exemplo, grande parte da comercialização de produtos era praticada por alemães, que acabavam estendendo os atritos com os poloneses à área econômica, pagando preços menores por seus produtos.[69]

Uma relação de vizinhança difícil se estabeleceu também com os negros e caboclos, provavelmente a mais difícil. Precisavam e se serviam dos conhecimentos destes, sobretudo nos primeiros tempos, para se adaptar ao novo país, mas, contraditoriamente, não hesitavam em menosprezá-los. Mesmo sofrendo toda espécie de preconceito por parte da elite brasileira, que via os imigrantes como sujos, mendigos que vieram procurar comida no Brasil, eles não tinham para com os brasileiros menos aquinhoados uma relação de igualdade; pelo contrário, sempre se julgaram superiores.

Foi com os negros e caboclos que os recém-chegados aprenderam a técnica da queimada, cujo efeito, sem dúvida, era por um lado devastador, mas por outro consistia na única forma de preparar rapidamente a terra para o plantio. Para ilustrar o desconhecimento das técnicas agrícolas locais, vejamos, por exemplo, o relato de um dos primeiros diretores de colonização no Rio Grande do Sul, referindo-se aos alemães que lá chegaram em torno de 1848 e que foram citados por Willems:

> Lima frisou, num relatório dirigido ao governo, a necessidade de ensinar, por meio de pessoas capazes, aos recém-imigrados as particularidades da nossa agricultura. Lima mencionou fatos concretos como estes: os colonos não queimavam a mata de medo que o fogo se alastrasse. Derrubavam as árvores e removiam-nas de modo a sobrar pouco tempo para fazer as primeiras plantações. Outros escavavam as raízes das árvores, perdendo-se assim, além do tempo precioso, a camada de humo. Havia também colonos que serravam os troncos e levantavam cercas muito sólidas em torno de suas roças. Terminadas as cercas, a época da plantação já passara.[70]

Não dominar os padrões nativos significava, muitas vezes, quase morrer de fome. Se para os primeiros colonos que chegaram o governo antecipou seis meses de alimentos, para os que vieram posteriormente a situação piorou. Na ocasião em que lhes era designado um lote e deste tomavam posse, o governo lhes dava alimentos para quinze dias. Terminadas as provisões, eram obrigados a caminhar léguas para se reabastecer, deixando mulher e filhos sem qualquer assistência. Em muitos desses momentos, a ajuda de negros e caboclos foi essencial.

Stasio Koscianski, também polonês, relata em suas memórias que, quando faltou alimento,

> seu pai tomou um saco nas costas e foi a Rio Negro para comprar comida [...] Os rios transbordaram, em vista das chuvas copiosas. Padecíamos fome. Os vizinhos também não tinham nada [...] Sofremos fome mortal durante dois dias, permanecendo de cócoras, em volta da fogueira. Inopinadamente penetrou na cozinha um brasileiro. Era um bugreiro. Veio fazer verificação e saber o que estava acontecendo em nossa colônia. Nada do que falava pudemos compreender. Procurava conversar mediante sinais, interrogando se queríamos comer. Examinou a cozinha. Estava vazia. Forçou-nos a acompanhá-lo. Chegamos a uma roça

onde crescia milho, quebrou algumas espigas e encheu com elas alguns sacos. Retornou conosco. Recomendou que fizéssemos fogo e ensinou-nos a maneira de assar milho verde no braseiro. Igualmente mostrou como se podia assar abóbora, envolvendo-a em pedaços em palha de milho. Minha madrasta procurava prover da melhor maneira que podia, mas o espectro da fome prosseguia rondando sempre, até a noite que meu pai voltou com saco de provisões.[71]

Na construção de suas moradias eram os negros que auxiliavam os imigrantes, pois não conhecendo as madeiras nacionais muitas vezes as empregavam verdes ou impróprias para construção, o que provocava a queda da casa. Careciam de um repertório de recursos técnicos que não possuíam, como o de cortar a palmeira, extrair o palmito, que podiam comer, ligar um pedaço do tronco cavado ao outro, com o cipó, e depois cobri-los de barro misturado a folhas secas ou ao sabugo do milho para melhor vedar as paredes.[72]

Mas essa ajuda não os impedia de ver o negro como inferior. Para responder como haviam feito suas primeiras casas, um depoente italiano diz: "[...] juntou-se a eles [ao grupo de recém-chegados] um negro [...] Foi o Pedro que mandou esses negros que moravam aqui fora no campo, um negro afinal não era ruim, e que começou logo no dia seguinte a ensinar como deviam fazer e assim fizeram o primeiro ranchinho".[73]

O próprio enriquecimento de muitos dependeu do trabalho de negros e caboclos, como o dos alemães no Sul, que comerciavam com eles vendendo-lhes fósforos, querosene, sal e outros poucos produtos, e compravam sobretudo a erva-mate, cuja extração continuou sendo trabalho de nativos, além de peles, crina e fumo.

Bem mais tarde, por volta de 1910, quando a segunda leva de imigrantes japoneses aportou em terras paulistas, era ainda dos negros que dependiam para comer os porcos que criavam, uma vez que não sabiam matá-los. Assim, em troca da cabeça e das vísceras dos animais, chamavam os negros vizinhos para essa tarefa.[74] Até para plantar arroz, muitas vezes os japoneses precisaram se valer dos caboclos, pois seus métodos, dependendo do terreno, se mostraram inadequados.

O preconceito existente na sociedade brasileira contra o negro era ainda corroborado pelos viajantes da época, sobretudo os oriundos dos países emigracionistas, que na defesa de seus compatriotas não titubeavam em lançar mão dos estigmas de preguiçosos, sujos, perigosos ao se referir aos antigos escravos: "[...] dando um giro pela colônia, veem-se da colina mulheres negras sentadas à porta de suas casas, com as mãos nos joelhos, mulheres fortes [...] completamente inertes durante inteiros e longos dias de verão. Por sua vez, a maior parte das casas de italianos tem suas portas fechadas, aqui ou ali uma camponesa que lava roupa, uma velha ou um velho rodeado de crianças. Os italianos de dez anos para cima, homens ou mulheres, estão todos no campo a trabalhar".[75]

O EXTERMÍNIO INDÍGENA E A RECONQUISTA DA PROPRIEDADE

Mais do que tudo, os imigrantes precisavam dos nacionais para combater os assaltos indígenas, capítulo da história da imigração a ser contado, porque nos relatos dos observadores da época, ou dos próprios imigrantes, os indígenas nunca foram considerados vizinhos ou proprietários das terras onde se encontravam. Assim, o que aparece é sempre a figura do índio sanguinário, atacando as plantações, raptando as mulheres e matando as crianças.

Na realidade, o que estava em questão era a posse da terra e, nessa luta, a usurpação era um método válido. Afinal, não passavam de selvagens! Mas, para enfrentar a reação hostil dos indígenas à invasão de suas terras, os estrangeiros precisavam do auxílio de negros e caboclos, que apesar de considerados desprezíveis eram úteis.

Os ataques dos índios aos núcleos dificilmente ficavam sem resposta. Entrevistado sobre uma dessas emboscadas, um depoente diz que os índios amedrontados fugiam em debandada, quando os negros usavam armas de fogo: "Os índios fugiram, retirando-se e acampando lá para cima, pelas bandas de Sananduva, às margens do Rio Ligeiro [...] Mas os negros [continuaram a luta] até expulsá-los. Travaram um combate lá em cima fora do campo, onde mora o Avelino Candoca. Cinco índios morreram".[76]

O mais comum, no entanto, era os índios atacarem as tropas, e muitos imigrantes que trabalhavam como tropeiros foram obrigados a enfrentá-los. O mesmo Stasio Koscianski, que trabalhou nessa profissão junto a um brasileiro, relata um desses embates:

> Correu o boato de que os índios se movimentavam e voltariam a atacar. Ao sul, nas matas virgens, inacessíveis, habitavam três tribos indígenas: os botocudos, os bugres e os guaranis [Rio Grande do Sul] [...] Morríamos de medo. Atacavam tanto as tropas, quanto os colonos que lavravam a terra.
>
> Desta vez Lemos [seu patrão] rumou para Perdizes, em busca de fumo [...] Servia de cicerone o bugreiro Pinheiro Machado, grande conhecedor da floresta. Tinha fama de exterminador dos bugres e seu faro era mais acurado que o de um cão de caça [...] Numa picada entre serras, todas as árvores tornaram-se vivas e ressoaram com vozes estridentes de corujas, gaviões e macacos.
>
> O bugreiro encontrava-se na vanguarda. Saltou da sela, principiou o tiroteio. Algumas flechas enterraram-se nos corpos dos animais que despencavam morro abaixo. Incrustei-me numa fresta, cobrindo-me com um balaio. A munição do guia esgotou-se, sacou do facão, escondendo-se num buraco da rocha. Um dos selvagens pulou para o meio da picada. Lemos colocou-o por terra. Ficamos sem balas e os selvagens sem flechas, uma vez que recorreram ao tacape.
>
> Um indígena avançou contra Machado. Enquanto se detinha para firmar uma posição e desferir o violento gol-

> pe, com seu tacape, o bugreiro saiu do esconderijo e rapidamente estripou-o [como a vários outros] [...] Os sobreviventes titubearam. Visivelmente não queriam prosseguir na luta. O maioral saltou para a picada num gesto de vingança. Antes que desferissem um golpe sequer, o facão do bugreiro Machado emaranhava-se em suas entranhas. Nesse ínterim, os demais, desesperados, refugiaram-se na floresta.
>
> Lemos surgiu do matagal de samambaia e apressou a fuga. O bugreiro Machado consolava-nos de que não se tratava de um assalto, mas era um grupo de malévolos caçadores [...].[77]

Mesmo não participando diretamente das matanças, os imigrantes foram omissos na questão indígena, como aconteceu em São Paulo. A história do desbravamento final do Oeste paulista envolve um capítulo nada dignificante, que foi a dizimação do grupo indígena Caingangue, para que suas terras pudessem ser integradas ao florescente capitalismo do estado. Uma série de eventos conhecida como "Massacre de Bauru" determinou a derrubada da muralha caingangue, em 1912, pondo fim a uma resistência iniciada na década de 1840.

Até praticamente 1880, as terras do extremo Oeste paulista consideradas devolutas passaram a ser demarcadas, e as tribos Guarani, Xavante e Caingangue que ali viviam começaram a ser molestadas pelos colonizadores brancos. Mas, se os dois primeiros grupos assistiram ao movimento de expansão passivamente, o mesmo não ocorreu com o último. Estabelecidos nos vales dos rios Peixe, Batalha, Aguapeí e baixo Tietê desde quando chegaram a São Paulo, vindos do Paraná, provavelmente no século XVIII, os Caingangue resistiram heroicamente à invasão de suas terras por muito tempo. No entanto, nas últimas décadas do século, a ânsia por novas fronteiras rapidamente levou fazendeiros e posseiros a abandonar sua atitude "temerosa" dos índios e assumir uma postura agressiva e de confronto direto.

Os resultados não se fizeram esperar. Em 1885, a região

compreendida entre a margem sul do Tietê, o rio Paranapanema e a barranca do Paraná já tinha sessenta fazendas, e dez anos depois contava com uma população de 8 mil habitantes. Esse assentamento fora precedido de várias expedições de caça ao bugre, denominadas "dadas", já praticadas no Oeste paulista desde a segunda metade do século XIX. Essas "dadas" eram compostas de bugreiros aliados a matadores profissionais, formando verdadeiras organizações especializadas. A soldo de grandes proprietários e dos que especulavam no comércio de terras, "os bugreiros constituíram, na verdade, o braço armado da ocupação, e com um caráter marcadamente ofensivo e sistemático".[78]

Inúmeros relatos descreveram a crueldade das tropas de bugreiros contra os índios, como a morte de mais de mil Caingangue e a extinção de duas aldeias, em 1886, por envenenamento de sua população: um quilo de estricnina fora adicionado ao suprimento de água da tribo. No mesmo ano, morreram todos os líderes indígenas de outra aldeia atacada, além de grande parte de sua população de cerca de quinhentas pessoas.

As "dadas" assumiam técnicas de operação bélica. A expedição era precedida pelo grupo dos mantimentos e armamentos da tropa, que partia carregado de armas de fogo e munição. Muitas vezes os bugreiros se escondiam na mata durante semanas, aguardando a realização das festas guerreiras e religiosas dos Caingangue, nas quais estes se embriagavam com uma bebida que produziam. Os ataques costumavam ocorrer ao amanhecer, quando a tribo dormia. Matavam-se os índios a tiros. Os cadáveres, depois de empilhados, eram incendiados. Os invasores às vezes envenenavam os alimentos e a água estocados pelos índios, procurando atingir os fugitivos. Outras vezes ateavam fogo em todas as cabanas, arrasando a aldeia. O auge dos confrontos deu-se entre 1890 e 1900, justamente quando a penetração branca atingiu os limites das terras caingangue.

Um outro fator que veio aguçar essa situação foi o início da construção da Estrada de Ferro Noroeste do Brasil, em 1905. A partir de então se dá a última fase da "remoção" dos índios do

Oeste paulista, num processo mais eficaz que o das décadas anteriores — e agora definitivo.

Os primeiros 92 quilômetros foram abertos ao tráfego em 1906, unindo Bauru e Lauro Müller, entre as atuais cidades de Pirajuí e Guarantã. Inúmeras "dadas" ocorreram nessa região e foram incontáveis as hostilidades dos Caingangue, especialmente contra os cortadores de dormentes que serravam madeira no interior das matas. Nesse momento, as ofensivas de ambos os lados provocaram diversos enfrentamentos, como dois exércitos inimigos em guerra. Uma batida realizada em 1908 nas imediações do rio Campestre deixou um saldo de pelo menos 33 mortos — 29 Caingangue e quatro bugreiros. No mesmo ano, outra tropa de 35 caçadores de índios, a serviço da construção da estrada de ferro, investiu contra um agrupamento Caingangue perto da atual cidade de Araçatuba, matando cerca de cem índios e arrasando a aldeia.

Com o início do funcionamento da ferrovia, o Oeste paulista viu crescer o fluxo de imigrantes estrangeiros. O núcleo de Bauru, principal cidade da região, teve um aumento populacional de 2000% entre 1904 e 1908 graças à imigração. Só no ano de 1909 entraram 2272 imigrantes no município, cuja população não chegava a 20 mil habitantes.

O destino dos Caingangue foi marcado, nesse período, pela disseminação proposital de doenças. Os espanhóis perfaziam a corrente migratória mais numerosa na região, e entre eles a incidência de varíola era expressiva. Quando um lavrador espanhol adoecia, o capataz da fazenda tratava de levar suas roupas, carregadas à distância por longas varas de pescar, para os pontos frequentados por índios, como clareiras, margens de rios ou proximidades das aldeias. Ao encontrá-las e tomá-las para si, levavam a doença para o seio da tribo.

Reações contrárias à perseguição e matança de indígenas no Oeste paulista foram esboçadas a partir de meados do século XIX, mas pouco adiantaram. Finalmente, em 1911, houve a formação do Serviço de Proteção ao Índio (SPI), cuja eficiência deixou muito a desejar. Mesmo assim, um ano depois a paz foi alcançada, mais pelo reduzido número de Caingangue sobreviventes do que por mérito do SPI.

O fim das hostilidades elevou o preço da terra em todo o Oeste. Diversos empreendimentos agrícolas foram projetados e abertos nos meses seguintes à "pacificação". Capitais ingleses se uniram ao de fazendeiros locais e criou-se a Companhia de Terras, Madeiras e Colonização de São Paulo (The San Paulo Land, Lumber & Colonization Company), sediada em Birigui, onde se assentaram 2 mil famílias imigrantes, vindas de diversos países.

O SPI tentava manter as frentes de ocupação à distância dos Caingangue, ou pelo menos protegidas de novos conflitos. Mas as limitações do órgão para exercer seu trabalho foram agravadas pela impetuosidade da expansão agrícola. As terras em torno das aldeias foram aos poucos sendo ocupadas por posseiros, fazendeiros e seus empregados.

Os vizinhos dos Caingangue já não os atacavam. Mas as viroses que portavam acabaram provocando terríveis epidemias. Entre março e abril de 1913, toda a aldeia do cacique Congue-Huê morreu de gripe. Nessa mesma época o sarampo, presente entre os espanhóis, tornou-se epidêmico na região do rio Aguapeí, matando centenas de índios. No outono de 1916 a gripe voltou e atingiu outros três agrupamentos, causando novas baixas.

Quatro anos depois da "pacificação", a população caingangue do sertão de Bauru estava reduzida a menos de duzentas pessoas. Em 1921 havia ainda cerca de duas centenas, aí incluídos alguns mestiços, vivendo nos aldeamentos de Icatu e Vanuíre (no atual município de Tupã).

A disponibilidade de terras levou ao surgimento de um grande número de pequenas propriedades agrícolas na região. Boa parte delas estava nas mãos de imigrantes estrangeiros.

Foi considerável a importância dos loteadores de terra na colonização do Oeste paulista. A partir da década de 1920, os numerosos imigrantes não subsidiados vindos dos países bálticos e da Europa Oriental, ao chegar, compraram pequenas propriedades nas zonas pioneiras. Agentes de nacionalidade húngara, alemã, lituana e espanhola intermediaram a venda de pequenos lotes a seus compatriotas recém-chegados. Isso induziu à formação de pequenas concentrações de nacionalidades específicas em determinadas regiões do Oeste.

No município de Presidente Venceslau constituíram-se comunidades húngaras (como a de Arpad) e alemãs (como a de Aimorés), em Mirassol e Tanabi se agruparam espanhóis, em Borboleta (perto de Rio Preto) se concentraram açorianos. Em 1922, imigrantes da Letônia fundaram a colônia de Varpa (hoje pertencente ao município de Tupã). Em Santo Anastácio (região de Presidente Prudente), lituanos criaram a colônia agrícola de Nova Lituânia (1929), que viria a se tornar o maior centro de atração de imigrantes dessa nacionalidade.[79] O Oeste paulista estava totalmente conquistado.

Como já foi dito, ainda que não tenham tomado parte diretamente no massacre de populações indígenas, os imigrantes foram omissos. As terras dos nativos não eram cobiçadas só pelos fazendeiros, que na sua expansão para o Oeste foram derrubando todos os obstáculos que surgiam, mas eram ansiadas também pelos imigrantes, pois, por causa da distância em que se encontravam e por ser passíveis de ataques indígenas, essas terras eram vendidas a preços bastante razoáveis.

Ademais, com a aquisição da pequena propriedade, o sonho de reconstrução do Velho Mundo se concretizava. Isso muitas vezes consumiu dez ou vinte anos de labuta para imigrantes como os italianos, por exemplo, que haviam chegado aqui sem qualquer amparo do governo do seu país ou de companhias colonizadoras, diferentemente do que ocorrera com os alemães, que os precederam no fluxo migratório, e dos japoneses, que vieram anos mais tarde.

Todos os obstáculos se diluíam quando se podia dizer "aqui o proprietário leva vida comum junto aos empregados, não existem multas, sons de sino, nem outro tipo de hábito que mantém os fazendeiros distantes dos colonos [...] Ainda não há igreja, nem escola pública",[80] mas finalmente prevalecia a autonomia camponesa própria do imigrante, em que família e terra se confundiam, em que o público e o privado podiam viver em harmonia segundo os hábitos do mundo rural pobre.

O RETORNO E A URBANIZAÇÃO

Diante de todas as dificuldades enfrentadas no processo de ambientação no Brasil, o retorno à terra natal não era um objetivo descartável, pelo contrário. Diferentemente daqueles que partiram da Europa do Norte, cujo projeto era de instalação definitiva nos novos países, sobretudo os Estados Unidos da América e a Austrália, os emigrantes da Europa Mediterrânica saíam, como diz Mirian H. Pereira, acreditando no *mito do retorno*.[81] No caso dos portugueses, estudados pela autora, mas não só deles, essa volta era vista ainda como indissociável da riqueza que seria amealhada no Brasil. Apoiados em inúmeros exemplos de conterrâneos que vieram para cá no quadro de colonizadores, no período da mineração e do açúcar, os portugueses que partiram depois de 1850 acreditavam que em alguns anos como imigrados conseguiriam pecúlios significativos, os quais os fariam retornar em triunfo. Muitos voltaram, mas poucos enriqueceram.

Há controvérsias quanto ao total de imigrantes que regressaram aos países de origem; todavia, os dados mais confiáveis sobre nacionalidades significativas no contexto brasileiro, como a dos italianos e a dos portugueses, apontam um índice de retorno entre 37% e 40%.[82] Mas, mesmo em cidades como a do Porto, cujo índice de partidas para o Brasil girou em torno de 86%, o número de repatriados enriquecidos foi pouco significativo e nunca superou, nem nos melhores casos, os 5% do total de retornados, e isso depois de em média trinta anos no Brasil.

No entanto, a volta dos imigrantes não deixava de apresentar peculiaridades no âmbito do privado se pensarmos que, à semelhança da chegada deles ao país de adoção, quando tentaram criar um mundo à imagem da terra natal, ao regressar o seu comportamento exteriorizado não mais apresentava sinais do antigo emigrante e sim os da classe abastada do país de adoção. É assim que vemos repatriados portugueses usando como símbolo de status ternos brancos nada condizentes com o clima luso, além de chapéus de palha e bengalas como a elite carioca ou paulista nos seus passeios vespertinos.

Mas é no retorno às antigas propriedades da família que a herança comportamental adotada pelos "brasileiros", como passam a ser chamados os reemigrados portugueses por seus conterrâneos, se mostra pungente, "desmoronando o mundo tradicional para dar lugar a um outro de influência importada".[83] Um bom exemplo são as reformas das casas, que começaram a obedecer a um padrão geral.

> Murava-se a habitação e terrenos circundantes, frequentemente depois de processo de arredondamento por compra (ou troca) de parcelas anexas. Alteava-se aquela com a construção de um primeiro andar, libertando-se o rés do chão das cortes de gado, pela construção de edifícios próprios e separados. Nas mais ricas, construía-se ainda a casa do caseiro, já que normalmente o *brasileiro* supervisionava o trabalho agrícola, mas raramente a esse se entregava. A habitação do proprietário passava a destacar-se pela sua altura e janelas, muitas vezes com vidros coloridos, com o exterior pintado de cor garrida, a destoar da cal branca aqui muito utilizada pela maioria das casas comuns. Elemento fundamental da casa era a água: os *brasileiros* foram autênticos "mineiros", procurando a água na nascente longínqua ou abrindo poços no local, murando as condutas, mais tarde utilizando os típicos moinhos de vento que ainda hoje são visíveis para levar a água ao interior da habitação.[84]

Claro que todas essas modificações eram possíveis quando feitas pelos que tinham desenvolvido a profissão de comerciante nas cidades, sobretudo no Rio de Janeiro, onde os portugueses dominaram os negócios de atacado e varejo mais do que outros imigrantes de qualquer nacionalidade. Mas os relatos dos que voltavam de experiências de trabalho no campo não apresentavam o mesmo sucesso, e o que se via era a ida para as cidades, onde passavam a viver quase clandestinamente de uma profissão modesta, escondidos de parentes e amigos para não demonstrar o fracasso.

Nesse contexto, de uma adaptação difícil no novo país, a urbanização foi outra saída para o grupo imigrante. Não que a opção pela cidade representasse uma novidade no processo imigratório, pois muitos, no momento da chegada, já optavam pela urbe em lugar de se dirigir para os núcleos coloniais, no Sul, e para as fazendas, em São Paulo. Neste estado estima-se que, entre os italianos, 30% dos que desembarcaram em Santos tiveram como destino a vida urbana, e 70%, o campo.

Outro fator que determinou a escolha das cidades foi a origem dos imigrados. Na realidade, suas experiências prévias à partida determinavam o comportamento inicial nos países de adoção. A autora portuguesa já citada, Mirian H. Pereira, por exemplo, data de meados do século XIX o fracasso de muitos núcleos no Sul do Brasil povoados por alemães e austríacos que, já tendo vivenciado experiências proletárias nas cidades de origem ou militares como ex-servidores do exército, não se adaptaram ao trabalho do campo, dirigindo-se para as cidades.[85]

Fato semelhante ocorreu com os italianos, cujo anseio por um pedaço de terra fazia parte dos planos vênetos, mas não dos toscanos que preferiam o comércio, nem dos meridionais, que procuravam as cidades.[86] Paulatinamente, no entanto, mesmo entre os que se dirigiram para o campo, ganha corpo a busca pelas cidades, ainda que muitas vezes esse fosse um meio de conseguir juntar com mais facilidade algumas economias para posteriormente adquirir um pedaço de terra.

Isso não impediu que muitas cidades, como Caxias, no Rio Grande do Sul, Botuverá, em Santa Catarina, e São Paulo, no estado de mesmo nome, ganhassem contornos imigrantes, sobretudo italiano. O caso paulista é sem dúvida o mais significativo: estima-se que, em 1920, 35% dos habitantes da capital haviam nascido no exterior e "que em 1934, imigrantes e filhos nascidos no Brasil representavam 50% da população paulista".[87] Italianos, espanhóis e portugueses, e mesmo correntes menos numerosas, como a dos poloneses, passaram a engrossar, em São Paulo, as fileiras do proletariado e do comércio, no qual a presença imigrante era notável.

Nas cidades, ainda, o mundo privado permaneceu por algum tempo como uma extensão do trabalho familiar, à semelhança do campo, evidentemente com características bastante diversas, pois não mais se trabalhava para a melhoria econômica da família, e sim para um patrão. Entretanto, era usual nas indústrias as operárias empregarem-se e logo em seguida conseguirem trabalho para seus filhos, podendo assim exercer atividades conjuntas. O mesmo ocorria no terciário, no qual a rede de parentesco em algumas atividades era norma. As pesquisas para o levantamento da história do Mappin, a primeira loja de departamentos, em São Paulo,[88] mostram que, entre os seus funcionários, obter um emprego para um filho, sobrinho ou irmão era a regra. Até os anos 1940 cerca de 35% do seu corpo funcional era composto de empregados aparentados.

Como se viu, a ligação entre público e privado para os imigrantes que se dirigiram à lavoura foi efetivamente forte, obedecendo a uma regra já característica do campo europeu, de onde veio a maioria dos desembarcados no Brasil. Esses padrões atenuaram-se a partir do momento em que os imigrantes abandonaram o campo, primeiro ainda de maneira branda nas fábricas e setores terciários, em que vemos uma certa tentativa de manter laços de parentesco no local de trabalho e, segundo, de modo radical no comportamento daqueles que retornam aos países de origem, quando o padrão adotado passa a ser o assimilado no país de adoção. Em geral, vinte a trinta anos haviam se passado desde o momento da partida.

4. A DIMENSÃO CÔMICA DA VIDA PRIVADA NA REPÚBLICA BRASILEIRA

Elias Thomé Saliba

Como representar as vidas privadas e as existências cotidianas de cada brasileiro na modernidade anunciada pela República? Nos circuitos já instáveis e pouco sedimentados da vida privada, como construir e conceber uma identidade de brasileiros, como sentir-se parte daquela *comunidade política imaginada* chamada "nação"?[1] A Abolição e a inauguração do regime republicano se, por um lado, começam a alimentar muitos sonhos e expectativas, por outro virão apenas aguçar antigos dilemas: o que significava *ser brasileiro* naquela realidade cada vez mais paradoxal, infinitamente variada, regionalmente diversificada e, sobretudo depois daqueles eventos cruciais, uma realidade indefinida em termos de futuro? A sociabilidade individual, sufocada pelas estruturas escravistas, pela instabilidade populacional e econômica e pela incipiente urbanização, durante quase todos os decênios anteriores, encontraria terreno para se desenvolver com as mudanças desencadeadas na transição para o período republicano?

A interrogação de Sérgio Buarque de Holanda, em conhecida análise do advento da República, pode ser uma primeira indicação ao tema: "Como esperar transformações sociais profundas em país onde eram mantidos os fundamentos tradicionais da situação que se pretendia ultrapassar?".[2] A vida privada encontrava-se aí num limiar de difícil definição, pois parecia se situar, para todos os brasileiros, livres ou recém-libertos, num ponto de interseção de experiências vividas com expectativas de experiências futuras. Na brecha — se não aberta pelo menos anunciada — entre o passado e o futuro social, a própria existência de sociabilidades privadas, individuais e familiares colocava-se, portanto, como uma *possibilidade.*[3] Porque, afinal, o dilema de ser brasileiro no espaço doméstico e familiar partilhava, embora de forma oblíqua, do mesmo horizonte histórico daquilo que uma república (nos seus significados mais autênticos) prometia para toda a população, sob o nome de "cidadania". A República criou uma cidadania precária, porque calcada na manutenção da iniquidade das estruturas sociais; acentuou as distâncias entre as diversas regiões do país, cobrindo-as com a roupagem do federalismo difuso da "política dos governadores" ou com a continuidade daquela geografia oligárquica do poder que, desde o Império, diluía o formalismo do Estado e das instituições.

A condição agrária, retrógrada e subalterna do país no contexto internacional da Segunda Revolução Industrial e Tecnológica também voltou a ser posta em relevo com as expectativas criadas pela Abolição e pela República. No plano da vida humana, os processos de desestabilização das regiões periféricas, gerados pela revolução tecnológica, vieram consagrar a hegemonia europeia sobre todo o globo terrestre, que viu seus modos de vida, usos, costumes, formas de pensar, ver e agir sufocados pelos padrões burgueses europeus.[4] Nesse quadro novo, complexo e tumultuário, é difícil verificar o grau em que tal sociabilidade privada se realizou ou tornou-se, cada vez mais, da mesma maneira que a promessa republicana de cidadania, uma utopia coletiva ou um sonho individual.

Assim, do ponto de vista dos atores históricos, e do limiar dos seus destinos na história do país, era difícil pensar numa representação da vida privada brasileira que não fosse pela via da constatação da *falta de sentido* ou da imperiosa necessidade de recriar os significados — que sempre foram as características intrínsecas de uma representação cômica ou humorística do mundo e da vida. O propósito deste capítulo é sugerir uma leitura da vida privada brasileira por meio dos registros cômicos; não se trata aqui de conceituar o humor, valendo-nos dos inumeráveis autores que trataram de fazê-lo, e nem de apontar ou definir os usos sociais do cômico, mas de tentar apreendê-lo como forma de representação e de mediação da vida privada no fluxo temporal da história brasileira.

Na perspectiva da vida privada, o advento da República viria proclamar, inicialmente, uma atitude de repúdio difuso à vida rotineira e aos arcaísmos, que seriam a própria negação do progresso, como forma de os indivíduos desamarrarem-se dos modos provincianos e das sociabilidades causadas pela sociedade escravista. Assim, uma atmosfera ansiosa por cosmopolitismo, gerada no Rio de Janeiro, autêntica capital cultural do Brasil na Belle Époque, percorre o país, num desejo sôfrego da europeização e da modernização. Se a sua difusão foi, com efeito, pouco abrangente e limitada às incipientes manchas urbanas no Brasil de *fin de siècle*, seu efeito desconcertante foi, por isso mesmo, maior e mais profundo. Se durante a independência essa mesma ansiedade expressava-se, culturalmente, pela atração e busca de raízes nativistas e pelo "desejo de ser brasileiros" — na expressão de Antonio Candido —, nesse momento manifesta-se, paradoxalmente, quase um "desejo de ser estrangeiros".[5]

Tal atitude ansiosa de cosmopolitismo, já existente no período imperial, porque inspirada nos modelos de sociabilidades europeias, exerce seu domínio sobre a imaginação da sociedade brasileira e se desdobra, na República, superficialmente, naquela sofreguidão de "máquinas, invenções, ingresias, francesias, ianquices que acelerassem entre eles o ritmo do progresso: industrial, técnico, mecânico e também, por coerência, político e social". Inovações que tornassem os brasileiros mais donos tanto de si mesmos quanto dos vastos espaços do território brasileiro — mais donos até do que vinham sendo sob a proteção de "um imperador voltairiano e de guarda-chuva".[6]

A República e os efeitos combinados da revolução tecnológica acentuam na imaginação brasileira aquela atitude de desprezo ao passado e desejo de superar, mais rapidamente que mediante os métodos um tanto lentos da administração e da política imperial, "os problemas sociais e culturais de distância. Distância assim no tempo como no espaço. Desejo de um outro ritmo de tempo para o Brasil — não raro, concretizado naquela avidez por tapetes mágicos que aproximassem o Amazonas do Rio Grande do Sul, o Rio de Janeiro de Mato Grosso", superando distâncias incomensuráveis e profundas diversidades regionais.[7]

Ex fumo dare lucem, "tirar a luz da fumaça". Era assim que, em 1892, Machado de Assis começava uma das suas crônicas, a propósito dessa nova espécie de "aceleração da vida" e desses novos ritmos temporais, prometidos pela República recém-inaugurada. A crônica esforçava-se por aproximar dois acontecimentos de ritmos temporais diferentes: o déficit público gerado pela crise do Encilhamento no início da República e a greve das charutarias, organizada contra o "imposto dos charutos" — um obscuro decreto do governo republicano que instituía um "imposto sobre o fumo". O cronista, estribado no sábio conselho de um amigo de infância, retira-se de toda responsabilidade individual, argumentando: "Não fumo, não votei o imposto, não sou ministro. Sou desinteressado na questão. Um amigo meu, companheiro de infância, diz-me sempre que, quando a gente não tem interesse em um pleito, não se mete nele, seja particular ou público; e acrescenta que não há nada público. De onde resulta (palavras suas) que no dia em que vi os jornais darem notícia do déficit, nem por isso as caras andaram mais abatidas. Uma coisa é o Estado, outra é o particular. O Estado que se aguente". E, reafirmando ainda mais as distâncias entre o indivíduo e o Estado, concluía: "Quando um homem influi sobre outro, como este amigo em mim, é difícil, ou ainda impossível, recusar-lhe as opiniões. A própria notícia do déficit, que me afligira tanto, parece-me agora que nem a li. Realmente, se me não incumbe cobri-lo, para que meter o déficit entre as minhas preocupações, que não são poucas? Se houvesse saldo, viria o Estado dividi-lo comigo?".[8]

O registro machadiano expunha, assim, o maior obstáculo à visibilidade da vida privada do brasileiro na recém-inaugurada República, a sobreposição de dois ritmos temporais diversos: um, que vinha com todo o peso da tradição, expresso na ancestral frase da *Ars poetica* de Horácio — "tirar a luz da fumaça" —, e o outro, que parecia anunciar a modernidade e a aceleração dos tempos, trazida pela revolução tecnológica, já que a mesma frase, inscrita numa placa, transformara-se no lema da Companhia de Gás do Rio de Janeiro. "Velha epígrafe, mais e menos velha que a sé de Braga, pois que nos veio da poesia latina para a fábrica do gás [...]", completava Machado de Assis.[9] Entre o passado rotineiro e o futuro indefinido, a saída machadiana, como se vê pelo diálogo imaginário com seu sábio amigo, era pelo lúdico e pelo cômico, pelo deslocamento e pela recriação de sentidos. A crônica reunia, assim, numa mesma sintonia, a crise financeira do Encilhamento e a difusão de uma forma de energia característica da revolução tecnológica, conectando ainda, de forma singular, a vida privada e a vida pública. Como "tirar a luz da fumaça" dessa sobreposição de tempos, estimulada num mesmo vértice, pela República e pela modernização compulsória do país no *fin de siècle*? Como criar novas disposições energéticas desse embaralhamento de esferas, dessa realidade da vida privada do brasileiro, bem distante do individualismo e dos ideais modernizadores que associavam o viver cotidiano ao convívio com a "coisa pública"?

A vida privada do brasileiro apresentava-se distante sobretudo dos ideais liberais, que serviram de inspiração para implementar uma esfera pública, de forma ainda mais ambiciosa que no Império, a partir da Constituição de 1891. Lembre-se que a República também laicizou o casamento, regulando-o pelo registro civil, embora o que vigorasse mesmo, sob o eufemismo de Consolidação das Leis Civis, ainda eram as Ordenações Manuelinas — pelo menos até a promulgação do Código Civil republicano, em 1916. Machado de Assis e o seu sábio amigo de infância pareciam partilhar, portanto, de um mesmo pressentimento: o sonho de uma nação moderna, iluminada pela ciência e pensada nos termos europeus, envolvia também a adequação ou alteração dos códigos privados, que, longe dos mecanismos públicos ou... desprezando-os e desobedecendo a eles, misturavam-se ao jogo contrastante e dinâmico de tempos e espaços, articulados aos próprios movimentos da vida.

Também a inteligência brasileira esforçou-se, da mesma maneira que Machado de Assis e seu amigo, "por tirar a luz da fumaça", pois, para além da organização política do novo regime, dos processos de desestabilização e reajustamento social que lhe seguiram, recolocou uma questão crucial para o imaginário coletivo do país desde os tempos monárquicos: *desde quando somos uma nação?*.

Toda a geração de intelectuais, jornalistas e pensadores brasileiros que viu nascer a República esforçou-se para forjar um conhecimento sobre o Brasil em todas as suas peculiaridades, pois aquele momento, que se seguiu ao advento da República, parecia uma rara, e talvez única, oportunidade histórica de o país se pôr no nível do século, integrando-se de uma forma definida no mundo ocidental. O advento da República e os efeitos combinados da nova expansão europeia na Belle Époque representaram uma esperança para as gerações de pensadores do início do século XX. Mas, dotados de um equipamento intelectual herdado das linhagens ideológicas positivistas e evolucionistas — equipamento este já originado de uma situação de crise da racionalidade cognitiva —, acabariam oscilando entre a adoção de modelos deterministas e a reflexão sobre suas implicações; entre a exaltação de uma "modernidade nacional" e a verificação de que o país, como tal, era inviável.[10] Sem possuir propriamente uma nação, marcado por extremas diversidades regionais, convivendo com a chaga social do trabalho escravo como herança e com um Estado praticamente reduzido ao servilismo político, o país apresentava-se aos olhos desses intelectuais de um modo insólito e dramático: como construir uma nação se não tínhamos uma população definida ou um tipo definido? Diante daquele amálgama de passado e futuro, alimentado e realimentado pela República, quem era o *brasileiro*?

"É impossível falar a homens que dançam" — era com esse desafio que Silvio Romero começava, no ano de 1907, mais uma de suas intensas e nervosas reflexões sobre o Brasil. "Este Estado não é uma nacionalidade, este país não é uma sociedade; esta gente não é um povo. Nossos homens não são cidadãos", desabafava Alberto Torres, uma entre as inúmeras consciências excitadas com aquela dura sensação de inferioridade do Brasil.[11] A dúvida e a resignação, tanto de Silvio Romero quanto de Alberto Torres, expressavam, já com um leve toque humorístico, no fundo, um dilema coletivo de representação do país: o que significava ser brasileiro naquela realidade cada vez mais paradoxal, infinitamente variada e diversificada? O que era *ser brasileiro* naquela sociedade cosmopolita e provinciana, moderna e antiquada, liberal e oligárquica — enfim, como situar-se, se não como cidadão pelo menos como indivíduo, naquela realidade cada vez mais fugidia, rarefeita e permeada de instabilidades sociais, com determinações racionais ou com base em esquemas sérios ou repertórios cognitivos tradicionais? Com que linguagem descrever essa experiência da sobreposição de tempos, da anulação dos espaços e da esterilização dos destinos individuais?

Uma das maneiras de representação desses impasses e dessas temporalidades diversas da história brasileira, no período inaugurado pela Abolição e pela República, foram os registros cômicos; eles constituíram, talvez, não apenas mais uma das formas de representar a República, mas uma forma privilegiada para representar as condições de possibilidade das vivências e das sociabilidades cotidianas no país. Uma das formas de *representação cultural*, porquanto impalpável, da própria sociedade e dos seus modos de vida; *uma das formas* e não a única, já que outras formas de representação da sociedade e da vida privada, pela via do informal, do não explícito, foram possíveis.[12] O cômico correspondia à busca de uma singular e peculiar forma de representação, pois como representar e simbolizar a vida privada e individual no interior daquela indefinida *comunidade imaginada* chamada Brasil? Jogo de contrastes, deslocamento dos significados, ligação entre o formal e o informal, trânsito entre o prescrito e o vivido, inversão da dimensão espaçotemporal — haveria algo de mais apropriado do que essas formas de representação, típicas do cômico, para retratar a vida privada brasileira na República?

É óbvio que essa representação cômica da vida nacional não nasceu e nem se iniciou com a República, mas, com ela, certamente adquiriu novas dimensões. Há que se ressaltar, inicialmente, a partir da última década do século XIX, o significativo incremento da imprensa, mediante o aperfeiçoamento tecnológico das oficinas gráficas, que, praticamente, acompanha a intensificação do crescimento urbano do país. Surge, afinal, o jornal mais moderno, segundo Olavo Bilac, aquele "jornal leve e barato, verdadeiro espelho da alma popular, síntese e análise das suas opiniões, das suas aspirações, das suas conquistas, do seu progresso".[13] O incremento das páginas humorísticas acompanha, num primeiro momento, esse desenvolvimento da grande imprensa, abrindo espaço nos grandes jornais e, depois, sobretudo no início do século, já ocupando um espaço significativo nas revistas semanais. A tradição da representação humorística, que já vinha do jornalismo satírico da Regência e dos folhetins cômicos do Segundo Reinado, ganha maior força e se aprofunda com o desenvolvimento da imprensa e com a proliferação das revistas ilustradas e do *réclame* publicitário, no início da República.[14] Nas duas primeiras décadas do século, também a publicidade, o teatro de revista e as primeiras produções cinematográficas parecem estreitamente vinculados; a maioria dos humoristas condensa em si mesmos as figuras do caricaturista de imprensa, publicitário, revistógrafo e, não raro, de ator. Podemos dizer que aqui se retoma e se aprofunda uma longa tradição de humor brasileiro, que será ativada e realimentada no período republicano.

Numa produção vasta, impossível de ser quantificada de maneira precisa dada a variedade de formatos e circunstâncias de publicação, os registros mais salientes começam pelas dificuldades de se definir, minimamente, uma difusa identidade nacional, acentuando a visão do país incompreensível, indefinível, invertido e paradoxal.

Eis Mendes Fradique, pseudônimo de José Madeira de Freitas, que no seu livro *História do Brasil pelo método confuso*,[15] nos deu a mais desconcertante descrição geográfica do país: "Situação astronômica: está situado no mundo da lua, a 38 graus à sombra, pelo meridiano do Rio de Janeiro, apenas no verão. Limites: ao sul, o Borges de Medeiros; a leste, o cabo submarino; a oeste, o Acre; não tem norte. Superfície: foi sempre um país muito superficial, em tudo. População: maior do que a da Argentina e fortemente camuflada. Estreitos: o canal do mangue e o cérebro do sr. Marcolino Barreto. Montanhas: o Monte Pio, na burocracia; o Monte Líbano, habitação do bode preto. O ponto culminante do Brasil é o sr. Rui Barbosa".

A descrição é extensa e caracteriza-se pela indeterminação geral, pelo confusionismo deliberado, que era afinal o "método" de Madeira de Freitas: uma certa comicidade natural nascia da absurda fusão de eventos longamente pretéritos com a atualidade. Inspirada na enxurrada de manuais de "história pátria" que circulavam nas primeiras décadas do século, sua descrição geográfica do Brasil pode ser lida como uma espécie de paródia desdobrada do desconcerto e da dificuldade em se representar o país.

Beirando a chocarrice mas emblemático dessa dificuldade em se representar a nação no domínio público ou com base em um código impessoal, foi o famoso gaguejo de José do Patrocínio, em 1891, assim narrado por Humberto de Campos:

> Começava Patrocínio a ser hostilizado pelos propagandistas da República, que o acusavam de haver abandonado as suas fileiras, lisonjeado pelo beijo que a Princesa dera ao seu filho pequeno, quando, num *meeting*, o grande abolicionista tentou falar:
>
> — O Brasil... — ia começando, quando se deteve. Atribuindo aquela pausa a um estado de decadência, a multidão começou a rir. Patrocínio olhou-a, do alto, e continuou:
>
> — O Brasil... Que somos nós?
>
> Silêncio absoluto.
>
> — Sim; que somos nós — tornou.
>
> E formidável:
>
> — Somos um povo que ri, quando devia chorar![16]

Mais do que esse significativo gaguejo, expressão de quem não tinha palavras perante o instável e a extrema fluidez social, a própria trajetória de vida individual de José do Patrocínio foi emblemática desse estranhamento e desse desconcerto coletivo diante da Abolição e da República e daquela sobreposição de tempos e de destinos humanos. Filho da liberta Justina do Espírito Santo, herói do movimento abolicionista, talvez o orador mais popular até o episódico Treze de Maio, José do Patrocínio tornou-se, após a República, uma espécie, não muito rara, de um "herói em disponibilidade". Perseguido por Floriano em 1891, com seu jornal indo à falência no quatriênio seguinte, acaba indo morar num casebre nos subúrbios do Rio de Janeiro, sobrevivendo da colaboração em jornais e da ajuda de alguns amigos. No final da vida, Patrocínio, essa espécie de "brasileiro à procura de si mesmo", encontra um derivativo para sua vocação heroica no projeto de construir um balão dirigível que seria, segundo ele, "a maior conquista do século". Patrocínio partilhava, como muitos brasileiros, daquela sofreguidão coletiva de "tapetes mágicos" que reduzissem as distâncias do país. Santos Dumont, este sim, o maior mito dos brasileiros no início da República, chegou até mesmo a visitar o hangar de Patrocínio, incentivando-o na construção do aerostato. Mas, até 1904, o projeto não se concretiza e o balão de Patrocínio não sobe... Circulam comentários e piadas em toda a cidade: o balão, chamado pelo próprio Patrocínio de Santa Cruz, é identificado, nas anedotas de café, com a República ou com o próprio Brasil; e, quando se escutavam quaisquer ruídos mais altos, explosões ou barulhos excessivos, eram sempre recebidos com o dito espirituoso, que, afinal, ganha até uma certa popularidade: "Deve ser o balão do Zé do Pato!".

É assim também com aquele brasileiro, da elite urbana do Rio de Janeiro, que resolve proclamar a Abolição dentro de sua própria casa, alforriando o seu escravo doméstico de dezoito anos, chamado Pancrácio. A carta de liberdade é entregue solenemente, num banquete, sob lágrimas convulsivas e vibrantes aplausos dos convidados — todos amigos íntimos do benfeitor; mas, no dia seguinte, o escravo Pancrácio, assustado com aquela encenação doméstica (muito parecida com a encenação pública), decide ficar, aceitando um ordenado simbólico (e miserável) de 6 mil-réis. Mas, por não escovar direito as botas do dono da casa, leva uns petelecos do patrão, que, afinal, acaba por explicar-lhe (na sua filosofia para uso exclusivo no âmbito doméstico) que o "peteleco, sendo um impulso natural, não podia anular o direito civil adquirido pelo título de liberdade". Essa outra crônica de Machado de Assis[17] retrata um personagem curioso que insiste em trazer uma questão pública para o âmbito da casa, talvez um local privilegiado para exercer tutela, revelando uma cômica incapacidade de dimensionar uma questão pertencente ao domínio público. Parece mesmo que o nosso filósofo benfeitor só conseguia exprimir-se sobre a dimensão pública não por meio dos códigos impessoais e hierárquicos mas apenas por meio do universo doméstico.

A mesma incapacidade, desta vez desdobrada em equívocos da fala e da expressão, ocorre com José, um anônimo brasileiro, de sotaque lusitano, num dia todo especial para a República — um dia estabelecido para o específico exercício da cidadania, o dia da eleição, assim narrado por Guimarães Passos:

José, natural das Ilhas,
Que fala cerrado e grosso,
Disse anteontem para as filhas:
Votem-me o diavo du almoço!

Beijam se andam mais dipressa!
Bamos! preciso cumer,
Porque a eleição já cumeça;
Quero cumprir meu deber!

A amásia dele, mulata,
Acode: Que é, seu Zezinho?
Jesus! este home me mata...
Por que é que sai tão cedinho?

E o Zé, palpando a barriga:
Tenho pressa d'almuçar!

Saiva você, rapariga,
Que o seu home bai botar!

E ela: Você botar? iche!...
Seu Zezinho, tome nota!
Não caia n'algum espiche:
Há tanto tempo não bota![18]

Aqui talvez se entenda por que Guimarães Passos insistia em chamar os seus versos de "pimentões", pois nessa versão apimentada da cidadania eleitoral, até mesmo o vocabulário cívico induzia a equívocos da intimidade. E que equívocos!

É também pela via do cômico que os eventos públicos são vistos na conhecida história do velho Lima. O velho Lima, funcionário público de uma repartição do Ministério do Interior, morador da capital do país, o Rio de Janeiro, caiu de cama, seriamente enfermo, no dia 14 de novembro de 1889, e ali ficou por oito dias. Como a grande maioria dos brasileiros, não tinha o hábito de ler jornais e, ignorando completamente que o Império se transformara em República, Lima tomou o trem e dirigiu-se para o trabalho. Assustou-se, em primeiro lugar, com todas as pessoas que o saudavam com um "Bom dia, cidadão", blasfemavam contra o Império e arrancavam os símbolos imperiais de edifícios e gradis. Mas ficou mais impressionado ainda com o funcionário que, ao retirar o retrato oficial de d. Pedro II da sala da repartição, respondeu ao Lima: "Ora, cidadão, que fazia ali a figura do Pedro Banana?". E, assim, o velho Lima, depois do que vira e ouvira, chegava à seguinte conclusão: "Não dou três anos para que isto seja República!".

Mas três anos, convenhamos, era muito pouco... E o velho Lima acabou um personagem eternizado por Artur Azevedo em 1895[19] para expressar, através de uma situação cômica, a angústia e o estranhamento que os eventos públicos passam a ter na vida cotidiana de cada brasileiro. A República deveria se constituir num solo naturalmente propício para engendrar essa sintonia entre os espaços públicos e os espaços privados, entre os quais os indivíduos se movimentavam e construíam suas existências. A ironia do conto humorístico de Artur Azevedo revela-nos, pelo deslocamento, todo o dilema histórico da República brasileira, construída sobre arranjos instáveis e informais entre as bases sociais e as estruturas políticas. A situação já era, por si mesma, paradoxal, e mais acessível a olhares cômicos do que sérios: como imaginar a nação brasileira, e os brasileiros como cidadãos, com uma Constituição formalmente liberal, olhando para a realidade daquela república oligárquica, coronelista, nepotista e, acima de tudo, excludente?

Os espaços sociais onde se movimentavam tanto o velho Lima quanto o escravo Pancrácio, seu ilustre senhor ou, o herói sem causa, José do Patrocínio, com seu balão vazio, e mesmo aquele impotente cidadão anônimo, eram, afinal, os espaços da desordem e confusão reinante entre as esferas pública e particular. A possibilidade da vida privada para os brasileiros era representada, comicamente, como um recorte permanentemente variável da atividade humana entre a esfera pública e a esfera privada. Sabemos o quanto esse embaralhamento das esferas e essa desordem, necessários ao sistema de poder escravista e à hierarquização social dele decorrente, persistiram tanto nos processos de construção do Estado republicano quanto na intensificação dos conflitos sociais no decorrer de todo o período republicano. Perante a vida individual e íntima de cada brasileiro, os eventos públicos apareciam como mecânicos e rituais, estranhos e paradoxais, invertidos ou equívocos, mas sempre distantes e parecidos com sonhos murchos, como o balão de José do Patrocínio.

Curiosamente, talvez a definição mais famosa do riso e do cômico, a teoria de Henri Bergson, característica do *fin de siècle*, insistiu em afirmar que a comicidade nascia, em quaisquer situações, da *antítese entre os elementos mecânicos e os elementos vivos*. Bergson pensou o riso no mesmo momento da intensificação da revolução tecnológica. Publicou seu livro na mesma época em que o cinema de Lumière e Méliès alargava, sob a forma pública e coletiva, através da tela, a experiência coletiva do tempo como simultaneidade — por isso, talvez, Bergson tenha colocado, como uma das condições para fabricação do cômico, a ruptura com o tempo cronológico e o mergulho no tempo psicológico, na *duração* — esse conceito que, posteriormente, se tornará central na sua obra filosófica. A brincadeira do boneco de mola que sai da caixa de surpresas serviu de metáfora para a famosa tese de Bergson: comprimimos o boneco e ele salta de novo, quanto mais o apertamos mais alto ele pula. Bergson provavelmente já pensava, nesse caso, naquelas primeiras cenas, comuns aos primeiros filmes, da pessoa que se empenha em suas pequenas ocupações cotidianas com uma regularidade mecânica e cujos objetos privados foram embaralhados e trocados de lugar: mete a pena no tinteiro e sai cola; acredita sentar-se na cadeira sólida e cai, estatelado no chão — enfim, age sem propósito, em consequência de um ritmo ou hábito adquiridos.

O cômico nascia, assim, para Bergson, desse processo psicológico de inversão e sobreposição de dimensões espaçotemporais, dessa rigidez quase mecânica dos nossos sentidos e da nossa inteligência, pela qual "continuamos a ver o que não mais está à vista, ouvir o que já não soa, dizer o que não convém, enfim, adaptar-nos a certa situação passada e imaginária quando nos deveríamos ajustar à realidade atual". Sem conhecer nem nunca ter estado no Brasil republicano, Bergson dizia, no seu famoso ensaio de 1900, que era engraçada e fazia rir qualquer situação, representação ou evocação, qualquer fato no qual o "aspecto mecânico fosse calcado sobre o vivo". É cômico, dizia finalmente Bergson, todo arranjo de atos e acontecimentos que nos dê, inseridas uma na outra, *a ilusão da vida real e a sensação nítida de uma montagem mecânica*.[20]

A ilusória vida individual de todos os brasileiros também parecia partilhar de um espaço holístico mecânico e formal. O que se via era o encolhimento da vida individual, o estrangulamento dos seus fluxos por uma mecânica que lhe era, primeiro estranha, depois distante e formal, e finalmente — ao tentar juntar as duas — cômica e risível. Mas, para além dessa abstrata conceituação, que passava ao largo das dimensões emocionais da comicidade, o livro de Bergson apontou aquele que seria o traço definidor, e talvez o gênero mais característico da comicidade brasileira na República: a *paródia*. Só a paródia, sugeria Bergson de forma explícita, era capaz de transpor o solene no familiar, o mecânico no vivo, o público no privado.

E a paródia se constituiu afinal num dos gêneros mais amplamente utilizados no patrimônio cômico brasileiro. Já no Império, ela servia para compor uma certa "dialética da ordem e da desordem", exprimindo a vasta acomodação geral que dissolvia os extremos ou, pelo menos, ajudava a diluir o significado da lei e da ordem, numa sociedade extremamente hierarquizada.[21] Para além dos seus reconhecidos sentidos originais de "alusão cômica", "canto paralelo", "imitação irônica" — ou seja, de prática textual referente a uma outra prática textual —, a paródia foi, talvez, a forma privilegiada para representar a *possibilidade* da vida privada brasileira. Mas essa paródia não tinha como horizonte apenas uma outra prática textual, pois, em muitos casos, foi um mecanismo ou uma técnica de representação da própria realidade brasileira. Pelo deslocamento, pela inversão ou pela transposição a paródia predominou, na representação cômica tanto dos espaços públicos por meio do imaginário privado quanto dos espaços privados por meio do imaginário público. A acentuação dos contrastes entre, de um lado, a dimensão impessoal, corporificada nas leis tidas como positivas e universais ou na representação nominal da racionalidade e da igualdade, e, de outro lado, a dimensão pessoal, difusamente marcada pelo personalismo das relações políticas ou pelo tratamento familiar da coisa pública. Essa antítese foi, provavelmente, mais do que no período imperial, acentuada na República, dada a rigidez e o formalismo da organização burocrática e do próprio Estado republicano. Jogo dialógico entre a realidade movediça da vida brasileira e sua representação burlesca, trânsito constante entre o solene e o familiar, a paródia não seria, no fundo, mais uma revelação daquela nossa "incapacidade criativa em copiar"?[22]

Em 1908, a revista *Fon-Fon!* veiculou, nas suas páginas ilustradas, um debate sobre qual seria a melhor "representação caricatural do Brasil".[23] Vários caricaturistas e desenhistas participaram, enviando cartas, caricaturas e ensaios visuais. O ponto de partida é uma carta de Deodato Maia que recusa a figura do índio, criada por Angelo Agostini no Império, justificando que ela não era mais a imagem representativa da "civilização": "[...] não devemos mais atirar em meio a outras nações vestidas o nosso botocudo envergonhado e nu do passado, tendo na mão o arco ou tacape, enquanto os circunstantes se apresentam com aperfeiçoados Smith and Wesson ou canhão tiro rápido [...]".[24] K. Lixto também argumenta no mesmo sentido, embora com uma sugestão um tanto engraçada: um *concurso público* no qual se escolhesse definifivamente uma única representação caricatural do país. J. Carlos intervém igualmente no debate, apoiando a substituição da figura indígena e descrevendo, com minúcias, um calunga que seria, a seu ver, mais representativo de todas as regiões do país, com o Cruzeiro do Sul desenhado na camisa e calções listrados de verde e amarelo.[25] Raul Pederneiras não vê nenhuma incongruência na figura simbólica do índio, criada por Agostini, distinguindo o *símbolo da nação* (*Britânia* para Grã-Bretanha ou *Mariana* para a República Francesa) da *representação caricatural do povo* (que ele exemplifica com John Bull, Tio Sam ou, no caso de Portugal, com Zé Povinho, criado por Bordalo Pinheiro, ou mesmo, no caso brasileiro, com o Braz Bocó, de Julião Machado).[26]

O debate, *verbal e visual*, que recobriu as páginas da *Fon-Fon!* foi muito revelador. A proposta de um concurso público, com regulamento explícito, que solicitava a todos, "nacionais e estrangeiros, a adoção do tipo vencedor", era, por si mesma, cômica. Bastava ler uma série de pequenos diálogos, retirados da vida cotidiana da capital da República e transcritos pela corrosiva pena de Carlos de Laet, alguns meses depois. Um desses diálogos instrui-nos sobre o que a população pensava a respeito dos "concursos públicos":

— Quando te casas, Ernesto?

— Logo que me tenha empregado. Agora vou entrar em concurso.

— E tens trabalhado muito?

— Para te falar a verdade, nem por isso. A matéria é tão vasta, que não vale a pena matar-se a gente por sabê-la toda. Conheces o aforismo: *Ars longa, vita brevis*...

— Oh! sim, muito breve a vida do homem, sobretudo se por metade ele a emprega de dia a passear e beber chopes, de noite nos cinematógrafos, teatrinhos e ceatas.

— Tremendo moralista! O que é certo é que, de todos os inscritos, sou eu quem apresenta mais probabilidades favoráveis...

— Por quê?

— Saiu-me senador um cunhado. Tenho notado que, depois disto, já não sou o mesmo. Pegam-me na chaleira...[27] Enfim, meu caro, os lentes são homens como os demais. Têm lá suas pretensõezinhas, e, quando nada queiram para si, pensam nos filhos, nos genros, nos netos.

— Estás com bons princípios...

— Isto é a teoria do pistolão. Hoje todo o mundo anda prevenido; e só eu, sem arma de fogo, havia de atravessar esta áspera selva da sociedade moderna?

— Acabarás convencendo-me que o pistolão dispensa o concurso...

— Não digo tanto; é preciso guardar as aparências; mas não vale negar que dele depende o êxito até mesmo das pugnas científicas.

— Entro a perceber que tens razão... Mil felicidades, caro amigo![28]

Carlos de Laet foi de extrema sutileza ao dar a essa série um título único: "O pistolão". Não era incidental que Agripino Grieco o chamasse de o "incansável espremedor dos furúnculos republicanos", um autêntico mosqueteiro da sátira. Sátira ou humor? Essa é uma discussão na qual se empenharam, quase na mesma época, críticos como Alcides Maya, Sud Menucci, Afrânio Peixoto e outros, todos centrados na obra-chave para se entender o humorismo nacional: a obra de Machado de Assis.[29] Entre a sátira e o humorismo para o caso brasileiro, a resposta já havia sido dada pelo próprio Machado, no seu famoso "O medalhão", quando, num dos conselhos do sábio pai ao jovem filho, ele até incentiva o riso e a brincadeira, com uma única e severa restrição: "Somente não deves empregar a ironia, esse movimento ao canto da boca, cheio de mistérios, inventado por algum grego da decadência, contraído por Luciano, transmitido a Swift e Voltaire, feição própria dos céticos e desabusados. Não. Usa antes a chalaça, a nossa boa chalaça amiga, gorducha, redonda, franca, sem biocos, nem véus, que se mete pela cara dos outros, estala como uma palmada, faz pular o sangue nas veias e arrebentar de riso os suspensórios. Usa a chalaça".[30]

Laet foi, portanto, como muitos outros, um autêntico chalaceador dos nossos hábitos públicos e privados.

Como se vê, a proposta de "concurso público" da *Fon-Fon!* era decididamente cômica — provavelmente mais uma "chalaça" daquele grupo de humoristas — se não fosse também expressiva em extremo do desejo de afirmar, de maneira dramática, em meio àquela vasta multidão de atores sociais, de diversidades regionais, de desejos inexequíveis em face do incerto futuro, uma única e universal identidade. Símbolo ou caricatura, sisuda ou cômica, de qualquer forma, a representação do país passava forçosamente pelos caminhos da inversão e recriação de sentidos, pelo jogo dialógico e tenso entre o real parodiado e a representação paródica.

O concurso da *Fon-Fon!*, ao que se saiba, não se realizou, mas a ânsia por uma representação mais unitária e generalizante do *brasileiro* perdurou durante toda a República. Não há brasileiro que não conheça, sob as mais variadas formas, a imagem do Jeca Tatu. Nascida da pena de Monteiro Lobato, a figura percorreu, contudo, uma espécie de via-crúcis paródica na trajetória da própria obra do escritor. Do parasita e *urupê de pau podre*, descrito sob a ótica da intolerância patronal em 1924, ao simpático Jeca Tatuzinho das páginas do *Almanaque Fontoura* de 1914 que curava as verminoses do país — chegando até o Zé Brasil, alienado mas ouvindo as didáticas explicações dos comunistas em 1947 —, Lobato, decididamente, parece ter feito paródia do seu próprio personagem.[31] O calunga que ficará mais conhecido do público, pela divulgação ampla nos almanaques, será o do Jeca Tatuzinho, mas os traços gerais da figura subsistirão, para além de Lobato e de sua via-crúcis paródica, em milhares de outras representações, nas circunstâncias as mais variadas, numa repetição e numa redundância notáveis.

Poucos perceberam, contudo, outra figura, que surgiu cinco anos depois do *primeiro* Jeca Tatu de Lobato, o Mané Xiquexique, que nasceu no Ceará, e foi logo descrito como um *cardo* da pátria brasileira, aquele que "nasce e prospera em qualquer terreno, bom, medíocre ou ruim [...] ali, onde parece impossível a vida, ali ele se firma, ali ele encontra seus elementos de vida". Mané Xiquexique apareceu como uma resposta de Ildefonso Albano ao "Jeca Tatu genérico" criado por Lobato, surgindo como uma representação positiva e elogiosa do brasileiro que vivia no sertão do Nordeste. Com fortes traços cômicos, a vida privada de Xiquexique, em face de todas as intempéries da sua miséria secular, da casa ao trabalho, resolvia-se, sob luz simpática, com o bom humor, a presença de espírito, a solércia ou a chocarrice do matuto.[32] Mas, no todo, a figura criada por Ildefonso Albano parecia reforçar os traços da paródia cômica brasileira, na qual a *redundância* parecia inevitável: *cardo*, por maiores que fossem os esforços positivos e afirmativos do criador de Mané Xiquexique, sempre teve o significado de "planta ruim, de caule ereto e folhas com espinhos", enfim, uma "praga de lavoura"...

Por que essa notável redundância paródica, tanto nos Jecas quanto nos Manés Xiquexiques? Não seria por meio deles que todos poderiam, talvez, pela via do cômico, sentir-se mais urbanos, mais modernos, mais *brasileiros*, enfim? Eles não falavam de uma população profundamente desenraizada de seu meio de origem, antes de uma quase compulsória socialização urbana?

Mas outros Jecas e Xiquexiques viriam ainda cumprir sua senda na via-crúcis da República, mostrando nossa capacidade de nos afirmar, fazendo piada sobre nossa própria existência individual e nossas rotinas cotidianas.

A própria vida pública será associada, sob forma paródica, com a vida privada ou com elementos da vida familiar, íntima ou individual; em muitos casos, o público só se tornará legível mediante a transposição paródica — o que era, no fundo, uma outra maneira de torná-lo próximo e familiar. Como jogo que mistura e embaralha os registros, numa indistinção notável, que se desdobrava do próprio processo aleatório da República brasileira, a representação pelo humor paródico ajudava a corroer por dentro quaisquer possibilidades de consistência, tanto do público quanto do privado.

O maior lugar-comum foi, de início, a associação paródica da República com a figura da mulher. Na tradição clássica, romana em especial, a representação alegórica da República pela figura da mulher já era bastante comum. Será, depois, amplamente disseminada na produção europeia das conhecidas imagens de jovem mulher, vestida com túnica e o gorro frígio — forma de traduzir, pela via alegórica, os ideais de liberdade desdobrados nas imagens subsequentes de felicidade telúrica, fertilidade materna e coragem —, em particular na sua vertente francesa. No Brasil, essas imagens sérias e solenes também serão veiculadas, tanto pelos positivistas que, não raro, substituíram a figura de Maria por Clotilde de Vaux, a musa de Augusto Comte, quanto pelas diversas representações pictóricas, todas de cunho alegórico.

Mas, como aponta José Murilo de Carvalho,[33] todas as tentativas brasileiras de representação positiva da República como figura de mulher irão fracassar. Será a versão paródica, sob forma de caricatura visual ou verbal, da mulher elegante ou mundana, solene ou doméstica, corrompida ou sedutora, que irá predominar. Em casos mais raros, a paródia da mulher chegou a sugerir sutis inversões sexuais, como a de Angelo Agostini (1895), que acaba propondo, com seu traço peculiar, a identificação da República com uma figura de mulher masculinizada — referência direta à presença militar nos primeiros anos do Estado republicano. Lembre-se que a figura do índio, criada também por Agostini, foi veiculada e reproduzida no debate de 1908, entre caricaturistas, sobre a melhor maneira de se representar o Brasil. Nem é preciso dizer que, nesse caso, predominou amplamente, na grande maioria das publicações humorísticas, a figura da República-mulher. Essa representação foi tão disseminada que, na verdade, nem precisou de concurso público.

Para além dos desencantos com o regime que se instalou, a simbiose paródica da República com a figura feminina também não deixou de representar as possibilidades abertas às mulheres pela incipiente urbanização, no sentido de romper parte da clausura doméstica fomentada pela atmosfera senhorial do Império. Eis como a revista *Kosmos* responde a uma questão característica de 1907:

> [...] Sabes a quem a mulher de hoje deve o realce encantador de sua beleza e elegância? — À rua, aos melhoramentos da rua. Antigamente, nos apertos do nosso velho beco do Ouvidor, no círculo desairoso do largo da Carioca, nem eu nem tu, podíamos ver bem a mulher, nem ela se nos podia mostrar com a exigida perspectiva. Além disso, o mau calçamento, sempre em péssimo estado, tirava-lhe a cadência do olhar, fazendo-a gingar, como os nossos capadócios [...] Agora não. Com as ruas amplas, com a moldura alegre das casas novas, o movimento e o gesto podem obedecer a todas as exigências e aos rigores de todos os estudos.[34]

Mas tal gênero de paródia brejeira apenas parecia caricaturar a figura da mulher, que continuava a ser predominantemente representada como a "rainha do lar" e da família, num universo social em que continuava a prevalecer a separação entre as esferas masculina e feminina. O que também não impediu a constante associação paródica negativa da mulher sedutora com a República — e, com todos os seus desmandos públicos, como se percebe na curiosa listagem de *Geringonça carioca*, de 1922, na qual Raul Pederneiras reuniu os mais variados vocábulos para expressar, em velada associação com a República, a figura da mulher pública, tais como *fulustreca*, *fúfia*, *mulher da rótula*, *rascoa*, *faniqueira*, *marafona* ou *borboleta*. Apelidos que circulavam em trânsito, ora designando a *mulher fácil*, ora designando a República.

Noutro registro, mais tardio mas não menos revelador, um cronista faz paródia das atitudes do cidadão perante o Código Civil, que, afinal, seria promulgado apenas em 1916: "O Código Civil dá-me uma impressão apavorante. Parece-me ainda mais solene, mais profundo que o Código Penal, as Ordenações, o *Corpus Juris*. Sei lá por quê! O que é certo é que serei incapaz de conservar o chapéu na cabeça diante de um Código Civil. Descubro-me logo, respeitosamente". E, juntando o público ao familiar, num arremedo deformante e irônico, completava: "Entretanto, eu bem sei que uma Nação sem Código Civil é assim como um chefe de família sem sobrecasaca preta. Ninguém pode compreender uma Nação sem Código Civil, nem um chefe de família sem sobrecasaca preta. Ambos inspiram respeito e ambos são solenes. O Código talvez seja um pouco mais que o chefe, porque impõe e não discute. É ali, no duro. É por isso que eu respeito os Códigos; tenho-lhes um medo terrível".[35]

Entre o mecânico e o vivo, entre o Código Civil republicano e o chefe de família envergando uma casaca preta, desenvolvia-se um estranho jogo dialógico em que a pessoa se afirmava, pelo cômico, por meio da roupagem do indivíduo — este último definido, é claro, pelo uso da sobrecasaca preta. Aqui, humor e vida mundana também estavam estreitamente relacionados. Os próprios cômicos, nos jornais ou nas revistas ilustradas, serão também os grandes autores dos *réclames* e, não raro, os primeiros *agenciadores* da publicidade brasileira na entrada do século. As mensagens publicitárias reforçavam a individualidade e a vida íntima, porém dificilmente resistiam a uma abordagem paródica que também se misturava com o público e com o impessoal. Veja-se, por exemplo, a famosa campanha do sabão Reuter, de 1912, na qual a figura de mulher, simbolizando a República, segura uma caixa do perfumado sabão. A figura feminina simboliza difusamente a coisa pública, mas o diálogo que a acompanha revela apenas e tão somente *intimidades*:

> — Adolfo, você que tem sempre novidades e que encontra com tanta facilidade a "nota chique", que acha que devo dizer esta noite no jogo de prendas que vai haver em casa de D. Andreza, se por acaso me cabe a sentença de recitar?
>
> — Tem os seus conformes...
>
> — Como assim...
>
> — Essa D. Andreza é uma senhora... elegante?
>
> — Ave Maria!...
>
> — Cheia de Graça.
>
> — Deixe de pilhéria.
>
> — Que sabão usa?
>
> — Não sei, não lhe perguntei...
>
> — Isto não se pergunta, adivinha-se.
>
> — Oh!
>
> — Eu, por exemplo, percebo que você usa o famoso sabão Reuter.
>
> — E por quê?
>
> — Porque se conhece pela sua cútis de "biscuit", pelo coral dos seus lábios, pela alvura de suas mãos, pelo brilho e ondulação de seus cabelos... Pelo delicioso perfume que se desprende de sua encantadora pessoa...
>
> — Então, Adolfo! Que é isto!... Não vê que mamãe pode ouvir!
>
> — É que...
>
> — Vamos deixe de ser atrevido... e diga o verso.
>
> — Aí vai:

E o insinuante mancebo, não resistindo aos encantos do cômico, declamava com solenidade:

As que se lavam com Reuter
Não devem na igreja entrar
Se os santos sentem-lhe o cheiro...
São capazes de pecar!

Meu Santo Antônio de Pádua,
Livrai-me deste pecado!
Que tentação! Vou lavar-me
Com o Reuter tão afamado![36]

Mais do que o sabão Reuter, as tentações da República exprimiam-se nos ensaios em direção às cidades modernas: ela estimulou e fomentou a modernização das cidades, embora não tenha permitido que se formassem cidadãos. Nas cidades brasileiras, mundanismo e publicidade forneceram registros fortes e disseminados dessa paródia do moderno e do provinciano, do privado e do público que caracterizou sobretudo a imprensa urbana na República. Abandonando as varandas e os salões coloniais, essa nova sociabilidade, feita de hábitos mundanos, encontra terreno para expandir-se nas novas avenidas, praças, palácios e jardins.

Mas os próprios registros cômicos são ambíguos, pois *ter uma vida privada* era privilégio da elite brasileira que, a exemplo do Rio de Janeiro, se formava na maioria das cidades. Fora dessas novas possibilidades abertas pelos melhoramentos urbanos e pelo aburguesamento das vilas e cidades, expressa na fantasia cosmopolita de *Kosmos*, existia um outro universo social: as mulheres, homens e crianças pobres que, ao contrário da gente elegante e cosmopolita, exposta naquela espécie de vitrine criada pelos melhoramentos urbanos, perdem a visibilidade nas ruas, expulsas para os bairros de retaguarda, zonas obscuras, os futuros subúrbios das cidades, sobrevivendo de expedientes diversos, artesanato caseiro ou do pequeno comércio de subsistência.

A mistura ou quase indefinição de espaços entre o trabalho e a vida privada, que caracterizava o cenário rural, com forte predominância do trabalho escravo, parece ter se mantido, com imperceptíveis mudanças, nas margens urbanas das grandes cidades brasileiras. Poderíamos dizer que a vida privada dessa gente praticamente não se alterou, embora talvez fosse mais correto pensar que ela nunca tenha existido, pois, no início do século, a vida desses *figurantes mudos* da história brasileira parece ter se tornado mais invisível. Aliás, torná-los invisíveis fazia parte da fantasia cosmopolita burguesa: daí o culto de hábitos urbanos e de novos modos de vida que os diferenciassem do restante da população. Mantendo a tradição dos títulos honoríficos do Império, surgem aí, segundo a paródia definitiva de Lima Barreto, as duas nobrezas de *Bruzundangas*: a nobreza *doutoral* e a nobreza *de palpite*; a primeira era formada pelos novos doutores e bacharéis da República, a segunda, por comerciantes e gentes ricas que diziam pertencer a uma (fictícia) aristocracia. Embora Lima Barreto qualifique tais "costumes dos Bruzundangas" como uma "curiosa mistura de ingenuidade infantil e idiotice senil", acaba por concluir, afinal, que a única, digna e definitiva resposta aos mesmos costumes era, nada mais nada menos, que o "riso bonachão de Rabelais".[37]

Fantasias e projetos cosmopolitas de todo inúteis, num quadro em que persistem a instabilidade social crônica e uma sociabilidade desenraizada que aceleram os contrastes e os paradoxos. Alguns dos registros humorísticos — entre os quais o melhor exemplo era dado pelo próprio Lima Barreto —, bem mais sensíveis aos deslocamentos, aos contrastes e à falta de sentido, também apontavam a desmistificação do cosmopolitismo de fachada e o seu desdobramento cômico. Tratava-se aí também de humor, mas um humor equívoco, baseado no trocadilho e na afetação, que confundia modernidade com grã-finagem, racionalizava a *boutade*, puxando a irreverência da época para o espírito falsamente moderno das elites letradas — como transparecia nas anedotas anódinas de Elysio de Carvalho e nos epigramas e trocadilhos de Emílio de Menezes.[38]

Diante daquela instabilidade que praticamente se desdobrava da exclusão social, dos contrastes regionais e da mobilidade populacional, o humor paródico apegou-se ao movimento da dança e do jogo, ao movimento dos corpos e ao apelo aos sentidos — que se constituiu numa alternativa anárquica ao registro mais rebarbativo e anódino do *grã-finismo* e do cosmopolitismo de fachada. Por tudo isso, a única imagem paródica possível para essa representação alternativa da República talvez tenha sido aquela cheia de movimento, de jogo, de volubilidade e, até, de sensualidade, expressa, por exemplo, na dança mais popular do Rio de Janeiro no início do século: o *maxixe*.

Maxixe, fruto comestível de uma planta rasteira, foi palavra associada, na época, a tudo o que fosse também "rasteiro" e de baixa categoria. Na peça, *Aí, Caradura* — que já era um primeiro exercício de teatro de revista de Francisco Correia Vasques — um dos personagens revela-se como aquele capadócio que, sutilmente, quer se vingar da sociedade que o exclui, tirando proveito de tudo, inclusive das situações mais difíceis, sobretudo porque, na sua habilidade, era atrevido com as moças e hábil no maxixe:

No maxixe requebrado
Nada perde o maganão!
Ou aperta a pobre moça,
Ou lhe arruma beliscão![39]

Lembre-se que a elite carioca já parecia assumir, em relação ao maxixe, uma atitude que era, segundo um Bastos Tigre, se não paródica, pelo menos expressiva do *tartufismo* brasileiro: "banida dos lares, por indecorosa",[40] perseguida nas ruas pela polícia, a dança (o maxixe) era condenada pela elite e, no entanto, acabava por ser cantada e dançada no interior das casas brasileiras por sinhazinhas e sinhás, como "um fruto proibido saboreado à socapa, num despertar gostoso dos intintos da raça".

É nesse registro alternativo, anárquico e desafiador, afinal, que a mulher tornada pública, paródia da *res publica*, reaparece, numa representação mais popular, cheia de mobilidade e sensualidade, no texto de um teatro de revista de 1906, escrito por Bastos Tigre e João Foca:

O cavalheiro segura
A cavalheira com jeito
Pouco abaixo da cintura
E vai chamando ela ao peito
Ela, a cara, toda terna

Gruda na cara do meco[41]
E, depois, perna com perna,
Caem os dois no perereco[42] [...]
Mas eu gosto é quando a gente
Incói o corpo e... mergúia[43]

Sem originalidade melódica, nascida, aliás, como pura coreografia paródica de formas musicais europeias, o maxixe predominou como música de salão e de círculos mundanos festivos mais variados. Porque o registro de cunho mais popular, mais espontâneo e direto, associando a mulher à sensualidade e ao lúdico da dança, é muito mais raro. Como mais rara também foi a identificação da República-mulher, noutra transposição paródica, com a civilização, como na caricatura de K. Lixto.

A própria idealização da mulher, presente nos voos poéticos simbolistas, em simbiose com a República ou então com a própria terra, fundindo nas metáforas poéticas o amor filial e o amor da pátria, cedeu lugar, na paródia cômica, ao prosaico e ao cotidiano. Eis, por exemplo, os famosos versos metafísicos de Eduardo Guimarães, às vezes declamado nas reuniões domésticas, cujo soneto "A voz interior" começava assim:

De onde vieste, afinal? De que imortal paisagem
Fugiu um dia, a forma em flor da tua imagem [...]
De onde vens? De algum sonho místico
Do fulgor magnífico e tristonho
De um Éden sideral de que ainda tens a ideia?
Ou do mistério azul das noites de Idumeia?

O soneto era declamado em alguns serões domésticos. Bem... pelo menos foi muito conhecido, até sair na imprensa a paródia escrita por Bastos Tigre, que assim terminava:

Quem és tu, operário honesto da nação
De onde é que vens? De casa.
Onde é que estás? No bonde.
Para onde vais?
Não vês. Para a Repartição![44]

A idealização da mulher, identificada com os sentimentos mais elevados e, por extensão, com a imagem de austeridade da pátria, cede lugar, na paródia humorística, à identificação com o prosaico e com o (nada heroico) destino do intelectual funcionário público dirigindo-se ao trabalho. Ainda que pela via da caricatura e da paródia, ainda que de forma epigramática — Bastos Tigre parecia adivinhar as dificuldades de identificação, no plano metafísico, da mulher brasileira com a República e com a pátria, e a necessidade de algo mais próximo da vivência cotidiana e que falasse mais diretamente à identidade pessoal de cada brasileiro.

O casamento civil também é satirizado, com a República aparecendo agora em estreita associação com duas figuras femininas, cujo destino é inglório, em mais um dos *pimentões* — agora cantados e dançados ao ritmo do maxixe — de Guimarães Passos:

José casou com Maroca
E o Antônio casou-se com Fina
Foi cada um pra sua toca
Numa alegria divina.

No primeiro mês, abraços,
Beijos, venturas, carinhos...
E andavam, dados os braços...
E eram as casas dois ninhos...

Depois arrufos e brigas;
E tédio em cada consorte...
E ai! ambas as raparigas
Tiveram a mesma sorte:

E ambos, com fúria guerreira
Tiveram ira profunda:
José dava na primeira,
E o outro dava... na segunda.[45]

Fora do Rio de Janeiro, a pátria e a República, mais distantes do coração porque distantes na realidade, acabam por se alojar, nesta versão popular de um epigrama paraibano em 1891, noutras partes do corpo, certamente menos nobres:

A pátria nos tempos idos
Morava no coração,
Depois, devido aos partidos,
Foi mudando a posição.
Desceu... Desceu... E descendo,
Fez a completa mudança...
Parando (caso estupendo)
Nas geringonças da pança.[46]

Ou, sugerindo ainda, noutro registro também por meio do movimento e da dança, ligações da figura feminina, mundana e pública, com a intimidade do beijo e dos prazeres pessoais. Mas, nesse novo registro, diferentemente do maxixe, aqui o ritmo se alterava para um tipo de "batido à viola" — a música de uma dança que "evitava a síncopa", começando a frase melódica sempre depois de pequena pausa — já chamada nessa época, no sertão cearense, de "baião":

Um beijo em mulher medrosa,
Dado escondido, às escuras,

É a maior das venturas,
Que a alma do homem goza.

O beijo, que é concedido
Com liberdade e franqueza,
Parece uma sobremesa
Depois de um jantar sortido.

Convém que o beijo se tome
Depois de renhida luta,
Como se fosse uma fruta,
Comida por quem tem fome.

O beijo de maior sabor
É quando a mulher nos nega,
Porque então a gente pega
E beija seja onde for.[47]

Foi o próprio Bastos Tigre, publicitário, humorista, homem de letras e poeta sério mas bissexto, conhecido na época por possuir uma "disciplina quase científica do sarcasmo", quem resumiu, de forma lapidar, ou seja, em forma de dança, o que ele chamou de "A farândola republicana":

Da história da República o resumo
Aqui tento fazer, em leves traços,
Para o que da memória espremo o sumo,
Dando, ao lixo do olvido, os seus bagaços.
[...]

Versos e versos lanço em girândola
(Tem cada rima o estouro de um foguete).
Enquanto passa a história farândola
Dos moradores todos do Catete.

Vai na cabeça o Marechal Fonseca

Que, um dia em que se achava de enxaqueca,
Deu dois gritos (ou três) na praça pública
E, zás-trás! proclamou-se a República

Teve o apoio do Exército e da Armada,
E a Nação assistiu bestializada...
(Quem diz isto, senhores, não sou eu
Mas um proclamador que já morreu).

E como se houvesse trevas no horizonte,
Forneceram-lhe a luz de Augusto Comte.
[...]

A farandolagem é longa, talvez porque o próprio poeta soubesse que *farandolar* significa "entrar em danças agitadas". Seja como for, veja-se o previsível desfecho, em trânsito paródico, do público ao privado:

Rodrigues Alves, de cajado à mão,
Primeiro homem! (velho como Adão)

Irá buscar para o seu governo (bis)
Seus ministros no Asilo S. Luiz.

Mas velho, há de fazer com novos brilhos
A glória do Brasil e... a de seus filhos.[48]

Maxixe, baião ou farândola, era, afinal, pela dança, pelo domínio da agilidade movimentada e da animação pura que se procurava filtrar os formalismos e as distantes prescrições institucionais dos espaços públicos.

Superposição de tempos, movimento constante, jogo paródico — a representação cômica parecia buscar outros domínios para falar da vida cotidiana e da vida privada brasileira, cujas fronteiras com a vida pública jamais se definiam, pois a superposição e a mistura pareciam constituir parte intrínseca das próprias formas de representação social. Talvez por isso, Capistrano de Abreu, numa carta, ou seja, num dos seus escritos íntimos dessa mesma época, ao caracterizar a instabilidade e a rarefação da história brasileira, tenha se utilizado do exemplo familiar da casa, talvez a expressão distintiva da vida privada brasileira: "A história do Brasil", escreve Capistrano, "dá a ideia de uma casa edificada na areia. É uma pessoa encostar-se numa parede, por mais reforçada que pareça, e lá vem abaixo toda a grampiola".[49]

O desenraizamento e o estranhamento em face da sobreposição de tempos e destinos individuais, que embaralhava e superpunha, em indistinção notável, o público e o privado, ganhou novos matizes e, em certo sentido, aprofundou-se com a urbanização intensa e tumultuária das cidades brasileiras, a partir do início do século, e com a imigração, que foi descrita por um viajante como "aquele bizarro espetáculo de um governo importar em massa operários agrícolas".[50] Difícil, se não impossível, rastrear regras de convívio nesses espaços de transição entre o público e o privado que são as ruas e as avenidas dessas "inchadas" cidades brasileiras do começo do século. Mas a curiosa teatralidade destas cenas, marcadas por contrastes radicais, incita desde o princípio a paródia cômica:

> Primeiro vendedor: Banana frisca! Due per tostone! Compra friguêis!
>
> Anastácio: Arrede daí, moço... Vá pro diabo!
>
> Segundo vendedor: Lamparina frisca! Lamparina frisca!
>
> Anastácio: Vem cá marvado. Que é isso que leva nesse samburá? Quero vê...
>
> Dr. Vital (examinando): Lambaris do Tietê!
>
> Anastácio: Então, peixe é lamparina?... Ora até o que se vê na Capitá! Vou me embora daqui, seu Doutô... Não posso vê essas coisa![51]

O encontro não é escolhido, ocorre num lugar público, mas nada tem dos lugares comuns de convívio pessoal nos espaços urbanos de sociabilidade. Estranhos à cidade, já que muitos desses personagens vinham das zonas rurais; estranhos ao país, já que muitos eram imigrantes — essa gente vinha juntar sua estranheza e seu desenraizamento aos sentimentos de desconcerto e de perplexidade já existentes aqui. A atitude cômica, sensível ao deslocamento e à ausência de sentidos — mas também não destituída de ressentimentos e preconceitos contra o ritmo alucinante de novos contatos e cruzamentos —, foi parte da plasticidade e da flexibilidade necessárias ao convívio e à própria sobrevivência.

Eis como um dos cronistas do tempo vivido, escrevendo na segunda década do século, caracterizou, perplexo, aquela inquietante caducidade rápida das coisas e das gentes nas cidades brasileiras: "É incrível como as coisas atuais caducam depressa, como as novidades são velhas, como os fatos extraordinários são vulgares. E o nosso pobre mundo comum é todo assim, feito de mundinhos concêntricos, que se articulam sem se confundir. E nós — ai de nós! — ainda pretendemos viver 'cosmicamente'".[52]

A perplexidade do cronista com a velocidade e com a sobreposição das coisas vinha também marcar a impossibilidade de um delineamento de fronteiras entre o mundo público e o mundo pessoal, que "se articula[va]m sem se confundir". Reavivando expectativas individuais de destinos futuros, as cidades brasileiras viveram, portanto, certamente em ritmos e circunstâncias desiguais, nas primeiras décadas do século XX, uma experiência coletiva de encurtamento de duração que ampliou de forma redobrada a mobilidade, o consumo e o intercâmbio pessoal, forjando possibilidades ou tornando mais difusas as fronteiras do público e do privado.

Muitos dos registros paródicos dessa nova dimensão de velocidade e de encurtamento da duração apegaram-se aos meios de transporte, esses lugares de passagem, por excelência, entre o espaço público do trabalho e o espaço privado da vida doméstica. A crônica urbana reconhecia, no geral, que o bonde elétrico e o automóvel — o primeiro do início do século e o segundo mais difundido a partir dos anos 1920 — abriram novos espaços de sociabilidade e de manifestação individual, instigando à mobilidade e à projeção de novos desejos e novos comportamentos sociais. Para além da reclusão nas fronteiras da intimidade da casa ou no recato das relações familiares, as novas possibilidades de trânsito e de circulação nas cidades abriram, pelo menos, outras alternativas para as pessoas descobrirem novos espaços individuais. Contudo, o limite se encontrava ali mesmo, na própria indefinição — ou existência difusa — da vida pública no país, à qual já nos referimos anteriormente: a República brasileira assiste e incentiva a remodelação e a modernização, quase compulsórias, das cidades, mas não permite que se formem cidadãos.

Cronistas mais obscuros tentaram captar, por meio do humor, o efeito pouco perceptível desses novos meios de circulação sobre as rotinas e hábitos cotidianos e a vida individual nos seus menores detalhes. Laços de sociabilidade que começavam a cristalizar-se em novos espaços de convivência coletiva sofrem o impacto diluidor do "inchamento" das cidades e da introdução de novos equipamentos urbanos. Eles anunciam o novo, em lugares onde a percepção do antigo ainda é incerta e indefinida. No geral, a situação suscita um renitente efeito de estranhamento e de desconcerto, cuja válvula de escape retórica será, quase sempre, a paródia humorística.

O efeito da ideia de velocidade e de vertigem coletiva da vida urbana sobre a sensibilidade dos seus habitantes aparece parodiado, por exemplo, por Guilherme de Almeida que, em *Cosmópolis*, assim justifica a impossibilidade de fixar uma imagem da cidade: "Porque São Paulo não para numa fotografia, move-se num filme". Esse efeito foi captado também por José Agudo que considerava que "*nestes tempos de cinematógrafos, aeroplanos, automóveis e telégrafos* [...] *Tudo se faz cinematograficamente* [...]". E completava, ressaltando o efeito perverso da velocidade sobre o ânimo moral dos habitantes: "A neurose da velocidade em todas as coisas e em todos os atos, produz-nos uma invencível preguiça de pensar, de comparar, de analisar. O que nós queremos é chegar logo ao fim. Uma sessão de cinema dura apenas meia hora, mas é *tempo* suficiente demais para que a mocidade fique completamente edificada na moral moderna". E, concebendo pouquíssimas alternativas para se escapar desses novos estratagemas urbanos, aponta dois perfis de atitudes individuais que conviviam numa cidade híbrida — o caipira ou o esnobe: "[...] os espetáculos, por sessões de uma hora, a preços reduzidos, fazem que os verdadeiros teatros fiquem às moscas, e se alguém suporta ainda um espetáculo de três horas é porque gosta de música, é caipira ou é... *snob*. Aprender sem estudar, enriquecer sem trabalhar, valer sem ter mérito, ostentar sem conta, sem peso e sem medida: — eis os modernos ideais".[53]

Caipira ou esnobe, capadócio ou *smart*, jeca ou cosmopolita — a redundância paródica aplicava-se, agora, em cópias deformantes das alternativas de comportamento individual: ligar-se a um passado difuso ou, na realidade, inexistente ou a um futuro definido apenas em termos de um perfil intrinsecamente superficial. A perplexidade com as exigências e valores de uma nova sociabilidade parecia apenas aumentar o hiato entre o passado e o presente — sobretudo quando a modernidade parecia apenas mais um novo jogo de cena. Nesse sentido, a vida privada do brasileiro parecia mesmo, como disse o cronista, *cinematográfica*, fora do tempo e da duração, percebida apenas pela incorporação do vivo ao mecânico.

Cinematográficas também serão as crônicas de Sylvio Floreal, que descreve em minúcias outro ambiente novo de intimidade: intimidade das salas escuras do cinema e aquilo que, comicamente, ele define como "piratagem digitálica":

> A bolina no cinema nasceu naturalmente, devido à penumbra e aos beijos delirantes que dão na tela as "estrelas" e os canastrões da arte do gesto lento. O espectador casquilha, dotado de safardanices, vai ao cinema e desenvolve uma

piratagem digitálica sem dó nem piedade, sobre certas fulanas do sexo mole, muito amigas de tais massagens feitas no escuro. A bolina, que tem uma coorte espantosa de profissionais e amadores, que vivem em constante desacordo, ao ponto de merecerem o rótulo de "classe desunida", tem nas salas onde exibem fitas de vários e complicados assuntos, um verdadeiro curso prático. O bolinador de larga escola, astuto conhecedor da arte voluptuosa de alisar finas epidermes, chega, maneiroso e cauto, senta-se, bem entendido, ao lado de uma mulher que de antemão ele sabe ou adivinha que não se esquivará às suas investidas. E lentamente começa a pôr em prática o seu intento, com umas encostadelas furtivas; e desse modo vai longe... se a "bicha" estrila, ele se afasta; se cala, avança heroicamente [...][54]

Agora, a sátira, verrinária e irreverente, se dirige ao cosmopolitismo, à "pátria dos almofadinhas" e aos "costumes de Avenida". O mesmo tom e o mesmo propósito, parecem se repetir em *Mlle. Cinema*, de Benjamin Costallat, autêntico *pendant* paródico de *La garçonne*, publicado em 1924, apenas um ano depois do escandaloso romance francês de Victor Marguerite. É a história de uma jovem profundamente marcada pelos costumes do pós-guerra, vindos por meio dos filmes mais populares. É a mlle. Cinema, "a *garçonne* americana, a pequena leviana do século do *shimmy*, a criaturinha vistosa do 1921, educada ao som do *jazz*, a pequenina impudica e pecadora, profissional do *flirt*, da dança e do sorriso" — que se mistura, cinematograficamente, com os personagens do "asfalto salafrário" que pontilham a escrita de Costallat: gigolôs, mundanas, proxenetas, cocainômanos, em suma, gente que constituía expressão típica do vício e do cosmopolitismo corruptor daquelas "inchadas" cidades brasileiras.[55] Para além dos pruridos moralizantes dos dois registros, tanto de Floreal quanto de Costallat, a comicidade ressaltava aquilo que o cosmopolitismo de fachada havia ocultado: novas camadas que recaíam sobre os estilhaços da vida individual e privada, mostradas segundo a perspectiva cômica — perspectiva que, nesse caso específico, reforçava superficialmente, para atender seus fins moralizantes, a associação espúria entre vida mundana e vida pública.

A resposta de Cornélio Pires a esse clima de desenraizamento geral foi a paródia humorística, como no exemplo do seu poema "A origem do homem", paródia do poema com o mesmo título do poeta macarrônico italiano Neri Tanfúcio (pseudônimo de Renato Fuccini). Em Tanfúcio, o criador, depois de haver feito os vermes e o firmamento, resolve, num momento de péssimo humor, criar o homem... O soneto termina com o criador exclamando diante da criatura: "Mundo velhaco, ao menos já se ri!" ("Mondo birbone, almeno ora se ride!"). Na paródia de Cornélio Pires, depois de negar, astutamente, todas as possibilidades de descendência do caipira brasileiro, excluindo os bugres e os macacos, acaba por responder: "Nóis num tem parente portuguêis/ Nem mico, nem cuati, nem capivara.../ Semo fio de Deus cumo vancêis".[56]

Acompanhando intuitos civilizadores, que delimitavam padrões díspares, na imitação deformante, seja na figura do caipira ou do esnobe, seja deslocando, pela representação humorística, a percepção dos artefatos da modernidade — o automóvel também foi representado, embora pela via da paródia, como uma tentativa de prolongar, com o uso do carro individual, o espaço da vida doméstica. E tentar compor aí uma espécie de transição. Mas, no caso brasileiro, fosse pelo peso das tradições provincianas, fosse porque sua utilização só teria uma generalização muito tardia — apenas no começo da década de 1930 —, a representação desse moderno meio de transporte assume uma particularidade, ora metafórica, ora de rejeição moralista, mas sempre paródica. Um cronista descreve a própria sociedade, naquela que seria a sua visão do futuro, como um grande automóvel social: "É um gigantesco veículo de proporções incomensuráveis, qual outro Juggernaut, que comporta no seu bojo quase todas as classes sociais com as competentes instituições. A sua grandeza e velocidade variam para cada povo, pois cada qual tem o seu veículo próprio, característico [...] O automóvel social move-se constantemente enquanto existir energia; cessada esta, diminui a sua marcha, estaciona e morre".[57]

Mas, fora do automóvel social, o mesmo cronista vê poucas possibilidades de sobrevivência da sociabilidade individual e, até, da própria vida humana:

> Fonfon! É tempo, camaradas, de cederem os seus lugares a alguns dos recém-chegados passageiros da segunda classe, que sabem que os senhores não estão habilitados para ocupá-los [...] Despeja! Gritavam alegremente os passageiros das demais classes, e eram atirados pelas grades abaixo, em cima da multidão que, desabaladamente, em meio de enorme tumulto e atropelando-se, corria, blasfemando, atrás do Automóvel; e o veículo monstro, rompendo por entre a multidão e esmagando-a com as suas rodas gigantescas, rodava vertiginosamente, devorando 60 km por hora.

Já nas crônicas e caricaturas de Belmonte, que tinham como cenário a São Paulo nas décadas de 1920 e 1930, a projeção de desejos e dos sentimentos íntimos foi associada parodicamente não à simbologia geral do automóvel mas até ao próprio funcionamento e aos princípios tecnológicos da máquina. É assim que, no desconcertante *Meu amor! adoro-te*, o automóvel serve como instrumento paródico da aproximação mais íntima e do colóquio mais amoroso com o sexo feminino: "Oh! Pequena! Vamos dar uma chispada, hein? E é assim que começam as conquistas... Dinâmicas, no século do futurismo. O auto tem um prestígio ir...radiador, para esses *amores* 'volantes'. O amor não nasce também de uma 'explosão'? E não é também uma 'combustão interna'?".[58]

Explosão, *radiador*, *combustão interna*, *amores volantes* — o automóvel fornece palavras-talismãs para enquadrar o íntimo e o individual, o que, no caso específico, só podia ser feito pela via paródica. Aqui, o humor age diretamente sobre as palavras, aposta num jogo que se faz na superfície da linguagem a fim de revelar o *sem sentido*, *o entredito* ou até, no limite, *o indizível*. Uma *gramática* do humor? A resposta (cômica, é claro) viria da pena de Mendes Fradique que, já enfastiado do seu *História do Brasil pelo método confuso*, resolveu, no final da década de 1920, escrever uma *Gramática portuguesa pelo método confuso*. Entre muitas definições absurdas, registre-se, pelo *nonsense*, a escorreita definição de *gramática*: "A Gramática é, assim, uma espécie de República no Brasil, que está aí, sem que ninguém saiba de fato o que ela é, nem mesmo por que veio parar nesta terra".[59] Aliás, o próprio Fradique, completamente desiludido de tentar compreender a vida brasileira pelas vias racionais, adotaria para sempre o "método confuso", numa guinada na direção da desmistificação da linguagem que lembrava a opção pela *patafísica*, a ciência das soluções imaginárias de Alfred Jarry.

O bonde, meio de transporte mais difundido nas três primeiras décadas do século, que marcou o cenário urbano brasileiro, também inspirou inúmeras representações paródicas da vida privada brasileira — pois era nesse elemento de trânsito coletivo que se buscavam limiares e fronteiras de dois mundos ainda muito indefinidos. Amadeu Amaral, que escreveu suas memórias da cidade do ponto de vista de um passageiro de bonde, já apontava o efeito de impacto do automóvel sobre o universo individual e a vida privada. Nova maneira de embriaguez e entorpecimento, o automóvel provinha da "mesma prateleira que o uísque, tango, vinho, *grappa*, coca, ópio e vodca e morfina", pois levava as pessoas a esquivar, sem perceber, o "olho antipático e fulgurante do seu eu profundo" para se concentrar na máquina — forjando inclusive toda uma série de novos diálogos a respeito daquele novo meio de locomoção individual: "Como se porta? Quanto anda? Quantos quilômetros andou? Como funcionam os freios? Bastará a provisão de gasolina? Onde encontrar gasolina aos litros? Olha um que lá vem como louco! Vamos a uma chispada! Cuidado com esta volta... Diabo, lá se foi um pneu!...".

Curiosamente, o cronista é claro ao apontar a consequência principal deste vício chamado automóvel: a figura do "automobilimaníaco", aquele indivíduo que, afora alguns períodos de lucidez, é um completo alienado dos "seus negócios e da vida íntima de sua família". Em clara antítese ao estigmatizado automóvel, o cronista escolhe o bonde porque "não tem pressa", porque o bonde... "nem tão vagaroso que dê sono, nem tão veloz que dê vertigem, tem a suprema vantagem de ser seguro e repousante. Repousante quer dizer que nos deixa o descanso necessário para continuarmos em lida e briga conosco mesmos", porque afinal, conclui o cronista, o bonde "permite que eu me concentre em mim mesmo [...] permite-me ver de perto, viver o bicho-homem na substancial realidade dos seus gestos inadvertidos...".[60]

Pura mobilização de energia individual, que parece transitar da percepção sensorial diretamente para os músculos e para os nervos, agora centrada no corpo e não na alma, alteração constante que exclui, segundo o cronista, o uso da consciência, a reflexão, o recolhimento à intimidade, a volta para os sentimentos pessoais. Aqui, o humor não é apenas jogo paródico mas também um dos meios de expressão das mudanças nas formas de percepção e na sensibilidade dos habitantes das grandes cidades. É o que se ilustra, em registro mais oblíquo porém não menos paródico, no famoso discurso do dr. Mandarim Pedroso, "análogo ao apagamento da luz durante um foxtrote", assim descrito pela inquieta pena de Oswald de Andrade:

> Quero referir-me particularmente a um fato acontecido ontem à noite durante as danças e merecedor dos maiores elogios da diretoria. Porque aqui, meus senhores e senhoras, revelando uma cultura pouco vulgar, em juventudes desta idade, as sócias e sócios não cogitam tão somente dos adornos que eletrizam os do respectivo sexo oposto! Não! Praticam os desportos! Seguindo a lição da Grécia, realizam o eterno *anexim Mens sana in corpore sano*. Aqui não se leem romances de baixa palude literária nem versos futuristas. Só se lê Ruy Barbosa. Não! [...] Minhas meninas, meus rapazes! Este clube é um lar![61]

Ou na visão brejeira e gaiata de *O Olho da Rua* que, nos espaços de convívio cotidiano em Curitiba, no início do século, registrava: "O Olho viu esta cena única, jamais, em tempo algum por mortais vista na terra dos sisudos pinheirais [...] Cada cavalheiro entre duas damas, sanduíche negativo, cada dama entre dois cavalheiros, sanduíche positivo, de sorte que cada cavalheiro e cada dama eram a um só tempo pão e presunto [...] Rompamos com o smartismo e a etiqueta, gritou o Benvindo! isto de baile que acaba à uma hora não é para nós. À dança, rapaziada. Isto está bom como o ouro! *Smokers* ao guarda-roupa, são de novo envergadas as casacas e o baile continua!".[62]

As cidades se transformavam em verdadeiros "álbuns de projeções", na visão de outro cronista, que incorporou na sua descrição a velocidade e a sensação de empilhamento de imagens, não raro, semelhantes à cinematografia: "Na ponta do viaduto, o sol espia. O sábado está carregado de flores. Fonfonam torpedos *nouveaux-riches* com para-lamas reluzentes. Trotam bípedes com pastas. Mas o *footing* é um dragão de monóculo. Pintos calçudos, coletes fantasias, cinturas efébicas de vespas [...] Rodolphos Valentinos, Harold Lloyds, Normas Talmadge, Bebés Daniel's, Glorias Swanson; e... Lincoln, Cadillac, Rolls-Royce, Studbaker e... *La vie parisienne*, *l'illustration*, *Revue des deux mondes* e... *Whisky and soda*, *cocktails*, martínis, Pomerys, Clicquots, Lanson e... *Fox-trot*, *one-step*, *shimmy*, *charleston* e...".[63]

A linguagem, parece, já nomeava tudo antes sequer que lhe fixassem quaisquer significados, gerando um clima de vacuidade temporal em que o ritmo do presente comandava alucinadamente toda percepção e a sensibilidade do cronista. Os registros cômicos libertam-se aqui, pelas suas características intrínsecas, de quaisquer resquícios do tempo cronológico, prendendo-se apenas a um tempo sem limites — muito próximo daquele descrito por Bergson como "tempo psicológico" ou *duração*. Uma entre as várias formas de representação cultural do cenário da modernidade e, sobretudo, da vida cotidiana alterada pela revolução tecnológica — a paródia não só aparecia como válvula de escape ou uma reconciliação com o adverso pelo efêmero do riso, mas tornava-se quase natural aos cronistas, humoristas, e toda aquela malta de jornalistas obscuros, caricaturistas e outros escreventes, não menos desenraizados do que o resto da população.

Os meios de transporte, menos pela novidade do que pelo inédito espaço de trânsito e de convívio que possibilitavam entre o privado e o público, marcaram muitas das crônicas e representações visuais, a grande maioria de tonalidade humorística extremamente variada. Ao contrário dos que representavam aquela espécie de *transcendência* do bonde, humoristas como Belmonte e Juó Bananére, mais próximos do prosaico da vida individual, vão distinguir, em versões com certeza mais próximas dos meios populares, desde o início, os bondes mais luxuosos daqueles, bem menos famosos, popularmente conhecidos como "caraduras" — os antigos carros puxados a burro que a Light vai aproveitar (já na primeira década do século) como reboques dos elétricos e que, quase sempre, serviam bairros mais distantes ou para o transporte de operários. Vimos que o termo *caradura* já tinha uma certa origem popular: associado às cenas de teatro de Francisco Correia Vasques, confundia-se com o termo *capadócio* ou com aquele tipo que, mais tarde, poderia ser conhecido como "malandro": "o que tira partido de tudo e sabe levar a água para o seu moinho", na definição do próprio Vasques. Juó Bananére, o famoso cronista de São Paulo da Belle Époque, durante a campanha civilista em 1910, vai utilizar-se indiferentemente do termo *caradura* para designar de modo pejorativo as mais variadas coisas, desde mediocridades políticas locais até o presidente Hermes da Fonseca:

Faize quatro anno inzatamente migna genti
Che subi p'ra presidenti
A xirosa griatura.

Tuttos munno ariclamáro e prutestaro
Ma nu fin tuttos cânçaro
I subi u garadura.

*

I o garadura subi
I di lá nom quiz saí...

E, no final desta desatinada paródia, o caradura se identifica vagamente com o próprio país:

O Maresciallo c'oa Nairia i co Pignero
Azuláro cos dignêro
La du Banco da Nacó
E un restigno che scapô distu pissoalo
O ermo du Maresciallo
Passo a mó, abalô!

I o Brasile, goitado!
Fico pilado, pilado!!...[64]

Também nesse caso, o humorismo paródico é que tem vez: o bonde é um equipamento moderno mas não muito... No Ceará, outro cronista chega a sugerir, numa inversão impertinente, a reintrodução dos burros "para aumentar a velocidade dos bondes da *Ceará Tramways* Light", apresentando o protótipo de um estapafúrdio "sopramento mecânico dos burros". *Caradura* ou bonde por *sopramento mecânico* — o nome mais popular estava associado ao mesmo universo do capadócio, do caipira, do maxixe e, depois, do carcamano. Não foi por coincidência que, em 1922, Pederneiras acabou por "consolidar" os dois significados de *caradura* no seu *Geringonça carioca*: "sem-vergonha, cínico, desembaraçado; bonde de segunda classe".

No mesmo momento, o traço caricatural de Voltolino fundia, num mesmo amálgama notável, estas figuras híbridas e antitéticas que, desenraizadas do antigo e ainda distantes do moderno, só conseguem existir neste espaço dos traços leves, fragmentado, epigramático — que era o espaço do humor. O humor, ainda que na sua efemeridade, permitia captar esses deslocamentos lúdicos, úteis, se não para compreender pelo menos para sobreviver experimentando, também no âmbito privado, aquela sensação geral de ser, como disse tão bem Sérgio Buarque, uns "desterrados em nossa própria terra".

É certo que, no espaço público dos discursos, conferências, livros publicados ou jornais, a pátria e os seus respectivos habitantes até que apareciam identificados e definidos, embora de uma forma sempre ingênua e ufanista. Mas, no espaço privado das cartas, diários ou escritos marginais — explicitamente produzidos para não ser divulgados —, a indefinição, a ambiguidade e a negatividade em relação às identidades do país e dos brasileiros tornavam-se muito mais salientes. Nesse espaço do desconcerto, nascido de uma incapacidade de identificarmo-nos, justificarmo-nos e singularizarmo-nos, é que, talvez, o recurso à paródia humorística fosse encarado como atitude legítima.

Embora uma história do segredo não chegue a se constituir num único fio condutor da vida privada, no caso brasileiro o segredo parece ter tido uma tonalidade paródica, revelando, por deslocamento, muito daquilo que não se tornaria transparente na vida pública, pelo menos de forma tão explícita. Olavo Bilac, talvez o nome mais significativo nas duas primeiras décadas do século, produziu uma vasta obra, poética e oratória, de patriotismo ufanista em torno do país, resumindo seu momento mais importante na época da Primeira Guerra Mundial, quando se arvora em líder de uma campanha nacionalista. Uma das suas imagens mais notáveis, entre a enxurrada de registros poéticos e oratórios ufanistas, é aquela que, justamente, identificava a pátria com a mãe e a mulher primeva, aquela "astuta e forte, a grande mãe das raças, Eva".

Mas, nas suas cartas e escritos privados, referia-se, quase sempre com mau humor, ao Brasil como mais uma "cafraria portuguesa"; e, escrevendo de Paris a Max Fleuiss, chegava, não raro, a perguntar num tom insolente: "Como vai essa terra ignóbil?". Além disso, ao ler outra carta escrita por Bilac em Paris, em 1904, e endereçada a Coelho Neto, podemos notar uma interessante definição de *patriotismo*, talhada sob medida mas apenas para uso privado: "Aos vinte e cinco anos, quando pensava que tinha de sair de Paris chorava de raiva. E hoje não posso passar aqui quatro meses sem ter saudade da porcaria, do mijo, da estupidez, do mexerico, da safadeza da pátria". E o príncipe dos poetas brasileiros terminava, com uma definição peremptória mas não menos paródica: "O patriotismo é como o reumatismo, é um achaque da velhice".[65] Aqui, torna-se até compreensível que Bilac, ao ser entrevistado pelo inquieto João do Rio, num registro famoso, tenha advertido: "Tenho que há na vida coisas que se dizem mas não se escrevem, coisas que só se escrevem e outras que nem se escrevem nem se dizem mas apenas se pensam. Seria feliz se me viesses perguntar aquela, que sem me entristecer aos outros, pudesse ser pensada, falada e escrita [...]".[66]

Caso semelhante foi também o do notável historiador Capistrano de Abreu, o qual, nas suas cartas dos anos 1920, revelou, como Bilac, alguns daqueles instantes da alma que, como disse Marañon, são sempre suscetíveis de rápida mudança e confiados por isso mesmo à lealdade do destinatário. Eis alguns trechos mais íntimos de Capistrano:

> Como sei que ninguém é capaz de salvar ou deitar a perder o Brasil, finjo que o caso não é comigo e vou andando por aí fora de longada [...] Isto é afinal um imenso *bluff*. A mais fértil terra do mundo... Aonde? Não na Amazônia, onde, raspada uma camada de mateiro, bate-se na esterilidade. Nos outros estados é quase invariavelmente o mesmo. Produzimos coisas de luxo, de gozo; se nos bloqueassem deveras, a penúria nos levaria à antropofagia. E a gente? Os processos da Inquisição mostraram a borra-mãe, e as outras borras têm vindo superpondo-se, e de alto a baixo é borra e mais borra. O bolchevismo pode vir em nosso favor, não deixando que os outros países fiquem tranquilos, e assim permitindo que a carniça apodreça naturalmente.

E ele conclui, maltratando possíveis vestígios de ilusão, com uma citação paródica do próprio Patriarca da Independência: "Não se pode imaginar coisa mais desprovida de inteligência e previsão, mas há quase cem anos José Bonifácio escreveu: No Brasil, o real vai além do possível".[67]

Se o leitor espantar-se com tais vislumbres atrabiliários, pode recorrer novamente ao que Marañon nos sugeriu, a respeito das cartas: estes asilos invioláveis, comportando os motivos infinitos que levam nosso espírito a variar, não podendo ser exibidas jamais como uma âncora, atando ao passado nossa responsabilidade individual.

Essa indefinição e esse teor negativo ou paródico, transferidos para o espaço dos escritos íntimos ou da representação privada, aprofundam-se com a emergência de novos lugares de passagem e novos equipamentos urbanos, impossíveis de ser captados num retrato ou com base em traços de identidade das pessoas e dos indivíduos. O humor epigramático começava, por exemplo, com a própria designação das ruas e dos espaços de convivência pública e coletiva. A maioria dessas referências urbanas adquire um nome oficial com a República, que vem, na verdade, se antepor, artificialmente, a nomes e referências que brotavam da convivência pública das pessoas e ficavam demarcados no espaço difuso mas sempre persistente da memória popular.

Cronistas mais obscuros, deslocados dos circuitos consagrados da produção jornalística e do livro, todos, quase sempre, humoristas hábeis nas paródias, apegavam-se a esses nomes como forma de ressaltar, ainda mais, a impossibilidade do retrato ou de quaisquer traços de identidade nos ritmos imprevisíveis das cidades brasileiras.

Era assim que alguns desses cronistas descreviam São Paulo, que, no início dos anos 1930, parecia-lhes uma síntese do desconcerto e da ambiguidade do país. Moacyr Piza chamava o largo Sete de Setembro pelo antigo e inoportuno nome de *Largo do Pelourinho* — inoportuno porque fazia lembrar os tempos do trabalho escravo; da mesma forma, Galeão Coutinho chamava a avenida da Liberdade pelo seu nome mais antigo, de *Caminho para o Sítio do Quebra-Bunda*, igualmente um antigo local de suplício de escravos recalcitrantes. José Agudo, por sua vez, também só usava os nomes mais antigos: *rua do Pocinho*, em vez de Vieira de Carvalho; *largo da Forca* em vez de praça da Liberdade, *beco do Mata-Fome* para a atual rua Araújo, *rua do Cotovelo* para a atual rua da Quitanda, *rua da Boa Morte* em vez de rua do Carmo; e o bizarro apelido de *Ilha dos Prontos* para a praça Antônio Prado; e, num último lampejo, em delirante confusão entre o público e o privado — propõe substituir o nome da rua do Arouche pelos nomes das oito irmãs (todas solteiríssimas, segundo a língua ferina do mesmo cronista) do então marechal Arouche de Toledo — o que daria uma placa gigantesca com o nome de *rua da Caetana, Gertrudes, Joaquina, Pulquéria, Leocádia, Ana Teresa, Maria Rosa e Reduzinda*. Sylvio Floreal (pseudônimo de Domingos Alexandre) tornou-se logo inconveniente, pois, num momento em que toda a cidade elogiava o viaduto do Chá como esplendor da vitória urbanística de São Paulo, ele concluía, numa crônica, que com o viaduto, na verdade, tinha se construído um autêntico "suicidouro municipal". E Juó Bananére, que utilizará sempre o nome *Piques* para designar a ladeira da Memória — o Piques, local onde, nos tempos da escravidão, se realizavam os leilões de escravos, será sempre o local fictício de sua residência, do seu salão de barbeiro ou da redação do seu jornalzinho — *Diário do Abax'o Piques*.[68]

Lembre-se que Raul Pederneiras, nos seus teatros de revista, já parodiava o nome das grandes avenidas, becos e alamedas do Rio de Janeiro com alusões eróticas e satíricas. Ou que José do Patrocínio Filho, legítimo herdeiro do temperamento buliçoso do pai, chegou a propor para aquele que, na época, era o símbolo do esplendor urbano da República — a recém-urbanizada avenida Central no Rio de Janeiro — os nomes de *avenida Capadócia, Engole Arame* ou, ainda, *avenida Errada*.

O mesmo se passava, aliás, com a Recife, de Manuel Bandeira:

> [...] *Rua da União*
> *Como eram lindos os nomes das ruas da minha infância*
> *Rua do Sol*
> [*Tenho medo que hoje se chame do Dr. Fulano de Tal*] [...]

Ou com a *rua da Praia*, em Porto Alegre, "onde tudo acontecia e todos passavam", conservando-se na memória coletiva até mesmo como a *rua do Anedotário*.[69]

Se, ao jogar com essa duplicidade do antigo e do moderno, o humor paródico oferecia estratégias apenas efêmeras de representação e, até, de legitimidade, por outro lado, pelas suas próprias características de descompromisso, de ausência de sistematização e de fragmentação ele acabaria por incentivar a diluição de fronteiras entre o privado e o público, realimentando o desenraizamento e aquela sensação geral de ser uns "desterrados" em nossa própria terra.

Enquadrando-se, de forma ambígua, nesse cenário brasileiro de desenraizamento e fragmentação, o modernismo cultural viria, mas apenas como projeto e, paradoxalmente, desacompanhado de qualquer modernização efetiva do país. O humor paródico, que fundia e sobrepunha imagens estereotipadas de tonalidades, ora nativistas, ora caipiras, ora tradicionais, foi incorporado à notável produção modernista, ganhando novo padrão, um estatuto estético próprio e, até, uma reconhecida legitimidade literária. Utilizando-se das linguagens, temas e técnicas extremamente flexíveis da estética europeia de vanguarda, o modernismo ofereceu, na sua ampla variedade criativa, uma resposta estética aos desafios da identidade nacional. Porém, as rebarbas e os exageros do humor paródico foram, necessariamente, expurgados e filtrados na incorporação modernista.

Mas eis que em 1919, numa encruzilhada da história republicana, outro personagem surge repetindo a mesma fantasia de Zé do Pato, só que agora sob o nome de M. J. Gonzaga de Sá. Numa folha de papel almaço, deixada depois da sua morte nas mãos de Lima Barreto, o seu herdeiro e criador, esse personagem escrevera: "Iria subir, iria remontar os ares, transmontar cordilheiras, alçar-se longe do solo, viver algum tempo quase fora da fatalidade da terra, inebriar-se de azul e de sonhos celestes, nas altas camadas rarefeitas [...]". Contudo, logo depois da fantasia, vinha, rápida, invasora, a perturbadora realidade: "Veio a aurora e ele a viu, pela primeira vez, com um interessado olhar de paixão e encantamento. Deu a última demão, acionou manivelas, fez funcionar o motor, tomou o lugar próprio... Esperou... a máquina não subiu".[70]

O desconsolo de Gonzaga de Sá e de seu biógrafo mostrava que a República continuava a produzir personagens e "heróis em disponibilidade", como Patrocínio com o seu balão vazio. A herança de Gonzaga de Sá, o pálido sonho de olhar do alto aquela imensidão de contrastes, mostrava ainda que a República já havia ficado "velha", com seus heróis equívocos e suas figuras rebarbativas. No mesmo ano da publicação da história de Gonzaga de Sá, Ruy Barbosa, o "ponto culminante do Brasil", na sintética definição do *método confuso* — num discurso veemente, convocava abertamente, para associarem-se numa nova missão, "o operariado insurgente", "o elemento militar" e o "Jeca Tatu".[71] Curiosa forma de nomear: os dois primeiros personagens não têm nome, só o último é, literalmente, *nomeado*. Decididamente, a paródia invadia aqui, de forma explícita e com todos os seus traços de redundância, até mesmo o discurso que não se pretendia cômico.

Contra aquela sobreposição de tempos e de espaços, ou sobreposição de "borras e mais borras", Ruy Barbosa convocava todos — "heróis em disponibilidade", "elemento militar", "operariado insurgente" e o nosso redundante "Jeca Tatu" — para uma aceleração de temporalidades, uma nova "causa", uma "nova revolução" das ideias e dos costumes. Na fala dos nossos pensadores políticos, tratava-se, agora, de aproximar o "país real" do "país legal" e, talvez, diminuir um pouco dessa distância incomensurável, vivida com base nos destinos individuais, entre o informal e o formal, entre o vivo e o mecânico. Vem a época dos manifestos e palavras de ordem, de manifestos salvadores e messiânicos que pululam nas páginas dos jornais.

A paródia mais corrosiva dessa verdadeira enxurrada salvacionista surge, em 1931, na voz do impagável Juó Bananére, que assim relacionou os princípios do seu *Manifestu da a Legió Inrivoluzionaria:*

1. U Brasile é unico e invisive.
2. U tipu sociali braziliano é una mistura di terra, di ingonomia e di storia.
3. U Brasile stá sitoado nu meio do o Mondo.
4. U uómo brasiliêre é figlio di tuttas razza: negro, indio, macaco, intaliano, ingreiz, turco, cearensi, parnanbugano, gauxo, afrigano i allamó. (Nota du traduttóre — Grazias a deuse io sô intaliano i sô figlio di mio paio i di mia máia i di maise ninguê.)

E, finalmente, num golpe de misericórdia na realidade individual e privada do brasileiro, arrematava: "5. Inzisti una tradiçó morale braziliana chi é priciso adisgobri. Vamos apricurá".[72]

O que acrescentar ao "manifesto" do nosso conciso João Bananeiro, essa outra repetição da figura do Jeca e do Mané Xiquexique, só que agora falando essa língua estropiada? Revolução das ideias e dos costumes? Juó Bananére, talvez porque só conseguisse escrever numa língua própria — o estapafúrdio macarrônico —, assim responde à pergunta, de forma bastante direta, no mesmo ano: "Non fui ista a inrevoluçó qui io sugné", e argumentava:

Io sogné con una inrevoluçó
    Co'o gambio batuta
    O dolar a mille i quinhentó cada uno i a lira a tustó a duzia
    Una maquina di afazê dignero virando nu Largu da Sé

P'ra a genti i busca os aramo
Quano quisesse afazê una fezinha no alifanto con zero nuove
Banquetos popularo con leitó asado, perú co'a farofa
Tutu di feijó co'a liguiça i macarroni co'a pomarola ingoppa
In tutas praça p'ro Zé povo amanjá, inté arrebentá! tutto di mezza cara!
As bomba di gazolina inveiz di gazolina
Tenia os chopis duplo i o vigno greolino
P'ra a genti abibê veinte litros gada vez, pur conta du governimo.

E conclui, como mais um "herói em disponibilidade", frustrado com mais aquela aceleração do tempo e ilusória alteração dos destinos individuais:

Qual u quê! Nada distu!
Aganhô a inrevoluçó i a genti ingontinua barbieri du mesimo jeitingno
Arraspano a cara dus otro a duzentó a raspada sê tualha i co'ó sabó di chinza,
I a trezentó co'a a tualha i o sabunete do Guatin
O Gambio, tá no buraco!
Dignêro, a genti num vê maise una nota, nê di cinco
Cumida, non tê, Leitó, non tê, Pirú, non tê,
Non tê nada, é sopa só i maise nada!
Chopis, io nom si alembro mais si é sólido si é liquido.
Non fui ista a inrevoluçó que io sugné
Qui inrevoluçó mais vagabonda![73]

Bananére sonhava com a revolução da abundância, a única talvez capaz de alterar sua vida cotidiana, sua rotina de barbeiro e de jogo do bicho. Sonhava com a revolução da festa e da abundância que arrefecia, ao menos na imaginação, o manietamento da vida cotidiana — o que, no plano individual, equivalia a uma vitória efêmera, que só durava o período da festa, logo seguida pelos dias ordinários e pelo acanhamento dos projetos pessoais. Bananére tinha razão em quase tudo. Pouca coisa mudara na sua vida individual. A não ser o fato de que sua fala anárquica estava num disco, que poderia ser reproduzido várias vezes, nos mais variados lugares. Inclusive por meio das ondas do rádio, no cotidiano doméstico de cada brasileiro.

O que Bananére anunciava de *novo* na sua fala não era aquela "inrevoluçó vagabonda", mas o fato de o seu discurso anárquico ser gravado num disco Columbia. O que se notificava era algo mais novo no cotidiano e na vida individual: era o rádio que trazia, a cada um, uma parcela do mundo em sua casa, da mesma forma que ajudava a mapear as cidades e os caminhos, o meio circundante próximo, auxiliando a desvendar seus segredos e indicando modos possíveis de convivência e participação. A partir do início dos anos 1930, mais precisamente com a introdução dos rádios de válvula, começa a lenta invasão do rádio no universo doméstico, que será marcante apenas na década seguinte, com a ampla penetração e abrangência da Rádio Nacional do Rio de Janeiro.[74] O brasileiro já podia ligar o rádio em casa e, conectando-se não apenas com o espaço socializado e partilhado mas também com aquela nova (e longínqua) República, ouvir:

Vai orgulhosa, querida
Mas aceita esta lição
No câmbio incerto da vida
A libra sempre é o coração
O amor vem por princípio, a ordem por base
O progresso é que deve vir por fim
Desprezaste esta lei de Augusto Comte
E fostes ser feliz longe de mim![75]

Era Noel Rosa, o Poeta da Vila Isabel, que introduzia, de forma definitiva, a incerteza da vida íntima e dos sentimentos no interior da própria filosofia que inspirara a mecânica da ordem republicana: o amor individual e o "amor da humanidade". Aqui, nova redundância paródica: a figura da mulher, a musa da República, que os positivistas representavam solenemente inspirando-se em Clotilde de Vaux, agora aparece em flagrante desobediência (íntima) aos ditames de Comte. Surpreendemos, nos versos de Noel, aquele estado de malícia ao captar a singular conexão entre o individual e o público, mas também uma amargura anônima, um lirismo cômico de desdenhoso sofrimento em relação aos distantes espaços coletivos e à duração temporal — atitude ambivalente mediante a qual "continuamos a ver o que não está mais à vista, ouvir o que já não soa e dizer o que já não convém...". Quem era, afinal, aquela nova República, tão distante quanto a antiga, que continuava a colocar o brasileiro no "câmbio incerto da vida", no limiar de experiências vividas com expectativas de experiências futuras?

Não por acaso, alguns anos depois da inauguração da Rádio Nacional, em 1936, entrou no ar o seu famoso prefixo musical "Luar do sertão", de Catulo da Paixão Cearense e música de João Pernambucano. Ainda que sob o patrocínio oficial, contudo, o prefixo musical já dava o tom que iria predominar: um ufanismo ingênuo, com pitadas nativistas e regionais, e um colorido francamente emocional — primeiro, sério, e depois, como que desacreditando de si mesmo, irresistivelmente paródico. O próprio prefixo "Luar do sertão" — que, segundo consta, era ouvido "pela maioria dos ouvintes, com olhos cheios de lágrimas" — será objeto de inúmeras paródias, muitas obscenas, cantaroladas em círculos restritos ou inscritas em lugares íntimos.

Equipada com transmissores de cinquenta quilohertz, em ondas médias e curtas, a Rádio Nacional chegava com uma recepção quase perfeita a boa parte do país. A penetração era tão grande que, comentando a despedida sonora da emissora no final da noite, uma criação do notável César Ladeira, um cronista registrou, de forma sensível, a ausência dos sons do rádio e o vazio dentro da casa de cada um, ao final da irradiação: "Todas as noites, agora, há uma triste, vagarosa morte por aí. É o fim da irradiação. É o começo do silêncio. O rádio — sino desbotado deste século melancólico — dobra finados sobre si mesmo. É uma tristeza lenta e longa. Passou o último disco. O *speaker* já disse o 'boa-noite' irremediável. E de um piano invisível, sozinho, abafado entre lâminas pardas de asbestos isolantes de uma cabine, nasce a sinfonia citadina da meia-noite. Nasce, mal vive, e morre".[76]

Mas, já em 1941, o rádio foi percebido com estranheza pelo homem comum que, ao contrário do cronista pleno de veleidades poéticas, naquela indistinta confusão de vozes, a qual estiolava identidades, acabaria por estimular uma reação de galhofa e de paródia:

Radiação

Na casa do Coroné
Tem um rádio colossá
E eu vô lá co Mané
Tudas noites pra iscuitá

Home cum vóis de muié
Muié cum vóis de animá
E eu num sei pruque é
Que tudo é tão naturá...

Quando iscuito Nhô-Totico
A pensá eu sempre fico
Numa baita confusão

Nóis só ove mai num vemo:
— Será que é ele memo
Ô é a liga das nação?[77]

A representação paródica do brasileiro, que transitava entre as figuras do capadócio, do carcamano ou do caipira, é incorporada, em todas as suas características, na própria linguagem radiofônica. Em "A mulher e o rádio", de Raul Torres e Cravo Marinho, essa representação assume a forma gaiata e francamente maliciosa das tiradas de Cornélio Pires, agora filtradas para a linguagem da radiofonia:

A muier é como o rádio
Que vive sempre inguiçando
Ele não garante as várvula
Nem a gente arreclamando.

Se no fim de nove mêis
Ela ficar doentia,
O pai dela diz contente:
"Tá fora de garantia"[78]

Fora do circuito da cultura letrada, a confusão de vozes se sobrepunha àquela atmosfera de indistinção geral. Todo o humor paródico, notável por exprimir o desenraizamento da vida privada brasileira, que fundia, num mesmo amálgama, o cosmopolita e o nativista, o tradicional e o popular, predominou nos primeiros tempos do rádio brasileiro, desde os programas de auditório até as emissões de programas humorísticos. Não foi por mera coincidência que Mário de Andrade, num vislumbre de lucidez, definiu, em 1940, a língua radiofônica como "complexa, multifária, mixordiosa, com palavras, ditos, sintaxes de todas as classes, grupos e comunidades".[79]

Mesmo a publicidade, embora tardiamente, iria incorporar, pela tonalidade pedagógica, esse discurso popular, integrador e unitário, que buscava, afinal, menos do que realçar qualidades do produto, criar uma atmosfera propícia no sentido de se construir a modernização da nação brasileira. Mas é o Estado brasileiro, particularmente na era de Vargas, que irá assimilar e chamar para si todo esse impulso paródico de deslocamento, recriação e criação de identidades — primeiro, pela participação direta, como no caso da Rádio Nacional, encampada e incorporada ao patrimônio do Estado em 1940 e, segundo, pela sua presença, intrinsecamente caracterizada pela unidade e pela vocação integradora.

O próprio Vargas procurou fomentar por meio de sua figura pessoal, fundada numa imagem de bonomia e bom humor, uma curiosa espécie de anedotário. Quando a coisa foi longe demais, com o autêntico festival de piadas que circulavam no país sobre o próprio Getúlio, sua vida pessoal misturada aos negócios de Estado — o próprio presidente ficaria bastante intrigado e, bem de acordo com o intimismo pessoal que procurava irradiar, mandou chamar o seu assessor e disse-lhe: "O Danton contou-me que sabe o nome do autor dessas anedotas. Mande chamá-lo e ofereça-lhe um cargo qualquer, pois precisamos ter este homem do nosso lado".

No dia seguinte o autor das anedotas estava diante de Getúlio. E, com sua proverbial afabilidade, Getúlio diz:

> Então, é o senhor que inventa todo este anedotário a meu respeito? Dou-lhe meus parabéns... o senhor é realmente espirituoso. Acontece, porém, que algumas destas anedotas contribuem para criar um clima de desmoralização da administração pública. O senhor que é um homem de espírito há de compreender que eu tenho feito tudo pelo bem-estar do povo brasileiro. Dei aos trabalhadores um alto nível de vida, assistência social e leis de proteção; dei casa própria aos humildes; estimulei o teatro nacional, a literatura e a pintura; evitei que os tubarões engordassem à custa do sacrifício dos menos favorecidos da fortuna; evitei que o cruzeiro se desvalorizasse...

Mas o autor das anedotas o interrompeu, timidamente: "Depois, presidente, vão dizer que também fui eu que inventei essa...".[80]

Como se vê, a ação cooptadora de Getúlio sobre o impertinente autor das piadas, a fonte do humor, parece não ter sido muito eficiente, pois as anedotas continuaram. A transformação, pelo deslocamento, do público no privado, base das formas paródicas brasileiras, retoma sua força com a gravação das marchinhas e dos sambas nos anos 1930. Numa dessas marchinhas, de Lamartine Babo e Milton Amaral, lançada em discos Victor em 1937, exercitava-se, de forma irreverente, uma analogia entre o público e o privado, que continuavam, parece, em indistinção notável, agora nas figuras do Estado Novo, que acabara de se instalar, e a vida doméstica, transfigurada numa casa de pensão no bairro do Catete:

Gegê, Juju, Janjão
Rua do Catete, não tem placa no portão
Gegê, Juju, Janjão
Quem será o homem para governar a pensão?
Gegê, Juju, Janjão
Rua do Catete não tem placa no portão
Gegê, Juju não quer
Quem sabe se esse homem
Dessa vez vai ser mulher.
Tem café pro Gegê
Requeijão pro Janjão
Tem churrasco ao Juju
No menu da pensão
Coma quem quiser
Senão os outros comem
Seja mulher
Ou seja homem...
Gegê, Juju, Janjão etc...[81]

Aqui, apresentam-se os pretendentes para governar a casa de pensão: um deles facilmente identificável, Gegê; os dois outros, ilustres e inúteis desconhecidos, pois, no jogo político, já se sabia de antemão quem ia ganhar... A paródia continua no menu da pensão, onde há café (paulista), requeijão (mineiro) e churrasco (gaúcho); como fecho, um verso de absoluto deslocamento cômico, pelo absurdo: "Quem sabe se esse homem dessa vez vai ser mulher"... O mesmo tom gaiato, do caipira e do carcamano, ou malicioso, do maxixe e do capadócio, se sobrepõe agora à malandragem, na duplicidade de sentido do verbo *comer*. Alinhar identidades ou encontrar, ao menos, certas similaridades naquele universo aleatório que era a sociedade brasileira, exigia jogar numa espécie de aposta, peculiar muitas vezes às próprias formas de representação paródica. Murilo Mendes foi um dos que, em 1931, resumiu tudo isso na sua famosa definição do que ele mesmo chamaria de "Homo Brasiliensis: o homem é o único animal que joga no bicho".[82]

O Departamento de Imprensa e Propaganda (DIP) tentou combater tais excessos, obviamente por meio da censura direta e do controle dos meios de comunicação, mas também "sugerindo" e "aconselhando", mediante uma propalada bonomia de Getúlio Vargas, que artistas e comediantes adotassem temas de exaltação ao trabalho e de condenação à malandragem e à boêmia. Foi assim que Ataulfo Alves e Felisberto Martins definiram, num samba de 1941, o Estado Novo:

Veja só!
A minha vida como está mudada
Não sou mais aquele
Que entrava em casa alta madrugada
Faça o que eu fiz
Porque a vida é do trabalhador
Tenho um doce lar
E sou feliz com meu amor

Para depois, sem nenhuma sutileza, completarem:

O Estado Novo
veio para nos orientar
No Brasil não falta nada
Mas precisa trabalhar
Tem café, petróleo e ouro
Ninguém pode duvidar
E quem for pai de quatro filhos

o presidente manda premiar
É negócio casar![83]

O brasileiro, aí, já "não [é] mais aquele...". Ou seja, ele pelo menos já sabe quem é no espaço de sua casa e acha o seu lar "doce", pelo menos no mundo lúdico do samba. Na ânsia modernizadora e organizadora de controle do formal sobre o informal ou, até, de controle sobre a vida individual e cotidiana, o Estado investe com levantamentos de dados, inquéritos e pesquisas estatísticas. A paródia irreverente vem no samba "Recenseamento", de Assis Valente, gravado em 1940:

Em 1940 começaram lá no morro o recenseamento
E o agente recenseador esmiuçou a minha vida que foi um horror
Olhou a minha mão sem aliança, encarou para a criança que [no chão dormia
E perguntou se o meu moreno era decente, se ele era do batente [ou da folia...[84]

O samba de Assis Valente parodiava uma das ações do "Estado Novo". Procurando reagir àquela indiferenciação entre os domínios da vida brasileira, parece que o Estado se pretendia "novo" não apenas no espaço público, mas também no sentido de instaurar ou estimular um novo estado no espaço doméstico e familiar, afastando as rebarbas de um passado incômodo, crivado de ambiguidades, marcado por comportamentos multifacetados, desenraizados e dissolventes. A subversão do espaço público, político ou dos negócios do Estado sobrepunha-se, em estranha analogia, à subversão dissolvente a que estava também exposta a vida individual dos brasileiros. A resposta viria da pena brincalhona, paródica por vocação, de Aparício Torelly (Aporelly), cognominado de barão de Itararé e talvez o maior filósofo nacional, pelo menos da perspectiva que vínhamos traçando até aqui; respondendo ao clima de inquietação geral, ele escreveria no seu jornal algo que seria repetido, em surdina, em muitas esquinas das cidades brasileiras: "O Estado Novo é o estado a que chegamos".[85]

Autodenominado barão de uma batalha inexistente — ele próprio paródia de Zé do Pato ou de Gonzaga de Sá, cujos balões nunca subiram —, o diretor de *A Manha, jornal hebdomedrário, órgão de ataques... de riso* construiu seu humor com base na junção estapafúrdia de um sem-número de registros familiares e privados com questões públicas e coletivas. Talvez por isso, fundindo emoção e vida infantil, intimidade e fruição da coisa pública, ainda brilhe na fala cotidiana brasileira aquela espécie de conselho válido para todas as ocasiões, públicas ou privadas, nos negócios de Estado ou negociatas individuais, tão presente na vida de cada um, que ninguém mais percebe como criação de Aporelly: "Quem não chora... não mama".

Amplamente utilizado nos programas de rádio e depois no cinema, antes e depois da era Vargas, o humor paródico, composto de elementos difusos e de uma linguagem multifária e mixordiosa, crivado de rebarbas e citações anárquicas, será predominante, em particular, naquela que será a síntese da paródia brasileira nos anos 1950: a chanchada. Troca de objetos e identidades, troca de posições sociais, tipos, personagens e cenários — deslocamento constante de sentidos estabelecidos e recriação de novos —, tudo isso fazia da chanchada o momento máximo não apenas do impulso paródico do humor brasileiro mas também das suas fraquezas e das suas ambiguidades na representação da vida brasileira. As referências quase obsessivas da chanchada à troca de identidades — reduzindo quase toda a representação das relações sociais à lábil e esquiva questão da identidade — conduzia, não raro, a visões abstratas ou de "pura exterioridade" das relações sociais, aumentando ainda mais a confusão entre os domínios públicos e privados.[86]

O cinema e a publicidade — primeiro por meio do jornal, depois por meio das revistas —, e o rádio e o cinema, popularizados no final dos anos 1930 e nas décadas subsequentes, e a televisão nos anos 1950 certamente serão meios de comunicação que continuarão a expressar o desconcerto e o paroxismo das relações entre o público e o privado. Circuitos pouco sedimentados da vida privada irão receber impactos dissolventes que incentivavam, sobretudo mediante a publicidade, o arrivismo, a velocidade e, em especial, o esquecimento rápido de comportamentos e perfis culturais ainda não cristalizados. Trabalho, vida doméstica, encontros em espaços públicos — tudo o que deveria se incluir numa rede formalizada de regras jurídicas ou convenções coletivas, aparecia extremamente diluído e indiferenciado na história brasileira. Em lugar da lenta especialização dos lugares e momentos que, afinal, acabariam por apontar os limites do público e do privado, os meios de comunicação de massa virão apenas sobrepor novas camadas de indiferenciação, estimulando, cada vez mais, a confusão e a infixidez entre os dois domínios. O humor ainda será uma das formas privilegiadas para representar essa flexibilidade e essa exigência de comportamento acomodatício. Afinal, como perceber aquilo que fomos, na qualidade individual de brasileiros, se não levarmos em conta o futuro, tal como era concebido?

Ainda assim, em 1952, eis que surge nas telas de cinema, com seu jeito característico de andar e pedindo licença com os cotovelos na altura dos ombros, um novo Jeca Tatu, agora na versão de Amácio Mazzaropi. Tendo fugido de casa aos catorze anos para ser ajudande do faquir Ferris num espetáculo circense, Mazzaropi começou fazendo as cortinas cômicas nos intervalos de números de faquir, contorcionistas, equilibristas e engolidores de fogo. Em 1940, criou sua própria trupe, que atuava num barracão desmontável, destruído por um vendaval nos anos seguintes, até que, no final da década, estreou na Rádio Tupi naquilo que seria depois o programa Rancho Alegre. Iniciou a partir de 1952, com seu primeiro filme, mais de trinta anos de presença nas telas dos cinemas brasileiros. Por que esse eterno retorno da figura paródica? Quem nos responde, vinte anos depois da estreia desse novo Jeca, é um observador privilegiado que, em vez de olhar apenas para o Jeca da tela, assim nos descreve o público de um filme de Mazzaropi:

> A sala estava apinhada e como encarei fita e público como um dado só, minha curiosidade nunca decaiu. O conjunto do espetáculo tinha faces arcaicas e modernas que nunca se confundiam.
>
> Perto de mim havia operários, balconistas e pequenos funcionários cujas conversas ouvi durante o intervalo e, às vezes, no decorrer da projeção. Pelos assuntos, cabelos e saias, todos eram emanações de uma grande cidade moderna, mas nunca se vinculavam com o que poderia ser considerado moderno no filme, isto é, alguns ensaios de ação ou erotismo. Nesses momentos a atenção se despegava da fita e os espectadores voltavam às conversas iniciadas no intervalo.
>
> O interesse e o silêncio, incessantemente interrompido pelo riso, ficavam reservados para o que havia de mais arcaico [Mazzaropi, o Jeca].
>
> Mazzaropi é mais antigo que o palhaço caipira Veneno, que ainda percorre o interior na companhia de Dalila, a última vedete do mambembe [...] Na "Cia. Veneno e Dalila" emoção e riso são bem compartimentados. As cortinas cômicas são concentradas na primeira parte e a segunda é reservada para [o sentimentalismo de] "A mulher marcada". Mazzaropi, como Chaplin, procura fundir as duas expressões. O segredo de sua permanência é a antiguidade. Ele atinge o fundo arcaico da sociedade brasileira e de cada um de nós.

E, com uma sinceridade incomum aos observadores e críticos de cinema, conclui: "A fim de parecer mais moderno do que Mazzaropi, direi que o seu universo é o da redundância. Como só manipula o arquiconhecido, estaria caminhando para a estagnação indiferenciada da entropia. Acontece que isto não acontece. Mazzaropi é estimulante precisamente quando se repete e se repete incansavelmente e sem nos cansar [...] O melhor dos seus filmes é simplesmente ele próprio".[87]

O desinteresse pela intriga fílmica e o interesse pelo Jeca, figura que fazia rir por si própria, aproximam-se de uma forma peculiar de representação da vida cotidana pela reiteração do cômico. A repetição, a redundância, o arquiconhecido mostravam não apenas a peculiar conexão entre os domínios públicos e individuais mas, sobretudo, a possibilidade de afirmação pessoal através do privado. Afirmação pessoal efêmera, já que o humor é, por si, fragmentado, circunstancial e passageiro, e a comicidade uma espécie de bolha de sabão: "Uma anedota é como um fósforo: riscado, deflagrada, foi-se a serventia", definiu Guimarães Rosa.

Outro grande exemplo de montagem paródica, da identidade multifária, errante, fragmentada e anárquica da vida privada brasileira, será dado pela figura de Adoniran Barbosa. Filho de imigrantes italianos, de nome real João Rubinato, foi carregador, entregador de marmitas, tecelão, encanador, pintor, serralheiro e, até, garçom na casa do ministro Pandiá Calógeras. Sua figura lembra muito a de José do Patrocínio, com a diferença de que o balão de Adoniran subiu, alcançando o céu por meio das ondas do rádio... Síntese notável dessa estranha confusão de vozes que foi a vida privada brasileira, eis Adoniran que, a partir de 1942, divertia os ouvintes com as suas dezesseis interpretações de tipos comuns da vida cotidiana brasileira: Zé Cunversa, personagem negro que exercitava sua esperteza tragicômica; Barbosinha Mal-Educado da Silva, o personagem moleque da Escola Risonha e Franca; Giuseppe Pernafina, motorista de táxi do largo do Paissandu; Jean Rubinet, ator de teatro francês; Oswaldo Luiz das Gardênias Lilases, o cronista "delicheuse" dos bairros elegantes; Moisés Rebinovicht, aquele que "fende barrato parra senhorr..., à vista e a pestaçon", e inúmeros outros. Dois deles expressaram, pelo absoluto exagero paródico, a confusão inexprimível a que chegou aquela atmosfera de desenraizamento e de fragmentação da vida brasileira. Um deles era o dr. Sinésio Trombone, que assim se expressava: "Sua excelência chegou num momento intramuscular propedêutico impróprio, porque dentro das congeminências hiperbólicas, posso afirmar que ele não se encontra neste ambiente filarmônico e holocáustico. Tenho dito!". Ou o ainda mais híbrido prof. Richard Morris e seu irmão gêmeo Richard Morris (Por Parte de Mãe) — afinal de contas, dois personagens *vencedores*, que, seguros e confiantes em si mesmos, assim exercitavam sua paródia bilíngue: "Cherterfield Sereneide chata nooga, chu chu — end may reveri six chevrolet laite and pauver. O yes — a traduçon deste fraze que eu disse é a seguinte: — Tromba de elefante não serve para regar as flores do jardim".[88]

Em flagrante antítese com as duas outras figuras e, até, satirizando-as como paródias do provincianismo paulista, estava Stanislaw Ponte Preta, que com o tempero carioca constituiu uma espécie de síntese do humor brasileiro. Daí a multiplicação dos personagens, que se desdobravam do pseudônimo Stanislaw Ponte Preta, sempre sob um ângulo intimista, formando uma autêntica "família". Tia Zulmira, mulher ancestral, presente em todos os momentos-chaves da história, amiga da princesa Isabel, cozinheira da Coluna Prestes, ex-vedete do "Follies Bergère", nadadora campeã por atravessar o canal da Mancha em 1913 e finalmente aposentada, tricotando casacos para órfãos de uma instituição nudista mantida por Luz del Fuego. Primo Altamirando, "Mirinho" para os íntimos; Rosamundo, o "distraído que distraía a todos"; Pedro Cavalinho, o lírico que "driblava todas as chateações desta vida"; Benjamin, o "palhaço negro"; Bonifácio, o patriota, "sorumbático como um Buster Keaton sem contrato"; dr. Data Vênia, "mais monótono que itinerário de elevador", e uma infinidade de outros personagens que escapavam de todo determinismo lógico e viviam nas fímbrias e limiares da vida pública e privada, desvendando suas farsas e satirizando os incorrigíveis "cocorocas" de todo o país.[89]

Ponte Preta exemplificou a maneira como o registro cômico brasileiro foi marcado pelo Rio de Janeiro. Como tão bem diagnosticaram, em diferentes épocas, Raul Pederneiras, Orestes Barbosa e Alberto Lamego. Eles argumentavam que, no universo da anedota, o carioca é indiscutivelmente soberano em toda a política nacional; suas sentenças, pela via das anedotas que reclamam nosso riso despreocupado, tornam-se inapeláveis pela irreverência do ridículo. Quase instantaneamente esfuziam por todos os recantos do Brasil, que com elas assimila o sorriso carioca, a bonomia carioca, a gargalhada carioca. E Alberto Lamego, escrevendo em 1948, concluiu: "À irradiação cultural do Rio de Janeiro sobre os destinos do Brasil, enfeixa-se numa poderosa projeção de contínua alegria que o transforma, e dirige aos poucos para uma hilaridade irresistível, o romântico espírito brasileiro".[90]

Pelo filtro do Rio de Janeiro, a capital do país até 1960, esse tom de irreverência na representação da vida privada espalhou-se, sobretudo por intermédio de Stanislaw Ponte Preta, para todo o país. Todos esses personagens, em suas redundâncias e entropia, exprimiam, ainda que pela última vez antes de ser definitivamente tragados pelo tempo, aquele amálgama múltiplo e anárquico que marcou, por traços fortes, a vida individual, privada e pública, quase historicamente indistintas, de toda a sociedade brasileira.

O mecânico calcado no vivo — essa definição que Bergson nos forneceu da comicidade, limitada à época da revolução tecnológica, ajudou-nos a entender o trânsito constante da paródia brasileira entre o privado e o público. Mas o filósofo de *A Evolução Criadora* deu-nos uma conceituação excessivamente intelectualista do cômico: "O riso nasce de uma anestesia momentânea do coração", escreveu Bergson, referindo-se ao humorista — "este moralista disfarçado de sábio" — e à sua falta de compaixão pelas vítimas da piada. Bergson omitiu, assim, na sua famosa definição, a dimensão emocional contida na comicidade humana. Porque o cômico também sempre constituiu, no caso brasileiro em especial, uma forma de sublimar as emoções. Como investimento emocional, a paródia cômica, articulou uma dimensão de representação do país, uma comunidade de representação extremamente disseminada no imaginário coletivo. Tão disseminada quanto raras vezes percebida de maneira explícita, talvez, mais no plano do agir do que no de conceber. Mais do que o deslocamento entre o privado e o público, ou a singular conexão entre os dois domínios, a dimensão da paródia cômica e a saída pelo riso pareciam compensar aquilo que um notável historiador chamou de "horror às distâncias que parecia constituir o traço mais específico da sociedade brasileira — aquela atitude que não suporta os trâmites e abstrações sociais, desconhecendo qualquer forma de convívio que não fosse ditada por uma ética de fundo emotivo".[91]

A representação da sociedade brasileira pela dimensão cômica mostrava que o privado não apenas se confundia com o público, diluindo-o, mas também criava um espaço para o indivíduo afirmar-se perante aquela espécie de vazio moral, que se criava cada vez que a aceleração da história reforçava, por estruturas mais gerais e vastas temporalidades, os redutos da racionalidade. O humor permitia, tanto na vida cotidiana quanto nas situações coletivas, livrar-se, pela irreverência, de autoridades e gestos incômodos, de si mesmo ou de outros — dando ao indivíduo, por efêmeros momentos, a sensação de pertencimento que o nível público lhe subtraíra e que, lentamente, ele tentava conquistar. Quanto mais reveses ele sofre (e ainda sofreria muitos), na busca dessa cidadania e desse lugar no espaço público, na tentativa de ver o mundo pela ótica da boa e reta razão, mais ele regride às suas emoções e ao cômico, porque, afinal, se o riso, essa epifania da emoção, não nos dá nada de duradouro, pelo menos nos humaniza e nos faz parte daquela integridade inacabada da existência cotidiana.

Relembrando sua humanidade efêmera por trás de voláteis formas sociais, esse humor não lhes daria também, como se sabe, nenhum traço de identidade, mas, ao que parece, ajudava a soldar os brasileiros ao tempo, possibilitando-lhes, se não um porto seguro, pelo menos algumas ilhas de sobrevivência. Ilhas onde, afinal, predominava aquela ética de fundo emotivo — e onde a solução era rir —, talvez a fórmula brasileira para manter a esperança e afugentar a morte.

5. RECÔNDITOS DO MUNDO FEMININO[1]

Marina Maluf e
Maria Lúcia Mott

Sozinha pela rua, com as mãos na direção de seu auto; sozinha no passeio e no dancing *da moda. É a moça de hoje que já não precisa da mamãe vigilante, nem a senhora de companhia* [...] *Como os cabelos, como os vestidos, como o rosto, a moça de hoje já fixou o espírito, fê-lo mais livre* [...] *fê-lo apto e forte* [...] *Nas repartições públicas, no balcão, na fábrica ou nas grandes casas, ela sabe estar sozinha pela vida* [...] *Sozinha: para as mãos, já não faz falta o embrulhinho cúmplice e dissimulador. Já sabe o que fazer com as mãos, que são igualmente adestradas para empunhar a direção de um auto ou para mover-se sobre o teclado de uma máquina de escrever.*[2]

As mudanças no comportamento feminino ocorridas ao longo das três primeiras décadas do século XX incomodaram conservadores, deixaram perplexos os desavisados, estimularam debates entre os mais progressistas. Afinal, era muito recente a presença das moças das camadas médias e altas, as chamadas "de boa família", que se aventuravam sozinhas pelas ruas da cidade para abastecer a casa ou para tudo o que se fizesse necessário. Dada a ênfase com que os contemporâneos interpretaram tais mudanças, parecia ter soado um alarme.

Se as novas maneiras de se comportar tinham se tornado corriqueiras em menos de duas décadas, a ousadia, no entanto, cobrava seu preço: que a senhora soubesse conservar um "ar modesto e uma atitude séria, que a todos imponha o devido respeito". E mais: que a mulher sensata, principalmente se fosse casada, evitasse "sair à rua com um homem que não seja o seu pai, o seu irmão ou o seu marido". Caso contrário, iria expor-se à maledicência, comprometendo não só a sua honra como a do marido, conforme se lia na *Revista Feminina*, importante publicação do período.[3]

O ritmo das mudanças ocorridas, considerado por muitos como alarmante, veio acompanhado de certa ansiedade por parte dos segmentos mais conservadores da sociedade, já tomados pela vertigem das grandes transformações que o país vinha vivendo, sobretudo a partir do último quartel do século XIX.[4] Não faltaram vozes nesse começo de século para entoar publicamente um brado feminino de inconformismo, tocado pela imagem depreciativa com que as mulheres eram vistas e se viam e, sobretudo, angustiado com a representação social que lhes restringia tanto as atividades econômicas quanto as políticas. "Entre nós", escreveu em 1921 a articulista Iracema, "a mulher só exerce sobre o homem o prestígio do seu sexo. Quando o homem não está mais sob o sortilégio exercido pelos encantos da mulher, esta deixa de ocupar-lhe o espírito, de interessá-lo."[5]

E quais seriam nesses tempos os sinceros desejos da mulher?, indagava a escritora Chrysanthème (pseudônimo de Cecília Bandeira de Melo Rebelo de Vasconcelos) à sua personagem, que lhe respondia, aborrecida com o tom protetor e de disfarçado desdém dos homens superiores: "Nós queremos a liberdade [...] ou pelo menos a sua igualdade com o homem, o nosso déspota, o nosso tirano".[6] "Sejamos mulheres", proclamava de Minas Gerais uma colaboradora da *Revista Feminina*, em 1920. Reivindicando igualdade de formação para ambos os sexos, chamava a atenção das leitoras para as mulheres "vítimas do preconceito", que viviam fechadas no lar, arrastando "uma existência monótona, insípida, despida de ideais", monetariamente algemadas aos maridos.

Era nas cidades, as quais trocavam sua aparência paroquial por uma atmosfera cosmopolita e metropolitana, que se desenrolavam as mudanças mais visíveis. Através de um processo diagnosticado por vários críticos temerosos como imperfeito e desorganizado, a nova paisagem urbana, embora ainda guardasse muito da tradição, era povoada por uma população nova e heterogênea, composta de imigrantes, de egressos da escravidão e de representantes das elites que se mudavam do campo para as cidades.

Diante da variedade de questionamentos, experiências e linguagens tão novas que as cidades passaram a sintetizar, intelectuais de ambos os sexos elegeram como os legítimos responsáveis pela suposta corrosão da ordem social a quebra de costumes, as inovações nas rotinas das mulheres e, principalmente, as modificações nas relações entre homens e mulheres.[7] Conjugaram-se esforços para disciplinar toda e qualquer iniciativa que pudesse ser interpretada como ameaçadora à ordem familiar, tida como o mais importante "suporte do Estado" e única instituição social capaz de represar as intimidadoras vagas da "modernidade".

"Hoje em dia, preocupada com mil frivolidades mundanas, passeios, chás, tangos e visitas, a mulher deserta do lar. É como se a um templo se evadisse um ídolo. É como se a um frasco se evolasse um perfume. A vida exterior, desperdiçada em banalidades, é um criminoso esbanjamento de energia. A família se dissolve e perde a urdidura firme e ancestral dos seus liames. 'Rumo à cozinha'! eis o lema do momento", conclamava a *Revista Feminina* em agosto de 1920.

Homens e mulheres se acusavam reciprocamente como os principais causadores de uma intolerável corrosão dos costumes. Em 1916, a colaboradora Bebé de Mendonça Lima declarava o homem culpado pela ruína da felicidade conjugal: sempre com o vinco "cavado entre os supercílios", deixa rastros de mau humor pela casa, embaraça os criados e amedronta as crianças. Ofendido e ligeiro, o escritor René Thiollier contra-atacou no número seguinte. Afinal, argumentava, ele também fazia parte "dessa cáfila doce-amarga, tão detestada e, ao mesmo tempo, tão querida, que se chama os maridos".[8] Em outubro do mesmo ano, a romancista Júlia Lopes de Almeida escreveria, tornando ainda mais público um descontentamento tanto tempo represado: "Se não fosse a prudência das mulheres o casamento seria uma fonte abundantíssima de escândalos", pois fosse o amor uma questão de natureza, "não sei o que seria dessa história de fidelidade conjugal".[9]

Se as reclamações das mulheres estavam pontuadas de mágoa e revolta, as dos homens pareciam revelar desconfiança para com a "nova mulher". "Caso ou não caso?", indagava o conservador poeta modernista Menotti del Picchia, em 1920. "Eis o dilema que arrepia a espinha do celibatário." E arrematava: "Os moços, com razão, andam ariscos [...] Será justo que um moço trabalhador e honrado entregue seu nome nas mãos de uma cabecinha fútil e doidivanas [...]?". Antigamente as mulheres "não serelepeavam nos asfaltos, irrequietas e sirigaitas; não saíam sozinhas [...] nem se desarticulavam nos regamboleios do tango e do maxixe".[10] A resposta não tardaria. Sob o pseudônimo de Rosa Bárbara, uma intelectual de Minas Gerais publica na edição de junho da revista aquilo que ela denomina de a "outra face da medalha". Os "rapazes honestos" a quem os senhores Menotti del Picchia e seus colegas de crítica se referem, os chamados "filhos-famílias", escreveu a articulista, tomam por elegante e de bom-tom passar suas noites "nas casas de divertimentos livres, ao jogo ou nos cafés, embrutecendo o espírito, aviltando a alma e arruinando o corpo pelas bebidas, cocaína, morfina ou cartas de pôquer". É a esses homens pouco educados que as esposas se entregam. E a autora finaliza: ainda teremos o "prazer de ouvir e de ver uma moça [...] quedar-se indecisa, mirando e remirando a elegância do pretendente, interrogar-se com prudência... Caso ou não caso?".[11]

O dever ser das mulheres brasileiras nas três primeiras décadas do século foi, assim, traçado por um preciso e vigoroso discurso ideológico, que reunia conservadores e diferentes matizes de reformistas e que acabou por desumanizá-las como sujeitos históricos, ao mesmo tempo que cristalizava determinados tipos de comportamento convertendo-os em rígidos papéis sociais. "A mulher que é, em tudo, o contrário do homem",[12] foi o bordão que sintetizou o pensamento de uma época intranquila e por isso ágil na construção e difusão das representações do comportamento feminino ideal, que limitaram seu horizonte ao "recôndito do lar" e reduziram ao máximo suas atividades e aspirações, até encaixá-la no papel de "rainha do lar", sustentada pelo tripé mãe-esposa-dona de casa.

HISTORICIZANDO O RECÔNDITO

Baseado na crença de uma natureza feminina, que dotaria a mulher biologicamente para desempenhar as funções da esfera da vida privada, o discurso é bastante conhecido: o lugar da mulher é o lar, e sua função consiste em casar, gerar filhos para a pátria e plasmar o caráter dos cidadãos de amanhã. Dentro dessa ótica, não existiria realização possível para as mulheres fora do lar; nem para os homens dentro de casa, já que a eles pertenceria a rua e o mundo do trabalho.

A imagem da mãe-esposa-dona de casa como a principal e mais importante função da mulher correspondia àquilo que era pregado pela Igreja, ensinado por médicos e juristas, legitimado pelo Estado e divulgado pela imprensa. Mais que isso, tal representação acabou por recobrir o ser mulher — e a sua relação com as suas obrigações passou a ser medida e avaliada pelas prescrições do dever ser.[13]

No manual de economia doméstica *O lar feliz*, destinado às jovens mães e "a todos quantos amam seu lar", publicado em 1916, mesmo ano em que foi aprovado o Código Civil da República, o autor divulga para um público amplo o papel a ser desempenhado por homens e mulheres na sociedade, e sintetiza utilizando a ideia do "lar feliz" a estilização do espaço ideologicamente estabelecido como privado.

"Nem a todos é dado o escolher sua morada, pois em muitos casais a instalação depende da profissão do chefe", afirma o compêndio, em consonância com o Código.

> Entretanto à mulher incumbe sempre fazer do lar — modestíssimo que seja ele — um templo em que se cultue a Felicidade; à mulher compete encaminhar para casa o raio de luz que dissipa o tédio, assim como os raios de sol dão

cabo dos maus micróbios [...] Quando há o que prenda a atenção em casa, ninguém vai procurar fora divertimentos dispendiosos ou prejudiciais; o pai, ao deixar o trabalho de cada dia, só tem uma ideia: voltar para casa, a fim de introduzir ali algum melhoramento ou de cultivar o jardim. Mas se o lar tem por administrador uma mulher, mulher dedicada e com amor à ordem, isso então é a saúde para todos, é a união dos corações, a felicidade perfeita no pequeno Estado, cujo ministro da Fazenda é o pai, cabendo à companheira de sua vida a pasta política, os negócios do Interior.[14]

A descrição harmoniosa do "pequeno Estado" discriminava as funções de cada um, atribuindo ao marido e à mulher papéis complementares, mas, em nenhum momento, igualdade de direitos. Acentuava-se o respeito mútuo, que pode ser traduzido como a expressa obediência de cada sexo aos limites do domínio do outro. Nas palavras de Afrânio Peixoto, "iguais, mas diferentes. Cada um como a natureza o fez".[15]

Vários preceitos do Código Civil de 1916 sacramentavam a inferioridade da mulher casada ao marido. Ao homem, chefe da sociedade conjugal, cabia a representação legal da família, a administração dos bens comuns do casal e dos particulares da esposa segundo o regime matrimonial adotado, o direito de fixar e mudar o local de domicílio da família.[16] Ou seja, a nova ordem jurídica incorporava e legalizava o modelo que concebia a mulher como dependente e subordinada ao homem, e este como senhor da ação. A esposa foi, ainda, declarada relativamente inabilitada para o exercício de determinados atos civis, limitações só comparáveis às que eram impostas aos pródigos, aos menores de idade e aos índios.[17]

Vale lembrar que o Código Civil de 1916 guardou certa distância da legislação de 1890. Nesta, era conferida *ao marido*, sem qualquer dissimulação, a chefia da sociedade conjugal, bem como a responsabilidade pública da família, além de caber a ele a completa manutenção dos seus, e a administração e o usufruto de todos os bens, inclusive dos que tivessem sido trazidos pela esposa no contrato de casamento.[18] No Código de 1916, a manutenção da família passou a ser responsabilidade *dos cônjuges*. Uma perversão jurídica, no entanto, perpetuava a submissão da esposa ao marido: o direito da mulher casada ao trabalho iria depender da autorização dele ou, em certos casos, do arbítrio do juiz.[19]

Usos e costumes, porém, revelam que o âmbito do poder do marido ia mais longe do que o previsto pela lei. A ele cabia deliberar sobre as questões mais importantes que envolviam o núcleo familiar: a apropriação e a distribuição dos recursos materiais e simbólicos no interior da família, o uso da violência considerada "legítima", cujos limites eram debilmente contornados por aquilo que se considerava excessivo, e o controle sobre aspectos fundamentais da vida dos familiares, como as decisões sobre a escolha do tipo e local da formação educacional e profissional dos filhos.[20]

Isso pode ser atestado, por exemplo, no processo que se seguiu ao pedido de separação de Cora de Magalhães, ocorrido na cidade de São Paulo em 1928. Ela propusera ação de desquite alegando, entre outros problemas conjugais, que levava uma vida de vexames e humilhações. O marido, Manoel Martins Erichsen, contra-atacou solicitando a reconvenção do processo — recurso que o transformava de réu em vítima. Erichsen inverteu os papéis, acusando a esposa de tê-lo injuriado gravemente ao recusar-se a viver em sua companhia onde ele determinasse, de ter lhe usurpado o pátrio poder (ao internar em um colégio, sem sua autorização, uma das filhas do casal) e de tê-lo impedido de se encontrar com os filhos. A ação de Cora foi repelida por unanimidade, enquanto a reconvenção foi julgada procedente.[21]

Processos de divórcio de ricas famílias paulistas nesse período revelam o recurso frequente à coerção física das mulheres. Pesquisas registram que o marido, tal como um pai, se sentia no dever de punir com violência sua esposa quando desobedecido. Embora nenhum código permitisse ou sequer relevasse tais agressões, estas se davam sob a proteção de regras do costume. A violência só era vista como selvageria e brutalidade quando exercida diante dos considerados pelas classes médias e altas como seus iguais, ou daqueles que privavam com o casal. Dessa categoria estavam excluídos, por exemplo, os empregados domésticos, tratados como inferiores, não como iguais. Diante destes, a coerção física não era tomada como humilhante.[22]

No seu livro de memórias *Diário de Bitita*, a escritora negra Carolina Maria de Jesus, nascida no Sul de Minas Gerais em 1917, relembrou uma cena de infância, vivida entre o avô, ex-escravo, e sua mulher. Além de corroborar exemplarmente a violência doméstica consentida, o episódio relatado pela escritora revela como as classes mais pobres, muitas vezes, incorporaram não apenas os padrões de comportamento familiar mas também os valores das elites:

> Quando vovô veio almoçar, não tinha farinha. Ele não comia sem farinha porque na época da escravidão os negros eram obrigados a comer o angu e a farinha. À tarde, quando foi jantar, encontrou farinha. Perguntou a siá Maruca:
>
> — Onde e quando conseguiste dinheiro para comprar esta farinha?
>
> Os seus olhos voaram para o rosto de siá Maruca, que havia mordido os lábios. Por fim ela resolveu responder:
>
> — Eu lavei roupas para dona Faustina, ela pagou e eu comprei cinco quilos de farinha, lavei duas dúzias por um mil réis. O quilo da farinha custou duzentos réis.
>
> O meu avô retirou a cinta da cintura e espancou-a. Dizia:
>
> — É a última vez que a senhora vai fazer compras sem o meu consentimento. Quando quiser sair, peça-me permissão. Quem manda na senhora sou eu! Se a senhora não sabe obedecer, vai embora.[23]

Ao comentar o Código Civil no ano de 1917, Clóvis Beviláqua observou que a razão de se dar ao homem a chefia da família se devia unicamente à necessidade de haver quem assumisse a direção de modo a "harmonizar as relações da vida conjugal". As razões da hierarquia e das restrições impostas à mulher não deveriam ser atribuídas à inferioridade física e mental, uma vez que homens e mulheres são dotados de capacidade equivalente. O condicionante, assinalava o jurista, era a diversidade das funções que os consortes eram chamados a exercer "junto à sociedade e na família".[24]

O professor Washington de Barros Monteiro, ao comentar a legislação de 1916, reiterava em outras palavras a supremacia masculina, mesmo tendo transcorrido quase meio século: "Outrora dizia-se que essa preponderância do homem era de Direito Natural; posteriormente procurou justificá-la com a fragilidade da mulher", escreveu o jurista. "Modernamente, porém, com muito acerto afirma-se que ao marido compete a chefia da sociedade conjugal pela necessidade de haver quem lhe assuma a direção e também por ser ele quem, pelo sexo e pela profissão, mais apto se acha para receber a investidura."[25]

O Código Civil de 1916 interpretou o modo como cada um dos cônjuges deveria ser apresentado socialmente. Um conjunto de normas, deveres e obrigações, com seu correlato inibidor e corretivo, foi formalmente estabelecido para regrar o vínculo conjugal, a fim de assegurar a ordem familiar. A cada representante da sociedade matrimonial conferiu-se um atributo essencial. Assim, se ao marido cabia prover a manutenção da família, à mulher restava a identidade social como esposa e mãe. A ele, a identidade pública; a ela, a doméstica. À figura masculina atribuíram-se papéis, poderes e prerrogativas vistos como superiores aos destinados à mulher. Delineava-se com maior nitidez a oposição entre esferas pública e privada, base necessária para que a mulher se torne mulher e o homem se torne homem, ao mesmo tempo que fornece os elementos de identificação do lugar do homem e da mulher em todos os aspectos da vida humana.

As desigualdades entre as funções desempenhadas por homens e mulheres, que os identificaram ou com a rua ou com a casa, não vieram desacompanhadas de uma valorização cultural. Isto é, as atividades masculinas foram mais reconhecidas que as exercidas pelas mulheres, razão pela qual foram dotadas de poder e de valor. O trabalho era o que de fato conferia poder ao marido, assim como lhe outorgava pleno direito no âmbito familiar, ao mesmo tempo que o tornava responsável, ainda que de modo formal, pela manutenção, assistência e proteção dos seus. Ao ser assim considerado, o marido desempenhava função de valor positivo e dominante na sociedade conjugal. Essa crença foi de tal modo interiorizada pela família e pela sociedade que o descumprimento dessa atribuição por parte do marido era tomado pela mulher como falha, da mesma forma que fazer comentários sobre os insucessos do marido fora dos muros estritamente conjugais poderia ser razão suficiente para explosões de violência, uma vez que quebrar o silêncio sobre o assunto colocava sob forte ameaça a representação masculina dentro e fora de casa.[26]

A repercussão nos sentimentos masculinos diante da impossibilidade de ser o único provedor da família, de acordo com os padrões tradicionais, foi observada também por Rosa Maria Barbosa de Araújo, na sua pesquisa sobre o Rio de Janeiro das primeiras décadas do século. Alguns maridos chegavam ao desespero e cometiam suicídio, "justificando o ato pela derrota moral de não cumprir seu dever".[27] Isso levava a se considerar desonrosa a alternância ou complementaridade do trabalho remunerado dos cônjuges para enfrentar os custos da sobrevivência familiar, pois acreditava-se que feria tanto a identidade social desejável da mulher quanto a do homem.

No editorial de outubro de 1918 da *Revista Feminina*, Ana Rita Malheiros, como vimos, pseudônimo de Cláudio de Souza, chegou a responsabilizar o homem moderno pelo avanço do feminismo. Transformado num "quase invalidado" porque incapaz de produzir "o suficiente para o sustento de seu lar", o marido compeliu a mulher ao trabalho, quando, na verdade, ela preferiria, segundo o articulista, "continuar tranquila no seu canto de sombra", ocupada com os "encargos da direção do lar".

Não se pode esquecer ainda que a contrapartida do marido

provedor era a mulher responsável pela honra familiar. Ou seja, em troca do sustento garantido, a mulher casada deveria se distinguir socialmente, respeitando os ditames da moral e dos bons costumes, evitando assim incorrer em injúria grave, definida como o procedimento que "consiste em ofensa à honra, respeitabilidade ou dignidade do cônjuge".[28] Isso significa dizer que o julgamento do comportamento do marido pela sociedade dependia em grande parte do comportamento da mulher.

O mesmo discurso que tornou correlatos trabalho e identidade masculina concebeu a mulher circunscrita ao espaço interior da casa. A arquitetura do lar feliz aprisionou homens e mulheres dentro de uma moldura estritamente normativa. Homens e mulheres, maridos e esposas passaram a se defrontar não só com uma noção mais delimitada dos papéis sociais atribuídos a cada sexo mas, sobretudo, com uma rigidez provavelmente desconhecida até então em suas experiências cotidianas.

Se uma coisa era o rigor da lei, outra coisa podia acontecer na intimidade de alguns lares. Foi uma dessas situações que o escritor paulista Alcântara Machado construiu em seu romance inacabado *Mana Maria*, cujos originais foram localizados após sua morte, em 1935. O autor cria um personagem — *Purezinha*, dona de casa, mãe de uma filha — que, navegando contra a corrente das normas de então, assume o governo da casa, aluga imóveis, aplica dinheiro. Converte-se, enfim, no cabeça do casal. Quando Purezinha morre, a filha Maria emerge "de palavra medida e dura, gesto brusco e decidido, olhar firme, direto, autoritário". Por ocasião da partilha dos bens da mãe, a moça fez questão de estar presente, e discutiu com tal firmeza seus direitos de filha legítima que até o pai se surpreendeu. E ainda mais se espantaria ao ouvir a explicação da filha: "[...] conheço as leis do meu país". Maria vai ao quarto e de lá retorna trazendo consigo um exemplar encadernado do Código Civil, o que levaria o pai, Joaquim Pereira, a "estourar" de admiração: "Você é sua mãe escarradinha". Fora Purezinha, sua esposa, quem comprara o Código agora descoberto, lido e relido pela filha. "Incrível. Definitivamente sumiu diante da filha", que a partir de então, "conversou com o advogado, estabeleceu os quinhões [...] e, concluído o inventário, passou a tomar conta de todos os negócios, do pai inclusive."[29]

A PEDAGOGIA DO CASAMENTO

Cenas de um casamento. Antes de perguntar ao noivo e à noiva se eles de fato querem unir-se pelos sagrados laços do matrimônio, o oficiante faz uma prudente advertência ao homem: "Se o senhor quer se casar com a senhora, devo preveni-lo de que ela, como todas as demais mulheres, tem um dia ou mais de nervos por mês. Ao unir seus destinos à dona de seus mais caros sonhos, o senhor deverá comprometer-se a suportá-la com paciência nesses dias".

Antes mesmo da anuência do noivo, ele acautela a mulher: "Se a senhora está decididamente resolvida a casar-se, advirto-a, para sua segurança futura, de que o senhor, como todos os homens, poderá ter acessos de loucura transitória. Ou, digamos, de pronunciado mau humor. Tal estado costuma durar pouco. Quase nunca excede a um dia, e é muito raro que se repita por mais de três a quatro vezes por semana. Fica a noiva avisada de que, para contrabalançar seu dia de nervos, terá que suportar o dobro em peso e medida, por parte de seu marido, que é o rei da criação e o chefe da família".

A cena imaginária, que no final do século XX poderia soar como uma caricatura anedótica das relações entre marido e mulher, está expressamente sugerida em um artigo da *Revista Feminina*, na edição de abril de 1916. Ainda que com a sutileza permitida pelos valores de então, a autora da situação acima inquieta-se pela injustiça. Se é difícil aguentar os próprios nervos, escreve ela, "é mais cruel ter que suportar os dos outros, principalmente quando o contrato é indissolúvel, com todos os agravos e todas as restrições para nós mulheres — e todas as vantagens e toda a liberdade para nossos maridos, que em tudo nos levam cento por cento".

Longe de indicar o colapso do casamento, as reclamações e

acusações mútuas de maridos e esposas apontavam a necessidade de remodelar o casamento para reforçá-lo como instituição social. Argumentos foram elaborados para apaziguar e tornar legítimas diferenças injustas, pois urgia converter a relação entre homens e mulheres em um vínculo disciplinado, ou mesmo harmonioso, de modo a tornar segura a reprodução da ordem e afastar os riscos que ameaçavam desarranjar os planos da organização doméstica. O menor sinal de flexibilização na divisão sexual das funções no interior da família era repercutido pelos conservadores e reformistas como uma ameaçadora vaga modernizante. Contra os "surtos grandiosos do progresso" que faziam "oscilar o mundo", alertavam eles, "sejamos como a árvore poderosa arraigada ao solo, imutável, idêntica a ela mesma", procuremos no "lar o ser estável que nenhum acontecimento pode abalar".[30] Rosa Maria Barbosa de Araújo acredita que no caso do Rio de Janeiro prevalecia uma dupla moral, responsável pelas rupturas do equilíbrio e pelas explosões de conflitos dentro do lar, muito presentes no período. Alguns fatores precisam ser considerados, sublinha a autora: primeiro, a discrepância entre a expectativa de uma divisão rigorosa das esferas de atuação entre os cônjuges e a prática cotidiana; segundo, um sistema rígido de valores que exigia coerência de comportamentos, tanto na esfera doméstica quanto fora dela, algo bastante difícil num período de urbanização e industrialização crescentes, as quais convocavam os indivíduos e a família para novas formas de associação e lazer, ao mesmo tempo que ofereciam outras oportunidades, ainda que desiguais, de trabalho.[31]

As inovações trazidas pela tal "vida moderna" povoavam as páginas dos mais diferentes tipos de literatura, o que por si só indicava um forte movimento em prol da defesa de determinadas instituições basilares da sociedade, mesmo que para isso fosse necessário acatar mudanças e introduzir outras. Nada, entretanto, que pudesse ferir a legitimidade das regras do sistema familiar e social. Carregava-se no tom para justificar a reação "contra certas teorias dissolventes" que dia a dia alimentam "a onda de imoralidade e da perversão dos costumes que tenta levar de vencida tudo o que a humanidade possui de melhor".[32]

Não é sem desconfiança que lemos sobre a intensidade e velocidade das mudanças na vida das mulheres brasileiras. Algumas décadas não foram suficientes para influenciar tão fortemente a mulher, transformá-la em "pobre mariposa" e arrastá-la para "viver com o mundo e para ele", como queria uma leitora da seção "Jardim fechado".[33] Ao contrário, tais palavras mais revigoravam uma velha moral e menos revelavam "a dissolução dos costumes", como denunciava o dr. Viveiros de Castro, presidente da Comissão Executiva da Liga de Defesa Nacional.[34]

Qual é a missão da mulher? E qual é a do homem?[35] Essas eram indagações com as quais homens e mulheres, maridos e esposas se debatiam na tentativa de delinear para si mesmos e para a sociedade em mudança seus respectivos papéis sociais e familiares. Sem poder dizer com exatidão quais seriam os futuros encargos de ambos, intelectuais das mais variadas correntes de pensamento empenharam-se em estabelecer "com precisão" os limites entre os caracteres dos dois sexos.

Diferentes biologicamente, diversas psicologicamente, desiguais socialmente, as psiques do homem e da mulher eram vistas como "meros reflexos de suas posições físicas no amor: um procura, domina, penetra, possui; a outra atrai, abre-se, capitula, recebe. O trabalho, pura sublimação dos impulsos naturais, sempre será alocado pelo sexo, em harmonia com estas disposições".[36] Os mais variados discursos sobre a família e o casal — literários, religiosos, médicos e jurídicos — decretavam, a partir de meados do século XIX, que era no lar, no seio da família, que se estabeleciam as relações sexuais desejadas e legítimas, classificadas como decentes e higiênicas.

Ao sentenciar que "o amor ao próximo, à família, à pátria, à humanidade são metamorfoses ou sublimações do amor inicialmente sexual", isto é, a domesticação das paixões e dos desejos pecaminosos,[37] os "higienistas da alma", a exemplo do psiquiatra progressista Antônio Austregésilo Lima, reafirmaram o juízo já de larga tradição cristã: "Fora do casal não existe salvação possível".[38] Paralelamente a tais incursões, sentiram-se à vontade para esquadrinhar, fiscalizar e confrontar padrões de comportamento. E, em nome da salvaguarda da família, condenar os desvios da norma.

Se o casamento representava uma etapa superior das relações amorosas, se foi proclamado "garantidor da saúde da humanidade", o melhor remédio para o corpo e para a alma, e se constituía uma das maiores fontes de "estabilidade social", era preciso, então, divulgá-lo e transformá-lo numa necessidade para todos.[39] Os celibatários, vistos como ameaça ao edifício social e à pureza do casamento, eram motivo de discursos que não poupavam os homens tampouco as mulheres. "É um erro funesto crer que a virgindade conserve o brilho da tez e os atrativos da juventude. A maior parte das mulheres que ficam virgens depois de ter atingido o desenvolvimento completo são assaltadas por uma multidão de indisposições mortais", inimigas da beleza e da saúde. Na medida em que "tardam a cumprir os deveres de amante e de mãe", sua pele tende a tornar-se "terrosa e baça". Com mais frequência que os "indivíduos normais", os castos "estão sujeitos a tornar-se escravos de paixões sexuais tirânicas. A natureza nunca perde os seus direitos e a sua desforra é às vezes penosa".[40]

Foram, porém, as camadas mais baixas da população — operários, imigrantes, mulheres pobres, mulheres sós, negros e mulatos — que tiveram o comportamento mais fiscalizado e submetido a medidas prescritivas. As múltiplas e improvisadas formas de união amorosa nesses segmentos receberam especial atenção das camadas médias e altas, bem como dos intelectuais conservadores e dos clérigos. Decididas a institucionalizar o amor com vistas a sustentar uma determinada ordem social, as elites transformaram em ameaça os relacionamentos ajustados por padrões mais flexíveis e simétricos, classificando de imorais as uniões cujo epílogo não coincidia com o casamento.[41]

Traçadas as linhas da "conduta decente", os promotores da moral e da ordem classificaram como ilícita toda e qualquer relação entre homens e mulheres que se firmasse fora do contrato matrimonial. Em nome de uma ligação de amor que fundisse existências, e não somente sexos, o amor na mancebia foi transformado em objeto de intervenção. Amor degenerado, espectro de amor, imitação de amor: esses eram os termos do discurso que pretendia regular as uniões consensuais. Na obra anônima *O problema sexual*, escrita em 1913 (assinada apenas por "Leitura Reservada", e prefaciada por Ruy Barbosa e pelo escritor Coelho Neto), o leitor encontrará certezas como a que afirma que "no concubinato dissipam-se sensações de que temos necessidade para o casamento, para as grandes ações da nossa existência, para reacender a chama da vida", em razão do que todas as "forças das nossas faculdades amatoriais" devem ser reservadas para "aquele amor", pois é muito longa a vida "para ser suportável com um amor valetudinário".[42]

Não há felicidade senão no casamento, profetizava o médico eugenista Renato Kehl. É nesse "estatuto que a mulher se transforma em Esposa e o homem em Esposo, e que a Esposa e o Esposo se transfiguram em Mãe e Pai".[43] Semelhantes lições e argumentos foram propagados por todo o país com o intuito de "civilizar o amor".[44] Alguns propósitos profiláticos deveriam ser disseminados com a finalidade de instruir moças e rapazes a protestar contra a paixão infecunda, indicativa de desordem, em favor do sereno e saudável amor conjugal. A ordem era combater com ânimo a invasão impetuosa dos desejos para se atingir a serenidade da existência, pois a saúde da alma dependia de uma atenção vigilante pelo amor intenso. Ao mesmo tempo que atacavam a exaltação da paixão romanesca, tais conselhos reforçavam a instituição matrimonial. Mais do que estabelecer uma relação conjugal, o casamento visava, ainda, instituir uma união cuja finalidade era não apenas generativa mas a produção de uma prole legítima.[45]

Na obra *Matrimônio perfeito*, que, por se tratar de um trabalho de "ciência sexual" era recomendada por seu prefaciador para "figurar na *corbeille* de todas as noivas", T. H. Van de Velde assinalou que a instituição matrimonial é para os crentes um sacramento, é para o Estado e para a sociedade um consórcio indispensável, mas é para a progenitura que se constitui, de fato, em uma instituição de absoluta necessidade. Tal certeza levou o autor a indagar: se os filhos "são o laço de união espiritual mais poderoso no matrimônio normal", o que mais poderá unir um casal que os cuidados com sua progênie?[46]

Recorrendo a uma argumentação que invocava os supostos rigores metodológicos e explicativos do saber científico, o amor ideal tornou-se uma questão de ciência e foi transformado em objeto de técnica, de "argúcia, análise e ação paciente", como sublinhou um autor na revista *Para Todos*, no ano de 1918. O "amor de sofrimentos" passou de tal forma a fazer parte do repertório das patologias que amor, saúde e felicidade passaram a coincidir nos discursos sobre a família.[47] Certamente foi essa convicção que conduziu o mesmo "epicurista" a escrever em seu artigo que "o trabalho do *homme à femme* de hoje é o mesmo do bacteriologista, isto é, descobrir e isolar o micróbio. O resto está escrito, é aplicar as regras".[48]

O campo semântico do amor conjugal passou a agitar-se em torno da ideia da "alegria serena" para fazer face à "escravidão das paixões cegas", cujo corolário eram as "torturas decorrentes do ciúme".[49] Não por acaso a imprensa do período carregou nas tintas ao criar o espetáculo daquilo que a jurisprudência denominava de "crimes da paixão". Títulos escandalosos ("Liquidação de mulheres", "Mulheres assassinadas", "De 12 em 12 horas assassina-se uma mulher no Brasil", "O júri, esperança dos assassinos...", "A apoteose ao assassinato") revelavam menos uma preocupação com a banalização do crime passional que a reiteração de que aqueles eram tempos muito maus, "hora das liberdades de toda espécie, da falência de todas as virtudes".[50] Criava-se uma atmosfera que já vinha sendo, pouco a pouco, construída de maus presságios. Diante de tanto perigo e das incertezas geradas pelo ambiente urbano, o amanho do lar e da família foi convertido em ancoradouro da moral sagrada.

A construção de uma referência normativa de afetividade conjugal era o que se alinhavava, de fato, no avesso do lema

"Poupai o coração" — e suas marcas mais relevantes foram o ascetismo e a disciplina. E mais: ao mesmo tempo que procurava instituir um espaço e um âmbito exclusivo do casal, separava para os sexos as esferas tanto de atuação quanto simbólicas.[51] A esposa virtuosa foi aclamada e cercada por comandos morais. Prescreveu-se para ela complacência e bondade, para prever e satisfazer os desejos do marido nem sequer expressos; dedicação, para compartilhar abnegadamente com o cônjuge os deveres que o casamento encerra; paciência, para aceitar as fraquezas de caráter do cônjuge. E, enlaçando tamanhas disposições, a virtude maior da amizade indulgente.[52] O perfil traçado para a esposa conveniente contava ainda com indefiníveis qualidades, tais como simplicidade, justiça, modéstia e humor. Seu antípoda ameaçador era a moça dos tempos modernos, "esbagachada", cheia de liberdades, "de saia curta e colante, de braços e aos beijos com os homens, com os decotes a baixarem de nível e as saias a subirem de audácia",[53] exposta à análise dos sentidos masculinos, "perfumadas com exagero, pintadas como palhetas, estucadas a gesso e postas na vida como a figura disparate de uma paisagem cubista".[54]

No bojo da urbanização que punha em convívio tradições e costumes tão díspares e mesclados, a imprensa, principalmente a feminina, realçava a importância e o sentido da educação: "Sem instrução e com essa espécie de educação, que pode ser da menina moderna?".[55] Acolhiam-se, assim, os propósitos positivistas e impunha-se uma missão, a de moldar o pensamento, o comportamento e, em última análise, o caráter das gentes. Em tom frequentemente professoral, invectivava-se a formação dada às moças daquele tempo. Do que a brasileira mais precisava para fazer valer o seu "direito de ente pessoal e civilizado", escreveu a articulista Chrysanthème, "não é de elegâncias nem de danças, mas sim de instrução e de educação".[56] Admoestados com conselhos, fórmulas e regras, homens e mulheres aprendiam a conservar o matrimônio, "fatalidade social necessária".[57]

Muito embora as estratégias matrimoniais no interior das elites tenham iniciado, no transcorrer do século XIX, um movimento de superação das relações mais verticalizadas, ou endogâmicas, os interesses familiares continuaram representando um papel fundamental nos arranjos conjugais. As conveniências econômicas e os interesses de classe moveram a linha da parentela para relacionamentos mais horizontais, uma vez que a "riqueza tornou-se um critério de status muito mais importante".[58] Os vínculos matrimoniais eram garantia de controle sobre o poder, da mesma forma que funcionavam como proteção contra as frequentes ameaças de desastres econômicos. Assim, longe de ter esgotado sua capacidade de interferência, os pais não negligenciavam a vigilância sobre os filhos solteiros, agora rodeados pelos desvelos pedagógicos das "mães educadoras". Instrumento das estratégias familiares e cercados por toda sorte de "estímulos", os jovens deveriam se comprometer com pessoas do mesmo círculo social. O amor não atuava sozinho, sublinhou Jeffrey D. Needell,[59] o que em certa medida relativizava a questão da livre escolha dos cônjuges. Se alguns eram estimulados, outros eram coagidos pelos pais, como atestam inúmeros pedidos de anulação de casamento, cuja principal alegação é "vício da coação".[60]

Novas estratégias de educação amorosa eram elaboradas com o objetivo de preservar o tradicional modelo matrimonial. Se o propósito era expandir e legitimar a instituição conjugal, a causa final consistia em normalizar a sociedade e regrar os comportamentos sexuais. A imposição era obstinada e vinha sempre secundada por considerações de caráter científico: "[...] não desprezais os vossos órgãos de amor, mas regrai-os!".[61] O processo civilizador das relações interpessoais, moldado conforme o padrão das elites, deveria "contaminar" todos e de todas as classes. No âmago do sistema ordenado de acordo com aquelas regras, a família — constituída por um único "princípio de regulação e reprodução: o casamento";[62] nas franjas dessa ordem, as camadas mais baixas da população, gente a ser educada, pois era vista como cinturão de desordem e terror.

Engrenagem fundamental dessa lógica, as mulheres, entre outras obrigações, arcaram com a tarefa de apaziguar a sensualidade do casal. Aceito e desejável, o culto à beleza, sublinhou Marcia Padilha Lotito, deveria estar identificado com os princípios médicos e higiênicos, nunca com a sedução. Com isso, "o discurso higienista procurava assegurar os limites entre a vaidade das mulheres 'honradas' e a libertinagem de mulheres de 'conduta duvidosa' que desfilavam pelos teatros e cafés da cidade".[63]

Conter os excessos masculinos e "equilibrar a contabilidade de afetos para a preservação do lar" faziam parte do conjunto dos deveres da mulher.[64] Assim, a própria galanteria conjugal passou a ser entendida como a arte moral de encantar, de agradar, tanto no campo social quanto na intimidade, sem se comprometer.[65] Mais próxima do ideal de amizade amorosa, pretendia-se purgar os exageros e os percalços das relações conjugais de modo a torná-las mais fortalecidas e afastar cada vez mais a ameaça do divórcio. Na busca da "união para toda a vida", o casamento encontra sua razão de ser na "mútua estima e amizade dos esposos", e "seja qual for a maneira por que se manifeste", é sempre na forma de simpatia, "independente dos arroubos sentimentais", que se desvanecem com o tempo. "Não se enganem as jovens esposas!"[66] O que se vê, de fato, é a construção de uma relação conjugal mais marcada pelo respeito que pelo princípio do prazer.

Apesar da ênfase na amizade entre os cônjuges era patente, sobretudo entre os médicos, a progressiva conscientização sobre a necessidade de educação sexual dos jovens. Convertidos em guias científicos da família, os doutores mostravam-se cada vez mais preocupados com a inocência, a ignorância e, principalmente, a brutalidade que cercavam as práticas sexuais, desastrosas para a estabilidade do casamento. "A nossa educação está errada. Todo o domínio sexual anda envolvido em um mistério que não é natural, entre véus de excessivo pudor."[67] O que se vê nas primeiras décadas do século XX é um debate cauteloso sobre a conveniência ou não de os educadores iniciarem a mocidade nos assuntos da vida sexual. "Os adeptos da velha escola do silêncio pretendem que isso não se possa fazer sem ofensa ao pudor [...] Os inovadores sustentam, pelo contrário, que os perigos morais da vida moderna são tão frequentes, tão reais e terríveis em suas consequências que [...] é preciso não fazer caso disso."[68]

"A sorte de um matrimônio depende da noite de núpcias", escreveu Van de Velde.[69] O primeiro contato tanto pode conduzir o casamento para um "estado amável" quanto transformar-se numa "violação legal". Não serão poucos os médicos, assim como será abundante a literatura médico-sexual, que estigmatizarão a conduta por vezes brutal dos maridos no primeiro contato sexual. Ao mesmo tempo proporão para as jovens uma iniciação sexual de cunho livresco, pois a inocência, ou, melhor dizendo, "a ignorância em matéria sexual, esse estado beatífico em que muita gente aspirou conservar as próprias filhas"[70] significa, de fato, aparelhá-las mal para o desempenho conjugal desejado. O conflito da noite de núpcias tem sido para "essas desgraçadas ingênuas a beira do abismo [...] a fobia sexual, a desinteligência do lar, o inferno dentro do céu doméstico".[71] De nada valem as palavras rápidas da véspera, proferidas pelas mães. Antes abrem, de chofre, um mundo inteiramente estranho, e perigoso, adverte Porto-Carrero. Não raro a noite nupcial se transforma para a moça, entre ingênua e ignorante, numa noite de sacrifício, em que ela se submete à sagacidade do noivo, "ávido para mostrar a energia potencial".[72]

Clotilde do Carmo Dias lembra que na sua noite de núpcias ficou durante bom tempo no quarto, sem coragem de se deitar, enquanto seu marido a esperava ansioso. Aquela era a primeira noite que eles estavam a sós: "[...] agora tinha até medo do meu próprio marido. Onde não existe amor não há confiança, e eu não estava enganada. Meu marido nesta noite deu largas a seus instintos bestiais, cheios de luxúrias indecentes e insaciáveis, que em vez de gerar em mim o amor, faziam-me sentir repugnância por ele. Eu desejava um carinho todo especial, delicado, respeitoso e moderado. Eu lutava em prol de um amor sublime e eterno".[73]

Os maridos recém-casados foram persuadidos a "praticar o defloramento, com especial cuidado", a se comportar como "cavalheiros e artistas em matéria de amor", pois a brutalidade, a agressão e a violência "redundam em mal-estar profundo que se implanta na psique da mulher".[74] Vários conselhos foram prodigalizados pelos médicos, que se empenhavam ainda em definir as normas e as condições indispensáveis para o bom êxito do matrimônio. Para satisfazer tal necessidade o casal precisava "aprender a ser feliz".[75]

Ultrapassado o obstáculo da noite do casamento — ou como difícil provação para a mulher despreparada ou como um exercício de habilidade ou violência para o homem —, restava ainda outra aprendizagem: a da vida conjugal, construída graças às contorções exigidas e impostas às atitudes e aos comportamentos dos homens e das mulheres, vistos sempre através das lentes do corpo conjugal. Para a mulher casada, sujeito a ser educado com determinação, elaboraram-se decálogos, como o publicado na *Revista Feminina*:[76]

> Decálogo da esposa
>
> I — Ama teu esposo acima de tudo na terra e ama o teu próximo da melhor forma que puderes; mas lembra-te de que a tua casa é de teu esposo e não do teu próximo;
>
> II — Trata teu esposo como um precioso amigo; como a um hóspede de grande consideração e nunca como uma amiga a quem se contam as pequenas contrariedades da vida;
>
> III — Espera teu esposo com teu lar sempre em ordem e o semblante risonho; mas não te aflijas excessivamente se alguma vez ele não reparar nisso;
>
> IV — Não lhe peças o supérfluo para o teu lar; pede-lhe sim, caso possas, uma casa alegre e um pouco de espaço tranquilo para as crianças;
>
> V — Que teus filhos sejam sempre bem-arranjados e limpos; que ele ao vê-los assim possa sorrir satisfeito e que essa satisfação o faça sorrir quando se lembre dos seus, em estando ausente;
>
> VI — Lembra-te sempre que te casaste para partilhar com

teu esposo as alegrias e as tristezas da existência. Quando todos o abandonarem fica tu a seu lado e diz-lhe: Aqui me tens! Sou sempre a mesma;

VII — Se teu esposo possuir a ventura de ter sua mãe viva, seja boa para com ela pensando em todas as noites de aflição que terá passado para protegê-lo na infância, formando o coração que um dia havia de ser teu;

VIII—Não peças à vida o que ela nunca deu para ninguém. Pensa antes que se fores útil poderás ser feliz;

IX — Quando as mágoas chegarem não te acovardes: luta! Luta e espera na certeza de que os dias de sol voltarão;

X — Se teu esposo se afastar de ti, espera-o. Se tarda em voltar, espera-o; ainda mesmo que te abandone, espera-o! Porque tu não és somente a sua esposa; és ainda a honra do seu nome. E quando um dia ele voltar, há de abençoar-te.

Encarnação de virtudes contraditórias, a mulher deveria fazer inúmeros ajustes e concessões para, ao mesmo tempo, preservar o tradicional ideal de pureza e de submissão, combinar com as novas expectativas burguesas de gerência eficiente do lar e ainda representar em sociedade o papel de companheira adequada. A nova sociedade urbano-industrial tramava continuamente difíceis papéis a ser representados pela mulher-esposa. Não foram outras as razões que levaram a dra. Emma Drake a escrever preocupada: "Nada há no casamento que deva alarmar uma mulher",[77] palavras que em muito e em nada contrastavam com as de Floriano Lemos: "Se é difícil ser mãe, muito mais ser esposa", porque "a segunda é criação da mulher, quem a faz é a inteligência".[78]

Ilustrativos desse contorcionismo imposto às mulheres foram os inúmeros concursos promovidos pelas revistas de variedades[79] ao longo das três primeiras décadas do século XX, cujos temas foram, entre outros: Qual a mais bonita? E a mais culta? Qual delas fala melhor em público? E qual delas melhor cultiva a difícil arte de conversar? Tais disputas não apenas punham na ordem do dia o papel do consumo e a questão dos novos sinais urbanos de distinção e prestígio sociais, como evidenciavam o quanto tinha sido aberto o leque de exigências feitas às mulheres. O lançamento de um "certâmen" — Qual a moça que possui mais prendas de salão e, ao mesmo tempo, mais preparo intelectual? — em outubro de 1922 é exemplar: as candidatas "são aquelas que formosas ou não, se tornaram sedutoras por qualidade de caráter intelectual, adquirida pelo estudo, pela meditação, pelo esforço, pela cultura, enfim". São as moças que "têm o espírito apetrechado de conhecimentos gerais e sólidas noções de arte e literatura [...] as que sabem fazer pintura a aquarela ou a óleo, as que recitam primorosamente, as que tocam magnificamente piano ou violino, as que têm gosto e talento para o canto, as que dançam com perfeição, as que falam com precisão línguas estrangeiras, as que se exprimem em português com correção e elegância e as que possuem variados conhecimentos de ciência".[80]

Os homens também foram colocados na berlinda dos concursos e das opiniões femininas. Em 1915, a revista *Cigarra* lançou uma disputa — O melhor partido para casamento — e submeteu alguns nomes da cidade à apreciação de suas leitoras. O eleito foi o engenheiro Guilherme Dumont Villares. Uma das leitoras anônimas o considerou um ótimo partido porque, além de "feio, não tem elegância e não é namorador. É trabalhador e rico. O ideal para uma moça deve ser um marido feio e rico".[81]

De modo paralelo e bem menos explícito ia sendo igualmente construída a figura do homem casado:[82]

> Não te esqueças de que o trabalho da mulher no lar é triste e monótono e de que ela tem o direito de desejar uma palestra divertida com seu marido, quando este se encontra em casa; não deixes de fazer a corte a tua esposa depois de casada. O matrimônio não obriga tua mulher a desprender-se da ânsia amorosa, mesmo quando já sejam muitos os filhos; não tenhas como certo que tua esposa sabe que continuas a amá-la e que a julgas a melhor dona de casa do mundo; não

te esqueças de que és o único espectador para quem tua esposa trabalha e de que ela gosta de ser elogiada; não pense que o fato de estar casada contigo seja diversão suficiente para uma mulher. Não é. Tua esposa tem o direito a uma tarde de passeio, pelo menos uma vez por semana.[83]

A crítica a esse discurso não precisou esperar os anos 1960 e o ressurgimento do feminismo. Enquanto muitas mulheres se limitavam a denunciar os conflitos e a pedir maior compreensão e tolerância dos maridos, sem nem mesmo reivindicar o divórcio, outras, mais radicais, pregavam o amor e o sexo fora do casamento e prescindiam da presença masculina no sustento da família e na educação dos filhos. Algumas delas deixaram documentado seu inconformismo não apenas sob a forma de palavras, mas também na prática, como Ercilia Nogueira Cobra e Maria Lacerda de Moura.[84]

Sem usar pseudônimo, Ercilia Nogueira Cobra publicou em 1924 um pequeno ensaio, intitulado *Virgindade anti-higiênica*, no qual defende, entre outros direitos, a liberdade sexual para as mulheres. Em 1927 ela publicaria o romance *Virgindade inútil*, em que relata a trajetória de Cláudia, órfã de um fazendeiro empobrecido, que devido à falta de formação profissional, o que era comum entre as moças na época, e sem fortuna para arranjar um casamento no seu meio e de sua escolha, acaba fugindo de casa e se tornando uma "cortesã", prostituta de alto luxo. Um dia Cláudia fica grávida, mas não tem certeza a respeito de quem é o pai do bebê. Resolve ter a criança sozinha, "uma autêntica filha só da mãe" a quem chama de Liberdade, e a quem pretende dar uma educação livre de preconceitos e uma formação para o trabalho produtivo fora do lar. Inquirida sobre a aparência da filha, a mãe responde que a menina não se parecia com o pai, mas com uma outra moça, com quem mantivera relações sexuais durante a gravidez...[85]

Ercilia pertencia a uma família decadente de fazendeiros. Ao ficar órfã, recebe uma educação "para o lar", foge de casa, é internada no Asilo Bom Pastor de São Paulo, destinado à recuperação de "moças perdidas", torna-se professora e na década de 1930, sob o pseudônimo de Suzy, transforma-se em dona de uma casa de mulheres em Caxias do Sul, no Rio Grande do Sul. Em uma carta à mãe, datada de 27 de setembro de 1934, escreveu: "Relativamente fui uma pessoa feliz. Fiz o que quis na vida e continuo fazendo o que quero! Os preconceitos estúpidos desta sociedade em decadência à qual a senhora pertence nunca me incomodaram".[86]

O DECÁLOGO DA BOA DONA DE CASA

Embora o discurso dominante pregasse às mulheres uma norma elaborada pelas elites sobre o papel da esposa e dona de casa, e para os homens o papel de chefe de família — regras de vida que deveriam valer para toda a população —, pode-se dizer que foram sobretudo as mulheres das camadas abastadas das maiores cidades que se ligaram aos seus maridos pelos "indissolúveis laços do matrimônio" civil e religioso.[87] E acabaram afastadas das atividades produtivas realizadas dentro de casa, usufruindo dos novos bens de consumo, e dedicando-se exclusivamente à administração da casa e aos cuidados dos filhos, sob a retaguarda de um marido provedor.

Apesar do desejo de muitos intelectuais e profissionais das camadas dominantes de espelhar homens e mulheres brasileiros pelas imagens da burguesia das duas maiores cidades do período — as capitais do progresso, Rio de Janeiro e São Paulo —, essa não era a realidade vivida pela grande maioria dos brasileiros. Os padrões de comportamento burgueses, a modernidade e o consumo foram absorvidos de forma desigual pelas diferentes regiões e cidades e pelas diferentes camadas da população. Grande parte do país permaneceu fiel à agricultura, seja sob a autoridade dos ricos fazendeiros, proprietários de grandes plantações, onde em geral era cultivado um único produto para a exportação; seja como morador das pequenas propriedades, cujo número vinha crescendo desde o século anterior.[88] Nem todas as cidades puderam realizar a modernização desejada, em razão da falta ou do mau uso de capitais. A industrialização, por seu lado, embora tenha deslocado progressivamente a produção para fora do domicílio, não destruiu de uma só vez as formas tradicionais de produção e sobrevivência.[89]

A maioria das mulheres vivia relações conjugais consensuais, sem uma presença masculina efetiva no lar,[90] ou convivia com companheiros que não tinham um trabalho nem efetivo nem regular.[91] Juntamente com os serviços domésticos realizados da maneira mais dura e tradicional, cuidavam dos filhos e exerciam várias atividades ao mesmo tempo, para prover a própria subsistência e a da família. Muitas dessas atividades eram extremamente pesadas, em nada correspondendo à frágil natureza feminina ensinada pelos médicos e juristas, como a derrubada das matas, a construção civil,[92] além de outras mais conhecidas, como a confecção de produtos manufaturados, o pequeno comércio e o artesanato doméstico.

A fragmentação do tempo, a casa como local de produção e as condições de trabalho da dona de casa pobre eram percebidas no período e foram registradas de forma bastante eloquente num artigo da *Revista Feminina*. Ao elogiar o trabalho das rendeiras nacionais, a autora assim se refere às condições de trabalho:

> Não podemos imaginar como uma mulher ignorante, sem a mínima cultura, possa executar obras tão lindas e preciosas. Elas trabalham, na sua maioria, sem ordem, sem conforto, sem o menor tempo necessário, tendo mil coisas que fazer na mesma hora, sentadas na areia, rodeadas pelos filhos que as chamam de quando em vez, das filhas às quais procuram ensinar a arte desde crianças, cercadas quase sempre de galinhas e animais que criam, deixando por vezes a tarefa que se empenham para atiçar o fogo, temperar a panela, lavar a roupa da casa, que sei eu?... para atender os mil labores de uma dona de casa pobre que tem que fazer todos os serviços. E estas rendas saem perfeitas e limpas como se a artista que as tivesse executado tivesse

todo o conforto e uma sala de trabalho convenientemente preparada.[93]

É certo que, com o desenvolvimento industrial e urbano, o acesso a uma melhor escolaridade,[94] a divulgação pela imprensa de uma participação maior das mulheres no espaço público depois da Primeira Guerra, sobretudo na Europa e nos Estados Unidos, o avanço do feminismo e as frequentes reivindicações das mulheres por maiores oportunidades, acabaram por abrir algumas novas profissões para as brasileiras fora do lar.[95] Esse progresso feminino, no entanto, precisa ser tomado com cautela, uma vez que havia certos limites para a aspiração feminina: eram inúmeros os empecilhos ao acesso a determinadas profissões.[96] As ofertas disponíveis, em geral, estavam próximas daquilo que se considerava uma extensão das atribuições das mulheres: professora,[97] enfermeira, datilógrafa,[98] taquígrafa, secretária, telefonista, operária das indústrias têxtil, de confecções e alimentícia. As mulheres casadas, de acordo com o Código Civil, precisavam da autorização do marido para exercer qualquer profissão fora do lar — atividade que só era considerada legítima quando necessária para o sustento da família, raramente para realização pessoal.

Ainda assim, esperava-se que as mulheres, antes de se dedicar ao trabalho remunerado, fossem boas donas de casa: "A mulher que estuda parece abdicar dos deveres domésticos [...] toma uma posição falsa de desconfiança para a sociedade, que geralmente a julga inapta para exercer o elevado sacerdócio do lar. É este, pelo menos, o conceito que a grande maioria do nosso povo faz da mulher que ultrapassa as limitadas raias de ação concedidas ao seu sexo, no vasto campo da atividade intelectual! Ser BOA DONA DE CASA, no entanto, deve ser uma qualidade intrínseca da 'alma feminina', não importando se de uma doutora ou de uma engomadeira [...]".[99]

Mas o que era ser uma boa dona de casa?[100] Os anúncios das principais revistas brasileiras mostram que algumas casas das primeiras décadas do século XX já estavam bem aparelhadas.

Com a eletricidade, já se podia substituir o ferro de passar aquecido com brasas e obter gelo para conservar os alimentos. De acordo com a condição de riqueza, a dona de casa poderia escolher o tipo de fogão, a lenha, a carvão, a gás, elétrico ou a querosene; a indústria começava a beneficiar e a produzir muitos dos alimentos que antes eram elaborados em casa. Apesar da aparente facilidade, traduzida por uma gama variada de aparelhos elétricos oferecidos ao público e por anúncios, nos quais as mulheres executavam os mais difíceis e sujos serviços domésticos sempre sorrindo, ainda era muito restrito o acesso a novos utensílios e a serviços como eletricidade e água encanada. Os novos bens de consumo beneficiaram apenas uma parcela da população, composta daqueles que podiam pagar e aqueles que se decidiram pela novidade, já que a relação dos consumidores com o novo não foi automática[101] e nem sem conflitos.

A dificuldade em substituir hábitos tradicionais pelos modernos pode ser verificada até mesmo em alguns costumes que hoje podem parecer elementares, como o uso da água encanada e de sanitários. Na cidade de São Paulo, por exemplo, em 1893, para forçar os moradores de certos bairros a incorporar em suas casas essas contribuições do progresso, o serviço de águas da Cantareira mandou demolir os chafarizes dos largos do Carmo e do Rosário, que tradicionalmente forneciam água à população.[102] Gregório Bezerra (1900-83), líder comunista pernambucano, referindo-se ao período em que trabalhou numa casa de família fazendo serviços domésticos, quando tinha cerca de dez anos, lembra-se que seu patrão, um senhor de engenho que vivia em Recife, comprou uma casa com muitos cômodos: "O velho mandou saneá-la, forrá-la, entijolá-la, pintá-la por dentro e por fora, e fazer um galinheiro [...] Minha raiva era grande, porque eu lavava com sabão toda a louça do banheiro, o piso, areava e lavava a bacia da privada duas vezes por dia e apesar disso, a família latifundiária [...] só cagava e mijava nos penicos de porcelana".[103]

Como constata Gregório Bezerra, a utilização dos recursos mais modernos nem sempre significou um ganho de tempo no que se refere ao serviço doméstico, já que outras tarefas foram incorporadas ao cotidiano,[104] como também novas medidas de higiene preconizadas pelos médicos e uma crescente exigência do cuidado materno com os filhos, tanto físico e moral quanto educacional. Em seu artigo "Educação materna", publicado em 1915, a dra. Emma Drake ensinava: "Muitas mães porém não compreendem que elas concretizam a ideia abstrata do lar e supõem a sua tarefa terminada quando os seus filhos estão nutridos, vestidos e preservados contra uns tantos perigos. A sua principal missão porém é preparar os seus filhos que serão os homens e mulheres de amanhã".[105] Nesse sentido, esperava-se que as mulheres dominassem um pouco de diferentes assuntos: "[...] as ciências naturais, a higiene, a física, a química, a astronomia, a matemática, a geografia, as artes, as indústrias, tudo representa uma necessidade real! A mestra deve ser a Mãe, e é preciso que a mulher tenha uma soma grande de conhecimentos, para não perder uma interrogação do filho".[106]

Havia, portanto, muito trabalho ainda para ser feito. Daí a necessidade de ter método, organizar bem as atividades a se realizar no dia a dia, aproveitar o tempo e, mais do que isso, fazer uma "administração científica" das tarefas a se desempenhar, para que as coisas não fossem feitas de atropelo, evitando-se, assim, o tão temido mau humor, imagem frequentemente associada ao "anjo do lar":

> A mulher, ainda a das melhores qualidades, mas cuja casa não seja bem dirigida, que não saiba distribuir o trabalho pelos outros, que ignore a ciência da divisão das horas, essa mulher de coração excelente há de ter movimentos de impaciência que em seguida lamentará amargamente, mas que nem por isso deixará de trazer a perturbação e o incômodo ao interior da família! Para ser agradável aos seus e para ser bem servida pelos criados é preciso que a dona de casa seja dotada de uma inalterável uniformidade de gênio. Mas é fácil de compreender que tal serenidade de espírito não se obtém senão numa casa bem disposta e bem-ordenada,

onde tudo esteja previsto e regulado de antemão, e isso, seja qual for a situação social: humilde ou elevada.[107]

Segundo o manual *O lar feliz*, o emprego do tempo da dona de casa deveria ser assim dividido: pela manhã, arejar as camas; preparar as roupas; limpar "os trastes"; fazer o almoço, que, embora frugal, deveria sempre apresentar aspecto agradável; fazer a limpeza da casa; cuidar do vestuário das crianças; almoçar com "os petizes" e os fazer ir para a escola; abrir as janelas; ajeitar as camas; arrumar os quartos; varrer, enfim, pôr tudo em ordem. Isso terminado, a boa dona de casa deveria fazer a sua toalete e, com aspecto sempre jovial, dar início ao jantar, de modo que ficasse tudo pronto para receber "o chefe" e as crianças; lavada a louça e reposta em seu lugar, a maior parte da tarde seria preenchida com a lavagem da roupa branca que, em seguida, seria consertada (nem um rasgão se deixaria para o dia seguinte) e passada a ferro. Feita a refeição da tarde era hora de as crianças irem para a cama. Esta era considerada como sendo a melhor hora para a dona de casa cuidadosa "verificar o estado da roupa de todos, para assentar as despesas do dia, para verificar o que havia de sobras no guarda-comidas e pensar no cardápio do dia seguinte".[108]

Ao lado dessas atividades, o cotidiano incluía ainda uma série de outros afazeres difíceis e demorados, distribuídos pelos dias da semana: na segunda-feira, separar a roupa para ser lavada e preparar a barrela; na terça, lavar; na quarta, dobrar e separar aquela que deveria ser consertada; na quinta, fazer os consertos; na sexta, passar; no sábado, fazer uma limpeza geral que incluía tirar os tapetes e sová-los no quintal com um batedor especial[109] (porque os aspiradores de pó praticamente só eram vistos nas páginas das revistas), limpar o assoalho — lavando com água, esfregando com areia e tijolo[110] ou com casca de coco,[111] secando com pano (pois não havia rodo) e encerando, tudo de joelhos, para finalmente lustrar com um pesado escovão. No domingo... Bem, como as coisas foram preparadas de véspera, "é o dia consagrado inteiramente à família. Vestidinhas as crianças com roupinhas domingueiras, que mal haverá de fazê-las passear um pouco?".[112]

Antes que a rede de distribuição de água chegasse às casas, e antes da popularização das máquinas de lavar e dos produtos de limpeza industrializados, o ritual da lavagem da roupa consumia horas de trabalho, representando um esforço hercúleo e um enorme desgaste físico que revela sem eufemismo o que também significava ser "rainha do lar".

Esfregando com as mãos as roupas sujas, lutando contra a falta de água, a dona de casa obtinha como resultado no fim do dia, antes de recolher as roupas secas, dores no corpo e mãos queimadas pelas cinzas utilizadas na barrela e na lixívia — palavras cujo significado muitos de nós não sabemos hoje. Para tirar a sujeira e clarear a roupa fazia-se a barrela. A roupa era colocada em baciões, sobre os quais se esparziam cinzas e derramava-se água fervente, e deixada de molho até o dia seguinte. A lixívia consistia em ferver a roupa por cerca de duas horas e meia em latas contendo de 25 a trinta litros de água. Depois de esfregadas e batidas, as roupas brancas eram aniladas, postas nos quaradouros, enxaguadas, torcidas e engomadas. Vale lembrar que os tecidos utilizados na confecção de roupa branca de cama e mesa eram o linho, o algodão e o morim, cujo peso e dificuldades de manuseio eram muito maiores do que os dos sintéticos, que se tornariam usuais décadas depois.

Se algumas mulheres podiam contar com o serviço de lavadeiras, essa não era a norma. A maioria tinha que buscar água em latas de querosene em alguma bica para encher o próprio tanque, fosse para lavar a roupa da família, fosse para obter algum recurso lavando roupa alheia. Referindo-se ao seu irmão natimorto, Carolina Maria de Jesus relaciona o destino do feto com o excesso de trabalho de sua mãe, que era, então, arrimo de família. As colchas, feitas de algodão mesclado com lã, tecidas no tear e que ela lavava para fora, chegavam a pesar setenta quilos quando molhadas![113]

No início do século XX, a grande maioria das mulheres, além de realizar todo o serviço doméstico, era responsável pela sobrevivência do grupo familiar. Estava excluída do mercado formal de trabalho e exercia as tarefas menos qualificadas e mais desvalorizadas, executadas com frequência dentro de casa, juntamente com os serviços domésticos. A lavagem da roupa nas cidades brasileiras era, no período, uma importante fonte de renda para as mulheres. As lavadeiras reuniam-se nas fontes e chafarizes, nas margens dos córregos e rios que cortavam as cidades ou nos tanques públicos dos cortiços. Braços nus, mãos calejadas, pele queimada pelo sol, passavam a jornada ao ar livre, esquentando as refeições nos mesmos fogões em que ferviam a roupa, estendendo-a nos muros, em jiraus (estrados de varas sobre forquilhas que muitas casas possuíam no quintal) e telhados de zinco de suas casas, sem conhecer a separação entre o local de trabalho e o de moradia.

Com o desenvolvimento urbano, o objetivo de higienização das cidades e a crescente preocupação em se modernizar o espaço público, esse serviço passou a ser visto pelas donas de casa de posses como sendo dispendioso e raro, pois as lavadeiras de algumas cidades foram proibidas de utilizar as fontes e chafarizes públicos. No mesmo período muitas lavadeiras foram expulsas, juntamente com outros moradores pobres, para bairros cada vez mais longínquos ou para residências cada vez menores. Acresce a isso o fato de a municipalidade ter proibido as lavadeiras de levarem consigo nos bondes trouxas de roupas sujas.[114]

Os médicos recomendavam às mães de família que não mandassem lavar a roupa fora de casa, entre outras razões pelo risco do contato com peças de uso de pessoas portadoras de doenças contagiosas. Júlia Lopes de Almeida, no seu *Livro das noivas*, ensina que os moradores das cidades mais populosas deveriam dar suas roupas de uso para lavadeiras que morassem fora, em arrabaldes isolados, onde houvesse água corrente abundante e ervas, onde as roupas estendidas pudessem ter "frescor, viço e perfume". A autora via com desconfiança as roupas lavadas em tanques e nas tinas de cortiços ou dos quintais apertados da cidade, pois "ali, com o mesmo sabão e a mesma água as lavadeiras misturam a roupa de toda a gente, sem distinção, estendendo-a depois a secar sobre pedras ou sobre zinco, em um ar viciado e doentio. À noite recolhem e guardam a roupa no mesmo quarto em que dormem com a filharada, entre os amontoados dos trastes e dos trapos. As lavadeiras do campo têm geralmente mais largueza, vivem em casas maiores, ninguém ignora que as casas da cidade são mais caras, a vida mais cheia de exigências e que portanto os pobres têm que acumular e restringir enormemente".[115] Importante destacar que para a autora a contaminação parece ser uma via de mão única, já que as doenças que poderiam ser transmitidas pela roupa suja às lavadeiras não são sequer mencionadas, bem como não há referência às queimaduras, doenças pulmonares, reumatismos e abortos a que estavam sujeitas, em razão do grande desgaste de energia muscular, da alternância do frio com o calor, do contato com roupas contaminadas e de mudanças frequentes do tempo.[116]

Numa reportagem publicada pela *Revista Feminina* nos idos dos anos 1920, anunciando as "maravilhas elétricas", em que são apresentados vários utensílios domésticos que facilitam o trabalho da dona de casa, as vantagens da máquina de lavar roupa são reforçadas pelas dificuldades de se contratar o serviço de lavadeiras. Estas continuavam garantindo a brancura das roupas, mas seu trabalho implicava extravio e trocas de peças, e rasgões provocados por arame farpado; sobretudo, elas representavam problemas, já que as lavadeiras nas capitais estavam se tornando "exigentíssimas [...] e têm o direito de ser assim, porque não há concorrência na praça. As mulheres do povo dificilmente condescendem em exercer essa tarefa e muita razão têm elas, justificável na constante falta de água, nos longos dias sem sol e na falta, em seus quintais, de espaço bastante amplo para quarar a roupa".[117]

Se o cuidado com a lavagem da roupa era algo eventualmente remediável, fosse pela substituição por outra peça, fosse pelos padrões de higiene de então — os banhos e a mudança de roupa branca eram muito menos frequentes que na atualidade —,[118] o preparo das refeições era um trabalho que dificilmente poderia ser deixado para mais tarde ou substituído.

Permanecia como uma tarefa rude e pesada, mesmo nas casas que contavam com os benefícios da modernidade, como água encanada, esgoto, gás e eletricidade, progressos, vale lembrar, a que bem poucos tinham acesso nas primeiras décadas do século XX.[119] O duplo sentido da letra de uma marchinha de Carnaval de 1919, transcrita por Nelson Rodrigues, é revelador do problema: "Na minha casa não racha lenha, na minha racha, na minha racha/ Na minha casa não falta água, na minha abunda".[120] E Afonso Schmidt, na crônica "Secas e inundações", conta que nos períodos de estiagem prolongada as torneiras de muitas casas da cidade de São Paulo funcionavam como cabides![121]

Embora algumas donas de casa já tivessem fogão a gás, sinal de bom gosto e prestígio da família, este permanecia encostado, enquanto no uso diário acendia-se o fogão a lenha ou a carvão, chamado de "econômico",[122] para o preparo das refeições mais elaboradas, e a espiriteira, para fazer comidas rápidas e para esquentar água. A cozinha higienizada, veiculada pelas revistas desde as primeiras décadas do século XX, com ladrilhos, paneleiro repleto de panelas de alumínio reluzentes, fogão elétrico ou a gás, mesa, pia com água encanada, boa iluminação comandada por uma cozinheira branca, com avental impecável, elegante, bem-vestida e de sapatos de salto alto, elaborando pratos tão complicados e sofisticados como o Foie Gras à Brasileira,[123] ou a Sopa Teológica,[124] acabou por apagar das nossas memórias suas antigas configurações e funções.[125]

Muitas cozinhas permaneceram até meados do século XX como um apêndice da casa, um puxado coberto por telhas-vãs, voltado mais para o quintal do que propriamente para o interior da residência. Era um lugar quente, enfumaçado, cheio de picumã, engordurado pela carne-seca, linguiça e toucinho pendurados no fumeiro, com os tijolos do chão desgastados pelas pancadas do machado na lenha, onde a dona de casa permanecia de cócoras, debruçada sobre gamelas e peneiras, ou em pé, socando o pilão, o que deixava as mais novas e inexperientes com as mãos vermelhas e cheias de bolhas em razão do esforço repetido, sendo frequentemente obrigadas a parar o serviço para matar baratas, espantar as moscas ou lutar contra o exército de formigas.

Ali era realizado um trabalho cansativo, demorado e sujo, seja pela preparação dos pratos, seja pela limpeza das panelas engorduradas e enegrecidas pela fuligem. Basta tomar como exemplo o consumo de aves. Antes da popularização da geladeira, mesmo nas cidades e nas casas mais ricas, sobrevivia o costume ancestral de manter galinheiros, onde eram criados frangos, patos e perus. Antes de ser abatidas, as aves eram examinadas para se diagnosticar possíveis doenças e passavam por uma quarentena de cerca de três dias, tempo suficiente para que eliminassem das entranhas "qualquer porcaria que houvesse[m] comido sabe-se lá onde" e se livrassem de "canos e bicheiras".[126] Para se transformar em alimento tinham que ser mortas (em algumas receitas, como o Frango ao Molho Pardo, era necessário colher-lhes o sangue fresco, em pleno abate), depenadas em água quente, chamuscadas, abertas para a extração das vísceras, lavadas, picadas, temperadas, moqueadas e, finalmente, cozidas ou assadas no próprio fogão ou em fornos a lenha.

Para a limpeza das panelas e frigideiras de ferro, pedra, barro, cobre e, modernamente, alumínio, consideradas mais econômicas e higiênicas,[127] utilizava-se sabão feito em casa com uma mistura de cinzas e folha de pau de pita.[128] As panelas eram areadas com areia, cacos de telha reduzidos a pó, e batatinha;[129] para ficar brilhantes, deveriam ser postas para secar ao sol no jirau. Além de ser o local onde eram pilados diferentes produtos, preparados os alimentos e lavada a louça, a cozinha era também onde se guardava a bacia para banhos e se fervia a água, banhavam-se as crianças, passava-se a roupa e onde, em muitas casas, as empregadas dormiam sobre esteiras. Poucas casas conheciam a função, divisão e restrição de espaço, modernidades preconizadas e prescritas não só por higienistas, engenheiros e construtores, como pelas posturas municipais.[130]

Assim como a lavagem da roupa, o preparo da alimentação e a limpeza da casa, passar e engomar a roupa eram atividades igualmente exaustivas e demoradas. Um ferro aquecido com brasas pesava entre três e cinco quilos.[131] Para que o serviço fosse feito com rapidez e eficiência, era preciso que a dona de casa contasse com três ferros; um terno de linho exigia, para ser passado sem interrupção, pelo menos cinco ferros previamente aquecidos.[132]

O desgaste físico sofrido pelas "rainhas do lar" no exercício do trabalho doméstico pode ser avaliado por um texto publicado na *Revista Feminina* de 1920, na qual a autora convoca as leitoras a desobedecer à moda que preconizava o fim do uso das luvas, "essa moda antidemocrática, criadora de uma irritante desigualdade entre a mulher que trabalha, mutilando as suas pobres mãos, e, a ociosa, que as poupa e resguarda de todos os perigos, para afrontar com sua beleza criminosa, as santificadas no cumprimento das ocupações cotidianas".[133] Ou, ainda, pelo seguinte trecho do livro *A falência*, de Júlia Lopes de Almeida: "Isto de se dizer que uma mulher pode fazer todo o serviço doméstico sem se enxovalhar, é coisa de romance. A Emilia andava com as mangas do avental sujas de carvão, tinha as unhas impregnadas do cheiro da cebola e do alho; e as mãos avermelhadas pelo uso do sabão da terra com que esfregava a roupa, tinham perdido o jeito para a carícia doce, macia, tão querida das crianças e dos doentes".[134]

Apesar da importância social do trabalho realizado pelas mulheres dentro de casa, enquanto produtoras e reprodutoras da mão de obra, e não obstante ser gratuito o trabalho prestado à família, outra imagem frequentemente associada à rainha do lar é a de perdulária. O papel do marido de provedor da família, com o direito a autorizar ou não o trabalho da mulher fora do lar, conforme determinavam as leis vigentes no começo do século XX, levou a dependência econômica da esposa a ser não apenas estimulada, mas sobretudo bem-vista. Esse "privilégio", porém, nem sempre significou alegria ou felicidade para muitas mulheres. Por trás de frases como "ela é feliz, não lhe falta nada" ou "o que mais ela deseja, se o marido lhe dá tudo?", é possível enxergar um ambiente de extrema insatisfação e desconforto, que levava não só algumas mulheres a tomar empréstimos sem autorização do marido, trabalhar escondido e até mesmo a "roubar" o próprio cônjuge.

De maneira mais contida, uma personagem fictícia de Júlia Lopes de Almeida, retratada na coletânea de contos *Eles e elas*, assim se refere à dependência econômica doméstica: "Cada vez que peço dinheiro ao meu marido e que ele acompanha com gesto de o tirar da algibeira com estas palavrinhas: — Oh, já acabaste com todo o dinheiro que te dei ontem?! — sinto um calafrio subir-me dos calcanhares à nuca [...] Não só o meu, mas todos eles falam da necessidade de trabalhar e sustentar tantas bocas, pagar mais isto e aquilo, para conforto e alegria da família [...] A gente até fica vexada... ser carga é uma coisa bem triste!".[135]

Economizar, economizar, economizar... Essa é a recomendação feita às esposas em praticamente todos os números da *Revista Feminina*, no decorrer de duas décadas. As boas donas de casa deveriam, portanto, saber gerenciar o dinheiro das despesas, não pedi-lo com frequência, ser comedidas em suas exigências, contentando-se com a renda de que dispunham. Deveriam produzir em casa, com as próprias mãos, tudo aquilo que fosse possível, evitando ao máximo todo e qualquer peso excessivo ao bolso do marido. Assim, os trabalhos manuais em geral e a costura em particular constituíam uma importante atividade realizada no "recôndito do lar" e eram consideradas como sendo das mais importantes, úteis e agradáveis ocupações femininas. Esperava-se que toda dona de casa aproveitasse o tempo executando esses trabalhos. "Nada mais lastimável que o fato, quase geral, das senhoras não saberem talhar e confeccionar a roupa branca de seu uso e de sua casa. Quantas economias gastas por essa ignorância? Quantas horas de ócio esterilizador poderiam ser empregadas agradavelmente, até moralmente, se a mulher quisesse se consagrar algumas horas do dia a confeccionar a roupa necessária a seu lar, ou dirigir a pessoa encarregada desse serviço."[136] Além da economia que representavam os trabalhos manuais, estes poderiam também se converter em fonte de receita, ainda mais legítima por ter sido gerada em casa, sem expor a público as eventuais necessidades sofridas pela família.

"Digna de lástima", portanto, "era a mulher que não sabia costurar", enquanto a que sabia fazer roupa branca, vestuário e chapéu, era considerada "um verdadeiro tesouro do lar."[137] A costura não só vestia a família. Através da cerzidura e do remendo preservava-se toda a roupa, fosse a usada para vestir, fosse a do cotidiano doméstico, como os lençóis, toalhas, guardanapos. Através da conservação, da reforma da roupa velha e da feitura de roupa nova, evitavam-se despesas com a compra de novas, produzidas pela indústria, consideradas de pior qualidade.

Algumas autoras têm chamado a atenção para os poderes, as compensações e as possibilidades de ação das donas de casa. Pode-se dizer que esses espaços de liberdade e ação foram identificados no que se refere à execução dos trabalhos manuais, sobretudo de agulha, como a costura, a tapeçaria, o bordado, a renda, o crochê e o tricô.

Além de esses trabalhos serem valorizados pela economia que representavam para o orçamento e possível comercialização, por meio deles muitas mulheres deram vazão à criatividade e à imaginação. De maneira bastante sensível, um artigo sobre trabalhos manuais assim se refere à confecção de rendas: "Algumas rendeiras costumam escrever nos bilros a sua vida íntima; noutro o dia do batismo [...] em um terceiro o nome do noivo; num outro ainda a data do casamento. E assim por diante, de modo que estas almofadas se tornam ainda mais estimadas pelas rendeiras, principalmente as que relatam todas as passagens tristes e felizes da vida íntima destas, num verdadeiro jornal sagrado".[138]

A dedicação e o prazer que muitas donas de casa poderiam sentir com a elaboração dos trabalhos de agulha — quando não eram realizados simplesmente por necessidade, obrigação e dever — chegavam a proporcionar momentos de evasão, convívio e troca afetiva com as vizinhas e amigas. Possibilitavam fugir da massacrante e repetitiva realidade dos outros serviços domésticos, daí serem frequentes as recomendações sobre o limite de tempo a eles dedicado. Os trabalhos manuais nunca deveriam servir de pretexto para deixar de lado os "verdadeiros" serviços domésticos, alerta *O lar feliz*. Também a *Revista Feminina*, no artigo "A fraca dona de casa", recriminava as mulheres que se abandonavam às suas "tendências egoístas", pois escolhendo entre "os vários trabalhos só escolhem aqueles que lhes apraz e lhes é agradável, desatendendo outras coisas que exigiam que delas se ocupassem sem demora [...] trabalhos sérios, bem dirigidos e de que toda família auferisse proveito e bem-estar".[139]

Esse controle do tempo está relacionado com a crença de que outras atividades, consideradas prioritárias, seriam deixadas de lado,[140] mas certamente também remetem ao uso que as donas de casa poderiam fazer das suas prendas. Ao lado do uso legítimo, como fazer economia e obter algum dinheiro através da venda, esses trabalhos eram feitos para enfeitar a si próprias ou dados de presente a pessoas fora do núcleo familiar, inclusive a artistas de sucesso no período, quando das apresentações públicas.

O controle sobre o tempo e a necessidade de um trabalho bem dirigido talvez também possam explicar a regulamentação pelos médicos do uso da máquina de costura, sobretudo pelas mulheres grávidas. Embora ela fosse considerada em *O lar feliz* como "companheira inseparável da dona de casa",[141] Antônio dos Santos Coragem, médico formado pela Faculdade de Medicina do Rio de Janeiro em 1919, em sua tese de doutoramento, afirmava que o pedalar produzia excitação vaginal, daí a necessidade de se evitar o uso diário das referidas máquinas.[142]

Vale lembrar, ainda, que o papel do marido provedor, que legitimou a dependência econômica da mulher, acabou também por tornar a esposa a única responsável pelos serviços domésticos. Assim, para que as considerassem boas donas de casa, além de manter permanente bom humor, de realizar as tarefas sempre em benefício de toda a família, deixando para segundo plano tudo o que as afastasse da "administração científica" do lar, de ser econômicas, as mulheres jamais deveriam pedir a participação do marido no serviço doméstico.

A documentação ilustra, utilizando vários exemplos, que o lar era considerado o lugar onde o marido, cansado do trabalho em prol da família, restabelecia as suas forças.

> O homem, com as preocupações da vida, com a luta pela existência, qual um novo Hércules que deve fazer uso da sua força, do seu vigor para destruir os obstáculos que lhe embargam o passo, precisa no entanto nos momentos de cansaço e de desalento dos encantos da voz suave e carinhosa, das carícias das mãos brancas, do sorriso, dos olhos claros e do refrigério dos lábios vermelhos. E ao chegar ao lar, depois de um dia de trabalhos, descansar no peito amigo da sua companheira que só por ele vive. A mulher, a sua eterna aliada, vinda ao mundo só para fazer a sua existência mais suave, flor do jardim da vida e jardim perene no lar perfumando-o com a sua fragrância e bondade.[143]

O marido não deveria, portanto, ser incomodado com pedidos de ajuda. O dever da esposa era, ao contrário, aliviá-lo de qualquer contrariedade ou esforço: "Pois não trabalhou ele o dia inteiro para ganhar o pão cotidiano da família?".[144] As mulheres que não tornavam o lar agradável ao marido, pediam sua ajuda e comentavam os problemas cotidianos eram consideradas ineptas, egoístas e preguiçosas, e corriam o grande risco de se ver desprezadas pelo cônjuge.

Para terminar, gostaríamos de ressaltar que o vigoroso receituário das primeiras décadas do século XX, que procurou forjar os novos modelos de marido e esposa, criou inúmeras dificuldades para a tarefa do conhecimento.

É sabido que ao se cristalizar complexos conjuntos de atividades e experiências de vida em papéis prescritos, atrofiam-se os valores morais e qualitativos das relações sociais. O dever ser impõe-se como uma exigência exteriorizada que compromete de maneira impiedosa a relação dos agentes sociais com suas atividades: o ato de fazer transforma-se em ato de consumir normas, regras, papéis, funções, isto é, ideais convertidos em mercadorias prontas para ser consumidas.[145]

O que torna possível a todo ser humano se apossar da história é o fato de que ele, ao nascer numa dada ordem consuetudinária, passa a orientar sua ação a partir de alguns marcos estruturados, tanto pelo costume quanto pela norma. É importante salientar, no entanto, que a assimilação/negação de papéis e valores é sempre uma atividade, consciente ou não, um fazer que se entrelaça com a representação, e que mesmo assim pode alterar o já feito, ou o já dito. Assim, quando o discurso visa consagrar a oposição homem/mulher, tem como objetivo fazer coincidir os eventos e a sua significação. Há, porém, uma margem de liberdade nos fatos, porque é intrínseco ao relato a noção de mal-entendido. A realidade, portanto, é aquilo que nunca coincide consigo mesma porque depende não só de como ela se apresenta mas também do olhar que recai sobre ela.[146]

Ao solidificar a concepção das esferas separadas, a mulher foi convocada a assumir a direção do lar em nome de uma determinada definição de família, e o homem o papel de provedor e chefe dessa família. Isso acabou por encobrir grande parte da população masculina, que nas primeiras décadas do século XX vivia à margem de um trabalho regular; como também da feminina, que mediante o trabalho remunerado se constituía na única provedora do lar e responsável pelos filhos, já que a presença do pai não é, como nunca foi, uma realidade absoluta em todas as famílias.

Além disso, ocultou a importância social e econômica do trabalho prestado pelas mulheres dentro de casa; tornou invisível não apenas o trabalho produtivo realizado pelas mulheres como também o das crianças; camuflou a dureza e a dificuldade do serviço doméstico, o cansaço e o desgaste físico; limitou as atividades consideradas legítimas exercidas pelas mulheres; levou o trabalho feminino a ser visto como acessório, temporário; justificou o ganho diferenciado entre homens e mulheres, e abafou o grito doloroso daquelas que ousaram denunciar as iniquidades que sofriam.

Perversamente, acabou também por circunscrever a família ao "lar feliz", onde a mulher é apresentada como rainha, escamoteando-se, assim, o drama da história, os conflitos, as diferenças e as relações de poder que se dão no seu interior, e atribuindo-se às mulheres, sobretudo às casadas, uma importância social como forma de indenização, já que as portas de acesso à igualdade de direitos com os homens foram cuidadosamente fechadas.

6. CARTÕES-POSTAIS, ÁLBUNS DE FAMÍLIA E ÍCONES DA INTIMIDADE

Nelson Schapochnik

O CARTÃO-POSTAL

Os cartões-postais são como um convite à viagem, uma prenda delicada àqueles que estão distantes. Imagens cuidadosamente escolhidas servem de moldura a juras de amor, reiteram plasticamente laços de amizade, perplexidade e encantamento.

Impossível tentativa de enraizamento, o postal parece revelar o minucioso trabalho que incide na conquista da paisagem pelo olhar do viajante. A conjunção que se estabelece entre o texto e a imagem, sublinha a atitude deliberada do remetente em persuadir o destinatário a compartilhar, ao seu modo, o gosto da viagem. De uma maneira ou de outra, o cartão procura estabelecer uma comunicação entre ausentes e assim restituir uma distância.

Uma vez atingido o seu destino postal, a viagem recomeça. Mas, agora, o viajante é aquele que recebeu o cartão. Viagem virtual por outros mundos, com o recurso dos fragmentos de imagens postais e da imaginação. Seria como se lhe fosse dada a oportunidade de compartilhar as vacilações da significação, a magia das perspectivas ou ainda as glórias da conquista de um novo espaço. O realismo das imagens estampadas nos postais também cria uma disposição que transfere o sentido do "eu li" para "eu vi". A posse do cartão daria ao destinatário a chance de sentir-se como Ulisses, Marco Polo, Pero Vaz de Caminha.

Postais que não atingem seu alvo adquirem algo de brutal. São testemunhos de um vínculo amoroso que não se cumpriu, de uma viagem abortada.

À essência movente dos cartões junta-se uma outra qualidade. Conforme expõem Silvio Barini e Celeste Zenha,

> com eles o lugar que se faz retratar procura fixar os enquadramentos através dos quais pretende ser olhado. Decerto, os postais promovem uma educação dos sentidos. É comum reconhecer em fotos tiradas por turistas, ou mesmo por "gente do lugar", a reprodução dos elementos, luminosidade e até perspectivas já consagradas nos cartões-postais. Certamente esta permanência é indicadora de que os locais apresentados nos cartões acabam sendo muito visitados. Como guias que à distância podem comunicar os espaços, os monumentos e a arquitetura a serem visitados e admirados, os postais acabam por fundar, na repetição de suas imagens, o hábito.[1]

Os cartões-postais corroboram uma compreensão redutiva da paisagem. Por conseguinte, uma enquete realizada entre a população tenderá a reforçar a crença na expressão de uma imagem-lembrança, quer uma obra, quer uma paisagem, como o emblema da cidade. Dessa maneira, São Paulo é a avenida Paulista, o Rio de Janeiro é o Pão de Açúcar, Ouro Preto é a obra do Aleijadinho, Salvador é o Pelourinho, Manaus é o Teatro Nacional etc. Refiguradas nos postais, as imagens da cidade proporcionam uma percepção afetiva e estética dos monumentos e paisagens, denotando o processo de interiorização e familiaridade com o local. A dispersão e o estranhamento inicialmente suscitado no viajante são substituídos na comunicação postal por um desejo de se inscrever na paisagem impessoal mediante a escolha de uma imagem que expresse um vínculo aninhante, um elo de pertença, sobrecarregado ainda por um apelo que demanda reconhecimento: "Eu existo, eu estou aqui, eu penso em você, gostaria que você se lembrasse de mim". Portanto, ao escrever um cartão-postal, o indivíduo se desenvolve em sua subjetividade.

Ao fixar um cenário que proporciona uma frágil identidade àquele que remete, e fluxos rememorativos àquele que recebe, os postais também podem se converter em objeto de uma perseguição contumaz. Pedro Nava se refere à busca retrospectiva da imagem de um crepúsculo no Tâmisa e a silhueta da Tower Bridge que ele conhecera na infância por meio de um postal enviado por um amigo de seu pai. Muito tempo depois, ele realizaria esse desejo latente. "Quando fui a Londres, fiz questão de me colocar em ponto certo e hora adequada para assistir ao vivo àquele postal, num dia de outono."[2]

Esses elementos reforçam a conexão profunda que se estabelece entre postais e memória. O papel desempenhado pelas imagens postais se assemelha muito aos procedimentos da arte da memória tal como era preconizada pelos mestres retores da Antiguidade. Para lembrar era recomendada a construção de lugares que deveriam corresponder aos fatos a serem memorizados. De fundamental importância, a ordenação e escolha das imagens. Espaços que poderiam ser as ruas de uma cidade, os seus monumentos e praças, ou ainda o trajeto de uma viagem, com todas as suas escalas e paradas. No momento de evocar os fatos armazenados, bastaria percorrer imaginariamente os lugares, recolhendo-se em cada um deles as imagens ali depositadas.

Então, de acordo com tais princípios, os cartões-postais nos oferecem um "mapa com a geografia das nossas lembranças". O ato de revisitá-los é uma oportunidade para surpreender as centelhas do passado que evocam o cotidiano e as emoções.

DA MENSAGEM SEM IMAGEM À MENSAGEM ILUSTRADA

A "carta-postal" ou "bilhete-postal" desembarcou nos trópicos no momento em que as estruturas do Império agonizavam. Ela fora idealizada como um padrão de correspondência condensada cuja função era a de transmitir uma mensagem escrita breve e simplificada. Submetido à gestão do Estado, esse novo padrão de comunicação pressupunha uma distinção cromática e monetária: vermelha para circulação urbana (vinte réis o simples ou quarenta os duplos, isto é, com a resposta paga), azul para o interior das províncias (cinquenta ou cem réis) e laranja para a correspondência internacional com os países que faziam parte da União Postal Universal (oitenta ou 160 réis).

Em razão do limitado espaço destinado à escrituração, a carta-postal se caracterizava por apresentar uma mensagem lacônica, uma fórmula de polidez, acompanhada pela assinatura do remetente e dos dados do destinatário. Rompendo o segredo epistolar, essa nova forma de correspondência seguia aberta e, portanto, poderia ser alvo de olhares furtivos de estranhos. Para evitar a publicidade das mensagens de foro privado estabeleceu-se que os bilhetes-postais deveriam gozar "da inviolabilidade das cartas, e os carteiros e quaisquer outros empregados do correio [eram] obrigados, sob as penas legais, a guardar inteiro segredo a respeito do conteúdo dos mesmos bilhetes". Paradoxalmente, ficava sob a responsabilidade dos encarregados da repartição dos correios a censura daqueles bilhetes que contivessem "proposições indecentes, ofensivas aos bons costumes e à moral pública".[3]

Decerto, por serem inclusive mais baratos que a carta convencional, esses bilhetes devem ter favorecido as trocas de mensagens e informações entre os habitantes dos mais distantes rincões do país. O isolamento a que muitas das regiões estavam submetidas, em grande parte em virtude da exiguidade de ferrovias e estradas, era de tempos em tempos quebrado pela passagem do carteiro. A ansiedade e o prazer que os carteiros despertavam nos destinatários não minimizavam as árduas condições de trabalho às quais estavam submetidos. De acordo com as reminiscências de Jacob Penteado, funcionário do Correio a partir dos anos 1920, esses "obscuros heróis" eram "considerados uns párias, que tinham somente deveres e obrigações, sofrendo as maiores penalidades e castigos". O esgotante ritmo de trabalho aliado aos baixos salários era responsável pelo fornecimento de um "grande contingente de tuberculosos aos hospitais e sanatórios". Não por acaso, "muitos chegavam a cair nas ruas, débeis, mal alimentados, esgotados, de tanto mourejar horas a fio, ao sabor das intempéries".[4]

Encarregado de levar a correspondência às longínquas povoações do sertão do Pernambuco, esse tipo foi descrito por um memorialista como alguém que "viajava a pé, calçado com reforçadas alpargatas de sola. Vestia uniforme de brim azul e resguardava a cabeça com amplo chapéu de palha de ouricuri. Às costas, a mala colada ao corpo com correias afiveladas à frente e recheada de cartas, jornais e valores que ia deixando em cada agência situada no roteiro preestabelecido".[5] Pelas veredas empoeiradas do sertão, singrando os rios barrentos, no sobe e desce ladeira das cidades, os carteiros municiavam o imaginário daqueles que sabiam ler e dos "todo ouvidos" que solicitavam a ajuda de outrem para a decifração das mensagens.

No final do Oitocentos, presenciou-se a emergência de um novo suporte para a mensagem verbal. Livres do monopólio do Estado, os cartões-postais passaram a associar a mensagem verbal a diferentes padrões ilustrativos. Inicialmente, os cartões foram confeccionados usando-se técnicas artesanais de impressão que remetiam à tradição das estampas e gravuras, como a ponta-seca, o buril e a litografia, o que os tornava um artigo de consumo caro. O desenvolvimento dos processos de reprodução de imagens derivados da fotografia, especialmente a fotolitogravura, a fototipia e a cromofototipia, possibilitou uma qualidade gráfica superior, o aumento das tiragens e a diminuição dos custos de produção, contribuindo para sua popularização.[6] Segundo o cartofilista Elysio Belchior, os primeiros cartões-postais que circularam por estas terras foram impressos no exterior, reproduzindo fotografias de Rodolpho Lindemann e Marc Ferrez. Todavia, o pioneirismo coube ao hamburguês Albert Aust que, ao lançar a série "Süd Amerika", apresentava clichês de Recife, Salvador, Paraná e Rio de Janeiro. Aust lançava sobre o Brasil um olhar estrangeiro em busca do exótico e do pitoresco. Com isso, cumpria um duplo objetivo: satisfazia a curiosidade e a imaginação dos que viviam na distante Europa, ao mesmo tempo que servia às comunidades de origem estrangeira que aqui viviam.

Convém ressaltar que a proliferação dos cartões-postais não somente estava associada à difusão de novas técnicas de reprodução, mas, sobretudo, integrava-se às conquistas advindas da revolução tecnocientífica, que propiciaram uma nova magnitude e rapidez aos meios de transporte e de comunicação. A proliferação das ferrovias e das linhas de vapor transoceânicas ampliou as condições de deslocamento de um fabuloso contingente demográfico. Essas viagens não se restringiram aos negócios, estudos ou lazer. Diante das precárias condições experimentadas nos seus diferentes locais de nascimento e das possibilidades virtuais de "enriquecimento" no Novo Mundo, muitos trabalhadores europeus acompanhados de suas famílias partiram em busca de novas oportunidades. É nesse fluxo e contrafluxo que os postais vão se firmar, tanto pelas suas qualidades intrínsecas ligadas à comunicação verbal quanto pelo consumo de suvenires associado à difusão do turismo popular.[7]

A rápida aceitação por parte do público estimulou a produção e comercialização maciça dos postais. Embora não tenha sido possível determinar o preço e a tiragem desses postais, a extensa listagem de editores, instalados na capital da jovem República e nos diversos estados durante a primeira década do século XX, parece atestar a potencialidade desse negócio.[8] Segundo estatísticas oficiais, no período de 1907 a 1912 o Correio coletou 57 876 202 cartões-postais e distribuiu 81 963 858, em todo o Brasil, um país cuja população aproximava-se da cifra de 20 milhões de habitantes.

Nacionais e importados (alemães, austríacos e franceses), em preto e branco ou coloridos pancromáticos, apresentando ilustrações ou reproduzindo fotografias, enquadrados em vinhetas *art nouveau* ou *passe-partouts* decorativos, os postais passariam a fascinar a população. As imagens fixadas nos cartões produzidos no Brasil remetiam para uma diversidade de temas, com destaque para: as paisagens bucólicas, que sublinhavam o exotismo tropical, ou a natureza refigurada nos jardins e praças; o cenário urbano emblematizado pelas pontes e avenidas, o porto ou a estação ferroviária, o casario e os monumentos associados à valorização dos ideais de "civilização" e "progresso", e, ainda, a galeria de retratos dos personagens de destaque na esfera político-cultural e os "tipos exóticos" que habitavam o Brasil. A respeito deste último subtema, as fotografias fixadas sobre os postais revelavam-se "francamente impregnadas por um eurocêntrico interesse etnográfico pelas raças consideradas inferiores",[9] sendo muitas vezes subsidiadas por legendas do tipo "*nègresse* de Bahia", "*indienne* botocudo", "*Uralter Bahianeger, aus Afrika Slave*" (Negro baiano muito velho oriundo da África como escravo), "*Bahia-Kreolin (Eigeborene) im Festgewand*" (Crioula nascida na Bahia em trajes de festa), "carregador africano" etc.

Mas é justamente nessa quadra de intensas transformações e ajustamentos no cotidiano e na autoimagem das cidades e de seus habitantes que se firmou o culto do cartão-postal. Durante a Belle Époque, acrescentou-se aos postais um novo predicado que não alterava seu estatuto originário. Ao atributo de suportes para variadas mensagens e, portanto, cumpridores de uma função meramente comunicativa, veio se adicionar um "valor de exposição".[10] O cronista carioca Luís Edmundo afirmava categoricamente que "[...] o cartão-postal, pelo começo do século, e mesmo até bem pouco antes da Grande Guerra, é o delírio que empolga o carioca... A novidade impressiona. Tão bela, porém, é a apresentação desses postais, que muita gente os compra em séries, só para encaixilhá-los. Um vidraceiro da Rua da Quitanda cria disposições artísticas para a coleção das fotos em *passe-partout* de cores. A bela Otero, por exemplo, em seis poses diversas, é um quadro para se dependurar abaixo do espelho de Veneza, num salão... Cabeças de Cleo de Mérode surgem nos gabinetes de dentistas... E atrás de Otero e de Cleo, todas as cocotes de França com o nome por baixo em atitudes provocadoras e plásticas...".[11]

Essa afirmação está muito longe de ter um caráter impressionista; pelo contrário, ela atesta a convergência dos postais com os cânones do *art nouveau* (o culto da beleza, a valorização da sensualidade, a estilização ornamental) e ainda se respalda na existência de um farto material publicitário das lojas que se dedicavam ao comércio de tais cartões. Além das possibilidades decorativas, algumas séries também favoreciam a vulgarização e a contemplação de imagens da intimidade. Nesse caso, o postal respondia às projeções do desejo masculino, funcionando como um estímulo erótico mediante a reprodução de imagens da nudez feminina.

O interesse exercido pelos postais logo se transformou num intenso frenesi, estimulando a formação de coleções e a fabricação de álbuns e caixas para acondicioná-los. "Posse em estado puro, sem fins funcionais, a coleção culmina a paixão individual pela propriedade privada; mas pode converter-se também em fuga apaixonada, refúgio em meio a objetos que são também equivalentes narcísicos do eu."[12] Ao se apropriar de artefatos produzidos em massa, o colecionador promovia uma seleção de temas e séries cuja singularidade resultava da descoberta em cada postal de determinados traços que denotavam a conformação de uma individualidade e afetividade. As marcas de possessão individual engendradas na coleção de cartões-postais também assumiam a forma de uma cartografia das lembranças e dos desejos.

A atividade de colecionar cartões-postais autografados por figuras de destaque na política, nas letras, no teatro, nas ciências ou na música, difundiu-se em meio à população brasileira independentemente de idade ou gênero. Nem mesmo os prováveis alvos dos caçadores de autógrafos escapavam desse modismo contagiante. Ao adentrar na residência do poeta Olavo Bilac, visando colher informações sobre suas leituras de formação e atuais predileções literárias, João do Rio foi recebido com uma interrogativa: "Aposto que vens ver os meus cartões-postais?".[13]

Informa Moacyr Silva que, além de atender às solicitações de autógrafos, nos cafés, nas ruas ou, quando não era possível ter contato pessoal, enviá-los pelos correio, "poetas e escritores" passaram a compor "pensamentos ou versos para postais".

Em todos os postais que se me enviam
Arguta observação pude fazer:

— É que aqueles que mais sobressaíam
Tinham sempre uma efígie de mulher!

Acho este postal pequeno
Pois sem espaço lhe vejo
Para dizer-vos sem pejo
O que contém de veneno
A eterna história do beijo
Que este cromo representa...
A verdade não se inventa,
Não é pois conto inventado:
— Um beijo dado na hora
É perigoso, senhora,
Portanto, muito cuidado.[14]

Como que num ato de antropofagia visual, que conferiria ao portador a incorporação das qualidades do ser "devorado", essa prática tida por chique logo se transformou num tormento para as celebridades escolhidas pelos caçadores de autógrafos. O assédio dos colecionadores acabou gerando uma atitude de ojeriza por parte de alguns desses "objetos do desejo". Artur de Azevedo deixou expressa numa quadrinha a finitude de sua paciência para com essa atividade:

Virgem Maria,
Isto é demais!
É noite e dia
Cartões-postais![15]

O fetiche pelos postais autografados também foi tacitamente explorado pelos editores da revista *A Avenida* (1904). Misto de filantropia e estratégia de marketing, os editores promoveram uma tômbola destinada a angariar fundos para as vítimas das secas do Nordeste, ofertando aos ganhadores uma série de cinquenta postais devidamente autografados. O poeta Emílio de Menezes, figadal inimigo dessa aporrinhação, se reconciliou com os fãs e, numa atitude altruísta, lançou um soneto em tom apaziguador:

Esta mania estúpida e cacete
Mais cacete de todas as manias —
Do bilhete postal, do atroz bilhete,
Vai ter, enfim, as minhas simpatias.

No hotel, no botequim, no gabinete,
Em casa, à rua, nas confeitarias,
No Leme, Cascadura ou Catete,
Surge o cartão-postal, todos os dias!

Mas esse infame e trágico instrumento
Que é da paciência algoz, suplício e morte,
O bilhete postal, que é o meu tormento,

Útil vai ser enfim! Coube-lhe a sorte
De transformar-se em pão para o sustento
Dos que da fome estão morrendo no Norte![16]

O soneto faz menção ao flagelo da seca, que vinha castigando particularmente a população cearense desde os anos 1877-80. Apesar das boas intenções, o dinheiro arrecadado era um paliativo. A solução adotada por cerca de 500 mil nordestinos foi a migração para a região amazônica, estimulada pioneiramente por políticas oficiais. Esse deslocamento correspondia à demanda internacional da borracha, empregada na produção de pneumáticos, que abastecia a crescente indústria automobilística. Confinados nos seringais, trabalhando na extração e defumação do látex, os seringueiros nordestinos tiveram uma experiência muito distinta da vivida por aqueles outros trabalhadores que se engajaram nas atividades urbanas.

Passeando pelas tendas da Feira da Ladra, em Lisboa, Gilberto Freyre deparou-se com espertos velhotes e sagazes velhotas que ali negociavam antigas molduras, castiçais de prata, relógios quebrados do século XIX, almanaques ilustrados, restos de cobre e de louça extraviada. Ali Freyre garimpou um material precioso. Tratava-se de um conjunto de postais enviados por imigrantes portugueses que, no princípio do século, vieram se fixar em Manaus e outras cidades do Amazonas, no fastigioso tempo da borracha. A simples gula do pitoresco cedia lugar ao interesse perquisitivo do antropólogo. "Adquiri-os de vários vendedores parecendo-lhes que meu interesse era pelas vistas. Belas fotografias coloridas."[17]

A certa altura do relato, Gilberto Freyre reiterava as observações de Luís Edmundo sobre o fascínio exercido pelos postais no início do Novecentos ("uma verdadeira instituição"). Mas não só. Também manifestava um tom melancólico diante do declínio da arte de colecioná-los. Esgotamento de "uma época de euforia e extroversão da vida nacional" que, segundo ele, simbolizava o processo de modernização experimentado sobretudo pelo Rio de Janeiro e dissipado para outros centros urbanos, no sentido de "uma europeização nem sempre feliz e de uma ianquização nem sempre saudável".

Minhotos, transmontanos, algarvios, setubalenses, lisboetas. Todos eles homens dotados de espírito aventureiro, vieram para a região amazônica em busca de triunfos no comércio ou na indústria. "Migrantes. Quase todos jovens. Alguns cultos. O que logo se notava pela sua letra, pela sua gramática, por sua expressão, em alguns casos, quase literária."

As imagens estampadas nos postais denotam uma nova urbe em meio à floresta. Já as mensagens enfatizavam o embasbacamento diante da opulência local. As menções ao Teatro Amazonas eram sempre acompanhadas de "adjetivos sintéticos" que atribuíam as qualidades de "suntuoso", "magnífico", "grandioso". O novo e monumental prédio da Santa Casa de Misericórdia era apresentado como um hospital de luxo "com médicos como Portugal não tem melhores". As obras de engenharia do "flutuante do plano inclinado" ou do quartel de infantaria chamavam atenção e eram exaltadas pelas arrojadas técnicas modernas. Os palacetes e casarios do potentado local, enriquecido com o comércio do látex, introduziram soluções arquitetônicas sofisticadas, pontuadas por orientalismos, colunas greco-romanas, volutas e rebuscadas curvas *art nouveau*, que pasmavam as vistas daqueles recém-desembarcados. O hotel Cercle Comercial oferecia condições de vida principescas, conforme registrou um hóspede, que informava ao amigo de Lisboa dispor de "barbearia, bilhares", "banhos aromáticos" e "vinhos de todas as procedências do mundo". Manaus, "maravilha única", era celebrada no verso e anverso dos cartões-postais.

A euforia e o evidente exagero são as marcas de um desses postais dirigido aos patrícios do Minho. Manaus era apresentada como "a nova Paris [...] grande cidade moderna e vibrante da Amazônia". Seu arrivismo agressivo ficava patente na referência de que "não comia senão patê e caviar, não bebia senão cerveja alemã ou champanhe francês, não se divertia à noite senão com francesas e italianas".[18] Esses cartões-postais comportavam um potencial de condensar os sinais da modernidade mediante a seleção meticulosa das imagens, que articulada a uma escrita de si, não deixava dúvidas quanto à tentativa por parte de cada um dos remetentes de alimentar uma fusão com aquele cenário, apresentando-se como artífice da modernidade e beneficiário do luxo e do prazer.

Informa também Gilberto Freyre que a preocupação dos familiares com o estado de saúde dos indivíduos que por aqui desembarcaram e as referências às "doenças do Brasil" (febre amarela, beribéri, peste bubônica, malária) eram constantes. Isso explica o fato de que muitos desses postais se iniciavam fazendo menção ao estado de saúde do remetente. O temor e a aflição em face da natureza completamente outra pareciam propiciar a escolha de cartões com imagens da floresta, acentuando a diversidade do meio natural quando confrontado com a terra natal. Num desses, o informe é hilariante e simultaneamente revelador de um imaginário tresloucado acerca da cidade na selva: "Deve haver muita cobra no meio dessa floresta que cerca Manaus por todos os lados. Mas nas ruas de Manaus não vi uma só".[19]

Entre os postais reunidos por Gilberto Freyre não consta nenhum que confesse ou insinue um fracasso, uma lamúria ou uma decepção. "O que parece ter acontecido, é que entre esse tipo de confissão e o cartão-postal festivo, colorido, lúdico havia uma incompatibilidade."[20] Essa observação parece reforçar o tom brejeiro e eufórico evocado na escritura postal.

O esplendor e a orgia do dinheiro fácil, bem como a epopeia e miséria dos trabalhadores anônimos, emoldurados na conjuntura favorável ao comércio internacional da borracha, fomentaram um perfil postiço à cidade. A partir dos anos 1910, as novas plantações cultivadas no Sudeste asiático pelos ingleses passaram a ameaçar a hegemonia brasileira no comércio de borracha. No entanto, muitas das experiências vividas nessa região, especialmente a remodelação espacial e arquitetônica de imóveis públicos e privados, a introdução de um padrão de sociabilidade mediado pelo dinheiro ou, ainda, a difusão de novos hábitos de consumo, foram reproduzidas em escala variada em outros centros urbanos do país.

"O RIO CIVILIZA-SE"

A expressão cunhada pelo cronista Figueiredo Pimentel revelava em grande parte a euforia da elite brasileira radicada no Rio de Janeiro novecentista com a implementação das reformas urbanas encetadas pelo prefeito demolidor Pereira Passos. O velho centro sofreu uma série de intervenções que se assentaram na remodelação e ampliação do porto, higienização e saneamento, assim como na abertura de avenidas, praças e jardins.

Os tais "melhoramentos" pretendiam extirpar aqueles traços que destoavam do projeto de transformar a capital da República numa "Europa possível". A condenação dos hábitos e costumes ligados pela memória quer à velha sociedade imperial quer às tradições populares, deveria dar lugar a um novo padrão de sociabilidade burguês emoldurado num cenário suntuoso. "O mármore dos novos palacetes representava simultaneamente uma lápide dos velhos tempos e uma placa votiva ao futuro da nova civilização."[21]

À tendência para a dissolução das formas tradicionais de solidariedade social, reforçadas pelas relações de grupos familiares e pelas instituições formais das elites (partidos políticos, ensino universitário, clubes), correspondeu o estabelecimento de novas relações fundadas na consagração do individualismo e do arrivismo. Esse processo espelhava a alteração nas origens da riqueza e do poder, com a ascensão de profissionais ligados às atividades liberais, burocráticas e empresariais, e a descentralização política na ordem republicana que preservou o poder das oligarquias estaduais representadas agora por "políticos profissionais".[22]

A reação das classes conservadoras se fará em dois sentidos, esclarece Nicolau Sevcenko. Por meio da "tentativa — vitoriosa ao fim — de restabelecer uma titularia honorífica, dado que a República extinguira a antiga nobreza, e o estabelecimento de um verdadeiro culto da aparência exterior, com vistas a qualificar de antemão cada indivíduo".[23]

Esse panorama consagraria aquilo que Habermas denominou de "institucionalização de uma privacidade ligada ao público",[24] repercutindo na organização do espaço doméstico, na decoração requintada dos ambientes e nas novas formas de convivência. A recepção deixava de estar circunscrita ao grupo de amigos da casa ou dos laços de consanguinidade, agregando indivíduos estranhos à vida doméstica, cujo mérito pessoal e domínio das regras de etiqueta viabilizaram sua assimilação e circulação nos salões da elite. A divulgação desses rituais e etiquetas que remetiam à dissolução gradativa dos liames tradicionais e a valorização das virtudes individuais, do talento e do capital cultural tiveram ampla reverberação nas colunas sociais e artigos publicados nos jornais e magazines do período.

No burburinho das ruas, homens trajando paletós de casimira clara e usando chapéu de palha, acompanhados de senhoras finamente vestidas com toaletes de nítida inspiração parisiense, desfrutavam os tempos eufóricos da Belle Époque. Deslumbravam-se diante do novo aparato que incluía equipamentos e objetos de consumo identificados com as marcas do progresso e da modernidade. Telefones, automóveis, elevadores, cinematógrafos, fonógrafos, bondes, iluminação elétrica, vacinas, logo se converteram em motivo de regozijo e até mesmo de reverência solene.

O desejo de ajustar a cidade ideal à cidade real aprofundou a clivagem entre o "povo" e a "boa sociedade". O descompasso entre a pujança econômica e a exclusão social gerou uma série de revoltas que acentuaram as tensões na sociedade carioca. Os salões da moda, as confeitarias, as conferências literárias, o Jockey Club, o *five o'clock tea*, os passeios pelo Botafogo, Flamengo e pela avenida Central tinham como contrapartida a festa da Penha, os candomblés, o Carnaval da praça Onze, as rodas de samba, os quiosques e freges, as favelas e zungas.[25]

A cidade que se transfigurava em imago a ser imitada pelo resto do país foi objeto de entronização, via cartão-postal. Nos pequenos e precários retângulos de cartolina foram fixadas imagens crepusculares do velho Rio de Janeiro — o Conselho Municipal, ruas, casarios e igrejas que viraram ruínas. Também aparecem registradas as velhas praças que, ao serem remodeladas, receberam outra denominação, como a praça da República (antes campo de Santana), a praça Tiradentes (o velho largo do Rocio) e a praça XV de Novembro (antigo largo do Paço). Os velhos postais registraram diferentes perspectivas da cidade, salvando dos escombros uma realidade que se esvaía sob o tempo do presente do pretérito. Esteio da memória e índice do culto da saudade, esses postais sublinham um traço fetichista que atestava a irreversibilidade do processo vivido na cidade.

A tentativa deliberada de congelar o tempo nas imagens dos cartões nem sempre agradava os apologistas do mundanismo e do "progresso" material da capital da República. Ferreira Rosa, em artigo publicado em *O Comentário* (1906), repudiava veementemente a série de postais comemorativa do III Congresso Pan-Americano, sediado no Rio de Janeiro em 1905. Suas críticas se dirigiam tanto à qualidade gráfica dos cartões quanto ao cenário ultrapassado. "Há ainda por esta Cidade umas ruas escuras, umas ruas travessas, casas sombrias, de aspecto desordenado, onde chocalha solitário, um prelo manhoso que faz a gente olhar para dentro e ver uns tipógrafos, chupados, guedelhudos, debruçados sobre os caixotins. Pois é desses pobres estabelecimentos que costumam sair trabalhos ruinzinhos como este..."[26]

Emoldurados nos postais do período, também vão comparecer figurantes anônimos, voltados para o trabalho informal. Vendedores ambulantes, nacionais e estrangeiros, ofereciam flores, jornais, cigarros e os mais variados gêneros alimentícios (aves, ovos, verduras, frutas, peixes, quitutes e doces). Salvos da voragem do tempo, eles foram captados pelas lentes dos fotógrafos e passaram a figurar numa série de postais. Muitos deles descalços, de chapéu mole sobre a cabeça e em mangas de camisa, acompanhados de crianças, passavam quebrando o silêncio das ruas com seus pregões típicos que mesclavam melodias tonais com as entonações da fala. Com rimas e recortes, eles "escreviam nos ares o poema da cidade".[27]

Olha ôôô prú uuu da roda vô ôôô a!
Pixe... camaró.

Sorvetinho, sorvetão,
Sorvetinho da ilusão!
Quem não tem duzento réis
Não toma sorvete não.
Sorvete, iaiá!

Compra-se roupa velha... Qualquer bejeto usado.
Batata assada al furn, batata assada al furn.
Liberté, Egalité, Fraternité, Vassouritê, la facilitê de la famille![28]

Uma outra série de postais se integrava num tempo que poderia ser denominado de futuro do presente, isto é, configuravam-se em imagens que deveriam ser consumidas como o novo cenário da cidade remodelada. Não por acaso, muitas das fotos registradas por Augusto Malta, fotógrafo oficial da administração Pereira Passos, foram convertidas em cartões-postais que projetavam e potencializavam simbolicamente o desejo de fixar o perfil modernizado do Rio de Janeiro e de seus habitantes.[29]

Fruto das intervenções e matéria para a fruição dos viajantes, esses cartões remetiam para os grandes edifícios públicos construídos ao longo da avenida Central, com destaque para o Teatro Municipal (1909), o Palácio Monroe (1906), a Biblioteca Nacional (1910) e a Escola Nacional de Belas-Artes (1908). A grandiosidade das construções e as fachadas de estilo eclético nada tinham de aleatório. Disposto ao lado de edifícios destinados a empresas nacionais e estrangeiras ligadas ao comércio, à infraestrutura, à recreação e ao consumo de produtos europeus de luxo, o bulevar representava as aspirações de "Progresso" e "Civilização" do país.[30]

Outras paragens, intimamente ligadas ao projeto de consagração da capital da República e que potencializavam a estratégia de obter investimentos estrangeiros no país, não escaparam das lentes dos fotógrafos. A nova avenida do Mangue, os floridos jardins da Glória, a retilínea avenida Beira-Mar, a praça XV de Novembro, as ruas alargadas do velho centro ou, ainda, as paragens bucólicas da Tijuca, da Vista Chinesa, da Pedra da Gávea ou do Jardim Botânico reiteravam os encantos da Cidade Maravilhosa e o "adiantamento" de suas instituições. De maneira voluntária ou não, esses postais revelavam um desejo de transferir as qualidades do cenário para o remetente por meio da apropriação simbólica do público pelo privado.

Os cartões-postais da Belle Époque carioca traduzem figurativamente aquelas qualidades que Afrânio Peixoto atribuiu à literatura do período, são como "o sorriso da sociedade".[31]

À tradição de vilegiaturas de verão na cidade de Petrópolis (Rio de Janeiro) visando escapar da canícula e das doenças, como a cólera, a varíola e a peste bubônica, atribuídas aos miasmas que assolavam a corte imperial, veio se juntar, nas últimas décadas do século XIX, o hábito das temporadas nas estações hidrominerais de Poços de Caldas, Caxambu, Lambari e Cambuquira.

O cuidado com a saúde física, a exaltação higiênica do corpo, a obsessão pela limpeza da casa e das roupas tiveram um correlato nas temporadas despendidas nas estâncias termais. A crença no poder terapêutico das águas transformou aquelas cidades mineiras em locais de peregrinação, em busca da graça de ter aplacado os malefícios que acometiam os doentes. A douta crenologia ou medicina hidrológica prescrevia temporadas nas estações, onde eram ministradas as famosas águas sulfurosas sob a forma de banhos de imersão ou apenas eram ingeridas periodicamente ao longo do dia.

Localizada no Sul de Minas Gerais, a 1200 metros de altitude, Poços de Caldas foi, entre as estâncias hidrominerais brasileiras, a mais famosa e requisitada no período que compreende os dois últimos decênios do século XIX e as primeiras décadas do século XX. Era frequentada por um amplo arco que incluía o *grand monde* formado por políticos, escritores e artistas famosos, por remanescentes da aristocracia e a emergente burguesia, pela classe média, até os estratos mais baixos, constituídos por jogadores e "mulheres de vida alegre".

Enquanto "os enfermos preferiam muitas vezes ir no 'intervalo', os meses pouco concorridos, quando tinha lugar a 'estação do baú' [...] caracterizando o tipo de clientela pela modéstia arcaica da bagagem",[32] os demais visitantes procuravam concentrar numa estada breve os prazeres do mundanismo. Caminhadas, passeios a cavalo no Posto Zootécnico, na Cascata das Antas, na Caixa-d'Água, na Fonte dos Amores, as danças nas matinês, *soirées* e bailes formais, lautas refeições nos restaurantes, animadas por orquestras que tocavam tangos e maxixes, no Teatro Politeama uma longa programação que entretinha os frequentadores, incluindo a exibição de películas cinematográficas, espetáculos de *vaudeville*, mágica, dramaturgia e canto lírico, mas principalmente a jogatina deslavada nos cassinos, eram algumas das atividades oferecidas aos viajantes.

A correspondência de uma estação de cura é o nome de um romance de João do Rio escrito nos idos de 1917, durante uma estada em Poços de Caldas. A data é significativa, pois com a eclosão da guerra desde 1914, a temporada europeia estava inviabilizada para os brasileiros endinheirados. Sob a forma de uma narrativa epistolar, os missivistas "se dirigem a destinatários muito diferentes a fim de relatar, numa saborosa miscelânea de escritas masculinas e femininas, todas as expressivas insignificâncias que constituem a vida artificial de uma cidade de águas".[33]

O cotidiano dos hóspedes do Hotel da Empresa e do Grande Hotel começava com o soar da campainha, convocando-os para o desjejum; em seguida, os banhos sulfúricos: "Há cavalheiros que tomam de 35° para engordar. Outros mergulham em 41° para emagrecer. Não há ninguém doente. As mazelas, os reumatismos, as seborreias — o mobiliário estragado da sociedade fica por aí noutras hospedarias. Estamos num hotel *snob*. Avisos por todos os lados participam aos doentes de verdade que o lugar não os admite".[34]

Já os hóspedes dos variados hotéis, pensões e hospedarias da cidade se encaminhavam para os banhos em Macacos, onde "predominam as mulheres donas de uma vida que denominam alegre", ou para as Termas, cujas "antiquíssimas banheiras de pau ou de cimento" eram as mais solicitadas por artríticos, reumáticos, leprosos, ulcerados, avariados. Diante desse quadro, um dos missivistas perguntava: "Por que esse amor à vida, esse apetite de mentira de existência sem saúde, propagando o mal? Que prazer haverá em viver assim, parecendo são de corpo?".[35] Saudáveis ou remediados também tinham, no furor dos cassinos, a oportunidade de reaver as joias empenhadas na noite anterior ou de alimentar a esperança de um súbito enriquecimento no "pano verde" do Gibimba. Se os licores, o café, os charutos e as águas eram cortesia da casa, o dinheiro que circulava nas mesas de bacará, campista e roleta se esvaía rapidamente, chegando às mãos, não menos ávidas, dos crupiês e das cocotes.

Decerto, a temporada caldense se caracterizava por um ambiente privilegiado onde os viajantes travavam um sistema de alianças e enfrentamentos estratégicos. No interior dos hotéis e nos diversos pontos de visitação, os indivíduos promoviam a teatralização de sua imagem mediante a ostentação frequentemente simulada das marcas de sua prosperidade. De acordo com a percepção aguda de um missivista, "ao jantar, os *smokings* resolveram aparecer. Em seguida ao almoço, as senhoras arvoram grandes *toilettes* de passeio e joias. Depois [...] afluem os 'encantadores' do Rio e de São Paulo, esses meninos dos dezessete aos quarenta anos, que vestem com elegância exagerada, são dados a esportes, montam, jogam o pingue-pongue e o *bridge* [...] falam francês e têm sempre um ar muito superior". O estabelecimento de contatos sociais, a autopromoção, o cálculo premeditado das fortunas constituíam atitudes que favoreciam a emergência de novos laços de convívio, possibilitando trocas e negociações cujo resultado poderia ser uma mera aventura galante ou até mesmo a promessa de casamento.

O ato de registrar a temporada era sempre bem-vindo, pois fornecia um testemunho material que associado ao relato verbal atestaria as virtudes e o prestígio daquele que viajou. Sob a forma de fotografias ou de fotopostais documentava-se a visitação às fontes, praças, os passeios de charrete etc. Recorrendo à estratégia histriônica dos painéis e panos de fundo, muitas pessoas deixavam-se retratar em balões e aviões ilusórios que cruzavam os céus de Poços de Caldas. Essa viagem vicária através de alguns ícones da modernidade alimentava as fantasias e a autoestima do retratado, emblematizando um desejo individual de expansão bem como a apropriação privada da paisagem na forma de um suvenir.

O ritual da vilegiatura também pressupunha a aquisição de

outros suvenires. Olivério Gomes, na correspondência dirigida ao pai, ponderava com sagacidade acerca daquele traço que "realiza o ideal dos presentes". O chicote de cabo de prata adquirido como recordação "é inútil, é feio", no entanto ele "recorda sempre o ofertante". Os diversos acepipes produzidos na região (doces, biscoitos e queijos) visavam a realização daquele mesmo ideal, com a vantagem de associar o prazer gustativo às reminiscências da temporada, podendo ser distribuídos no círculo de familiares e amigos.

Sob a manhosa chuva de março, mês supremo da estação, segundo Antonio Candido, uma constelação de janotas e ricaças abandonava as montanhas caldenses. Na estação ferroviária, o derradeiro apito do trem indicava que já era hora de partir. Aos que permaneciam, "Boa estada"; aos que partiam, "Boa viagem". A movimentação dos viajantes, refigurada no espaço romanesco, foi apresentada por Jurandir Ferreira nos seguintes termos:

> O trem ia repleto. Os turistas faziam as suas grandes despedidas e as suas derradeiras exibições de vestuário, de joias e de importância pessoal [...]
>
> Além, nos bancos de madeira da segunda classe, ia quietona e sorumbática uma outra humanidade de roupas de pano grosso. Caipiras sem gravata, pequenos vendeiros, soldados de fuzil e violão, mulatos, tios pretos e estrangeiros pobres. Adiante, os homens da estrada iam e vinham como doidos, uns dando ordens ou gritando números, com papéis e lápis em punho, outros em manga de camisa, metendo fardos, caixotes, malas e jacás para dentro dos vagões de carga.[36]

NA PAULICEIA

Emoldurados em guarnições que introduziam um padrão decorativo eclético (volutas, guirlandas, anjos, pergaminhos), os primeiros cartões-postais com referências urbanas à Pauliceia começaram a circular por volta de 1898, "editados em cromolitografia pelo Estabelecimento Gráfico Steidel & Cia.".[37] Vistos com atenção, esses postais evocam uma cidade ainda acanhada, que fora no passado a vila de onde partiram expedições de apresamento de índios, tropeiros, depois "burgo de estudantes", e que, no crepúsculo finissecular, começava a despontar como a Canaã rediviva.

Circunscrita pelo Tamanduateí e Anhangabaú, a cidade tinha o seu epicentro no Triângulo formado pelas ruas Direita, São Bento e XV de Novembro. Essa região se destacava pela paisagem compacta formada por um casario assobradado, em cujas casas, muitas ainda de taipa de pilão, construídas lado a lado, se mesclavam a habitação e os negócios. As marcas do velho centro aparecem estampadas nos postais sob a forma de citações: o partido arquitetônico de nítida inspiração eclética, o tráfego de tílburis e bondes puxados por burros, e os transeuntes munidos de palheta, bengala e sombrinha.

Para além desses limites, o largo dos Curros, outrora espaço onde eram armados o redondel dos circos e touradas, posteriormente remodelado e rebatizado de praça da República, abrigava a Escola Normal. De lá das bandas da Várzea do Carmo, parcialmente aterrada e submetida à ação das brigadas higienistas lideradas por Saturnino Brito e Vital Brasil, um fotógrafo anônimo registrava a faina das lavadeiras quarando as roupas da freguesia, o descanso dos animais de tração e o refestelo de seus condutores. No entorno, ainda quase rural, figuravam várias chácaras, sítios e fazendas que, além de cumprir o papel de morada, se caracterizavam pela produção de víveres para o consumo da população do núcleo central.

Com o dinamismo decorrente da expansão da economia cafeeira e a desenfreada especulação financeira encetada pelo Encilhamento (1890), a urbe acanhada e de ares provincianos lançava seus tentáculos "por cima dos ribeirões, apropriando-se dos sítios e chácaras em seu entorno, para erguer o 'centro novo', a 'cidade nova' dos fazendeiros de café".[38] Sucessivos marcos desse processo foram inseridos na paisagem urbana, consubstanciando-se no adensamento de bairros, no loteamento de chácaras e terrenos como estratégia de auferir lucros em vista das oscilações do preço do café no mercado internacional, e na extensão dos serviços de abastecimento de água, fornecimento de gás para a iluminação e a implantação das primeiras linhas de bondes elétricos. Obviamente não pode ser desconsiderado o trabalho de engenheiros, arquitetos e artífices, o capital das empresas de construção civil e das fábricas de materiais, e sobretudo a anarquia especulativa promovida pela Light & Power, empresa que detinha o monopólio dos serviços mais essenciais.[39]

Ao longo das várzeas do Tamanduateí e do Tietê, especialmente com a consolidação da malha ferroviária que conectava as regiões produtoras de café no interior do estado com o porto de Santos, despontavam os bairros do Brás, Pari, Mooca, Ipiranga, Bom Retiro, Barra Funda, Água Branca, com seus galpões industriais e conjuntos de casas que passaram a abrigar os "novos mamalucos".[40] À margem do burburinho do velho centro, identificado com o comércio de luxo, as atividades financeiras e o mundanismo, esses figurantes anônimos empregados no trabalho fabril e nas ocupações informais passariam a imprimir, de maneira polifônica, novos espaços na vida cultural e comunitária da cena "paolistana".

Não parece equivocado atribuir à gestão do prefeito Antônio Prado (1898-1910) a adoção de medidas e empreendimentos que deliberadamente pretendiam converter a imagem da cidade de ares provincianos em uma metrópole próspera e ávida por acertar o passo com o processo de modernização experimentado naquele mesmo período na capital federal e, sobretudo, na Europa. Essa feérica metamorfose, articulada ao dinamismo decorrente do processo de imigração, urbanização e industrialização vivido pela cidade, foi amplamente documentada pelas lentes do fotógrafo suíço Guilherme Gaensly, que cuidadosamente captou os lugares da memória e as vitrines do progresso e os converteu em cartões-postais. Percorrer essas imagens significa ter acesso a uma parcela considerável da "iconoteca da memória"[41] postal paulistana.

Partindo da área central em direção ao eixo formado pelos Campos Elísios, avenida Higienópolis e avenida Paulista, Gaensly registrou os novos padrões de viver da burguesia. Lá estão, entre outros, os palacetes e mansões de Elias Chaves, dos Prado; dos Silva Telles e dos Álvares Penteado; dos Matarazzo e dos Schaumann. As imagens estampadas nos cartões-postais ressaltam a solidez das habitações isoladas entre si, ocupando o centro do terreno (favorecendo a insolação e aeração), e uma grande variedade de terraços, mirantes, torres, balcões, corpos salientes e galerias derivados de padrões arquitetônicos ecléticos. Em contraste gritante com o casario mais simples dos empregados do comércio, serviços e também das vilas operárias, mas certamente em sintonia com a autoimagem dos moradores dessa nobre região, Gaensly fixou nos retângulos de cartolina esse novo cenário, cujo acesso na maioria das vezes só era possível por meio da viagem imaginária, via postal. Esse roteiro não é aleatório, registra as metamorfoses da riqueza que foram geradas por diferentes atividades associadas ao "ouro verde".

Ainda sob a administração de Antônio Prado é que o Jardim da Luz foi remodelado de acordo com os preceitos do paisagismo inglês. Suas alamedas foram calçadas, iluminadas por lampiões de gás e acresceram-lhes bancos, estátuas e um monumental chafariz no meio do lago, propiciando uma infraestrutura para a recreação e o lazer, flertes e *footings*. O bar e restaurante Kiosque da Bavária oferecia, nas mesas dispostas ao ar livre, chopes, gasosas, sanduíches e sorvetes. No coreto apresentavam-se diversas corporações musicais (entre elas, a da Força Policial do Estado, a banda italiana de Ettore Fieramosca, a banda alemã), que tocavam um repertório temperado por mazurcas, dobrados, polcas, peças líricas e sinfônicas, embalando o ócio comportado de famílias e indivíduos devidamente trajados segundo os preceitos da moda (chapéu, colarinho e gravata para os homens, e chapéus para as mulheres).

Mas era bem ali ao lado do Jardim que fora erigida e inaugurada, em 1901, uma obra monumental que parecia condensar a aspiração compartilhada por paulistanos e caipiras de verem diminuída, graças aos avanços tecnológicos, a distância que os separava da modernidade. A Estação da Luz, construída pela São Paulo Railway, símile da Estação de Paddington e da torre do Big Ben, era o nó central dos grandes entroncamentos ferroviários que cortavam o estado e estabeleciam conexões com outros cantos do país. Nas plataformas, homens, mercadorias e sonhos. Mais abaixo, sobre os trilhos, a locomotiva emblematizava de maneira sublime o novo culto da velocidade e corroborava a crença cega na ideia de progresso. Explorando angulações persuasivas, tanto numa perspectiva panorâmica (o monumentalismo da edificação de tijolos e estruturas de ferro, captado do alto do prédio do Liceu de Artes e Ofícios) quanto no recorte atento dos espaços internos (o saguão de entrada, o restaurante), os cartões-postais elaborados por Gaensly reiteravam o fascínio exercido pela gare sobre a população e, simultaneamente, consubstanciavam a fantasia da modernidade num monumento visual que atestava a nova identidade cosmopolita da metrópole.

A inauguração do Teatro Municipal, em 1911, foi também um dos pontos nucleares da atuação do conselheiro Antônio Prado à testa da prefeitura paulistana. A grande diferença entre o Municipal e os demais teatros existentes na Pauliceia (Politeama, Santana, São José e o Colombo) não se assentava no caráter diferenciado do repertório. "Seu poder simbólico arquitetônico e urbanístico externo se equiparava ao prodigioso poder de catalisação cultural que emanava internamente de seu palco [...] o teatro atuava como uma caixa de emissão e repercussão de símbolos sem igual."[42] Embora houvesse outros ambientes mais adequados para festas privadas, como o elitista Automóvel Clube, localizado bem ao lado do Teatro Municipal, os membros do Partido Republicano Paulista (PRP) procuraram tirar partido da visibilidade ímpar fornecida pelo ambiente neorrenascentista, para promover convenções, jantares, bailes e recepções no seu interior. Os banquetes políticos ali realizados funcionavam como o último ato que homologava as decisões da convenção do partido sobre a candidatura para a presidência do estado ou da

República. Os convidados envergando casacas se deleitavam com os finos vinhos (Madeira, Bordeaux, Bourgogne, Champagne) e iguarias da *cuisine française* apresentadas na seguinte ordem: *Hors d'oeuvre*, *Potage*, *Poisson*, *Relevé*, *Entrée*, *Entrée froide*, *Légume*, *Rôti*, *Entremets*, *Dessert*, que eram preparadas pela Rotisserie Sportsman. Como de praxe, discursos laudatórios, brindes ao homenageado e depois as danças embaladas pela orquestra. O espetacular potencial cenográfico do Teatro Municipal também não deixou de ser enquadrado numa imagem postal significativa, pois coroava um projeto paisagístico mais amplo que convertia o vale do Anhangabaú numa vitrine da cidade moderna.

Esse singelo repertório de cartões-postais tem um poder evocativo indiscutível. Ao fixar e transmitir imagens da transformação operada na urbe, revelava uma cidade meio híbrida, feita de intimismo provinciano e cosmopolitismo agressivo. Mas talvez a concisão e brevidade das imagens postais não fossem mais suficientes para dar conta do frenesi que assolaria a cidade. O desvario e a produção industrial pareciam requerer um novo suporte, justificando a sentença de Guilherme de Almeida que afirmava: "São Paulo não para numa fotografia, move-se num filme".[43]

SUVENIRES DE UM TURISTA IMAGINÁRIO

Ele nasceu na rua Aurora, aos 9 de outubro de 1893. Paulistano, paulistaníssimo. Seu nome, Mário Raul de Moraes de Andrade. Professor do Conservatório Dramático e Musical de São Paulo, chefe da Divisão de Expansão Cultural e diretor de Cultura Municipal, consultor técnico do Instituto Nacional do Livro, funcionário do Serviço do Patrimônio Histórico e Artístico Nacional. Como se não bastasse, colaborou em diversos periódicos e revistas culturais, publicou livros de poesias e romances, crônicas, ensaios e resenhas que abrangiam um amplo leque, incluindo literatura, música, etnografia, folclore e artes plásticas.

Um dos pais fundadores do modernismo brasileiro, Mário de Andrade procurou nas entrevistas, depoimentos e na copiosa correspondência traçar a "crônica de si próprio", precisando circunstâncias e situações, revelando sentimentos e ponderações. No acurado trabalho de forjar uma determinada "autoimagem", ele não poupou esforços, sendo muitas vezes ajudado pelo secretário Zé Bento. A ordenação paciente e criteriosa dedicada aos livros, discos, obras de arte e cartas teve como contrapartida a desordem dos 246 cartões-postais recebidos, que viraram marcadores de páginas, fichas de leitura ou mereceram repouso ignominioso numa caixa de papel.[44]

Os cartões-postais remetidos por amigos e ex-alunos evidenciam o bem-querer pelo "devoto iniciador", conforme expressão cunhada por uma das patronesses do modernismo, Olívia Guedes Penteado. Enviados do além-mar ou de diversos pontos da Terra Brasilis, comparecem nesses postais referências aos livros, exposições, museus, concertos, teatros, mas, sobretudo, eles revelam um desejo de compartilhar o encantamento e os sucessos dos amigos-viajores.

Percorrer esses fragmentos que ficaram à margem da epistolografia mariandradina pode ser uma via positiva para a compreensão de um cotidiano pujante, em que os laços de amizade e admiração desvelam situações inusitadas, muitas vezes vazadas num tom de chiste.

O amigo Antônio de Alcântara Machado, em viagem pela Europa, enviou-lhe de Salzburgo um postal em que era apresentado o frontispício da casa de Mozart. No verso, uma assertiva, seguida de uma interrogação faceciosa: "Mozart morreu sem os três dentes da frente: eu vi a caveira dele. Problema para você: qual a influência dessa banguelice na história da música (?)". Ainda nesse tom, Oswald de Andrade remeteu das ilhas Canárias um postal com uma cena de colheita de banana. Seguia no verso a seguinte mensagem: "Bananas! Concorrência ao Brasil! Querem ver que também há modernidade ocidental em Las Palmas".

Os postais recebidos informam os desdobramentos do movimento modernista em outros pontos do Brasil, a recepção positiva da obra de Mário de Andrade pela vanguarda argentina, o encantamento de Alberto Guillén com *Macunaíma*, solicitações de textos para tradução polonesa, o surpreendente encontro do *Clã do jabuti* na biblioteca de um transatlântico, informações sobre o andamento das pesquisas na área de folclore, patrimônio histórico e biblioteconomia. Do círculo mais próximo, chegam notícias do sucesso de Brecheret em Paris, das atividades de Anita Malfatti na Itália e na França, da exposição de Tarsila do Amaral em Moscou etc. E o desfecho babélico: "Adeus", "Abraços", "Saudades", "Agréez l'assurance de mes sentiments dévoués", "Cordialissimi saluti", "Bon souvenir", "Arrivederci. Auguri", "Afectuosamente", "Admiración y cariño".

O curioso é que, salvo a "viagem etnográfica"[45] ao Norte, em que percorreu parte da Amazônia, chegando a Iquitos, no Peru, Mário de Andrade nunca se ausentou do Brasil. Oportunidade ele teve, porém recusou todos os convites. Bem, as justificativas... quem saberá afirmar?

O fato é que em artigo para o *Correio da Manhã*, em setembro de 1944, ele escrevia: "Paris é uma das cidades que eu mais amo, e certamente das que prefiro com mais escolha e consciência".[46] E ainda, nesse diapasão, revelava uma escala em que despontava a preferência por Florença, seguida por Paris e Barcelona. No Brasil, em razão das "identificações familiais de sangue", suas preferências convergiam para São Paulo, Natal, Belém, Belo Horizonte e Araraquara. Contudo, foi também com "escolha e consciência" que ele permaneceu debruçado sobre os livros, revistas, jornais, fotografias e postais no seu escritório doméstico na rua Lopes Chaves.

Paradoxalmente, como o ausente nas viagens dos amigos, Mário de Andrade viajou para Barcelona pelos olhos de Villa-Lobos, acompanhou Tarsila do Amaral em Paris, foi para Veneza com Anita Malfatti. Passeou ainda por Lisboa, Santiago, Lübeck, Nova York, Roma, Argel, Genebra, Porto Alegre, Goiânia e muitas outras paragens. Acalentando o poder do "conhecimento sensível", ele foi cidadão do mundo, percorrendo horizontes através dessas fragmentárias "vilegiaturas possíveis".[47]

ÁLBUNS DE FAMÍLIA

Embora filhas da musa industrial, as imagens presentes nos álbuns de família denotam um outro sentido quando confrontadas com aquelas que ilustram os cartões-postais. No cartão-postal, a imagem imbuída de um claro "valor de exibição" incita o destinatário a ver a paisagem pelos olhos do remetente, apelando para o uso da imaginação ou daquela faculdade que Mário de Andrade cunhou de "conhecimento sensível".

Dependuradas nas paredes da casa, dispostas sobre algum móvel, reunidas num álbum ou carregadas no compartimento interior da carteira, as imagens fotográficas que remetem ao léxico familiar parecem estar revestidas de uma aura em que ainda prepondera um "valor de culto".[48] Mesmo quando submetidas ao olhar de um estranho ao grupo familiar, especialmente com o aumento do intercâmbio entre a casa e a rua, subjaz nessas fotografias um forte investimento emocional e afetivo.

Percorrer essas fotografias é como mergulhar no registro virtual da memória familiar. As fotografias são, pois, um recurso eminentemente moderno que possibilita a conservação e a permanência de uma continuidade visual do passado familiar. Resistindo à aceleração do tempo, elas proporcionam uma orientação para a memória num contexto que tende a ser fragmentário e dispersivo. Por meio de poses e instantâneos que contribuem para a fixação da autoimagem de indivíduos e grupos familiares, vamos acompanhar os registros de alguns ritos da vida privada e de alguns padrões de sociabilidade.

FOTOGRAFIA E MEMÓRIA

A fotografia se afigura um suporte da memória, quando não a própria história visual da família em que se entrecruzam a celebração da vida e a entronização dos mortos. O ato de revisitar esse tipo de fotografia quase sempre desperta um irrecusável convite à especulação memorativa. Essa capacidade de ativar processos catárticos foi sublinhada por Carlos Drummond de Andrade, que empreendeu uma operação de tradução da linguagem não verbal da fotografia para a linguagem poética nos seguintes termos:

> *Este retrato de família*
> *está um tanto empoeirado.*
> *Já não se vê no rosto do pai*
> *quanto dinheiro ele ganhou.*
>
> *Nas mãos dos tios não se percebem*
> *as viagens que ambos fizeram.*
> *A avó ficou lisa, amarela,*
> *sem memórias da monarquia.*
>
> *Os meninos, como estão mudados.*
> *O rosto de Pedro é tranquilo,*
> *usou os melhores sonhos.*
> *E João não é mais mentiroso.*
> [...]
>
> *O retrato não me responde,*
> *ele me fita e se contempla*
> *nos meus olhos empoeirados.*
> *E no cristal se multiplicam*
>
> *os parentes mortos e vivos.*
> *Já não distingo os que se foram*
> *dos que restaram. Percebo apenas*
> *a estranha ideia de família*
> *viajando através da carne.*[49]

Essas imagens parecem reiterar a todo momento a existência de paisagens, de lugares, mas sobretudo de pessoas que acentuam e reforçam a coesão social e o sentimento de pertença àquela "comunidade afetiva"[50] que denominamos família. Particularmente, para aqueles grupos que viveram o infortúnio da guerra ou a experiência quase sempre traumática de ter de abandonar o seu lugar de origem, essas fotografias podem ser compreendidas como o último elo com o passado ancestral. Avô, madrinha, tio, prima, a aldeia onde nasceu minha avó, a casa em que moramos... vão formando o fio da teia, tecida de imagens e recordações que articulam passado e presente, ascendentes e descendentes.

No entanto, esse acervo de imagens pressupõe um curioso paradoxo. Embora a fotografia constitua um vestígio de alguma coisa que realmente existiu, não pode ser "vista" como imagem exata dessa coisa. Ao abolir a inscrição do objeto na duração, a fotografia capta um momento que é figurado na imagem numa situação de futuro anterior. E se todo momento "é um ato de antecipação programada, um sinal propício a leituras retrospectivas",[51] à fotografia não seria dada a capacidade de conservar o passado, mas tão somente a de produzir referências para a rememoração no presente.

A eficácia da imagem fotográfica repousa na sua capacidade de mesclar a estranheza do que mostra com a intimidade de nossa memória. Enquanto produção antecipada de memória, ela guarda uma proximidade com o acervo de nossas recordações pessoais. O conteúdo "verista" ou a realidade figurada na fotografia, muitas vezes, tem um papel secundário, ganhando relevo os efeitos suscitados naquele que as contempla.

Esse traço excepcional sugere que "quando olhamos uma fotografia, não é ela que vemos, mas sim outras que se desencadeiam na memória, despertadas por aquela que se tem diante dos olhos".[52] À ambiguidade desencadeada pela contemplação de antigas fotografias corresponderia assim aquela "estranha ideia de família" referida pelo poeta. A capacidade associativa e o estabelecimento de séries repousaria, em última instância, no estranho jogo que articula a fixidez da imagem fotográfica e com a perenidade das lembranças de pessoas e acontecimentos.

De quem parte, usualmente se diz, fica a lembrança. No entanto, bem sabemos, lembranças e heranças, quando é o caso, são objetos de partilha. E de maneira consensual ou litigiosa, os despojos daquele que partiu são distribuídos entre os familiares. Inevitavelmente, alguns bens, por serem investidos de uma dimensão simbólica e afetiva, ficam sob a tutela do guardião do "museu familiar". Entre esses bens, fotografias isoladas ou reunidas num álbum apresentam a qualidade de ser um dos mais preciosos "lugares da memória" familiar.

A gestão dessa iconoteca tanto pode estar fundamentada por critérios subjetivos (a perda dos pais, a viuvez, o casamento dos filhos), quanto pode ser atribuída e sancionada pelo grupo. O fato é que, na maioria das vezes, "a fotografia existe e subsiste por sua função familiar, ou melhor, para a função que lhe confere o grupo familiar que é a de solenizar e eternizar os grandes momentos da vida familiar e reforçar a integração do grupo, reafirmando o sentimento que ele tem de si mesmo e de sua unidade".[53]

Dessa maneira, o papel desempenhado pelo guardião se assemelha ao de um dublê de arquivista, que reúne e atribui uma ordem de pertinência ao acervo, de curador, que decide quais as imagens que deverão passar à condição de objetos decorativos ou peças de exibição sob a forma de retratos emoldurados nas paredes ou de ornamento sobre as peças do mobiliário, de *marchand*, que determina a distribuição e circulação do espólio da memória fotográfica familiar, e, ainda, de guia de visitantes de exposições, legendando os retratos da família por meio da doce arte da narrativa.

Passo a passo, a cada nova exposição recompõe-se o léxico familiar, tecido de lembranças e esquecimentos, familiaridade e estranhamento, amor e ódio, invocando os semblantes e traços daqueles que jazem eternizados nas fotografias. Pedro Nava menciona na sua autobiografia a importância desses mediadores na construção da memória familiar. Embora longa, a passagem tem força de evidência:

> A memória dos que envelhecem (e que transmite aos filhos, aos sobrinhos, aos netos, a lembrança dos pequenos fatos que tecem a vida de cada indivíduo e do grupo com que ele estabelece contatos, correlações, aproximações, antagonismos, afeições, repulsas e ódios) é o elemento básico na construção da tradição familiar. Esse folclore jorra e vai vivendo do contato do moço com o velho — porque só este sabe que existiu em determinada ocasião o indivíduo cujo conhecimento pessoal não valia nada, mas cuja evocação é uma esmagadora oportunidade poética. Só o velho sabe daquele vizinho de sua avó, há muita coisa mineral nos cemitérios, sem lembrança nos outros e sem rastro na terra — mas que ele pode suscitar de repente (como o mágico que abre a caixa dos mistérios) na cor dos bigodes, no corte do paletó, na morrinha do fumo, no ranger das botinas de elástico, no andar, no pigarro, no jeito — para o menino que está escutando e vai prolongar por mais cinquenta, mais sessenta anos a lembrança que lhe chega, não como coisa morta, mas viva qual flor olorosa e colorida, límpida e nítida e flagrante como um fato presente. E com o evocado vem o mistério das associações trazendo da rua, as casas antigas, outros jardins, outros homens, fatos pretéritos toda a camada de vida de que o vizinho era parte inseparável e que também renasce quando ele revive — porque um e outro são condições recíprocas. Costume de avô, reponsos de avó, receitas de comida, crenças, canções, superstições familiares duram e são passadas adiante nos dias de batizado, de casamento, de velório.[54]

O deslocamento da coleção de fotos da família pelos diversos espaços da casa (gavetas, armários, cômodas) e recipientes (álbuns, caixas, envelopes) parece obedecer a uma lógica "feita entre o acaso e a determinação, uma estratégia de esconder e expor, um jogo de apresentação pública e de preservação da intimidade familiar".[55]

Assim como existe um sentido para a preservação e exposição das imagens fotográficas que incidem sobre a memória familiar, certamente deve haver uma lógica interna presidindo a formação e organização das coleções. Parece ser óbvio que não se fotografa a vida toda de uma pessoa ou de uma família. Existem ocasiões propícias ao registro fotográfico, que em última instância remetem para os momentos altissonantes em que se confirma a continuidade e coesão do grupo familiar. O que atesta um desejo e uma ação deliberada de registrar aquilo que deve ser objeto de rememoração pela posteridade.

Essas séries contidas nos álbuns de família e nos retratos avulsos podem ser apreendidas como uma crônica urdida com base em infinitas lacunas e, enquanto tal, não têm início, simplesmente "começam" quando alguém decide registrar os eventos. A rigor, ela tem um final em aberto, podendo continuar indefinidamente por meio da incorporação de novas imagens ao acervo. Ao dispor as fotografias numa determinada ordem ou "código de motivos", a crônica dos eventos ganha uma significação, e aí passamos a ler o repertório como uma narrativa. Dessa maneira, por exemplo, o retrato de casamento pode ser usado como um marco inaugural, simbolizando a formação de uma nova família, ou o uso de uma foto da família enlutada poderia corresponder a um motivo conclusivo, indicando a perda de uma referência central.

O acervo virtual da família está sujeito a reformulações permanentes expressando os acréscimos e a cupidez de alguns membros na apropriação de determinadas imagens. Certamente subjaz às apropriações, indébitas ou não, um certo grau de transferência e fetichismo. Como se fosse dada àquele que retém as fotos a capacidade de resgatar os acontecimentos que elas se dispunham a registrar, ou ainda, numa perspectiva complementar, a devoção ao retrato como expressão do afeto reservado ao retratado na vida real.

Se os deslocamentos parecem inevitáveis, a mutilação das fotos é algo de insólito: "imagens cortadas com tesoura ou gilete e mantidas no álbum como um buraco vazio".[56] Essa razia parece algo extremamente significativo, pois revelava a utilização das fotos tanto para adornar os camafeus e broches, mantendo próximo do corpo a imagem do ser amado, quanto para confeccionar ex-votos e relicários, ou ainda traduzia a existência das ovelhas negras, isto é, daqueles membros do círculo familiar "que romperam com as regras do bom convívio; através da marca não são esquecidos, embora não mereçam estar presentes".[57]

Talvez uma das características de um álbum de família seja o fato de ele se apresentar como uma obra aberta. Embora o guardião da iconoteca familiar se esforce para preservar o acervo e imprimir uma lógica no seu ordenamento, algumas peças podem ser perdidas, outras podem ser acrescentadas e, ao fim e ao cabo, a sua própria morte propiciará uma redistribuição e a "invenção" de uma nova crônica familiar.

NOTAS SOBRE O RETRATISMO

Além de possibilitar uma pluralidade de crônicas, o álbum de família apresenta uma especificidade quanto aos objetos que ele comporta. Quando folheamos um álbum nos deparamos com retratos, isto é, com uma modalidade particular de registro fotográfico.[58] "Vera efígie."

Antes de saber o que os retratos do período permitem pensar sobre o cotidiano, sociabilidades, ritos de passagem e a imbricação da esfera privada com a pública, é necessário tentar compreender como esse material foi produzido. Isso implica conhecer como se organizava uma "oficina fotográfica" e os recursos técnicos disponíveis que permitiram perenizar as imagens de homens, mulheres e crianças numa superfície de papel.

No interior dos ateliês dos fotógrafos italianos radicados em São Paulo na virada do século, Giovanni Sarracino (rua XV de Novembro, 20) e Oreste Cilento (avenida Rangel Pestana, 116), sob a aparente confusão de apetrechos depositados no fundo do salão, é possível destacar uma série de recursos. Diante da inexistência de iluminação artificial impunha-se a adoção de estratégias que facilitassem a passagem da luz natural, a qual era obtida com o emprego de janelas envidraçadas e claraboias.

Soma-se a isso a necessidade de regular a luminosidade por meio de cortinas e painéis para o rebatimento da luz, eliminando as sombras indesejáveis e criando efeitos diferenciados na imagem do retratado.

À presença de um mobiliário variado (cadeiras, poltronas, piano, mesas e aparadores), de objetos decorativos e ornamentais (colunas, vasos, livros, quadros, animais empalhados, flores), peças de vestuário (gravatas, bengalas, paletós, chapéus, mantas), além de acessórios (armas, escudos, cortinas, toalhas, leques, tapetes, bonecas, e até mesmo uma bicicleta), poderíamos acrescentar a existência de painéis, biombos e telões pintados, que serviam para criar uma espacialidade, remetendo o retratado para cenários pitorescos e longínquos (jardins europeus, pagodes e palácios, bosques tropicais, colunas gregas).

O uso dessa parafernália não era aleatório, cumpria um papel importantíssimo na produção de mensagens por meio da "ambientação ilusória",[59] especialmente nesse contexto marcado pela fixação de migrantes e imigrantes nos centros urbanos, e da possibilidade de acrescentar um retrato às cartas que eram remetidas para os parentes e amigos distantes. A posse de objetos induzia à associação de ideias, e, assim, o livro indicaria um pendor bacharelesco, ilustração ou erudição; o cachorro, a fidelidade; o colar de pérolas, a riqueza; o requinte do mobiliário, a ascensão social; jardins ou flores, a delicadeza, e assim por diante. A pose circunspecta e a imobilidade revelavam um imperativo técnico ligado ao tempo de exposição necessário para a sensibilização da emulsão fotográfica. Mas também traduziam uma estratégia, articulada aos procedimentos da "ambientação ilusória", que servia para reiterar "o seu êxito na cidade, a sua saúde invejável mercê de bom passadio, a sua elegância, fruto da abastança chegada com o trabalho honrado, vindo com a perseverança".[60]

Além de sugerir e organizar a cenografia, era da competência do fotógrafo, sempre que necessário ou consentido, acrescentar retoques para corrigir uma marca pessoal, destacar e introduzir um detalhe (buquê de flores, lábios, olhos, joias) utilizando o recurso da fotopintura. O ateliê ou oficina fotográfica funcionava, pois, como um misto de "camarim e palco".[61] A fotogenia era mais comum nas fotografias de corpo inteiro, já que, diferentemente dos retratos do busto, em que o retratado se expunha perante a lente do fotógrafo tal como ele era de fato, nelas o retratado parecia assumir uma persona e enquanto tal projetava na imagem os sentimentos e atitudes pelos quais gostaria de ser reconhecido e lembrado.

Depois de manipular o negativo de vidro no claro-escuro do laboratório, permitindo a fixação da imagem sobre o papel, o trabalho do fotógrafo ainda pressupunha o recorte (em formato medalhão, retangular, picotado), a montagem (centralizada e simétrica ou disposta de forma losangular) e a colagem da fotografia sobre um *passe-partout*. Assim como os outros itens que compunham o material fotográfico, os *passe-partouts* eram importados, e revelam também um diferenciado requinte de orladuras, tamanhos e cores, trazendo muitas vezes impressas as referências do fotógrafo.

No conjunto de fotografias de famílias de imigrantes que se dirigiram para São Paulo durante a Grande Imigração, no período de 1890 a 1930, Miriam Moreira Leite observou uma certa uniformidade na representação dos grupos familiares de diferentes procedências e níveis econômicos. A padronização não era fortuita, pois aparecia como decorrência do "ritual de tirar retrato", que implicava tanto a seleção dos trajes quanto as atitudes de distinção das pessoas que sabiam estar sendo fotografadas. "Esta característica de pose para ser exibida a pessoas de quem se deseja a aprovação e amor uniformiza as fotografias, tornando quase impossível, a partir delas, uma distinção clara entre camadas sociais. Mas não mascara o período em que foi tirada. Este transparece pela indumentária, pelos arranjos de cabelo, bigodes e barbas, pelos objetos, pelos lugares escolhidos e até pelas expressões faciais e corporais mais frequentes."[62]

As marcas do tempo também aparecem na resolução das imagens já esmaecidas ou ainda reluzentes, numa rica gradação dos tons, desde a sépia até o policromatismo. Ocorre com frequência a inscrição de marcas, data e local da foto, identificação dos retratados e dedicatórias que muitas vezes podem oferecer algumas pistas sobre o circuito de difusão das fotos entre o grupo familiar. Os efeitos de despersonalização que se fazem presentes de maneira mais acentuada nos velhos retratos produzidos nos estúdios ou, em menor grau, pelos fotógrafos que visitavam as famílias num contexto rural, impõem uma relativização na leitura desses documentos que fazem parte da iconoteca familiar.

Contudo, o retratismo de caráter mais popular teve no lambe-lambe o seu maior aliado. O termo, explica Boris Kossoy, parece derivar do hábito de o fotógrafo lamber a placa de vidro para saber qual o lado da emulsão.[63] Longe dos estúdios, os lambe-lambes apropriavam-se do espaço público para fins privados, fixando seu equipamento, que era simultaneamente câmara e laboratório ambulante, na proximidade de algum monumento, o qual era incorporado na foto como um cenário real. Portanto, a escolha do ponto era de suma importância, repercutindo nas possibilidades de ganho do fotógrafo e na satisfação do retratado ao transferir determinados traços da paisagem como qualidades da figura representada. Deslocando-se pelas praças e jardins das cidades, esses fotógrafos despojados de um aparato sofisticado tinham como freguesia preferencial as famílias de classe média e trabalhadores que se serviam desses espaços de lazer.

É dessa perspectiva que Alcântara Machado narra o seguinte episódio envolvendo a família de Dagoberto Piedade. Depois de fazer compras, a família resolveu dar um passeio pelo Jardim da Luz, quando foi abordada por um fotógrafo. Ele os perfilou diante da objetiva, tendo por fundo a herma de Garibaldi.

> Parecia uma escada. O fotógrafo não gostou da posição. Colocou os pais nas pontas. Cinco passos para trás. Estudou o efeito. Passou os pais para o meio. Cinco passos para trás. Ótimo. Enfiou a cabeça debaixo do pano. Magnífico.

Ninguém se mexia. Atenção. Aí Juju derrubou a chupeta de bola e soltou o primeiro berro no ouvido paterno. Foi para os braços da mãe. Soltou o segundo. O fotógrafo quis acalmá-lo com gracinhas... O grupo se desfez. Quinze minutos depois estava de novo às ordens do artista. O artista solicitou a gentileza de um sorriso artístico... O artista teve a paciência de esperar uns instantes. Pronto. Cravaram os olhos na objetiva. O fotógrafo pediu o sorriso.

[...] Depois da sexta tentativa o retrato saiu tremido e o espanhol cobrou doze mil-réis por meia dúzia.[64]

Além do retrato *stricto sensu*, os lambe-lambes produziam um determinado tipo de fotografia que passou a ser amplamente consumida pela legião de imigrantes que se estabeleceram nas cidades do Sul-Sudeste no período. Trata-se da foto postal, com dimensão estandardizada em 9 × 12 centímetros, preto e branco. Em sua grande maioria, essas fotografias trazem a imagem de grupos primários (a família, os amigos, o casal, os filhos), em poses que variavam da sisudez à espontaneidade, representando relações de caráter afetivo entre os seus componentes. Aqui, as imagens deveriam reiterar laços de consanguinidade, amizade e, sobretudo, expressar saudades. O cenário realista explicitava a distância, paisagens e semblantes acessíveis por meio da foto postal. Os trajes domingueiros não deixavam entrever as desventuras do fazer a América. E, sendo assim, a mensagem no verso da foto não poderia deixar de ser "*Stiamo tutti bene*", "*Es geht uns alles gut*", "*Watashi-tachi wa genki de imasu*", "*Neshna houm nishquer Allah mabsutim*".[65]

Com a introdução dos primeiros *flashes* de magnésio, por volta de 1917, o retratismo foi amplamente beneficiado, permitindo captar pessoas e eventos no interior das residências ou até mesmo quando não havia luz natural. É bem verdade que o emprego da iluminação artificial propiciou experiências insólitas para os retratados, mas também deixou suas marcas registradas nos retratos. Jorge Americano se recorda que "o fotógrafo recomendava atenção, toda gente sabia que a luz forte resultante do contato era acompanhada de estouro e fumaça densa. Por isso, na antecipação do susto, fechava os olhos, ou, para evitar de aparecer de olhos fechados na fotografia, arregalava-os... Com o estouro subia uma nuvem branca, de fumaça poeirenta... Então começava a sinfonia das tosses, acompanhada de movimentos de mãos batendo em ombros para tirar aquela falsa caspa... os retratos vinham, por metade de olhos fechados, pela outra metade, de olhos arregalados. Custava 10 mil-réis cada exemplar".[66]

Novas possibilidades se descortinaram, na primeira década do século XX, com a introdução da máquina portátil. A disponibilidade desse artefato não deixou incólumes os jornais e periódicos, que passaram a incorporar fotografias nas suas páginas, como foi o caso da *Revista da Semana* (Rio de Janeiro, 1900), *Ilustração Brasileira* (Rio de Janeiro, 1901), *Kosmos* (Rio de Janeiro, 1904). O deslumbramento e o impacto da cultura visual derivada da fotografia deixaram cicatrizes na cultura impressa, não apenas propiciando o acolhimento da técnica, mas também incidindo na maneira de alguns escritores conceberem o seu texto.[67]

Todavia, o maior aliado para a prática do fotoamadorismo foi o lançamento, em 1888, da máquina denominada Kodak, criada pelo americano George Eastman. Seu formato era o de uma pequena caixa revestida de couro preto com uma objetiva fixa. Além de ser portátil, essa máquina vinha carregada com um filme de rolo (negativo flexível) de cem poses circulares. Terminado o filme, a máquina era enviada para a fábrica a fim de ser recarregada, seus negativos processados e as cópias efetuadas. Arthur Goldsmith menciona que a máquina custava US$ 50 e o processamento do filme mais US$ 10, a empresa vendeu cerca de 13 mil máquinas durante o primeiro ano e revelou uma média de 75 a cem rolos de filme por dia.[68] Esse equipamento se adequava ao uso essencialmente individual e familiar, possibilitando agora o registro de cenas da intimidade e da privacidade, sem a mediação do fotógrafo profissional.

O modelo seguinte, denominado Brownie, lançado em 1900

e vendido por apenas US$ 1, além de apresentar um preço convidativo, dispensava o envio do equipamento à fábrica. Seu filme de celuloide vinha embalado e protegido por um papel preto, assim a máquina poderia ser carregada e descarregada sem a necessidade do quarto escuro. Estima-se que no primeiro ano a vendagem ultrapassou a cifra de 100 mil câmaras.

Convém lembrar que se num primeiro momento esse tipo de equipamento era de acesso limitado aos indivíduos abastados que viajavam com frequência para a Europa, por volta dos anos 1910 as Kodaks já estavam disponíveis no território nacional. J. Stolze, importador estabelecido na rua XV de Novembro, número 29A, fazia anunciar na programação do Teatro Municipal de São Paulo (1911) a venda de Kodaks. O anúncio estabelecia elos entre fotografia e consumidor feminino.[69] Essa identificação não era aleatória: o apelo à consumidora parecia amparado no papel atribuído à mulher, encarnação das emoções, e portanto mais afeita à preservação dos valores permanentes e familiares propiciados pela imagem fotográfica. Todavia, é possível inferir que a manipulação do equipamento, na maioria das vezes, passava pelo controle masculino.

À difusão do retratismo de caráter amador, por volta dos anos 1930, com a introdução das câmaras Leika, distribuídas em São Paulo pela Casa Lutz Ferrando, correspondeu paulatinamente à diminuição das prerrogativas do fotógrafo profissional. Este não deixou de ser contratado para documentar os momentos mais solenes da vida familiar, no entanto as situações mais informais passaram à alçada de algum membro da família. Apesar de as funções da fotografia profissional e amadorística serem análogas, isto é, pretendem fixar uma imagem de um indivíduo ou de um grupo que quer ser reconhecido, recordar e ser recordado, compartilhar experiências, atingir um grau limitado de imortalidade, elas também apresentam assimetrias gritantes.

O instantâneo implica espontaneidade e inocência. Ele é uma resposta rápida, intuitiva, à abordagem pensada, estudada, durante a qual alguém enquadra cautelosamente as poses e trejeitos de outrem. Ele sugere simplicidade ou ausência de preocupações técnicas. Ele é mais dinâmico do que estático, mais incidental do que formal, mais atento ao efêmero do que ao eterno.

Além do confronto entre o instantâneo e a pose, os retratos amadorísticos apresentam-se eivados de imperfeições, em parte toleradas pela audiência familiar, que remetem para questões técnicas (fotos sombrias por causa da falta de luminosidade, desbotadas ou manchadas, fotos muito claras por causa da superexposição à luz, fotos borradas por causa do movimento da câmara ou das pessoas durante o disparo) e composicionais (linha do horizonte inclinada, cabeça ou membro amputado pela margem, descentralização da imagem).

Longe de ser uma digressão, essas notas sobre o retratismo se justificam, pois ao manipular álbuns e coleções de retratos de família foi possível observar a presença desses vários tipos de fotografias que remetem para técnicas e artefatos diferenciados. Acrescente-se que, quanto mais a iconoteca familiar vai se aproximando do presente, a quantidade de fotos realizadas por amadores tende a crescer, denotando um avanço tecnológico (o uso de filmes de alta sensibilidade, a presença de fotos coloridas e a iluminação por meio de *flashes* eletrônicos), e, com exceção dos momentos ritualizados, prevalece a imagem do instante fugaz. Os fotógrafos profissionais também foram beneficiários desse incremento tecnológico, o que repercutiu diretamente na qualidade das imagens incorporadas nos álbuns de família, já que puderam passar a captar o movimento, aumentar a profundidade e explorar melhor os planos.

CELEBRAÇÃO DA VIDA E ENTRONIZAÇÃO DOS MORTOS

Os álbuns de família registram o decurso do tempo sob a forma de séries diversas. Entre os episódios registrados parece incidir uma dupla temporalidade. Sob a aparente continuidade das sucessivas gerações que compõem a história visual de uma família, assomam momentos de significado ritualístico e, portanto, submetidos a um tempo cíclico. As séries de retratos reunidas num álbum ou depositadas em algum continente menos solene remetem para os ritos da vida privada, pontuando os momentos que "marcam uma mudança de situação ou troca de categoria social". Ao analisar um repertório de retratos de família, Miriam Moreira Leite estabeleceu uma analogia entre esses retratos e os ritos de "passagem da criança a adulto, de solteiro a casado, de vivo a morto".[70]

Nesse percurso, onde "se atravessam fronteiras e limiares", é possível também captar a presença de distintas celebrações que denotam na sua liturgia e no seu calendário a separação entre Estado e Igreja instituída pela ordem republicana mediante o decreto 181 de 24 de janeiro de 1890 e reiterada pelo Código Civil de 1916. Na série permeada por valores de cunho religioso comparecem os registros do batizado e da primeira comunhão (ou cerimônias assemelhadas para as religiões não cristãs), casamento, festas e comemorações oficiais que logo se convertem em reuniões em torno da mesa para orações, refeições e a autocelebração do grupo, e do finado.

Um aspecto surpreendente nesse conjunto de retratos que remetem aos ritos religiosos da vida privada é o fato de sua ambientação ser um simulacro do cenário sagrado. No exterior dos templos ou, ainda, nas moradas e nos estúdios fotográficos, os figurantes reiteravam os gestos, poses e trajes, expressando uma intenção operatória de reproduzir e perenizar as imagens do culto. Provavelmente a ausência de retratos feitos no interior das igrejas deveu-se aos problemas de ordem técnica (iluminação e deslocamento), mas também poderia traduzir a resistência da Igreja católica ao equipamento fotográfico e à apropriação do cenário sagrado para fins privados, amparada pelas encíclicas do papa Pio X (*Lamentabili* e *Pascendi Dominici Gregis*) divulgadas em 1907, que condenavam a heresia modernista.

O batismo consiste na admissão solene a uma religião, devendo ocorrer ao longo do primeiro ano de vida da criança.[71] Esse culto era realizado num templo ou na residência sob o olhar auspicioso da família, dos padrinhos e convidados. Como boas fadas, padrinho e madrinha são encarregados de presentes ritualizados que assumem a forma da roupinha e acessórios utilizados na cerimônia ou da primeira joia (brinco, pulseira ou colar), na qual se costumava gravar o nome da criança. Aos padrinhos também competia zelar pelo bem-estar da criança no caso da perda dos pais.

É curioso notar que apesar da importância atribuída à cerimônia, o seu registro fotográfico não era usual nas primeiras décadas do século XX. Os retratos que remetem para esse culto são relativamente recentes e na maioria das vezes fruto da intervenção de algum familiar a quem se atribuiu a missão de registrar o evento. Nos álbuns de família do começo do século XX, o batizado aparece sob a forma de uma construção *a posteriori*. Como o *cabinet*, produzido no estúdio de José Vollsack, que apresenta a jovem mãe Maria Alice com os cabelos penteados e presos em um coque, trajando um vestido com ricos atavios, e segurando sobre as pernas a pequena filha, que usa um vaporoso camisolão e para quem ela perfila a cabeça e dirige um olhar embevecido. A fineza dos trajes e o equilíbrio da composição indicam um simulacro daquilo que deveria ter sido a cerimônia de batismo. No verso, a dedicatória não deixa dúvidas: "Ao seu muito querido e bom Padrinho e à cara titia Maria, oferece como sinal de muito afeto e para que o possam conhecer a sobrinha e afilhada sempre amiga Maria Virgínia aos dois meses e nove dias de idade. São Paulo, 7 de dezembro de 1906".[72]

A primeira comunhão se realizava após um período de aprendizagem dos preceitos e aspectos doutrinários da religião compartilhada pelo jovem e sua família. Essa data era significativa, pois supostamente revelava a introjeção de valores éticos e morais, o discernimento entre o bem e o mal, entre o pão da eucaristia e o pão comum. Não poucas vezes, a primeira comunhão se duplicava: a primeira, chamada "pequena" ou "privada", feita na idade do discernimento, pelos sete anos; a segunda, denominada "solene", realizada pelos doze ou treze anos. Conforme observou Anne Martin-Fugier, "esta cerimônia não se restringia a uma simples festa religiosa, consistindo também num rito de passagem de uma idade para outra".[73]

A passagem da infância para a adolescência deixava suas marcas nos álbuns de família. O olhar grave e devotado e a indumentária assemelhada à dos adultos (sapato, meia, vestido branco e véu, para as meninas; sapato, meia três-quartos, calça curta, gravata-borboleta, paletó e uma fita branca bordada com o símbolo da eucaristia — um cálice e as inscrições INRI — amarrada no braço, para os meninos) indicavam o fim da era da inocência. Nos retratos feitos depois do ofício, no estúdio fotográfico, o comungante poderia figurar solitário, de perfil, tradicionalmente ajoelhado num genuflexório, portando uma vela, um terço ou ainda um missal. Era muito comum os padrinhos presentearem o jovem comungante com um terço e um missal. Uma variante desse retrato artístico é a de um pequeno grupo de comungantes, na maioria das vezes irmãos ou primos dispostos lado a lado numa escada, portando um missal aberto, com as faces voltadas para a objetiva do fotógrafo. Outra referência constante nos álbuns são os retratos dos participantes da solenidade religiosa, geralmente postados em grupos homogêneos (meninas de um lado e meninos do outro) ou mistos, na escadaria externa da igreja, ladeados pelo pároco e catequistas. Esses retratos também eram reproduzidos, recebiam uma dedicatória e passavam a integrar o circuito de trocas e afetividades que permeavam a família ampliada.

Certamente, de todos os ritos da vida privada o casamento é o mais público. Essa publicização de um ato privado simboliza "uma alteração irreversível da situação social do casal que, proveniente de duas famílias ou de dois ramos da família, une-se para formar uma terceira. Em grande parte, o casamento está mais ligado à passagem da moça donzela a esposa e anjo tutelar de nova linhagem".[74] A performance que subjaz ao rito matrimonial, salvo pequenos aspectos litúrgicos e linguísticos, é comum às diferentes comunidades religiosas que se instalaram no Brasil e se apresentava amplamente codificada: a composição e a ordem do cortejo, a indumentária dos noivos, os gestos do "sim", a troca de alianças.

O retrato do casamento é, de longe, o mais difundido (quer

sob a forma do álbum, quer avulso), e a representação majoritária da cerimônia religiosa, com destaque para a noiva de vestido e véu branco, poderia indicar uma preponderância do sentimento ritualístico religioso, em detrimento dos procedimentos instituídos pela Lei do Casamento Civil de 1890. Esse retrato era realizado em sua grande maioria nos espaços internos da casa ou no exterior do templo, e adotavam-se duas soluções formais significativas: "o retrato das duas famílias, com membros de duas ou três gerações, com os noivos sentados ou de pé na primeira fila, ou o retrato frontal dos noivos, de pé, fixando a objetiva". A importância e centralidade conferida à noiva e todos os atavios aninhados sobre o seu corpo (vestido, véu, cauda, joias) sublinhavam o papel que a mulher, excluída da vida pública, ocupava na esfera privada.

De maneira ostentatória ou dispersiva, as fotografias citam os diferentes itens que compunham o "consumo conspícuo" do cerimonial: vestuário, decoração, brindes e banquete. Ao se converter em um suporte para a memória familiar, o retrato do casamento passou a configurar um precioso "objeto de exibição e distribuição entre convidados e parentes que não puderam comparecer, desenvolvendo assim uma função integradora dos membros e ramos imigrados com os que ficaram na terra de origem". A importância desse retrato na iconoteca da memória familiar é evidenciada pela posição central que ele ocupa na decoração doméstica. Emoldurado e disposto sobre algum móvel ou dependurado na parede, esse retrato tem um forte poder simbólico, resistindo ao fluxo do tempo e à renovação dos objetos decorativos da casa.

Um elemento importante cuja visibilidade muitas vezes é turvada nas imagens perenizadas do casamento são as transformações profundas no padrão de organização do parentesco no Brasil republicano, com a tendência crescente de casamentos exogâmicos. Essa tendência para se afastar do casamento endogâmico foi em parte fruto do novo ordenamento jurídico (em especial com a nova lei de sucessões, que reduziu a extensão do parentesco consanguíneo, e a instituição de um sistema de separação de bens), como também refletia as transformações do sistema de poder baseado na autoridade local e a composição das novas fortunas advindas do processo de urbanização e industrialização.[75] O velho hábito de esposar parentes vai dando lugar aos casamentos entre os grupos plutocráticos, chegando-se por volta dos anos 1920 a admitir a inclusão de elementos de outra extração social ou etnocultural.

Antônio de Alcântara Machado narra o episódio do amor impossível entre uma jovem descendente de uma distinta família paulistana e o filho de um rico capitalista italiano, possuidor de um título de nobreza (*Cavaliere Ufficiale*) vendido pela Coroa da Itália. Depois de muito desprezo, intrigas e de uma proposta vantajosa de associação econômica, o pedido de casamento foi aceito. "No chá de noivado o Cav. Uff. Salvatore Melli na frente de toda a gente recordou à mãe de sua futura nora os bons tempinhos em que lhe vendia cebolas e batatas, Olio di Lucca e bacalhau português, quase sempre fiado e até sem caderneta."[76]

Entre as comunidades estrangeiras radicadas no Brasil também foi comum o casamento intragrupal, pelo menos na primeira geração. Essa estratégia, ainda que reveladora de preconceitos para com os demais grupos, traduzia uma preocupação com a manutenção dos rituais domésticos e comunitários, assegurando o patrimônio linguístico e religioso. A figura da "casamenteira" (*shachtene*), encarregada de procurar e promover o enlace de membros da comunidade judaica ashkenazi (oriunda da Europa Centro-Oriental), ou a prática do casamento arranjado pelos pais (*miai*), comum na comunidade japonesa, ilustram a vigência de soluções ardilosas que visavam à manutenção das tradições ancestrais. Essas práticas propiciavam o acasalamento de jovens que não desfrutavam de ambientes sociais favorecedores do estabelecimento de relações afetivas mais íntimas.

Os parentes falecidos são também objeto de culto. Nas fotos consagradas aos mortos da família, "a aura acena pela última vez na expressão fugaz de um rosto",[77] constituindo-se no refúgio derradeiro do "valor de culto". Nessa série, os retratos que remetem à cerimônia de adeus ou à recomposição da família evidenciam as marcas da consternação: expressões pesarosas, o vestuário lúgubre, a tarja preta na lapela ou o xale por sobre os ombros.

A tentativa de dissimular o passamento pode aparecer sob a forma de um simulacro, o retrato dentro do retrato. Aqui o apelo à imagem de um ente que partiu faz parte da encenação, como uma obstinada recusa e reconhecimento de sua ausência. Têm outro significado e são mais habituais as fotografias em que aparecem os ancestrais emoldurados nas paredes, acima do nível dos retratados, entronizados como anjos tutelares a abençoar os descendentes reunidos abaixo. "A ligação entre os vivos e as reproduções fotográficas se faz pela proximidade, pela presença justaposta dos membros da família, para quem o retrato já foi interiorizado e não mais precisa ser visto. A foto da parede é quem encara, quase sempre de frente, diretamente, o observador externo. Em outros casos são as mãos dos vivos que aproximam os entes queridos."[78]

À mortalidade se contrapõe a perenidade da memória visual, isto é, a possibilidade de fazer algo perdurar na recordação, alinhavando as crônicas familiares em imagens de pessoas e lugares que não voltarão jamais. Como que arrefecendo o fardo terrível do tempo que a tudo abate e faz pender para a terra, essa série reitera o poder evocativo e o culto da saudade consagrado aos mortos. Antídoto ao olvido, a faculdade memorativa se consubstancia numa série de práticas e representações que confirmam o passamento e, simultaneamente, enunciam signos da presença para além da morte. Assim, à rede composta por gestos, trajes, rituais e cerimônias, se junta a imagem especular sob a forma de "santinhos" distribuídos nas missas em homenagem ao falecido ou dos retratos de porcelana emoldurados na forma de medalhões e incrustados nos túmulos. Mas não só: epitáfios enaltecedores, mausoléus monumentais, imagens religiosas ou estátuas que reproduziam as feições do falecido passaram a figurar na paisagem dos cemitérios.

Nos "santinhos" e retratos de porcelana, a imagem fixa a "eternidade do instante fugaz em que o falecido estava em pleno gozo da sua vida".[79] O efeito *flou* que envolve a imagem com um halo esfumaçado e o local onde esta foi inserida deixam escapar aquilo que não é dito pelo retrato. Imagens inusuais, porém presentes em algumas iconotecas familiares, são as fotos do corpo do parente repousando sobre um leito ou disposto no caixão, devidamente trajado, aguardando as últimas exéquias. Essas fotos não traduzem nem uma bizarrice nem uma "necrofotia", tão somente indicam que na falta de algum outro registro visual do finado, aquela era a única e última oportunidade.

Já na série de retratos em que predomina uma perspectiva dessacralizada da vida familiar, comparecem as fotos dos filhos e da família, as festas anuais relativas à comemoração do aniversário de nascimento e de casamento, do *réveillon* e do carnaval, das sucessivas etapas da formação escolar, e aquelas que remetem ao mundo do trabalho e às vilegiaturas familiares.

Os retratos da criança nua sobre um travesseiro, dos irmãos dispostos em escadinha, do primogênito, expressam um desejo de individualização e são também um poderoso indicativo do sentimento de autoestima, do impulso para expressar a consumação do matrimônio e exaltar a virilidade do marido e a fertilidade da mãe. Esses retratos reiteram a continuidade da linhagem familiar e são objetos de distribuição entre os parentes. Além da necessidade de agregar à imagem uma marca pessoal, a dedicatória no verso da fotografia mesclava consagradas fórmulas de polidez com as hierarquias e solidariedades compartilhadas entre a família do retratado e aquele a quem era dirigido o retrato.

Nas dedicatórias juntadas aos retratos de irmãos mais novos para os mais velhos, ou vice-versa, as formalidades e protocolos são arrefecidos ou até mesmo abolidos. A busca de uma intimidade perdida, interrompida pelo casamento ou ainda pelo estabelecimento em uma outra localidade, favorece o resgate de apelidos carinhosos, ao mesmo tempo ternos e engraçados, quando não sob a forma de diminutivos e abreviaturas: "Aos queridos manos Coda e Zequinha oferecem Pequetita, Nhonhô e Nenê".

É curioso notar um certo descompasso entre a fantasia da felicidade, a exaltação da inocência e da crença na ingenuidade das crianças que aparecem trajando roupinha de marinheiro ou de Arlequim, segurando uma boneca ou sentadas num triciclo, na soleira de um falso chalé alpino ou no interior de um balão pintado num painel, e as exigências de um comportamento que parecia muito mais próximo do mundo dos adultos.

O descompasso, não explicitado naquela série de retratos, poderia logo descambar num verdadeiro paradoxo. Crianças retratadas com botas, casacos, chapéus, sombrinhas, paletós, vestidos de mocinha e um sorriso contido estampado na face evidenciam representações de uma infância furtada ou de adultos miniaturizados. Essa situação poderia ser ainda reiterada pelas mensagens, redigidas por adultos, como a da fotografia de José, de apenas três anos, que dedicava a fotografia "à sua querida vovó em sinal de verdadeira amizade e reconhecida obediência".

Os retratos da família apresentam uma tendência para a reprodução da hierarquia entre pais e filhos, sendo comum os pais figurarem com destaque no primeiro plano, ocupando uma posição central em relação aos filhos. Marido e esposa podiam se alternar na composição vertical da imagem (com um deles de pé e o outro sentado), como também apareciam dispostos lado a lado. Para obter tal resolução, os fotógrafos não dispensavam o uso de estrados e cadeiras, que eram postos no quintal, no alpendre ou na frente da casa, locais que reuniam boas condições de luminosidade.

Posar para tirar retrato, como já foi exposto, significou muitas vezes a despersonalização dos indivíduos e a descaracterização do cenário. As expressões circunspectas e compenetradas, a disposição formal dos membros do grupo, os trajes de "ver Deus", não deixavam transparecer os conflitos e fissuras familiares. O ciúme, a inveja e as intrigas foram banidos, pois o retrato deve fixar uma aura de harmonia e organicidade.

Eventualmente os retratos possibilitam olhar para pequenos detalhes (mangas de paletó fora do lugar, pés nus, calçados rotos ou sem cadarço, cabeça coberta pelo lenço, vestidos empapados) que traem o desejo do retratado de se projetar noutra condição social. Nos ambientes abertos, lençóis e colchas usados como pano de fundo serviram para ocultar indícios de rusticidade ou de apuro financeiro, e assim pequenas brechas deixam entrever a tosca cerca de bambu ou a parede da casa desprovida de acabamento.

Em alguns retratos assomam traços que indicavam estereótipos sobre os papéis masculinos e femininos. A atribuição de segurar o filho mais novo sempre competia à mãe, que personificava o anjo tutelar da família; por sua vez, a cabeceira da mesa era um lugar notadamente masculino, emblematizando o papel de provedor e autoridade suprema da família.

Aniversários e festas são ótimos pretextos para recriar a unidade da família e expor periodicamente os laços tecidos entre todos os seus membros. Quando se apresenta a possibilidade de reunir as diversas gerações, é como se estivesse se comemorando a própria fundação da família. Nessa série, se evidenciam os laços de amizade e convivência estabelecidos pelos membros do grupo. Vizinhos, amigos da escola, do trabalho ou de alguma outra instituição fazem parte do séquito de figurantes registrados nas fotografias.

As sucessivas etapas da formação educacional são também guardadas com estima e júbilo pelos membros da família. A presença desse registro na iconoteca doméstica não é fortuita, pois traduzia uma perspectiva de vida em que a educação estava diretamente associada à possibilidade de ascensão social e exercício da cidadania. Embora a tradição bacharelesca já fizesse parte da cultura das elites, particularmente para a parcela constituída pelos filhos de imigrantes, a educação era um antídoto para uma situação de marginalidade, convertendo-se num aspecto fundamental para a integração na nova sociedade. O domínio do idioma e os laços de amizade estabelecidos ao longo do processo de formação também funcionavam como elementos de desgarre das peias da tradição.

Do retrato individual do grupo escolar, ladeado pelo globo, livro aberto sobre a mesa tendo ao fundo a bandeira nacional, às fotomontagens que incluíam diretor, paraninfo, professores e a turma de formandos, contemplamos a celebração de uma conquista pessoal que proporcionava regozijo para toda a família. A conclusão do curso superior, notadamente as carreiras de direito, medicina e engenharia, não ficava incólume. A cena da formatura, representada individualmente pelo uso da beca e o porte do canudo na mão ou registrada sob uma panorâmica imagem do grupo de estudantes, era um momento majestoso que deveria ser convertido em objeto de rememoração.

Retratos de formatura tinham como complementos o anel de grau e o diploma emoldurado na parede, simbolizando a meritocracia, a consagração e o culto do talento individual. De posse dessas insígnias, viam-se abrir as portas para uma carreira de "profissional liberal", dono do seu próprio tempo e do seu negócio. Convém notar que, para as mulheres, a posse do diploma e o ingresso no magistério significaram não apenas uma dignificação, mas também uma libertação da opressão da esfera doméstica e a conquista de um espaço na esfera pública, que era apanágio dos homens.

O mundo do trabalho também aparece nos álbuns de família. Patrões ou empregados posam geralmente com os atributos materiais e instrumentos que explicitam sua atividade. Corpos higienizados, roupas e uniformes alinhados, sapatos reluzentes aparecem como uma alegoria do sucesso e bem-estar, mas também denotam a complexidade e diversidade do mundo do trabalho numa era pautada pelo esforço de modernização e diversificação de atividades. A atitude deliberada de convocar um fotógrafo para registrar o cenário de trabalho pode ser interpretada como uma estratégia de autoconsagração e individuação que apontava para a valorização da distinção pela rivalidade e concorrência. Nesse caso, além de funcionar como um elemento que se integrava na construção da imagem heroica do homem que se deu bem na vida graças ao seu esforço, dedicação e racionalidade, essas fotografias indicam para o processo de aburguesamento do retratado.

O retrato do trabalhador fabril é quase sempre uma decisão

do proprietário do estabelecimento, isto é, tem um velado timbre institucional. Enquanto diretor de imagens, ele determina aquilo que deve ser registrado. As tatuagens provisórias, feitas de suor, graxa e fuligem, ostentadas no dia a dia, são dissimuladas. As máquinas estão ali, mas a seção não está funcionando. Nesse caso, o retrato cita o trabalhador, mas remete para uma genealogia do industrial.

Um registro dos momentos de prazer e descontração proporcionados pelas vilegiaturas familiares foi legado por Floriza Barboza Ferraz, proprietária de uma fazenda em Lençóis Paulista, que empreendeu quatro viagens à Europa nos anos de 1914, 1923, 1928 e 1930. Sobre as folhas pautadas de um caderno brochado, ela anotou suas impressões de viagem com o intuito de fixar retrospectivamente os fatos mais significativos, não dispensando o uso de fotografias e cartões-postais. O texto não fornece informações minuciosas sobre os gastos nas temporadas ou sobre o tempo que ela se ausentou da fazenda; ele estimula nostalgias revivificadas com os retratos.

Durante sua estada na ilha da Madeira, em 1928, Floriza anota ter adquirido "uma máquina fotográfica bem boa, tanto assim que tenho ainda". Quando de passagem por Lisboa, ela conta ter comprado alguns filmes e "uma pequena peça para adaptar a objetiva quando quisesse tirar uma fotografia de perto". As fotografias presentes no caderno apresentam um clichê comum aos retratos de viagens. Como uma prova visível de que estivera em determinado lugar, a fotógrafa procurou enquadrar as pessoas contra um fundo conhecido, reiterando suas anotações: imagens de um passeio de barco no lago de Genebra, a visita a Fontainebleau, uma excursão ao cabo Girão na ilha da Madeira, o grupo descontraído no tombadilho do navio. Decerto, os retratos não dispensam legendas que identificam os personagens e lugares, mas também justificam ausências: "Diversos passeios muito bonitos que fizemos na Ilha da Madeira. Não apareço nas fotografias preferindo bancar a fotógrafa".

Com exceção da temporada de 1928, recomendada pelo médico da família, as demais foram acompanhadas pelos filhos e amigos, que a seguiram por diversos roteiros. O deslumbramento com os vapores ingleses, as atividades a bordo, incluindo bailes, contatos com outros viajantes, refeições, jogos e competições, recebem um longo destaque. Nas sucessivas localidades visitadas, Floriza destaca a beleza dos parques, a monumentalidade das igrejas, a badalação de hotéis e restaurantes. As estações do metrô londrino causaram-lhe espanto pela iluminação, pelos fartos letreiros, mas sobretudo pela possibilidade de um deslocamento rápido: "Nas profundezas da terra, só víamos fileiras compridas de vagõezinhos estreitos e superlotados que por ali passavam numa correria doida, mal dando tempo de deixar ou de levar passageiros. E mal acabava de sair da plataforma já vinha o outro atrás". No entanto, algumas experiências foram impactantes, notadamente aquelas que remetiam para a esfera do consumo e as atividades culturais. A avidez consumista se repetia a cada viagem, despendia muito tempo, mas significava a possibilidade de ficar sintonizada com *le dernier cri* (a última novidade). Ela tentava justificar aquela compulsão: "Quando entrei nas Galerias Lafayette e Primptemps não tive mais vontade de sair e não cansava de percorrê-las de alto a baixo. Na galeria do Louvre foi a mesma coisa. Tinha uma verdadeira fascinação pelas Galerias, casas de moda e vitrines". As atividades culturais incluíam visitações aos museus, concertos sinfônicos, teatros-revistas, *music-hall*, o balé de Pavlova, a *Tosca* no Opera House com performance de Caruso e ainda "*Manon* de Puccini" diretamente do "galinheiro do imenso e velho Scala de Milão".[80]

As temporadas desfrutadas pelas famílias paulistas em Santos, São Vicente e Guarujá reuniam o salutar e o delicioso. Cândido Franco de Lacerda, fazendeiro de São Carlos, lançou na sua caderneta de apontamentos uma despesa de 2:725 000 réis referentes à estadia e passagens para o Guarujá em agosto de 1899.[81] A brisa marinha, os banhos e as caminhadas pela orla tinham um efeito benéfico sobre a saúde, de acordo com as prescrições médicas em voga no final do século XIX. Diante dos rígidos códigos de conduta, dos tabus sobre a exposição do corpo e do culto da alvura da cútis recomendavam-se toaletes desprovidos de decotes e o uso de pequenos chalés sobre rodas que se abriam para o mar, permitindo o banho sossegado das mulheres. Essa pudicícia em relação ao corpo também era válida para os banhos de rio. Ao evocar o velho Recife, Manuel Bandeira registrou uma cena de violação desse tabu e a reação perplexa do menino.

> *Capiberibe*
> *— Capibaribe*
> *Lá longe o sertãozinho de Caxangá*
> *Banheiros de palha*
> *Um dia eu vi uma moça nuinha no banho*
> *Fiquei parado coração batendo*
> *Ela se riu*
> *Foi meu primeiro alumbramento.*[82]

Retratos de banhistas mostram o gradativo desocultamento dos corpos com a diminuição das dimensões dos trajes de banho e a valorização das atividades esportivas. Por volta de 1915, os maiôs masculinos já se assemelhavam a um conjunto de bermuda e camiseta sem mangas, os maiôs femininos se apresentavam sem mangas, levemente decotados e recobrindo a coxa até a metade, com um saiote superposto. Dez anos mais tarde, os rapazes passaram a usar o peito desnudo, e os maiôs femininos deixavam ver os ombros e parte das coxas. A visibilidade parcial dos corpos e a diminuição dos trajes despertava reações que variavam desde a perplexidade diante da "nudez" e dissolução dos costumes à apologia da saúde e vigor físico. Embora ressaltasse a "longa e penosa luta contra os preconceitos" sobre os trajes de banho femininos, um cronista afirma: "Já vão surgindo as roupas tão exageradamente econômicas, que dos 6125 centímetros quadrados da superfície total de uma mulher de dimensões medianas, ficam em exposição mais de 5 mil, o que, realmente, não é necessário!".[83]

ÍCONES DA INTIMIDADE

Associados aos retratos e crônicas que remetem aos ritos da vida privada, podemos encontrar uma série de objetos e relíquias que, expostos no ambiente doméstico, na superfície dos corpos ou, ainda, aninhados em continentes recônditos, apresentam-se como materiais suplementares para a rememoração das sucessivas etapas da vida. Verdadeiros museus da intimidade, esses objetos fazem remissão ao painel das grandes esperanças e das ilusões perdidas.

Ao percorrer a pluralidade dos espaços domésticos, vamos observar a consagração do indivíduo e a exaltação das suas marcas de distinção. Por meio de um sistema de convenções e ritos precisos vão se estabelecendo oposições entre o estar formal e o informal, entre a solenidade e a privacidade, que repercutiram nas estratégias da aparência e na conformação e decoração dos ambientes.

MONOGRAMAS E BORDADOS: ESTRATÉGIAS DE INDIVIDUAÇÃO

Numa época em que os imperativos da praticidade dominam as mais diferentes dimensões da vida privada, incluindo aí, entre outros tópicos, os hábitos alimentares, o sistema da moda e o padrão de habitação, a menção aos monogramas pode soar como algo extemporâneo e desinteressante, suscitando um provável estranhamento no leitor.

O enfeitiçamento proporcionado pelas vitrines das lojas tende a rebaixar nossa capacidade perceptiva acerca da efemeridade da moda e das injunções da publicidade e do industrialismo sobre os hábitos de se vestir. Contudo, se em vez da avidez consumista adotarmos um olhar mais reflexivo e sensível, que pensa e lembra, talvez seja possível encarar a pertinência desses bordados inatuais.

Convém lembrar que durante muito tempo o vestuário dos brasileiros, desde a "roupa de ir à missa" ou os trajes de festa até as peças íntimas e de uso cotidiano, era feito sob encomenda por alfaiates e costureiras, quando não confeccionado no interior das moradas por membros da própria família. A diferenciação dos profissionais espelhava o antagonismo entre o grupo masculino e feminino, com amplas repercussões na forma, cor e tecido das respectivas indumentárias.

Nas primeiras décadas do século XX, o trio composto pela velha casaca, cartola e luvas bem como os costumes de lã e linho em tons de cinza ou preto foram sendo substituídos por trajes mais esportivos feitos de sarja, alpaca, *palm beach* em tons claros acompanhados de chapéu panamá ou palheta. Um novo tipo de corte para as calças masculinas, que passaram a exibir duas pregas laterais na parte da frente, em contraposição ao corte anatômico das calças estreitas e curtas, atenuou a visibilidade das barrigas protuberantes e libertou os homens do uso das cintas de elástico. Botinas e borzeguins foram substituídos por sapatos. Os trajes femininos incluíam o espartilho e a saia de arrastar, e entre os acessórios estavam sombrinha, bolsa e chapéu. Depois vieram os *tailleurs*, os *soutiens-gorge* e os *dessous* bordados e rendados que proporcionavam uma nova silhueta ao corpo feminino. Fato notável para os cronistas da vida mundana era o encurtamento das roupas femininas e o uso do cabelo *à la garçonne* depois da Primeira Guerra.

Não parece equivocado afirmar que embora o repertório dos trajes tenha sofrido uma ampliação na forma, nas cores e nas opções de tecido, atendendo simultaneamente aos imperativos mercadológicos e ao estímulo pessoal de romper com a tradição, o acesso a esses bens era restritivo.

A lida com a tesoura, linhas, dedais e agulhas foi amplamente difundida no universo feminino, no campo e nas cidades. O ato de costurar e bordar fazia parte da rotina dos afazeres domésticos, e seu conhecimento era como que um pré-requisito para a boa dona de casa. Não raras vezes, esses trabalhos proporcionavam uma complementação da renda familiar. A coexistência das funções ligadas à subsistência da família com as tarefas lucrativas, sob o regime de encomenda, impunha um ritmo de trabalho penoso e contínuo.[84]

Conforme as rememorações de d. Risoleta sobre o tempo

em que trabalhava como empregada doméstica na residência de fazendeiros de Campinas, ela "levantava de madrugada, limpava a casa, depois ia no açougue buscar carne e ia pra cozinha, fazia comida gostosa. Depois que acabava de arrumar a cozinha ia ajudar Dona Lalá costurar [...] fazia enxoval de criança [...] Eu fazia rosinhas de rococó, bordados na cambraia, depois de bem lavadinho, bem engomadinho, tudo entiotado, era uma coisa linda, um trabalho fino".[85]

A menção ao ritmo de trabalho que intercalava as fainas domésticas entre as demandas da freguesia também comparece no depoimento de d. Júlia. De suas memórias de menina, ela contou detalhes dos serões domésticos que envolviam os trabalhos com agulhas, *navettes*, linhas, telas e tesouras. "Minha mãe era uma excelente bordadeira. Pela manhã adiantava os serviços da casa. Ao meio-dia, a comida tinha de estar à mesa, pois meu pai chegava do serviço, vindo de bonde da Praça da Sé até o Belenzinho, para almoçar em casa. Depois de uma hora ele voltava para o escritório. De noitinha, após o jantar, meu pai sentava ao lado do rádio para ouvir música e as notícias. Naquele tempo não havia televisão! Enquanto ele fumava no seu canto, eu, minha mãe e alguma tia — sempre tinha uma agregada, cunhada ou irmã solteirona — ou vizinha, nos reuníamos na sala para os trabalhos de agulha e linha."[86]

Era no âmbito do convívio familiar que se transmitiam os saberes, trocavam-se experiências, reiteravam-se vínculos de camaradagem. Desde cedo, as meninas eram incentivadas a explorar os estojos de costura, aprendendo uma gama de atavios: bordados, tricô e crochê. De acordo com o desenvolvimento das habilidades manuais, passava-se do ponto de cruz às *frivolités*, das linhas mais grossas aos delicados fios de seda, até os mais sofisticados bordados e técnicas de acabamento.

Era esse aprendizado que possibilitava a introdução de uma marca ou toque pessoal que convertia uma simples peça num objeto dotado de singularidade. Bicos de crochê nas toalhas e panos de prato, sianinhas e rendas nas colchas e fronhas, toalhinhas bordadas e rendadas, caminhos de mesa de tricô, colchas de retalhos, monogramas de diferentes estilos e tamanhos nas peças do vestuário de homens, mulheres e crianças. Esses bordados, longe de ter uma função exclusivamente ornamental, funcionavam sub-repticiamente como uma estratégia de individuação que se perpetuava nos diferentes trajes empregados nos ritos da vida privada e no cotidiano. Os monogramas personalizavam a indumentária, revelando as iniciais do nome, atividade profissional ou ainda alguma qualidade intrínseca do seu portador.

Obviamente, a essa carga simbólica que impregnava as vestimentas se juntava uma outra razão de ordem prática, incrementada pelo processo de urbanização. Com a exiguidade dos velhos quintais e do espaço doméstico destinado à criadagem, era mais fácil contratar o serviço de profissionais autônomas que recolhiam as peças do vestuário para depois entregá-las devidamente lavadas, passadas e engomadas. Portanto, havendo as marcas de identificação do proprietário, o risco de confusão era arrefecido.

D. Cenira relata que além das fronhas, lençóis, colchas, capas de cobertor, toalhas de banho e de rosto, guardanapos e toalhas de mesa, panos de prato e de mão, que compunham os enxovais de casamento, à roupa branca era dada uma atenção especial, pois consistia nas peças mais íntimas. "Um enxoval completo compunha-se de toucas, camisas brancas, camisolas, combinações, anáguas, xalinhos, tudo entremeado de fitas, rendas, flores, nervuras, casa de abelha, acabamento finíssimo. Os bordados eram feitos em outras oficinas que só faziam isto. Levavam-se meses e meses para se fazer um enxoval completo. Eu me lembro de riquíssimos enxovais que foram feitos para casamentos nas famílias Prado, Matarazzo."[87] Nesse caso, os monogramas e bordados funcionavam como símbolo da união e do projeto de instituição de um novo núcleo familiar. O entrelaçamento dos fios, sob a forma de letras e flores inscritas nas roupas de uso comum, guardava uma analogia com a nova etapa na vida dos cônjuges, funcionando como elo legitimador de um compromisso.

A chegada de um novo filho também mobilizava toda a família, emprestando às agulhas e linhas a oportunidade de celebrar o desdobramento do grupo familiar. Fruto do trabalho coletivo das mulheres da família ou ainda encomendado junto às profissionais, o enxoval do bebê incluía fraldas e cueiros, mijões e pagãos, meias e sapatos, lençóis e mantas, toucas e casacos que eram oferecidos como um mimo ao recém-nascido.

Mas, se num primeiro momento a arte de bordar estava circunscrita aos serões domésticos, fazendo parte do cotidiano o intercâmbio de experiências entre as mulheres da casa, ela gradativamente transbordou para as escolas regulares, que passaram a receber cada vez mais um número maior de meninas e mocinhas. Sob a denominação de "prendas domésticas" ou "economia do lar", elas recebiam lições sobre os atavios indispensáveis, segundo os códigos de conduta da época, para a educação e formação do anjo tutelar da casa. Talvez antes mesmo do processo de alfabetização, essas meninas eram iniciadas no domínio de um código figurativo que simbolicamente se assemelhava ao diário íntimo e ao álbum de recordações. Quantos sonhos para o futuro não se projetavam naqueles bordados?

Com o crescente dinamismo da sociedade, diletantes e profissionais das agulhas passaram a contar com publicações nacionais e estrangeiras que ofereciam sugestões sobre o vestuário, moldes e bordados. Entre agulhas e recordações, d. Júlia tem aninhada uma das obras "mais requisitadas por volta dos anos 40", o álbum *Novedades para bordar letras y monogramas*, que oferecia modelos sobre "[...] o desenho, tamanho e estilo de bordado mais adequado à boa estética da roupa que se pretende adornar: grandes para toalhas de mesa, lençóis ou cortinas; médios para fronhas, guardanapos, toalhas; pequenos para camisas, lenços e demais peças de tamanho limitado. Monogramas de fantasia, nomes, atributos especiais para roupas de esportes, letras e alfabetos completos em redondilha, gótica, inglesa etc., tudo enfim quanto a modéstia ou a riqueza do adorno preferido possa exigir".[88]

O despojamento no traje, a substituição do pincenê pelos

"óculos de tartaruga", o escasseamento das barbas e o uso de bigodes aparados, e o relógio de pulso também contribuíram para um novo padrão estético entre os homens, nas primeiras décadas do século XX. Os novos trajes não desconsideraram o emprego dos monogramas, que passaram a conviver com as novas marcas do indivíduo. De uso eminentemente masculino, os distintivos de fixar na lapela se inscreviam numa lógica semelhante à dos monogramas, isto é, davam visibilidade para algum traço que distinguia o portador, por pertencer ou ter afinidades com um grupo ou instituição. A partir dos anos 1920, começaram a aparecer distintivos de estudantes das escolas de ensino superior, das sociedades (Rotary Club, Jockey Club, Maçonaria), os dos sócios-torcedores dos times de futebol e aqueles que exprimiam tanto opiniões ou militância nos partidos políticos (Partido Republicano, Democrático, Constitucionalista), como a filiação a associações religiosas (Congregação Mariana). A partir dos anos 1930 e 1940, os escudos e distintivos foram convertidos em ícones da meritocracia, quando grandes empresas adotaram a prática de premiar os funcionários com mais tempo de serviço na casa.[89] Portanto, os símbolos de dignidade e competência vão ganhando destaque no visual masculino e, assim, a roupa e o corpo passam a exibir o anel de grau, o prendedor de gravata e a caneta personalizada com o nome do proprietário gravado.

O processo de transformações sucessivas no sistema da moda, incluindo aí a vestimenta, o penteado, atavios e acessórios, foi amplamente marcado por influências recíprocas da imprensa e depois pelo cinema. O espectro de cores, cortes e decotes, os modelos de bolsas, chapéus e diferentes calçados, especialmente a partir do entreguerras, passou a ser ditado pelos personagens protagonizados por atrizes e atores dos grandes estúdios de Hollywood.

Deve-se ressaltar que o surgimento das grandes confecções industriais mecanizadas, com o sistema de moldes padronizados e a produção em larga escala, não espoliou o trabalho autônomo das costureiras e bordadeiras, que continuaram sendo requisitadas para a preparação dos vestidos de noiva, enxovais e das peças de uso cotidiano.

INTERIORES: DECORAÇÃO E DEVOÇÃO PROFANA DO INDIVÍDUO

Assim como os bordados e monogramas acentuaram o sentimento de identidade individual, a estilização e a compartimentação do espaço doméstico também fornecem algumas pistas para a compreensão do desejo de intimidade e de emancipação psicológica dos indivíduos. Nesse território entulhado de objetos decorativos e de aparelhos funcionais que introduziam uma noção de conforto civilizado se esboçava uma encenação destinada a produzir uma certa autoimagem dos seus habitantes.

Ao percorrer o interior de uma casa podemos acompanhar o enraizamento pessoal, material e afetivo que singulariza cada residência como um microcosmo familiar. A maneira de organizar o espaço disponível que se revela pelo jogo das exclusões e preferências, pela ordem e desordem, pelo visível e invisível, pela harmonia e discordâncias, e a distribuição das diferentes funções diárias (refeições, toalete, recepção, conversação, estudo, lazer e repouso) compõem um relato de vida e um teatro de operações no qual se entrecruzam objetos, pessoas, palavras e ideias.[90]

O relato insólito de Guilherme de Almeida proferido no contexto de uma Jornada da Habitação Econômica, promovida pelo Instituto de Racionalização do Trabalho (Idort) nos idos de 1940, parece ser uma chave muito interessante para cruzar a soleira do privado e circular por territórios que celebram uma convivência eletiva. O texto apresentado pelo poeta se propõe a pensar e recordar o velho "casarão" que habitara na infância, deixando entrever um memorialista que fala de pena em punho, confrontando um padrão de organização espacial da habitação, de seus elementos decorativos e sua sociabilidade intrínseca com o novo perfil das residências desodorizadas, luminosas, munidas de "lacas, *stucpeint*, semil-pedra, cretones, cassas, linóleos, vitrolas, rádios, luz elétrica, geladeiras, ar-condicionado, ladrilhos".[91] Que seja dada uma licença poética ao orador, pois o seminário pretendia apontar soluções para a moradia popular!

Convém lembrar que esse tipo de residência à qual ele se refere já estava disseminado nos principais centros urbanos brasileiros por volta das últimas décadas do século XIX. Expressão do processo de ascensão social de grupos ligados às atividades agrícolas radicados na cidade e ao comércio, o casarão ou palacete se distinguia quer da chácara urbana quer do velho sobrado colonial. De uso estritamente residencial, essas moradas se caracterizaram pela adoção de jardins e corredores laterais, que garantiam aeração e iluminação, bem como pela incorporação de um gosto híbrido, resultando numa babel arquitetônica que citava vilas pompeanas, neoclássicas, neobizantinas, neogóticas, às quais vieram se acrescentar as diversas linguagens plásticas do *art nouveau*.

Esses palacetes refletiam o apuramento das técnicas construtivas, mas, sobretudo, associavam o eloquente esperanto arquitetônico à fantasia de sintonizar as elites e frações da burguesia brasileira com a cultura europeia.[92] No entanto, essa profusão estilística apresentava uma solução simbólica paradoxal, pois diferentemente da burguesia europeia, que se voltava para o passado buscando uma legitimação mediante a identificação com a cultura aristocrática tradicional e um repúdio à aceleração das mudanças na paisagem introduzidas pela industrialização, aqui a citação do passado funcionou como um duplo elogio da modernização e da sofisticação, corroborando o esforço de autopromoção, prestígio e ostentação de indivíduos desenraizados e obcecados em enaltecer sua opulência.

A valorização decorativa dos interiores pode ser apreendida por meio da difusão do uso de papéis de parede e também das pinturas ornamentais de forros, folhas de portas e janelas. Ao mesmo tempo, tapeçarias, cortinas, espelhos e um mobiliário mais complexo e atualizado vinham introduzir condições de conforto e ordenação formal, até então desconhecidos.

De qualquer maneira, a imersão imaginária de Guilherme

de Almeida parece muito positiva, uma vez que ele procurou reconstruir o interior do casarão da perspectiva da criança. Mesclando elementos oníricos e devaneios memorativos, o relato apresentado por ele é pontuado pela fixação dos valores da intimidade associados ao espaço interior da antiga morada, aproximando-se daquilo que Gaston Bachelard denominou de "topoanálise".[93] Sendo assim, é sob o signo da assombração que somos introduzidos nos espaços e meandros da residência cuja designação remetia "ao grande oco sonoro [...] [daquela] fábrica do medo".

Os jardins, no entorno, já não preservavam as hortas e as árvores frutíferas que abasteciam as velhas casas. "Jardim? — Uma espécie de floresta virgem minúscula e artificial, ou de canteiro de túmulo, todo de folhagens escuras, molengas e grandes — acalifas e tinhorões — que gesticulavam, de noite, como inúmeras mãos contra a lua; e todo de flores sinistras de cemitério, com o tristíssimo simbolismo dos seus nomes, das suas formas e das suas cores: as 'saudades' roxas como ataúdes; as sempre-vivas como esqueletos; a flor de maracujá, que tinha todos os emblemas dolorosos da Paixão de Cristo; as 'esporinhas', que a gente enfiava umas nas outras, para fazer pequenas coroas de enterro; as 'bocas-de-leão', os 'beijos-de-frade', os 'cravos-de-defunto'..."

Depois de atravessar o "jardim macabro" chegava-se ao "saguão frio, com vidros de cor nas bandeiras das portas altas". Ao fundo a escadaria "torta e torva, de degraus gastos e rangentes, e balaústres encardidos, pintados a óleo: a escadaria por onde se dizia que subiam vultos, de noite, arrastando caudas brancas ou grilhões enferrujados". Ao lado, estava a sala de visitas,

> sempre fechada, quase inútil, própria para câmara-ardente nos casos de necessidade [...] essas salas de móveis gordos, vestidos de brim branco, como criaturas, e que, com certeza, iam mover-se e andar sozinhos à meia-noite [...] Seguia-se a sala de jantar (a "varanda" paulista), forrada de um papel ramalhudo de cores sombrias, com um sofá imenso — o

sofá que pertenceu ao finado Fulano... — em que a gente tinha medo de sentar-se; e, a um canto, uma cadeira de balanço ou uma rede branca como mortalha, que balançavam por si mesmas, sem ninguém, certas noites...

Depois, os corredores sem fim, de tábuas largas e desconjuntadas, feitos de propósito para o grande desfile, o "*big-parade*" dos fantasmas; e onde todas as sombras eram longas e todos os passos sobrenaturais, e para o qual davam todas as portas, com uma alma-penada saindo de cada uma delas...

Vem agora a cozinha, enorme e preta de fuligem, onde a negrada acocorada contava histórias tenebrosas, sob a telha-vã povoada de gambás e morcegos, e com um chão de alçapões que desciam para infernos ignorados.

Lá em cima, onde a escada acabava numa galeria sonora como um tubo acústico, estava o sótão atulhado de baús, canastras e cômodas velhas, que deixaram pessoas da família mortas há muito tempo...

Os quartos... Ah! os quartos! Ah! as alcovas! Era aí que morava a insônia. Era aí o sabá, o *rendez-vous* das sombras ruins em torno da cama triste, com seu pobre fardo trêmulo, sempre ao alcance de uma longa mão gelada que vinha puxar o pé das criancinhas. Contra a parede, uma cômoda amarela. E a lamparina de azeite em frente ao oratório. A célebre lamparina: a geradora de todos os nossos sustos, de todos os nossos arrepios noturnos. O célebre oratório: não laqueado, claro e fresquinho; mas pesado, escuro, de pau-santo; não com a infantilidade cor-de-rosa, loira e feliz do Menino Jesus ou dos Anjos de olhos azuis; mas com a dor infinita do Senhor dos Passos, vestido de roxo, com cabelos de verdade...

A luz pequena, lúgubre e dançante da lamparina — criando monstros de sombra, que oscilavam no teto, que escorriam das paredes de cal e que povoavam de aparições más a noite inofensiva — acendia também no oratório os olhos de esmalte dos santos sinistros que ficam espiando, espiando a gente...

Quando alguém passava, de chinelos, pelo corredor, levando uma vela acesa na mão, a bandeira da porta pintava no ar um quadro de luz, deformado, que esvoaçava pelo quarto...

Lido num sentido literal, o texto configura os interiores do espaço doméstico como uma verdadeira casa dos horrores, onde ressonâncias profundas e soluções perversas assolavam o imaginário das crianças. Obviamente, ao pequeno escapavam os usos, interdições e elementos decorativos pertinentes aos variados espaços domésticos, e ele fixava na memória as sonoridades, penumbras e temores decorrentes da circulação cotidiana. Muito disso se deve ao fato de as crianças ficarem apartadas do mundo dos adultos, submetidas à autoridade disciplinar de uma serviçal europeia, *nurse* ou *fräulein*. Da mesma maneira, o requinte das salas e dos espaços privativos dos adultos ficava obscurecido, pois, não participando dos eventos, ele jamais poderia saber da rica variedade de tecidos, móveis e ornamentos ocultados pelos guarda-pós.

A organização espacial, mas sobretudo os objetos decorativos, devocionais e funcionais reunidos nessa casa de que fala Guilherme de Almeida traduzem com nitidez as diferentes estratégias empregadas na conformação da intimidade e personificação dos ambientes. Esse processo não se restringiu às formas de habitar da elite e de setores da burguesia. As marcas da originalidade e o estímulo à individualização percorreram de cima para baixo outros padrões de habitação, obviamente com uma escala e diversidade circunscrita à disponibilidade econômica e às diferentes tradições culturais.

Nos casarões e palacetes se estabeleceu uma forte compartimentação do espaço doméstico com a institucionalização de uma privacidade ligada ao público. De acordo com as exigências de contatos sociais suscitados pelo dinamismo econômico dos centros urbanos, as residências foram franqueadas ao convívio de estranhos. Em razão da estreita relação entre os espaços abertos ao estar formal e a audiência extrafamiliar foi conferida uma especial atenção aos salões. Nesse contexto, "a sala de visitas não serve para a casa, mas sim à 'sociedade'; e essa sociedade da sala de visitas está bem longe de coincidir, em seu significado, com o círculo restrito e rigorosamente fechado dos amigos da casa".[94]

A emancipação psicológica dos indivíduos celebrada no interior das habitações e centrada na apropriação simbólica e utilização seletiva de objetos decorativos tinha por correlato, aparentemente, sua emancipação econômica e política. No entanto, esses indivíduos não estavam de todo livres das coações engendradas pela sociedade; dessa maneira, as recepções oferecidas nos salões dos palacetes urbanos permitem entrever uma tênue fronteira entre o privado e o público, entre uma convivência eletiva, regrada pelos indivíduos, e uma sociabilidade obrigatória, imposta pelos interesses associativos e conflitos restritivos dos grupos sociais. Nas salas e salões, a recepção adquiria a função de veículo informal pela disputa de cargos e privilégios, na qual estreitavam-se alianças financeiras, tramavam-se candidaturas e plataformas políticas, estimulavam-se intrigas entre concorrentes, estabeleciam-se compromissos matrimoniais.

A recepção era mediada por um aparato formal que prescrevia o envio de convites personalizados e a confirmação da presença do convidado. Um severo padrão de moralidade e probidade incluía protocolos sobre a arte da conversação, códigos de etiqueta e boas maneiras, gestos e mesuras, apreço na exibição de toaletes, emoldurados num ambiente de ostentação que expunha diversas marcas e símbolos de prestígio e de superioridade social em que se afirmava o culto do proprietário. Os salões da Belle Époque caracterizavam-se como um teatro de variedades cuja programação comportava a declamação de poesias, a execução de peças musicais e de canções, entremeadas de contatos, conversas e formas prestigiosas de consumo. Ao longo do ano de 1915, num dos recitais apresentandos na Chácara do Carvalho, de propriedade do conselheiro Antônio Prado, mlle. Edith Capote cantou a "Berceuse blanche" de Artur Pereira, mlle. M. Amélia Coutinho recitou "Comment m'aimez vous?"

e "Les deux enfants de la patrie", mlle. Vera Paranaguá recitou "Blocquée", mlle. Guiomar Novais tocou "Os sinos de Las Palmas" de Saint-Saëns, mlle. Aida Brandão recitou "A um velho" e o tenor Santino Giannatasio cantou "La signora della terra" de Romeu Pereira. No mesmo ano, nas dependências da Vila Kyrial, de propriedade do senador Freitas Vale, os convidados, trajados de *smoking*, assistiram a um concerto que incluía peças de Chopin, Grieg, Catalani, conduzidas pelas batutas dos maestros Félix de Otero e João Gomes Júnior.[95]

Nas diversas salas se concentrava uma profusão de móveis e objetos decorativos que atestavam um vórtice de elegância e esnobismo. O mobiliário incorporava peças francesas douradas Luís XV e Luís XVI e conjuntos ingleses da Casa Maple, que eram dispostos sobre tapeçarias Gobelin, Aubusson, persas e arraiolos. Aos indispensáveis vasos de Sèvres em formato de ânfora se juntavam os tradicionais aparelhos Limoges, Saxônia, e ainda os cristais Baccarat, Gallé, Lalique, Saint-Louis e Boêmia. Acrescente-se a esse cenário toda uma série de pratarias, bronzes, porcelanas, estatuetas, bibelôs e *chinoiseries* que se multiplicavam nos reflexos dos espelhos bisotados ou jateados dispostos nas paredes.[96] Sobre os móveis, uma série de objetos presentificavam recordações das viagens ou exibiam relíquias do tempo que passou, carregadas de uma visão sublimada da existência pessoal.

As paredes eram invariavelmente "revestidas com sedas, veludos estampados com motivos franceses, ou, mais comumente, com papel de parede francês, decorado com motivos florais de buquês pequenos ou similares discretos",[97] e arrematadas com farfalhantes cortinas debruadas com ricos atavios. Dependuradas nas paredes, fotografias de familiares emolduradas em diferentes padrões de *passe-partout*, quadros de procedência diversa vazados num estilo acadêmico em que figuravam paisagens, naturezas-mortas, temáticas religiosas e retratos pintados que se integravam no projeto de autopromoção dos moradores enquanto expressão simbólica de suas veleidades pessoais e do seu prestígio social. Essa retratística, denominada por Sergio Miceli de "imagens negociadas", deslindava uma "trama intrincada de desejos, emoções, projeções, ressentimentos, alegrias e decepções [...] transmutada em composição plástica".[98]

A ambientação europeizada dos interiores foi alvo de severas críticas por parte de Monteiro Lobato. Contrapondo as possibilidades de um estilo nativo representado pelo neocolonial, atribuído ao arquiteto Ricardo Severo, às potencialidades do trabalho anônimo dos operários-artífices do Liceu de Artes e Ofícios de São Paulo, ele fustigava a ausência de uma fisionomia singular nas residências da Pauliceia e achincalhava os modos postiços da burguesia nos seguintes termos:

> Nossas casas não denunciam o país [...]
>
> Dentro de um salão Luís XV somos uma mentira com rabo de fora [...]
>
> Basta que no "Trianon", entre flores exóticas, encasacado à francesa, conversando em *argot*, comendo *foie gras* de Nantes, ouvindo versos d'Avray, aspirando perfumes de Fre Val, sonhando passeatas chiques pelo Bois de Boulogne [...] passe um cafajeste gemendo no pinho o "Luar do Sertão", para que o Brummell se remexa na cadeira, perca o aprumo, quebre a linha, estale o verniz, arregale o olho e denuncie a mentira viva que ele prega em oito ou dez avós vaqueiros, açucareiros ou tropeiros que lhe circulam no sangue.
>
> Nosso mobiliário dedilha a gama inteira de estilos exóticos, dos rococós luisescos, às japonesices de bambu laqueado. O interior das nossas casas é um perfeito prato de frios dum hotel de segunda. A sala de visitas só pede azeite, sal e vinagre para virar salada completa. Cadeiras Luís XV ou XVI, mesinha central Império, jardineiras de Limoges, tapetes da Pérsia, pendões da Bretanha, gessos napolitanos, porcelanas de Copenhague, ventarolas do Japão, dragõezinhos de alabastro chinês [...]
>
> Por fora, a mesma ausência de individualidade. Acentos gregos, curveteiros lombricoidais do *Art Nouveau*, capitéis

coríntios, frisões de todas as renascenças, arcos romanos e árabes, barrocos, rocalhos — o cancã inteiro das formas exóticas.[99]

Desvinculada da área de preparação dos alimentos, a sala de jantar também foi transformada em cômodo imprescindível nas novas formas urbanas de morar das elites e da burguesia. Palco da representação social, as salas de jantar revelavam por meio do mobiliário, louças e objetos decorativos um irrefreável desejo de expandir o domínio das regras de etiqueta e a exaltação do esplendor material incorporado ao patrimônio familiar.

Assim como a sala de visitas e salões, a sala de jantar era um espaço de exibição que simbolizava a coesão e comunhão dos convivas, o respeito às hierarquias e a unção do proprietário. Disposto ao redor da sólida mesa e das cadeiras, um mobiliário complexo e especializado, composto por aparadores, bufês, *étagères*, consoles, guarda-louças, credências e cristaleiras, dava visibilidade à profusão de itens que projetavam uma aura de sofisticação e refinamento inspirada na cultura europeia. No interior das peças, que não por acaso eram feitas de estruturas de madeira ricamente entalhada ou ainda de ferro, guarnecidas com espelhos, cristais e marchetarias, eram expostas as alfaias mais preciosas: licoreiras, bandejas de prata lavrada, *sous-plats*, *bombonnières*, compoteiras, cálices e copos adequados aos diferentes tipos de bebida, aparelhos de jantar completos que além dos três formatos diferentes dos pratos de comer — fundos, rasos e de sobremesa — compreendiam ainda travessas rasas e fundas em diversos modelos, sopeiras, molheiras, jarras, fruteiras e cremeiras, além dos apetrechos para o chá e o café. A especialização desse aposento foi reiterada pelos "adornos que lhe eram incorporados (quadros, papéis de parede, pinturas murais, enfeites de mesa etc.) que sugeriam direta ou indiretamente o universo dos alimentos (temática de frutas, cenas de caça, naturezas-mortas etc.)".[100]

O sentimento e as marcas da identidade individual eram exibidos nos copos de cristal, nos aparelhos de jantar feitos de porcelana ou faiança, no faqueiro de "prata princesa" ou cristofle, nas toalhas ricamente bordadas e nos guardanapos de linho, ornados com monogramas. O individualismo decalcado nos diversos objetos que compunham a decoração dos interiores domésticos passou a pontuar as regras e condutas à mesa, com espaços demarcados por acessórios e indicações sobre o lugar a ser ocupado.

Era imprescindível um tremendo autocontrole para enfrentar a complexidade da cerimônia de um jantar solene, que pressupunha a adequação às normas de etiqueta divulgadas pelos manuais de conduta e colunas sociais publicadas na imprensa. As diferentes etapas da beatitude do beber bem e do comer bem impunham uma correta manipulação dos talheres, contenção dos gestos e movimentos, conhecimento dos tipos de serviço (à francesa, meio à francesa, à americana).[101] Mas não só, uma vez que a elaboração dos arranjos de mesa, a seleção dos equipamentos, o estabelecimento da sequência de pratos que compunham o cardápio, a escolha das bebidas, a ponderação sobre a quantidade e qualidade dos alimentos, evidenciavam provas de distinção pelo gosto e pelo consumo. Os arrivistas, para além da recente fortuna amealhada, eram reconhecidos e segregados por pequenas sutilezas que transpareciam no uso indevido de um talher ou da lavanda, na desmesura e voracidade, denunciando uma constrangedora falta de civilidade.

"Todo o processo de ritualização do jantar intensificou evidentemente o interesse pela culinária e, mais ainda, pela gastronomia", explica Tânia Andrade Lima. No entanto, a diversificação das receitas, ingredientes e temperos não apagou as distinções entre os dois modelos de alimentação adotados pelas famílias brasileiras. "Na esfera privada, a mesa familiar, íntima, cotidiana e farta, bastante conservadora, mantinha na sua base a tradição dos colonizadores, não obstante a incorporação de outros elementos, com intensidade variável. Na pública, entretanto, a mesa formal, cerimoniosa, renegava e adotava a sofisticada culinária francesa."[102]

A valorização da culinária francesa instilou o uso cotidiano de um léxico que denotava bom gosto e sofisticação do cardápio e dos comensais. Ainda que, muitas vezes, esse procedimento fosse uma parva desnaturalização dos pitéus da terra. A denominação dos pratos apresenta muitas vezes uma configuração dupla segundo seu lugar de origem. Nas receitas triviais, o nome do prato era descritivo (por exemplo, Virado de Feijão com Ovos e Linguiça, Pato no Tucupi, Frango com Quiabo), já nas receitas preparadas segundo os livros de culinária ou criadas pelos cozinheiros e oferecidas nos jantares solenes, o nome servia para velar o conteúdo e teatralizar de maneira bajulatória a distinção do dono da casa (por exemplo, *Méro Sauce d'Artagnan*, *Riz au Four à la Kyrial*). A adesão impertinente ao "dialeto elegante" empregado nas refeições suscitou uma profunda perplexidade naqueles que procuravam resguardar a pureza do vernáculo e dos acepipes regionais. Conforme argumentava Monteiro Lobato num tom derrisório: "A cultura refinou-nos. A civilização cresce em Vila Mariana como a mamona. Adquirimos tanto *goût* que, por instinto, o nosso organismo, num *dîner* elegante, repeliria com *comissements incoercibles* um *plat* nomeado à portuguesa, charramente: arroz de forno, leitão assado. É mister que eles venham, embora não mudados de substância, transfeitos em *marcassin*, ou *riz au four à la princesse Quelque Chose*. Só assim as fibras da estesia gustativa nos tremelicam de gozo e dos olhos nos correm lágrimas a Brillat-Savarin".[103]

No interior dessas residências, é possível ainda observar uma distribuição de áreas de convivência privativa das mulheres e dos homens. As primeiras tinham a sala das senhoras, "a meio caminho da sala de jantar e da cozinha", onde passavam boa parte do dia a bordar, programar e organizar as atividades que remetiam ao "consumo conspícuo". De acordo com Maria Cecília Naclério Homem, em virtude da falta de "privacidade na sala da senhora, foi no seu quarto de vestir que ela passou a receber as amigas, a ler e a escrever a sua correspondência".[104] Ainda seguindo as pistas levantadas pela autora, a presença excessiva de móveis (cadeiras, *chaise-longue*, escrivaninha) nas dependências íntimas de alguns palacetes paulistanos parece corroborar uma sobreposição de funções no interior dos quartos de vestir, contíguos aos dormitórios.

Já os homens tinham na sala de bilhar, no *fumoir* e especialmente no gabinete um ambiente onde poderiam desfrutar os prazeres solitários ou receber pessoas que compartilhavam de sua amizade e intimidade. No interior dos gabinetes, à existência de um mobiliário profuso (cadeiras, poltronas, escrivaninha, mesa, estantes) se acrescentavam espelhos e quadros que, juntamente com os abajures, cortinas e objetos pessoais, proporcionavam uma atmosfera simultaneamente intimista e exibicionista. Sobre a escrivaninha, o *desk set*, feito de mármore, madeira entalhada, alpaca ou alabastro, no qual repousavam os instrumentos para a escrituração dos negócios e da correspondência privada. Esse conjunto era composto pelo mata-borrão, tinteiros e um aparador em que se depositava a caneta, a lapiseira, a espátula para abrir as cartas e, em alguns casos, um sinete com o monograma do seu proprietário usado para lacrar as correspondências ou convites mais solenes.[105] Nas paredes forradas de papel, acumulavam-se símbolos do eu (retratos pintados e fotografias remanescentes da iconoteca da memória familiar) e os índices da meritocracia, que figuravam sob a forma de diplomas ou honrarias.

Dispostos nas prateleiras da estante, livros ricamente encadernados, conforme o gosto pessoal, e providos de sinais de possessão individual (assinatura, carimbo, *ex-libris*), atestavam sua formação profissional e os deleites proporcionados pela leitura solitária. A respeito desse tópico convém retomar as sensatas ponderações de Sérgio Buarque de Holanda sobre a relação entre homens e livros no Brasil. Ele nos sugere que a disponibilidade de uma biblioteca privada poderia compor apenas mais um item da copiosa cultura ornamental. Dessa maneira, "o apego bizantino dos livros pareceu, muitas vezes, penhor de sabedoria e indício de superioridade mental", sua presença na maioria das vezes não estava associada ao conhecimento, mas "visa[va] primeiramente ao enaltecimento e à dignificação daqueles que os culti[va]vam".[106]

A emulação e imitação arrivista dos hábitos eurófilos gerava contrastes que eram observados na organização do espaço doméstico. Como bem mostrou Jeffrey Needell, "à medida que passamos de um aposento a outro, nos deslocamos de uma expressão cultural a outra. A *persona* formal do indivíduo, em ocasiões sociais, era mais europeia. A familiar, mais brasileira. Elas coexistiam, cada elemento acentuado de acordo com as circunstâncias".[107]

De todos os espaços instituídos nesse padrão de habitação, os quartos individualizados foram alçados à condição de templos da privacidade. Dando continuidade ao processo de desamontoamento dos corpos, testados e implantados no espaço público (quartéis, hospitais, cemitérios, prisões), e também incorporando as soluções arquitetônicas que correspondiam aos apelos da higiene, conforto e intimidade, os dormitórios ganharam um perfil absolutamente distinto das velhas alcovas. Através das janelas, venezianas, cortinas e de portas providas de bandeiras envidraçadas garantia-se a renovação do ar e a insolação, possibilitando um controle mais efetivo sobre o fluxo de odores e luminosidade.

Nessas dependências, "o corpo dispõe de um abrigo fechado onde pode estirar-se, dormir, fugir do barulho, dos olhares, da presença de outras pessoas, garantir suas funções e seu entretenimento mais íntimo".[108] O triunfo do culto da individualidade e privacidade se desdobrava na saturação de marcas inscritas no dormitório, agregando a cada um dos objetos os traços da personalidade do ocupante. Leitos individuais, guarda-roupas, penteadeiras, mesas, cômodas, cadeiras, escrivaninhas e sofás; objetos decorativos, funcionais e devocionais; peças do vestuário, roupas de cama e banho adornadas com monogramas, materializavam a identificação de um domínio privativo.

O movimento contínuo entre o quarto e as salas, entre a casa e a rua, outorgou uma especial deferência para com os espelhos, penteadeiras e guarda-roupas. Buscando os trajes mais adequados para determinadas ocasiões, acentuando ou corrigindo algum traço fisionômico, recorrendo aos perfumes e maquiagem, joias e penteados, se operava uma metamorfose do espaço íntimo em coxias do teatro social. De maneira simultânea, os indivíduos, independentemente do gênero e da idade, eram pacientes e agentes de um exaustivo "trabalho das aparências antes de afrontar a cena pública".[109]

Todavia, os quartos favoreciam um conjunto de práticas que davam vazão à subjetividade, caracterizando-se como um espaço propício para a solidão e autonomia pessoal. A prece individualizada diante do pequeno oratório ou da imagem depositada sobre uma peanha, o solilóquio das crianças junto aos seus brinquedos, o desenvolvimento dos sonhos e pesadelos, as práticas sexuais solitárias, a percepção pessoal do fluxo temporal por meio do escalonamento entre o ócio e os deveres, as práticas da escrita consagradas nos diários íntimos e correspondências, a leitura de livros surrupiados da biblioteca paterna.

Entre a autonomia pessoal e a fruição solitária das dores e alegrias, desejos e frustrações, se interpunham estratégias disciplinares e uma severa vigilância, especialmente voltadas para o controle dos filhos. Em muitos palacetes, as preceptoras dormiam num quarto próximo ao das crianças. A ausência de chaves na fechadura ou as constantes inspeções invariavelmente suscitavam encontros com objetos interditados. Conforme as recordações de d. Nina: "Eu era uma menina que gostava, que tinha muita vontade de ler. Ela [madrinha] não deixava muito porque ela dizia: 'Os romances são como os cogumelos, os melhores não prestam'".[110]

É aqui também que vão estar depositados em alguma gaveta da cômoda ou recolhidos no interior dos guarda-roupas os trajes associados aos rituais da vida privada (camisolão de batizado, roupa da primeira comunhão, vestido de noiva, terno do casamento), álbuns de fotografias e toda uma série de objetos submetidos à pátina do tempo e que foram cuidadosamente coligidos ao longo da vida (cartões-postais, cartas, selos, figurinhas, maços de cigarros). Alguns objetos agrupados (mechas de cabelo, dentes de leite, terços, talheres, correntes) formam uma série específica desse museu da intimidade e presentificam a singularidade de cada um dos habitantes da casa. Esteio da privacidade, os quartos reúnem os suportes materiais para a rememoração dos episódios da existência pessoal.

Por volta dos anos 1940, para além da consagração arquitetônica do modernismo e a suplantação do decorativismo ornamental pelo funcionalismo, se difundiu uma tendência entre os setores abastados de imprimir um "ambiente brasileiro" nos interiores com a "valorização" de objetos decorativos e devocionais que citavam o passado colonial. Afonso Arinos de Mello Franco, ao se recordar do "ingênuo estilo 1900" da casa paterna em Copacabana, mencionava as sucessivas reuniões políticas e diplomáticas do período republicano, mas sobretudo "casamentos, nascimentos e mortes, horas de alegria e de dor". Se, no passado, os pais adotavam um estilo que era um arremedo da decoração europeia ("grupos de couro comprados em Londres, mobílias estofadas e reposteiros de veludo trazidos de Paris"), a metamorfose indicava uma nova composição que criava um ambiente bizarro. "Encontramos, no Rio, residências suntuosas, em que se acumulam, com mais preocupações de luxo e exibição do que de gosto e conhecimento, peças antigas de diversas épocas e estilos vários; da Colônia e do Império. Vemos a transformação forçada de preciosos oratórios em estantes de livros raros; vemos lâmpadas de prata de antigas igrejas iluminando *boudoirs* ou salas de jogo; mesas douradas de capela-mor carregando vasos de Lalique; faqueiros de jacarandá adaptados como depósitos de garrafas de uísque."[111]

Finalmente, é na prosa de ficção de Clarice Lispector que podemos captar essa atmosfera de rarefação dos objetos decorativos que emolduravam os palacetes e funcionavam como marcas de autopromoção dos seus ocupantes. Alegoria do esgarçamento de uma vivência familiar centrada na casa, o texto remete difusamente a uma sociabilidade evanescente, pontuada pelos vestígios da decomposição.

> Aos poucos os móveis desertavam, vendidos, quebrados ou envelhecidos, e os quartos se esvaziavam pálidos [...]

Da vidraça alta via-se além do jardim de plantas emaranhadas e ramos secos o longo trecho de terra de um silêncio triste e sussurrado. A própria sala de jantar, o aposento maior do casarão, estendia-se embaixo em longas sombras úmidas, quase deserta: a pesada mesa de carvalho, as cadeiras leves e douradas de uma mobília antiga, uma estante de finas pernas recurvas, o ar rápido nos trincos lustrosos, e um guarda-louça comprido onde translucidamente brilhavam em gritos abafados alguns vidros e cristais adormecidos em poeira. Sobre a prateleira desse móvel pousava a bacia de louça rosada, a água fria na penumbra refrescando o fundo onde se batia preso um anjo gordo, torto e sensual. Frisos altos erguiam-se das paredes riscando sombras verticais e silenciosas sobre o chão [...] A sala. A sala cheia de pontos neutros. O cheiro de casa vazia.[112]

7. A CAPITAL IRRADIANTE: TÉCNICA, RITMOS E RITOS DO RIO

Nicolau Sevcenko

> *Se você pretende compreender a sua própria época, leia as obras de ficção produzidas nela. As pessoas quando estão vestidas em fantasias falam sem travas na língua.*
>
> ARTHUR HELPS, *Life and Labours of Mister Brassey*, 1969

Nenhuma impressão marcou mais fortemente as gerações que viveram entre o final do século XIX e o início do XX do que a mudança vertiginosa dos cenários e dos comportamentos, sobretudo no âmbito das grandes cidades. Nas palavras de Ivan Tolstói:

> O século XIX foi um período de avanços científicos prodigiosos, durante o qual campos completamente novos da ciência surgiram [...] O desenvolvimento tecnológico também foi espetacular — talvez mais ainda do que o científico na mente do grande público. Transporte, eletrificação, indústrias químicas, controle de doenças — a lista é infinita — estavam alterando a sociedade de modo profundo e irreversível. Por volta de 1900 o poder da tecnologia estava muito além do que qualquer outro século jamais sonhara. Não havia precedente histórico para o que se passava... Isso suscitou um otimismo curioso, uma fé que afirmava, com efeito, que estávamos no caminho certo — um pouco mais de esforço, um bocadinho mais de boa vontade e o nosso músculo científico-tecnológico recém-adquirido, o *poder do conhecimento*, resolveria todos os problemas e nos alçaria a mundos novos e utópicos.[1]

Se essa era a pretensão declarada e o ideal máximo almejado pelos homens que mantinham posições decisórias no curso da Revolução Científico-Tecnológica,[2] esse ideal implicava também, o que é falacioso, observar o processo de uma perspectiva externa e como que neutra em relação ao próprio fluxo das transformações. Só um olhar que se arrogasse desprendido e imune aos efeitos turbulentos dessa transição das condições materiais de reprodução do cotidiano poderia analisá-la pelos seus supostos efeitos de organização, racionalização, controle e harmonização do mundo contingente. O que ocorre é o contrário: os novos recursos técnicos, por suas características mesmo, desorientam, intimidam, perturbam, confundem, distorcem, alucinam. No mínimo porque as escalas, potenciais e velocidades envolvidos nos novos equipamentos e instalações excedem em absoluto as proporções e as limitadas possibilidades de percepção, força e deslocamento do corpo humano. Compare-se o símbolo máximo da nova técnica, a Torre Eiffel, com o tamanho de um ser humano médio. Ou a força de uma locomotiva, ou a velocidade de um avião. Ou coteje-se a escala de uma casa familiar de proporções médias com as dimensões de uma usina hidroelétrica ou de um complexo siderúrgico ou de um aeroporto. Ou compare-se a luz de uma vela, acessório milenar da humanidade, com um holofote, ou uma página de livro com uma tela de cinema.

Os escritores do século XIX que já eram adultos quando viveram a experiência das suas primeiras viagens ferroviárias, deixaram registros muito reveladores sobre suas impressões. Eis como Victor Hugo comentou a vista da paisagem rural pela janela do trem em movimento: "As flores ao longo da ferrovia não são mais flores mas manchas, ou melhor, fachos de vermelho ou branco; não há mais pontos, tudo se converte em traços. Os campos de trigo são grandes cabeleiras loiras desgrenhadas... As cidades, as torres das igrejas e as árvores desempenham uma dança louca em que se fundem no horizonte".[3]

Pelas distorções registradas na percepção de Victor Hugo pode-se vislumbrar com perfeita clareza o percurso pelo qual as artes visuais mudaram suas linguagens sob o impacto das novas tecnologias. Sua descrição dos efeitos desfigurativos produzidos pela aceleração da locomotiva e o consequente deslocamento do olhar evocam as paisagens dissolvidas de Turner, ou os efeitos irregulares das irradiações luminosas captados pelos impressionistas, sua visão alucinada dos trigais preconiza Van Gogh, a coreografia tresvariada das formas confundidas do campo e das cidades multiplica as perspectivas e aponta para as experiências radicais do cubismo. Caso mais interessante ainda é o de Gustave Flaubert que, simplesmente, não conseguia interpretar nenhum elemento do que via pela janela do trem acelerado: "Eu não consigo captar nada da vista oferecida pela janela da cabine".[4]

O fato de que as gerações posteriores, cujos representantes já nasceram após a consolidação desse processo e portanto foram acostumados desde pequenos à experiência das velocidades tecnológicas, consigam distinguir e interpretar as paisagens que vislumbram em movimento é bastante revelador da capacidade humana para assimilar e adaptar-se aos efeitos desorientadores dos novos recursos e potenciais. Mas o preço dessa adaptação é a perda da capacidade de reconhecer sua estranheza e os modos pelos quais elas reorientam a percepção humana. O hábito, mais que a adaptação ativa, gera a adesão conformada e a sensação de que, no que se refere ao corpo e à mente, a mudança é pouco relevante e os homens continuam os mesmos desde que o primeiro membro da espécie surgiu na Terra.

Uma das primeiras apresentações de imagens em movimento na Europa ocorreu com a exibição do filme *A chegada do trem na estação*, de Louis Lumière, em 1895. Acompanhemos a descrição que o escritor Máximo Górki fez da sua primeira impressão quando viu o filme: "De repente há um estalo, tudo se apaga e um trem numa ferrovia aparece na tela. Ele dispara como uma flecha na sua direção — cuidado! A sensação que se tem é como se ele se arremessasse na escuridão até onde você está sentado e fosse reduzi-lo a um saco de pele estropiado... e destruir esse salão e esse prédio... tornando tudo em fragmentos e pó...".[5]

Esse impacto sentido por Górki correspondia fielmente ao choque geral que o aparecimento da técnica cinematográfica desencadeou por toda parte. A primeira apresentação desse filme se deu em Lyon, durante o Congresso das Sociedades Fotográficas Francesas. O tipo de público reunido nesse evento era bastante familiarizado portanto com instrumentos óticos e recursos relacionados à fotografia, não sendo de esperar que fosse se alterar muito com o espetáculo. Mas o que sucedeu foi curioso. Quando houve o anúncio da primeira sessão de cinema, o desinteresse foi completo, os participantes do Congresso reagiram com ceticismo e pouco-caso à suposta "novidade". Apenas 33 gatos-pingados tomaram assento no salão para conferir a engenhoca. Quando a luz se apagou e a imagem do trem se pôs em movimento, o resultado foi conforme o relato do escritor russo. Após a projeção os espectadores saíram comentando sua experiência e, em breve, o salão de Lumière estava completamente lotado. As pessoas viam e voltavam para rever, já acompanhadas de outros céticos. Nos dias seguintes havia disputa para conseguir entrar, os mais afoitos tentavam forçar a entrada, começaram os sopapos e bengaladas, a polícia foi chamada e o tumulto virou um caso de segurança pública. Um jornalista que acompanhou as sessões se deu conta do efeito profundo que a técnica cinematográfica estava destinada a ter na vida das pessoas comuns: "Quando esses equipamentos [as máquinas filmadoras] estiverem nas mãos do público, quando qualquer um puder fotografar os seus entes queridos, não apenas na sua forma imóvel, mas em movimento, ação, gestos familiares, e as palavras sendo ditas pelas suas bocas, aí então a morte não será mais absoluta, não será o momento final".[6]

Já no ano seguinte, a 8 de julho de 1896, ocorreria a primeira apresentação das imagens em movimento no Rio de Janeiro. O aparelho projetor francês era anunciado como sendo um "omniógrafo", para ressaltar a diferença entre ele e as máquinas americanas de Edison, os chamados "kinetoscópios", que mostravam sequências miniaturizadas de movimentos no interior de uma câmara, as quais, entretanto, só podiam ser observadas através de uma objetiva por uma pessoa de cada vez. A novidade era anunciada com entusiasmo pela imprensa, nos dias que antecederam a exibição, como sendo "uma maravilha da ciência moderna, tão surpreendente em suas descobertas e aplicações" ou ainda como a "maravilhosa lanterna mágica da ciência". Quando a ansiada projeção se deu, a reação dos jornais foi ainda mais eufórica: "Assistimos ontem à inauguração de um dos mais maravilhosos espetáculos, que excita atualmente a admiração nas principais capitais europeias... Não falando no interesse científico que resulta dessas cenas animadas, o espectador experimenta uma estranha sensação vendo mover-se figuras do tamanho natural no *écran* onde a luz as fixou. Os enormes progressos realizados nestes últimos anos na arte fotográfica permitiram que se pudesse oferecer ao público o raro espetáculo que se vai exibir nesta capital e que ultrapassa tudo quanto pode sonhar a imaginação mais fantástica". Outro jornalista ficou ainda mais perturbado, alardeando que "o omniógrafo deve ter o maior êxito. Os leitores [que] hão de ter a curiosidade de lá ir, terão que concordar conosco em que a fotografia é o vivo demônio".[7]

"Um dos mais maravilhosos espetáculos", "admiração", "estranha sensação", "sonho", "imaginação", "fantasia", "o vivo demônio", as palavras denotam uma reação aturdida com a experiência. É a mesma coisa por toda parte. Nesse mesmo ano de 1896, por exemplo, um dos historiadores pioneiros da tecnologia, o americano William Kennedy Laurie Dickson, tendo assistido à sua primeira sessão de cinema, vaticinou em tom exaltado: "É a coroa e a flor da mágica do século XIX, a cristalização de milênios de encantamentos acumulados. Em suas leis integrais, luminosas e acessíveis se concentram possibilidades jamais sonhadas pelas tradições ocultas do Oriente: a sabedoria conservadora do Egito, a erudição zelosa da Babilônia, os mistérios secretos dos templos délficos e eleusinos da Grécia. É o escopo da nova era, quando as grandes potencialidades da vida não mais dependerão de fontes religiosas, acadêmicas ou do saco de dinheiro, mas transbordarão aos rincões mais remotos da Terra ao comando do mais humilde herdeiro da inteligência divina".[8]

A formulação de Dickson é preciosa. Ele observou com rigor as quatro derivações mais significativas da nova técnica: a sensação de que ela comporta efeitos mágicos, a inferência de que seu advento multiplica os potenciais humanos, a consciência de que ela altera a percepção e a condição do homem comum. Indo do geral ao particular, ele aponta como o impacto da tecnologia, contemplando expectativas da sociedade, interfere, no entanto, nos projetos de cada indivíduo. De fato a projeção de imagens móveis, luminosas e agigantadas na tela do cinema escuro afeta de modo intenso simultaneamente a percepção visual e a imaginação. Walter Benjamin foi um dos primeiros teóricos a analisar esse fenômeno, avaliando como a câmara "nos abre, pela primeira vez, a experiência do inconsciente visual, assim como a psicanálise nos abre a experiência do inconsciente instintivo".[9]

Esse percurso pelo qual a estimulação ótica mobiliza energias e conteúdos inconscientes foi rapidamente percebido pelos artistas. Em 1904 o escritor Rudyard Kipling criou um conto no qual narra a história de um marujo que, após assistir a um filme, desenvolve a estranha obsessão de que uma mulher, vista numa cena de rua, estaria na realidade procurando por ele. Incapaz de separar a fantasia do real, em virtude do poder da ilusão cinematográfica, o personagem é arrastado a um completo estado de loucura.[10] O conto ilustra pelo menos duas situações muito interessantes. A primeira é o mecanismo pelo qual as novas tecnologias, conquanto envolvam procedimentos e recursos que são postos e operados no espaço público, agenciam os desejos e as disposições psíquicas mais íntimas de cada um, influenciando a esfera mais estreita das suas deliberações em âmbito privado e interagindo decisivamente com esta. A segunda revelação do conto é o modo privilegiado como os artistas conseguem articular simbolicamente esses intercursos entre as tecnologias e os destinos individuais, tão contingentes e imprevisíveis como esses processos o são, na medida mesmo em que a arte opera com base em singularidades extraídas do real e projetadas numa dimensão mítica. Do mito do Frankenstein maldito ao do Cyborg justiceiro, temos tanto a atualização tecnológica quanto a mudança de valores e a diversidade dos destinos individuais. Daí a peculiar valia da ficção como fonte documental nessa linha de análise.

Outra constante possível de ser observada nesses documentos e testemunhos pioneiros é a relação imediata que eles estabelecem entre as novas técnicas, o cinema e as grandes cidades. Vimos pouco antes o modo impetuoso como o jornalista que relatava a primeira sessão de cinema no Rio de Janeiro o louvava como "um dos mais maravilhosos espetáculos, que excita atualmente a admiração nas principais capitais europeias". De fato, a Revolução Técnico-Científica instituiu um encadeamento entre as novas tecnologias e, por conta da escalada na atividade produtiva, enormes movimentações populacionais, especialmente voltadas para a concentração nas áreas urbanas que polarizam o processo. É o que desencadeia o fenômeno da metropolização na sua magnitude contemporânea. Segundo o planejador Kingsley Davis, as sociedades urbanas "representam um passo novo e fundamental na evolução social humana", mas, ainda assim, "nem a condição recente nem a velocidade desse desenvolvimento evolutivo têm sido devidamente compreendidas".[11] O que implicaria um esforço para desvendar e compreender o modo pelo qual a experiência de viver nas grandes cidades modernas, planejadas em função dos novos fluxos energéticos e marcadas pela onipresença das novas técnicas, influencia e altera drasticamente a sensibilidade e os estados de disposição dos seus habitantes. Esse aspecto foi bem apreendido pelo historiador da cultura James Donald, que o observa pelo nexo estratégico que a ambiência das megalópoles mantém com o cinema. "A metrópole moderna e a instituição do cinema surgem praticamente no mesmo momento. Sua justaposição fornece várias chaves sobre a estética pragmática pela qual experimentamos a cidade não apenas como cultura visual, mas acima de tudo como um espaço psíquico."[12]

No Brasil, no período estudado, esse papel de metrópole-modelo recai sem dúvida sobre o Rio de Janeiro, sede do governo, centro cultural, maior porto, maior cidade e cartão de visita do país, atraindo tanto estrangeiros quanto nacionais. O desenvolvimento dos novos meios de comunicação, telegrafia sem fio, telefone, os meios de transporte movidos a derivados de petróleo, a aviação, a imprensa ilustrada, a indústria fonográfica, o rádio e o cinema intensificarão esse papel da capital da República, tornando-a no eixo de irradiação e caixa de ressonância das grandes transformações em marcha pelo mundo, assim como no palco de sua visibilidade e atuação em território brasileiro. O Rio passa a ditar não só as novas modas e comportamentos, mas acima de tudo os sistemas de valores, o modo de vida, a sensibilidade, o estado de espírito e as disposições pulsionais que articulam a modernidade como uma experiência existencial e íntima. É nesse momento e graças a essa atuação que o Rio se torna, como o formulou Gilberto Freyre, numa cidade "pan-brasileira".[13]

Esse mesmo autor, aliás, nos lembra o valor precioso que assume o estudo das "predominâncias de palavras, como as de símbolos e de ritos sociais, estilos de arte, formas de retórica, ritmos de dança, regras de conduta, modas de trajo e de penteado" a fim de "tentar surpreender e interpretar o que houve de mais íntimo no caráter de uma época". O modo de elaborar essa síntese interpretativa, porém, deve estar voltado para um esforço de reunir "verdades contraditórias". Ou seja, incorporar perspectivas distintas de pessoas de gerações e condições sociais diferentes, que vivam e percebam os processos de mudança valendo-se de diferentes coordenadas, possibilitando assim ao historiador uma apreensão mais ampla e variada dessa complexa experiência de transformação dos hábitos e dos quadros culturais. Sua sugestão é seguir nesse sentido as lições do mestre espanhol Ortega y Gasset com seu método "perspectivista": "É ele quem adverte muito lucidamente, sobre as 'visões distintas' não se excluírem: 'mas ao contrário tenderem a se integrar' pois 'nenhuma esgota a realidade...' É que, segundo Ortega, 'uma realidade que vista a partir de qualquer ponto permanecesse sempre idêntica, seria um conceito absurdo' pois 'cada vida é um ponto de vista...' Mais, 'a única perspectiva falsa é essa que pretende ser a única'".[14]

Nesse espírito, conduzimos esta pesquisa através dos textos de diferentes escritores do período, na tentativa de compreender tanto as mudanças provocadas pela introdução das novas técnicas e modos de vida quanto os efeitos da construção dos mitos da modernidade e da cidade moderna na experiência pessoal de diferentes grupos da sociedade carioca. O percurso se inicia com Machado de Assis e João do Rio, incorporando progressivamente outros autores, fontes e vozes na medida mesma em que o afluxo das experiências identificadas com a modernidade vai se adensando e intensificando.

Machado e João do Rio são vias privilegiadas para captar a força e as ressonâncias do impacto tecnológico. Cada um atua como um sensor de registro diferente mas que se completam às maravilhas. Machado, mais velho, cuja sensibilidade se formou no cenário das instituições imperiais, assinala o ímpeto e a velocidade das mudanças, a surpresa dos seus contemporâneos e as resistências erguidas como meios de defesa contra um fluxo que a tudo parecia levar de roldão. João do Rio, mais jovem, cujas possibilidades de carreira se abriram com o advento da República, assinala a ampla difusão, os efeitos de mitificação e os modos de celebração entusiasmados dessas mudanças vertiginosas. A ironia cortante afina o diapasão crítico dos dois num arco tenso mas firme. De tal modo que os textos de Machado adquirem significados mais agudos quando contrapostos aos de João do Rio e vice-versa. O modo como essa relação se estabelece, entretanto, é cheio de meandros, sinuosidades, personagens e pequenas histórias das crônicas de Machado e da literatura-reportagem de João do Rio. Histórias miúdas, de gente pequena e grande, que vão compondo o painel em que fica retratada a modernidade pan-brasileira, na moldura mítica do Rio de Janeiro.

* * *

Numa das crônicas escritas para a revista *A Semana* em 1894, Machado de Assis relata um incidente muito curioso, embora não incomum, que observou diretamente e lhe chamou a atenção ao ponto de se tornar tema daquela sua seção:

> Ontem, ia andando um *bond*, com pouca gente, três pessoas. A uma dessas pareceu que o cocheiro estava fumando um cigarro; via-lhe ir a mão esquerda frequentes vezes à boca, de onde saía um fiozinho de fumo, que não chegava a envolver-lhe a cabeça, porque, com o andar do veículo, espalhava-se pelas pessoas que iam dentro deste.
>
> Os cocheiros podem fumar em serviço? Perguntou a pessoa ao condutor.
>
> Fê-lo em voz baixa, tranquila, como quem quer saber só por saber. O condutor, não menos serenamente, respondeu-lhe que não era permitido fumar.
>
> — Então...?
>
> — Mas ele fuma só aqui, no arrabalde; lá para o centro da cidade não fuma, não senhor.
>
> Grande foi o espanto da pessoa, ouvindo essa tradução de Pascal, tão ajustada ao cigarro e ao *bond*. *Verité en deçà, erreur au delà*.[15]

Como se vê, nem por ser corriqueiro o caso deixa de lhe parecer notável e suscitar uma proposição filosófica profunda. A linha do confronto parece bem clara. É para Machado que o episódio causa espécie, não para os demais personagens envolvidos. O autor da pergunta inoportuna de fato se espanta com a resposta ambivalente do condutor, mas o dado relevante é que tanto antes do questionamento ele já não via a situação como problemática, como a narrativa leva a crer que, uma vez imperturbavelmente informado da ambiguidade definitiva, parece aceitá-la ele também, após a surpresa inicial, como realidade imponderável. Sabedor desse consenso tácito é que o cocheiro fuma tranquilamente seu cigarrinho, que a ele faz tanto gosto e apenas aos demais, no interior do veículo para onde toda a fumaça converge, é que pode porventura causar qualquer desconforto ou inconveniência. A convicção básica compartilhada por todos, porém, Machado incluído, é que pelo menos até se chegar à área central, ninguém, mesmo que incomodado, há de advertir o fumante ou cobrar a aplicação da lei. Até lá, o conjunto do veículo público é uma extensão do espaço privado do cocheiro e, sem dúvida, do condutor. A partir do centro, a história é outra.[16]

Como entender o paradoxo? Machado parece a certa altura evocar o peso da tradição para explicá-lo. Na mesma crônica faz uma indagação sugestiva. "Quem imaginará que se pegue de um homem dos campos, onde respira o ar livre e puro, para meter-lhe uns calções de Corte e fazê-lo dançar o minueto?" Por certo, porém, reconhece que a questão é mais complexa e por isso recorre à eminência de Pascal. A referência à "verdade de cá e ao erro de lá", pelo viés do filósofo francês, sugere o confronto maior, entre a sociedade e cultura brasileiras e sua suposta matriz europeia. De modo que, pela primeira explicação, o comportamento impróprio do cocheiro poderia ser justificado por um mecanismo interno, de progressiva urbanização, incorporação das populações marginais às práticas e demandas de uma rotina que define com clareza os âmbitos do público e do privado e sua ulterior redenção pela elevação geral dos usos e costumes aos padrões da doutrina liberal. Explicação que se lhe prova insuficiente. Já pela segunda, não há que esperar mudanças significativas, mas, ao contrário, um recrudescimento dos hábitos enraizados. E mais uma vez Machado se revela um observador implacável. Na sua sutil ironia, a verdade é aqui, o erro lá.

É muito relevante que a cena se passe num *bond*.[17] Ainda que visto aqui na sua primeira versão, movido a tração animal, ele já era um poderoso índice de urbanização, transformação tecnológica e ampliação do espaço público. É fácil deduzir que se o cocheiro fosse o criado de uma família abastada ou mesmo o condutor de uma caleça de aluguel, não fumaria na presença de seus patrões ou seus clientes. O fato de que ele fume no *bond* não se deve apenas à condição de este ser público,[18] mas sobretudo porque ele constitui uma presença maciça, ruidosa e perturbadora de um novo poder tecnológico. Ao estabelecer uma intimidade privativa com essa potência e suas conotações europeizadas, modernas, agigantadas e céleres, o cocheiro e o condutor acentuam sua identificação pessoal com a nova potestade, diferenciando-se dos seus concidadãos comuns, sejam eles pedestres ou passageiros ou mesmo gente de classe social superior. E naturalmente não desejavam se submeter a uma admoestação humilhante, que os repusesse na sua condição subalterna, ao adentrar a área central, a mais policiada e fiscalizada da cidade.[19]

O fato de que o objeto das cogitações entre os personagens seja um cigarro, também não é de menor interesse. Os cigarros ou charutos industrializados, diferentemente do fumo de corda ou fumo de pitar, eram presenças recentes na vida urbana e se distinguiam dos hábitos tradicionais de fumar ou mascar, sobretudo relacionados com o ambiente rural. Nas grandes cidades, era considerado de bom-tom o consumo do rapé, identificado como um uso da Corte. Machado de Assis, uma vez mais, nos lembra como ele se constituía não só numa nota de elegância, mas acima de tudo num forte elo de coesão da vida social. Comentando um encontro casual entre vetustos cavalheiros numa seção eleitoral, ele relata, em outra crônica de 1894, a imediata satisfação difundida no grupo, quando um deles sacou da "amostrinha": "Um velho, ainda maduro, aventou uma boceta de rapé. Foi uma alegria universal. Com quê, ainda tomava rapé? 'No meu tempo, disse o velho sorrindo, era o melhor laço de sociabilidade; agora todos fumam, e o charuto é egoísta.'".[20] Sem dúvida um novo hábito: moderno e egoísta.[21] Machado conduz o relato de modo a sugerir um efeito de fusão entre esses dois termos, como conceitos correlatos ou equivalentes simbólicos.

É com certeza por isso que quando João do Rio cria a figura do janota típico da sociedade carioca no início do século, na pessoa do elegante empertigado Jacques Pedreira, egoísta consumado e moderno *dernier bateau*, o gesto que melhor o define é seu jeito de fumar: "Acendeu um cigarro, acendeu-o à moda, não com fósforo, mas com um isqueiro. Para saber a que sociedade pertence um homem, basta vê-lo fumar. Jacques fumando era de primeira classe, com o cigarro grosso no meio do lábio carnudo, tragando vagarosamente, nunca, jamais quebrando a cinza com o dedo mínimo".[22] Por isso mesmo seu traje preferido era o *smoking jacket*, com o qual frequentava o *smoking room* dos *clubs* da cidade, dividindo seu tempo entre o *poker* e o *flirt*. Nesse início de século, o cigarro tinha portanto ainda uma conotação europeizada. Afinal ele havia sido celebrizado, juntamente com o café, pela juventude revolucionária nas agitações que assinalaram a passagem do século XVIII para o XIX, sendo ambos disseminados pelos exércitos de Napoleão, depois consagrados pela boêmia intelectual e artística da Paris do Segundo Império. Somente após a Primeira Guerra, sobretudo pela via do cinema, eles se tornariam os símbolos clássicos do modo de vida americano.[23]

Contra esse quadro de fundo se pode entender ainda melhor o comportamento daquele cocheiro da primeira história de Machado de Assis. Seu gesto era de algum modo pioneiro e distinto, muito embora inoportuno. Mais do que apenas um ato de relaxamento e fruição, ele envolvia além disso uma forma inevitável de comunicação. Ele impedia justamente que o modesto funcionário fosse ignorado, como pela lógica social vigente ele estaria destinado a ser. Supunha-se que os atrativos da situação fossem os passageiros, o próprio bonde, alguns passantes, porventura a paisagem e, no caso de algum incidente de percurso, talvez o condutor. Mas, *hélas*, o cocheiro fuma! É uma outra história; mereceu até crônica do maior escritor brasileiro. O que a anedota revela, no seu âmbito restrito, é uma prática bastante disseminada de jogo ou negociação social, que abrange vários níveis. Trata-se da iniciativa de impor formas de comunicação com base em posições privilegiadas de superioridade, auferidas graças aos potenciais postos pelos novos meios técnicos, para em virtude delas invadir deliberada e agressivamente o espaço comum. Se essas atitudes já tendiam a existir, numa sociedade assinalada por posições instáveis e situações ambíguas, o fato é que as práticas e tecnologias que caracterizam a vida moderna, associadas à turbulência do crescimento urbano explosivo, as tornariam um padrão constante das tensões sociais decorrentes desses processos. Assim, na periferia, nosso cocheiro refaz as regras, assumindo a iniciativa do jogo social. No centro, ele se submete ao código que o anula. Diante da ausência de uma norma de cidadania que o reconheça, ele responde com a desestabilização do privilégio social que o direito à privacidade se tornou aqui.

Essas alusões ao cigarro e ao café lembram esse outro elemento que, à semelhança do rapé, estava desaparecendo na obsolescência: o chá. A situação é bastante ilustrativa. O consumo do chá também caracterizava muito mais uma cerimônia social, um momento carregado de regras e convenções, destinado sobretudo a ressaltar traços de educação e vínculos de afeto familiar ou reconhecimento social, do que configurar um hábito individual. Daí seus horários rígidos, aparelhos vários e delicados, vestimentas adequadas e o tom sóbrio dos contatos e comunicações.[24] Mesmo o consumo popular das infusões típicas da região meridional, de São Paulo ao Rio Grande do Sul, a congonha, a erva-mate, o chimarrão, por exemplo, eram (e são), na sua despojada simplicidade, também consumidos em rituais de coesão social. Já o cigarro e o café, de preferência juntos, podem também ser consumidos em grupos ou até coletivamente, mas sua destinação é acima de tudo individual. Isso não só pela sua tradição associada às revoluções burguesas da passagem do século XVIII ao XIX, conforme mencionado antes, com o seu corolário representado pelo individualismo romântico. O café e o cigarro, apesar de terem sido difundidos pelas agitações liberais, permaneceram restritos a setores limitados da população e círculos estreitos das elites. Sua autêntica popularização só ocorreria na segunda metade do século XIX, mediante sobretudo seu nexo histórico com a Revolução Científico-Tecnológica, ao redor de 1870, e sua associação intrínseca, em virtude de suas propriedades estimulantes, com os novos ritmos do trabalho e a fragmentação da experiência urbana.

Como já anunciara nosso arauto Machado de Assis, "esse último quarto de século é o princípio de uma era nova e extraordinária".[25] Esse contexto é crucial para se entender, no rigor da palavra, o que significa a vida moderna. Na sua posição de cronista do popular jornal *Gazeta de Notícias*, seu papel era exatamente o de atuar como um intermediário, comentando as matérias do noticiário internacional e estabelecendo a ponte para os acontecimentos locais. O que o tornava um sensor aguçado, captando a maré das mudanças que do hemisfério norte irradiava as tendências a que o restante do mundo se via na contingência de se ajustar e, ao mesmo tempo, observando as ressonâncias internas desse panorama amplo e turbulento. Suas antenas sensíveis se deram conta do nexo ominoso existente entre as inovações tecnológicas, a expansão europeia, a instabilidade internacional e o consequente fluxo de mudanças desencadeadas nas sociedades por toda parte, dramáticas, céleres e imprevisíveis. "Mas então que é o tempo?", se pergunta ele em crônica de 1894. "É a brisa fresca e preguiçosa de outros anos, ou esse tufão impetuoso que parece apostar com a eletricidade? Não há dúvida que os relógios, depois da morte de [Solano] López, andam muito mais depressa."[26] De fato, nessa conclusão mordente ele condensava a cadeia de eventos que, a partir da Guerra do Paraguai, provocaram a desestabilização do Império, a criação da oposição republicana, o golpe de 1889, a alteração da ordem econômica e financeira, a irrupção maciça de capitais, sobretudo ingleses e norte-americanos no país, a bandalheira especulativa do Encilhamento e a modernização acelerada e "a qualquer custo" do país.[27]

Machado de Assis assistiu impávido ao súbito desabar dessa atmosfera de fervor pelo enriquecimento ilícito, quanto mais rápido mais admirável, que reformulou os quadros de valores da veneranda Corte imperial, impondo a febre aquisitiva, a fraude escancarada e a exibição ostensiva do luxo como os ideais mais elevados de uma nova horda de arrivistas. Numa crônica de 1895 ele clamou ao novo panteão republicano: "Se alguma coisa merecem os meus pecados, peço a Deus a vida precisa para nesses dias futuros incorporar uma companhia, receber vinte por cento das entradas, levantar um empréstimo para fazer a obra, não fazer a obra, fazer as malas e fazer a viagem do céu, com escala pela Europa".[28]

A referência ao céu é precisa, pois se tratava justamente da nova utopia dos arrivistas: dinheiro a rodo, dinheiro seja como for, dinheiro já e já, para gastar com artigos importados ou para viajar ao exterior. Naturalmente a contrapartida do arrivismo é a cupidez do melado havia muito almejado, fonte do clássico aforismo machadiano "ao vencedor as batatas". Como comenta o autor mais adiante, na mesma crônica citada acima: "Mas o pior é que tudo o que agora me cerca são algarismos, e os mais deles grandes".[29] Um outro sobrevivente do Império, o visconde de Taunay, comentou espantado o espetáculo inusitado da "queima de fortunas seculares" que, num curto intervalo, foram transferidas para as mãos de "um mundo de desconhecidos", devotados em sua sanha "à fome do ouro, à sede da riqueza, à sofreguidão do luxo, da posse, do desperdício, da ostentação, do triunfo".[30] Ninguém, porém, como Machado achou o exato tom sarcástico para revelar o íntimo da consciência da nova burguesia argentária: "Mete dinheiro na bolsa — ou no bolso, diremos hoje — e anda, vai para diante, firme, confiança na alma, ainda que tenhas feito algum negócio escuro. Não há escuridão quando há fósforos. Mete dinheiro no bolso. Vende-te bem, não compres mal os outros, corrompe e sê corrompido, mas não te esqueças do dinheiro, que é com que se compram os melões. Mete dinheiro no bolso [...] *Make money*. E depressa, depressa, antes que o dinheiro acabe".[31]

Uma vez mais as referências simbólicas são decisivas. Temos o novo modelo da calça com bolsos, segundo o padrão *smart* do impecável corte inglês, acessório imprescindível da recente moda aquisitiva. Temos os melões, e não se pode esquecer que eles então eram artigos importados, da Espanha, a preços inimagináveis em virtude das dificuldades de transporte e conservação, para ser degustados com o autêntico presunto cru de Parma. E, não menos importante, temos o *make money*, primeiro dos mandamentos da obrigatória cartilha anglo-saxônica, pela qual rezavam os discípulos recém-convertidos à nova ordem neocolonial. Se já tínhamos visto antes que ser identificado como moderno implicava necessariamente algum modo de relação com a tecnologia e a atitude individualista, aqui fica claro que essa identificação não prescinde também de uma obrigatória associação com símbolos cosmopolitas, em especial aqueles que conotam origem europeia ou norte-americana, consolidando a prática *chic* de ser *snob*.[32]

Mais curioso ainda, nessa miscelânea de emblemas que traduzem as novas relações de poder e prestígio, assumem um papel da maior importância as referências ao passado, e quanto mais remoto melhor, como efeito da insegurança crônica de uma nova gente que não tendo história por trás de si, precisa criar uma ilusão dela utilizando símbolos e recursos materiais, comprados num emergente mercado de "títulos honoríficos" e "peças de época". Esse é o caso, por exemplo, desse magnata da nova situação, arrivista por excelência, o personagem do barão Belfort, lídimo representante e símbolo supremo dos "homens de negócio, a maior ou talvez a única aristocracia do momento". O "negócio" do "barão", amigo íntimo do janota Jacques Pedreira, fique claro desde já, era um só, tráfico de influências, usando uma rede de relações nos cargos decisórios da nova República e definindo o resultado das concorrências públicas com seu talão de cheques. Sua divisa, colada na janela do automóvel, era, se não edificante, pelo menos altissonante: "Esmago todo mundo e ninguém me vê". Suas duas paixões eram os carros e as mulheres. Para isso mantinha uma *garçonnière*, onde podia receber as cocotes com discrição e luxo. Um dia o nosso frívolo Jacques lhe pede a alcova emprestada para um *affaire*, do que resultou essa notável descrição da *maisonnette*:

Jacques submeteu-se ao fetichismo do homem superior [narra João do Rio] e no outro dia o criado de Belfort, um criado francês, foi pessoalmente entregar-lhe uma chave de prata, com essa palavra a lápis em papel timbrado do barão: Excelsior![33]

A *garçonnière* era de um gosto apurado e fino. Ficava numa das ruas que desembocam no Flamengo. A casa era própria. Constava de cinco peças. No salão pequeno havia por mobília um caro tapete, um baú medievo, um contador espanhol, algumas telas de Corot, de Turner, uma vitrine com esmaltes e medalhas antigas, cortinas pesadas de seda. Logo depois, uma sala maior à século XVIII, laca e tapeçaria de gobelino moderno. As paredes eram forradas de seda rosa. As cortinas eram de seda quase branca. Em medalhões, Lancret, Watteau, Boucher, três telas em que o amor se repetia galante. O lustre, em bronze verde fantasiava a escalada dos amores. Havia uma *bergère*, um *divan*, um leito, e o ambiente estava impregnado de essência de rosas. A seguir, a sala de banho, feita de mármore colorido, alabastro verde, e cristais de tonalidades mortas. O conforto e a higiene tinham organizado aquela peça. Havia o leito de mármore forrado por um tapete persa para as massagens, havia a máquina elétrica do leito condensador, tabuleiro de cristal com frascos de todos os tamanhos, em que se encontravam desde as essências perfumadas até a terebintina. E a piscina de alabastro verde, enchia pelo fundo de água morna, água a ferver ou água gelada. Logo depois vinha a sala de jantar, mobiliada ao gosto inglês, aconchegada e agradável. Por fim a cozinha, com um fornecimento em latas e garrafas de tudo o que faz mal e sabe bem: vinhos da Hungria e da Borgonha, *champagne*, *foie-gras*, trufas...

Homem esplêndido! — fez Jacques.[34]

Do clássico ao contemporâneo, passando pelo medieval, o renascentista, o neoclássico, o barroco, o orientalizante, o impressionista, o decadentista e o moderno, nesse caldo heterogêneo em que um pouco de tudo neutraliza qualquer contexto e anula qualquer significação precisa, define-se o padrão eclético com que os "novos homens" disfarçavam com um mosaico de fragmentos desencontrados a inconsistência de uma trajetória equívoca. Esse é o caldeirão prepóstero em que fermenta a inautenticidade, decantando o *kitsch*. Justamente porque todo o quadro social se embaralhou, é preciso reformular uma nova configuração da ordem, e, como já não se pode buscar o apoio da história para dispor os papéis, os heróis e as hierarquias, apela-se para o jornalismo, dando origem às indefectíveis colunas sociais.

Acompanham-nas as falanges emergentes dos fiscais do gosto, os censores da correção, os ditadores da moda, proclamando seus decretos pelos jornais e revistas mundanas. Porque afinal, nos informa João do Rio, em meio à maré montante do arrivismo, "ter gosto pode ser uma profissão, dada a raridade do gosto".[35] Nesse caso, portanto, o gosto não se refere a nenhum padrão estético ou estável de excelência, típico de uma sociedade aristocrática, mas ao empenho dos recém-chegados às benesses do consumo em se diferenciar e distanciar dos menos afortunados e dos despossuídos, de cujo seio vieram. O que passa por gosto é na verdade a moda, que deve mudar sempre para impedir a emulação e, por meio dela, qualquer indesejável identificação. Prevalece agora não o desejo de estar identificado, pelas suas vestes, adereços e apetrechos, com um meio social homogêneo, com um padrão funcional ou com um estrato cultural. O momento é o de afinar-se com o tempo, com as notícias rápidas, com a circunstância europeia atualizada pelo *dernier bateau* ou, em breve, a americana do último filme. A cena agora pertencia ao individualismo exibicionista. Como decretou o cronista do *Jornal do Commércio* do Rio de Janeiro, "o nosso *smartismo* estragou a nossa fraternidade".[36] Ou conforme a lacônica e definitiva conclusão de Machado sobre a nova realidade, "o mundo é um par de suspensórios".[37] Uma vez mais é o nosso solerte Jacques Pedreira quem melhor pode ilustrar o fervor do novo culto:

> [...] iniciava a sua *toilette* com cuidado. A escolha do fato, da camisa e da gravata correspondente, punha-o muita vez perplexo. Estas coisas absorviam sua atenção. Conhecia gravatas ao longe.
>
> — Esta gravata não é daqui?
>
> — Não.
>
> — É do Doucet.[38] Estavam em moda o ano passado.
>
> Em fornecedores o seu conhecimento era doutoral. A menor alteração no corte dos *fracks*, uma insignificante mudança na aba dos chapéus de Londres ou da Itália tinham nele um fiel. As cores das roupas de baixo também. E a maneira de estar conforme manda a educação dos salões — educação e maneiras que variam todos os anos. Ultimamente usava camisetas irisadas de morte-cores imprevistas, abandonando nas gravatas os tons monocromos, e nunca sentara para jantar sem estar de *smoking* ou de casaca. Um homem quando tem apetite pode jantar até tendo apenas por fato a aliança do casamento. Ele, porém, achava aquilo necessidade imprescindível, e mesmo em Teresópolis, num matagal horrendo de cura, aparecia sempre, com espanto do hotel, de *smoking* e sapatos de verniz.[39]

Além dos jornais e revistas mundanas, outra fonte de assimilação dos mandamentos sempre fugazes do gosto era o teatro, mormente o das companhias estrangeiras, as francesas em primeiro lugar. Era nelas que Carlos Chagas, o personagem que encarna o decorador da moda no Rio do início do século, ia buscar a inspiração para as suas composições cenográficas dos interiores das casas da nova burguesia. João do Rio comenta o resultado de sua intervenção na mansão do deputado Arcanjo dos Santos, um dos poderosos do momento, da qual fazia parte "um faqueiro histórico, faqueiro de setecentas peças de prata lavrada, oferta de um amigo em delírio ao Generalíssimo Deodoro". Após a reforma do decorador, "a casa ficou vistosa. Parecia um cenário de Antoine,[40] quando se propõe reproduzir, na montagem das peças, salões de luxo".[41] Aliás o próprio Jacques

Pedreira só se interessava nas apresentações teatrais por essas exterioridades do cenário ou então do estilo visual dos atores, penteados, maquiagem, apetrechos, roupas, gestos, tiques. Na plateia, ele ignorava o enredo e as falas dos personagens para se concentrar nos detalhes da aparência: "Entretinha-se, durante o espetáculo, a comparar a elegância das atrizes com a das suas companheiras e a verificar o mau alfaiate dos atores".[42]

Mais interessante ainda do que o caso desse deputado Arcanjo dos Santos, alçado ao novo panteão dos "favoritos" do poder republicano recém-instaurado, era o de sua mulher, Alice dos Santos. Nascida no interior do Rio Grande do Sul, filha dileta de um grande estancieiro, coronel local, ela devotara toda a sua vida a uma única e absorvente fantasia: o Rio de Janeiro. Assim a descreve João do Rio, com um misto de excitação e sarcasmo:

> Alice dos Santos era um caso de frivolismo mundano e sensual comum. Passara até os vinte e três anos na província, com a atenção voltada para a vida elegante da capital. Fizera assim uma ideia exagerada de tudo: da moda, dos divertimentos, dos homens, da liberdade, dos costumes, acreditando em quanta fantasia lia nos jornais e em quanta invenção narram os provincianos de volta, para se darem ares. Os seus modos causavam impressão. Ela os tinha, entretanto, porque os considerava extremamente cariocas. Ao casar com Arcanjo, muito mais velho e pobre, posto que com posição política, casara com a mira de vir instalar-se no Rio, desejo a que se recusara sempre o velho estancieiro, seu pai; e não só para gozar os refinamentos da cidade como para dominar e ser a primeira entre as senhoras faladas pela beleza, pela fortuna e pela posição. O cuidado com que se comparava à fotografia das grandes damas nos jornais ilustrados para se achar melhor sempre! A pertinácia com que estudava nos *magazines* mundanos a tecnologia, a língua confusa da alta-roda, aliás tão limitada! Quando chegou, não quis usar nenhum dos antigos vestidos, nenhum dos

antigos chapéus, que, entretanto, já eram grandes. Esteve incógnita oito ou dez dias, à espera de *toilettes* estupendas.[43]

Naturalmente o que Alice dos Santos sentia em relação ao Rio era o equivalente ao que Arcanjo sentia em relação a Paris e Jacques Pedreira em relação a Londres, tudo sendo uma questão de posição num amplo movimento geral de emulação, em que a busca sôfrega de modelos indicava justamente a ausência de parâmetros seguros. Isso acontecia por toda parte no mundo, em decorrência da já comentada intensificação da influência europeia no contexto da Revolução Científico-Tecnológica. Mas ocorria de um modo muito particular nesta parte do mundo, conforme as pesquisas do historiador britânico Eric Hobsbawm: "A América Latina, nesse período sob estudo, tomou o caminho da 'ocidentalização' na sua forma burguesa e liberal com grande zelo e ocasionalmente grande brutalidade, de uma forma mais virtual que qualquer outra região do mundo, com exceção do Japão".[44]

Graças a essa intensificação dos laços neocolonais e o prodigioso afluxo de riquezas decorrente, alguns subiam na escala social e outros, literalmente, subiam expulsos para os morros da cidade. Esse contraste de destinos foi exemplarmente figurado no decurso do célebre processo da "Regeneração" do Rio de Janeiro, a febre reformadora do "bota-abaixo".[45] Esse episódio e seus desdobramentos, como a Revolta da Vacina, revelaram a amplitude daquele zelo e daquela brutalidade a que se refere o historiador inglês. João do Rio, na sua moderna atuação como *reporter* dos novos tempos, subiu ele também num desses morros, o de Santo Antônio, que iam sendo rapidamente cobertos por uma densa concentração de barracos de madeira, erguidos pela população despejada pelo novo projeto urbanístico republicano. O *reporter* toma como guias um grupo de "malandros" que subiam o morro em plena noite para uma seresta de violões:

> Acompanhei-os e dei num outro mundo. A iluminação desaparecera. Estávamos na roça, no sertão, longe da cidade.

> O caminho, que serpeava descendo era ora estreito, ora longo, mas cheio de depressões e de buracos. De um lado e de outro casinhas estreitas, feitas de tábuas de caixão[...] Como se criou ali aquela curiosa vila de miséria indolente? O certo é que hoje há, talvez, mais de quinhentas casas e cerca de 1500 pessoas abrigadas lá por cima [...] Todas são feitas sobre o chão, sem importar as depressões do terreno, com caixões de madeira, folhas de flandres, taquaras [...] Tinha-se, na treva luminosa da noite estrelada, a impressão lida da entrada do arraial de Canudos [...] Pergunto a profissão de cada um. Quase todos são operários, "mas estão parados". Como Benedito [um dos seresteiros] fizesse questão, fui até sua casa, sede também do Clube das Violetas, de que é presidente. [Ele] [...] empurrou a porta, acendendo uma candeia. Eu vi então isso: um espaço de teto baixo, separado por uma cortina de saco. Por trás dessa parede de estopa, uma velha cama, onde dormiam várias damas. Benedito apresentou vagamente: — "Minha mulher". Para cá da estopa, uma espécie de sala com algumas figurinhas na parede, o estandarte do clube, o vexilo das Violetas embrulhado em papel, uma pequena mesa, três homens moços roncando sobre a esteira fria ao lado de dois cães, e, numa rede, tossindo e escarrando [...] um mulato esquálido, que parecia tísico [...] Benedito mudou o casaco e aproveitou a ocasião para mostrar-me quatro ou cinco sinais de facadas e de balaços no corpo seco e musculoso.[46]

Quando volta da seresta, pela madrugada, olhando para a cidade iluminada aos pés do morro, ele imagina estar voltando de "uma longa viagem a um outro ponto da Terra", mas fica perplexo ao se dar conta de ter encontrado "bem no centro de uma grande cidade, a construção inédita de um acampamento de indolência, livre de todas as leis". Na verdade, constata ele, surgiam dois Rios de Janeiros frutos da reforma, o da Regeneração e da nova norma urbanística, racional e técnica, e o outro, o labirinto das malocas, do desemprego compulsório e "livre de todas as leis". O escritor Lima Barreto já havia assinalado essa cisão social, considerando-a como efeito constitutivo e inerente da nova ordenação republicana. Para ele o círculo das favelas que cingia o topo dos morros ao redor da cidade "era a coroa, o laurel daquela transformação política...".[47] A população segregada, contudo, não se limitava àquela dispersa pelas ribanceiras íngremes, uma outra parte se compactava pelos meandros esconsos da cidade abaixo, em condições iguais ou piores, nos cortiços, hotéis baratos e freges, onde o *reporter* horrorizado testemunhou multidões que alugavam esteiras para dormir alinhados lado a lado, em salas sufocantes, como nas disposições de corpos dos navios negreiros. Ele fez essa visita acompanhando a escolta de uma batida policial, mas não aguentou as imagens daquela acumulação desumana de corpos e a atmosfera sufocante do ar estagnado e do cheiro nauseante da promiscuidade dos corpos suados: "Desci. Doíam-me as têmporas. Era impossível o cheiro de todo aquele entulho humano".[48]

Note-se o paradoxo, tão caro a João do Rio, a começar pelo irônico título do seu volume de reportagens, *A alma encantadora das ruas*, entre a ampliação da dimensão individual, intrínseca como vimos à própria concepção da modernidade, que assinala o modo de vida das camadas abastadas e a sua paralela dissolução para os concidadãos menos afortunados. Essa retração do espaço privado não se dava apenas pela promiscuidade a que a política urbana compelia os grupos carentes, mas sobretudo pelo modo como os expunha à intromissão abrupta e ameaçadora da autoridade a qualquer hora e em qualquer lugar. Comprimidos entre seus companheiros de infortúnio, seus animais domésticos, os percevejos e a polícia, a privacidade para essas pessoas se torna em especial uma fantasia, o privilégio almejado de compartilhar o mundo secreto daqueles que quebram os valores e as regras da ordem dominante, tendo o cuidado de manter a aparência das conveniências oficiais.

O caso talvez mais notável de como esses mundos paralelos conviviam e se cruzavam, seria o da célebre casa da Tia Ciata, na praça Onze, em cujos fundos se processavam rigorosos rituais africanos, sumariamente proibidos nessa época, enquanto nos espaços sociais da frente da casa essas danças recebiam uma versão mais diluída, para o grande consumo, que viria a ser comercializada como o samba carioca. Assim, por meio do maxixe e do samba, de apresentações e mais tarde da indústria fonográfica, os cidadãos pobres tinham um acesso parcial à privacidade do lar dos mais abastados e estes, por sua vez, imaginavam estar penetrando no âmbito clandestino latente à margem da boa ordem.[49]

O símbolo máximo da Regeneração, porém, ficou sendo o eixo fundamental do projeto de reurbanização, a avenida Central. Inspirada no planejamento dos bulevares parisienses, conforme o projeto dos amplos corredores comerciais do Barão de Haussmann, prefeito plenipotenciário de Paris sob o império de Napoleão III, a Avenida introduzira na capital a atmosfera cosmopolita ansiada pela nova sociedade republicana. Não só os produtos à venda nas vitrines de cristal eram via de regra franceses, assim também eram as roupas e os modos dos consumidores, tanto quanto os bandos de pardais encomendados pelo prefeito Pereira Passos, por serem típicos de Paris. O caráter suntuoso da Avenida era acentuado pelas fachadas em arquitetura eclética, oferecendo um cenário para o desfile ostensivo da nova sociedade e instigando a animação do consumo conspícuo. Como observou atento Lima Barreto, "de uma hora para outra, a antiga cidade desapareceu e outra surgiu como se fosse obtida por uma mutação de teatro. Havia mesmo na coisa muito de cenografia".[50] Um novo cenário, uma nova peça e uma nova ética. É o lúbrico barão Belfort quem nos expõe o estranho nexo pelo qual o rearranjo urbanístico remodelou também as almas: "[...] o Rio de Janeiro é outro depois da Avenida Central [...] Em regra geral, [antes] não havia senão ambições relativas. Com a abertura das avenidas, os apetites, as ambições, os vícios jorraram. Há homens que querem furiosamente enriquecer [...] Faz-se uma sociedade e constituem-se capitais com violência. É uma mistura convulsionada, em que uns vindo do nada trabalham, exploram, roubam para conquistar com o dinheiro o primeiro lugar ou para, pelas posições, conquistar o dinheiro".[51]

A Avenida, como se vê, operava como o principal índice simbólico da cidade, irradiando com suas fachadas de cristal e mármore, suas vitrines cintilantes, os modernos globos elétricos da iluminação pública, os faróis dos carros e o vestuário suntuoso dos transeuntes, mudanças profundas na estrutura da sociedade e cultura. Grande parte do impacto que ela teve sobre a imaginação dos contemporâneos se devia, como sugeria a observação de Lima Barreto, à rapidez inédita das técnicas de construção, permitindo que o aspecto da área central fosse transfigurado num tempo recorde, como num passe de mágica. Essa mágica era a eletricidade, pois fora graças à iluminação noturna de arcos voltaicos e ao complexo sistema de esteiras e polias movidas pela nova energia que o prefeito pôde coordenar a rápida retirada do entulho das demolições bem como a recepção dos novos materiais.[52] Havia, contudo, outros emblemas igualmente relevantes dessas transformações. Os bondes, por exemplo, como já observamos. Eles são um dos objetos favoritos do olhar escrutinador de Machado de Assis. Na crônica de 2 de outubro de 1892, às vésperas da abertura da primeira linha eletrificada no Rio, ele faz esta reveladora comparação: "*Tannhäuser* e bondes elétricos. Teremos finalmente na terra essas grandes novidades. O empresário do Teatro Lírico fez-nos o favor de dar a famosa ópera de Wagner, enquanto a Companhia do Botafogo tomou a peito transportar-nos mais depressa. Cairão de uma vez o burro e Verdi? Tudo depende das circunstâncias".[53]

Significativamente, Machado anuncia o evento, mas não se inclina a ir pessoalmente testemunhar a cerimônia pública de inauguração do novo serviço. (Não fica claro tampouco se foi assistir ao Wagner.) Um outro escritor mais jovem, porém, anotou em suas memórias a atmosfera de incerteza com que as pessoas receberam os novos bondes, inseguras ainda quanto ao impacto que a eletricidade teria em suas vidas, sobretudo devido a sussurros e boatos vindos do Rio. Oswald de Andrade registrou assim suas lembranças de criança dessas transformações decisivas na São Paulo do início do século:

> Um mistério esse negócio de eletricidade. Ninguém sabia como era. Caso é que funcionava. Para isso as ruas da pequena São Paulo de 1900 enchiam-se de fios e de postes [...]
>
> Anunciou-se que São Paulo ia ter bondes elétricos [...] Uma febre de curiosidade tomou as famílias, as casas, os grupos. Como seriam os novos bondes que andavam magicamente, sem impulso exterior? Eu tinha notícia pelo pretinho Lázaro, filho da cozinheira de minha tia, vinda do Rio, que era muito perigoso esse negócio de eletricidade. Quem pusesse os pés nos trilhos ficava ali grudado e seria esmagado fatalmente pelo bonde. Precisava pular [...]
>
> Anunciaram que numa manhã apareceria o primeiro bonde elétrico [...] Um amigo de casa informava: — O bonde pode andar até a velocidade de nove pontos. Mas aí é uma disparada dos diabos. Ninguém aguenta. É capaz de saltar dos trilhos! E matar todo mundo...
>
> A cidade tomou um aspecto de revolução. Todos se locomoviam, procuravam ver. E os mais afoitos queriam ir até a temeridade de entrar no bonde elétrico! [...]
>
> Um murmúrio tomou conta dos ajuntamentos. Lá vinha o bicho! O veículo amarelo e grande ocupou os trilhos no centro da via pública [...] Gritavam:
>
> — Cuidado! Vem a nove pontos! [...]
>
> Uma mulher exclamou:
>
> — Ota gente corajosa! Andá nessa geringonça! [...]
>
> E ficou no ar, ante o povo boquiaberto que rumava para as casas, a atmosfera dos grandes acontecimentos.[54]

O texto revela bem as reservas e hesitações com que as pessoas receberam desconfiadas a eletricidade e suas novas criaturas. Mas as resistências foram obviamente passageiras. Logo ficou claro para todos o potencial extraordinário que os novos recursos comportavam e a profundidade com que podiam alterar as feições e rotinas cotidianas de tudo, de todos e de cada um. A demanda cresceu muito mais rápido que a oferta, e em breve as seções de cartas dos leitores nos jornais se acumulavam de queixas contra a demora da companhia em instalar redes de distribuição de energia elétrica em tal ou qual bairro e novas linhas e mais bondes servindo essa ou aquela localidade.[55] Receber ou não energia elétrica e ter ou não acesso fácil à rede de bondes passou a ser não apenas o principal referencial da especulação imobiliária mas também um dos mais distintivos elementos de status, para a população que não dispunha de veículos próprios. De vilã sinistra, a eletricidade se tornou logo a vedete cobiçada do espetáculo urbano. O próprio e relutante Machado, que evitara deliberadamente se envolver no alvoroço ao redor da inauguração do serviço de bondes elétricos, poucos dias após o evento não escapou de cruzar com a nova criatura, percebendo logo a enorme alteração comportamental que ela introduzira, brindando-nos com outra de suas impagáveis histórias do dia a dia:

> Anteontem [...] vindo pela praia da Lapa, em um bonde comum, encontrei um dos elétricos que descia. Era o primeiro que estes meus olhos viam andar.
>
> Para não mentir, direi que o que me impressionou, antes da eletricidade, foi o gesto do cocheiro. Os olhos do homem passavam por cima da gente que ia no meu bonde, com um grande ar de superioridade. Posto não fosse feio, não eram as prendas físicas que lhe davam aquele aspecto. Sentia-se nele a convicção de que inventara, não só o bonde elétrico, mas a eletricidade.[56]

À parte esse elã, que dava à corrente elétrica o fulgor do prestígio e a aura do poder a quem se associava com ela, a característica que mais a assinalava em sua utilização no transporte público era a velocidade. Na crônica seguinte à citada, Machado voltava ao preeminente assunto dos bondes, comentando o súbito aumento no número de atropelamentos, sobretudo de pessoas mais idosas, não adaptadas ainda ao novo ritmo de deslocamento dos veículos elétricos. "Um precioso amigo meu, hoje morto, costumava dizer que não passava pela frente de um bonde, sem calcular a hipótese de cair entre os trilhos e o tempo de levantar-se e chegar do outro lado [...] Eu [...] levo o cálculo adiante: calculo ainda o tempo de escovar-me no alfaiate próximo. Próximo pode ser longe, mas muito mais longe é a eternidade."[57] Esse espírito de quem sai à rua entre cauteloso e alarmado, imaginando que estará sempre na iminência de cortar o caminho para o necrotério, tornou-se uma espécie de segunda natureza do transeunte moderno, indefeso nas suas negociações com um trânsito urbano cada vez mais complicado, maciço e acelerado. Não por acaso, um antigo lema militar, muito difundido pela rápida expansão do escotismo após a Grande Guerra, se tornaria um slogan batido e rebatido à exaustão na educação das crianças daqui por diante: "Sempre alerta!".

Se por um lado, porém, a velocidade das máquinas urbanas modernas exigia uma redobrada precaução, pelo outro ela se incorporava ao próprio subconsciente das pessoas e, inevitavelmente, como toda manifestação de adesão aos condicionamentos modernos, virava um sinal de distinção daqueles que mais ostensivamente os exibiam. Nisso, como não poderia deixar de ser, o nosso estouvado Jacques Pedreira era também um mestre: "Saía invariavelmente depois do almoço, só, com uma pasta cor de granada com fecho d'ouro, saltava do *tramway* apressado como um *businessman*, atravessava a avenida a passo inglês".[58] Os termos da descrição, mais as referências ao "passo inglês", são reveladores por si só. Eles autenticam não só a fonte legitimadora externa do novo comportamento, como impõem a ele a chancela das mudanças inevitáveis e irreversíveis, porque são as marcas de um novo tempo, cintilações compondo o facho retilíneo do progresso.

Outro modo elegante de referir-se ao hábito inovador de caminhar pelas ruas sozinho e às pressas era chamá-lo de "andar à americana".[59] Diferentemente da curiosidade escrutinadora do *flâneur* ou do envolvimento afetivo com a paisagem urbana, típico da *dérive*, o que caracteriza o "passo inglês" ou o "andar à americana" é sobretudo a atitude de total desprendimento por tudo e por todos que estão ao redor. Esse ato de introversão implica ao mesmo tempo uma possibilidade de concentração em outros assuntos alheios àquele lugar e àquelas pessoas, ganhando tempo pessoal, que é portanto entendido como mais importante que a realidade adjacente imediata, e numa sincronização com o ritmo acelerado dos novos equipamentos tecnológicos. Paradoxalmente portanto, ampliação do tempo e espaço privados para o interior do âmbito público e inserção da experiência íntima no plano regulado das energias aceleradas e dos mecanismos massificantes. No primeiro caso há um desinvestimento do público em favor do privado; no segundo, é o privado que passa a se modular por uma norma cada vez mais coletiva. Essa antítese caracteriza a condição por excelência do homem moderno.

Na interseção entre os dois termos dessa dualidade, tirando todo o proveito da hesitação entre essas duas fidelidades incompatíveis, vai se inserir rapidamente o espaço da publicidade, preenchendo a absorção "à inglesa" com o senso de oportunidade "à americana". Não por acaso, o suporte privilegiado das primeiras campanhas publicitárias com cartazes eram as paredes internas e externas dos bondes. Enquanto as antigas caleças, landôs, "aranhas" ou charretes (como os futuros táxis) eram em geral alugadas por um grupo de pessoas que se conheciam, os bondes (como os futuros ônibus e metrôs) introduziram a convivência de multidões de estranhos, anônimos e desconhecidos uns dos outros, além de competidores irascíveis pelo espaço e conforto limitados. A luta na refrega dos bondes era por um respeito mínimo à privacidade de cada um, mantida como última defesa naquele veículo público, e às vezes demarcada pelos próprios limites do corpo de cada um. Isolar-se na privacidade significava em geral absorver-se no silêncio das próprias reflexões ou, na falta delas, do mero tédio. Era dessa disponibilidade da imaginação que a publicidade carecia, captando-a com truques sensoriais, cativando-a pelas promessas e seduzindo-a pelo desejo. Zélia Gattai, evocando a candura da sua infância, ainda antes da alfabetização, revela com extrema clareza o mecanismo intrincado que enredava o bonde, as mercadorias, os anúncios e as fantasias íntimas das pessoas.

> Wanda e Vera [irmãs de Zélia] liam em voz alta os anúncios de remédios fixados no bonde. Até eu, que não sabia ler (não lia mas podia apontar com o dedo, sem errar, o remédio anunciado), entrava no páreo, repetindo rapidamente os textos decorados de tanto ouvir. Muita gente se admirava de ver criança tão pequena ler daquele jeito. "*Veja ilustre passageiro/ o belo tipo faceiro/ que o senhor tem ao seu lado,/ E no entanto acredite/ quase morreu de bronquite/ salvou-o o Rum Creosotado!*" "*Cantando espalharei por toda parte: Tosse? Bromil!*"; quem tomava Bromil era Bruno, meu primo, sempre com bronquite. "*Pílulas de vida do dr. Ross*", o remédio de tia Clara, mulher de tio Remo, que sofria de prisão de ventre crônica. "*Tônico Iracema, conserva os cabelos negros naturalmente*", esse era de tio Augusto, marido de tia Dina. "*Fermento Lático Fontoura, contra azia e má digestão*", esse o de mamãe; inventei muitas vezes dor de estômago para ganhar algumas das deliciosas pastilhinhas. "*Abaixo drogas cacetes/ no mundo dos sabonetes/ raiou deslumbrante sol/ apareceu o bendito/ sabonete de Eucalipto/ denominado Eucalol.*" Esse mamãe não comprava; ela gostava de um — não lembro a marca — perfumado a heliotrópio [...]
>
> Os anúncios de remédios, nos bondes, nos distraíam tanto — a mim pelo menos, com as associações de ideias — que me faziam esquecer a canseira de viajar a pé, encurtavam o tempo do trajeto. Quando menos esperava, já estávamos chegando.[60]

Se o desenvolvimento das técnicas publicitárias era compreensível nesse período marcado por um grande salto na produção e consumo de mercadorias, a pergunta que fica, porém, é: por que tanta ênfase para os remédios? Uma razão bastante evidente para isso é que o intenso surto de urbanização, trazendo para as cidades gentes sobretudo de origem rural, rompeu o contexto da família ampla e a cadeia de transmissão do conhecimento das ervas, tratamentos e processos tradicionais de cura. O lapso foi rapidamente preenchido pelos novos laboratórios químicos e, sobretudo, pela rapidez dos oportunistas em se dar conta da nova situação. Ademais, as próprias condições de aceleração, concorrência, isolamento, individualismo, ansiedade e a crescente carência de contatos afetivos, tinham um indubitável reflexo na somatização de indisposições, instilando o proverbial "mal-estar da vida moderna". Os remédios não ajudam nesse caso, mas são um derivativo capaz de, partindo de um sintoma tópico, exorcismar uma opressão complexa por meio de gotas amargas ou pílulas doces. Não era isso que insinuava o provecto Machado ao insistir: "[...] concedo o vigário, mas não me tirem o boticário"?[61] Nesse sentido, estranhamente, os remédios também são um índice relevante da modernidade: um seguro contra as fraquezas e vulnerabilidades do corpo, um estímulo para a iniciativa e uma caução para o sucesso. Machado resumiu assim essa equação: "O mundo caminha para a saúde e para a riqueza universais [...] assim se explicam os debates sobre medicina e economia e a fé crescente nos xaropes e seus derivados".[62]

Mas nem só de remédios viviam as pessoas neste novo século. Se vimos que há um mal por excelência de que todos sofrem, é sobretudo da falta de amor, seja no sentido do afeto companheiro e fraternal, seja no sentido direto do amor entre seres que se desejam intensamente. Uma vez mais é preciso pensar como a urbanização acelerada pôs em contato gentes estranhas entre si, vindas de diferentes partes do país ou de diferentes regiões do mundo. A passagem do século, por conta dos reajustamentos populacionais forçados pela Revolução Científico-Tecnológica, assinalou "o maior movimento migratório de toda a história".[63] Nessa nova situação de multidões de estranhos vivendo amalgamados entre si, num processo aleatório, dirigido pelas correntes cegas da economia mundial, encontrar o seu par e ser feliz com ele se parece cada vez mais com uma gigantesca e inescrutável loteria. Não surpreende portanto que haja uma escalada alarmante das práticas do jogo, com destaque para essa grande contribuição carioca ao repertório lúdico da humanidade que é o jogo do bicho.[64] Como pontifica João do Rio, "ninguém mais acredita senão na felicidade e a felicidade é pelo menos um pouco de quem nela acredita".[65]

Se a loteria é imprevisível e a sorte difícil, o único jeito é trapacear. Nos jornais e revistas do início do século abundam anúncios oferecendo recursos milagrosos, por meio dos quais se poderiam concertar ou aprimorar os atributos físicos que Deus distribuiu tão parcimoniosa e desigualmente entre suas criaturas. Isso seria possível graças sobretudo à intervenção dessa nova entidade todo-poderosa, transcendente e sublime, a tecnologia moderna. O dr. Antonio Tosti recolheu pacientemente uma série desses prodígios garantidos, fonte de fortunas prodigiosas e asseguradas para seus inventores, e os publicou num livro com o áspero título de *Contribuição ao conhecimento da estupidez humana*. Lá estão, entre vários outros, a "Cinta Elétrica, o verdadeiro talismã contra todas as doenças, para homens e senhoras de qualquer condição social"; a "Cruz Elétrica de Volta", para todos os males reumáticos, nevrálgicos, cutâneos e subcutâneos, hemorroidas, tosse, surdez, anemia, paralisia, hipocondria, diarreia, dor de dentes, pés frios e asma; os inefáveis "Pós de Águas, para males do sangue e doenças hereditárias, ganhadores da medalha de prata na Exposição de Milão" (o que teria ganho a de ouro?); as providenciais "Estrelas Americanas, para serem coladas ao rosto onde se quer eliminar manchas, rugas ou verrugas"; o fantástico "Emagrecedor de Narizes"; o indispensável "Desenvolvedor de Seios"; o "Sabonete Para Pessoas Peludas", implacável depilador; o infalível "Aparelho Ades" para a correção das orelhas, e por aí afora.[66]

Entre os vários portentos mirabolantes recolhidos pelo dr. Tosti destaca-se muito particularmente a assombrosa "palmilha elétrica". Ela não só resolvia os problemas de reumatismo, artrite, gota, ciática, nevralgias e má circulação, como também aliviava as câimbras, secava as bolhas, eliminava os olhos de peixe e neutralizava os calos. Ou seja, ela era o acessório indispensável para o bom desempenho do "passo à inglesa" ou do "andar americano". Pensemos na urbanização acelerada e na remodelação da cidade. Elas criaram espaços de desfile e exibição social, mais ou menos ostensivos, conforme a área e conforme o público, implicados no consumo, o qual pela publicidade preenchia o repertório das fantasias associadas ao sucesso nos negócios e no amor. O grande segredo, aliás de conhecimento geral, para angariar atenção e ampliar seu repertório de opções era *parecer* "moderno". Isso torna os sapatos decisivos, pela simples razão de que um paletó e gravata qualquer homem pode vestir, como qualquer mulher usa um vestido que caia bem. Mas é no andar que o passado se revela.

Se, como era o caso, muitos vinham de uma área rural, habituados a andar descalços, ou de ambientes rústicos que obrigassem ao uso da bota, ou ainda de atividades subalternas exercidas com tamancos ou chinelas, adaptar-se aos sapatos era um martírio, imediatamente revelado pelo ridículo do andar claudicante. No caso das moças essa complicação era acrescida pela exigência elegante dos saltos altos. Esse seria mesmo um efeito cômico largamente utilizado no circo, no teatro de revista e no cinema popular brasileiros. O andar não nega a origem se os sapatos renegam os pés que os calçam. Daí por que os calçados finos adquirem um valor simbólico muito especial, ficando o toque de classe final do nosso entojado Jacques Pedreira com os seus impecáveis "sapatos de verniz", sempre brilhantes, muito estreitos e denotando a mais completa autoconfiança. Essa é também a origem do jeito de "pisar macio", destacando a plástica do sapato branco ou de duas cores, elemento tão distintivo do malandro carioca.

Se dos bondes à velocidade, aos elixires e às palmilhas parece haver um salto muito grande, ressalve-se que a passagem se dá sob um mesmo ritmo, deveras intenso. Esse foi um *insight* que ocorreu ao estúrdio Jacques Pedreira, quando sentiu o gozo secreto do sucesso batendo-lhe à porta, em meio à sua habitual caminhada apressada pelo burburinho das ruas centrais do Rio de Janeiro. "Oh! Ele agora compreendia", narra João do Rio, "aquela febre estranha que agitava a maioria dos seus contemporâneos: as faces machucadas, as neurastenias, a pressa, o ar de corrida por um tremedal em que quase toda a sua sociedade e ele também, pela força das circunstâncias, viviam."[67] *Tremedal* soa como uma palavra precisa e uma bela definição para essa febre estranha. Machado aliás, homem de outra geração, já havia detectado com alarme esse fenômeno geral de aceleração, quando observara que a partir do último quarto do século XIX "os relógios andam muito mais depressa".

E com a pressa dos relógios, a pressa dos homens — daí as palmilhas elétricas. Aliás, quando João do Rio quis encontrar uma imagem visual que representasse com clareza o "tremedal", a que lhe ocorreu, genialmente, foi a da "trepidação cinematográfica da sociedade".[68] Ele se referia às primeiras obras do cinema, cuja técnica de filmagem causava o curioso efeito de acelerar comicamente o movimento das imagens, acrescentando-lhes ademais uma espécie de tremor febril. Era um efeito indesejado, que seria mais tarde eliminado com o aperfeiçoamento e a automação das câmeras. Mas, naquele momento, não poderia haver uma metáfora mais adequada para o pandemônio da modernidade que se abateu sobre o mundo. Machado, uma vez mais, anteviu com surpreendente argúcia o que estava por vir: "Quem põe o nariz fora da porta, vê que este mundo não vai bem. A Agência Havas é melancólica. Todos os dias enche os jornais de uma torrente de notícias que, se não matam, afligem profundamente [...] Por isso digo que o mundo não vai bem, e desconfio que há algum plano divino, oculto aos olhos humanos. Talvez a terra esteja grávida. Que animal se move no útero desta imensa bolinha de barro, em que nos despedaçamos uns aos outros? Não sei; pode ser uma grande guerra social, nacional, política ou religiosa, uma deslocação de classes ou de raças, um enxame de ideias novas, uma invasão de bárbaros, uma nova moral, a queda dos suspensórios, o aparecimento dos autos".[69]

Ele acertou em quase tudo, mas especialmente em prever que a Terra estava grávida de um bando de bárbaros belicosos, com uma nova moral, embalados em seus automóveis ameaçadores. Uma vez mais, uma tecnologia desenvolvida nos prestigiosos países do Norte chegava aqui investida de mais que seu potencial utilitário, sobretudo de uma densa aura mítica. Como se tratava ademais de um equipamento capaz de deslocar uma estrutura pesada de ferro maciço a uma velocidade inédita em pleno espaço urbano, ela instantaneamente se tornou num símbolo de poder e instrumento de terror. Ademais, os carros começaram a afluir para cá antes que existissem uma estrutura viária, sinalização ou códigos de trânsito, gerando uma situação calamitosa, agravada pelo fato de que atropelamentos, mesmo seguidos da morte das vítimas, eram apenas passíveis de uma multa pecuniária de valor ínfimo para os infratores. Era o convite para o terrorismo automotor que veio para ficar, acrescentando tonalidades mecânicas aos sistemas de privilégios e opressão típicos da sociedade brasileira.[70]

Nem seria preciso dizer que os automóveis eram o *sport* predileto do nosso endiabrado Jacques Pedreira. Sim, porque era como uma modalidade esportiva que os carros eram encarados em suas primeiras aparições na cena urbana, importados pelos novos protagonistas sociais, o que contribuiu de forma decisiva para sua instantânea identificação como o clímax da modernidade. Ademais, havia outra associação que assinalaria em definitivo o destino mitológico do automóvel, tornando-o a base da vaidade masculina, conforme inferência de João do Rio sobre a imaginação de seu personagem: "A fatalidade naquele momento sobrecarregava-o de dois *sports*: o automóvel e a mulher". Essa associação opera em três níveis. O automóvel é um emblema de poder e força, indispensável para atrair as mulheres. O carro permite multiplicar as oportunidades de contato, convívio e desfrute da companhia feminina. O carro é ele mesmo uma mulher, digno de conhecimento íntimo, zelo, atavios, carinho e amor. Daí a volúpia de ter e dirigir vários carros, de cobiçar o alheio e de trocá-los tão frequentemente quanto possível. A publicidade desde cedo se aperceberia desse potencial erótico associado aos automóveis e passaria a explorá-lo em extremo. Os *Automóvel Clubs* surgiam por toda parte e com eles essa desconcertante revelação, a de que os homens preferiam ficar em seus automóveis ou então reunir-se para falar de automóveis do que estar em casa ou tratar de assuntos familiares. Com o tempo e a escassez cada vez maior de espaço nas cidades, eles acabariam dando um jeito de reformar suas casas, diminuindo o espaço das famílias, para colocar os carros dentro do lar. Seria como morar com a mulher e ter a amante sempre ao lado.

Outra das virtudes do automóvel era facilitar essa coqueluche dos novos tempos, o turismo. O grande impulso para o desenvolvimento do turismo interno, curiosamente, foi dado pela Primeira Guerra Mundial. Com a Europa virtualmente bloqueada pela guerra de submarinos, os que antes tenderiam a gastar suas sobras com a clássica viagem à Meca do Velho Mundo, buscavam outros atrativos locais. Essa circunstância veio se compor com uma tendência já crescente a partir desse século, que era a grande vocação para o corpo e a saúde despertada no coração dos "novos homens" pelo seu impulso instintivo para a concorrência, a agressividade e o sucesso. A saúde, nesse sentido, imprimia uma conotação de autoestima, autoconfiança e combatividade, inscrita na coloração irradiante da pele, nos músculos tonificados, na estrutura sólida, nas proporções adequadas, nas formas esbeltas e na insinuação de uma sexualidade desperta e fértil. A saúde enfim era a chave de um corpo moderno. Já vimos o papel que os tônicos, modeladores e aparatos elétricos cumpriam para esse fim. Papel semelhante passavam a ter também os banhos de mar, os passeios ao ar livre, os piqueniques, o clima das montanhas e as estâncias hidrominerais.

Até fins do século XIX os rapazes e moças se cobriam da cabeça aos pés, evitando sair nos horários mais ensolarados, a fim de preservar um tom pálido, macilento, funéreo, sinal de distinção daqueles que não precisavam trabalhar sob o sol. Sombrinhas, chapéus, luvas eram indispensáveis, além de anquinhas, ombreiras, estofos para os seios e as nádegas e espartilhos para a cintura. Algumas moças chegavam a tomar vinagre pela manhã, com o intuito de produzir um efeito esverdeado e musgoso à cútis. Agora a cena era outra. Havia uma intenção deliberada de denotar o trabalho. Não o trabalho braçal sob o sol inclemente dos trópicos, mas a prática metódica, custosa e de longa duração aplicada no desenvolvimento da exuberância saudável.

Para isso eram necessários não apenas os banhos de mar, banhos de sol, caminhadas, exercícios físicos, *check-ups* periódicos, tônicos, laxantes, elixires e emolientes, mas também todo um repertório de pós, loções, cremes, pomadas, emplastros, sabões, sabonetes, xampus, tinturas, descolorantes, enfim, "dessas coisas que servem ao apuro da higiene corpórea".[71] Como todo esse arsenal tendia a se concentrar no banheiro das casas, ele acaba assumindo novas funções e novas feições. É nesse momento que se inicia o desaparecimento "da latrina de barril, do penico, do 'tigre'", que serão então substituídos "pelo *water-closet*, completado nas residências mais elegantes pelo *bidet*" francês.[72] Os banheiros reformados acabam se tornando o foco dessa incansável energia despendida todo dia para produzir a exuberância física. Por isso e pela sua associação com a higiene e a saúde, eles acabam se tornando a peça mais "moderna" das casas, mesmo as que tenham um estilo mais sóbrio ou clássico, como ocorria na célebre *garçonnière* do barão Belfort, já comentada. Ali prevalecem os metais brilhando com o design da moda, as louças e azulejos cujas superfícies lisas e polidas irradiam a sensação de limpeza, uma ênfase no utilitário, no funcional, no ágil e uma profusão de espelhos e reflexos que permitem a visão do ocupante por todos os ângulos. Instância máxima da privacidade, os banheiros (ou "privadas", como também são conhecidos) ao mesmo tempo revelam o quanto a esfera privada mantém uma estreita interdependência com as fantasias coletivas.

João do Rio sondou esse curioso nexo entre o corpo, a saúde e os valores culturais no seu romance *A correspondência de uma estação de cura*, de 1917. Nele um dos personagens, Teodomiro Pacheco, chega à estação hidromineral trazendo duas grandes malas, uma contendo roupas e objetos pessoais e a outra totalmente repleta, apenas e tão somente, de produtos de higiene e beleza. Numa troca de correspondência com uma amiga que não havia percebido bem o espírito da coisa, ele provê os necessários esclarecimentos:

> A minha neurastenia! Perguntas se melhorei da minha neurastenia? Decididamente não conheces uma estação de cura no Brasil. É o caos de uma grande cidade abrindo em vício num local ingênuo. Cá encontrei toda a gente das festas e toda gente menos boa do Rio e de São Paulo. Duas horas depois de chegar comecei a ouvir o rumor das fichas, compassado pelos sons roucos dos ancinhos nos panos verdes [...] Mais do que em Nice, mais do que em Monte Carlo, onde só se ouvem as fichas quando se quer. Para exprimir esse ruído seria preciso inventar, como Aristófanes, uma série de onomatopeias sem sentido. É uma eterna e irônica música, uma cavatina indiferente e cínica. Dá-me a impressão de Satanás remexendo em pastilhas os ossos dos pecadores e atraindo, como um alquimista, todos os doentes, todos os ambiciosos, todos os levianos que acreditam na transmutação dessas pastilhas em moedas de ouro. Pura magia. Puro delírio![73]

Ou seja, o que as pessoas buscavam na estação de cura, ironicamente, era uma oportunidade para dar vazão às suas mais desabridas propensões "patológicas". Era a política da saúde, em vias de se tornar o esteio do turismo e, mais tarde, quando em meados dos anos 1930 o Estado varguista instituísse o direito geral ao repouso anual, a fonte dessa fantasia magna de todos os que tivessem acesso aos bens do mercado, a loucura das férias. Era uma espécie de vale-tudo, as regras se afrouxavam e a ideia era partir para algum lugar distante, onde se pudesse escapar do controle dos familiares, dos vizinhos, das hierarquias profissionais, dos papéis sociais e das reservas de conduta. E também de convergir para onde se encontravam outras pessoas em idêntico estado de excitação emocional e pouca disposição para ceder a controles externos ou internos. Eis uma breve imagem da rotina noturna do Grande Hotel, onde se reúnem os personagens de João do Rio: "Jantar. Não há quem ultrapasse o quarto de hora. Os garçons voam. A precipitação é tal que, mesmo não comendo, não é possível escapar à afrontação. Há um motivo: querem todos ir ao Politeama, que começa às sete e meia; consta de cinema e de cançonetas e termina antes das dez, com a mesma orquestra, que, tendo começado no salão, vai voltar ao salão até as onze e meia, para terminar no clube pela madrugada. Os banhistas voltam ainda à roleta".[74]

Na descrição que faz da variada gama de frequentadores da estação de cura, uma pequena referência chama a atenção, por se tratar de um caso totalmente singular e destoante do conjunto: "Há uma outra família — marido mulher e filho. Amam-se e andam sempre juntos os três. Só entre gente simples ainda encontramos esse fenômeno". Mais representativo era outro caso: "A Iris Serpa Lessa rompera o casamento. Creio que o terceiro".[75] Eis aí o espírito da coisa, se para alguém ainda restava qualquer dúvida.

A estação de cura a que João do Rio se refere era Poços de Caldas, o foco mais eufórico da agitação mundana até pelo menos os anos 1930. Situada na divisa entre os estados do Rio de Janeiro, São Paulo e Minas Gerais, ela atraía toda a gama dos beneficiados com o esquema dominante do "café com leite" e a vasta máquina política e burocrática do Rio de Janeiro. Pela ampla cobertura dos jornais e revistas mundanas, entretanto, ela se tornou um símbolo nacional. Acabou consolidando esse fenômeno cultural peculiar, o "Rio-São Paulo". Machado de Assis, com sua notável capacidade de previsão, já o havia antecipado em fins do século XIX. Comentando a atuação de dois músicos extraordinários a cujo concerto assistira na véspera, faz a seguinte observação: "Li que vão a São Paulo em breve; é de rigor. São Paulo é estação obrigatória, é metade do Rio de Janeiro, se estas duas cidades não formam já, como Buda-Peste, artisticamente falando, uma só capital".[76]

Se para Machado a percepção desse novo fenômeno tinha ainda um quê de cogitação, para João do Rio era já um fato consumado e irreversível. Ele o distingue nitidamente manifestado no espírito de seus personagens, enredados no burburinho do Grande Hotel: "[...] o cérebro de cada um está preso no Rio e em São Paulo, a conversa só cresce de animação quando se fala de gente do Rio ou de São Paulo. Fala-se em geral muito mal dos ausentes". Ele observa atento como, após passar o dia se revezando entre os banhos, os passeios, as atividades físicas, as recreações, os flertes, os concertos, as danças, as beberagens e toda forma de jogo de azar, ao fim do dia "os hóspedes descem ao saguão à espera dos jornais do Rio, de São Paulo, da sua vida...". O que buscam eles nesses jornais? O conforto das notícias do lar, garantindo que tudo segue sua boa rotina, os negócios andam e as instituições permanecem firmes? Não; é a dose extra de excitação que ainda lá, em meio àquele frenesi das tensões, de algum modo lhes falta. Pois como declara perturbado Teodomiro Pacheco: "O Rio enerva-me. São Paulo faz-me perder a calma".[77]

O "Rio-São Paulo", como se vê, não é o Rio de Janeiro nem é São Paulo, como realidades concretas, variadas e atravessadas de contradições, tratando-se acima de tudo de um estado de espírito, de um modo peculiar de anseio pela intensidade e a aceleração. Ele é uma simplificação para a divulgação propagandística e o consumo exaltado de uma ideia. Assim como essa fórmula matricial, o "american way of life", não descreve a realidade empírica de nenhuma comunidade americana específica, o mesmo tende a ocorrer com esse seu correlato, que também se poderia chamar de "agitação Rio-São Paulo". Não é preciso estar nos Estados Unidos para sentir e viver o "american way of life", do mesmo modo como não é preciso estar no Rio de Janeiro ou em São Paulo para se imbuir neste "Rio-São Paulo" "artístico" de que falava o Machado, e ser parte dele, uma vez que ele é um fato gerado e difundido pelas novas formas de comunicação social e não uma mera realidade territorial. Ninguém melhor portanto do que o próprio Mestre para nos explicar como esses fenômenos operam: "Não quero mal às ficções, amo-as, acredito nelas, acho-as preferíveis às realidades; nem por isso deixo de filosofar sobre o destino das coisas tangíveis em comparação com as imaginárias. Grande sabedoria é inventar um pássaro sem asas, descrevê-lo, fazê-lo ver a todos, e acabar acreditando que não há pássaros com asas...".[78]

Mas se os pássaros perderam asas e as ideias as ganharam, o que terá acontecido com os corpos dos homens, teriam aprendido a voar? Num certo sentido sim, como se sabe. Afinal se o tipo mais representativo do herói público herdado da tradição do século XIX era um homem de erudição imensa como Ruy Barbosa, o Águia de Haia, os tipos mais festejados de heróis do novo século seriam gente como Santos Dumont, Blériot, Lindbergh, Edu Chaves, enfim, os Águias dos Ares. Nesse espírito, um autêntico representante dos novos tempos era esse Jacques Fontoura, da *entourage* do Grande Hotel em Poços de Caldas e que em correspondência com Jorge Pedra, presidente do Automóvel Club de São Paulo, conclui após uma carta muito curta: "Até breve, para conversarmos longamente. Essa história de escrever faz-me dor de cabeça. Sou muito mais homem de ação".[79] Ele se compara nesse sentido ao seu homônimo, o inquieto Jacques Pedreira, que também tinha ojeriza a ler e escrever, não suportando sequer peças de teatro, preferindo como se viu os automóveis e as moças. Portanto se algo ocorreu com os homens, foi que além de adquirir asas, descobriram que tinham músculos e passaram a explorar as vantagens destes sobre os velhos e surrados miolos.

O resultado dessa curiosa mutação cultural foi o desencadeamento de uma febre esportiva que assolou o século XX desde os seus primórdios, tendo seu grande salto, tanto qualitativo quanto quantitativo, logo após a Primeira Guerra e ao longo dos anos 1920 e 1930. Machado de Assis, o arauto de plantão, vislumbrou logo cedo o furor que se avizinhava e saiu-se com esta peça preciosa: "Vamos ter... Leitor amigo, prepara-te para lamber os beiços. Vamos ter jogos olímpicos, corridas de bigas e quadrigas, ao modo romano e grego, torneios da idade média, conquista de diademas e cortejo às damas, corridas atléticas, caça ao veado. Não é tudo; vamos ter naumaquias. Encher-se-á de água a arena do anfiteatro até a altura de um metro e vinte centímetros. Aí se farão desafios de barcos à maneira antiga, e podemos acrescentar que à de Oxford e Cambridge, torneios em gôndolas de Veneza, e repetir-se-á o cortejo às damas. Combates navais. Desafio de nadadores. Caça aos patos, aos marrecos etc. Tudo acabará com um grande fogo de artifício sobre a água. É quase um sonho essa renascença dos séculos, esta mistura de tempos gregos, romanos, medievais e modernos, que formarão assim uma imagem cabal da civilização esportiva".[80]

Essa expressão "civilização esportiva" portanto não deve ser entendida como se referindo exclusivamente à prática generalizada de diferentes modalidades de esporte, mas à generalização de uma ética do ativismo, a ideia de que é na ação e portanto no engajamento corporal que se concentra a mais plena realização do destino humano. As filosofias da ação, os homens de ação, as doutrinas militantes, os atos de arrebatamento e bravura se tornam os índices nos quais as pessoas passam a se inspirar e pelos quais passam a se guiar. É o tremedal de que falava João do Rio. Era a eletricidade passando para os corpos, imprimindo-lhes a compulsão do movimento, da ação, fosse espontânea, fosse mecânica, fosse em coordenação de massas. A educação física se torna obrigatória nas escolas, mas as pessoas se exercitam voluntariamente em academias, associações atléticas e na sua própria casa. Vicejam os filmes de ação e aventura, os *thrillers*, os *westerns*, as histórias em quadrinhos, os desenhos animados, os livros de bolso com histórias de detetive, de espionagem e de guerra. Os clubes pululam, com o destaque para o futebol, mas envolvendo todos os esportes. As modas mudam para se tornar esportivas, leves, curtas, coladas ao corpo, expondo amplas áreas para a respiração e a insolação, exibindo os músculos e formas torneadas do físico. A modelação e o condicionamento do corpo e da mente se tornam uma obsessão, um culto. João do Rio, num texto memorável, descreveu a introdução dessa religião do corpo no Rio de Janeiro do início do século XX:

> O Club de Regatas do Flamengo tem, há vinte anos pelo menos, uma dívida a cobrar dos cariocas. Dali partiu a formação das novas gerações, a glorificação do exercício físico para a saúde do corpo e a saúde da alma. Fazer *sport* há vinte anos ainda era para o Rio uma extravagância. As mães punham a mão na cabeça quando um dos meninos arranjava um haltere. Estava perdido. Rapaz sem *pince-nez*, sem discutir literatura dos outros, sem cursar as academias — era homem estragado.
>
> E o Club de Regatas do Flamengo foi o núcleo de onde irradiou a avassaladora paixão pelos *sports*. O Flamengo era o parapeito sobre o mar [...] As pessoas graves olhavam "aquilo" a princípio com susto. O povo encheu-se de simpatia. E os rapazes passavam de calção e camisa de meia dentro do mar a manhã inteira e a noite inteira.
>
> Então, de repente, veio outro *club*, depois outro, mais outro, enfim, uma porção. O Boqueirão, a Misericórdia, Botafogo, Icaraí, estavam cheios de centros de regatas. Rapazes discutiam muque em toda parte. Pela cidade, jovens, outrora raquíticos e balofos, ostentavam largos peitorais e a cinta fina e a perna nervosa e a musculatura herculana dos braços. Era o delírio do *rowing*, era a paixão dos *sports*.[81]

Mas se o Club de Regatas do Flamengo teve a precedência, a responsabilidade maior pela popularização e rápida difusão dos esportes aquáticos se deveu a ninguém menos que ao mentor da reforma urbana e da avenida Central, o engenheiro Pereira Passos. Foi ele que estabeleceu o nexo entre a Regeneração, a modernidade e os esportes, ao construir o Pavilhão de Regatas na praia do Botafogo. O novo logradouro se tornou o foco da juventude elegante da cidade. As famílias e as moças cercavam o local em seus carros, do interior dos quais acompanhavam a movimentação intrépida dos rapazes nadando e remando de shorts e camisetas, exibindo seus músculos e os corpos bronzeados. João do Rio observou com precisão que de início os adultos mais conservadores viram "aquilo" com receios, mas que a população no geral se contagiou da animação desportiva. De fato, nos dias em que se realizavam as grandes competições de regatas, a população acorria em massa para acompanhar o evento em meio aos automóveis espalhados pela avenida Beira-Mar e de toda parte vinham embarcações com decorações festivas, que se concentravam ao redor das balizas, inclusive as barcas da Cantareira, apinhadas de povo, que tocava, cantava e dançava animadamente durante toda a prova. Os ídolos das torcidas gozavam de enorme popularidade e a população excitada os aclamava pelo nome.[82] Era o início da vocação balneária que o Rio de Janeiro haveria de levar às últimas consequências, fazendo das praias o foco principal do lazer e uma extensão natural dos quintais e das salas.

Que Pereira Passos concebesse "aquilo", isto é, a proliferação da cultura desportiva como o complemento lógico da Regeneração, não era obviamente casual. As regatas do Botafogo correspondiam ao corso e às corridas de carros, bicicletas e motocicletas disputadas na recém-inaugurada avenida Beira-Mar. O desenvolvimento dos esportes na passagem do século se destinava justamente a adaptar os corpos e as mentes à demanda acelerada das novas tecnologias.[83] Como as metrópoles eram o palco por excelência para o desempenho dos novos potenciais técnicos, nada mais natural que a reforma urbana incluísse também a reforma dos corpos e das mentes. Esse amplo processo de transformação comportaria uma alteração crucial no quadro de valores. Nessa nova sociedade da cultura desportiva o valor máximo é necessariamente a ideia de saúde, cuja condição básica é a limpeza e cuja prova patente é a beleza. Não surpreende por isso que os termos por meio dos quais eram expressos os conflitos sociais passem a ser mediados pelos conceitos da profilaxia, da higiene e da eugenia. Assim, a justificativa para evacuar a população pobre da cidade, empurrando-a para os morros e os subúrbios era formulada em termos de "política sanitária". Na longa e dramática repressão que se seguiu à Revolta da Vacina, em que eram visados genericamente "todos aqueles que não puderem comprovar residência ou emprego fixos", o chefe de polícia do Rio de Janeiro se referia a essa operação como sendo destinada a "varrer das ruas" aquilo que ele denominava "o rebotalho ou as fezes sociais".[84]

Além de controlar o espaço social, em nome da "política sanitária" os "exércitos de fiscalizadores", os "esquadrões mata-mosquitos" e os "batalhões de vacinadores" eram autorizados a invadir tanto a privacidade das casas quanto a intimidade dos corpos. As pessoas abordadas eram submetidas a questionários sobre suas origens, suas condições físicas, seus familiares, seus hábitos, sua vida sexual, suas atividades e suas andanças. Um decreto de 1905 determinava que todo indivíduo recolhido à Casa de Detenção fosse imediatamente "vacinado e revacinado".[85] Eventualmente as marcas da vacinação serviriam para revelar de pronto a passagem do seu portador pelo sistema penitenciário.

Questão de saúde também eram os banhos de mar, já que pela passagem do século eles são incorporados às técnicas terapêuticas, com os médicos "aconselhando para todas as moléstias um mergulho no salso elemento".[86] Como a ideia inicialmente não era expor-se ao sol, mas ao sal, a indumentária era de uma complicação bizantina: "Os banhistas iam para a praia de madrugada, antes de sair o sol. As mulheres vestiam umas roupas enormes de baeta azul-marinho, debruadas com cadarços brancos (as mais ousadas usavam debrum vermelho, o que dava o que falar). As calças vinham até os pés, terminavam com uns babadinhos também em debrum. E como complemento da complicada indumentária: toucas de baeta e sapatos de corda ou de lona".[87]

Os banhos de mar só viriam a se tornar uma moda elegante,

é claro, no período da reforma urbana, quando então os jovens convergem para o balneário do Flamengo.[88] Em 1906, ano da inauguração da avenida Beira-Mar, o prefeito Pereira Passos publica o primeiro regulamento estipulando as normas para o funcionamento dos balneários. Apesar de charmosa, a prática dos banhos era vista como arriscada e por isso cercada de controles de segurança. As moças, por exemplo, só poderiam se banhar acompanhadas cada qual de um "banhista", um empregado subalterno do estabelecimento, encarregado de mantê-las seguras pela mão o tempo todo. Além dessa prevenção, o estabelecimento deveria manter também uma "sala ampla e arejada, destinada a receber os afogados" e todo um repertório de instrumentos médicos indispensáveis: "Abridor de boca, tesouras, pinças de Laborde, mordaça para manter a boca aberta [sic], pincéis para provocar vômitos, seringas de injeção hipodérmica, algodão hidrófilo, máquina elétrica Paradin de Gaeff, camisolas especiais de flanela, luvas de clina e escovas para fricções".[89]

Novas regulamentações introduzidas em 1917 limitavam os horários de banho aos períodos de menor insolação, no início da manhã e fim da tarde, além de exigir trajes decentes, proibir "ruídos e vozerias na praia e no mar" e estabelecer multas e penas de detenção para os transgressores. Apenas com o *boom* desportivo dos anos 1920 e por emulação das modas vindas dos balneários franceses de Deuville e da Côte d'Azur, os trajes se tornariam mais leves, curtos e colantes, enfatizando o sol como a principal atração do banho de mar, não por efeitos terapêuticos, mas estéticos.[90] Completa-se assim o círculo que leva de uma atividade profilática destinada a incrementar a saúde a uma prática saudável voltada para o desenvolvimento da beleza. Gilberto Amado, testemunhando essa evolução, destaca seu sentido fundamentalmente eugênico: "A praia transformou-se. Uma grande transmutação se operou [...] Hoje Copacabana, praia multicor, distendendo-se do Leme ao Leblon, entontece o olhar do homem normal que gosta de ver corpo bonito e modo de andar gracioso [...] A nossa capital é a única que, sede de governo, centro industrial, universitário, comercial, bancário, político, é ao mesmo tempo balneário de 1º de janeiro a 31 de dezembro. Qualquer que tenha sido do ponto de vista moral a consequência desse fato, quanto à melhoria da grei, do ponto de vista físico, ele foi espantoso".[91]

Essa ética da limpeza, saúde e beleza se torna a contrapartida do amplo processo de industrialização, com seus efeitos de poluição, toxidez, deslocamentos e migrações forçadas, difusão da miséria, degradação das condições de habitação e de sobrevivência, intensificação das tensões sociais e disseminação da violência em nível individual ou organizado.[92] Como uma compensação simbólica para a insegurança das classes dominantes e grupos ascendentes, nesse momento de grandes transformações econômicas e sociais, esse sistema de valores se dissemina por todas as áreas atingidas pela constituição do mercado em escala mundial. Seus sinais são visíveis por toda parte na multiplicação das publicações, códigos e campanhas destinados a abolir as práticas e materiais considerados passíveis de acumular sujeiras e propor novas soluções, equipamentos e produtos de cunho profilático e efeito higiênico. No âmbito do próprio *design* dos objetos industriais padronizados essa preocupação era evidente.[93] O estilo *art nouveau* procurava apresentar os objetos industrializados em formas que evocassem elementos naturais ou culturas pré-industrais. Seu sucessor, o estilo *art déco*, difundido sobretudo no entreguerras, investia no sentido inverso, baseando suas linhas e volumes em projeções futuristas, prenunciando um mundo em que a vitória total da técnica suprimisse em definitivo as ameaças de contaminação e degenerescência. Ao contrário dos casarões antigos, as casas deveriam ser arejadas, claras, ensolaradas, sem cortinados pesados, de estrutura simples e funcional. O mobiliário e objetos decorativos deveriam ser mínimos, se possível embutidos, de materiais que não absorvessem pó, com superfícies contínuas e fáceis de limpar, sem toalhinhas rendadas ou quaisquer coberturas de tecidos que absorvessem poeira.[94]

Nesse complexo sistema articulado pelas noções básicas de limpeza, saúde e beleza, o símbolo central era sem dúvida a imagem do corpo humano, utilizado intensamente pela publicidade comercial ou pela oficial, e apresentado em geral semidespido, jovem, saudável, atlético e impoluto. Desde o fim da Grande Guerra as tendências de moda são para roupas leves e "esportivas", caindo com naturalidade, sem cintos ou constrições, de maneira a ressaltar as formas da anatomia e a textura da pele.[95] Nesse contexto o esporte, e tudo o que traga as suas conotações, se torna de fato um dos códigos mais expressivos para estabelecer os signos da distinção social. Ele surgiu e se impôs como um ritual elitista, revestido dos valores aristocráticos do ócio, do adestramento militar e do *sportsmanship* (cavalheirismo, imparcialidade e lealdade). Ao se apropriar dele a burguesia o traduziria em termos de agressividade, competitividade e imperativo da vitória. O seu prestígio crescente garantiu que as conversões prosseguissem ao longo da escala social. Daí a sua rápida popularização de fins do século XIX até o *boom* dos anos 1920.[96]

Um personagem decisivo na configuração dessa nova ética do corpo e da ação[97] foi o poeta Olavo Bilac. Ele foi um dos principais arautos e grande incentivador da reforma urbana e do espírito estético-higienista da Regeneração, defendendo-a e ao prefeito com acalorado entusiasmo nos principais jornais e revistas do Rio. Em seguida se tornou propagandista e fã ardoroso das práticas e competições desportivas. Na conjuntura da Grande Guerra fundou a Liga da Defesa Nacional e se lançou em campanha obstinada pela criação do serviço militar obrigatório para todos os jovens brasileiros de dezoito anos. Vemos pela sua progressão que da reforma e sanitização da cidade ele se voltou para a saúde, modelagem e beleza dos corpos, para afinal convergir num apelo ao nacionalismo militante de massas. Do alinhamento das ruas, ao aprumo dos corpos, às fileiras marchando em ordem unida. João do Rio percebeu claramente o seu papel pioneiro e articulador: "[...] era a paixão dos *sports* [...] Faltava apenas a sagração de um poeta. Olavo Bilac escreveu a sua celebrada ode de 'Salamina'. — Rapazes, foi assim que os gregos venceram em Salamina! Depois disso [...] o Rio compreendeu definitivamente a necessidade dos exercícios [...]".

O primeiro momento de clímax dessa euforia desportiva viria no Rio de Janeiro com a vitória sobre a Seleção do Uruguai em 1919, que tornou o Brasil Campeão Sul-Americano de Futebol. Desde então ninguém mais conteve a febre dos esportes. Se o prestígio social atraía a população, o fato é que a cultura popular da cidade já era marcada tanto pelos valores da exuberância física quanto pelo espírito lúdico de precipitar os oponentes no ridículo pela destreza e rapidez de movimentos. Uma era evidente pela ampla difusão das tatuagens e decorações do corpo, as vestes das negras minas e os adereços das "baianas" e o outro pela tradição popular da capoeira.[98] Seja como for, o fato é que os esportes vieram para ficar. Como disse Marques Rebelo, "o carioca é louco por futebol, sua veste é de torcedor pobre, seu andar é de drible, seu entusiasmo é de braços levantados e punhos cerrados, como quando aplaude um gol".[99] Naturalmente assim também era o nosso aloprado Jacques Pedreira, a quem João do Rio pinta como um devoto da religião dos esportes: "Tudo na vida é *sport*. O maior *sportsman* de todos os tempos foi positivamente Deus, Nosso Senhor. Esse cavalheiro, predestinado de fato, venceu todas as *performances* e todos os *handicaps*, e, segundo observações inteligentes, foi o inventor do *puzzle* na organização do caos. Não é de admirar que a humanidade, à proporção que conhece mais intimamente Deus, mais esportiva se revele. A corrente contemporânea é particularmente esportiva. Os jornais falam de *matches*, de velocidades. Os termos ingleses surgem a cada corrida ou a cada pontapé; as pessoas andam na rua como quem vai para um desafio ou pelo menos para uma aposta. Jacques, além da corrente pertencia ao grupo que tinha por chefe Jorge de Araújo [proprietário de seis carros de corrida, além do "lendário modelo 720-A-E"]. Comprou um reloginho para prender no pulso e foi das velocidades".[100]

Muito particularmente revelador esse detalhe do reloginho. Ele é o sucessor natural do clássico patacão ou o popular cebolão, o relógio grande de bolso, sacado através de uma corrente longa, em geral de ouro, que cruzava toda a frente das casacas dos cavalheiros. Era o relógio do Ruy Barbosa. Já o modelo menor e prático de pulso, consta que foi inventado por ninguém menos que o próprio Santos Dumont, o Águia dos Ares, para permitir a consulta rápida e fácil em meio ao desempenho físico das suas manobras aeronáuticas.[101] O modelo passou a ser produzido pela Casa Cartier, tornando-se conhecido como o "modelo Santôs" e se transformando num sucesso mundial de vendas. Era o relógio dos homens de ação. Tornou-se um apetrecho indispensável para os homens e mulheres modernos. O caso é bastante revelador. Rapidamente se torna um mandamento difundido que o relógio de pulso é um instrumento decisivo para caracterizar, pelo seu estilo, design, marca, material de confecção, um elemento definidor da individualidade de cada um. Mas se todos o usam, em que sentido pode ser individual? Essa é a equação interessante, indicadora de que, neste século, a privacidade se constrói com elementos hauridos da fantasia coletiva, o individual é uma concretização peculiar, uma constelação pessoal composta com base no padrão massificado.

Essa contradição pode ser mais bem observada numa atividade original que se tornará típica dos novos tempos, a torcida. A palavra por si só é interessante e tem conotações particularmente reveladoras na língua portuguesa. Torcer por um atleta ou uma equipe significa, em sentido geral, atuar por meio sobretudo de agitação e ruído, de modo a comunicar sua excitação aos atletas, estimulando-lhes com isso o desempenho. Mas a palavra é mais esclarecedora ainda. Ela implica torcer-se, contorcer-se, remoer-se, contrair-se e, no momento climático, expandir-se num êxtase catártico. Ou seja, o "torcedor" não é um espectador passivo, ele incorpora os lances da disputa na sua própria estrutura física e vai reproduzindo em seu corpo, na vibração de seus sentidos, nas crispações de seus músculos e nervos, cada uma das tensões e reflexos desdobrados no embate, como se ele mesmo estivesse na arena. As competições são espetáculos públicos e quem a elas acorre vai atraído pelo desejo de compor um ato coletivo. E, no entanto, o nexo do torcedor com a ação coletiva só ocorre quando seu corpo reflete no público o resultado dos sentimentos, emoções, frustrações e inquietações da sua vida pessoal. Daí a simbologia associada a determinados atletas e equipes e as razões obscuras que levam as pessoas a torcer por uns ou pelos outros. Daí o modo pelo qual o esporte atua como um termômetro e um termostato da vida social. Por isso uma maneira de se conhecer melhor a individualidade de uma pessoa pressupõe saber seus hábitos, ídolos e preferências esportivas. "Como sempre servem as *performances*..."[102]

Outra ilação interessante suscitada pelos espetáculos de massa, cada vez mais frequentes, maiores e mais complexos, era o seu potencial para aliviar as pessoas da ansiedade aflitiva gerada num meio social marcado pela concorrência sempre crescente e mais agressiva. Eles tendiam a catalisar o mal-estar das pressões, tensões e negociações cotidianas, o peso das decisões exigidas a cada momento e o preço de suas consequências, num mundo em que os prêmios e as punições dependem de um absurdo sistema de privilégios e exclusões, historicamente herdado, combinado com as incertezas de um mercado instável que cada vez mais decreta o destino das pessoas. O fato é que cogitar permanentemente nessas vicissitudes sufoca a consciência, limita a imaginação, deprime os humores, reduz a autoestima, tornando ainda mais precária a disposição para enfrentar os problemas. João do Rio, incorporando o estouvado Jacques Pedreira, percebeu bem para onde esse torvelinho arrastava o ânimo do seu personagem: "'Conhece-te a ti mesmo', disse o sábio. Era um sábio antigo. O verdadeiro saber está em cada um ignorar-se a si mesmo".[103] Podia não ser uma filosofia edificante, mas era sem dúvida moderna. O próprio Machado sentia o rumo que as coisas estavam tomando e como o efeito de perder-se na massa, dissolvendo suas limitações individuais e adquirindo uma espécie de dimensão ampliada e poderosa pela associação com o coletivo, se tornava uma tentação a que as pessoas estavam cada vez menos dispostas a resistir. Comentando como sempre um episódio de rua, em que um orador desastrado quase é linchado por uma multidão furiosa, ele produz uma conclusão rica da mais estranha lucidez: "Que o contágio da ideia é que produzia esse acordo de tantos, é coisa natural e sabida. Aquilo que não nasce em trinta cabeças separadas, brota em todas elas, uma vez reunidas, conforme a ocasião e as circunstâncias [...] A familiaridade com a morte é bela, nos grandes momentos, e pode ser grandiosa, além de necessária. Mas, aplicada aos eventos miúdos, perde a graça natural e poder cívico, para se converter em derivação de maus humores [...] Que é a loucura senão uma supressão da transpiração do espírito?".[104]

"Supressão da transpiração do espírito", que pista mais oportuna para sondar os tortuosos caminhos em que se deu a gestação do populismo. Machado o intuiu com sua singular genialidade. Outros personagens, menos brilhantes mas muito mais sinistros, iriam aprender aos poucos, como aprendizes de feiticeiros, o poder temível dessa química explosiva das multidões. Tanto ela poderia ser detonada com consequências imprevisíveis, como poderia ser metodicamente canalizada em impulsos de devoção adesista, de conformismo planejado. João do Rio assistiu a esse processo num ponto já mais avançado. Ele se deu conta dessa ponte que, das projeções e expectativas individuais, leva ao sopé da pirâmide do poder, engrossando este e consolidando aquelas. Eis como ele descreve o metabolismo turvo de uma festa republicana:

> Era no conjunto um misto de encanto de feira, de impalpável luxúria, de contrariedades enervadas, de promiscuidades confusas [...] Pelas aleias, pespontadas pela luz das lanternas de cor, acesas na palpitação das grandes lâmpadas elétricas, a turba movia-se policroma e agitada: chapéus, gazes, cabeças nuas, *paletots*, capas, uma confusão de corpos a passar devagar ou a correr, enquanto um rumor feito de mil rumores, de sons metálicos das bandas, de gritos, risos, frases perdidas, conversas multiplicadas, subia ao ar aberto em clamor. Nas grandes festas, em que há multidão, sempre em dado momento, instala um surdo incêndio de apetites, de animalidade que a civilização retém a custo.

> É o momento turbilhão das pequenas licenças, dos olhos acesos, dos apertos febris, dos desejos imediatos, que nem sempre se realizam. Então, por um fenômeno de projeções órficas,[105] como que o ambiente, as coisas imóveis, o inanimado, as luzes, as árvores, o ar se embebem de sentimento geral, e há como que um frenesi de posse final, mesmo nos menos aptos e nos mais fracos [...] O primeiro magistrado da nação dizia gravemente palavras de cumprimentos estudadas pela manhã. Estava encantado [...] Um toque de clarim varou o ar. Cem caixas rufaram a um tempo. Na semitreva um pavilhão nacional adejou [...]
>
> — Viva o presidente! — berrou um sujeito.
>
> — Viva! [...][106]

Luzes, eletricidade, sons, ritmos, pompa e circunstância: a ocasião faz o bandido. Num mundo que é cada vez mais da ação, dos impulsos, dos reflexos, é natural que as doutrinas e plataformas com que se justifica o poder não contem necessariamente mais do que sua capacidade de catalisar as impressões sensoriais, suscitar os instintos e agenciar as expectativas. Para entender melhor como esse processo se engendra convém lembrar uma vez mais, como ressaltamos no início deste capítulo, que a moderna sociedade de massas só se tornou possível, operacionável, graças aos recursos das novas tecnologias. E que essas tecnologias atuam para muito além dos limites da escala, da força e da percepção humanas. Como, porém, somos criaturas dessa mesma tecnologia, temos dificuldade de nos desprender o suficiente dela para poder, de fora, reconhecer toda a sua imensa estranheza.

Tomemos o caso do transporte público. Só a sua característica técnica de vetor de deslocamento de massas é que explica como várias dezenas de pessoas podem ficar compactadas durante longos períodos, sem ceder à disposição espontânea do ser humano à comunicação com seus iguais. Ou ao contrário, como no caso do telefone, as pessoas podem despender um longo tempo se comunicando por meio de um impulso eletromagnético, sem ver a outra criatura, perceber a sua circunstância, inseri-la num espaço, mas à primeira tentativa de alguém de carne e osso se aproximar, tapa-se imediatamente o bocal do aparelho e enxota-se o invasor indesejável. O sinal telefônico, frouxo e surdo, distante e imaterial, sem cor, cheiro, substância ou forma, se preenche, no entanto, das pulsões cruas que neles projetamos, como percebeu João Cabral de Melo Neto no seu delicioso "Paisagem pelo telefone":

Pois assim no telefone
tua voz me parecia
como se de tal manhã
estivesses envolvida,

fresca e clara, como se
telefonasses despida...[107]

No caso do Rio de Janeiro não deixa de ser muito significativo que a primeira elaboração do telefone como tema lírico tenha partido de um sambista negro do morro, Ernesto dos Santos, o Donga, com letra de Mauro de Almeida, o Peru dos Pés Frios. E também que esse samba tenha sido simultaneamente o primeiro a ter sua pauta musical impressa e o primeiro a ser gravado pela nascente indústria fonográfica, em 1916. O caso é bastante revelador do processo pelo qual o potencial de uso transforma o objeto num fetiche, disputado na fronteira cultural em que se projetam as tensões sociais. Nos inícios de sua difusão pela cidade, o telefone era um aparato raro e identificado com os privilegiados. Ele era um símbolo cujo prestígio denotava a relação intrínseca entre a tecnologia moderna e as elites dominantes. E por isso mesmo era um convite ao assalto pelas populações segregadas, ainda que essa apropriação fosse meramente simbólica. A música e o ritmo amaxixado são aliciantes por si sós, mas a imagem glamourizada e apoderada do ícone falante certamente teve seu peso na enorme repercussão do samba, gravado pelo popular Baiano, que acabou virando sucesso de carnaval e até um dos primeiros *jingles*, ainda na sua versão como *spot* divulgado pela indústria fonográfica, promovendo uma marca de cerveja. Era a apropriação da apropriação:

> *O chefe da polícia*
> *Pelo telefone*
> *Mandou me dizer*
> *Que há em toda parte*
> *Cerveja Fidalga*
> *Para se beber.*[108]

São situações desse tipo ainda que explicam como nos prédios de apartamentos, que verticalizam o espaço urbano cada vez mais saturado, as pessoas moram todas agregadas, mas agonizam de constrangimento se um infeliz acaso as põe juntas no mesmo elevador. Daí o também inacreditável hábito de apertar rapidamente o botão do elevador, se se percebe que algum vizinho se aproxima na ameaçadora intenção de compartilhá-lo. Já a questão da divisão e ocupação dos espaços internos, em geral bastante restritos nas habitações verticais, com os provedores e empregados de serviço, expõe claramente os limites da engenharia e da modernidade na gestão do contencioso social. Nesse sentido, os elevadores acrescentaram à sua mera função técnica, um papel suplementar de recurso discriminatório. O poeta Carlos Drummond de Andrade deu dimensão paródica a um anúncio de venda de *kitchenette* que glamourizava a segregação: "Não precisa arranjar/ empregada pequena:/ ela cabe no quarto [...]".[109]

Já por outro lado é fenômeno igualmente notável como essas mesmas pessoas que não conseguem ou não toleram estabelecer comunicação entre si, se entregam uma a uma embevecidas, se o fluxo da comunicação vier, por exemplo, por meio do rádio. Partindo cada um do seu isolamento real, se encontram todos nesse território etéreo, nessa dimensão eletromagnética, nessa voz sem corpo que sussurra suave, vinda de um aparato elétrico no recanto mais íntimo do lar, repousando sobre uma toalhinha de renda caprichosamente bordada e ecoando no fundo da alma dos ouvintes, milhares, milhões, por toda parte e todos anônimos. O rádio religa o que a tecnologia havia separado. Nesse sentido ele é o Orfeu moderno ou a "projeção órfica" a que aludia João do Rio, no seu sentido mais amplo e mais pleno. Não por acaso, na linguagem popular ele costumava ser carinhosamente chamado de "capelinha", tanto pelo formato dos rádios com caixa em arco quanto pelo simbolismo transcendente que ele, literalmente, irradiava.

Era um modo de remeter a um recôndito familiar das tradições e das memórias um artefato moderno e de efeito arrebatador. Cada um põe naquela voz aliciante o rosto e o corpo dos seus sonhos. Como o som se transmite pelo espaço, onde quer que se ande pela casa, aquela voz penetrante vai atrás. Em breve seria possível introduzi-la no carro também, circulando e se afagando nela em meio à rispidez mecânica do trânsito. Antes todas as pessoas tinham uma voz incessante que lhes falava de dentro do corpo, que os teólogos e filósofos chamavam de "consciência" e que por sinal era um bocado severa e sem graça. Um cientista da passagem do século XIX-XX a identificou com a introjeção despótica da autoridade paterna. O rádio, milagre dos milagres da tecnologia, permitiu substituir aquela voz tétrica pela voz das abençoadas, as irresistíveis, as diabólicas irmãs Miranda:

Nós somos as garotas do rádio, levamos a vida a cantar
De noite embalamos teu sono, de manhã nós vamos te acordar
Nós somos as garotas do rádio, nossas canções cruzando o espaço [azul
Vão reunindo num grande abraço corações de norte a sul

Canto pelos espaços afora
Vou semeando cantigas, dando alegria a quem chora
(bum, bum, bum, bum, bum, bum)
Canto, pois sei que a minha canção
Vai dissipar a tristeza que mora no teu coração.[110]

Como seria muito poder viver sob o embalo permanente das diabinhas do rádio, não tardou a que os instintos fossem submetidos a uma vingança cruel, representada pelo retorno sorrateiro do reprimido. Já no início dos anos 1920, o populismo descobrira no rádio a sua pedra filosofal, capaz de transformar a massa amorfa de ouvintes na força agregada da paixão política. Claro que as primeiras descobertas do potencial aliciador da caixa falante foram feitas pela publicidade em sua destinação comercial. O modelo norte-americano de radiodifusão tinha como base as agências de publicidade, cujo interesse em explorar e testar recursos os mais variados para conquistar audiências, acirrou a concorrência, desenvolvendo as técnicas de administração, programação, edição, locução, propaganda, distribuição e controle de mercados que acabaram prevalecendo no contexto sul-americano e brasileiro. Foi nessa escola que se educou Franklin Delano Roosevelt. Breve ele aprendeu que o que é dito no rádio vale mais pelas qualidades sensíveis da elocução da voz do que pelo conteúdo do que é comunicado. É o que os jornais comentavam surpreendidos desde que ele iniciou sua atuação política: "A voz do candidato democrata cai com uma tal cadência no ouvido, que a suavidade expressiva dela chega por vezes a abafar qualquer crítica racional objetiva". Sua grande especialidade se tornaram os discursos em estádios desportivos, com irradiação direta, em que à sua voz se agregavam os alaridos de adesão das multidões e as ovações estrepitosas e unânimes.[111] O Rio de Janeiro e o Brasil conheceriam o fenômeno mais tarde, quando Getúlio Vargas viesse a tornar institucional a prática da irradiação de sua voz dramatizada pela Rádio Nacional, nos discursos oficiais do Estádio de São Januário: "Tra-ba-lha-do-res do Bra-sil!...".[112]

Mas como era de se esperar, o rádio teve um desenvolvimento defasado e mais tardio no Brasil que nos países industrializados, onde as pesquisas sobre a radiotransmissão foram aceleradas sobretudo no contexto da Primeira Guerra. Sua introdução aqui só se deu no início dos anos 1920, mas tantos eram seus problemas técnicos de transmissão, difusão, qualidade de sinal e programação, que só a partir dos anos 1930 é que ele teria um impacto decisivo para a transformação da cultura brasileira. A ideia inicial era fazer dele uma espécie de teatro burguês irradiado, com músicas clássicas, leituras de longos textos literários, recitação poética e discursos políticos intermináveis. Portanto, a forma era precária e o conteúdo tedioso. Um dos pioneiros da introdução do rádio no Brasil, o cantor e locutor carioca Renato Murce, revelou dois episódios que ajudam a compreender o tipo de incidentes casuais que acabaram definindo os rumos que a radiodifusão tomaria no país.

O primeiro tem como protagonista ninguém menos que Charles Augustus Lindbergh, o mais célebre dos Águias dos Ares. Nos anos 1920 a mais cobiçada proeza era a travessia aérea do Atlântico Norte. Quatro experientes pilotos americanos e dois franceses já haviam perdido a vida tentando a façanha e o trajeto era considerado um sonho impossível. Lindbergh, um jovem carteiro humilde e desconhecido, decidiu tentar a loucura, equipado com o que conseguiu: um simples monomotor de estrutura metálica e asas de madeira, com um motor de 220 HP modificado por ele mesmo, denominado *O Espírito de Saint Louis*. Partiu de Nova York com meia dúzia de sanduíches de presunto, uma garrafa térmica de café e um gatinho rajado como companhia. Os jornais faziam galhofa dele tratando-o como O Idiota Voador. Às dez horas do dia seguinte, sem ter feito nenhuma escala, ele descia suavemente no aeroporto de Le Bourget em Paris, saudado às lágrimas e sorrisos por uma multidão excitada de mais de 200 mil pessoas. Foi instantaneamente louvado como o herói emblemático do século XX. Seu nome e sua foto estavam em todos os jornais e revistas do mundo. Da obscuridade para a glória, ele era chamado agora de O Águia Solitária e considerado a prova viva da redenção do homem pela máquina, tendo abolido os limites do espaço, do tempo e dos elementos.

Além do seu recorde aéreo, Lindbergh assinalou outro, o da rapidez e da amplitude com que os novos meios de comunicação podiam criar mitos. No início dos anos 1930, porém, o piloto foi vítima de um crime horrível. Seu filho foi raptado de sua casa e pouco depois encontrado morto num bosque próximo. Nunca se soube o autor do crime. O alarde na imprensa mundial foi estrepitoso. Na busca insana da polícia por um culpado, acabaram incriminando um pobre carpinteiro alemão, com meras acusações circunstanciais e inconsistentes. Isso só redobrou o drama, criando agora duas vítimas, uma do rapto e outra da polícia. Segundo o relato de Renato Murce, foi percebendo a enorme comoção que causava qualquer menção a esse caso, que as rádios do Rio, onde ele circulava, e em especial a Rádio Mayrink Veiga, começaram a trabalhar as potencialidades do tema a seu favor. A ideia era manter o assunto "quente", com revelações dos menores detalhes sobre a vida dos envolvidos no episódio, dramatização dos momentos mais candentes da tragédia e depoimentos comoventes a favor ou contra os implicados. O sucesso de audiência não só se mantinha, mas aumentava. As rádios haviam descoberto uma dupla vocação: primeiro criar mitos, depois penetrar e divulgar com estardalhaço os detalhes mais palpitantes de suas vidas privadas. Isso estabelecia o circuito ídolos-fãs-dramas-lances bombásticos-recordes de audiência como o projeto ideal.[113] Não raro sua aplicação implicava erguer uma criatura anônima aos píncaros da glória, para no ato seguinte precipitá-la ou a alguma de suas relações no opróbrio da lama. A matéria-prima sendo sempre a vida íntima e o equilíbrio emocional do ídolo, com o qual cada ouvinte anônimo tendia a se identificar, fosse pelo amor, fosse pelo ódio.

A explicação para esse fenômeno é muito interessante. Segundo um eminente neurologista os seres humanos têm uma capacidade limitada para o reconhecimento visual e menor ainda para a identificação psicológica de seus semelhantes. Como espécie, a natureza nos adaptou para viver em pequenos grupos, como ocorre com os outros primatas. Numa situação de crescimento urbano explosivo, como a que foi criada pela Revolução Científico-Tecnológica e graças à rapidez dos transportes e ao alcance onímodo dos meios de comunicação, as pessoas nas grandes cidades estão expostas a uma massa tão densa de perfis fisionômicos e traços psicológicos peculiares, que lhes é humanamente impossível assimilá-los. Daí sua tendência para concentrar sua memória de referência em grupos limitados de pessoas, mais ou menos flutuantes, em que algumas lembranças podem ser abandonadas e outras adquiridas, desde que seja mantido um repertório ao mesmo tempo limitado e bem discriminado de figuras-chaves, imediatamente reconhecíveis como familiares.

Com o esgarçamento das famílias extensivas, dos laços de compadrio e das relações de vizinhança na situação peculiar das grandes cidades, é muito mais nos ícones exibidos e repetidos à saciedade pelos meios de comunicação que as pessoas tendem a definir essa situação de reconhecimento familiar. O fato de eles não serem de carne e osso, mas reproduções fotográficas, imagens de cinema ou vozes de disco e rádio só ajuda nesse processo, já que a imagem fica resolvida num clichê visual ou auditivo e a estrutura psicológica num personagem típico, o que os torna por isso imensamente mais fáceis de assimilar do que quaisquer pessoas concretas, com suas contradições, complexidades de comportamento, mudanças constantes ditadas pelo humor, saúde ou idade.[114] Nada a estranhar portanto se as pessoas se sentem mais próximas e emocionalmente ligadas ao Águia Solitária, ao astro de cinema, às garotas do rádio ou ao líder político carismático do que a um familiar distante ou ao vizinho do outro lado da rua ou aquele do apartamento 1212 do 12º andar.[115]

Outra revelação interessante de Renato Murce, a qual contribuiu para que as emissoras de rádio descobrissem seu potencial de impacto junto ao público, foi o seu encontro casual com a música certa. Entre 1928 e 1929 veio em excursão para o Rio um conjunto pernambucano, com um repertório especializado de ritmos nordestinos, os Turunas da Mauriceia, tendo como destaques o extraordinário cantor e compositor Augusto Calheiros, apelidado muito a propósito de Patativa do Norte, e o genial violonista cego Manoel de Lima, entre vários outros músicos notáveis. Eles tocavam uma grande variedade de ritmos, praticamente desconhecidos do público carioca, cocos, emboladas, trizadas, baiões, martelos... Tinham uma série de apresentações marcadas para o Teatro Lírico, no largo da Carioca, como uma curiosidade e só. Mas o sucesso foi tão retumbante, as plateias ficaram de tal modo arrebatadas pelo grupo, que novas apresentações e excursões foram rapidamente marcadas por todo o Sul. Naturalmente as rádios também os contataram para apresentações e o que fora até então um grande sucesso, transformou-se numa febre, um autêntico delírio coletivo. Essa demanda excitada atraiu outro grupo nordestino, A Voz do Sertão, encabeçado pelo cantor Minoma Carneiro e o violonista Romualdo Miranda. A vibração do público só ampliava e se multiplicava.[116] Mas agora as gravadoras e emissoras de rádio já sabiam o caminho. Não foi o rádio que lançou a música popular, mas o contrário. As coisas estando nesse pé, deu-se o lançamento de Carmen Miranda pela gravadora Victor, sob as expressas recomendações de seu diretor artístico, Rogério Guimarães: "A senhorita somente cantará música brasileira. Sei que tem cantado alguns tangos, mas a Victor quer lançar músicas brasileiras típicas. Não revelará também a sua origem portuguesa, para não prejudicar a imagem brasileira dos discos".[117]

Depois de iniciar com o repertório clássico, alguns boleros e tangos argentinos e com os ritmos americanos, o *jazz*, foxtrote, *one-step*, a indústria fonográfica local já havia descoberto e prosperava com a música popular, com destaque até então para os maxixes e sambas cariocas, as marchinhas de carnaval, além de algumas toadas, descantes e canções sertanejas paulistas. Mas foi quando as gravadoras se cruzaram com o potencial do rádio na difusão da música popular que a grande mágica se deu. Essa conjunção originou o que Renato Murce denominou de "a era de ouro da música popular brasileira, principalmente no gênero carnavalesco".[118] Naturalmente nessa nova sociedade centrada no culto da ação, em paralelo ao grande desenvolvimento dos esportes há um surto das danças. Não qualquer tipo de dança e não a dança no seu sentido tradicional de entretenimento social cortês, praticada em grupos maiores ou menores, movendo-se em figurações coordenadas e gestos convencionais delicados. A dança que surge para empolgar o panorama cultural do século XX é baseada no ritmo pulsante, sincopado, frenético, de base negra, cigana ou latina e o que é buscado nela é um estado de completo abandono, excitação e euforia extática. Foi essa dança que assustou Machado, que a via invadir a cena cultural com perplexidade e alarme. Referindo-se a ela, ele perdia seu proverbial humor e esbravejava "a arte da dança não edifica, apenas destrói e altera. Com ela o anarquismo dispensa todas as artes, não se fazendo mais que ação violenta e arrasadora. Para que livros?".[119]

Há um consenso entre vários pesquisadores quanto ao fato de que foi a atmosfera tensa, gerada pela Primeira Guerra Mundial, que deu o impulso decisivo para a dança baseada em ritmos frenéticos tornar-se uma das atividades simbólicas preponderantes da vida social.[120] João do Rio testemunha no mesmo sentido, observando como a dança centralizava as atividades no Grande Hotel: "[...] a orquestra toca os mesmos tangos e maxixes que temos a angústia de ouvir, há pelo menos cinco anos, em Paris, Londres, em Odessa, no Rio, em Buenos Aires, por toda parte onde se tem a ideia da civilização. A iconografia da civilização, antes da guerra, deixara de ser a figura de uma dama romana vestida com os atributos do progresso. A iconografia da civilização era um sujeito de cabeleira arranhando tangos ao violino".[121] Não por acaso, o maior sucesso daquela temporada no Grande Hotel era um novo passo chamado de a "dança das trincheiras", que segundo o comentário de uma das hóspedes "é de primeira ordem e escandaliza mesmo".[122]

Machado percebeu o quanto a coisa pegou forte aqui ao concluir: "[...] nós amamos a dança sobre todas as coisas, e ao nosso par como a nós mesmos".[123] Mas se a dança se tornou uma paixão, seu clímax era sem dúvida o carnaval. Machado voltava à carga, dessa vez recuperando o humor: "Que belo dia para deixar aqui uma coluna em branco! Ninguém hoje quer ler crônicas [...] O carnaval é o momento histórico do ano. Paixões, interesses, mazelas, tristezas, tudo pega em si e vai viver em outra parte". Ele finaliza a crônica que queria ter deixado em branco, descrevendo a imagem que fazia da folia e dos foliões com base em uma antiga peça sobre a entronização de Baco: "As damas decentemente vestidas de calças de seda tão justinhas que pareciam ser as próprias pernas em carne e osso, mandavam o pé aos narizes dos parceiros. Os parceiros, com igual brio e ginástica, faziam a mesma coisa aos narizes das damas, a orquestra engrossava, o povo aplaudia, a princípio louco, depois louco furioso, até que tudo acabava em delírio universal, dos pés, das mãos, dos trombones [...] Evoé! *Momus est roi*!".[124] Mas se Machado tinha suas reservas, um outro poeta incorporou completamente a explosão feérica do carnaval. Eis alguns trechos do sublime "Bacanal" de Manuel Bandeira:

> *Quero beber! cantar asneiras*
> *No esto brutal das bebedeiras*
> *que tudo emborca e faz em caco...*
> *Evoé Baco!*
>
> *Lá se me parte a alma levada*
> *No torvelim da mascarada*
> *A gargalhar em doudo assomo...*
> *Evoé Momo!* [...]
>
> *A Lira etérea, a grande Lira!...*
> *Por que eu extático desfira*
> *Em seu louvor versos obscenos*
> *Evoé Vênus.*[125]

Manuel Bandeira, porque tinha a paixão do carnaval, interpreta com propriedade a perspectiva pela qual a magia da folia se manifesta e que, paradoxalmente, é a individual. É preciso que o folião penetre, se integre e se entregue a uma massa de estranhos para que ele perca as referências da sua identidade e se incorpore na dimensão maior da multidão enlouquecida. Se alguém que o conhece permanecer perto dele, ele não pode deixar de se reconhecer no olhar que o identifica. Daí a necessidade da fantasia e das máscaras como recurso auxiliar de despersonalização. O efeito do carnaval é dissolver a consciência individual na pulsação sensual dos corpos em comunicação por meio do ritmo. É apenas estando sozinho, portanto, que se pode viver a emoção do coletivo. Nesse sentido Machado tem toda a razão em falar em anarquismo e Bandeira em vislumbrar a sociedade desfeita em cacos. A loucura de todos só pode nascer da loucura individual de cada um. Isso faz do carnaval uma hora da verdade, ninguém mais precisa manter a personalidade construída para contemplar as pressões, demandas e convenções sociais. Viver em consonância com esse potencial resguardado, portanto, significa viver "se guardando para quando o Carnaval chegar", como bem intuiu essa outra alma foliã, Chico Buarque de Holanda.

Mas se havia uma prática cultural mais forte ainda que a dança, a música e o esporte, era sem dúvida o cinema, que era uma soma disso tudo e muito mais. Se para Renato Murce os anos 1930 foram a era de ouro da música brasileira, para o mundo como um todo, Brasil incluído, esse período poderia ser igualmente conhecido como a era do cinema. As razões são muitas. Com a Primeira Guerra a indústria cinematográfica europeia entrou em colapso e nos países latino-americanos não havia mais como comprar celuloide e equipamentos baratos do mercado europeu. Os Estados Unidos herdaram tudo, construindo uma situação de monopólio virtual de produção, distribuição e exibição em todo o mundo. Quando surgiram os filmes falados, aumentando enormemente os custos de produção, os pequenos estúdios faliram e só sobraram as grandes corporações de Hollywood. Ali foi desenvolvido o sistema de estúdios, que racionalizava, otimizava e reduzia significativamente os custos e foi criada também a sua contrapartida promocional, o *star system*. Se os anos 1930 foram portanto a era do cinema, cinema nessa era significava estritamente Hollywood. As consequências dessa situação mudaram a história do mundo.[126]

Desde inícios dos anos 1920, impulsionado pela situação

privilegiada da indústria cinematográfica americana, o mercado de distribuição cresceu rapidamente e as salas de cinema se multiplicaram por toda parte, se tornando mais imponentes, suntuosas, edificadas segundo o código modernista e ousado do *art déco*. Ir ao cinema pelo menos uma vez por semana, vestido com a melhor roupa, tornou-se uma obrigação para garantir a condição de moderno e manter o reconhecimento social. E se cinema era Hollywood, Hollywood eram os astros e estrelas, que era preciso conhecer intimamente, na sua filmografia completa e nos detalhes da vida pessoal, amplamente divulgados pelos estúdios por meio de revistas especializadas. E era inevitável apaixonar-se por eles, eventualmente escrevendo cartas para as revistas, para os estúdios ou para os milhares de fãs-clubes. Entre os solteiros, principalmente as moças, era prática habitual colecionar fotos dos astros favoritos, ampla e generosamente distribuídas pelos estúdios, e tê-las espalhadas pelas paredes da casa ou do quarto de aluguel. Era inevitável. Até poetas eruditos, sofisticados e sensíveis, como Carlos Drummond, se apaixonavam perdidamente pelas estrelas, como ele confessa com nostalgia no poema "Os 27 filmes de Greta Garbo", dos quais ele assistiu a 24, várias vezes cada:

> *Agora estou sozinho com a memória*
> *de que um dia, não importa em sonho*
> *imaginei, maquiei, vesti, amei Greta Garbo.*
> *E esse dia durou quinze anos.*
> *E nada se passou além do sonho,*
> *diante do qual, em torno ao qual, silencioso*
> *fatalizado,*
> *fui apenas* voyeur.[127]

Vinicius de Moraes tem um poema chamado "História passional, Hollywood, Califórnia", no qual ele se coloca numa posição em que toda a sua vida é reinterpretada como uma sucessão de clichês hollywoodianos. O jeito de sentar, de dirigir o carro, de acender o cigarro, de olhar a moça de lado, de namorar ao pôr do sol, de segurar um copo, de implicar com a moça, de ser esnobado por ela, de comer *fast-food*, de se dirigir ao garçom, as roupas que ela veste, o jogo de boliche, o meio sorriso sarcástico, a mudança repentina de humor, o truque de acender o isqueiro num golpe só, tudo vem da tela do cinema. Para ele, sua vida não resulta de uma interação com as pessoas imediatamente ao seu redor, mas do trabalho coletivo de uma equipe desconhecida de técnicos do outro lado do continente. Não é um exagero. O cinema hollywoodiano é uma arte complexa, um somatório de técnicas revolucionárias de comunicação visual, como o *close-up*, os efeitos emocionais dos recursos de edição, cadência, ritmo, iluminação, som, música, expressão facial, corporal, os encantos da juventude, os movimentos coreográficos, atléticos, a maquiagem, os penteados, as roupas e fantasias, as peças e figuras de estilo e essa força de poder tão esmagador quanto misterioso que é o sex-appeal, tudo isso ampliado na tela colossal, irradiando seu hipnótico brilho prateado no escuro do teatro. O que Hollywood levou às últimas consequências foi a descoberta, em grande parte haurida dos surrealistas e expressionistas que fugidos da Europa nos anos 1930 iriam encontrar trabalho na Califórnia, de que o cinema é uma arte feita para os olhos e o subconsciente, não para a razão ou a explanação verbal. É por isso que o cinema está mais próximo da mitologia que da narrativa ou da história, com sua estrutura orgânica e base verbal. O cinema não explica nem persuade, ele seduz. O poeta franco-suíço Blaise Cendrars, um dos criadores da poesia cubista e um dos mais importantes artistas modernos, comenta como age esse "efeito Hollywood": "Eu estava no Brasil na época em que o filme *Platine Blonde* foi exibido [em fins dos anos 1920], de forma que pude testemunhar que o filme foi de fato um tremendo sucesso no Rio de Janeiro, pois em menos de uma semana todas as lindas mulatas e negras caprichosas que saem de suas casas ao pôr do sol para passear na avenida Central, se exibindo e gozando da brisa fresca vinda da orla do mar, na praia do Flamengo, haviam descolorido seu cabelo e maquiado o rosto com tons cor-de-rosa".[128]

O mesmo fenômeno já havia sido detectado por João do Rio quando, ao visitar a sede do grupo carnavalesco Rei de Ouros, descobriu, para sua surpresa, que a porta-bandeira era "uma mulatinha com cabelo à Cleo de Mérode".[129] Nunca um único sistema cultural teve tanto impacto e exerceu efeito tão profundo na mudança do comportamento e dos padrões de gosto e consumo de populações por todo o mundo, como o cinema de Hollywood no seu apogeu. Foi assistindo a essa metamorfose exótica nas ruas do Rio de Janeiro que o poeta Blaise Cendrars decidiu viajar para a Califórnia e entender como funcionava a maior máquina de sonhos jamais suposta, pelo seu poder e eficácia, por qualquer cientista, poeta ou político. É por causa desse novo poder que ele iria se referir a Hollywood como "a Meca", "a nova Bizâncio" ou "a Babilônia renascida". Naturalmente os mesmos técnicos de Hollywood foram rápidos em perceber como o glamour dos astros do cinema se transmitia diretamente para tudo o que estivesse ao seu redor, o que eles vestiam, o que tocavam e aquilo sobre o que falavam. Em primeiro lugar, o que calava fundo nas plateias era a beleza mirífica daqueles seres diáfanos, feitos de maquiagem, coiffure, luz e close-up. O conjunto dos recursos desenvolvidos para as finalidades técnicas das filmagens passa a ser assim introduzido no mercado, sugerindo a possibilidade de as pessoas manipularem suas próprias aparências para se assemelharem aos deuses da tela. O mercado será invadido de xampus, condicionadores, bases, ruge, rímel, lápis, sombras, batons, um enorme repertório de cortes, penteados e permanentes, tinturas, cílios, unhas postiças, e naturalmente o "sabonete das estrelas de cinema". As cabeleireiras, barbeiros, modistas, costureiras, chapeleiros, alfaiates, acumulavam pilhas de revistas *Cinelândia* em suas lojas e ateliês para facilitar as decisões de seus clientes.

Os cenários passam também a ditar os estilos, objetos e arranjos obrigatórios para os interiores das casas. Nos períodos de prosperidade e grande diversificação de consumo, como após a Segunda Guerra, o cinema se tornou a vitrine por excelência da exibição e glamourização dos novos materiais, objetos utilitários e equipamentos de conforto e decoração doméstica. Ele é a fonte irradiadora dos modelos que se convertem numa ampla demanda, atendida pela invasão crescente dos plásticos, polímeros, náilon, raiom, banlon, boclê, blue jeans, acrílico, acetatos, multirresinas, baquelita, fórmicas, Courvin, linóleos, napas etc. Materiais, todos esses, que tinham a imensa vantagem de ser produzidos em massa, ser baratos, resistentes, multicoloridos e democratizar o acesso a um enorme acervo de bens, utilitários, eletrodomésticos, móveis, estofados, tapetes e carpetes para grupos sociais que não teriam condições de adquirir madeiras nobres, cristais, porcelanas, veludos, sedas, tapeçarias e tecidos finos. As próprias pesquisas das indústrias americanas relativas, por exemplo, à racionalização do espaço e das atividades da cozinha, produzindo o arranjo tornado clássico do fogão, armários embutidos, geladeira, *freezer*, pia multifuncional e mesa acabavam se universalizando por meio do *showroom* da tela do cinema.[130] O mesmo vale para a convenção das duas poltronas, o sofá, a mesa de centro, o abajur, a televisão e o vaso de antúrio ao lado, para o arranjo de todas as salas de estar. Assim para os dormitórios, os quartos das crianças, as garagens etc. As casas passam a ser basicamente iguais, as pessoas executam basicamente os mesmos movimentos durante as mesmas rotinas e se parecem elas mesmas muito umas com as outras. A televisão viria completar e dar o toque final a esse processo iniciado pelo cinema, invadindo e comandando a vida das pessoas dentro do próprio lar e organizando o ritmo e as atividades das famílias pelo fluxo variado da programação e dos intervalos comerciais.[131]

Além da televisão, outra fonte que se beneficiou da erotização dos objetos generalizada pelo cinema foi a publicidade. Os objetos passaram a ser alvo do mesmo culto fetichista que a imagem dos astros e estrelas, e era muito comum os estúdios reforçarem essa associação, para além das roupas, joias e adereços, distribuindo fotos de seus contratados ao lado de telefones, motocicletas, discos e aparelhos sonoros, televisores, carros, móveis e ambientes com *design* moderno, além de paisagens, hotéis e locações turísticas. O objeto do desejo se torna inseparável do desejo do objeto e um pode suprir simbolicamente a ausência do outro. O ato do consumo se torna assim, ele próprio, carregado de uma energia sensual, ao mesmo tempo fetichista e voyeurista, marcado pelo gozo de desfilar entre os artigos, ver bem de perto e tocar os objetos, eventualmente possuí-los e exibi-los a outros olhos cobiçosos. O poeta Carlos Drummond fez uma ode linda, assinalando essa estranha volúpia do consumo pela perspectiva de cinco manequins de loja:

> *Cinco estátuas recamadas de verde*
> *na loja, pela manhã, aguardam o acontecimento* [...]
>
> *Sabem que Vênus cedo ou tarde,*
> *provavelmente tarde e sem pintura,*
> *chegará.*
> *Chega, e o simples vulto*
> *aciona as esculturas.*
>
> *Ao cintilar de vitrinas e escaninhos,*
> *objetos deixam de ser inanimados.*
> *Antes de chegar à pele rósea,*
> *a pulseira cinge no ar o braço imaginário.*
> *O enfeite ocioso ganha majestade*
> *própria de divinos atributos.*
> *Tudo que a nudez torna mais bela*
> *acende faíscas no desejo.*
> *As estátuas sabem disso e propiciam*
> *a cada centímetro de carne*
> *uma satisfação de luxo erótico.*[132]

Uma decorrência curiosa dessa magnificação e animação sensual dos objetos é o modo como eles passam a operar como sucedâneos da comunicação e do contato afetivo entre as pessoas. Como vimos, a tendência social predominante nesse tempo de mudanças aceleradas é a do estiolamento das tradições e o afrouxamento das relações familiares, comunitárias e interpessoais de uma forma geral. As pressões de todos os lados concorrem para um reforço do individualismo, do isolamento e das relações frias entre papéis sociais mais do que a troca de afetos entre pessoas. Conforme grita Drummond amargurado,

Nesta cidade do Rio,
de dois milhões de habitantes,
estou sozinho no quarto,
estou sozinho na América [...]

Esta cidade do Rio!
Tenho tanta palavra meiga,
conheço vozes de bichos,
sei os beijos mais violentos,
viajei, briguei, aprendi.
Estou cercado de olhos,
de mãos, de afetos, procuras.
Mas se tento comunicar-me
o que há é apenas a noite
e uma espantosa solidão.[133]

Nessas condições, os rituais e celebrações mais relevantes passam a ser aqueles que consagram o indivíduo ou relações pessoais imediatas, como o aniversário, que diz respeito a cada um, o *réveillon*, que é uma festa propiciatória do sucesso e prosperidade individuais, o casamento, os aniversários de casamento e os dias das mães, dos pais, dos namorados, das crianças etc. E todos eles estão centrados na troca de presentes ou de cartões. Ou seja, indispostas ou incapazes de se tocarem, de se falarem abrindo o coração, de transmitirem carinho pela vibração emocional ou pelo contato físico, as pessoas os substituem cada vez mais pelos objetos, na convicção, é claro, de que quem recebe também prefere a comunicação pela mercadoria. Drummond comentou comicamente essa inversão pela qual os objetos adquiriram autonomia e em vez de serem meios para os fins determinados pelas pessoas, se tornaram o núcleo simbólico para o interior do qual as criaturas são dragadas. O poeta parte de uma metonímia, "O bolo", que representa a festa do consumo:

Na mesa interminável comíamos o bolo
interminável
e de súbito o bolo nos comeu.
Vimo-nos mastigados, deglutidos
pela boca de esponja.

No interior da massa não sabemos
o que nos acontece
mas lá fora
o bolo interminável
na interminável mesa a que preside
sente falta de nós
gula saudosa.[134]

Curiosamente ou não, essa imagem de uma pessoa, mais precisamente de uma garota linda, em trajes sumários, saindo de dentro de um bolo gigantesco no clímax da festa, é um clichê hollywoodiano. Mais do que a erotização da culinária, ele representa a sensualização do aniversário, da celebração do indivíduo portanto. Era uma cena frequente nos filmes musicais. Esses musicais como se sabe foram o carro-chefe da cinematografia americana dos anos 1930 até meados dos anos 1950, a era dourada do cinema. Seu sucesso era estrondoso porque fundiam as linguagens mais expressivas da ação e da modernidade, o esporte, a dança, o *glamour*, a coordenação coletiva e o primado do destino individual. Sua fonte original eram as grandes apoteoses cênicas de luxo e extravagância dos musicais da Broadway. O gênio por trás do prodígio era Busby Berkeley, com uma longa experiência de diretor de dança nos teatros da Broadway antes que Samuel Goldwyn o levasse para Hollywood.[135] Ali ele se excederia na sua concepção de figurações caleidoscópicas de multidões de jovens compostos em formações complexas, grandes pirâmides giratórias, padrões geométricos intrincados, com seus bailarinos oscilando entre os trajes sumários e grandes penachos, tules, sedas, paetês, tecidos dourados e prateados, colares, braceletes, pulseiras, tiaras, corpetes e cintas-ligas, saltos altos e bicos finos. Era o período da grande recessão desencadeada pela crise de 1929. O que as pessoas queriam do cinema eram as mais delirantes fantasias, a certeza de que o prazer existia e era possível desejá-lo.

O musical era centrado no mito do par amoroso. Esse mito vem da tradição romântica e mais além ainda tem suas raízes remotas nos rituais do amor cortês e na lenda da princesa longínqua, difundidos na Idade Média tardia e repletos de conteúdo místico.[136] O que nos interessa, porém, é que o cinema americano vai resgatá-lo das suas versões diluídas nos clichês folhetinescos, vai modificá-lo atualizando-o e transformando-o num veículo para suas próprias finalidades. Nessa versão, o casal amoroso se torna uma entidade autônoma, que existe num contexto autorreferido, em que tudo o que acontece ao seu redor só assume significado em virtude do desdobramento cômico-dramático da sua relação amorosa. Nesse sentido é como se eles existissem à parte da sociedade, tendo como único nexo explicativo de seu comportamento e das demais pessoas que circulam em seu meio, a sua ligação passional intensa. Eles assim se indispõem sucessivamente contra seus pais e familiares, contra seus amigos e circunstantes, contra as hierarquias e convenções sociais dominantes, enfim, e que, de uma forma ou outra, interferem nesse fim absoluto que é a consumação da sua relação amorosa. Assim sendo, o par amoroso não realiza seu destino ficcional inserido numa sociedade, mas voltados um para o outro e ambos investindo contra a sociedade que lhes é hostil. Paradoxalmente portanto, o amor se torna um fermento antissocial. Vista de uma perspectiva, essa representação sugere a emancipação das noções tradicionais de hierarquia e autoridade; de outra, a inserção na lógica do individualismo e da exacerbação da expectativa de realização passional, com toda a carga de ansiedades e frustrações que ela comporta.

Outro dos efeitos que essa construção ficcional tem é o de compor o casal como uma unidade básica de percepção do mundo ao seu redor, como se eles conformassem uma única individualidade bipolarizada. O casal se torna assim o único esteio solidário num meio que não se constitui mais numa sociedade propriamente, mas muito mais numa miríade de individualidades em competição agressiva e constante. Isso poderia ser assustador e fonte de angústia, mas, *hélas*!, eles dançam, cantam, sapateiam, se abraçam, pulam, flutuam no ar e os problemas se desvanecem. O público assiste, chora, ri, sapateia discretamente no assoalho do cinema, canta junto, depois sai, compra o disco e ouve aquela música mais milhares de vezes. Afinal, ao cinema, ou se vai sozinho, ou se vai em casal. Quando a luz apaga e nada mais se vê além da tela prateada, ou se fica isolado na poltrona, ou, se se tem a suprema felicidade, há um corpo ao lado para afagar.

Há portanto vários sentidos na frase quando as pessoas dizem que amam o cinema. Ele é, afinal de contas, uma máquina de simbolização e difusão do amor, à sua maneira. E é claro que a partir do cinema e seus desdobramentos pelo *star system*, como vimos, essa forma simbólica transborda para a publicidade, as histórias em quadrinhos, as fotonovelas, as radionovelas, os livros de bolso, as canções populares, as revistas de fofocas, as fórmulas pelas quais a imprensa modela as informações sobre as pessoas e suas vidas, chegando aos olhos, ouvidos, mentes e corações de todos, por toda parte. No limite, o esteio da felicidade em vida é a realização amorosa. Obtê-la é o objetivo primordial, a obsessão dominante. Em caso de dúvida, não se hesite em tentar novamente. Desquite, divórcio e flerte, com todo o seu aparato de bares, salões e boates, além dos consequentes hotéis, *drive-ins* e motéis, se incorporam às demandas dos direitos fundamentais do cidadão e da cidadã. No entretempo de um amor ao outro, o estágio obrigatório pelos serviços esotéricos ou o divã do analista. Encontrar um interlocutor para as ansiedades, inseguranças e fantasias individuais se torna um valor de mercado. Valor caro aliás, já que se trata de um mercado inflacionário, a luta pela felicidade imaginada fica sempre muito aquém das ofertas reais e cada qual está por demais preocupado com a própria realização para se dispor a cogitar na de outros.

Ainda outro efeito interessante dessa ênfase nas peripécias do par romântico é o seu impacto sobre o consumo. Num mercado cuja competitividade obriga à inovação, variedade e sofisticação constante dos produtos, o casal jovem é o alvo ideal. É fundamental para a indústria de bens de consumo, usando dos recursos prodigiosos da publicidade, quebrar os elos de família e a cadeia das gerações. "Você ainda lava o chão como a vovó?" ou "Não perca mais tempo cortando legumes como a mamãe!" ou "Se seu pai não teve uma conta bancária, então ele nunca soube o que são os anos dourados da juventude." A ideia é que a vida deve começar do zero para cada casal que inicia a vida em comum: casa nova, hábitos novos, produtos novos, mais atualizados, mais versáteis, mais identificadores da individualidade do jovem casal em relação à geração de seus pais ou mesmo de seus irmãos mais velhos.

Nesse rearranjo das coisas, a moça é sobretudo a portadora das fantasias relativas ao conforto, ao bem-estar e à decoração da casa, enquanto o rapaz fica no papel do provedor e do provador. É no sentido dessa representação estereotipada e desequilibrada dos papéis sexuais que atuam as chamadas revistas femininas, o grosso da publicidade e as diferentes formas de ficção que circulam na cultura massificada. É assim com os brinquedos também, ao menos se observarmos pelo viés da campeã mundial e indisputável de vendas, a boneca Barbie.[137] Um dos slogans de promoção da célebre criatura é "Eu quero ser como a Barbie, ela tem tudo!". De fato tem, além de roupas, chapéus, carros, casa, móveis, os eletrodomésticos mais modernos e uma decoração doméstica toda cor-de-rosa como o seu *baby-doll*. Ela também possui o Ken que, com o seu *robe de chambre* azul, tem como único sentido da sua existência olhar e admirar os apetrechos, as modas, o corpo bronzeado, anoréxico e a eterna juventude da sua Barbie. Enfim, eles são de plástico, portanto eles se entendem. E como seu exemplo sugere, caso alguém queira ser feliz como eles, pode sempre recorrer à intervenção providencial da cirurgia plástica também.

Quanto às composições cênicas mirabolantes dos filmes musicais, o visual de luxo e esplendor dos figurinos e a atmosfera mista de sonho, fantasia e mitos modernos/mitos americanos de suas produções, em meio ao vasto âmbito de sua influência, eles tiveram também um papel significativo, no Brasil e a partir do Rio de Janeiro, na configuração da estética do carnaval em geral e das escolas de samba em especial.[138] Muito colaboraram para essa fertilização cruzada, tanto o desenvolvimento da forma paródica da chanchada[139] quanto o apoio que o Estado varguista passou a dar às escolas de samba, com vistas a fazer delas uma alavanca na difusão de seu ideário nacionalista, calcado numa versão de cultura popular amalgamada como pastiche populista. Não por acaso essa fusão de influências e intenções ocorreu durante o namoro do governo americano com as ditaduras latino-americanas, durante o contexto da Segunda Guerra, conhecido como a "política de boa vizinhança", conduzida pela tripla via dos investimentos econômicos, da diplomacia e da glamourização da imagem da América Latina no cinema de Hollywood.[140] É quando o Pato Donald vem ao Rio e conhece o Zé Carioca.[141]

O Zé Carioca, como se sabe, morava, e mora ainda, com sua camisa listrada, sua palheta, pandeiro e violão, numa favela num dos morros da cidade do Rio de Janeiro. Era de onde a música, o maxixe, o samba, o choro e a marchinha vinham também. Mas essa era a área em que se instalara a população pobre que fora excluída da remodelação da cidade, vivendo precariamente em suas malocas, sem qualquer infraestrutura nem serviços básicos e com escassa probabilidade de conseguir emprego, ainda que muito mal pago. Mas, então, o que é que esse astro, entre os mais famosos de Hollywood, o Pato Donald, foi fazer lá? Bem, pode-se imaginar que se ele fosse para o Copacabana Palace ou o Cassino da Urca encontraria um ambiente muito parecido com o de Las Vegas e que ele já conhecia muito bem. Por outro lado, não foi tanto assim o Pato

Donald que subiu, quanto foi o Zé Carioca que desceu. As coisas estavam mudando muito depressa e o que foi separado de modo radical no espaço, agora começava curiosamente a se aproximar nesse âmbito difuso e onipresente da cultura eletrificada. Custódio Mesquita e Mario Lago registraram essa maré crescente da mudança por meio dessa figura ambígua, o sambista da Cinelândia, que se exibe na área mais moderna do centro do Rio. Qualquer semelhança com Zé Carioca é acaso histórico.

Sambista desce o morro
Vem pra Cinelândia, vem sambar
A cidade já aceita o samba [*estribilho*]
E na Cinelândia só se vê gente a cantar

Hoje está tudo mudado e acabou-se a oposição
Escolas por todo lado, de pandeiro e violão

O morro já foi aclamado e com um sucesso colossal
E o samba já foi proclamado sinfonia nacional.[142]

Sinfonia nacional sem dúvida, mas que a oposição tenha se acabado, só no sentido paródico em que os compositores imprimem comicidade ao seu otimismo em tom oficial. Mas se a oposição não se acabou, algo com certeza estava mudando e é no bojo desse curso de mudança que se abrem novos espaços para a negociação. Que espécie de mudança era essa? Assis Valente nos dá uma ideia do que estava se passando com a marchinha ironicamente denominada "*Good-Bye*":

[...] *Não é mais boa noite, nem bom dia*
Só se fala "good-morning", "good-night"
Já se desprezou o lampião de querosene
Lá no morro só se usa a luz da Light
Oh! Yes.[143]

A modernidade, afinal de contas, chegava diferente, em proporções imensamente desiguais, mas atingia a todos. O que cada um faria com o que obtivesse era um novo fator aleatório e estranhamente imprevisível. Os perfis começam a ficar enevoados e os papéis a se embaralhar. O fato é que as populações excluídas aos poucos vão se apercebendo de que é possível dispor de elementos dessa modernidade para reforçar as características de infixidez, jogo e reajustamentos constantes, que sempre lhes garantiram maiores oportunidades no confronto social, mas que precisamente as novas políticas de controle, segregação e cerceamento das cidades planejadas procuravam tolher. Havia portanto elementos nessa modernidade que depunham contra, mas outros que poderiam ser aproveitados na sua gestão por melhores oportunidades e recursos. É claro que a percepção dessa situação é simetricamente oposta, dependendo da perspectiva em que se está. Alguns vão reclamar daqueles que "não sabem o seu lugar", outros vão se aproveitar para jamais ficar no lugar em que se desejaria que eles permanecessem. Almirante compôs num choro um retrato poético brilhante dessa nova situação, num diálogo hilário com a Cozinheira Grã-Fina:

Coz. — *Faça o favor de me dizer*
se foi aqui que anunciaram precisar
de uma empregada como eu?

Alm. — *Foi! Foi aqui mesmo que se anunciou*
precisar de cozinheira de forno e fogão...
Que entenda de fato do seu métier
Que saiba fazer com perfeição...

Coz. — *O quê?*

Alm. — *...croquetes, empadas, cozido, ensopado*
peru recheado, tutu de feijão
Que acorde bem cedo e durma no aluguel

Que seja asseada e que seja fiel
Para evitar depois complicações
eu quero saber já as suas condições.

Coz. — *As minhas condições agora eu vou dizer*
Primeiramente aviso não quero saber
de lavar panelas e varrer cozinha
Não sou uma qualquer e guardo certa linha
E louca por cinema eu sou de natureza
E gosto de um moreno que é um colosso
Adoto o sistema da semana inglesa
Aos sábados eu saio depois do almoço
Sou empregada sindicalizada
e quero férias, quero meus papéis
Não sou nada exigente, trezentos mil réis
vou querer de ordenado, pago adiantado

Alm. — *E... não sei ainda como é que se chama...*
E será que a madama sabe fazer sala?

Coz. — *Pois decerto "seu" moço, isso nem se fala...*

Alm. — *E vai ver que a "princesa" toca o seu piano*

Coz. — *E arranho o francês e o italiano*

Alm. — *Então eu lhe faço uma contraproposta*

Coz. — *Pois seja "seu" moço, mas não tou disposta*
a aceitar coisa que não satisfaça

Alm. — *É mais negócio eu me casar consigo*
que a senhora trabalha para mim de graça

Coz. — *Ah! é?!*[144]

A julgar por esse diálogo, como se vê, havia muito que o Pato Donald poderia ter aprendido com o Zé Carioca. Se compararmos no mesmo espírito os musicais cariocas e essa outra arte que de algum modo eles influenciaram, as escolas de samba, podemos igualmente inferir coisas interessantes. A estrutura do musical se baseia na perfeita, milimétrica coordenação de conjunto do coro, contrastando com a extrema mobilidade e desprendimento da dança atlética do par romântico central. No caso das escolas de samba em particular ou do carnaval em geral, há também o aspecto da coordenação de conjunto, como no caso das alas ou das coreografias alusivas. Mas simultaneamente se espera do sambista o seu número particular, todos querem ver o gabarito do seu desempenho rítmico, da sua expressividade corporal, da sua vibração sensual. Nesse sentido, o musical é altamente estudado e suas performances obedecem a um rigor cronométrico e a uma geometria de deslocamento espacial tecnicamente impecável. Já no carnaval prevalecem aqueles elementos de esfacelamento e anarquia de que falavam Manuel Bandeira e Machado de Assis.

Uma maneira de tentar entender a peculiaridade desse carnaval é avaliando uma palavra, já um tanto desgastada mas que pela sua riqueza de significado merece ser sondada. Trata-se da palavra *ginga* ou *gingado*. A origem dessa palavra é obscura, mas há duas bases principais para a sua interpretação. Uma é de origem náutica e se refere àqueles barcos com um remo grande na popa, que um navegador move para um lado ou para o outro quando quer mudar o rumo da embarcação. O remo se chama "ginga" e diz-se do navegador que está gingando ou, mais arcaicamente, ginglando.[145] A outra acepção é muito mais promissora. Ela procede da capoeira e se refere à movimentação fundamental do capoeirista, que balança seu corpo constantemente, de modo rítmico mas imprevisível, impedindo assim que o adversário tenha uma referência fixa para definir sua estratégia de ataque.[146] O segredo da eficácia do capoeirista, portanto, está na qualidade do seu gingado. Outro aspecto interessante é que o capoeirista não se põe a gingar para precipitar a luta, mas ginga a partir do momento em que está sob assédio. Ou seja, o efeito da ginga é desestabilizar a lógica combativa do oponente. Nesse sentido a ginga é literalmente uma contrafação, um jogo, uma destreza desenvolvida em um nível instintivo que rouba ao adversário a sua capacidade de ação ao lhe tolher os padrões usuais de percepção e representação. Ela tem suas técnicas, mas seu desempenho efetivo exige um estado de espírito, aquele dos que veem o mundo pelo viés do que é fluido, inconstante, vário e contingente.

Entre as muitas histórias pessoais, essa é uma possibilidade para entender a trajetória desse meteoro moderno que foi Carmen Miranda. A pequena imigrante portuguesa que foi entregadora de marmitas na pensão de seu pai, foi costureira, foi chapeleira até se tornar, num curtíssimo espaço de tempo, uma das mais disputadas estrelas da Broadway e o salário mais alto de Hollywood.[147] Segundo seus próprios depoimentos, desde pequena ela era extremamente fascinada por cinema e só pensava em ser estrela, um pouco como a Cozinheira de Almirante. Com o seu talento e esforço pessoal, assistindo a filmes, estudando fotografias, pesquisando modas, ouvindo discos, ela se tornou mestra em todo tipo de linguagem não verbal: risos, olhares, gestos, poses, movimentação corporal, coreografias, maquiagem, penteados, roupas, chapéus, adereços, saltos altos, gritos, gemidos, sussurros, canto e encanto. Quando ela chegou aos grandes veículos de comunicação já era praticamente uma estrela completa. Não só entendeu a natureza da cultura moderna, mas usava as tecnologias para o máximo proveito de suas qualidades expressivas. Fez a paródia do narcisismo da Broadway e de Hollywood. No limite foi dragada pelo gigantismo incontrolável das engrenagens do seu próprio sucesso. No ano seguinte, porém, o mundo teria outra surpresa arrasadora desse encontro da modernidade com a ginga, no desempenho da linha irresistível que arrebatou a Copa de 1958 na Suécia: Didi, Garrincha e Pelé. Dois negros e um mulato, vindos da população "invisível" do país, agora heróis no palco irradiado do mundo.

Quando Carmen Miranda morreu, em 1957, as coisas já estavam mudando de novo. Se o seu mundo foi o do cinema, a tragédia íntima da sua morte se tornou o primeiro grande espetáculo transmitido ao vivo pela televisão brasileira e visto simultaneamente por multidões por toda parte em que houvesse um receptor. Assim como, na Copa do Mundo de 1958, magotes de gentes se espremiam para assistir na telinha à retransmissão filmada dos jogos do Brasil. A televisão herdava do rádio e do cinema as funções de máquina de fazer mitos, se aproveitando da maior intimidade com que disputaria o espaço doméstico e o cotidiano dos seus espectadores. Relembremos agora o tênue filete de fumaça do cocheiro que penetrou o bonde em que viajava Machado de Assis no início do nosso percurso, causando-lhe um desconfortável sentimento de invasão da privacidade. Comparemos esse filete esvoaçante com o facho de luz que partindo da tela da TV invade o interior das casas. Mais que isso, consideremos todo o fluxo de informações, imagens, ícones, sons, ruídos, condicionamentos, publicidade, discursos, notícias, filmes, novelas, comédias, debates, programas de auditório, esportes, gastronomia, curiosidades, turismo, entrevistas, fofocas, rádio, discos, redes, telefone, jornais, revistas, gibis, panfletos, formulários, livros, almanaques, agendas, enciclopédias, listas, catálogos, cadastros, manuais, mala direta e extratos bancários, que entram nos lares sem parar, pelos olhos, ouvidos, boca, tato e olfato todo dia e o dia todo. E o que entra no seu lar, entra no do vizinho, e no vizinho do vizinho e por todo lado pelos milhares de quilômetros quadrados das grandes conurbações metropolitanas e pelas suas congêneres pelo mundo afora. O que diria Machado agora? É difícil imaginar. Mas Carlos Drummond percebeu que hoje ninguém mais está só, nem que queira nem que não queira. A invasão da privacidade não é mais uma possibilidade, uma negociação ou uma arbitrariedade. Ela é uma condição histórica.

Abre em nome da lei.
Abre sem nome e lei.

Abre mesmo sem rei.
Abre, sozinho ou grei.
Não, não abras; à força
de intimar-te, repara:
eu já te desventrei.[148]

Desventrada mesmo ficou a cidade do Rio quando, em 1960, a capital federal foi transferida para a recém-inaugurada Brasília. De fato, a primeira Constituição, de 1891, já previa que uma nova capital republicana deveria ser criada no planalto de Goiás. Machado de Assis, revoltado contra o ato que esbulhava a cidade de seu papel político e sua vocação natural, atribuiu o decreto perverso à cupidez inconsequente da nova elite arrivista. Absortos pelo carrossel financeiro das negociatas do Encilhamento, os "homens novos" ignoraram o destino da cidade, deixando-o à deriva da sanha dos interesses das facções políticas. "Sim, não houve movimento [...] a própria cidade do Rio de Janeiro não reclamou nada, quando se discutiu a Constituição, não levou aos pés do legislador o seu passado, nem o seu presente, nem o seu provável futuro, não examinou se as capitais são ou não obras da história, não disse coisa nenhuma; comprou debêntures, que eram os bichos de então."[149]

Como bem percebera Machado, a intenção das facções era separar a política da história, a fim de tornar os círculos dirigentes imunes à pressão crescente das tensões sociais. Era um modo de privatizar a política, distanciando-a da cena pública. Quando o decreto se cumpriu, em 1960, não foi casual ele coincidir com a difusão da TV. Afinal, seria mediado por ela que o público agora poderia, à distância, assistir ao espetáculo político de Brasília. A mudança foi completa. O Rio de Janeiro nunca mais foi o mesmo. Nem o Brasil.

NOTAS

INTRODUÇÃO. O PRELÚDIO REPUBLICANO, ASTÚCIAS DA ORDEM E ILUSÕES DO PROGRESSO [pp. 7-36]

1. E. HOBSBAWM, *The Age of Empire*, p. 41.

2. Id., *A era do capital*, pp. 49-66.

3. Raymond Loewy, "Never Leave Well Enough Alone", cit. por P. SPARKE, *An Introduction to Design and Culture in the Twentieth Century*, p. 19.

4. Sobre as condições e características gerais da Revolução Científico-Tecnológica, cf. H. GOLLWITZER, *O imperialismo europeu*, pp. 24-33; E. HOBSBAWM, *A era do capital*, pp. 59-64; M. D. BIDISS, *The Age of the Masses*, pp. 31-2; G. BARRACLOUGH, *Introdução à história contemporânea*, pp. 50-4; D. THOMSON, "The Era of Violence", em *The New Cambridge Modern History*, 1960, v. XII, pp. 1-2; G. C. ALLEN, "The Economic Map of the World, Population, Commerce, Industries", em ibid., pp. 14-5; P. SWEEZY, *Teoria do desenvolvimento capitalista*, pp. 351-5; W. MOMMSEN, *La epoca del imperialismo*, pp. 55-6; P. SINGER, "O Brasil no contexto do capitalismo internacional", em B. FAUSTO (org.) *História geral da civilização brasileira*, pp. 348-9; M. DOBB, *A evolução do capitalismo*, pp. 372-81, 387-9; M. B. BROWN, *Economia do imperialismo*, pp. 183-6.

5. Para uma visão integrada desse processo, cf. R. FAORO, *A pirâmide e o trapézio*, principalmente pp. 40-89. Ver também C. PRADO JR., *História econômica do Brasil*, pp. 207-87.

6. R. GRAHAM, *Grã-Bretanha e o início da modernização no Brasil*, p. 106. Ver também E. CARONE, *A República Velha*, pp. 130-8 e G. FREYRE, *Ordem e progresso*, p. 150, em que escreve "a substituição da forma monárquica de governo pela republicana, aproveitando-se a substituição política para integrar-se o Brasil no moderno sistema da civilização industrial, representado pela neotécnica anglo-americana ainda mais que pela paleotécnica da Europa. Compreende-se assim que, feita a República, o Brasil tenha se exagerado em aproximar-se política e economicamente dos Estados Unidos, tornando-se campeão da política pan-americana em Washington e deixando-se prender por uma aliança comercial com os Estados Unidos mais favorável à grande que à nova República: 'a treaty highly favorable to the United States', como escreveu [Isaac N.] Ford em 1892". Mais pitorescamente, a respeito dessa escalada da influência anglo-saxônica, à página CXLIV, G. FREYRE lembra a nova moda de dar nomes daquela procedência às crianças nascidas depois do XV

de Novembro, tais como "Washington, Franklin, Nelson, Edison, Milton, Darwin, Elizabeth, Lincoln, Gladstone, Spencer", entre outros.

7. E. da CUNHA, *Obras completas*, vol. I, p. 167.

8. D. T. MONTEIRO, "Um confronto entre Juazeiro, Canudos e Contestado", em B. FAUSTO (org.), *História geral da civilização brasileira*, t. III, v. 9, pp. 58-71; a citação está na página 60.

9. E. C. de MELLO, em seu *Olinda restaurada*, observou um fenômeno inverso: como as tropas brasileiras, sobretudo as comandadas por mamelucos ou outras gentes da terra, subverteram as táticas militares holandesas, justamente pelo seu exímio conhecimento das características da ecologia nordestina, das quais sabiam tirar o melhor proveito em favor de uma guerra de guerrilhas, em detrimento da ação regular do estrangeiro invasor. Cf. pp. 220-48.

10. Sobre a repressão às tradições e festas populares, cf. N. SEVCENKO, *Literatura como missão*, pp. 32-4; sobre a repressão aos capoeiras, L. CAMPOS, "Capoeira, esgrima dos olhos", em M. BANDEIRA e C. D. de ANDRADE (orgs.), *Rio de Janeiro em prosa & verso*, pp. 192-3; sobre as proibições ao maxixe, cf. n. a. "A derrubada do maxixe", *Revista Fon-Fon!* 13/7/1907, ano I, n. 14, p. 13.

11. N. SEVCENKO, *A Revolta da Vacina*, pp. 40-1.

12. G. CRULS, "Favelas", em *Aparência do Rio de Janeiro*, pp. 783-91.

13. Sobre a repressão à Revolta da Vacina, cf. N. SEVCENKO, "Repressão administrativa: terror", em *A Revolta da Vacina*, pp. 69-81.

14. Id., *Literatura como missão*, pp. 32-6.

15. Sobre o Contestado, D. T. MONTEIRO, "Um confronto entre Juazeiro, Canudos e Contestado", em B. FAUSTO (org.) *História geral da civilização brasileira*, t. III, v. 9, pp. 71-85; sobre a Revolta de 1924, A. M. M. CORRÊA, *A rebelião de 1924 em São Paulo*; sobre a repressão que se seguiu à revolta, N. SEVCENKO, *Orfeu extático na metrópole*, pp. 303-5.

16. A. CANDIDO, "Literatura e subdesenvolvimento", *Argumento*, out. 1973, ano I, n. 1, pp. 8-24.

17. O cronista do *Jornal do Commércio* do Rio de Janeiro expôs esse sentimento com notável franqueza: "Já foi o tempo em que acolhíamos com uma certa simpatia esses parentes que vinham descalços e mal vestidos, falar-nos de seus infortúnios e de suas brenhas. Então a cidade era deselegante, mal calçada e escura, e porque não possuíamos monumentos, o balouçar das palmeiras afagava a nossa vaidade. Recebíamos então sem grande constrangimento, no casarão, à sombra de nossas árvores, o gentio e os seus pesares, e lhes manifestávamos a nossa cordialidade fraternal... Agora porém a cidade mudou e nós mudamos com ela e por ela. Já não é a singela morada de pedras sob coqueiros; é o salão com tapetes ricos e grandes globos de luz elétrica. E por isso, quando o selvagem aparece, é como um parente que nos envergonha. Em vez de reparar as mágoas do seu coração, olhamos com terror para a lama bravia dos seus pés. O nosso *smartismo* estragou a nossa felicidade". *Jornal do Commércio*, "A Semana", 30/3/1908.

18. J. HABERMAS, "A família burguesa e a institucionalização de uma esfera privada referida à esfera pública", em M. CANEVACCI (org.), *Dialética da família*, pp. 226-34; a citação está na página 234.

19. A. ARINOS, "Pedro Barqueiro, tipo do sertão", em *Pelo sertão*, pp. 94-101.

20. A. EULÁLIO, *A aventura brasileira de Blaise Cendrars*, pp. 164-6; A. AMARAL, *Blaise Cendrars no Brasil e os modernistas*, pp. 39-78; sobre João do Rio, *J. R. — uma antologia*, sel. e reun. L. MARTINS, especialmente pp. 29-34 e 51-9.

21. J. do RIO, "O mundo dos feitiços", em *As religiões do Rio*, pp. 19-54.

22. Id., "O corpo marcado", em M. BANDEIRA e C. D. de ANDRADE (orgs.), *Rio de Janeiro em prosa & verso*, pp. 187-91. Um desses casos está citado na página 190: "O marinheiro Joaquim tem um Senhor crucificado no peito e uma cruz negra nas costas. Mandou fazer esse símbolo por esperteza. Quando sofre castigos, os guardiões sentem-se apavorados e sem coragem de sová-lo".

23. N. SEVCENKO, "Conjunturas sombrias", em *A Revolta da Vacina*, pp. 36-9.

24. E. HOBSBAWM, *A era do capital*, p. 46.

25. T. de SOUZA et al, *Brasil musical*, p. 63.

26. N. SEVCENKO, "A inserção compulsória do Brasil na Belle Époque", em *Literatura como missão*, pp. 25-51.

27. A célebre expressão "um bando de ideias novas" é de Tobias Barreto. Euclides da Cunha criou uma variante deveras sugestiva ao dar o testemunho intelectual da sua geração: "Éramos, à força das circunstâncias, arrebatados [...] pela corrente elétrica de ideias que jorra na França". N. SEVCENKO, "O exercício intelectual como atitude política: os escritores-cidadãos", em *Literatura como missão*, pp. 78-118.

28. Id., *Orfeu extático na metrópole*, pp. 223-307.

29. E. HOBSBAWM, *Era dos extremos*.

30. J. C. de MELO NETO, "O engenheiro", em *Antologia poética*, pp. 195-6.

31. Id., "De um avião", em *Antologia poética*, p. 90, a estrofe citada em primeiro lugar, e p. 92, os versos no fim do parágrafo.

1. DA ESCRAVIDÃO À LIBERDADE: DIMENSÕES DE UMA PRIVACIDADE POSSÍVEL [pp. 37-101]

1. E. da CUNHA, *Os sertões*, pp. 137-8.

2. M. O. L. da Silva DIAS, "Forros e brancos pobres na sociedade colonial do Brasil: 1675-1835", *Historia general de América Latina*. Segundo dados recolhidos por Emília Viotti da COSTA e Stanley STEIN, a população escrava na antevéspera da Abolição perfazia um total de 637 607 cativos, população sensivelmente diminuída dos 1 510 806 existentes em 1872. Apud D. GRAHAM e S. B. de HOLLANDA, *Migrações internas no Brasil*, p. 25.

3. Entre outros, P. VERGER, *Os libertos*.

4. L. A. GAFFRE, *Visions du Brésil*, p. 203, tradução nossa.

5. Id., ibid., pp. 304-5.

6. Id., ibid., p. 205. Baseado nessa narrativa, R. BASTIDE falaria sobre o chamado "complexo do sapato", em seu artigo "Estudos afro-brasileiros — o cerimonial da polidez", *Revista do Arquivo Municipal*, 1946, v. XCVIII, p. 93.

7. P. VERGER, *Os libertos*, p. 64.

8. J. M. PEDRO et al, "Escravidão e preconceito em Santa Catarina", em I. B. LEITE (org.), *Negros no Sul do Brasil*, p. 242.

9. J. B. PEREIRA, "A cultura negra: resistência de cultura à cultura de resistência", *Dédalo*, 1984, n. 23, pp. 181-2.

10. C. PRADO JR., *Formação do Brasil contemporâneo*, pp. 72-3. Em sua obra de 1942, o autor já chamava a atenção para uma enorme parcela da população brasileira que havia sido formada e continuava a sobreviver às margens do grande ciclo de interesses, relações e orientações da economia agroexportadora: "No alvorecer do século passado [século XIX], a massa da população brasileira ainda é constituída por escravos ou recém-egressos da escravidão; ou então por indivíduos deslocados, sem posição econômica e social definida e fixa; essencialmente instáveis", (p.125). Sobre esse aspecto da obra de Caio Prado, ver: M. O. L. da Silva DIAS, "Impasses do inorgânico", pp. 377-405, e J. M. MONTEIRO, "A dimensão histórica do latifúndio", pp. 153-61, em M. A. D'INCAO (org.), *História e ideal*.

11. M. I. P. de QUEIROZ, *O campesinato brasileiro*, p. 51.

12. M. O. L. da Silva DIAS, "Votantes pobres no Império: sociabilidades sem história, 1824-1881".

13. P. DENIS, *O Brazil no século XX*, p. 378.

14. J. G. ROSA, *Grande sertão: veredas*, p. 41.

15. M. S. de Carvalho FRANCO, *Homens livres na ordem escravocrata*, p. 32.

16. C. PRADO JR., *Formação do Brasil contemporâneo*, pp. 310-1.

17. M. O. L. da Silva DIAS, "Votantes pobres no Império", p. 8.

18. M. QUERINO, *A Bahia de outr'ora*, p. 65.

19. M. ANDRADE, *O turista aprendiz*, p. 68.

20. D. GRAHAM e S. B. de HOLLANDA Fº., *Migrações internas no Brasil*, pp. 16-26.

21. P. CAVALCANTI, "As seitas africanas do Recife", em G. FREYRE et al, *Novos estudos afro-brasileiros*, p. 251

22. M. H. P. T. MACHADO, *O plano e o pânico*, pp. 21-58.

23. P. DENIS, *O Brazil no século XX*, pp. 337-8.

24. E. C. de MELLO, *O Norte agrário e o Império (1871-1889)*, especialmente "O Norte, o Sul e a proibição do tráfico interprovincial de escravos".

25. Entre outros trabalhos: M. I. P. de QUEIROZ, *O campesinato brasileiro*; A. CANDIDO, *Os parceiros do Rio Bonito*; M. S. de Carvalho FRANCO, *Homens*

livres na ordem escravocrata; M. M. MOURA, *Os deserdados da terra* e *Camponeses*; E. DURHAN, *A caminho da cidade*; L. SIGAUD, *Os clandestinos e os direitos*; H. M. M. de CASTRO, *Ao sul da história*.

26. C. PRADO JR., *Formação do Brasil contemporâneo*, pp. 162-3.

27. M. O. L. da Silva DIAS, *Quotidiano e poder em São Paulo no século XIX*; M. C. C. WISSENBACH, *Sonhos africanos, vivências ladinas*.

28. Sobre a questão do pretenso isolamento das populações rurais, particularmente em São Paulo, ver M. I. P. de Queiroz, *Bairros rurais paulistas*, pp. 129-32.

29. E. V. THIELEN, F. A. P. ALVES, J. BENCHIMOL et al (orgs.), *A ciência a caminho da roça*.

30. L. A. GAFFRE, *Visions du Brésil*, p. 253.

31. D. U. C. BEZERRA, *Alagados, mocambos e mocambeiros*, p. 72.

32. A. da Mata MACHADO FILHO, *O negro e o garimpo em Minas Gerais*, p. 58.

33. A. A. da SILVEIRA, *Viagem pelo Brasil*, pp. 235-6.

34. A. LUTZ e A. MACHADO, "Viajem pelo rio S. Francisco e por alguns de seus afluentes entre Pirapora e Joazeiro", *Memórias do Instituto Oswaldo Cruz*, 1915, t. VII, p. 17.

35. Id., ibid., p. 8.

36. B. PENNA e A. NEIVA, *Viagem científica pelo Norte da Bahia, Sudoeste de Pernambuco, Sul do Piauí e de norte a sul de Goiás*, pp. 220-1.

37. P. DENIS, *O Brazil no século XX*, p. 313.

38. L. A. GAFFRE, *Visions du Brésil*, p. 254.

39. Id., ibid., p. 256.

40. A. M. ARAÚJO, "Alguns ritos mágicos: 'abusões', feitiçaria e medicina popular", *Revista do Arquivo Municipal*, 1958, v. CLXI, p. 88.

41. E. V. THIELEN et al (orgs.), *A ciência a caminho da roça*, p. 57.

42. E. CAMPOS, *Medicina popular*, p. 31. Sobre o mesmo assunto, ver F. S. PAULO, *Linguagem médica popular no Brasil*.

43. "Lembranças de d. Risoleta", depoimento recolhido por E. BOSI em *Memória e sociedade*, pp. 295-6.

44. C. TESCHAUER, S. J., *Avifauna e flora nos costumes, superstições e lendas brasileiras e americanas*, pp. 259-60.

45. G. RANGEL, *Vida ociosa*, p.176.

46. R. BASTIDE, *Le prochain et le lointain*, p. 161.

47. M. QUERINO, *Costumes africanos no Brasil*, p. 97; O. E. XIDIEH, *Narrativas pias populares*, pp. 28-9 e 119.

48. M. I. P. de QUEIROZ, *O campesinato brasileiro*, p. 92.

49. L. C. de OLIVEIRA, *Vida roceira*, p 42.

50. O. E. XIDIEH, *Narrativas pias populares*, p. 93.

51. E. da CUNHA, *Os sertões*, pp. 93-5; a mesma anotação sobre as práticas do dia de Santa Luzia foi feita por: G. BARROSO (João do Norte), *Terra de sol*, p. 58; L. da Câmara CASCUDO, *Superstição no Brasil*, pp. 55-9.

52. A. CANDIDO, *Os parceiros do rio Bonito*, p. 37.

53. G. RANGEL, *Vida ociosa*, p. 47.

54. A. CANDIDO, *Os parceiros do rio Bonito*, p. 36.

55. Apud F. FOOT e V. LEONARDI, *História da indústria e do trabalho no Brasil*, p. 170.

56. E. V. THIELEN et al (orgs.), *A ciência a caminho da roça*, p. 58.

57. "Raro o indivíduo que sabe o que é o Brasil. Piauí é uma terra, Ceará outra terra, Pernambuco outra e assim os demais Estados. O governo é para esses párias um homem que manda na gente, e a existência desse governo conhecem-na porque esse 'homem' manda todos os anos cobrar-lhes os dízimos [impostos]. Perguntados se essas terras [...] não estão ligadas entre si, constituindo uma nação, um país, dizem que não entendem disso. Nós éramos para eles 'gringos', 'lordaços' [estrangeiros fidalgos]. A única bandeira que conhecem é a do Divino." B. PENNA e A. NEIVA, *Viagem científica pelo Norte da Bahia, Sudoeste de Pernambuco, Sul do Piauí e de norte a sul de Goiás*, p. 191.

58. J. de Souza MARTINS, *Capitalismo* e *tradicionalismo*, p. 109. Também S. B. de HOLANDA apontou o caráter intimista, emotivo e quase desrespeitoso do velho catolicismo brasileiro, em *Raízes do Brasil*, pp. 109-11. Sobre a mesma relação, O. E. XIDIEH, *Narrativas pias populares*, p. 122.

59. L. A. GAFFRE, *Visions du Brésil*, p. 203.

60. M. I. P. de QUEIROZ, *O campesinato brasileiro*, p. 85; O. E. XIDIEH, *Narrativas pias populares*, p. 106.

61. L. C. de OLIVEIRA, *Vida roceira*, p. 30.

62. A. M. ARAÚJO, "Ciclo agrícola, calendário religioso e magias ligadas à plantação", *Revista do Arquivo Municipal*, 1955-7, v. CLIX, p. 138.

63. E. CAMPOS, *Medicina popular*, p. 25.

64. G. BARROSO, *Terra de sol*, p. 49. Segundo L. da Câmara CASCUDO, a cura pelo rastro envolvia quase sempre "ensalmos numéricos em colocação decrescente [no caso, crescente] que obrigam a diminuição das entidades sob sua influência na mesma ordem em que forem os números indicados". *Dicionário do folclore brasileiro*, p. 260.

65. G. BARROSO, *Terra de sol*, pp. 164-5.

66. J. de Souza MARTINS, *Capitalismo e tradicionalismo*, p. 108.

67. A. M. ARAÚJO, "Ciclo agrícola, calendário religioso e magias ligadas à plantação", pp. 43-5. Sobre o mesmo assunto, ver M. I. P. de QUEIROZ, *O campesinato brasileiro*, p. 89.

68. A. ZALUAR, "Os santos e suas festas", *Religião e Sociedade*, 1983, n. 8, p. 54.

69. R. BASTIDE, *Le prochain et le lointain*, pp. 165-8; referindo-se à ação dos missionários na São Paulo colonial, o mesmo aspecto é ressaltado por A. A. de FREITAS, em *Tradições e reminiscências paulistanas*, p. 178.

70. J. de Souza MARTINS, *Capitalismo e tradicionalismo*, pp. 108-9.

71. L. A. GAFFRE, *Visions du Brésil*, p. 256.

72. M. de ANDRADE, "A medicina dos excretos", *Namoros com a medicina*, pp. 103-7.

73. Id., *Danças dramáticas do Brasil*, 1982.

74. R. BASTIDE, *Le prochain et le lointain*, pp. 169-73. Para uma descrição minuciosa das danças citadas, ver O. ALVARENGA, *Música popular brasileira*.

75. Apud P. VERGER, "As múltiplas atividades de Roger Bastide na África — 1958", *Revista da USP*, jun.-ago. 1993, n. 18, p. 35.

76. Entre outros, L. GALLET, *Estudos de folclore*, pp. 56-8.

77. M. de ANDRADE, *O turista aprendiz*, p. 279.

78. "110 annos de vida. Um escrínio de recordação. Maria Theresa de Jesus, internada no Asylo dos Inválidos, fala à *Tribuna*, evocando coisas da cidade antiga", *A Tribuna*, Santos, 26/1/1936, edição comemorativa do centenário da cidade (1839-1939). Depoimento sugerido no trabalho de W. T. de MUNHÓS, "Da circulação trágica ao mito da irradiação liberal — negros e imigrantes em Santos na década de 1880", pp. 55-6.

79. R. BASTIDE, *Le prochain et le lointain*, pp. 157-8.

80. D. GRAHAM e S. B. de HOLLANDA, *Migrações internas no Brasil*, p. 21. Os autores assinalam a cidade do Rio de Janeiro como o principal foco de atração dessas populações, recebendo, até 1920, contingentes numericamente superiores aos que se dirigiam ao estado de São Paulo; a fuga às secas, a Abolição e a dinâmica econômica do Sudeste figuram como principais ocorrências intersecionadas a esse movimento. L. A. C. PINTO, por sua vez, considera as implicações das migrações dessa época, preferencialmente dirigidas ao Distrito Federal, na composição étnica da população da capital, que se distinguia, na maior proporção, do elemento negro das demais cidades do Sul do país, em *O negro no Rio de Janeiro*, pp. 52-3.

81. Interpretações reiteradas nos trabalhos de M. O. L. da Silva DIAS; além de "Forros e brancos pobres na sociedade colonial do Brasil", ver também: *Quotidiano e poder em São Paulo no século XIX*; "Nas fímbrias da escravidão urbana: negras de tabuleiro e de ganho", *Estudos Econômicos*, 1985, n. 15; e relativo ao período aqui tratado, o prefácio ao estudo de M. I. B. PINTO, *Cotidiano e sobrevivência*.

82. M. de ANDRADE, *O turista aprendiz*, p. 226.

83. M. H. P. T. MACHADO, *O plano e o pânico*, pp. 142-66.

84. E. da CUNHA, *Os sertões*, p. 223.

85. Observadores da época retiveram as informações recolhidas por oficiais do exército que contaram 5200 choças na Canudos já destruída. Nesse sentido, ponderou Wolsey, "Canudos era a povoação mais numerosa da Bahia depois da capital [Salvador]. Pelo número das casas contadas depois do assalto e arrasamento, não será exagero dizer-se que o número de seus habitantes atingia a quase 25 mil almas". WOLSEY (pseud. de Aristides Cesar S. Zama), *Libello republicano acompanhado de comentários sobre a campanha de Canudos*, pp. 48 e 53. Sobre a composição da população do arraial ver Y. D. B. de ATAIDE,

"As origens do povo do Bom Jesus Conselheiro", *Revista da USP*, 1993-4, n. 20, pp. 89-99. As demais referências sobre Canudos foram retiradas dos estudos de: M. I. P. de QUEIROZ, *O messianismo*, pp. 203-19, e D. T. MONTEIRO, "Um confronto entre Juazeiro, Canudos e Contestado", em *História geral da civilização brasileira*, t. III, v. 9.

86. Sobre a dinâmica econômica de Canudos, ver A. NOGUEIRA, *Antônio Conselheiro e Canudos*, pp. 198-209.

87. E. da CUNHA, *Os sertões*, p. 228.

88. W. N. GALVÃO, *No calor da hora*; L. M. SCHWARCZ, *O espetáculo das raças*; M. CORRÊA, "As ilusões da liberdade".

89. R. N. RODRIGUES, "A loucura epidêmica de Canudos", *As collectividades anormaes*.

90. M. P. VELLOSO, *As tradições populares na Belle Époque carioca*, p. 14.

91. E. BACKHEUSER, "Onde moram os pobres", *Renascença*, 1905, v. II, n. 3, p. 94.

92. E. D. CARDOSO et al, *História dos bairros*, pp. 122-3.

93. Apud M. P. VELLOSO, *As tradições populares na Belle Époque carioca*, p. 15.

94. J. B. B. PEREIRA, "A cultura negra: resistência de cultura à cultura de resistência"; M. P. VELLOSO, "As tias baianas tomam conta do pedaço: espaço e identidade cultural no Rio de Janeiro", *Estudos Históricos*, 1990, v. 3, n. 6; num sentido mais amplo, estendendo-se aos territórios do proletariado nascente de São Paulo, M. C. PAOLI, "São Paulo operária e suas imagens (1900-1940)", *Espaço & Debates*, 1991, n. 33, pp. 27-41.

95. J. J. REIS, "Quilombos e revoltas escravas no Brasil", *Revista da USP*, 1995-6, n. 28, pp. 20-1; analisando aquilo que os quilombolas e os movimentos de revolta escrava não conseguiram realizar, Reis condiciona o conceito de comunidade à longevidade do grupo, à sucessão de gerações, à memória grupal, às formas consagradas de liderança. Ou seja, o que a princípio se concretizaria na vida dos grupos negros nas cidades após o final da escravidão, como vem sendo demonstrado por inúmeros estudos.

96. E. BACKHEUSER, "Onde moram os pobres", *Renascença*, 1905, v. II, n. 3, p. 91; sobre as condições de vida e de moradia no Rio de Janeiro da época, ver S. CHALHOUB, *Cidade febril*, pp. 15-56.

97. "Relatório apresentado à Câmara Municipal de São Paulo pelo intendente municipal Cesario Ramalho da Silva, 1893", apud R. M. MORSE, *Formação histórica de São Paulo*, p. 264.

98. E. BACKHEUSER, "Onde moram os pobres", *Renascença*, 1905, v. II, n. 3, p. 89.

99. M. P. VELLOSO, "As tias baianas tomam conta do pedaço: espaço e identidade cultural no Rio de Janeiro", *Estudos Históricos*, 1990, v. 3, n. 6, p. 214.

100. N. SEVCENKO, *Literatura como missão*, pp. 28-9.

101. Serviço Sanitário do Estado de São Paulo, *Prophylaxia da febre amarella*, p. 15.

102. Id., p. 29. Segundo um relatório de Emílio Ribas, então diretor do Serviço Sanitário de São Paulo, seria sobretudo entre os imigrantes que se localizariam as maiores incidências das doenças epidêmicas; em 1906, informava sobre o "sarampão": "Ocupa esta moléstia o segundo lugar no obituário. Ocasionada pela forte corrente imigratória do ano findo, é interessante notar que dos 613 doentes atacados por esta moléstia, 558 foram provenientes da Imigração, sendo 55 propriamente da cidade". *Relatório apresentado ao sr. dr. secretário dos Negócios do Interior e da Justiça pelo dr. Emílio Ribas, director do Serviço Sanitário*, p. 15.

103. O. BILAC, "Crônica", *Kosmos*, 1904, v. I, n. 2, p. 3.

104. Entre outros exemplos, em São Paulo, os Códigos de 1892 e de 1894 regulamentavam a intervenção das comissões sanitárias e as condições mínimas que deveriam apresentar as habitações coletivas, conforme aponta R. TELAROLLI JR, *Poder e saúde*, pp. 138 ss. Sobre a política de controle das moradias populares adotada no Rio de Janeiro, S. CHALHOUB, *Cidade febril*, pp. 29-59.

105. Conforme ofícios da Alfândega de Santos dirigidos à Secretaria de Polícia de São Paulo, de 1889. DAESP, *Polícia*, 1889.

106. Apud R. TELAROLLI JR., *Poder e saúde*, p. 140; também sobre as condições sanitárias de Santos na época, A. L. D. LANNA, *Uma cidade na transição*, pp. 69-83.

107. J. M. de CARVALHO, *Os bestializados*; B. FAUSTO, *Trabalho urbano e conflito social.*

108. M. BANDEIRA, "Glória, popular e aristocrática", em M. BANDEIRA e C. D. de ANDRADE (orgs.), *Rio de Janeiro em prosa & verso*, p. 482.

109. Apud J. M. de CARVALHO, *Os bestializados*, p. 33.

110. A. FARGE, *La vie fragile*, p. 291.

111. J. M. de CARVALHO, *Os bestializados*, especialmente "Cidadãos ativos: a Revolta da Vacina"; N. SEVCENKO, *A Revolta da Vacina*; S. CHALHOUB, *Cidade febril*, especialmente cap. 3.

112. S. CHALHOUB, *Cidade febril*, especialmente "Raízes culturais negras da tradição vacinophobica".

113. R. N. RODRIGUES, *As collectividades anormaes*, pp. 71-2.

114. Apud M. H. P. BERALDI, *Santo Amaro*, p. 93.

115. A. FARGE, *La vie fragile*, p. 198.

116. B. FAUSTO, *Trabalho urbano e conflito social*, p. 22.

117. P. PETRONE, "São Paulo no século XX", em A. de AZEVEDO (org.), *A cidade de São Paulo — estudos de geografia urbana*, p. 105.

118. J. de Souza MARTINS, *Subúrbio*, p. 177.

119. Sobre a estrutura do mercado de trabalho informal em São Paulo e sobre a questão da mobilidade dos imigrantes, M. I. M. B. PINTO, *Cotidiano e sobrevivência*, pp. 45-51; Z. M. F. ALVIM, *Brava gente!*, pp. 115-140.

120. P. DENIS, *O Brasil no século XX*, pp. 188-9 e 191.

121. R. N. RODRIGUES, *Os africanos no Brasil*, pp. 156-7.

122. B. FAUSTO, *Trabalho urbano e conflito social*, p. 36; R. MOURA, *Tia Ciata e a pequena África no Rio de Janeiro*, p. 47; S. L. MARAM, *Anarquistas, imigrantes e o movimento operário brasileiro (1890-1920)*, pp. 30-1.

123. B. FAUSTO, *Trabalho urbano e conflito social*, p. 34.

124. J. do RIO, *A alma encantadora das ruas*, p. 25; em São Paulo, ver A. V. MARCONDES, *Considerações sobre a nociva indústria de trapos em São Paulo*, 1919.

125. P. DENIS, *O Brazil no século XX*, p. 345.

126. Sobre a história do bairro paulista, ver J. MORENO, *Memórias de Armandinho do Bexiga*. Em seus depoimentos, Armandinho fala explicitamente da convivência entre negros e italianos, assinalando locais do bairro onde os primeiros se concentravam: "Existe uma parte, até hoje, que fica entre a Rua Rocha, a Rua Una e a Marquês Leão, que a gente chamava de Saracura, onde se localizavam muitos negros e portugueses [...] No Saracura, não existia mulato, era tudo negro, aqueles negros bem pretos, todos eles descendentes de escravos [...] Eram todos descendentes de escravos, bonzinhos, amáveis [...]", pp. 87-8.

127. H. GRÜNSPUN, *Anatomia de um bairro*, pp. 27-8.

128. Id., ibid., p. 37.

129. Id., ibid., p. 33.

130. M. O. L. da Silva DIAS, prefácio ao estudo de M. I. M. B. PINTO, *Cotidiano e sobrevivência*, p. 19.

131. L. BARRETO, *Coisas do Reino dos Jambon*, pp. 286-7.

132. R. BASTIDE, *Le prochain et le lointain*, p. 161.

133. Depoimento colhido por N. PEREIRA, *A Casa das Minas*, p. 29.

134. F. C. HOEHNE, *O que vendem os hervanários da cidade de São Paulo*, p. 214.

135. J. B. B. PEREIRA, "A cultura negra: resistência de cultura à cultura de resistência", pp. 181-2. P. FRY e C. VOGT, "Os mestres da 'língua secreta' do Cafundó: o paradoxo do secreto revelado", em *Cafundó*, pp. 178-206.

136. Apud E. D. CARDOSO et al, *História dos bairros*, p. 138.

137. J. B. PÓLVORA, "Na encruzilhada: impressões da sociabilidade batuqueira no meio urbano de Porto Alegre/RS", em I. B. LEITE (org.), *Negros no Sul do Brasil*, p. 171.

138. R. N. RODRIGUES, *Os africanos no Brasil*, p. 198. Ver também S. B. SCHWARTZ, *Segredos internos*, p. 283.

139. P. VERGER, *Os libertos*, p. 91.

140. P. CAVALCANTI, "As seitas africanas do Recife", em G. FREYRE et al, *Novos estudos afro-brasileiros*, p. 247.

141. R. MOURA, *Tia Ciata e a pequena África no Rio de Janeiro*; M. P. VELLOSO, "As tias baianas tomam conta do pedaço: espaço e identidade cultural no Rio de Janeiro", *Estudos Históricos*, 1990, v. 3, n. 6.

142. Depoimento colhido por W. R. de MORAES, "Escolas de samba e cordões carnavalescos da cidade de São Paulo", *Revista do Arquivo Municipal*, 1971, v. CLXXXIII, p. 208.

143. Além dos estudos citados, relativos ao Rio de Janeiro, para São Paulo, I. M. BRITTO, *Samba na cidade de São Paulo (1900-1930)*; J. G. V. de MORAES, "As sonoridades paulistanas".

144. N. PEREIRA, *A Casa das Minas*, p. 19.

145. M. O. L. da Silva DIAS, "Forros e brancos pobres na sociedade colonial do Brasil", p. 6.

146. W. R. de MORAES, "Escolas de samba e cordões carnavalescos da cidade de São Paulo", *Revista do Arquivo Municipal*, 1971, v. CLXXXIII, p. 198.

147. C. E. L. SOARES, *A negregada instituição*.

148. I. M. BRITTO, *Samba na cidade de São Paulo (1900-1930)*, p. 39.

149. Manuel Querino, *A Bahia de outr'ora*, pp. 61-3.

150. J. do RIO, *A alma encantadora das ruas*, p. 11.

151. O. E. XIDIEH, *Narrativas pias populares*, p. 101; oração encontrada também entre moradores de São Paulo, na década de 1930, anexada a processos criminais, referindo o último trecho a uma delas. Segundo informa L. de Mello e SOUZA, encontrada também entre os habitantes das vilas mineiras do período colonial, denotando, na diversidade regional e na permanência ao longo do tempo, temporalidades diversas que se mantinham entre as tradições do catolicismo popular. *O diabo e a Terra de Santa Cruz*.

152. J. do RIO, "A tatuagem no Rio", *Kosmos*, nov. 1904, v. I, n. 11, pp. 20-1.

153. A. de Alcântara MACHADO, "Rapsodos do Tietê", *Revista do Arquivo Municipal*, 1935, v. XVIII, p. 235.

2. HABITAÇÃO E VIZINHANÇA: LIMITES DA PRIVACIDADE NO SURGIMENTO DAS METRÓPOLES BRASILEIRAS [pp. 102-64]

1. S. B. de HOLANDA, *Raízes do Brasil*.

2. M. O. L. da Silva DIAS, *Quotidiano e poder em São Paulo no século XIX*.

3. S. CHALHOUB, *Cidade febril*, especialmente cap. 1.

4. N. SEVCENKO, *Literatura como missão*, especialmente cap. 1.

5. Sobre as reformas urbanas geridas por Haussmann, ver F. LOYER, *Paris XIXe siècle — l'imeuble et la rue*, Paris, Hazan, 1988; M. RONCAYOLO, "La production de la ville", em G. DUBY (org.), *Histoire de la France urbaine*, v. 4, pp. 74-117.

6. M. P. CHIAVARI, "As transformações urbanas do século XIX", em G. R. del BRENNA (org.), *O Rio de Janeiro de Pereira Passos*, pp. 575-7, 580.

7. G. FREYRE, *Sobrados e mucambos*, v. 1, p. 34.

8. M. O. L. da Silva DIAS, *Quotidiano e poder em São Paulo no século XIX*.

9. S. CHALHOUB, *Cidade febril*. J. L. BENCHIMOL, *Pereira Passos: um*

Haussman tropical, especialmente caps. 3, 6 e 8. Também, S. PECHMAN e L. FRITSCH, "A reforma urbana e seu avesso: algumas considerações a propósito da modernização do Distrito Federal na virada do século", *Revista Brasileira de História*, 1985, v. 5, n. 8-9, pp. 147-53; E. C. MARQUES, "Da higiene à construção da cidade: o Estado e o saneamento no Rio de Janeiro", *Manguinhos*, 1995, v. 2, n. 2.

10. S. DAMAZIO, *Retrato social do Rio de Janeiro na virada do século*, pp. 69-96; S. CHALHOUB, *Cidade febril*, cap. 3; R. C. de A. BODSTEIN, "Práticas sanitárias e classes populares do Rio de Janeiro", *Revista Rio de Janeiro*, 1986, n. 4; T. A. LIMA, "Humores e odores: ordem corporal e ordem social no Rio de Janeiro, século XIX", *Manguinhos*, 1995-6, v. 2, n. 3.

11. S. CHALHOUB, *Cidade febril*, cap. 1; L. A. CARVALHO, *Habitações populares*, pp. 154-62.

12. L. F. VAZ, "Notas sobre o Cabeça de Porco", *Revista Rio de Janeiro*, 1986, n. 2, pp. 29-35 (a autora apresenta uma reconstituição do local do cortiço na página 34); S. CHALHOUB, *Cidade febril*, pp. 15-7; E. D. CARDOSO et al, *História dos bairros — Saúde, Gamboa, Santo Cristo*, pp. 94-5, 122-3; S. ZYLBERBERG, *Morro da Providência*, pp. 51-9. Sobre o pioneirismo dos barracos do morro de Santo Antônio: M. de Almeida ABREU, "Reconstruindo uma história esquecida: origem e expansão inicial das favelas do Rio de Janeiro", *Espaço & Debates*, 1994, n. 37, pp. 36-7.

13. Sobre as reformas da gestão Rodrigues Alves, ver: J. L. BENCHIMOL, *Pereira Passos: um Haussman tropical*, caps. 10-3; O. P. ROCHA, *A era das demolições*; S. PECHMAN, e L. FRITSCH, "A reforma urbana e seu avesso: algumas considerações a propósito da modernização do Distrito Federal na virada do século", *Revista Brasileira de História*, 1985, v. 5, n. 8-9; M. de Almeida ABREU, *Evolução urbana do Rio de Janeiro*, pp. 59-67; N. SEVCENKO, *Literatura como missão*, especialmente cap. 1; J. D. NEEDELL, *Belle Époque tropical*, especialmente cap. 1; J. M. de CARVALHO, *Os bestializados*; N. SEVCENKO, *A Revolta da Vacina*.

14. J. M. CARVALHO, *Os bestializados*; N. SEVCENKO, *A Revolta da Vacina*; S. CHALOUB, *Cidade febril*.

15. M. P. CHIAVARI, "As transformações urbanas do século XIX", em G. R. del BRENNA (org.) *O Rio de Janeiro de Pereira Passos*, pp. 576-7; H. A. SALGUEIRO, Belo Horizonte, p. 6.

16. "Dar mais franqueza ao tráfego crescente das ruas da cidade, iniciar a substituição das nossas mais ignóbeis vielas por largas ruas arborizadas, promover melhores condições estéticas e higiênicas para as construções urbanas, proporcionar aos grandes coletores das canalizações subterrâneas mais facilidade de colocação e visita, encurtar as distâncias a percorrer na cidade, substituir os infectos rios da parte baixa dos arrabaldes por galerias estanques, sanear, embelezar, melhorar enfim a nossa maltratada capital: eis os intuitos da Prefeitura elaborando o seu plano de melhoramentos." Alfredo

Américo Sousa RANGEL, "Os melhoramentos do Rio", *Renascença*, 1904, v. 1, n. 6, p. 33, apud J. L. BENCHIMOL, *Pereira Passos: um Haussman tropical*, p. 235. Sousa Rangel integrava o alto escalão administrativo que efetuou as reformas cariocas durante a gestão Rodrigues Alves, sendo chefe da Comissão da Carta Cadastral. Id., ibid., p. 227.

17. *Melhoramentos da cidade projetados pelo prefeito do Distrito Federal, dr. Francisco Pereira Passos*, Rio de Janeiro, Tip. da *Gazeta de Notícias*, 1903, apud J. L. BENCHIMOL, *Pereira Passos: um Haussman tropical*, p. 235.

18. M. de Almeida ABREU, "Evolução Urbana do Rio de Janeiro", *Espaço & Debates*, 1994, pp. 59-67.

19. J. L. BENCHIMOL, *Pereira Passos: um Haussman tropical*, pp. 263-4.

20. Sobre a difusão do isolamento das residências nos lotes a partir de meados do século XIX, N. G. REIS Fº., *Quadro da arquitetura no Brasil*, pp. 43-52.

21. Sobre a migração dos sepultamentos e cemitérios, T. A. LIMA, "Dos morcegos e caveiras a cruzes e livros: a representação da morte nos cemitérios cariocas do século XIX", *Anais do Museu Paulista — Nova Série*, 1994, n. 2, pp. 100, 110.

22. D. MELLO JR., "O arquiteto Gustav Waehneldt", *Arquitetura revista*, 1990, n. 8 p. 59; S. ESCOREL, "O Palácio do Itamaraty no Rio de Janeiro", *Palácio Itamaraty*, pp. 200, 203.

23. J. D. NEEDELL, *Belle Époque tropical*, pp. 178-80.

24. M. P. CHIAVARI, "As transformações urbanas do século XIX", em G. R. del BRENNA (org.), *O Rio de Janeiro de Pereira Passos*, pp. 579-80; *La avenida de Mayo*, org. Manrique Zago; J. SOLSONA, C. HUNTER, *La avenida de Mayo*; J. L. BENCHIMOL, *Pereira Passos: um Haussman tropical*, pp. 219-20.

25. N. SEVCENKO, *Literatura como missão*, pp. 33-5, 69.

26. R. SISSON, "Marcos históricos e configurações espaciais — um estudo de caso: os centros do Rio de Janeiro", *Arquitetura revista*, 1986, n. 4. Os edifícios citados já estavam todos concluídos em 1910.

27. J. L. BENCHIMOL, *Pereira Passos: um Haussman tropical*, pp. 260-8; M. de Almeida ABREU, "Evolução urbana do Rio de Janeiro", *Espaço & Debates*, 1994, pp. 79-86; Id., "A periferia de ontem: o processo de construção do espaço suburbano do Rio de Janeiro (1870-1930)", *Espaço & Debates*, 1987, n. 21.

28. *Gazeta de Notícias*, out. 1903, apud: J. L. BENCHIMOL, *Pereira Passos: um Haussman tropical*, p. 260.

29. E. BACKHEUSER, *Habitações populares*, Rio de Janeiro: Imprensa Nacional, 1906, p. 314 apud: J. L. BENCHIMOL, *Pereira Passos: um Haussman tropical*, p. 288.

30. Id., ibid., p. 155, apud id., ibid., p. 289.

31. E. BACKHEUSER, "Onde moram os pobres", *Renascença*, 1905, v. 2, n. 13, p. 89, apud O. P. ROCHA, *A era das demolições*, p. 84. Para as descrições das casas de cômodos ou hospedarias de João do Rio ver: "Sono calmo", em *A alma encantadora das ruas*, Rio de Janeiro, Secret. Municipal de Cultura, Turismo e

Esportes, 1991 (Biblioteca Carioca, 4), pp. 119-24, cit. parc. em N. SEVCENKO, *Literatura como missão*, pp. 56-7.

32. Decreto 391, 10/2/1903, apud: J. L. BENCHIMOL, *Pereira Passos: um Haussman tropical*, p. 265. Sobre as tentativas de eliminação da favela do morro de Santo Antônio, M. de Almeida ABREU, "Reconstruindo uma história esquecida: origem e expansão inicial das favelas do Rio de Janeiro", *Espaço & Debates*, 1994, n. 37, p. 41.

33. E. BACKHEUSER, *Habitações populares*, p. 111, apud J. L. BENCHIMOL, *Pereira Passos: um Haussman tropical*, p. 291.

34. *Leitura para todos*, 1909, n. 40, p. 26, apud: M. de Almeida ABREU, "Reconstruindo uma história esquecida: origem e expansão inicial das favelas do Rio de Janeiro", *Espaço & Debates*, 1994, n. 37, p. 46.

35. A quantificação dos barracos em 1913 foi publicada pelo médico sanitarista Carlos Seidl no *Jornal do Commércio*, 11/12/1913, apud N. SEVCENKO, op. cit., p. 58.

36. M. de Almeida ABREU, "Reconstruindo uma história esquecida: origem e expansão inicial das favelas do Rio de Janeiro", *Espaço & Debates*, 1994, n. 37, pp. 38-40; N. SEVCENKO, op. cit., pp. 60-1.

37. *Correio da Manhã*, 23/1/1911, apud M. de Almeida ABREU, "Reconstruindo uma história esquecida: origem e expansão inicial das favelas do Rio de Janeiro", *Espaço & Debates*, 1994, n. 37, p. 40.

38. M. de Almeida ABREU, "Reconstruindo uma história esquecida: origem e expansão inicial das favelas do Rio de Janeiro", *Espaço & Debates*, 1994, n. 37, p. 38.

39. E. BACKHEUSER, *Habitações populares*, p. 126, apud J. L. BENCHIMOL, *Pereira Passos: um Haussman tropical*, p. 293.

40. J. L. BENCHIMOL, *Pereira Passos: um Haussman tropical*, p. 286. Backheuser foi também inspetor da Diretoria Municipal de Obras.

41. *Gazeta da Tarde*, 17/1/1898, apud A. WILKOSZYNSKI et alli, em *República*; S. J. PESAVENTO (coord.), p. 65. Grifos nossos.

42. O Palácio Piratini (1909-21), os prédios dos Correios e Telégrafos e da Alfândega (1913-5) e a Biblioteca Pública (1912-22) reproduziram em Porto Alegre os grandes edifícios públicos erguidos ao longo da avenida Central, marcos do triunfo da gestão das novas áreas públicas na capital da República. Sobre os edifícios e o conjunto dos planos de melhoramentos de Porto Alegre: J. N. B. de CURTIS, *Roteiro*, pp. 2, 4 ,12; S. J. PESAVENTO (coord.), *Memória Porto Alegre*, pp. 42-4; F. R. MACEDO, *História de Porto Alegre*, pp. 84-5.

43. S. da Costa FRANCO, *Porto Alegre*, pp. 237-9; S. J. PESAVENTO (coord.), *Memória Porto Alegre*, pp. 70-1. Sobre o plano de 1914, as tipologias habitacionais e sua distribuição no espaço da capital gaúcha, D. M. M. de BITTENCOURT, "Casas residenciais em Porto Alegre em fins do século XIX e início do século XX", pp. 238-43, 402-663.

44. Com 205 813 e 113 106 habitantes, respectivamente. *Anuário Estatístico do Brasil — 1995*, p. 2.14.

45. A. FERNANDES e M. A. A. de Filgueiras GOMES, "Idealizações urbanas e a construção da Salvador moderna: 1850-1920", *Espaço & Debates*, 1991, n. 34, pp. 92-103 (também em: *Cidade & história — modernização das cidades brasileiras nos séculos XIX e XX*, Salvador, UFBA; ANPUR, 1992, pp. 53-68).

46. Id., ibid., p. 22.

47. M. A. da Silva SANTOS, "Crescimento urbano e habitação em Salvador (1890-1940)", *Rua* (Salvador), 1990, v. 3, n. 4-5, pp. 25-7.

48. Id., ibid., A. FERNANDES, M. A. A. de Filgueiras GOMES, "Idealizações urbanas e a construção da Salvador moderna: 1850-1920", *Espaço & Debates*, 1991, n. 34; F. da Rocha PERES, *Memória da Sé*, pp. 35-47.

49. Sobre as residências e edifícios públicos, ver GODOFREDO FILHO, "A influência do ecletismo na arquitetura baiana", *Revista do Patrimônio Histórico e Artístico Nacional*, 1984, n. 19, pp. 15-27.

50. M. A. A. de Filgueiras GOMES, "Escravismo e cidade: notas sobre a ocupação da periferia de Salvador no século XIX". *Rua*, 1990, v. 3, n. 4-5, pp. 9-19.

51. C. R. M. ANDRADE, "O plano de Saturnino de Brito para Santos e a construção da cidade moderna no Brasil", *Espaço & Debates*, 1991, n. 34 p. 61; Id., "A peste e o plano", pp. 142-9; F. D. MOREIRA, "A formação do urbanismo moderno no Brasil: as concepções urbanísticas do engenheiro Saturnino de Brito", *Espaço & Debates*, 1997, n. 40, especialmente pp. 65-7. Sobre a atuação de Saturnino de Brito nas reformas de Santos, ver também: C. R. M. ANDRADE, "A peste e o plano", pp. 132-42; A. L. D. LANNA, *Uma cidade na transição*, especialmente cap. 2.

52. C. W. LUBAMBO, "Reforma urbana: o que há de novo depois de um século (a experiência do bairro do Recife)", em *Cidade & história*, pp. 118-20; J. T. Correia de LIRA, "A romantização e a erradicação do mocambo, ou de como a casa popular ganha nome. Recife, década de 1930", *Espaço & Debates*, 1994, n. 37, p. 54.

53. H. A. SALGUEIRO, "O ecletismo em Minas Gerais: Belo Horizonte 1894-1930", em Annateresa FABRIS (org.), *Ecletismo na arquitetura brasileira*, pp. 111-2, 122-5; Id., "La pensée française dans la fondation de Belo Horizonte: des représentations aux pratiques", *Revue de l'Art*, 1994, n. 106, pp. 85-96; Id., *Belo Horizonte*, pp. 7, 14.

54. Sobre as relações entre o aparato institucional e o controle segregacional dos espaços urbanos em São Paulo durante a República Velha, ver R. ROLNIK, *A cidade e a lei*.

55. Y. de Almeida PRADO, "São Paulo antigo e sua arquitetura", *Ilustração Brasileira*, 1929, n. 109; C. A. C. LEMOS, *Alvenaria burguesa*, pp. 103-5, 122-5; M. C. N. HOMEM, *O palacete paulistano, e outras formas de morar da elite cafeeira*, pp. 31-96; E. CAMPOS, "Palacetes paulistanos: a evolução do ambiente domés-

tico sob o Império", *Historical Archaeology in Latin America*, 1995, n. 6, pp. 89--112; Id., "Arquitetura paulistana sob o Império" pp. 671-3, 686-7, 725-6, 730; M. C. W. de CARVALHO, "A arquitetura de Ramos de Azevedo", pp. 201-54. Ver também as memórias de H. A. de Lima e MOTTA, *Uma menina paulista.*

56. M. O. L. da Silva DIAS, *Quotidiano e poder em São Paulo no século XX.* Também M. C. C. WISSEMBACH, "Sonhos africanos, vivências ladinas"; R. ROLNIK, *A cidade e a lei*, especialmente cap. 2.

57. Entre 1890 e 1900, a população da capital paulista saltou de 64934 habitantes para 239820, transformando-se de quarta em segunda maior cidade do país no princípio do século XX e sendo superada apenas pelo Rio de Janeiro, com 811443 habitantes. *Anuário Estatístico do Brasil — 1995*, p. 2.14.

58. M. I. M. B. PINTO, *Cotidiano e sobrevivência*; C. A. C. LEMOS, *Alvenaria burguesa*, pp. 55-9; N. G. REIS Fº., "Habitação popular no Brasil — 1880-1920", pp. 35-40; M. C. PAOLI, "São Paulo operária e suas imagens", *Espaço & Debates*, 1991, n. 33; R. ROLNIK, *A cidade e a lei*, pp. 78-81, 114-22; J. de Souza MARTINS, *Subúrbio.*

59. M. C. PAOLI, "São Paulo operária e suas imagens", *Espaço & Debates*, 1991, n. 33, pp. 33; S. B. RIBEIRO, *Italianos do Brás*, pp. 103-24.

60. Sobre as práticas sanitaristas em São Paulo, M. A. R. RIBEIRO, *História sem fim...*, pp. 109-15; R. TELAROLLI JR., *Poder e saúde*, pp. 138-47; R. ROLNIK, *A cidade e a lei*, pp. 35-42, 123; M. C. N. HOMEM, "Mudanças espaciais na casa republicana. A higiene pública e outras novidades", *Pós*, 1993, n. 3. A citação é do *Relatório apresentado ao presidente do estado de São Paulo pelo dr. Cesário Motta Junior secretário d'Estado dos Negócios do Interior em 28 de março de 1894.* São Paulo, Typ. Vanordem, 1894, cit. em R. TELAROLLI JR., *Poder e saúde*, p. 141. Sobre os cortiços paulistanos e a legislação municipal referente às habitações operárias, ver também C. A. C. LEMOS, *Alvenaria burguesa*, pp. 60-8; M. L. R. P. DIAS, *Desenvolvimento urbano e habitação popular em São Paulo.* A expansão do controle sanitário na capital paulista não foi suficiente para que se evitasse a discrepância nos índices de óbitos na cidade durante a gripe espanhola de 1918 — letal para cerca de 5 mil paulistanos, 1% da população total —, podendo--se afastar a ideia de que o surto teve resultados "democráticos" no tocante a enfermos e falecidos. Os registros de sepultamentos indicam índices relativos que se acentuam em direção aos bairros mais afastados da área central, menos sujeitos às redes de infraestrutura ou aos rigores da fiscalização profilática e preventiva. C. BERTOLLI Fº., "Epidemia e sociedade", pp. 106-28.

61. C. A. C. LEMOS, *Alvenaria burguesa*, pp. 69-73; E. A. BLAY, *Eu não tenho onde morar.* Sobre o Rio de Janeiro, J. L. BENCHIMOL, *Pereira Passos: um Haussman tropical*, pp. 150-66; R. M. PECHMAN e L. C. de Queiroz RIBEIRO, "A Companhia de Saneamento do Rio de Janeiro: contribuição à história do capital imobiliário", *Revista Rio de Janeiro*, 1985, n. 1, pp. 105-13.

62. R. ROLNIK, *A cidade e a lei*, pp. 46-8.

63. M. C. N. HOMEM, *O palacete paulistano, e outras formas de morar da*

elite cafeeira, especialmente caps. 5 e 6; C. A. C. LEMOS, *Alvenaria burguesa*, pp. 125-59; M. C. N. HOMEM, *Higienópolis — grandeza e decadência de um bairro paulistano*; S. S. MACEDO, *Higienópolis e arredores*, pp. 27-71; L. O. R. OCTÁVIO, *Elos de uma corrente*, pp. 233-6; B. L. de TOLEDO, *Álbum iconográfico da avenida Paulista*.

64. C. A. C. LEMOS, *Alvenaria burguesa*, pp. 122-59; M. C. N. HOMEM, *O palacete paulistano e outras formas de morar da elite cafeeira*, caps. 4 a 6.

65. Muitas plantas de palacetes foram reproduzidas em M. C. N. HOMEM, *O palacete paulistano e outras formas de morar da elite cafeeira*.

66. Durante as gestões do conselheiro Prado (1899-1911) foram construídos o viaduto de Santa Ifigênia, ligando o centro ao bairro de mesmo nome e aos Campos Elísios, bem como o Teatro Municipal, templo da Belle Époque paulistana. B. L. de TOLEDO, *Prestes Maia e as origens do urbanismo moderno em São Paulo*, pp. 67-71.

67. Id., ibid.; R. ROLNIK, *A cidade e a lei*, p. 86.

68. As praças Buenos Aires, Marechal Deodoro e o Parque do Trianon foram projetados nas melhores regiões residenciais da capital, Higienópolis e a avenida Paulista. O grande bulevar da cidade — a avenida São João — foi aberto na mesma gestão, dotando a capital de uma via referenciada nos modelos de Paris, Buenos Aires e Rio de Janeiro (a recém-inaugurada avenida Central), embora não se conseguisse verticalizar grande parte de seus terrenos até meados do século XX. B. L. TOLEDO, *Prestes Maia*, pp. 87-104.

69. R. BACELLI, *Jardim América*, pp. 25-52; E. REALE, *Brás, Pinheiros, Jardins*, pp. 145-56. Sobre as cidades-jardins, ver D. A. B. OTTONI, "Cidade-jardim: formação e percurso de uma ideia", Introdução, em E. HOWARD, *Cidades-jardins de amanhã*; P. BATCHELOR, "The Origin of the Garden City Concept of Urban Form", *Journal of the Society of Architectural Historians*, 1969, v. 28, n. 3.

70. R. BACELLI, *Jardim América*, p. 52; N. SEVCENKO, *Orfeu extático na metrópole*, pp. 125-7

71. R. BACELLI, *Jardim América*, pp. 53, 56-7, 89-92.

72. Dizeres de uma propaganda da City, publicada em 1929 n'*O Estado de S. Paulo*, cit. em id., ibid., p. 108.

73. Parker realocou a área comercial prevista no centro do Jardim América (na esquina da rua Colômbia com a avenida Brasil) para uma extremidade da rua Estados Unidos, um canto nos limites do bairro. Apenas clubes e uma igreja foram admitidos nas áreas internas. A exclusão do comércio proposta por Parker foi confimada por uma lei municipal de 1929, que institucionalizou o caráter estritamente residencial do bairro. Id., ibid., pp. 51, 53, 56-7, 97-102.

74. Id., ibid., p. 53, 64-9.

75. A padronização dos bairros de elite em São Paulo estendeu-se não apenas às características das residências — e dos espaços privados; abrangia

mesmo a arborização: a difusão de alamedas de *Tipuana tipu* também é uma das características mais marcantes dos bairros-jardins, que se apresenta ainda em quase todos os bairros limítrofes, incluindo os mais antigos, como Higienópolis.

76. O sucesso dos bairros-jardins foi intenso o suficiente para reorientar a concentração das habitações unifamiliares das elites paulistanas. A direção noroeste, entre Campos Elísios e Higienópolis, foi substancialmente reorientada para o sudoeste, entre a várzea do rio Pinheiros e o espigão da avenida Paulista, desviando-se da vizinhança com os distritos industriais das várzeas do Tietê e do Tamanduateí.

77. M. C. N. HOMEM, pp. 150-1. Os bairros de elite mais antigos do Rio de Janeiro sofreram processo semelhante de parcelamento dos palacetes em pensões. L. F. VAZ, "Uma história da habitação coletiva na cidade do Rio de Janeiro", pp. 124-6.

78. "Palacetes" eram todos os primeiros edifícios de Santa Ifigênia, núcleo de edifícios de apartamentos em São Paulo. Secret. dos Negócios Metropolitanos, Secret. Municipal de Planejamento, *Bens culturais arquitetônicos no município e na região metropolitana de São Paulo*, pp. 266-8, 274-6.

79. R. ROLNIK, *A cidade e a lei*, p. 190.

80. B. L. TOLEDO, *Prestes Maia*; M. R. A. de SAMPAIO, "O papel da iniciativa privada na formação da periferia paulistana", *Espaço & Debates*, 1994, n. 37. Sobre as relações entre capitais e produção de moradias no Rio de Janeiro, L. C. de Queiroz RIBEIRO, *Dos cortiços aos condomínios fechados*, caps. 5 a 8.

81. L. F. VAZ, "Uma história da habitação coletiva na cidade do Rio de Janeiro", pp. 92-4, 110-6, 142-3.

82. G. NOVOA et al, *Buenos Aires, Palermo 1876-1960*, pp. 71, 76; R. GUTIERREZ, *Arquitectura y Urbanismo en Iberoamerica*, p. 411.

83. C. A. C. LEMOS, *Cozinhas, etc.*, pp. 153-62; L. F. VAZ, "Uma história da habitação coletiva na cidade do Rio de Janeiro", pp. 102-5, 115-6, 137-8, 152-3, 157-8, 181-2. A nota refere-se aos dois últimos páragrafos.

84. L. F. VAZ, "Uma história da habitação coletiva na cidade do Rio de Janeiro", pp. 94-5, 112-3, 116-7; E. D. CARDOSO et al, *História dos bairros*, pp. 139-63; L. P. F. CONDE, "Obras de arquitetura e de urbanismo realizadas no Rio de Janeiro — décadas de 30/40", *Revista Municipal de Engenharia*, 1994, v. 19, n. 1-4.

85. *A casa — Revista do lar*, fev. 1928, apud L. F. VAZ, "Uma história da habitação coletiva na cidade do Rio de Janeiro", p. 117.

86. L. F. VAZ, "Uma história da habitação coletiva na cidade do Rio de Janeiro", pp. 167-8; M. AIZEN, *Bairro Peixoto*, pp. 59-93.

87. E. D. CARDOSO et al, *História dos bairros — Copacabana*, pp. 183-8; M. de Almeida ABREU, *Evolução urbana do Rio de Janeiro*, p. 87.

88. M. de Almeida ABREU, op. cit. pp. 99, 101.

89. Prefeitura do Distrito Federal, *Cidade do Rio de Janeiro — remodelação,*

extensão e embelezamento, Paris, Foyer Brésilien, 1930, pp. 189-90, apud M. de Almeida ABREU, op. cit., p. 88-9.

90. Id., ibid., apud id., ibid., p. 89.

91. Id., ibid.

92. M. de Almeida ABREU, "Reconstruindo uma história esquecida: origem e expansão inicial das favelas do Rio de Janeiro, *Espaço & Debates*, 1994, n. 37, pp. 38-9, 40.

93. Id., ibid., p. 42, 43 (a citação é da *Revista da Semana*, 15/8/36, v. 37, n. 36, p. 36). Id., *Evolução urbana do Rio de Janeiro*, pp. 105-8. Sobre as políticas oficiais em relação às favelas cariocas entre 1940 e 1960; L. PARISSE, *Favelas do Rio de Janeiro.*

94. L. PARISSE, ibid., pp. 31-2; M. de Almeida ABREU, "Evolução urbana do Rio de Janeiro", pp. 107-15.

95. L. PARISSE, *Favelas do Rio de Janeiro*, p. 100. Cit. M. de Almeida ABREU, "Evolução urbana do Rio de Janeiro", p. 107.

96. L. PARISSE, *Favelas do Rio de Janeiro*, pp. 55-90.

97. M. A. B. C. de MELO, "A cidade dos mocambos: Estado, habitação e luta de classes no Recife (1920/1960)", *Espaço & Debates*, 1985, n. 14, p. 54. *Anuário Estatístico do Brasil — 1995*, p. 2.14.

98. Id., ibid., p. 51; J. T. C. LIRA, op. cit., p. 55.

99. *Diário do Povo* (Recife), 2/10/1921, apud M. A. B. C. de MELO, "A cidade dos mocambos: Estado, habitação e luta de classes no Recife (1920/1960)", *Espaço & Debates*, 1985, n. 14, p. 51.

100. As palavras de Lemos Filho corroboram as de José Lins do Rego: "O masseiro, a mulher, e quatro filhos, dormindo numa tapera de quatro paredes de caixão, coberta de zinco [...] A água do mangue, na maré, ia dentro de casa. Os maruins de noite encalombavam o corpo dos meninos [...] Eram bons companheiros. Viviam deles, roíam-lhes as patas, comiam-lhes as vísceras amargas... Morar na beira do mangue só tinha esta vantagem: os caranguejos". *O moleque Ricardo*, 7. ed., Rio de Janeiro, José Olympio, 1966, p. 34, apud A. P. de Morais REZENDE, "(Des) encantos modernos", pp. 50-1, 66.

101. O defensor mais destacado dos mocambos foi Gilberto Freyre, autor de vários trabalhos em que enfatiza o apelo ecológico da moradia popular. J. T. C. LIRA, op. cit., pp. 49-52. Para uma reconstituição dos discursos e práticas normativas relativos aos mocambos pernambucanos: id., "Mocambo e cidade".

102. A. MEDEIROS, *Não esmorecer para não desmerecer*, Recife, Insp. de Estatística, Propaganda e Educação Sanitária, 1925, p. 149, cit. em A. P. de Morais REZENDE, "(Des) encantos modernos", p. 76. Rezende fornece ainda um resumo dos regulamentos impostos pela FCO: "As exigências disciplinares imperam, sendo expressamente proibido cuspir no chão, mudar a posição das portas, janelas, ferrolhos ou mesmo colocar pregos em qualquer parte da casa. Não podem os inquilinos criar porcos, galinhas ou mesmo qualquer outro

animal doméstico, mesmo pássaros de gaiola. Mais ainda, eles são obrigados a evitar discussões com os vizinhos, sendo punidos com a perda de moradia aqueles que tiverem o vício da embriaguez. Até a realização de festas sofre limites. Para assegurar a ordem, as residências podem ser visitadas a qualquer hora do dia, quer pelo zelador da vila, quer pelos funcionários da Saúde Pública". Ibid., pp. 75-6.

103. M. A. B. C. de MELO, "A cidade dos mocambos: Estado, habitação e luta de classes no Recife (1920/1960)", *Espaço & Debates*, 1985, n. 14, pp. 54-6.

104. *Observações estatísticas sobre os mocambos do Recife*, Recife, Comissão Censitária de Mucambos, 1939, p. 7, apud M. A. B. C. de MELO, ibid. p. 57.

105. M. A. B. C. de MELO, ibid., p. 57.

106. J. CAMPELLO, discurso proferido na entrega do projeto de remodelação do bairro de Santo Antônio à municipalidade, em Recife, no ano de 1938, apud J. OUTTES, "'O corpo do herói esquartejado': a reforma do bairro de Santo Antônio em Recife no Estado Novo", em *Cidade & história*, p. 133.

107. M. A. B. C. de MELO, "A cidade dos mocambos: Estado, habitação e luta de classes no Recife (1920/1960)", *Espaço & Debates*, 1985, n. 14, pp. 60-62.

108. S. de AZEVEDO e L. A. G. ANDRADE, *Habitação e poder*, pp. 19-39; M. A. B. C. de MELO, "Política de habitação e populismo: o caso da Fundação da Casa Popular", *Rua*, 1990, v. 3, n. 4-5; M. F. dos Santos FARAH, "Estado e habitação no Brasil: o caso dos Institutos de Previdência", *Espaço & Debates*, 1985, n. 16, p. 76; C. de Maria Ferraz de VARON, "E a história se repete...", pp. 235, 239-42.

109. M. F. dos Santos FARAH, "Estado, previdência social e habitação", Diss. de mestrado, São Paulo, USP, 1983, p. 23, apud C. de Maria Ferraz de VARON, "E a história se repete...", p. 224; também M. F. dos Santos FARAH, "Estado e habitação no Brasil: o caso dos Institutos de Previdência", *Espaço & Debates*, 1985, n. 16, p. 74; GAP, *Habitação popular*, p. 56.

110. C. de Maria Ferraz de VARON, "E a história se repete...", pp. 256-9.

111. Rubens PORTO, *O problema das casas operárias*; Rio de Janeiro, 1938, pp. 35-6, apud C. de Maria Ferraz de VARON, "E a história se repete...", p. 257.

112. GAP, *Habitação popular*, p. 65-6; A. XAVIER et al, *Arquitetura moderna no Rio de Janeiro*, pp. 58-62.

113. A. XAVIER et al, ibid., p. 79.

114. GAP, *Habitação popular*, p. 67.

115. A citação encontra-se no item 17 da memória, ou relatório, do plano piloto de 1957. L. COSTA, *Relatório do plano piloto de Brasília*, p. 30. Ver também N. G. REIS FILHO, *Quadro da arquitetura no Brasil*, p. 101.

116. J. HOLSTON, *A cidade modernista*, especialmente pp. 37-191.

117. Para o pensamento de Lúcio Costa, L. COSTA, *Relatório do plano piloto de Brasília*. Ver também textos compilados em L. COSTA, *Lúcio Costa*, especialmente pp. 277-341.

118. J. HOLSTON, *A cidade modernista*, pp. 257-63. Ver também L. A. de

Campos GOUVEA, *Brasília*, pp. 67-89; G. L. RIBEIRO, "Arqueologia de uma cidade: Brasília e suas cidades-satélites", *Espaço & Debates*, 1982, n. 5; I. C. B. FERREIRA, "Os processos de urbanização e a produção do espaço metropolitano de Brasília", em *Brasília, ideologia e realidade*, org. Aldo PAVANI.

119. M. O. L. da Silva DIAS, "Forros e brancos pobres na sociedade colonial do Brasil: 1675-1835", em *Historia general de America Latina*.

120. J. E. PERLMAN, *O mito da marginalidade*, pp. 235-83. Também L. do Prado VALLADARES, *Passa-se uma casa*.

121. Entrevista concedida a *Veja*, 18/5/1994, p. 101, por ocasião de seu centenário e do relançamento de suas memórias.

3. IMIGRANTES: A VIDA PRIVADA DOS POBRES DO CAMPO [pp. 165-221]

1. A. HEMPEL, "Os poloneses no Brasil", *Anais da Comunidade Polonesa*, v. III, p. 20.

2. E. FRANZINA, *La Grande Emigrazione*, p. 204.

3. C. FOUQUET, *O imigrante alemão*, p. 82.

4. Z. ALVIM, "A América e seus novos descobridores", *Revista da USP*, dez-fev. 1992, n. 12, pp. 68-75.

5. G. ROSOLI, "Ordini, congregazioni religiose, chiesa e movimento operaio nell' emigrazione italiana in America Latina tra '800 e '900", em V. BLEGINO, E. FRANZINA, A. PEPE, *La riscoperta delle Americhe*, p. 445.

6. E. FRANZINA, *La Grande Emigrazione*, p. 191.

7. A. FARGE, *La vie fragile*.

8. E. WILLEMS, *A aculturação dos alemães no Brasil*, p. 33.

9. N. ELIAS, *La civilisation des moeurs*.

10. D. TARUFFI, L. DE NOBILI e C. LORI, *La questione agraria e l'emigrazione in Calabria*, p. 762.

11. C. OTTOLENGUI, *Emigrazione agricola italiana dal 1884 al 1892*, pp. 87-9.

12. G. BRENAN, *Storia della Spagna 1874-1936*, p. 89.

13. E. WILLEMS, *A aculturação dos alemães no Brasil*, p. 28.

14. G. BRENAN, *Storia della Spagna 1874-1936*, p. 88.

15. M. PERROT, "Funções da família", em id. (org.), *História da vida privada*, v. 4, p. 110.

16. Id., "Outrora, em outro lugar", em ibid., pp. 18-9.

17. *AGIA*, t. II, v. VI, p. 522.

18. A. TRENTO, *Do outro lado do Atlântico*, p. 19.

19. R. M. GROSSELLI, *Vincere o morire*, pp. 428 ss.

20. A. ROSSI, "Condizione dei coloni italiani nello stato di San Paolo", *Bollettino dell'Emigrazione*, 1902, n. 7, p. 21.

21. T. HANDA, *O imigrante japonês*, p. 102.

22. A. HEMPEL, "Os poloneses no Brasil", *Anais da Comunidade Polonesa*, v. III, p. 22.

23. A. I. BATISTEL e R. COSTA, *Assim vivem os italianos*, p. 19.

24. Id., ibid., p. 25.

25. E. GARDOLINSKI, *Imigração e colonização polonesa no Rio Grande do Sul*, p. 74.

26. E. WILLEMS, *A aculturação dos alemães no Brasil*, p. 57.

27. A. HEMPEL, "Os poloneses no Brasil", *Anais da Comunidade Polonesa*, v. III, p. 53.

28. Id., ibid., p. 27.

29. Id., ibid., p. 28.

30. Id., ibid., p. 27.

31. M. PERROT, "Funções da família", em id. (org.), *História da vida privada*, v. 4, p. 108.

32. A. HEMPEL, "Os poloneses no Brasil", *Anais da Comunidade Polonesa*, v. III, p. 61.

33. A. I. BATISTEL e R. COSTA, *Assim vivem os italianos*, p. 22.

34. Id., ibid.

35. B. FRESCURA, *Guida dello stato di San Paolo nel Brasile*, p. 118.

36. A. ROSSI, "Condizione dei coloni italiani nello stato di San Paolo", *Bollettino dell'Emigrazione*, 1902, n. 7, pp. 3-88.

37. P. COLBACCHINI, "L'emigrazione italiana negli stati uniti del Brasile", *Rassegna Nazionale*, mar. 1895, v. LXXXII, n. 320, pp. 126-7.

38. U. TEDESCHI, "Le condizioni sanitarie degli emigranti nello stato di San Paolo", *Bollettino dell'Emigrazione*, 1907, n. 2, pp. 3-58.

39. T. HANDA, *O imigrante japonês*, p. 37.

40. Id., ibid., pp. 91 e 100.

41. S. COLETTI, "Lo stato di S. Paolo e l'emigrazione italiana", *Bollettino dell'Emigrazione*, 1908, n. 14, p. 60.

42. V. GROSSI, "Gli Italiani a San Paolo", *Nuova Antologia*, set. 1896, v. LXV, n. XVIII, pp. 231-60.

43. G. LOMBROSO, *Nell'America meridionale*.

44. T. HANDA, *O imigrante japonês*, p. 127.

45. Id., ibid., p. 128.

46. Id., ibid., p. 130.

47. Id., ibid., p. 354.

48. A. I. BATISTEL e R. COSTA, *Assim vivem os italianos*, p. 22.

49. R. WACHOWICZ, "Conjuntura emigratória polonesa no século XIX", *Anais da Comunidade Polonesa*, v. I, p. 15.

50. A. I. BATISTEL e R. COSTA, *Assim vivem os italianos*, p. 80.

51. Id., ibid., p. 268.

52. M. B. ZANOTTI, "Il distreto de R. Vice Consolato di Italia in Ribeirão Preto", *Bollettino del Ministero degli Affari Esteri*, ago. 1915, n. 8, pp. 147-227.

53. T. HANDA, *O imigrante japonês*, p. 359.

54. A. I. BATISTEL e R. COSTA, *Assim vivem os italianos*, p. 95.

55. Id., ibid., p. 145.

56. V. GROSSI, "Gli Italiani a San Paolo", *Nuova Antologia*, set. 1896, v. LXV, n. XVIII, p. 249.

57. A. LOMONACO, *Al Brasile*.

58. E. WILLEMS, *A aculturação dos alemães no Brasil*, p. 115.

59. Id., ibid., p. 29; E. FRANZINA, *La grande emigrazione*, p. 210.

60. A. I. BATISTEL e R. COSTA, *Assim vivem os italianos*, pp. 316-7.

61. Id., ibid., p. 261.

62. C. GHIGLIONE, "Notizie da Brodowski", *Italica Gens*, mar.-jun. 1915, n. 3-6, pp. 120-1.

63. A. I. BATISTEL e R. COSTA, *Assim vivem os italianos*, v. 2, pp. 836 ss.

64. Z. ALVIM, *Brava gente!*, p. 161.

65. T. HANDA, *O imigrante japonês*, p. 69.

66. R. WACHOWICZ, "Conjuntura emigratória polonesa no século XIX", *Anais da Comunidade Polonesa*, v. I, pp. 16 ss.

67. M. HESSE, "Na senda dos pioneiros", *Anais da Comunidade Polonesa*, v. I, p. 99.

68. Id., ibid., p. 103.

69. Id., ibid., p. 108.

70. E. WILLENS, *A aculturação dos alemães no Brasil*, p. 94.

71. R. WACHOWICZ, "Memórias de Koscianski", *Anais da Comunidade Polonesa*, v. III, p. 41.

72. R. M. GROSSELLI, *Vincere o morire*, p. 399.

73. A. I. BATISTEL e R. COSTA, *Assim vivem os italianos*, p. 195.

74. T. HANDA, *O imigrante japonês*, p. 106.

75. A. LOMONACO, *Al Brasile*, p. 73.

76. A. I. BATISTEL e R. COSTA, *Assim vivem os italianos*, p. 110.

77. R. WACHOWICZ, op. cit. p. 52.

78. J. F. TIDEI DE LIMA, "A ocupação da terra e a destruição dos índios na região de Bauru", p. 145.

79. As observações sobre os massacres de índios no estado de São Paulo estão apoiadas em pesquisas realizadas por José Sacchetta RAMOS, para a montagem do Museu da Imigração, em 1994, não concluído. As fontes básicas para isso foram extraídas de J. F. TIDEI DE LIMA, "A ocupação da terra e a destruição dos índios na região de Bauru".

80. E. BONARDELLI, "La piccola proprietà nello stato di San Paolo", *Italica Gens*, jan.-fev. 1915, n. 1-2, pp. 7-23.

81. M. H. PEREIRA, *A política portuguesa de emigração 1850-1930*, p. 11.

82. Para retorno de italianos ver Z. ALVIM, *Brava gente!*, p. 124; para portugueses, ver J. F. ALVES, *Os brasileiros*, p. 252.

83. J. F. ALVES, *Os brasileiros*, p. 292.

84. Id., ibid., p. 291.

85. M. H. PEREIRA, *A política portuguesa de emigração 1850-1930.*

86. Z. ALVIM, *Brava gente!*, pp. 138-48.

87. A. TRENTO, *Do outro lado do Atlântico*, p. 107.

88. Z. ALVIM e S. PEIRÃO, *Mappin 70 Anos.*

4. A DIMENSÃO CÔMICA DA VIDA PRIVADA NA REPÚBLICA BRASILEIRA [pp. 222-87]

1. Cf. B. ANDERSON, *Imagined Communities.*

2. S. B. de HOLANDA (org.), *História geral da civilização brasileira*, t. II, v. 5, p. 63.

3. F. NOVAIS, "Condições de privacidade na Colônia", *História da vida privada no Brasil*, v. 1, p. 14.

4. Cf. N. SEVCENKO, *Orfeu extático na metrópole*, cap. 2.

5. Cf. id., *Literatura como missão*, cap. 1.

6. G. FREYRE, *Ordem e progresso*, t. 2, pp. 612-4.

7. Id., ibid., p. 616.

8. M. de ASSIS, "Crônica de 21/8/1892", em *A Semana*, pp. 107-8.

9. Id., ibid., p. 107.

10. Cf., respectivamente, N. SEVCENKO, *Literatura como missão*, cap. 1, e L. M. SCHWARCZ, *O espetáculo das raças*, pp. 240 ss.

11. S. ROMERO, *Realidades e ilusões no Brasil*, introd., p. 57; A. TORRES, *A organização nacional* (*1918*), p. 297.

12. A "representação racial" também constituiu uma forma, embora menos explítica e formal, de falar sobre a sociedade brasileira; nesse caso, "a própria nacionalidade como que escapava do plano da cultura para se transformar numa questão da natureza". Cf. L. M. SCHWARCZ, *O espetáculo das raças*, p. 245.

13. Em J. do RIO, *O momento literário*, pp. 10-8.

14. Assim, o incremento das páginas humorísticas acompanha, num primeiro momento, o desenvolvimento da grande imprensa e, depois, principalmente no início do século, quando os jornais começam a tomar um aspecto mais "jornalístico e menos mundano", há uma grande proliferação das revistas semanais, as quais, sobretudo graças ao avanço nas técnicas das artes gráficas, começam a se separar, em termos empresariais, dos jornais. Surgem então as "revistas ilustradas", que já incorporam a fotografia, ultrapassando os limites da ilustração, anteriormente calcada na litografia ou na xilogravura. Superando os ensaios efêmeros que ocorrem, a partir de 1896, ainda na *Gazeta de Notícias*, é na primeira década do século que irão aparecer as principais revistas semanais, sendo, no Rio de Janeiro, as mais importantes, *Revista da Semana*, *O Malho* (1902), *Kosmos* (1904), *Fon-Fon!* (1907), *Careta* (1908). O mesmo pode ser dito em relação a outras capitais, como São Paulo, Recife,

Curitiba, Porto Alegre e Salvador. Assim, no começo do século, a expansão da caricatura e das páginas de humor está na razão direta de mudanças editoriais e iniciativas gráficas pioneiras. Cf. B. BROCA, *A vida literária no Brasil*, 1900; P. DOYLE, *História de revistas e jornais literários*; N. W. SODRÉ, *História da imprensa no Brasil*; J. BAHIA, *História da imprensa brasileira*, v. 1.

15. Rio de Janeiro, Livraria Leite Ribeiro, 1919, p. 49.

16. H. de CAMPOS, *O Brasil anedoctico*, p. 33.

17. "Crônica de 19/5/1888", *Bons dias*, pp. 61-4.

18. PUFF & PUCK (pseud. de Guimarães Passos), *Pimentões*, p. 105-6.

19. Em *Plebiscito e outros contos de humor*, p. 29.

20. H. BERGSON, *Le rire*, pp. 29-36.

21. Cf. A. CANDIDO, "Dialética da malandragem", in *Revista do Instituto de Estudos Brasileiros*, n. 8.

22. A expressão é de Paulo Emilio Salles Gomes, em *Cinema*, pp. 77-8.

23. *Fon-Fon!*, ano II, n. 46, 22/2/1908.

24. Id., p. 7.

25. Id., n. 47, 29/2/1908.

26. Id., n. 49, 14/3/1908.

27. A expressão "pega na chaleira" nasceu nas reuniões políticas em torno do senador Pinheiro Machado, nas quais era hábito tomar chimarrão; conta-se que os mais afoitos, ansiosos por agradar o chefe político de maior prestígio na República, chegavam a "pegar no bico da chaleira" para ver se a água já estava quente e, assim, servir primeiro ao chefe.

28. *Jornal do Brasil*, 21/3/1909.

29. Ver respectivamente A. MAYA, *Machado de Assis*; S. MENUCCI, *Humour*; A. PEIXOTO, *O humor*; A. GRIECO, *Disparates de todos nós*. Talvez a única discussão das teses de Bergson sobre o riso, na época, seja a do ensaísta argentino M. VICTORIA, *Ensayo preliminar sobre lo cómico.*

30. "Teoria do medalhão", em D. PROENÇA Fº. (org.), *Contos de Machado de Assis*, p. 29.

31. M. LOBATO, *Urupês*, pp. 145-9. Sobre a trajetória de Lobato, ver M. LAJOLO, "Jeca Tatu em três tempos", em R. SCHWARZ (org.), *Os pobres na literatura brasileira*, pp. 101-5.

32. I. ALBANO, *Jeca Tatu e Mané Xiquexique.*

33. Em *A formação das almas.*

34. *Kosmos*, maio de 1907.

35. *Fon-Fon!*, n. 39, 28/9/1912.

36. *O Malho*, 14/9/1912.

37. *Os bruzundangas*, pp. 29-35.

38. Cf. A. A. PRADO, "Dialética da grã-finagem (notas sobre a irreverência da Belle Époque)", em E. de MENEZES, *Obra reunida*, pp. XVIII-XXVII.

39. J. R. TINHORÃO, *Pequena história da música popular*, pp. 64-7.

40. L. EDMUNDO, *O Rio de Janeiro do meu tempo*, p. 143.

41. *Meco*, "indivíduo, o cavalheiro numa dança de dois".

42. *Perereco*, "azeitar as molas para a dança". Cf. R. PEDERNEIRAS, *Geringonça carioca, loc. cit.*

43. Bastos TIGRE, cit. em R. de MENEZES, *Bastos Tigre e la Belle Époque*, p. 41.

44. Cit. em R. de MENEZES, *Bastos Tigre e la Belle Époque*, p. 39.

45. PUFF & PUCK, pp. 61-2.

46. Cit. por R. de CARVALHO, *Cancioneiro do Norte*, p. 129.

47. Cit. em I. ALBANO, *Jeca Tatu & Mané Xiquexique*, p. 88.

48. Cit. em I. LUSTOSA, *Histórias de presidentes*, p. 77.

49. Carta a J. L. de AZEVEDO, de 17/5/1920, em *Correspondência de Capistrano de Abreu*, J. H. RODRIGUES (org.), v. 2, p. 161.

50. A expressão é de P. DENIS, *Le Brésil au XX*[e] *siècle*.

51. Arlindo LEAL, cit. por M. SILVEIRA, *A contribuição italiana ao teatro brasileiro*, pp. 113-4.

52. A. AMARAL, *Memorial de um passageiro de bonde*, p. 9.

53. J. AGUDO, *Gente rica*, pp. 136 ss.

54. S. FLOREAL (pseud. de Domingos Alexandre), *Ronda da meia-noite*, pp. 125-6.

55. B. COSTALLAT, *Mlle. Cinema*.

56. C. PIRES, *Musa caipira*, p. 94.

57. G. E. BARNSLEY, *São Paulo no ano 2000*, p. 156-9.

58. BELMONTE (pseud. de Benedito Bastos Barreto), *Meu amor! Adoro-te*, pp. 11-25.

59. *Grammatica portugueza pelo methodo confuso*, p. 9.

60. A. AMARAL, *Memorial de um passageiro de bonde*, pp. 13-6.

61. O. de ANDRADE, *Memórias sentimentais de João Miramar*, p. 91.

62. Merry del VAL, "Cronica dos salões", *O Olho da Rua*, 27/11/1909, v. III, n. 7, s. p., cit. em C. DENIPOTI, *Páginas de prazer*.

63. O texto é de Plinio Salgado, no prefácio a Belmonte, *Meu amor! Adoro-te*.

64. J. BANANÉRE, *La divina increnca*, p. 43-6.

65. Cit. por B. BROCA, *Naturalistas, parnasianos e decadistas*, p. 270.

66. J. do RIO, *O momento literário*, p. 12.

67. Em *Correspondência de Capistrano de Abreu*, org. J. H. RODRIGUES, v. 2, pp. 234 e 243.

68. E. T. SALIBA, "A Macarrônea dos desenraizados; o humor paulista na Belle Époque", em M. O. L. da Silva DIAS (org.) São Paulo.

69. R. M. de SÁ JR., *O anedotário da rua da Praia*.

70. L. BARRETO, *Vida e morte de M. J. Gonzaga de Sá*, p. 45.

71. Cit. em R. FAORO, *Os donos do poder*, pp. 601-11.

72. *Diário Nacional*, 13/3/1931.

73. J. BANANÉRE, *Non fui ista a inrevoluçó qui io sugné*, disco Columbia, 22033-B, 1931.

74. Os últimos anos da década de 1940 constituem o momento de implantação do sistema radiofônico no país, com um crescimento do número de emissoras, que quintuplica entre os anos de 1944 e 1950. As fontes concordam em assinalar a década de 1940 como a de maior penetração e impacto público do rádio. Cf. MEC, *Alguns aspectos da vida cultural brasileira*; M. F. SAMPAIO, *História do rádio e da televisão no Brasil e no mundo*; M. GOLDFELDER, *Por trás das ondas da Rádio Nacional*; R. ORTIZ, *A moderna tradição brasileira*, 1ª parte, e A. LENHARO, *Cantores do rádio*.

75. A primeira gravação foi lançada em setembro de 1933, por Noel Rosa, em discos Columbia. Trecho transcrito do disco Continental, *Canções de Noel Rosa cantadas por Noel Rosa*, 1955, lado 2, faixa 3.

76. C. LADEIRA, *Acabaram de ouvir...*, p. 125.

77. Cit. em J. R. TINHORÃO, *Música popular*.

78. Cit. em R. VIEIRA, *Cântico do Brasil caboclo*, p. 39.

79. Em *O empalhador de passarinho*, p. 210.

80. QUEIROZ JR., *222 anedotas de Getúlio Vargas*, pp. 17-8.

81. "Pensão do Catete", de Lamartine Babo e Milton Amaral, disco Victor, 34219-b, lançado em outubro de 1937.

82. Em *História do Brasil*, p. 84.

83. "É negócio casar...", disco Odeon, 12047-a, lançado em outubro de 1941.

84. Cit. em J. R. TINHORÃO, *Música popular...*, pp. 47-8.

85. *A Manhã, jornal hebdromedário, orgão de ataques... de riso*, Rio de Janeiro, 1ª fase, 1926-34.

86. Ver A. LENHARO, *Cantores do rádio*: é a melhor síntese sobre a chanchada, inclusive da perspectiva paródica. S. AUGUSTO, *Este mundo é um pandeiro*, 1989.

87. O observador citado é Paulo Emilio Salles Gomes; "Mazzaropi no largo do Paissandu", em *Paulo Emílio, um intelectual na linha de frente*, pp. 274-6.

88. Cit. por B. GOMES, *Adoniram, um sambista diferente*, p. 74.

89. As principais referências para o parágrafo estão todas nas obras de Sérgio PORTO (Stanislaw Ponte Preta), que foram publicadas pela Editora do Autor, entre 1960 e 1967: *A casa demolida*; *Tia Zulmira e eu*; *Rosamundo e os outros*; *Primo Altamirando e elas*; *Garoto Linha Dura*; *FEBAPÁ-1*.

90. "Temperamento carioca", em M. BANDEIRA e C. D. de ANDRADE (orgs.) *Rio de Janeiro em prosa & verso*, v. 5, pp. 351-2.

91. S. B. de HOLANDA, *Raízes do Brasil*, p. 140.

5. RECÔNDITOS DO MUNDO FEMININO [pp. 288-330]

1. Somos especialmente gratas à prof. dra. Maria Odila Leite da Silva Dias, cujas sugestões e comentários foram fundamentais para dar a este artigo

sua forma final. A ela dedicamos este artigo. Agradecemos também à dra. Miriam Moreira Leite, pela generosidade e leitura cuidadosa.

2. *Revista Feminina*, mar. 1928. A *Revista Feminina* será largamente citada, pois foi pesquisada de forma sistemática entre 1915 e 1925, para a elaboração do artigo. Trata-se de uma importante publicação com sede em São Paulo e com uma excelente distribuição. Circulou entre 1914 e 1936, contava com a colaboração de jornalistas e escritores de renome de todo o Brasil, como também de leitoras e leitores, e publicava matérias traduzidas da imprensa estrangeira. Entre os colaboradores mais importantes encontram-se o escritor Cláudio de Souza, que assinava os editoriais da revista com pseudônimo feminino de Ana Rita Malheiros, Coelho Neto, Antônio Austregésilo, Menotti del Picchia e as escritoras Júlia Lopes de Almeida e Chrysanthème. Destinava-se sobretudo ao público feminino, com seções sobre comportamento feminino, relacionamento conjugal, etiqueta, culinária, moda, trabalhos manuais. Publicava contos, charges, artigos de assuntos gerais e muita publicidade. Os números da revista podiam ser comprados avulsamente ou por assinaturas. Vendida em todo o Brasil, alcançou uma tiragem de até 25 mil exemplares por mês, o que a coloca entre as revistas de maior circulação no período. A revista foi analisada por: S. de Amorim MASCARO, "A *Revista Feminina*" e S. L. L. LIMA, "Espelho da Mulher".

3. *Revista Feminina*, mar. 1917.

4. Ver N. SEVCENKO, *Orfeu extático na metrópole.*

5. *Revista Feminina*, nov. 1921.

6. Id., abr. 1921. De acordo com a *Revista Feminina*, Chrysanthème era o pseudônimo da escritora Cecília Bandeira de Melo. Raimundo de Menezes afirma que Mme. Chrysanthème seria o pseudônimo de Cecília, enquanto apenas Chrysanthème seria o pseudônimo do escritor Alcino Guanabara, que teve uma "paixão crepuscular" pela escritora. R. de MENEZES, *Dicionário literário brasileiro*, p. 428.

7. Ver S. K. BESSE, *Restructuring Patriarchy.*

8. *Revista Feminina*, abr. 1916.

9. Id., out. 1916.

10. Id., jan. 1920.

11. Id., jul. 1920.

12. A. PEIXOTO, *Sinhazinha*, p. 9.

13. Ver O. F. NEGREIROS, "A acção da mulher no lar", *Educação*, out., 1928, v. V, n. 1.

14. *O lar feliz*, pp. 7-8.

15. A. PEIXOTO, *Eunice, ou A educação da mulher*, p. 279.

16. O Código foi aprovado em 1916 e entrou em vigor em 1º de janeiro de 1917. Os artigos foram consultados na edição anotada de João Luiz Alves. Código Civil da República dos Estados Unidos do Brasil promulgado pela lei 3071, de 1º de janeiro de 1916, Rio de Janeiro, 1926.

17. Tal situação foi parcialmente corrigida no Estatuto da Mulher Casada em 1962. Ver S. PIMENTEL, *Evolução dos direitos da mulher*, p. 46.

18. A República recém-proclamada introduziu algumas modificações no Código Penal de 1890, principalmente no que se referia à mulher e seu papel na defesa e preservação do núcleo familiar. É importante ressaltar, como sugere M. C. P. CUNHA, "a introdução dos 'crimes contra a família', como o lenocínio, o atentado ao pudor e à corrupção de menores, que antes figuravam nos capítulos relativos à injúria ou ao estupro". "Loucura, gênero feminino: as mulheres do Juquery na São Paulo do início do século XX", *Revista Brasileira de História*, 1989, n. 18, p. 135.

19. Pelo Código Civil, a mulher que exercia profissão lucrativa, com autorização do marido, tinha direito de praticar todos os atos inerentes ao exercício da profissão, a sua defesa, bem como a dispor livremente do produto do seu trabalho.

20. M. C. C. C. de SOUZA, "Crise familiar e contexto social".

21. *Revista dos Tribunais*, mar. 1928, ano XVII, pp. 114-6.

22. M. C. C. C. de SOUZA, "Crise familiar e contexto social".

23. C. M. de JESUS, *Diário de Bitita*, p. 81.

24. Clóvis BEVILÁQUA, em S. PIMENTEL, *Evolução dos direitos da mulher*, p. 47.

25. Washington de Barros MONTEIRO, *Curso de direito civil*, São Paulo, Saraiva, 1973, v. 2, p. 110, em S. PIMENTEL, *Evolução dos direitos da mulher*, p. 49.

26. M. C. C. C. de SOUZA, "Crise familiar e contexto social".

27. R. M. B. de ARAÚJO, *A vocação do prazer*. O suicídio pela perda dos bens da família é enredo do romance de J. L. de ALMEIDA, *A falência*. Francisco Teodoro, comerciante de café, suicida-se quando perde a fortuna em especulações financeiras.

28. *Revista dos Tribunais*, nov. 1921, ano X.

29. A. de Alcântara MACHADO, *Novelas paulistanas*, p. 200.

30. M. DUGARD, *Vida Moderna*, jun. 1917.

31. R. M. B. de ARAÚJO, *A vocação do prazer*.

32. *Revista Feminina*, set. 1914.

33. Id., fev. 1924.

34. F. J. V. de CASTRO, *Os delictos contra a honra da mulher*.

35. *Revista Feminina*, mar. 1920.

36. J. P. PORTO-CARRERO, em S. K. BESSE, *Restructuring Patriarchy*, p. 138. Ver ainda A. A. LIMA, *Obras completas*.

37. *Revista Feminina*, nov. 1926.

38. L. ADLER, *Segredos de alcova*, p. 16.

39. A. A. LIMA, *Conduta sexual*, pp. 196-7.

40. J. MARESTAN, *A educação sexual*, pp. 60-2.

41. Ver S. CHALHOUB, *Trabalho, lar e botequim*.

42. LEITURA RESERVA. *O problema sexual*, pp. 55, 67.

43. R. KEHL, *Como escolher uma boa esposa*, p. 42. Ver M. ROMERO, "Do bom cidadão", 1995.

44. Id., ibid., pp. 40-1. Ver ainda A. AZEVEDO, *Livro de uma sogra*.

45. Ver: C. SARACENO, *Sociologia da família*.

46. T. H. van de VELDE, *Matrimônio perfeito*.

47. Ver A. AZEVEDO, *O livro de uma sogra*.

48. *Para Todos*, 1918, n. 1.

49. *Revista Feminina*, mai. 1918.

50. Id., 1924, n. 122-3.

51. Ver C. SARACENO, *Sociologia da família*.

52. *Revista Feminina*, mai. 1918.

53. Id., jan. 1920.

54. Id., ago. 1916.

55. Id., jan. 1920.

56. Id., ibid.

57. Id., ibid.

58. E. A. KUZNESOF, "A família na sociedade brasileira: parentesco, clientelismo e estrutura social (São Paulo, 1700-1980)", *Revista Brasileira de História*, set. 88-fev. 89, v. 9, n. 17, p. 60.

59. Ver J. D. NEEDELL, *Belle Époque tropical*, p. 151.

60. Perante a legislação civil, a coação só se caracteriza quando uma pessoa for vítima de "fundado temor de dano à sua pessoa, à sua família ou aos seus bens". Ver *Revista dos Tribunais*, nov. 1927 e jul. 1928.

61. L. ADLER, *Segredos de alcova*, p. 20.

62. "O casamento pode ser considerado política, civil e moralmente como uma lei, um contrato, uma instituição: lei é a reprodução da espécie; contrato é a transmissão dos bens; instituição é uma garantia que interessa a todos os homens: eles têm um pai e uma mãe, terão filhos. O casamento deve, portanto, ser objeto do respeito geral." Honoré de BALZAC, *Fisiologia do casamento*, apud L. ADLER, *Segredos de alcova*, p. 17.

63. M. P. LOTITO, "A cidade como espetáculo", p. 138.

64. Id., ibid., p. 140.

65. Ver N. LUHMANN, *O amor como paixão*.

66. *Revista Feminina*, jun. 1917. Ao longo de 1917, a *Revista Feminina* publicou uma série de artigos exortando as mulheres a conhecer, a amar e a dar felicidade aos seus maridos. Exemplo dessa exortação pode ser lido no artigo "Como a esposa consegue dar felicidade ao seu marido": "Durante o dia, a esposa tem ocasião de falar muitas vezes com o marido e de olhar para ele [...] Estas coisas tão naturais e tão frequentes devia a esposa aproveitá-las com empenho, esforçando-se, sem afetação, tão naturalmente como respira, para que seu marido se habituasse a ler-lhe na voz e no olhar, não as comoções do amor sentimental, mas a profunda amizade, o sereno amor conjugal que ela lhe tem". *Revista Feminina*, out. 1917.

67. LEITURA RESERVADA, *O problema sexual*, p. 20.

68. Ibid., pp. 22-3.

69. T. H. van de VELDE, *Matrimônio perfeito*, p. 297.

70. J. P. PORTO-CARRERO, *Grandeza e misérias do sexo*, p. 76.

71. Id., ibid., pp. 76-7.

72. A. A. LIMA, "Comportamento sexual", em *Obras completas*, t. III, p. 254.

73. C. do Carmo DIAS, *Aluna do telhado*, p. 80.

74. A. A. LIMA, "Comportamento sexual", em *Obras completas*, t. III, pp. 255-6.

75. Id., ibid., p. 256.

76. *Revista Feminina*, out. 1924.

77. Id., maio 1915.

78. *O Universo*, 1908, n. 18.

79. Principalmente *A Cigarra*, *Vida Moderna*, *Fon-Fon!*.

80. *A Cigarra*, abr. 1922.

81. Id., out. 1915.

82. A dimensão "moderna" da figura masculina estava sendo talhada pelo discurso normativo. Conforme salientou M. P. LOTITO, o anúncio da lâmina Gillette é exemplar, pois conduzia o cidadão a adotar uma rotina disciplinada e higiênica, qualidades tidas como essenciais da civilidade: "Fato é que todo *homem moderno barbeia-se todas as manhãs*... Fato é também que todos se voltam para Gillette..." (grifo nosso). "A cidade como espetáculo", p. 140.

83. *Eu sei tudo*, out. 1927.

84. Sobre esta última, ver M. M. LEITE, *Outra face do feminismo*.

85. E. N. COBRA, *Virgindade inútil e anti-higiênica*, pp. 119-120. Nessa edição as obras foram agrupadas na ordem citada.

86. Ver M. L. de Barros MOTT, "Biografia de uma revoltada. Ercilia Nogueira Cobra", *Cadernos de Pesquisa*, ago. 1986, n. 58, pp. 89-104.

87. A separação entre casamento religioso e civil ocorreu em 1890. A partir de então o casamento civil tornou-se obrigatório.

88. Ver C. PRADO JR., *História econômica do Brasil*.

89. Sobre as relações de gênero e os problemas da urbanização e industrialização na virada do século, além dos textos já citados ver ainda: M. RAGO, *Do cabaré ao lar*; M. R. SCHPUN, "Paulistanos e paulistanas"; J. M. PEDRO, "Mulheres honestas e mulheres faladas"; M. M. Baldoino de ARAÚJO, *Cotidiano e pobreza*.

90. Ver R. M. B. ARAÚJO, *A vocação do prazer*, p. 125. Pelo censo de 1906, a população de solteiros do Rio de Janeiro constituía a maioria, 314 378 homens e 213 927 mulheres, para 124 904 homens casados e 189 826 mulheres casadas. Em 1920, os solteiros continuam sendo a grande maioria: somavam 404 176 homens e 340 287 mulheres, e os casados, 171 575 homens e 153 351 mulheres. Ver R. SOIHET, *Condição feminina e formas de violência*. Embora os índices de casamento (ou nupcialidade) tenham aumentado no Brasil na década de 1940,

atingindo aqueles dos países mais desenvolvidos, e se em São Paulo, dos 6,01% de meados do século XX, subiu para 8,58% no final da década de 1930, no Rio de Janeiro a situação foi inversa: de 6,46% dos anos 1919-21, caiu para 5,79%, em 1939-41. Ver S. K. BESSE, *Restructuring Patriarchy*, p. 53. Em Salvador, em 1924, num levantamento nos órgãos de assistência aos pobres, verificou-se que, num total de 3091 crianças matriculadas, 54,28% eram ilegítimas. Ver A. H. FERREIRA FILHO, "Salvador das mulheres", pp. 23-4.

91. Ver M. I. M. B. PINTO, *Cotidiano e sobrevivência*.

92. Pelo censo de 1906, constata-se oficialmente que havia mulheres trabalhando em vários serviços pesados e insalubres como: pedreiras, edificações, minas e salinas, metalurgia. No censo de 1920, verifica-se a presença de mulheres nos quesitos madeiras, couros e peles, cerâmica, metalurgia, produtos químicos e análogos, entre outros.

93. *Revista Feminina*, abr. 1922.

94. No Brasil, pelo censo de 1890, 19,1% da população masculina e 10,4% da população feminina diziam-se alfabetizados, e em 1920, 28,9% da população masculina e 19,9% da feminina. Ou seja, em 1920, para 4470068 homens alfabetizados, havia 10973750 analfabetos; para 3023289 mulheres alfabetizadas, havia 12168498 analfabetas. O Rio de Janeiro não espelha a situação do Brasil: em 1920, o número das pessoas que diziam saber ler e escrever correspondia a 66,5% de homens e 55,8% de mulheres. Ver E. J. HAHNER, "Educação e ideologia", *Estudos Feministas*, 1994, ano 2, n. 1, pp. 52-64. Em 1921, havia no Brasil 2551 alunos matriculados no curso de medicina, entre eles 26 mulheres; 1901 em direito, dentre eles, 12 mulheres; para 1091 alunos em farmácia, havia 129 mulheres; para 301 em odontologia, 36 mulheres; os 15 de obstetrícia eram todos mulheres. Cf. *Revista Feminina*, maio 1922.

95. Comparando-se o censo de 1906 e o de 1920 verifica-se a tendência de uma maior participação feminina no mercado de trabalho no Rio de Janeiro. Ver R. M. B. de ARAÚJO, *A vocação do prazer*, p. 75. No Brasil como um todo, entre 1920 e 1940, o emprego feminino subiu 53%. Ver P. I. SINGER e F. R. MADEIRA, "Estrutura de emprego e trabalho feminino no Brasil", CEBRAP, 1973, *Caderno n. 13*, p. 31.

96. Embora pela reforma de 1879 as mulheres tivessem acesso aos cursos superiores, isso não significou que o acesso à profissão fosse imediato. Mirtes de Campos se formou em direito em 1899 e apenas em 1905 conseguiu o registro na Ordem dos Advogados Brasileiros; as médicas lutaram contra forte preconceito para poder clinicar. Em 1917, pela primeira vez, uma mulher — Maria José de Castro Rabelo — foi admitida para o concurso de um cargo no Ministério de Relações Exteriores. Muitos cargos públicos, porém, ainda permaneceram proibidos às mulheres. As "senhoras e senhoritas" foram excluídas, pelo ministro da Fazenda, da lista de candidatos do concurso de guarda aduaneiro e polícia marítima, aberto em Belém do Pará. Essas candidatas, inconformadas, enviaram um memorial ao ministro, por meio da Liga

da Emancipação das Mulheres, reivindicando seus direitos. *Revista Feminina*, mar. 1922.

97. A crença numa natureza específica para homens e mulheres restringiu o acesso das mulheres a várias profissões, mas também foi responsável pela exclusão do sexo masculino em certas atividades. Os homens que se dedicavam ao magistério eram considerados, com raras exceções, "uma aberração, como o é o capão de pintos [...] São falidos, que, antecipadamente capitulam diante da vida, num país em que as utilidades masculinas oferecem compensações másculas". A. PEIXOTO, *Eunice, ou A educação da mulher*, p. 139.

98. Na seção "Vida Feminina" da *Revista Feminina* de 1920, no tópico "A mulher prepara-se para o trabalho" encontra-se uma estatística das matrículas femininas, entre 1911 e 1919, de uma escola de datilografia que funcionava no Rio de Janeiro: 1911, 24 alunas; 1912, 45; 1913, oitenta; 1914, 75; 1915, 71; 1916, 109; 1917, 110; 1918, 245, e 1919, 482 alunas.

99. *Revista Feminina*, dez. 1921.

100. Para a atualidade, ver C. BRUSCHINI, *Mulher, casa e família*.

101. No final do século XIX até mesmo as famílias mais ricas não tinham banheiros localizados no interior da moradia, o que obrigava as empregadas a subir inúmeras vezes as escadas para encher as bacias de água quente. Ver L. R. OCTAVIO, *Elos de uma corrente seguidos de novos elos*, p. 27. O mesmo acontecia no Rio de Janeiro, ainda nas primeiras décadas do século XX (p. 158).

102. H. da Silva BRUNO, *História e tradições da cidade de São Paulo*, p. 1124.

103. G. BEZERRA, *Memórias*, v. 1 (1900-45), pp. 104-5.

104. Sobre o acréscimo de trabalho doméstico, ver S. L. GRAHAN, *Proteção e Obediência*, p. 69.

105. *Revista Feminina*, maio 1915.

106. Id., dez. 1915.

107. Id., 1916.

108. *O lar feliz*, pp. 9-10.

109. H. A. de Lima e MOTTA, *Uma menina paulista*, p. 59.

110. Ver E. BOSI, *Memória e sociedade*, p. 301.

111. H. VIANNA, *Antigamente era assim*, p. 106.

112. *O lar feliz*, pp. 9-11.

113. C. M. de JESUS, *Diário de Bitita*, p. 21.

114. Conforme ocorreu no Rio de Janeiro em 1913. Segundo S. L. GRAHAN, embora proibido o transporte de roupas "servidas", "os motorneiros e o público não davam nenhuma atenção". *Proteção e obediência*, p. 72.

115. J. L. de ALMEIDA, *Livro das noivas*, p. 20.

116. Ver H. FERREIRA F°., "Salvador das mulheres", p. 57; C. M. de JESUS, *Diário de Bitita*, p. 21.

117. *Revista Feminina*, 1920.

118. Sobre os hábitos de higiene do período, ver *O lar feliz*, p. 12. O ma-

nual recomendava: lavar o rosto, os braços e as mãos com água e sabão diariamente e as abluções gerais, ou seja, banho, ao menos uma vez por semana.

119. "Sendo a superfície do Distrito Federal (RJ) de 1118 km^2, quase não podemos dizer hoje com segurança o que nele é urbano ou rural, porque ao mesmo tempo que levamos um arremedo de urbanização aos mais afastados rincões, amontoando casas em arruados estreitos, de espaço exíguo e sem água canalizada, sem esgoto, sem calçamento, coleta de lixo, ruralizamos o perímetro absolutamente urbano nos seus bairros mais lindos, como Ipanema, ou seus subúrbios, como a Tijuca e Jacarepaguá, pela mesma ausência de esgotos, água, calçamento etc." C. BARRETO, *Médicos e paramédicos*, p. 76.

120. N. RODRIGUES, *A menina sem estrela*, pp. 57-8.

121. A. SCHIMIDT, "Secas e inundações", em *São Paulo de meus amores*, pp. 92-3.

122. A. H. FERREIRA FILHO, "Salvador das mulheres", p. 48.

123. *Revista Feminina*, mar. 1916.

124. Receita da Sopa Teológica: "Compõe-se esta sopa de caldo feito de peru, pombos, vaca, carneiro, grãos, tudo isso temperado com sal ao paladar e cozido a fogo lento com uma panela com tampo. Colocam-se previamente na terrina quadradinhos de pão fritos na banha de porco ou manteiga fresca, cenouras, repolho, albegas [sic] verdes (tudo cozido previamente em caldo à parte) e cebolas revoltas em sal e água quente. Os miúdos das aves com que se fez o caldo (fígado, coração, moela e ovários etc.) picam-se em picadinhos, juntando-se-lhes rodas de ovos cozidos, e sobre tudo isso se lançará o caldo a ferver, tapando-se a terrina e servindo-se a sopa passados dez minutos". "O menu de meu marido". *Revista Feminina*, jan. 1916.

125. Ver C. A. C. LEMOS, *Cozinhas etc.*

126. H. VIANNA, *Antigamente era assim*, p. 116.

127. *Revista Feminina*, dez. 1917.

128. Diferentes matérias-primas podiam entrar no preparo de sabão, como as cinzas do pau de pita ou de assa-peixe. O "sabão preto" era feito da decoada de cinzas de assa-peixe e das partes do porco que não serviam para alimentação, conforme lembranças de Firmino Matias Ribeiro (nascido em 1903, perto da cidade de Pompéu, em Minas Gerais). Essa mistura era cozida até formar uma "massa cor morena ou parda, sem sinais de gordura, que retirada do fogo ficava sólida e macia [...] Minha mãe deixava esfriar e, ainda morno, cortava em pedaços regulares [...] Aquele sabão era empalhado em palhas de milho em forma de bolas, reunindo duas a cinco arrobas até cem quilos de sabão que seria embalado em sacos de algodão, tecido grosso que vovó tecia em casa. Aquele sabão era entregue a meu pai para ser vendido na cidade de Formiga". F. M. RIBEIRO, *Memórias de um lavrador e farmacêutico.*

129. E. BOSI, *Memória e sociedade*, p. 300.

130. Até por volta de 1945, poucas foram as inovações incorporadas no dia a dia. Carlos Lemos afirma, no entanto, que para as camadas abastadas

definiram-se "certas superposições de funções do esquema vivencial, isto é, firmou-se um padrão de moradia burguesa". Quanto à casa popular nacional, ao contrário, manteve-se a superposição das funções a despeito dos projetos de saneamento e reforma urbana que tiveram lugar no início do século. Na casa popular, a cozinha era o principal cômodo de convívio social, sendo aí que os donos da casa recebiam visitas. C. A. C. LEMOS, *Cozinhas* etc., pp. 149 e 179.

131. Os ferros de engomar eram denominados em inglês *sad irons*, que significa "triste, pesado, denso". Ver W. RYBCZYNSKI, *Casa*.

132. E. BOSI, *Memória e sociedade*, p. 300.

133. *Revista Feminina*, mar. 1920.

134. J. L. de ALMEIDA, *A falência*, p. 169.

135. Id., "Cada vez que...", em *Eles e elas*, pp. 21 e 26.

136. *Revista Feminina*, mar. 1918. Ver W. M. FERRON, "Fazendo moda", 1996.

137. *O lar feliz*, p. 35.

138. *Revista Feminina*, abr. 1922. Não deixa de ser significativo também o conto "A colcha de retalhos" de Monteiro Lobato. O autor conta a história de uma avó que costura uma colcha com os retalhos dos vestidos usados pela neta desde o nascimento, juntando assim as lembranças da vida da menina. "Esta colcha é o meu presente de noivado. O último retalho há de ser o vestido de casamento [...]". Em *Urupês*, pp. 73-84.

139. *Revista Feminina*, fev. 1918.

140. As recomendações sobre a necessidade de a esposa se dedicar principalmente a atividades úteis ao lar não limitavam apenas as horas dedicadas aos hobbies (tapeçaria, crochê etc.). Condenavam-se as saídas frequentes, até mesmo para obras de benemerência, que deveriam ser deixadas para as moças solteiras ou para as mulheres maduras com filhos crescidos. *Revista Feminina*, jun. 1918. Limitavam-se as visitas a um dia da semana ou do mês, previamente estabelecidos. Id., dez. 1922.

141. *O lar feliz*, p. 39.

142. A. S. CORAGEM, "Cuidados higiênicos da mulher grávida", p. 22.

143. *Revista Feminina*, dez. 1922.

144. Id., fev. 1918.

145. Ver A. HELLER, *O cotidiano e a história*.

146. Ver M. O. L. da Silva DIAS, *Cotidiano e poder*; A. HELLER, *O cotidiano e a história*; W. BENJAMIN, *Rua de mão única*, em *Obras escolhidas*, v. II.

6. CARTÕES-POSTAIS, ÁLBUNS DE FAMÍLIA E ÍCONES DA INTIMIDADE [pp. 331-407]

Antonio José Romera Valverde, Claudio Schapochnik, Deborah da Silva Queiróz, Nicholas Alexandrovich D'Eriztoff, Patrícia Di Filippi, Sílvio Barini

Figueira Pinto, Tânia Regina De Lucca ofereceram, cada um ao seu modo, empréstimos preciosos para a elaboração deste ensaio, que é dedicado a Cristina Carletti e Michele Guimarães, porque viajam e me enviam deliciosos postais.

1. S. B. PINTO e C. ZENHA, *Imagens da memória postal de Piracicaba*, p. 5. Algumas das ideias expostas na apresentação e no primeiro tópico do ensaio foram iluminadas por esse instigante trabalho cujas sucessivas etapas de criação acompanhei com satisfação imensa.

2. P. NAVA, *Baú de ossos*, p. 281.

3. A circulação dos bilhetes-postais foi autorizada pelo decreto 7695, 28/4/1880, Ministério da Agricultura, Comércio e Obras-Públicas. Cf. A. Vale CABRAL, *Guia do viajante no Rio de Janeiro* (Rio de Janeiro, Typ. da *Gazeta de Notícias*, 1882), p. 137, apud E. de Oliveira BELCHIOR, "Introdução", em P. BERGER, *O Rio de ontem no cartão-postal 1900-1930*, s. p.

4. J. PENTEADO, *Memórias de um postalista*, p. 89.

5. Cel. L. T. de BRITO, "Minhas memórias", apud J. PENTEADO, *Memórias de um postalista*, p. 80.

6. A. RIPERT e C. FRÈRE, "Les techniques de reproduction", em *La carte postale*, pp. 31-7. Veja também B. KOSSOY, "A imagem fotográfica nas primeiras publicações ilustradas", em *Origens e expansão da fotografia no Brasil*, pp. 95-8.

7. Sobre a relação entre viagens, imigração e lazer, veja E. HOBSBAWM, "Os homens se põem a caminho", em *A era do capital*, especialmente pp. 216-9; H. M. ENZENSBERGER. "Uma teoria do turismo", em *Com raiva e paciência*, pp. 205-25. Sobre o turismo popular, veja P. BRENDON, "The Birth of Tourism", em *Thomas Cook*, pp. 5-17.

8. Entre as mais famosas editoras instaladas no Brasil nos primeiros anos desse século, E. de Oliveira BELCHIOR, na sua introdução a P. BERGER, *O rio de ontem no cartão-postal 1900-1930*, destaca: M. J. Ramalho, Livraria Trigueiros, Livraria Francesa (Alagoas); G. Huebner & Amaral, Agência Freitas, Lino Aguiar & Cia., Livraria Acadêmica (Amazonas); G. Lindemann, Gastão Müllen, J. Melo, Tipografia Almeida, Joaquim Ribeiro (Bahia); Álvaro Castro Correia, Libreria e Papelaria Bivar (Ceará); A. F. Deitze, J. F. Olivier (Espírito Santo); A. Veiga (Goiás); Teixeira (Maranhão); Eudozio Lima (Mato Grosso); F. Soucasaux, Lunardi & Machado, Tip. Moderna, Gomes Nogueira & Cia., Casa Levy, Aristides & Cia., Cachimbo Turco, Matos & Cia. (Minas Gerais); Tavares Cardoso & Cia., E. F. Oliveira Jr., O Fafasinho, Vv Eduardo Fernandes, Girard & Cia. (Pará); Jaime Seixas & Cia., A. P. Figueiredo (Paraíba); Cezar Sculz, J. Cardoso Rocha, Arthur E. Langer, Julio C. Langer, Max Rösner (Paraná); Ramiro M. Costa & Filho, Papelaria Recife, Livraria Francesa, M. Nogueira de Sousa, Chagas & Coelho, Galeria Elegante, Oliveira & Tondelli (Pernambuco); Fortunato Aranha (Rio Grande do Norte); Ed. Gemino (Piauí); Krahe & Cia., Hugo Freyler, Afonso Veiga

& Cia., Echenique Irmãos, Livraria Americana, José Sastre, João Meyer Jr., S. Leonetti, A Primavera, Lange & Wilkens, A. Carmello, Moura & Cia., Liv. Gutenberg, R. Strauch (Rio Grande do Sul); E & B, Papelaria Silva, Augusto Cardoso & Cia., Bazar Friburguense, K. Hartmann, Casa Graeff, J. Paes & Cia., Louis Bron., Casa Olivre, George Leuzinger, Casa Marc Ferrez, León e Rennes & Cia., Casa Gradin, Casa Filatélica Sul-Americana, E. Bevilacqua & Cia., J. Schmidt, Casa Staffa, Papelaria Zenith, Augusto Malta (Rio de Janeiro); Eugen Currlin, C. V. Zeska, Germano Boasken, Hugo Quidde, Conrado Goeldner, Livr. Moderna, Alberto Entres, Roberto Zamblick, Tip. do Farol, Eduardo Schwartz (Santa Catarina); Guilherme Rogato (Sergipe); Guilherme Gaensly, B. Kuhler, Cardoso Filhos & Cia., Casa Rosenthal, F. Manziére, Rici & Malusardi, N. Malusardi & Cia., Laemmert & Cia., H. Eckmann, Mundo Ilustrado, Rici Gianetto, Rothschild & Co., Casa Garroux, Duchein Irmãos, Cesar Mateos, Livr. Edanee, P. Genoud, Vanorden & Co., José Bielschovsky, Casa Rosenhain, Menotti Levi, M. Pontes & Co., J. Marques Pereira, Siqueira Nogal, Gaensly & Lindemann, Batelli Malusardi, Verissimo dos Santos, Camillo Lelles, Livraria Rodrigues (São Paulo).

9. M. I. TURAZZI, *Poses e trejeitos*, p. 151.

10. A expressão é de Walter Benjamin. "A obra de arte na era de sua reprodutibilidade técnica", em *Obras escolhidas*, v. I, especialmente pp. 172-4.

11. L. EDMUNDO, *O Rio de Janeiro do meu tempo*, v. II, p. 719.

12. A. CORBIN, "Os segredo do indivíduo", em M. PERROT (org.), *História da vida privada*, v. 4, p. 499. Sobre o colecionador, veja W. BENJAMIN, "Desempacotando minha biblioteca", em *Obras escolhidas*, v. II, pp. 227-35; sobre coleção, veja K. POMIAN, "Coleção", em J. LE GOFF (org.), *Enciclopédia Einaudi*, v. 1, pp. 51-86.

13. J. do RIO, *O momento literário*, p. 11.

14. Apud M. SILVA, "O Postal", *Revista Postal Brasileira*, n. 20, pp. 49-50.

15. Apud E. de Oliveira BELCHIOR. "Introdução", em P. BERGER, *O Rio de ontem no cartão-postal 1900-1930*, s. p.

16. Id., ibid., s. p.

17. G. FREYRE, "Informação, comunicação e cartão-postal", em *Alhos & bugalhos*, p. 151.

18. Id., ibid., p. 154.

19. Id., ibid., p. 154.

20. Id., ibid., p. 161.

21. N. SEVCENKO, *Literatura como missão*, p. 31.

22. Sobre o binômio conservação/transformação na sociedade e cultura da elite, veja J. D. NEEDEL, "O salão e o surgimento da alta sociedade", em *Belle Époque tropical*, pp. 106-42.

23. N. SEVCENKO, *Literatura como missão*, p. 40.

24. J. HABERMAS, "A família burguesa e a institucionalização de uma privacidade ligada ao público", em *Mudança estrutural da esfera pública*, pp. 60-8.

25. Esse contraponto e a análise do cotidiano dos trabalhadores na Belle Époque carioca foram abordados por S. CHALHOUB, *Trabalho, lar e botequim*.

26. Apud E. de Oliveira BELCHIOR, "Introdução", em P. BERGER, *O Rio de ontem no cartão-postal 1900-1930*, s. p.

27. A expressão é de Augusto F. SCHMIDT. "Pregões musicavam a rua", em M. BANDEIRA e C. D. de ANDRADE (orgs.), *Rio de Janeiro em Prosa & Verso*, p. 201.

28. José Miguel Wisnik tece considerações esclarecedoras sobre os pregões. "Temas curtos e chamativos, sempre contendo um imprevisto sonoro, infinitamente repetidos no tempo como uma ideia fixa, mas ambulantes em seu contínuo deslocamento pelo espaço das ruas, ora parecendo alegres flauteadas, ora dolorosos lamentos, os pregões expõem a mercadoria mas cantam também o mercador, o trabalhador solitário que vaga pela cidade sem paradeiro. O pregão leva essa aura: alguém canta, esse canto de trabalho está longe e perto, e talvez por isso, fale diretamente à nossa memória", em E. BOSI, *Memória e sociedade*, p. 171. Para uma análise histórica do trabalho informal no começo do século, veja M. I. M. B. PINTO, "Pequenas ocupações autônomas e trabalho informal: a economia invisível", em *Cotidiano e sobrevivência*, pp. 109-82 (especialmente pp. 159-63).

29. F. F. CAMPOS, "Relação dos cartões postais editados por Malta", em *Um fotógrafo, uma cidade*, pp. 18-9. O autor reúne um total de 56 postais.

30. Sobre a avenida Central veja M. FERREZ, *O álbum da avenida Central*, e também J. D. NEEDELL, "A avenida central: fachadas e rumos na Belle Époque carioca", em *Belle Époque tropical*, pp. 58-67.

31. A expressão aparece na introdução do seu *Panorama da literatura brasileira*, p. 5.

32. A. CANDIDO, "A atualidade de um romance inatual", em J. do RIO, *A correspondência de uma estação de cura*, p. X.

33. A. EULÁLIO, "Apresentação", em J. do RIO, *A correspondência de uma estação de cura*, p. VII.

34. J. do RIO, *A correspondência de uma estação de cura*, p. 3.

35. Id., ibid., p. 59.

36. J. FERREIRA, *O céu entre montanhas*, p. 44.

37. R. FERNANDES JR., "Cartão-postal: o imaginário da cidade de São Paulo", *Revista da Biblioteca Mário de Andrade*, n. 54, p. 53. Veja também o belo catálogo da exposição *Memória Paulistana: Postais*, org. João Spinelli.

38. R. GLEZER, "Visões de São Paulo", em S. BRESCIANE (org.), *Imagens da cidade*, p. 170.

39. Cf. N. SEVCENKO, "Os maquinismos de uma cenografia móvel", em *Orfeu extático na metrópole*, pp. 89-151.

40. A expressão é de Antônio de Alcântara Machado. *Brás, Bexiga e Barra Funda*, p. 16.

41. Cf. J. LE GOFF, "Memória", em *Enciclopédia Einaudi*, v. 1, p. 40.

42. N. SEVCENKO, op. cit., pp. 232-3.

43. Guilherme de ALMEIDA, *Cosmópolis*, p. 14.

44. Cf. M. A. de MORAES (org.), *Tudo está tão bom, tão gostoso*. O livro reúne 110 postais recebidos por Mário de Andrade entre os anos 1920 e 1940. Todas as referências, imagens e mensagens mencionadas neste tópico foram extraídas dessa obra.

45. M. de ANDRADE, *O turista aprendiz*. As referências sobre a breve passagem por Iquitos aparecem nas páginas 112 a 126.

46. Id., "Paris" (*Correio da Manhã*, Rio de Janeiro, 24/9/1944); apud M. A. de MORAES, "Cromos, vilegiatura. Postais a Mário de Andrade", *Revista Cultura Vozes*, 1993, v. 87, n. 2, p. 63.

47. A expressão é de M. A. de MORAES, *Tudo está tão bom, tão gostoso*, p. 65.

48. W. BENJAMIN, "A obra de arte na era de sua reprodutibilidade técnica", em *Obras escolhidas*, v. I, especialmente pp. 172-4.

49. C. D. de ANDRADE, "Retrato de família", em *Reunião*, p. 118.

50. Cf. M. HALBWACHS, *A memória coletiva*, p. 33.

51. J-P. CURNIER, "Memória de ruínas", *Imagens*, 1994, n. 3, p. 105.

52. M. M. LEITE, "A fotografia e as ciências humanas", em *Retratos de família*, p. 145.

53. P. BOURDIEU, *Un art moyen*, p. 100.

54. P. NAVA, *Baú de ossos*, p. 17.

55. M. M. L. de BARROS, "Memória e família", *Estudos Históricos*, 1989, n. 3, p. 37.

56. M. M. LEITE, "A mostra", em *Retratos de família*, p. 174.

57. Id., ibid., p. 175.

58. Cf. observação de Pedro Vasquez: "O retrato é o mais popular dos temas fotográficos, de tal forma que, no Brasil, ele passou a ser sinônimo de fotografia e a câmara é conhecida como 'máquina de tirar retrato', como se não tivesse função outra do que perpetuar a figura humana". "Olha o 'passarinho'! — Uma pequena história do retrato", em *O retrato brasileiro*, p. 27. O verbete Retrato no *dicionário Aurélio* também aponta para a analogia entre os termos como um uso disseminado na língua portuguesa empregada no Brasil.

59. C. A. C. LEMOS, "Ambientação ilusória", em C. E. M. de MOURA (org.), *Retratos quase inocentes*, pp. 55-62.

60. Id., ibid., p. 57.

61. C. E. M. de MOURA, "Retratos quase inocentes", em *Retratos quase inocentes*, p. 12.

62. M. M. LEITE, "A mostra", em *Retratos de família*, p. 178.

63. B. KOSSOY, "O fotógrafo ambulante. A história da fotografia nas praças de S. Paulo", em *O lambe-lambe hoje*, p. 6. Sobre o lambe-lambe, veja também os trabalhos de M. L. G. MAZZA, "*Lambe-lambe em São Paulo*"; L. FRÓES, *Lambe-lambe*.

64. A. de Alcântara MACHADO, *Laranja da China*, pp. 64-5.

65. Em italiano, "Nós estamos todos bem"; em alemão, id.; em japonês, "Nós aqui estamos todos bem"; em árabe, "Nós aqui estamos todos bem, graças a Deus".

66. J. AMERICANO, "Fotografias a magnésio", em *São Paulo, nesse tempo (1915-1935)*, p. 124.

67. Sobre as publicações que pioneiramente incorporaram a fotografia, veja B. KOSSOY, "A aplicação da fotografia na imprensa", em *Origens e expansão da fotografia no Brasil*, pp. 98-101; para uma compreensão do impacto e o confronto entre a produção literária e a técnica, veja F. SÜSSEKIND, "Kodaks e ornatos", em *Cinematógrafo de letras*, pp. 30-9. Sobre a recepção da fotografia entre os modernistas, veja M. J. de CAMARGO e R. MENDES, "Arte e fotografia — o estatuto da técnica", em *Fotografia*, especialmente pp. 27-48.

68. A. A. GOLDSMITH, "Amateurs and Artists", em *The Camera and its Images*, pp. 118-22. M. I. TURAZZI acrescenta informações muito interessantes sobre a denominação do equipamento Express Detective Nadar. Ela explica que, "a um só tempo, a novidade aludia à rapidez do procedimento e ao espírito de investigação do usuário de uma câmara fotográfica, combinando tudo isso com uma homenagem a Gaspard Félix Tournachon, o fotógrafo francês conhecido por Nadar e reconhecido internacionalmente por seu pioneirismo e criatividade", *Poses e trejeitos*, p. 79.

69. M. J. de CAMARGO e R. MENDES, *Fotografia*, p. 62.

70. M. M. LEITE, "Imagens e contextos", em *Retratos de família*, p. 159.

71. Nos limites deste ensaio seria impossível descrever e interpretar detalhadamente esse e outros rituais, salvaguardando suas especificidades e, ao mesmo tempo, abarcando a diversidade de práticas religiosas entre as várias comunidades que habitavam o Brasil naquele período. O termo "batizado" é compartilhado por toda a cristandade e se caracteriza por ser um dos sacramentos. Esse ritual é denominado *brit-milá* pela comunidade judaica (em hebraico, literalmente, "aliança da circuncisão"), e *gojukai* pela comunidade budista (em japonês, literalmente, "juramento").

72. *O retrato brasileiro*, p. 91.

73. Cf. A. M. FUGIER, "Os ritos da vida privada burguesa", em M. PERROT (org.), *História da vida privada*, v. 4, especialmente pp. 251-4. A duplicação da primeira comunhão em um ato "privado" e outro "solene" foi confirmada por algumas catequistas que o ensaísta consultou. Elas acrescentaram que a cerimônia dita "privada" era muitas vezes realizada no contexto de um retiro espiritual e, portanto, longe da família e da igreja.

74. Cf. M. M. LEITE, "O retrato de casamento", em *Retratos de família*, p. 111. As demais citações, salvo indicação em contrário, foram extraídas desse ensaio.

75. Cf. L. LEWIN, *Política e parentela na Paraíba*, pp. 156-7.

76. A. de Alcântara MACHADO, "A sociedade", em *Brás, Bexiga e Barra Funda*, p. 46. Warren Dean tece comentários agudos sobre o desejo de nobi-

litação dos magnatas italianos em São Paulo e suas estratégias matrimoniais. "Quando podiam, e eram suficientemente ricos, desposavam aristocratas europeias, cujas patentes de nobreza consideravam, sem dúvida, mais autênticas. Assim, dos doze filhos casados de Matarazzo, três ingressaram em famílias de fazendeiros, mas cinco se consorciaram com nobres italianos, entre os quais dois príncipes e um conde. Os títulos e honrarias eram mais rapidamente granjeados por uns poucos industriais que contribuíam para os fundos de beneficência da Itália ou do Papa. Matarazzo e Crespi foram nomeados condes por Victor Emmanuel; Siciliano tornou-se conde papal, e muitos outros foram feitos cavaleiros ou comendadores de várias ordens italianas", em *A industrialização de São Paulo (1880-1945)*, p. 182.

77. W. BENJAMIN, "A obra de arte na era de sua reprodutibilidade técnica", em *Obras escolhidas*, p. 174.

78. M. M. LEITE, "A mostra", em *Retratos de família*, p. 169.

79. M. E. BORGES, "Arte funerária: representação da criança despida", *Revista de História*, v. 14, p. 177. Sobre arte tumular no Brasil, veja H. R. BELLOMO, *A estatuária funerária em Porto Alegre (1900-1950)*; M. E. BORGES, "Arte tumular"; T. A. LIMA, "De morcegos e caveiras a cruzes e livros: a representação da morte nos cemitérios cariocas do século XIX (estudo de identidade e mobilidade social)", *Anais do Museu Paulista*, 1994, v. 2; J. E. RIBEIRO, "Arte e morte"; C. do Prado VALLADARES, *Arte e sociedade nos cemitérios brasileiros.*

80. F. B. FERRAZ, *Caderno de recordações de viagem*, s. p. O barão d'Anthouard, antigo ministro da França no Rio deixou registrado no seu livro *Le progrès brésilien — la participation de la France* (1911) as seguintes observações sobre as estadas parisienses: "Ninguém ignora que nossos hóspedes estrangeiros gastam muito entre nós [...] e o que sabemos dos hábitos brasileiros permite-nos afirmar que participam com uma parte importante nessa importação de ouro. Um brasileiro, após ter trabalhado mais ou menos longamente em sua terra, parte com uma forte letra de crédito, além de uma lista enorme de encomendas de seus amigos, e volta ao fim de alguns meses com inúmeros pacotes que faz entrar como bagagem pessoal, e que contêm toaletes, vestidos, joias, obras de arte etc. Ele gastou sem medidas, para desfrutar de todas as seduções da vida francesa. Depois dessas férias, ele volta ao trabalho"; apud M. CARELLI, *Culturas cruzadas*, p. 189.

81. C. F. de LACERDA, *Caderneta de apontamentos*, s. p.

82. M. BANDEIRA, "Evocação do Recife", em *Estrela da vida inteira*, p. 104.

83. "A mulher e a praia", *Eu sei tudo*, 1937, n. 7, pp. 34-5.

84. Cf. M. I. M. B. PINTO, "Trabalho temporário, ritmo de vida e lazer", em *Cotidiano e sobrevivência*, pp. 229-55.

85. Apud E. BOSI, *Memória e sociedade*, p. 306.

86. Cf. depoimento concedido por d. Júlia Simmi Carlletti.

87. Apud E. M. SILVA, "As operárias da agulha", *Revista de História*, 1991, n. 2-3, p. 222.

88. F. M. de GILI, *Novedades para bordar letras y monogramas*, s. p.

89. J. AMERICANO, "Distintivos", em *São Paulo nesse tempo (1915-1935)*, p. 180.

90. Cf. M. DE CERTEAU, "Espaços privados", em id., L. GIARD e P. MAYOL, *A invenção do cotidiano*, v. 2, pp. 203-7.

91. Guilherme de ALMEIDA, "A casa", *Revista do Arquivo Municipal*, 1942, n. 82, pp. 177-84. Todas as citações reproduzidas no texto foram extraídas desse ensaio.

92. N. G. REIS Fº., "Residências" e "Crítica do ecletismo", em *Quadro da arquitetura no Brasil*, pp. 169-87. Veja também C. A. C. LEMOS, "Os novos partidos e os estilos do povo", em *Alvenaria burguesa*, especialmente pp. 102-200.

93. G. BACHELARD, "A poética do espaço". O autor define a topoanálise como "o estudo psicológico sistemático dos lugares físicos de nossa vida íntima", acrescentando ainda que "no teatro do passado que é a nossa memória, o cenário mantém os personagens em seu papel dominante. Às vezes acreditamos conhecer-nos no tempo, ao passo que se conhece apenas uma série de fixações nos espaços da estabilidade do ser, de um ser que não quer passar no tempo, que no próprio passado, quando vai em busca do tempo perdido, quer 'suspender' o voo do tempo. Em seus mil alvéolos, o espaço retém o tempo comprimido. O espaço serve para isso", p. 202.

94. J. HABERMAS, *Mudança estrutural da esfera pública*, p. 62.

95. J. AMERICANO, "Durante a semana", em *São Paulo nesse tempo (1915-1935)*, pp. 112-4.

96. As referências aos objetos decorativos aparecem em diversas obras, veja, por exemplo J. D. NEEDELL, *Belle Époque tropical*; M. C. N. HOMEM, *O palacete paulistano e outras formas de morar da elite paulistana 1867-1918*; J. AMERICANO, "Residências", em *São Paulo nesse tempo (1915-1935)*; G. FREYRE, *Ordem e progresso.*

97. J. D. NEEDELL, *Belle Époque tropical*, p. 174.

98. S. MICELI, "Olhar sociológico", em *Imagens negociadas*, p. 95. Embora ancorado em outros pressupostos, mas explicitando a teia de dependências que assolavam os pintores acadêmicos do final do século XIX, veja Q. CAMPOFIORITO, *História da pintura brasileira no século XIX*, especialmente vols. 4 e 5.

99. J. B. M. LOBATO, "A criação do estilo. A propósito do Liceu de Artes e Ofícios", em *Ideias do Jeca Tatu*, pp. 25-6.

100. T. A. LIMA, "Pratos e mais pratos: louças domésticas, divisões culturais e limites sociais no Rio de Janeiro, século XIX", *Anais do Museu Paulista*, 1995, v. 3, p. 136.

101. Veja, por exemplo: *Cozinheiro nacional* (Rio de Janeiro, B. L. GARNIER, 1897), apud L. da Câmara CASCUDO (org.), *Antologia da alimentação no Brasil*, pp. 27-30; ou ainda o ensaio já mencionado de T. A. LIMA.

102. T. A. LIMA, op. cit., pp. 162-3.

103. J. B. M. LOBATO, "Curioso caso de materialização", em *Ideias do Jeca Tatu*, p. 133.

104. M. C. N. HOMEM, *O palacete paulistano e outras formas de morar da elite cafeeira (1867-1918)*, pp. 165 e 250.

105. Cf. depoimento concedido pelo sr. Sebastião Martins Vieira.

106. S. B. de HOLANDA, "Novos tempos", em *Raízes do Brasil*, pp. 122-3.

107. J. D. NEEDELL, *Belle Époque tropical*, p. 180.

108. M. DE CERTEAU, "Espaços privados", em id.; L. GIARO e P. MAYOL, *A invenção do cotidiano*, p. 205.

109. A. CORBIN, "O segredo do indivíduo", em M. PERROT (org.), *História da vida privada*, v. 4, p. 448.

110. Cf. depoimento de d. Nina, apud M. A. S. SILVA et alli, *Memórias e brincadeiras na cidade de São Paulo nas primeiras décadas do século XX*, p. 113.

111. Afonso Arino de Mello FRANCO, "Casa dos Mello Franco em Copacabana", em M. BANDEIRA e C. D. de ANDRADE (orgs.), *Rio de Janeiro em prosa & verso*, pp. 402-3. A valorização de peças "barrocas" e "coloniais" é relatada pelo *marchand* José Claudino da Nóbrega, "Memórias de um viajante", apud J. C. DURAND, *Arte, privilégio e distinção*, p. 94, ao anotar que "depois da Segunda Grande Guerra o gosto do brasileiro transformou-se e os potentados passaram a interessar-se pelo nosso barroco e por todas as peças usadas no tempo colonial: cômodas e mesas de encosto D. João V e D. José; camas e mochos de jacarandá-baía, sofás e cadeirões. As igrejas passaram a ser o alvo dos compradores de antiguidades, pois os tocheiros de prata, as navetas, os turíbulos e até os cálices de comunhão alcançavam altos preços no mercado de arte. Os entalhes barrocos passaram a ser elementos indispensáveis às mais finas decorações".

112. Clarice LISPECTOR, *O lustre* (1946), apud M. L. M. JANOTTI (dir.), *Leitura de fragmentos*, p. 17.

7. A CAPITAL IRRADIANTE: TÉCNICA, RITMOS E RITOS DO RIO [pp. 408-90]

1. I. TOLSTÓI, *The Knowledge and the Power*, p. 205.

2. Sobre o conceito e significado da Revolução Científico-Tecnológica, ver a introdução deste volume.

3. Victor HUGO, cit. por I. CHRISTIE, *The Last Machine*, p. 16.

4. Gustave FLAUBERT, cit. por I. CHRISTIE, *The Last Machine*, p. 16.

5. Maximo GÓRKI, cit. por I. CHRISTIE, *The Last Machine*, p. 15.

6. E. TOULET, *Birth of the Motion Picture*, p. 17.

7. As informações e citações do parágrafo acima procedem de A. GONGAZA, *Palácios e poeiras*, pp. 50-3; as citações estão na página 53.

8. E. TOULET, *Birth of the Motion Picture*, cit. na capa interna a partir de

W. K. L. DICKSON, *History of the Photographic and Scientific Experiments and Developments Leading to the Perfection of the Vitascope*, 1896.

9. W. BENJAMIN, "A obra de arte na era da sua reprodutibilidade técnica", p. 29.

10. R. KIPLING, "Mrs. Bathurst", em *Collected Stories*, pp. 577-600.

11. Kingsley DAVIS, *Scientific American*, 1965, cit. por V. SMIL, p. 208; ver também ibid., pp. 208-10.

12. James DONALD, "The City, the Cinema: Modern Spaces" em C. JENKS (ed.), *Visual Culture*, p. 84.

13. G. FREYRE, "O carioca Villa-Lobos", em M. BANDEIRA e C. D. de ANDRADE (orgs.), *Rio de Janeiro em prosa & verso*, p. 531. Eis um quadro da evolução demográfica da capital federal, alinhada, para efeitos de comparação, com outras capitais brasileiras.

População residente, 1872-1960	1872	1890	1900	1920	1940	1950	1960
Recife	116671	111556	113106	238843	348424	524682	788336
Salvador	129109	174412	205813	283422	290443	417235	649453
Belo Horizonte	—	—	13472	55563	211377	352724	683908
Rio de Janeiro	274972	522651	811443	1157873	1764141	2377451	3281908
São Paulo	31385	64934	239820	579033	1326261	2198096	3781446
Porto Alegre	43998	52421	73647	179263	272232	394151	635125

Fonte: População residente segundo os municípios das capitais. Anuário Estatístico do Brasil, IBGE, 1995.

14. As citações estão em G. FREYRE, *Ordem e progresso*, pp. XVIII-a e XVIII-b; a tradução da citação de Ortega y Gasset é minha.

15. "Verdade aqui, erro lá". Machado de Assis, crônica, *A Semana*, 21/1/1894.

16. Essa nítida separação entre o centro e a periferia era um dos temas mais candentes de Lima Barreto. Conforme nos ilustra M. P. VELLOSO em *As tradições populares na Belle Époque carioca*: "Quando ultrapassa as fronteiras da sua cidade — que é o subúrbio — o personagem barretiano começa a perder sua identidade. 'Passado o Campo de Santana, o que era ele? Não era nada. Onde acabavam os trilhos da Central, acabavam a sua fama e o seu valimento...' ", p. 45.

17. Uma primeira tentativa de instalar um serviço de bonde puxado a burros no Rio de Janeiro foi malsucedida, durando apenas de 1859 a 1864. Somente em 1868 o novo sistema se firmaria, através da linha que ligava a Cidade Velha ao Flamengo, Botafogo e Jardim Botânico, acompanhando e definindo o eixo da especulação imobiliária e a instalação das residências mais

luxuosas. Os bondes elétricos só seriam instalados em 1892. J. D. NEEDELL, *Belle Époque tropical*, pp. 46 e 182.

18. Os bondes pertenciam à companhia anglo-americana-canadense Light and Power, porém a concessão do serviço era prerrogativa exclusiva da autoridade pública.

19. N. SEVCENKO, *Literatura como missão*, pp. 34-5.

20. M. de ASSIS, crônica, *A Semana*, 4/3/1894.

21. Ver a respeito do cigarro como símbolo de modernidade, M. KOETZLE e U. SCHEID, *Feu d'amour*, pp. 6-15.

22. J. do RIO, *A profissão de Jacques Pedreira*, p. 32.

23. N. SEVCENKO, "Ascensão e queda de uma cultura", *Jornal da Tarde, Caderno Ideias*, 28/1/95, p. 3. A respeito do café, sua identificação com a recém-empossada elite republicana era tal que, Machado, abusando de sua ironia, espicaçava ao mesmo tempo os "novos homens" e o novo regime, alterando a reverenciada máxima de Augusto Comte: "nem só de pão vive o homem" para "nem só de café vive o homem". Cf. *A Semana*, 19/1/1896, p. 93.

24. A. BURGESS, "Preface", em M. WALTER (ed.), *The Book of Tea*, pp. 9-19.

25. M. de ASSIS, crônica, *A Semana*, 22/4/1894.

26. Id., crônica, *A Semana*, 25/3/1894.

27. Cf. Introdução, pp. 13-4.

28. M. de ASSIS, crônica, *A Semana*, 3/11/1895.

29. Id., ibid.

30. Visconde de TAUNAY. *O Encilhamento*, pp. 16-7.

31. M. de ASSIS, crônica, *A Semana*, 2/8/1896.

32. Gilberto Freyre observou como há nesse período de acentuada cosmopolitização do Rio de Janeiro da Belle Époque uma voga amplamente difundida de dar às crianças nomes em especial anglo-saxônicos, tais como Washington, Franklin, Nelson, Edison, Milton, Darwin, Elizabeth, Lincoln, Gladstone, Spencer etc. Aliás, o período é imensamente fértil na incorporação de novas palavras de origem estrangeira, tanto pelo efeito cultural da atmosfera cosmopolita como pela necessidade de absorver termos e expressões que nomeassem os novos recursos, artigos, situações e equipamentos advindos da transformação do modo de vida. O sociólogo fornece uma lista longa mas muito reveladora do grau e alcance imensos em que o cotidiano das pessoas mudou, num curto período. Eis alguns exemplos: "madame ou madama, five-o'clock tea, jockey, turfe, spleen, snob, causer, wagon ou vagão, dogue, toilette, bife, menu, restaurante, funding, impeachment, tílburi, cabriolé, landô, cupê, deck, smart, ragu, élan, warrantagem, casse-tête, lorgnon, charrete, raquette, pince-nez, étagere, etiqueta, clube, clichê, peignoir, repórter, tête-à-tête, bonde, bulevar, water-closet, vaudeville, enveloppe, élite, comitê, clown, bureau, iole, iate, faisandé, trust, maple, bufete, box, rosbife, toast, tênis, pule, linchamento, coterie, high-life, sabotagem, hotel, macadame, bombom, festival, batiste, atelier, meeting, echarpe, bal-masqué, iale, adresse, bebê, book-maker, claque, châtelaine,

calembur, bouquet, abajur, soirée, marionette, garçon, récamier, surmenage, grogue, chalé, vitrine, turista, chaise-longue, breque, mise-en-scène, valet, vieux rose, marrom, boudget, líder, groom, cache-nez, gare, pastel, detalhe, apache, escalope, puré, gaffe, canard, placard, entourage, dreadnought, scout, destroyer, tender, boycott, boulanger, conhaque, Noel, pônei, lorde, blague, suite, omelette, bluff, truc, trottoir, detective, maquete, mayonnaise, institutrice, dossier, mitaine, manteau, beige, gris, perle, diseuse, passe-partout, marquise, guichet, forfait, film, gaucherie, matinée, guidon, croquis, mignon, gigolot, demi-monde, crochet, crèche, debutar, nuance, cocotte, champanha, gendarme, hors d'oeuvre, bijoux, joujou, fin-de-siècle, frappé, flaneur, robe de chambre, tableau, tailleur, plastron, rôtisserie, rendez-vous, lanche, bibelot, écran, plateau, demarche, complot, raté, caften, micaremê, match, goal, troupe, tournée, équipe, crayon, vernissage, aplomb, bijuteria, boudoir, carnet, reporter, interview. Vários outros". Cf. G. FREYRE, *Ordem e progresso*; a primeira citação está na página CXLIV e a segunda nas páginas 215 e 216.

33. O que em latim significa "ao mais alto"; cf. nota de R. T. VALENÇA, em J. do RIO, *A profissão de Jacques Pedreira*. Cabe atentar ao mau gosto sintomático da dupla conotação insinuada pelo barão fogoso.

34. J. do RIO, *A profissão de Jacques Pedreira*, pp. 18 e 48-9.

35. Id., ibid., p. 40.

36. N. SEVCENKO, *Literatura como missão*, p. 41.

37. M. de ASSIS, crônica, *A Semana*, 6/10/1895.

38. Jacques Doucet foi um célebre modista parisiense do início do século XX.

39. J. do RIO, *A profissão de Jacques Pedreira*, p. 17.

40. Referência ao ator e diretor de teatro francês André Antoine, em grande vigência no período e especializado em peças ambientadas em interiores burgueses.

41. J. do RIO, *A profissão de Jacques Pedreira*, p. 41.

42. Id., ibid., p. 15.

43. Id., ibid., pp. 38-9.

44. E. HOBSBAWM, *A era do capital*, pp. 135-6.

45. Ver Introdução e capítulo 2.

46. J. do RIO, *J. R.*, L. MARTINS (ed.), pp. 54-8.

47. L. BARRETO, *Vida e morte de M. J. Gonzaga de Sá*, pp. 268-9.

48. J. do RIO, *A alma encantadora das ruas*, pp. 160-3.

49. H. VIANNA, *O mistério do samba*, pp. 50-4.

50. L. BARRETO, *Os bruzundangas*, p. 106.

51. J. do RIO, *A profissão de Jacques Pedreira*, pp. 36-7.

52. M. de Souza PINTO, "O bota-abaixo de Pereira Passos", em M. BANDEIRA e C. D. de ANDRADE (orgs.), *Rio de Janeiro em prosa & verso*, pp. 408-9.

53. M. de ASSIS, crônica, *A Semana*, 2/10/1892.

54. O. de ANDRADE, *Um homem sem profissão*, pp. 34-6.

55. N. SEVCENKO, *Orfeu extático na metrópole*, pp. 122-4.

56. M. de ASSIS, crônica, *A Semana*, 16/10/1892; note-se a graça especial do autor ao referir-se ao motorneiro como "o cocheiro".

57. Id., ibid., 23/10/1892.

58. J. do RIO, *A profissão de Jacques Pedreira*, p. 23.

59. Id., ibid., p. 36.

60. Z. GATTAI, *Anarquistas graças a Deus*, pp. 247-8. Devo a indicação dessa citação a Paulo Koguruna.

61. M. de ASSIS, crônica, *A Semana*, 22/12/1895.

62. Id., ibid., 2/2/1896.

63. E. HOBSBAWM, *The Age of Empire*, p. 14.

64. M. HERSCHMANN e K. LERNER, *Lance de sorte*, pp. 61-79; C. MATTOS, *Acertei no milhar*.

65. J. do RIO, *A profissão de Jacques Pedreira*, p. 126.

66. A. TOSTI, *Contributo alla conoscenza della stupidità umana*, passim. Devo a indicação desse belo texto a Giulia Crippa.

67. J. do RIO, *A profissão de Jacques Pedreira*, pp. 26-7.

68. Id., ibid.

69. M. de ASSIS, crônica, *A Semana*, 6/10/1895.

70. N. SEVCENKO, *Orfeu extático na metrópole*, pp. 73-7.

71. J. do RIO, *A correspondência de uma estação de cura*, p. 20.

72. G. FREYRE, *Ordem e progresso*, p. CXXXV.

73. J. do RIO, *A correspondência de uma estação de cura*, p. 23.

74. Id., ibid., p. 5.

75. Id., ibid., pp. 5-6.

76. M. de ASSIS, crônica, *A Semana*, 5/7/1896.

77. J. do RIO, *A correspondência de uma estação de cura*, pp. 4, 5 e 24 respectivamente.

78. M. de ASSIS, crônica, *A Semana*, 5/8/1894.

79. J. do RIO, *A correspondência de uma estação de cura*, p. 75.

80. M. de ASSIS, crônica, *A Semana*, 29/3/1896.

81. J. do RIO, "Hora do football", extraído de *Pall-Mall Rio*, em R. RAMOS (org.), *A palavra é futebol*, pp. 18-9.

82. G. CRULS, *Aparência do Rio de Janeiro*, pp. 800-8.

83. N. SEVCENKO, *Orfeu extático na metrópole*, pp. 46-50.

84. Id., *A revolta da vacina*, pp. 70-1.

85. Id., ibid., p. 75.

86. J. do RIO, "A parada da ilusão", em H. P. CUNHA (sel.), *Os melhores contos de João do Rio*, p. 78.

87. F. de Assis BARBOSA, "Dona Filó é quem diz", em M. BANDEIRA e C. D. de ANDRADE (orgs.), *Rio de Janeiro em prosa & verso*, pp. 538-9.

88. Id., ibid., p. 539.

89. Id., ibid., pp. 539-40.

90. D. e M. JOHNSON, *The Age of Illusion*, pp. 60-3.

91. G. AMADO, em M. BANDEIRA e C. D. de ANDRADE (orgs.), *Rio de Janeiro em prosa & verso*, p. 297.

92. K. BAYERZ, "Biology and Beauty: Science and Aesthetics in *fin de siècle*", em M. TEICH e R. PORTER, *Fin de siècle and its legacy*, pp. 278-95. Ver também M. TEICH, "The Unmastered Past of Human Genetics", em ibid., pp. 296-34.

93. A. FORTY, *Objects of Desire*, pp. 156-81.

94. Id., ibid., pp. 94-119.

95. Id., ibid., p. 174.

96. N. SEVCENKO, *Orfeu extático na metrópole*, pp. 43-8.

97. J. do RIO, "Hora de football", em R. RAMOS (org.), *A palavra é futebol*, p. 19.

98. Cf. E. C. AGASSIZ, "Nobreza e elegância dos Minas", em M. BANDEIRA e C. D. de ANDRADE (orgs.), *Rio de Janeiro em prosa & verso*, pp. 103-4; J. do RIO, "O corpo marcado", em ibid., pp. 187-91; L. CAMPOS, "Capoeira, esgrima dos olhos", em ibid., pp. 191-4.

99. M. REBELO, em "Corpo que era baile e canção", M. BANDEIRA e C. D. de ANDRADE (orgs.), *Rio de Janeiro em prosa & verso*, p. 220.

100. J. do RIO, *A profissão de Jacques Pedreira*, p. 108.

101. Cf. nota de R. T. VALENÇA em J. do RIO, *A profissão de Jacques Pedreira*, p. 150.

102. J. do RIO, *A profissão de Jacques Pedreira*, p. 114.

103. Id., ibid., p. 34.

104. M. de ASSIS, crônica, *A Semana*, 13/10/1893.

105. João do Rio mandou destruir por ordem judicial toda a primeira edição de *A profissão de Jacques Pedreira*, tal foi o excesso de erros tipográficos que comprometiam a publicação. Na segunda edição, cujo texto foi anotado e estabelecido por Rachel Valença, ela registra nesse ponto a expressão "projeções odicas", cogitando em nota tratar-se de um provável arcaísmo de cunho esotérico, há muito caído em desuso. O contexto, entretanto, nos parece indicar de forma cristalina que se trata de uma referência às teorias sobre as "projeções órficas" e ao orfismo, em plena vigência na Paris do início do século. Cf. N. REID e J. GOLDING (orgs.) *Léger and Purist Paris*, passim.

106. J. do RIO, *A profissão de Jacques Pedreira*, pp. 93-4.

107. J. C. de MELO NETO, *Antologia poética*, p. 86.

108. R. SIMÕES, "Do pregão ao jingle", em R. L. MARTENSEN e F. REIS, *História da propaganda no Brasil*, p. 173.

109. C. D. de ANDRADE, *As impurezas do branco*, p. 12.

110. A. Ribeiro, J. de Barros e L. Babo, "Cantoras do rádio", com Carmen e Aurora Miranda e a Orquestra Odeon, maio 1936. Cf. A. CARDOSO JR., *Carmen Miranda*, pp. 399-400.

111. A. MARWICK, *Beauty in History*, p. 307.

112. D. F. HAUSSEN, *Rádio e política*, pp. 13-60.

113. R. MURCE, *Bastidores do rádio*, pp. 27-8.

114. R. DUNBAR, *Grooming, Gossip and the Evolution of Language*, passim. No mesmo sentido ver também W. F. ALLMAN, *The Stone Age Present*, especialmente pp. 52-70.

115. A respeito dessa redução das relações de vizinhanças a seres anônimos, meramente identificados pelo número dos seus prédios e apartamento, Rubem Braga tem uma crônica impagável, em que escreve a um vizinho que reclamou de seu barulho noturno, o qual lhe incomodava o sono. "Quem trabalha o dia inteiro tem direito ao repouso noturno e é impossível repousar no 903 quando há vozes e passos e música no 1003. Ou melhor, é impossível ao 903 dormir quando o 1003 se agita; pois, como não sei o seu nome nem o senhor sabe o meu, ficamos reduzidos a ser dois números, dois números empilhados entre dezenas de outros. Eu, 1003, me limito a leste pelo 1005, a oeste pelo 1001, ao sul pelo Oceano Atlântico, ao norte pelo 1004, ao alto pelo 1103 e embaixo pelo 903 — que é o senhor [...] Prometo. Quem vier à minha casa (perdão, ao meu número) será convidado a se retirar às 21h45m, e explicarei: o 903 precisa repousar das 22 às 7 pois às 8h15m deve deixar o 783 para tomar o 109 que o levará até o 527 de outra rua, onde ele trabalha na sala 305. Nossa vida, vizinho, está toda numerada; e reconheço que ela só pode ser tolerável quando um número não incomoda outro número, mas o respeita ficando dentro dos limites de seus algarismos. Peço-lhe desculpas — e prometo silêncio." "Vizinho", em M. BANDEIRA e C. D. de ANDRADE (orgs.), *Rio de Janeiro em prosa & verso*, pp. 308-9.

116. R. MURCE, *Bastidores do rádio*, pp. 24-5.

117. A. CARDOSO JR., *Carmen Miranda*, pp. 39-47; a citação está na página 46.

118. R. MURCE, *Bastidores do rádio*, p. 33.

119. M. de ASSIS, crônica, *A Semana*, 22/4/1894.

120. N. SEVCENKO, *Orfeu extático na metrópole*, pp. 160-81.

121. J. do RIO, *A correspondência de uma estação de cura*, p. 4.

122. Id., ibid., p. 97.

123. M. de ASSIS, crônica, *A Semana*, 24/11/1895.

124. Id., ibid., 23/2/1896.

125. M. BANDEIRA, "Carnaval", da coletânea *Poesias*, pp. 83-4.

126. Essas e as subsequentes considerações sobre o cinema americano e o Brasil fazem parte de um texto inédito de N. SEVCENKO, "Brazilian Follies: the Casting, Broadcasting and Consumption of Images of Brazil on Both Sides of the Continent, 1930-50", apresentado no simpósio internacional "Ways of Working in Latin American Cultural Studies", ocorrido no Institute of Latin American Studies do University College da Universidade de Londres em abril de 1995.

127. C. D. de ANDRADE, *Farewell*, pp. 85-6.

128. B. CENDRARS, *Hollywood, la Mecque du cinéma*, p. 162.

129. J. do RIO, *J. R.*, p. 31.

130. D. NORMAN, *Turn Signs Are the Facial Expressions of Automobiles*, pp. 19-34; A. FORTY, *Objects of Desire*, pp. 94-119 e 207-21.

131. M. FANUCCHI, *Nossa próxima atração*, pp. 151-62.

132. C. D. de ANDRADE, *Farewell*, pp. 22-3.

133. Id., *Reunião*, p. 63.

134. Id., *Lição de coisas*, p. 74.

135. J. LODGE, *Hollywood 1930's*, pp. 34-49.

136. D. de ROUGEMONT, *Love in the Western World*, pp. 58-140.

137. M. G. LORD, *Forever Barbie.*

138. N. SEVCENKO, "Brazilian Follies", p. 9.

139. S. AUGUSTO, *Este mundo é um pandeiro*, passim.

140. G. MOURA, *Tio Sam chega ao Brasil*, pp. 13-89.

141. Sobre o contexto da criação do personagem Zé Carioca e suas ressonâncias na configuração dos estereótipos do "brasileiro", ver L. K. M. SCHWARCZ, "Complexo de Zé Carioca, notas sobre uma identidade mestiça e malandra", *Revista Brasileira de Ciências Sociais*, out. 1995, ano 10, n. 29, pp. 49-63.

142. A. CARDOSO JR., *Carmen Miranda*, p. 404.

143. Id., ibid., p. 336.

144. Id., ibid., p. 456.

145. Cf. verbete Gingar, C. AULETE, *Dicionário contemporâneo da língua portuguesa.*

146. Cf. verbete Gingar em A. B. de Holanda FERREIRA, *Novo dicionário da língua portuguesa.*

147. M. GIL-MONTEIRO, *Carmen Miranda, a Pequena Notável*, pp. 13-85.

148. C. D. de ANDRADE, *Reunião*, p. 280.

149. M. de ASSIS, crônica, *A Semana*, 7/4/1896. Por meio da referência a "os bichos" o escritor identifica a bandalheira financeira do Encilhamento com a febre do jogo do bicho, que tomava conta da cidade desde 1892. Cf. M. HERSCHMANNe K. LERNER, *Lance de sorte.*

BIBLIOGRAFIA

INTRODUÇÃO. O PRELÚDIO REPUBLICANO, ASTÚCIAS DA ORDEM E ILUSÕES DO PROGRESSO

"A DERRUBADA do maxixe". *Revista Fon-Fon!*, ano I, n. 14, 13 jul. 1907.

ALLEN, G. C. "The Economic Map of the World, Population, Commerce, Industries". In: THOMSON, David (Org.). *The New Cambridge Modern History*. Cambridge, University Press, 1960. v. XII.

AMARAL, Aracy. *Blaise Cendrars no Brasil e os modernistas*. São Paulo: Martins Fontes, 1968.

ARINOS, Afonso. "Pedro Barqueiro, tipo do sertão". In: ___. *Pelo sertão*. Belo Horizonte: Itatiaia, 1981.

BARRACLOUGH, Geoffrey. *Introdução à história contemporânea*. Rio de Janeiro: Zahar, 1976.

BIDISS, M. D. *The Age of the Masses*. Harmondsworth: Penguin, 1977.

BROWN, M. B. *Economia do imperialismo*. Lisboa: Ulisseia, 1976.

CAMPOS, Lima. "Capoeira, esgrima dos olhos". In: BANDEIRA, Manuel; ANDRADE, Carlos Drummond de (Orgs.). *Rio de Janeiro em prosa & verso*. Rio de Janeiro: José Olympio, 1965. (Coleção Rio 4 séculos).

CANDIDO, Antonio. "Literatura e subdesenvolvimento". *Argumento*, Rio de Janeiro, ano I, n. 1, out. 1973.

CARONE, Edgard. *A República Velha: Instituições e classes sociais*. São Paulo: Difel, 1975.

CORRÊA, Ana Maria Martinez. *A rebelião de 1924*. São Paulo: Hucitec, 1976.

CRULS, Gastão. *Aparência do Rio de Janeiro*. Rio de Janeiro: José Olympio, 1965. v. 2.

CUNHA, Euclides da. *Obras completas*. Rio de Janeiro: Nova Aguilar, 1966. v. I.

DOBB, Maurice. *A evolução do capitalismo*. 6. ed. Rio de Janeiro: Zahar, 1977.

EULÁLIO, Alexandre. *A aventura brasileira de Blaise Cendrars*. São Paulo: Quíron; Brasília: INL, 1978.

FAORO, Raymundo. *A pirâmide e o trapézio*. São Paulo: Nacional, 1974.

FREYRE, Gilberto. *Ordem e progresso*. Rio de Janeiro: José Olympio, 197. t. I.

GOLLWITZER, Heinz. *O imperialismo europeu*. Lisboa: Verbo, [s.d.].

GRAHAM, Richard. *Grã-Bretanha e o início da modernização no Brasil*. São Paulo: Brasiliense, 1973.

HABERMAS, J. "A família burguesa e a institucionalização de uma esfera privada referida à esfera pública". In: CANEVACCI, Massimo (Org.). *Dialética da família*. São Paulo: Brasiliense, 1984.

HOBSBAWM, Eric J. *Era dos extremos: O breve século XX*. Trad. de Marcos Santarrita. São Paulo: Companhia das Letras, 1995.

____. *A era do capital: 1848-1875*. Trad. de Luciano Costa Neto. Rio de Janeiro: Paz e Terra, 1977.

____. *The Age of Empire: 1875-1914*. Londres: Weidenfeld & Nicolson, 1987.

HOLANDA, Sérgio Buarque de. "Perspectivas". In: BARBOSA, Francisco de Assis (Org.). *Raízes*. Rio de Janeiro: Rocco, 1989.

"A SEMANA". *Jornal do Commércio*, 30 mar. 1908.

MELLO, Evaldo Cabral de. *Olinda restaurada: Guerra e açúcar no Nordeste, 1630-1654*. Rio de Janeiro: Forense Universitária; São Paulo: Edusp, 1975.

MELO NETO, João Cabral de. *Antologia poética*. Rio de Janeiro: José Olympio, 1979.

MOMMSEN, Wolfgang. *La epoca del imperialismo*. Madri: Siglo Veinteuno, 1973.

MONTEIRO, Duglas Teixeira. "Um confronto entre Juazeiro, Canudos e Contestado". In: FAUSTO, Boris (Org.). *História geral da civilização brasileira*. São Paulo: Difel, 1975. t. III, v. 9.

PRADO JR., Caio. *História econômica do Brasil*. 14. ed. São Paulo: Brasiliense, 1971.

Revista Fon-Fon!, ano I, n. 14, 13 jul. 1907.

RIO, João do. "O corpo marcado". In: BANDEIRA, Manuel; ANDRADE, Carlos Drummond de (Orgs.). *Rio de Janeiro em prosa & verso*. Rio de Janeiro: José Olympio, 1965. (Coleção Rio 4 séculos).

____. "O mundo dos feitiços". In: ____. *As religiões do Rio*. Rio de Janeiro: Nova Aguilar, 1976.

____. *J. R.: Uma antologia*. Sel. e apres. de Luís Martins. Rio de Janeiro: INL; Sabiá, [s.d.].

SEVCENKO, Nicolau. *Literatura como missão: Tensões sociais e criação cultural na Primeira República*. São Paulo: Brasiliense, 1983.

____. *A Revolta da Vacina: Mentes insanas em corpos rebeldes*. São Paulo: Scipione, 1993.

____. *Orfeu extático na metrópole: São Paulo, sociedade e cultura nos frementes anos 20*. São Paulo: Companhia das Letras, 1992.

SINGER, Paul. "O Brasil no contexto do capitalismo internacional: 1889-1930". In: FAUSTO, Boris (Org.). *História geral da civilização brasileira*. São Paulo: Difel, 1975. v. 1.

SOUZA, Tárik de et al. *Brazil musical: Viagens pelos sons e ritmos tropicais*. Rio de Janeiro: Art Bureau Representações, 1988.

SPARKE, Penny. *An Introduction to Design and Culture in the Twentieth Century*. Londres: Allen and Unwin, 1986.

SWEEZY, Paul. *Teoria do desenvolvimento capitalista*. Rio de Janeiro: Zahar, 1973.

THOMSON, David. "The Era of Violence". In: THOMSON, David (Org.). *The New Cambridge Modern History*. Cambridge: University Press, 1960. v. XII.

1. DA ESCRAVIDÃO À LIBERDADE: DIMENSÕES DE UMA PRIVACIDADE POSSÍVEL

ALVARENGA, Oneyda. *Música popular brasileira*. 2. ed. São Paulo: Duas Cidades, 1982.

ALVIM, Zuleika M. F. *Brava gente!: Os italianos em São Paulo, 1870-1920*. São Paulo: Brasiliense, 1986.

ANDRADE, Mário de. *Namoros com a medicina*. 3. ed. São Paulo: Martins; INL, 1972.

____. *O turista aprendiz*. Estabel. de texto, introd. e notas de Telê Ancona Lopez. São Paulo: Duas Cidades; Secretaria de Cultura, Ciência e Tecnologia do Estado, 1976.

____. *Danças dramáticas do Brasil*. 2. ed. Brasília: INL; Belo Horizonte: Itatiaia, 1982.

ARAÚJO, Alceu Maynard. "Ciclo agrícola, calendário religioso e magias ligadas à plantação". *Revista do Arquivo Municipal*, São Paulo, v. CLIX, 1955-7.

____. "Alguns ritos mágicos: 'Abusões', feitiçarias e medicina popular". *Revista do Arquivo Municipal*, São Paulo, v. CLXI, 1958.

ATAIDE, Yara Dulce Bandeira de. "As origens do povo do Bom Jesus Conselheiro". *Revista da USP*, n. 20, 1993-4.

BACKHEUSER, Everardo. "Onde moram os pobres". *Renascença*, Rio de Janeiro, v. II, n. 3, mar. 1905.

BANDEIRA, Manuel; ANDRADE, Carlos Drummond de (Orgs.). *Rio de Janeiro em prosa e verso*. Rio de Janeiro: José Olympio, 1965. v. V. (Coleção Rio 4 séculos).

BARRETO, Lima. *Coisas do Reino do Jambon: Sátira e folclore*. São Paulo: Brasiliense, 1956.

BARROSO, Gustavo (João do Norte). *Terra de sol: Natureza e costumes do Norte*. 3. ed. Rio de Janeiro: Francisco Alves, 1930.

BASTIDE, Roger. "Estudos afro-brasileiros". *Revista do Arquivo Municipal*, São Paulo, v. XCVIII, 1946.

____. *Le Prochain et le lointain*. Paris: Éditions Cozas, 1970.

BERALDI, Maria Helena P. *Santo Amaro*. São Paulo: Prefeitura Municipal; Secretaria de Educação e Cultura, 1981. v. 4. (Coleção História dos Bairros).

BEZERRA, Daniel Uchoa Cavalcanti. *Alagados, mocambos e mocambeiros*. Recife: Instituto Joaquim Nabuco de Pesquisa Social; Imprensa Universitária, 1965.

BILAC, Olavo. "Crônica". *Kosmos*, Rio de Janeiro, v. I, n. 2, 1904.

BOSI, Ecléa. *Memória e sociedade: Lembranças de velhos*. 1. reimpr. São Paulo: T. A. Queiroz, 1983.

BRITTO, Iêda Marques. *Samba na cidade de São Paulo (1900-1930): Um exercício de resistência cultural*. São Paulo: USP, 1986. (Série Antropologia, 14).

CAMPOS, Eduardo. "Medicina popular: Superstições, crendices e meizinhas no Ceará". *Revista Clã*, Fortaleza, 1951.

CANDIDO, Antonio. *Os parceiros do Rio Bonito: Estudo sobre o caipira paulista e a transformação dos seus meios de vida*. Rio de Janeiro: José Olympio, 1964.

CARDOSO, Elizabeth Dezouzart et al. *História dos bairros: Saúde, Gamboa, Santo Cristo*. Rio de Janeiro: João Fortes Engenharia; Index, 1987.

CARVALHO, José Murilo de. *Os bestializados: O Rio de Janeiro e a República que não foi*. São Paulo: Companhia das Letras, 1987.

CASCUDO, Luís da Câmara. *Dicionário do folclore brasileiro*. 3. ed. aum. e rev. Brasília: INL; MEC, 1971.

____. *Superstição no Brasil*. São Paulo: Edusp; Belo Horizonte: Itatiaia, 1985.

CASTRO, Hebe Maria Mattos de. *Ao sul da história: Lavradores pobres na crise do trabalho escravo*. São Paulo: Brasiliense, 1987.

CAVALCANTI, Pedro. "As seitas africanas do Recife". In: FREYRE, Gilberto et al. *Novos estudos afro-brasileiros: Trabalhos apresentados ao I Congresso Afro-Brasileiro, Recife, 1934*. Ed. fac-sim. Recife: Fundação Joaquim Nabuco; Massangana, 1988.

CHALHOUB, Sidney. *Cidade febril: Cortiços e epidemias na corte imperial*. São Paulo: Companhia das Letras, 1996.

CORRÊA, Mariza. *As ilusões da liberdade: A Escola Nina Rodrigues e a antropologia no Brasil*. São Paulo: USP, 1982. Tese (Doutorado).

CUNHA, Euclides da. *Os sertões: Campanha de Canudos*. 36. ed. Rio de Janeiro; Brasília: Francisco Alves, 1995.

DENIS, Pierre. *O Brazil no século XX*. Lisboa: José Bastos & Cia., [s.d.].

DIAS, Maria Odila Leite da Silva. *Quotidiano e poder em São Paulo no século XIX*. São Paulo: Brasiliense, 1984.

____. "Nas fímbrias da escravidão urbana: Negras de tabuleiro e de ganho". *Estudos Econômicos*, São Paulo, n. 15, IPE-USP, 1985.

____. "Impasses do inorgânico". In: D'INCAO, Maria Angela (Org.). *História e ideal: Ensaios sobre Caio Prado Jr*. São Paulo: Brasiliense; Editora Unesp; Secretaria de Estado da Cultura, 1989.

____. "Forros e brancos pobres na sociedade colonial do Brasil: 1675-1835". In: *Historia general de América Latina*. Madri: Unesco; Trotta, 2008. v. III: América Latina desde 1930.

____. "Votantes pobres no Império: Sociabilidades sem história, 1824-1881". Mimeo.

DURHAN, Eunice R. *A caminho da cidade: A vida rural e a migração para São Paulo*. São Paulo: Perspectiva, 1973.

FARGE, Arlette. *La Vie fragile: Violence, pouvoirs et solidarités à Paris au XVIIIe siècle*. Paris: Hachette, 1986.

FAUSTO, Boris. *Trabalho urbano e conflito social*. São Paulo: Difel, 1977.

FOOT, Francisco; LEONARDI, Victor. *História da indústria e do trabalho no Brasil*. São Paulo: Global, 1982.

FRANCO, Maria Sylvia de Carvalho. *Homens livres na ordem escravocrata*. São Paulo: IEBUSP, 1969.

FREITAS, Afonso A. de. *Tradições e reminiscências paulistanas*. 3. ed. São Paulo: Governo do Estado, 1978. v. 9. (Coleção Paulística).

FRY, Peter; VOGT, Carlos. *Cafundó, a África no Brasil: Linguagem e sociedade*. São Paulo: Companhia das Letras, 1996.

GAFFRE, L. A. *Visions du Brésil*. Paris: Aillaud; Rio de Janeiro: Francisco Alves & Cia., 1912.

GALLET, Luciano. *Estudos de folclore*. Rio de Janeiro: Carlos Wehes & Cia., 1934.

GALVÃO, Walnice Nogueira. *No calor da hora: A Guerra de Canudos nos jornais — 4ª expedição*. 2. ed. São Paulo: Ática, 1977.

GRAHAM, Douglas; HOLANDA, Sérgio Buarque de. *Migrações internas no Brasil: 1872-1970*. São Paulo: IPE; CNPq, 1984.

GRÜNSPUN, Haim. *Anatomia de um bairro: O Bexiga*. São Paulo: Cultura, 1979.

HOEHNE, Frederico C. *O que vendem os hervanários da cidade de São Paulo*. São Paulo: Casa Duprat, 1920.

HOLANDA, Sérgio Buarque de. *Raízes do Brasil*. 20. ed. Rio de Janeiro: José Olympio, 1988.

LANNA, Ana Lúcia Duarte. *Uma cidade na transição: Santos 1870-1913*. São Paulo: Hucitec; Santos: Prefeitura Municipal de Santos, 1996.

LEITE, Ilka Boaventura (Org.). *Negros no Sul do Brasil: Invisibilidade e territorialidade*. Florianópolis: Letras Contemporâneas, 1996.

LUTZ, Adolpho; MACHADO, Astrogildo. "Viagem pelo rio S. Francisco e por alguns de seus afluentes entre Pirapora e Joazeiro". *Memórias do Instituto Oswaldo Cruz*, Rio de Janeiro, v. VII, 1915.

MACHADO FILHO, Aires da Mata. *O negro e o garimpo em Minas Gerais*. Belo Horizonte: Itatiaia; São Paulo: Edusp, 1985.

MACHADO, Antônio de Alcântara. "Rapsodos do Tietê". *Revista do Arquivo Municipal*, São Paulo, v. XVIII, 1935.

MACHADO, Maria Helena Pereira T. *O plano e o pânico: Os movimentos sociais na década da Abolição*. Rio de Janeiro: Ed. da UFRJ; São Paulo: Edusp, 1994.

MARAM, Sheldon Leslie. *Anarquistas, imigrantes e o movimento operário brasileiro (1890-1920)*. Trad. Rio de Janeiro: Paz e Terra, 1979.

MARCONDES, A. Vieira. *Considerações sobre a nociva indústria de trapos em São Paulo*. São Paulo: Typ. Olegário Ribeiro, Lobato & C. Ltda., 1919.

MARTINS, José de Souza. *Capitalismo e tradicionalismo: Estudos sobre as contradições da sociedade agrária no Brasil*. São Paulo: Pioneira, 1976.

____. *Subúrbio: Vida cotidiana e história no subúrbio da cidade de São Paulo; São Caetano, do fim do Império ao fim da República Velha*. São Paulo: Hucitec; São Caetano do Sul: Prefeitura de São Caetano do Sul, 1992.

MELLO, Evaldo Cabral de. *O Norte agrário e o Império (1871-1889)*. Rio de Janeiro: Nova Fronteira; Brasília: INL, 1984.

MONTEIRO, Duglas Teixeira. "Um confronto entre Juazeiro, Canudos e contestado". In: FAUSTO, Boris (Org.). *História geral da civilização brasileira*. São Paulo: Difel, 1978. t. III, v. 9.

MONTEIRO, John Manuel. "A dimensão histórica do latifúndio". In: D'INCAO, Maria Angela (Org.). *História e ideal: Ensaios sobre Caio Prado Jr.* São Paulo: Brasiliense; Editora Unesp; Secretaria de Estado da Cultura, 1989.

MORAES, José Geraldo Vinci de. *As sonoridades paulistanas: Final do século XIX a início do século XX*. Rio de Janeiro; São Paulo: Funarte, Bienal, 1995.

MORAES, Wilson Rodrigues de. "Escolas de samba e cordões carnavalescos da cidade de São Paulo". *Revista do Arquivo Municipal*, São Paulo, v. CLXXXIII, 1971.

MORENO, Júlio. *Memórias de Armandinho do Bixiga: Depoimento a Júlio Moreno*. São Paulo: Senac, 1996.

MORSE, Richard M. *Formação histórica de São Paulo*. São Paulo: Difel, 1970.

MOURA, Margarida Maria. *Camponeses*. São Paulo: Ática, 1986. (Série Princípios).

____. *Os deserdados da terra: A lógica costumeira e judicial dos processos de expulsão e invasão da terra camponesa no sertão de Minas Gerais*. Rio de Janeiro: Bertrand Brasil, 1988.

MOURA, Roberto. *Tia Ciata e a pequena África no Rio de Janeiro*. Rio de Janeiro: Funarte; INM, 1983.

MUNHÓS, Wilson Toledo de. *Da circulação trágica ao mito da irradiação liberal: Negros e imigrantes em Santos na década de 1880*. São Paulo: PUC-SP, 1992. Dissertação (Mestrado).

NOGUEIRA, Ataliba. *Antônio Conselheiro e Canudos: Revisão histórica (a obra manuscrita de Antônio Conselheiro que pertenceu a Euclides da Cunha)*. 2. ed. São Paulo: Nacional, 1978.

OLIVEIRA, Leôncio Castellar de. *Vida roceira: Contos regionaes*. São Paulo: Secção de Obras d'O Estado de São Paulo, 1919.

PAOLI, Maria Célia. "São Paulo operária e suas imagens (1900-1940)". *Espaço & Debates*, São Paulo, n. 33, 1991.

PENNA, Belisário; NEIVA, Arthur. *Viagem científica pelo Norte da Bahia, Sudoeste de Pernambuco, Sul do Piauí e de norte a sul de Goiás*. Ed. fac-sim. Brasília: Academia Brasiliense de Letras, 1984.

PEREIRA, João Baptista Borges. "A cultura negra: resistência de cultura à cultura da resistência". *Dédalo*, São Paulo: MAE-USP, n. 23, 1984.

PEIREIRA, Nunes. *A Casa das Minas: Contribuição ao estudo das sobrevivências daomeianas no Brasil*. Rio de Janeiro: Publicações da Sociedade Brasileira de Antropologia e Etnologia, 1947.

PETRONE, Pasquale. "São Paulo no século XX". In: AZEVEDO, Aroldo de (Org.). *A cidade de São Paulo: Estudos de geografia urbana*. São Paulo: Nacional, 1958.

PINTO, Luís Aguiar Costa. *O negro no Rio de Janeiro: Relações de raça numa sociedade em mudança*. São Paulo: Nacional, 1953.

PINTO, Maria Inez Machado Borges. *Cotidiano e sobrevivência: A vida do trabalhador pobre na cidade de São Paulo (1890-1914)*. São Paulo: Edusp; FAPESP, 1994.

PRADO JR. Caio. *Formação do Brasil contemporâneo*. 9. ed. São Paulo: Brasiliense, 1969.

QUEIROZ, Maria Isaura Pereira de. *O messianismo: No Brasil e no mundo*. São Paulo: Dominus; Edusp, 1965.

____. *Bairros rurais paulistas: Dinâmica das relações bairro rural-cidade*. São Paulo: Duas Cidades, 1973.

____. *O campesinato brasileiro: Ensaios sobre civilização e grupos rústicos no Brasil*. Petrópolis: Vozes; São Paulo: Edusp, 1973.

QUERINO, Manuel. *A Bahia de outr'ora: Vultos e factos populares*. Bahia: Livraria Econômica, 1922.

____. *Costumes africanos no Brasil*. São Paulo: Nacional, 1938.

RANGEL, Godofredo. *Vida ociosa*. 2. ed. São Paulo; Rio de Janeiro: Nacional, 1934.

REIS, João José. "Quilombos e revoltas escravas no Brasil". *Revista da USP*, São Paulo, n. 28, 1995-6.

RIBAS, Emílio. *Relatório apresentado ao sr. dr. secretário de Negócios do Interior e da Justiça, pelo dr. Emílio Ribas, director do Serviço Sanitário*. São Paulo: Typ. do Diário Official, 1906.

RIO, João do. "A tatuagem no Rio". *Kosmos*, Rio de Janeiro, v. I, n. 11, nov. 1904.

____. *A alma encantadora das ruas*. 3. ed. Rio de Janeiro: Prefeitura da Cidade; Secretaria Municipal de Cultura, 1995.

RODRIGUES, Raimundo Nina. *Os africanos no Brasil*. 2. ed. São Paulo: Nacional, 1935.

____. *As collectividades anormaes*. Rio de Janeiro: Civilização Brasileira, 1939.

ROSA, João Guimarães. *Grande sertão: Veredas*. 3. ed. Rio de Janeiro: José Olympio, 1963.

SÃO PAULO, Fernando. *Linguagem médica popular no Brasil*. Rio de Janeiro: Barreto & Companhia, 1936.

SCHWARCZ, Lilia Moritz. *O espetáculo das raças: Cientistas, instituições e questão racial no Brasil do século XIX*. São Paulo: Companhia das Letras, 1993.

SCHWARTZ, Stuart B. *Segredos internos: Engenhos e escravos na sociedade colonial, 1550-1835*. Trad. São Paulo: Companhia das Letras, 1995.

SERVIÇO SANITÁRIO DO ESTADO DE SÃO PAULO. *Prophilaxia da febre amarella*. Rio de Janeiro: Typ. Bernard Frères, 1903.

SEVCENKO, Nicolau. *A Revolta da Vacina: Mentes insanas em corpos rebeldes*. São Paulo: Brasiliense, 1984.

____. *Literatura como missão: Tensões sociais e criação cultural na Primeira República*. 2. ed. São Paulo: Brasiliense, 1985.

SIGAUD, Lygia. *Os clandestinos e os direitos: Estudo sobre os trabalhadores da cana-de-açúcar de Pernambuco*. São Paulo: Duas Cidades, 1979.

SILVEIRA, Álvaro A. da. *Viagem pelo Brasil: Notas e impressões colhidas na viagem do sr. dr. Affonso Penna*. Belo Horizonte: Imprensa Oficial do Estado de Minas Gerais, 1906.

SOARES, Carlos Eugênio Líbano. *A negregada instituição: Os capoeiras no Rio de Janeiro*. Rio de Janeiro: Prefeitura da Cidade; Secretaria Municipal de Cultura, 1994.

SOUZA, Laura de Mello e. *O diabo e a Terra de Santa Cruz: Feitiçaria e religiosidade popular no Brasil colonial*. São Paulo: Companhia das Letras, 1986.

TELAROLLI JR., Rodolpho. *Poder e saúde: As epidemias e a formação dos serviços de saúde em São Paulo*. São Paulo: Editora Unesp, 1996.

TESCHAUER, Carlos (SJ). *Avifauna e flora nos costumes, superstições e lendas brasileiras e americanas*. 3. ed. Porto Alegre: Ed. da Livraria do Globo, 1925.

THIELEN, Eduardo V.; ALVES, Fernando A. Pires; BENCHIMOL, Jaime et al. (Orgs.). *A ciência a caminho da roça: Imagens das expedições científicas do Instituto Oswaldo Cruz ao interior do Brasil entre 1911 e 1913*. Rio de Janeiro: Fundação Oswaldo Cruz; Casa de Oswaldo Cruz, 1991.

VELLOSO, Mônica Pimenta. *As tradições populares na Belle Époque carioca*. Rio de Janeiro: Funarte; Instituto Nacional do Folclore, 1988.

———. "As tias baianas tomam conta do pedaço: espaço e identidade cultural no Rio de Janeiro". *Estudos Históricos*, Rio de Janeiro, v. 3, n. 6, 1990.

VERGER, Pierre. *Os libertos: Sete caminhos na liberdade de escravos da Bahia no século XIX*. São Paulo: Currupio, 1992.

———. "As múltiplas atividades de Roger Bastide na África: 1958". *Revista da USP*, São Paulo, n. 18, 1993.

WISSENBACH, Maria Cristina Cortez. *Sonhos africanos, vivências ladinas: Escravos e forros em São Paulo (1850-1880)*. São Paulo: Hucitec, 1998. (História Social USP).

WOLSEY (pseud. de Aristides Cesar S. Zama). *Libello republicano acompanhado de comentários sobre a campanha de Canudos*. Bahia: Typ. do Diário da Bahia, 1899.

XIDIEH, Oswaldo Elias. *Narrativas pias populares*. São Paulo: IEB, 1967.

ZALUAR, Alba. "Os santos e suas festas". *Religião & Sociedade*, São Paulo, n. 8, 1983.

2. HABITAÇÃO E VIZINHANÇA: LIMITES DA PRIVACIDADE NO SURGIMENTO DAS METRÓPOLES BRASILEIRAS

ABREU, Mauricio de Almeida. "A periferia de ontem: o processo de construção do espaço suburbano do Rio de Janeiro (1870-1930)". *Espaço & Debates*, São Paulo, n. 21, 1987.

———. *Evolução urbana do Rio de Janeiro*. 2. ed. Rio de Janeiro: IplanRio; Zahar, 1988.

———. "Reconstruindo uma história esquecida: Origem e expansão inicial das favelas do Rio de Janeiro". *Espaço & Debates*, São Paulo, n. 37, 1994.

AIZEN, Mário. *Bairro Peixoto: O oásis de Copacabana*. Rio de Janeiro: Secretaria Municipal de Cultura, Turismo e Esportes, 1992.

ANDRADE, Carlos Roberto Monteiro. *A peste e o plano: O urbanismo sanitarista do engenheiro Saturnino de Brito*. São Paulo: USP, 1992. Dissertação (Mestrado).

——. "O plano de Saturnino de Brito para Santos e a construção da cidade moderna no Brasil". *Espaço & Debates*, São Paulo, n. 34, 1991.

ANUÁRIO ESTATÍSTICO DO BRASIL: 1995. Brasília: Ministério do Planejamento e Orçamento; IBGE, 1996.

AZEVEDO, Sérgio de; ANDRADE, Luís Aureliano Gama. *Habitação e poder: Da Fundação da Casa Popular ao Banco Nacional de Habitação*. Rio de Janeiro: Zahar, 1982.

BACELLI, Roney. *Jardim América*. São Paulo: Prefeitura Municipal; Secretaria Municipal de Cultura, 1982. (História dos Bairros de São Paulo, 20).

BATCHELOR, Peter. "The Origin of the Garden City Concept of Urban Form". *Journal of the Society of Architectural Historians*, Filadélfia, v. 28, n. 3, 1969.

BENCHIMOL, Jaime Larry. *Pereira Passos: Um Haussman tropical; a renovação urbana da cidade do Rio de Janeiro no início do século XX*. Rio de Janeiro: Secretaria Municipal de Cultura, Turismo e Esportes, 1990. (Biblioteca Carioca, 11).

Bens culturais arquitetônicos no município e na região metropolitana de São Paulo. São Paulo: Secretaria dos Negócios Metropolitanos; Secretaria Municipal de Planejamento, 1984.

BERTOLLI FILHO, Claudio. *Epidemia e sociedade: A gripe espanhola no município de São Paulo*. São Paulo: USP, 1986. Dissertação (Mestrado).

BITTENCOURT, Doris Maria Machado de. *Casas residenciais em Porto Alegre em fins do século XIX e início do século XX*. São Paulo: USP, 1996. Dissertação (Mestrado).

BLAY, Eva Alterman. *Eu não tenho onde morar: Vilas operárias na cidade de São Paulo*. São Paulo: Nobel, 1985.

BODSTEIN, Regina Cele de A. "Práticas sanitárias e classes populares do Rio de Janeiro". *Revista Rio de Janeiro*, n. 4, 1986.

CAMPOS, Eudes. "Palacetes paulistanos: A evolução do ambiente doméstico sob o Império". *Historical Archaeology in Latin America*, Colúmbia: SC, n. 6, 1995.

——. *Arquitetura paulistana sob o Império: Aspectos da formação da cultura burguesa em São Paulo*. São Paulo: USP, 1997. Tese (Doutorado).

CARDOSO, Elizabeth Dezouzart et al. *História dos bairros: Copacabana*. Rio de Janeiro: João Fortes Engenharia; Index, 1986.

——. *História dos bairros: Saúde, Gamboa, Santo Cristo*. Rio de Janeiro: João Fortes Engenharia; Index, 1987.

CARVALHO, José Murilo de. *Os bestializados: O Rio de Janeiro e a República que não foi*. 3. ed. São Paulo: Companhia das Letras, 1996.

CARVALHO, Lia Aquino. *Habitações populares*. 2. ed. Rio de Janeiro: Prefeitura da Cidade; Secretaria Municipal de Cultura, 1995. (Biblioteca Carioca, 1).

CARVALHO, Maria Cristina Wolff de. *A arquitetura de Ramos de Azevedo*. São Paulo: USP, 1996. Tese (Doutorado).

CHALHOUB, Sidney. *Cidade febril: Cortiços e epidemias na corte imperial*. São Paulo: Companhia das Letras, 1996.

CHIAVARI, Maria Pace. "As transformações urbanas do século XIX". In: BRENNA, Giovanna R. del (Org.). *O Rio de Janeiro de Pereira Passos: Uma cidade em questão II*. Rio de Janeiro: PUC-RJ; Shell, 1985.

CONDE, Luiz Paulo Fernandez. "Obras de arquitetura e de urbanismo realizadas no Rio de Janeiro: Décadas de 30/40". *Revista Municipal de Engenharia*, v. 19, n. 1/4, 1994.

COSTA, Lúcio. *Relatório do Plano Piloto de Brasília*. Brasília: Governo do Distrito Federal; Arquivo Público do Distrito Federal, 1991.

____. *Lúcio Costa: Registro de uma vivência*. 1. ed. São Paulo: Empresa das Artes, 1995.

CURTIS, J. N. B. de. *Roteiro: Remanescentes da arquitetura que personalizou o passado de Porto Alegre*. Porto Alegre: Prefeitura Municipal; Conselho Municipal do Patrimônio Histórico e Cultural, 1991.

DAMAZIO, Sylvia. *Retrato social do Rio de Janeiro na virada do século*. Rio de Janeiro: Ed. UERJ, 1996.

DIAS, Márcia Lúcia Rebello Pinho. *Desenvolvimento urbano e habitação popular em São Paulo: 1870-1914*. São Paulo: Nobel, 1989.

DIAS, Maria Odila Leite da Silva. *Quotidiano e poder em São Paulo no século XIX*. São Paulo: Brasiliense, 1984.

____. "Forros e brancos pobres na sociedade colonial do Brasil: 1675-1835". In: *Historia general de América Latina*. Madri: Unesco; Trotta. v. III: América Latina desde 1930.

ESCOREL, Silvia. "O Palácio do Itamaraty no Rio de Janeiro". In: *Palácio Itamaraty: Brasília, Rio de Janeiro*. São Paulo: Banco Safra, 1993.

FARAH, Marta Ferreira dos Santos. *Estado, previdência social e habitação*. São Paulo: USP, 1983. Dissertação (Mestrado).

____. "Estado e habitação no Brasil: o caso dos Institutos de Previdência". *Espaço & Debates*, São Paulo, n. 16, 1985.

FERNANDES, Ana; GOMES, Marco Aurélio A. de Filgueiras. "Idealizações urbanas e a construção da Salvador moderna: 1850-1920". *Espaço & Debates*, São Paulo, n. 34, 1991.

FERREIRA, Ignez Costa Barbosa. "Os processos de urbanização e a produção do espaço metropolitano de Brasília". In: PAVANI, Aldo (Org.). *Brasília, ideologia e realidade: Espaço urbano em questão*. São Paulo: Projeto, 1985.

FINANCIADORA DE ESTUDOS E PROJETO (Finep) e Grupo de Arquitetura e Planejamento (GAP). *Habitação popular: Inventário da ação governamental*. Rio de Janeiro: Finep; Projeto, 1983.

FRANCO, Sérgio da Costa. *Porto Alegre: Guia histórico*. Porto Alegre: Ed. da UFRGS; Prefeitura Municipal, 1988.

FREYRE, Gilberto. *Sobrados e mucambos: Decadência do patriarcado rural e desenvolvimento do urbano*. 6. ed. Rio de Janeiro: José Olympio; Recife: Câmara dos Deputados; Governo do Estado de Pernambuco, 1981. v. 1.

GODOFREDO FILHO. "A influência do ecletismo na arquitetura baiana". *Revista do Patrimônio Histórico e Artístico Nacional*, n. 19, 1984.

GOMES, Marco Aurélio A. de Filgueiras. "Escravismo e cidade: notas sobre a ocupação da periferia de Salvador no século XIX". *Rua*, Salvador, v. 3, n. 4/5, 1990.

GOUVEA, Luiz Alberto de Campos. *Brasília: A capital da segregação social*. São Paulo: Annablume, 1995.

GUTIERREZ, Ramón. *Arquitectura y urbanismo en Iberoamerica*. Madri: Cátedra, 1983.

HOLANDA, Sérgio Buarque de. *Raízes do Brasil*. São Paulo: Companhia das Letras, 1995.

HOLSTON, James. *A cidade modernista: Uma crítica de Brasília e sua utopia*. São Paulo: Companhia das Letras, 1993.

HOMEM, Maria Cecília Naclério. *Higienópolis: Grandeza e decadência de um bairro paulistano*. São Paulo: Prefeitura Municipal; Secretaria Municipal de Cultura, 1980. (História dos Bairros de São Paulo, 17).

____. "Mudanças espaciais na casa republicana. A higiene pública e outras novidades". *Pós*, São Paulo, n. 3, 1993.

____. *O palacete paulistano e outras formas de morar da elite cafeeira (1867-1918)*. São Paulo: Martins Fontes, 1996.

LANNA, Ana Lúcia Duarte. *Uma cidade na transição: Santos, 1870-1913*. São Paulo: Hucitec; Santos: Prefeitura Municipal de Santos, 1996.

LEMOS, Carlos A. C. *Cozinhas etc.: Um estudo sobre as zonas de serviço da casa paulista*. 2. ed. São Paulo: Perspectiva, 1978.

____. *Alvenaria burguesa: Breve história da arquitetura residencial de tijolos em São Paulo a partir do ciclo econômico liderado pelo café*. 2. ed. São Paulo: Nobel, 1989.

LIMA, Tania Andrade. "Dos morcegos e caveiras a cruzes e livros: a representação da morte nos cemitérios cariocas do século XIX". *Anais do Museu Paulista: Nova Série*, n. 2, 1994.

____. "Humores e odores: ordem corporal e ordem social no Rio de Janeiro, século XIX". *Manguinhos*, v. 2, n. 3, 1995-6.

LIRA, José Tavares Correia de. "A romantização e a erradicação do mocambo, ou de como a casa popular ganha nome. Recife, década de 1930". *Espaço & Debates*, São Paulo, n. 37, 1994.

____. *Mocambo e cidade: Regionalismo na arquitetura e ordenamento do espaço habitado*. São Paulo: USP, 1996. Tese (Doutorado).

LOYER, François. *Paris, Nineteenth Century: Architecture and Urbanism*. Nova York: Abbeville, [s.d.].

LUBAMBO, Catia Wanderley. "Reforma urbana: o que há de novo depois de um século (a experiência do bairro do Recife)". In: *Cidade & história: Modernização das cidades brasileiras nos séculos XIX e XX*. Salvador: UFBA; ANPUR, 1992.

MACEDO, Francisco Riopardense de. *História de Porto Alegre*. Porto Alegre: Ed. da UFRGS; Prefeitura Municipal, 1993.

MACEDO, Silvio Soares. *Higienópolis e arredores: Processo de mutação de paisagem urbana*. São Paulo: Edusp; Pini, 1987.

MARQUES, Eduardo César. "Da higiene à construção da cidade: o Estado e o saneamento no Rio de Janeiro". *Manguinhos*, v. 2, n. 2, 1995.

MARTINS, José de Souza. *Subúrbio: Vida cotidiana e história no subúrbio da cidade de São Paulo; São Caetano, do fim do Império ao fim da República Velha*. São Paulo: Hucitec; São Caetano do Sul: Prefeitura de São Caetano do Sul, 1992.

MELLO JR., Donato. "O arquiteto Gustav Waehneldt". *Arquitetura Revista*, n. 8, 1990.

MELO, Marcus André B. C. de. "A cidade dos mocambos: Estado, habitação e luta de classes no Recife (1920/1960)". *Espaço & Debates*, São Paulo, n. 14, 1985.

____. "Política de habitação e populismo: O caso da Fundação da Casa Popular". *Rua*, Salvador, v. 3, n. 4/5, 1990.

MOREIRA, Fernando Diniz. "A formação do urbanismo moderno no Brasil: as concepções urbanísticas do engenheiro Saturnino de Brito". *Espaço & Debates*, São Paulo, n. 40, 1997.

MOTTA, Heloisa Alves de Lima e. *Uma menina paulista*. São Paulo: Ed. Totalidade, 1992.

NEEDELL, Jeffrey D. *Belle Époque tropical: Sociedade e cultura de elite no Rio de Janeiro na virada do século*. São Paulo: Companhia das Letras, 1993.

NOVOA, Graciela et al. *Buenos Aires, Palermo 1876-1960*. 2. ed. Buenos Aires: Alto Palermo S. A., 1990.

OCTAVIO, Laura Oliveira Rodrigo. *Elos de uma corrente: Seguidos de novos elos*. 2. ed. Rio de Janeiro: Civilização Brasileira, 1994.

OTTONI, Dacio A. B. "Cidade-jardim: Formação e percurso de uma ideia". In: HOWARD, Ebenezer. *Cidades-jardins de amanhã*. São Paulo: Hucitec, 1996.

OUTTES, Joel. "'O corpo do herói esquartejado': A reforma do bairro de Santo Antônio em Recife no Estado Novo". In: *Cidade & história: Modernização das cidades brasileiras nos séculos XIX e XX*. Salvador: UFBA; ANPUR, 1992.

PAOLI, Maria Célia. "São Paulo operária e suas imagens". *Espaço & Debates*, São Paulo, n. 33, 1991.

PARISSE, Luciano. *Favelas do Rio de Janeiro: Evolução, sentido*. Rio de Janeiro: PUC-RJ; Cenpha, 1969.

PECHMAN, Robert Moses; RIBEIRO, Luís César de Queiroz. "A Companhia de

Saneamento do Rio de Janeiro: Contribuição à história do capital imobiliário". *Revista Rio de Janeiro*, n. 1, 1985.

PECHMAN, Sérgio; FRITSCH, Lilian. "A reforma urbana e seu avesso: Algumas considerações a propósito da modernização do Distrito Federal na virada do século". *Revista Brasileira de História*, v. 5, n. 8/9, 1985.

PERES, Fernando da Rocha. *Memória da Sé*. Salvador: Macunaíma, 1974.

PERLMAN, Janice E. *O mito da marginalidade*. 2. ed. Rio de Janeiro: Paz e Terra, 1981.

PESAVENTO, Sandra J. (Coord.). *Memória Porto Alegre: Espaço e vivências*. Porto Alegre: Ed. da UFRGS; Prefeitura Municipal, 1991.

PINTO, Maria Inez Machado Borges. *Cotidiano e sobrevivência: A vida do trabalhador pobre na cidade de São Paulo (1890-1914)*. São Paulo: Edusp, 1994. (Campi, 18).

PRADO, Yan (João Fernando) de Almeida. "São Paulo antigo e sua arquitetura". *Ilustração Brasileira*, Rio de Janeiro, n. 109, 1929.

REALE, Ebe. *Brás, Pinheiros, Jardins: Três bairros, três mundos*. São Paulo: Pioneira; Edusp, 1982.

REIS FILHO, Nestor Goulart. *Quadro da arquitetura no Brasil*. 6. ed. São Paulo: Perspectiva, 1987.

____. "Habitação popular no Brasil: 1880-1920". São Paulo: USP, 1994.

REZENDE, Antonio Paulo de Morais. *(Des)encantos modernos: Histórias da cidade do Recife na década de vinte*. São Paulo: USP, 1992. Tese (Doutorado).

RIBEIRO, Gustavo Lins. "Arqueologia de uma cidade: Brasília e suas cidades-satélites". *Espaço & Debates*, São Paulo, n. 5, 1982.

RIBEIRO, Luiz Cesar de Queiroz. *Dos cortiços aos condomínios fechados: As formas de produção da moradia na cidade do Rio de Janeiro*. Rio de Janeiro: Civilização Brasileira; UFRJ; FASE, 1997.

RIBEIRO, Maria Alice Rosa. *História sem fim...: Inventário da saúde pública*. São Paulo: Editora Unesp, 1993.

RIBEIRO, Suzana Barretto. *Italianos do Brás: Imagens e memórias*. São Paulo: Brasiliense, 1994.

RIO, João do. "Sono calmo". In: ____. *A alma encantadora das ruas*. Rio de Janeiro: Secretaria Municipal de Cultura, Turismo e Esportes, 1991. (Biblioteca Carioca, 4).

ROCHA, Oswaldo Porto. *A era das demolições*. 2. ed. Rio de Janeiro: Secretaria Municipal de Cultura, Turismo e Esportes, 1995. (Biblioteca Carioca, 1).

ROLNIK, Raquel. *A cidade e a lei: Legislação, política urbana e territórios na cidade de São Paulo*. São Paulo: Studio Nobel; FAPESP, 1997.

RONCAYOLO, Marcel. "La production de la ville". In: DUBY, Georges (Org.). *Histoire de la France urbaine*. Paris: Seuil, 1983. v. 4.

SALGUEIRO, Heliana Angotti. *Belo Horizonte: O nascimento de uma capital*. São Paulo: MASP, 1996.

SALGUEIRO, Heliana Angotti. "O ecletismo em Minas Gerais: Belo Horizonte 1894-1930". In: FABRIS, Annateresa (Org.). *Ecletismo na arquitetura brasileira*. São Paulo: Nobel; Edusp, 1987.

____. "La Pensée française dans la fondation de Belo Horizonte: Des Représentations aux pratiques". *Revue de l'Art*, Paris, n. 106, 1994.

SAMPAIO, Maria Ruth Amaral de. "O papel da iniciativa privada na formação da periferia paulistana". *Espaço & Debates*, São Paulo, n. 37, 1994.

SANTOS, Mário Augusto da Silva. "Crescimento urbano e habitação em Salvador (1890-1940)". *Rua*, Salvador, v. 3, n. 4/5, 1990.

SEVCENKO, Nicolau. *Orfeu extático na metrópole: São Paulo, sociedade e cultura nos frementes anos 20*. São Paulo: Companhia das Letras, 1992.

____. *A Revolta da Vacina: Mentes insanas em corpos rebeldes*. 2. ed. São Paulo: Scipione, 1993.

____. *Literatura como missão: Tensões sociais e criação cultural na Primeira República*. 4. ed. São Paulo: Brasiliense, 1995.

SISSON, Rachel. "Marcos históricos e configurações espaciais: Um estudo de caso: os centros do Rio de Janeiro". *Arquitetura revista*, n. 4, 1986.

SOLSONA, Justo; HUNTER, Carlos. *La avenida de Mayo: Um proyecto inconcluso*. Buenos Aires: Librería Técnica CP 67, 1990.

TELAROLLI JR., Rodolpho. *Poder e saúde: As epidemias e a formação dos serviços de saúde em São Paulo*. São Paulo: Editora Unesp, 1996.

TOLEDO, Benedito Lima de. *Álbum iconográfico da avenida Paulista*. São Paulo: Ex-Libris, 1987.

____. *Prestes Maia e as origens do urbanismo moderno em São Paulo*. São Paulo: Empresa das Artes, 1996.

VALLADARES, Lícia do Prado. *Passa-se uma casa: Análise do programa de remoção das favelas do Rio de Janeiro*. 2. ed. Rio de Janeiro: Zahar, 1980.

VARON, Conceição de Maria Ferraz de. *E a história se repete...: As vilas operárias e os conjuntos residenciais dos IAPS no Rio de Janeiro*. São Paulo: USP. Dissertação (Mestrado).

VAZ, Lilian Fessler. "Notas sobre o Cabeça de Porco". *Revista Rio de Janeiro*, n. 2, 1986.

____. *Uma história da habitação coletiva na cidade do Rio de Janeiro: Estudo da modernidade através da moradia*. São Paulo: USP, 1994. Tese (Doutorado).

WILKOSZYNSKI, Artur et al. *República: Verso e reverso*. Coord. de Sandra J. Pesavento. Porto Alegre: IEL; Ed. da UFRGS, 1989.

WISSENBACH, Maria Cristina Cortez. *Sonhos africanos, vivências ladinas: Escravos e forros no município de São Paulo (1850-1880)*. São Paulo: USP, 1989. Dissertação (Mestrado).

XAVIER, Alberto et al. *Arquitetura moderna no Rio de Janeiro*. São Paulo: Pini; Fundação Vilanova Artigas; Rio de Janeiro: RIOARTE, 1991.

ZAGO, Manrique (Org.). *La avenida de Mayo*. Buenos Aires: Ayuntamiento de Madrid; Municipalidad de la Ciudad de Buenos Aires, 1988.

ZYLBERBERG, Sonia. *Morro da Providência: Memórias da favela.* Rio de Janeiro: Secretaria Municipal de Cultura, Turismo e Esportes, 1992. (Memórias das favelas, 1).

3. IMIGRANTES: A VIDA PRIVADA DOS POBRES DO CAMPO

AGIA. (*Atti della Giunta per la Inchiesta Agraria e sulle Condizioni della Classe Agricola*). Roma, 1882. t. II, v. VI.

ALVES, Jorge F. *Os brasileiros: Emigração e retorno no Porto oitocentista.* Porto: [s.n.], 1994.

ALVIM, Zuleika M. F.; PEIRÃO, S. *Mappin 70 anos.* São Paulo: Ex-Libris, 1985.

ALVIM, Zuleika M. F. *Brava gente!: Os italianos em São Paulo 1870-1920.* São Paulo: Brasiliense, 1986.

____. "A América e seus novos descobridores". *Revista da USP*, São Paulo, n. 12, dez. 1991-fev. 1992.

BATISTEL, Arlindo I.; COSTA, Rovilio. *Assim vivem os italianos.* Porto Alegre: Escola Superior de Teologia São Lourenço de Brindes, Ed. Universidade de Caxias do Sul, 1982.

BONARDELLI, Eugenio. "La piccola proprietà nello stato di San Paolo". *Italica Gens*, Turim, n. 1/2, jan.-fev. 1915.

BRENAN, Gerald. *Storia della Spagna 1874-1936.* Turim: Einaudi Editore, 1970.

COLBACCHINI, Pietro. "L'emigrazione italiana negli stati uniti del Brasile". *Rassegna Nazionale*, Florença, v. LXXXII, n. 320, mar. 1895.

COLETTI, Silvio. "Lo stato di S. Paolo e l'emigrazione italiana". *Bollettino dell'Emigrazioni*, Roma: Tip. Manuzio, n. 14, 1908.

ELIAS, Norbert. *La civilisation des moeurs.* Paris: Calmann-Lévy, 1973.

FARGE, A. *La Vie fragile: Violence, pouvoirs et solidarités à Paris au XVIII*e *siècle.* Paris: Hachette, 1986.

FOUQUET, Carlos. *O imigrante alemão.* São Paulo: Instituto Hans Staden, 1974.

FRANZINA, Emilio. *La grande emigrazione.* Veneza: Marsilio Editori, 1976.

FRESCURA, Bernardino. *Guida dello stato di San Paolo nel Brasile.* Piacenza: Tip. Faveri, 1904.

GARDOLINSKI, Edmundo. *Imigração e colonização polonesa no Rio Grande do Sul*, [s.l.: s.n.], 1995.

GHIGLIONE, C. "Notizie da Brodowski". *Italica Gens*, Turim, n. 3-6, mar.-jun. 1915.

GROSSELLI, Renzo M. *Vincere o morire: Contadini trentini nelle foreste brasiliane.* Trento: Provincia Autonoma di Trento, 1986.

GROSSI, Vicenzo. "Gli italiani a San Paolo". *Nuova Antologia*, Roma, v. LXV, n. XVIII, set. 1896.

HANDA, Tomoo. *O imigrante japonês: História de sua vida no Brasil.* São Paulo: T. A. Queiroz; Centro de Estudos Nipo-Brasileiro, 1987.

HEMPEL, Antonio. "Os poloneses no Brasil". In: *Anais da comunidade polonesa*. Curitiba: Superintendência das Comemorações do Centenário da Imigração Polonesa no Paraná, 1970. v. III.

HESSE, Mariano. "Na senda dos pioneiros". *Anais da Comunidade Polonesa*. Curitiba: Superintendência das Comemorações do Centenário da Imigração Polonesa no Paraná, 1970. v. III.

LEVY, Maria S. F. "O papel da migração internacional na evolução da população brasileira (1872/1972)". *Revista de Saúde Pública*, São Paulo, n. 8. supl., 1974.

LOMBROSO, Gina. *Nell'America Meridionale*. Milão: Fratelli Treves Edit., 1908.

LOMONACO, Alfonso. *Al Brasile*. Milão: Tip. Vallardi, 1900.

NEIVA, A. H.; CARNEIRO, J. F. *O problema imigratório brasileiro*. Rio de Janeiro: Imprensa Nacional, 1945.

OTTOLENGUI, Constantino. *Emigrazione agricola italiana dal 1884 al 1892*. Turim: Tip. Clausen, 1894.

PEREIRA, Miriam H. *A política portuguesa de emigração 1850-1930*. Lisboa: A Regra do Jogo, 1981.

PERROT, Michelle. "Funções da família". In: ___ (Org.). *História da vida privada*. São Paulo: Companhia das Letras, 1991. v. 4.

___. "Outrora, em outro lugar". In: ___. (Org.). *História da vida privada*. São Paulo: Companhia das Letras, 1991. v. 4.

ROSOLI, Gianfausto. "Ordini, congregazioni religiose, chiesa e movimento operaio nell' emigrazione italiana in America Latina tra'800 e '900". In: BLEGINO, V.; FRANZINA, E.; PEPE, A. *La riscoperta delle Americhe*. Milão: Teti Editore, 1994.

ROSSI, Adolfo. "Condizione dei coloni italiani nello stato di San Paolo". *Bollettino dell'Emigrazione*, Roma, n. 7, 1902.

SECRETARIA DE PLANEJAMENTO DA PRESIDÊNCIA DA REPÚBLICA; FUNDAÇÃO IBGE. *Anuário Estatístico do Brasil* (*ano* V *1939/40*): *Séries estatísticas retrospectivas. Repertório estatístico do Brasil — Quadros retrospectivos*. Rio de Janeiro: IBGE, 1986.

TARUFFI, D.; DE NOBILI, L.; LORI, C. *La questione agraria e l'emigrazione in Calabria*: *Note statische ed economiche*. Florença: Tip. Barbera, 1908.

TEDESCHI, Ugo. "Le condizioni sanitarie degli emigranti nello stato di San Paolo". *Bollettino dell'Emigrazione*, Roma, n. 2, 1907.

TIDEI DE LIMA, J. F. *A ocupação da terra e a destruição dos índios na região de Bauru*. São Paulo: USP, 1978. Tese (Mestrado).

TRENTO, Angelo. *Do outro lado do Atlântico*: *Um século de imigração italiana no Brasil*. São Paulo: Nobel, 1988.

WACHOWICZ, Romão. "Memórias de Koscianski". *Anais da Comunidade Polonesa*. Curitiba: Superintendência das Comemorações do Centenário da Imigração Polonesa no Paraná, 1970. v. III.

WACHOWICZ, Ruy C. "Conjuntura emigratória polonesa no século XIX". *Anais*

da Comunidade Polonesa. Curitiba: Superintendência das Comemorações do Centenário da Imigração Polonesa no Paraná, 1970. v. I.
WILLEMS, Emílio. *A aculturação dos alemães no Brasil*. São Paulo: Nacional, 1980.
WITTER, José S. et al. *Immigracion y estadisticas en el Cono Sur de America*. México: Instituto Panamericano de Geografia e História, 1990.
ZANOTTI, Mario B. "Il distreto de R. Vice Consolato Italia in Ribeirão Preto". *Bollettino del Ministero degli Affari Esteri*, Roma, n. 8, ago. 1915.

4. A DIMENSÃO CÔMICA DA VIDA PRIVADA NA REPÚBLICA BRASILEIRA

AGUDO, José. *Gente rica: Scenas da vida paulistana*. São Paulo: Ed. O Pensamento, 1912.
ALBANO, Ildefonso. *Jeca Tatu e Mané Xiquexique*. (1919). 3. ed. Fortaleza: Secretaria da Cultura do Ceará, 1969.
Alguns aspectos da vida cultural brasileira. Rio de Janeiro: MEC, 1952-4.
AMARAL, Amadeu. *Memorial de um passageiro de bonde*. São Paulo: Hucitec; Secretaria de Cultura, 1976.
ANDERSON, Benedict. *Imagined Communities: Reflections on the Origin and Spread of Nationalism*. Londres: Verso, 1990.
ANDRADE, Mário de. *O empalhador de passarinho*. 3. ed. São Paulo: Martins; Brasília: INL, 1972.
ANDRADE, Oswald de. *Memórias sentimentais de João Miramar*. 6. ed. Rio de Janeiro: Civilização Brasileira, 1978.
ASSIS, Machado de. "Teoria do medalhão". In: PROENÇA FILHO, Domício (Org.). *Contos de Machado de Assis*. São Paulo: Global, 1986.
____. "Crônica de 19/5/1888". In: GLEDSON, John (Org., introd. e notas). *Bons dias*. São Paulo: Hucitec, 1990.
____. "Crônica de 21/8/1892". In: *A Semana*. Introd. e notas de John Gledson. São Paulo: Hucitec, 1996.
AUGUSTO, Sérgio. *Este mundo é um pandeiro: A chanchada de Getúlio a JK*. São Paulo: Companhia das Letras, 1989.
BAHIA, Juarez. *História da imprensa brasileira*. 4. ed. São Paulo: Ática, 1990. v. 1.
BAKHTIN, Mikhail. *L'Oeuvre de François Rabelais et la culture populaire au Moyen Age et sous la Renaissance*. Paris: Gallimard, 1970.
____. *The Dialogic Imagination*. Austin: University of Texas Press, 1981.
BANANÉRE, Juó (pseud. de Alexandre R. Marcondes Machado). *La divina increnca*. São Paulo: Tip. Cuppolo, 1924.
BARBOSA, Francisco de Assis. *Retratos de família*. Rio de Janeiro: José Olympio, 1973.
BARBOSA, Orestes. *Bambambã* (1923). Rio de Janeiro: Secretaria Municipal de Cultura, 1993.

BARNSLEY, Godofredo Emerson. *São Paulo no ano 2000; ou regeneração moral: crônica da sociedade brasileira futura*. São Paulo: Rotschild Editor, 1909.
BARRETO, Lima. *Os bruzundangas*. Rio de Janeiro: Tecnoprint, [s.d.].
____. *Vida e morte de M. J. Gonzaga de Sá*. Rio de Janeiro: Tecnoprint, 1982.
BELLUZZO, Ana M. de Moraes. *Voltolino e as raízes do modernismo*. São Paulo: Marco Zero; Brasília: CNPq, 1992.
BELMONTE (pseud. de Benedito Bastos Barreto). *Meu amor! Adoro-te: O amor através dos séculos*. São Paulo: Frou-Frou, 1926.
BERGSON, Henri. *Le rire*. (1900). Paris: PUF, 1978.
BROCA, Brito. *Memórias*. Rio de Janeiro, José Olympio, 1968.
____. *A vida literária no Brasil, 1900*. 3. ed. Rio de Janeiro: José Olympio, 1975.
____. *Naturalistas, parnasianos e decadistas: Vida literária do realismo ao pré-modernismo*. Campinas: Ed. Unicamp, 1991.
____. *Escrita e vivência*. Campinas: Ed. Unicamp, 1993.
CAMPOS, Humberto de. *O Brasil anedoctico*. Rio de Janeiro: Jackson, 1947.
CANDIDO, Antonio. "Dialética da malandragem". *Revista do Instituto de Estudos Brasileiros*, São Paulo: USP; IEB, n. 8, 1970.
Careta. Rio de Janeiro, 1908-10.
CARVALHO, J. Murilo de. *A formação das almas: O imaginário da República no Brasil*. São Paulo: Companhia das Letras, 1990.
CARVALHO, Rodrigues de. *Cancioneiro do Norte*. Fortaleza: [s.n., s.d.].
COARACI, Vivaldo. *Couves da minha horta*. Rio de Janeiro, José Olympio, 1949.
____. *Todos contam sua vida: Memórias de infância e adolescência*. Rio de Janeiro: [s.n.], 1959.
COSTALLAT, Benjamin. *Mutt, Jeff & Cia*. Rio de Janeiro: Leite Ribeiro, 1922.
____. *Mlle. Cinema*. São Paulo: Sociedade Impressora Paulista, 1924.
____. *Mysterios do Rio*. Rio de Janeiro: H. Antunes, 1931.
CUNHA, Ciro V. da. *No tempo de Patrocínio*. São Paulo: Saraiva, 1960. 2 v.
D. Quixote. Rio de Janeiro, 1917-27.
DARNTON, Robert. *O beijo de Lamourette: Mídia, cultura e revolução*. São Paulo: Companhia das Letras, 1995.
DENIPOTI, Claudio. *Páginas de prazer*. Campinas: Mercado de Letras, 1997.
DENIS, Pierre. *Le Brésil au XXe siècle*. Paris: [s.n.], 1909.
Diário d'O Abaxo'Piques: Diario Semanali di Grandi Impurtanza. São Paulo, 1933.
Diário Nacional. São Paulo, 13 mar. 1931.
DIAS, Maria Odila Leite da Silva. *Quotidiano e poder em São Paulo no século XIX*. São Paulo: Brasiliense, 1983.
DOYLE, Plinio. *História de revistas e jornais literários*. Rio de Janeiro: Fundação Casa de Ruy Barbosa, 1984.
EDMUNDO, Luís. *O Rio de Janeiro do meu tempo*. 3. ed. Rio de Janeiro: Xênon Editora, 1987.
EPSTEIN, Jean. *Écrits sur le cinéma*. Paris: Seghers, 1974. v. 1.

FAORO, Raymundo. *Os donos do poder*. Porto Alegre: Globo, 1979. v. II.

FLOREAL, Sylvio (pseud. de Domingos Alexandre). *Ronda da meia-noite: Vícios, misérias e esplendores da cidade de São Paulo*. São Paulo: Tip. Cuppolo, 1925.

Fon-Fon!. Rio de Janeiro, 1906-14.

FONSECA, Gondini. *Biografia do jornalismo carioca*. Rio de Janeiro: Quaresma, 1941.

FRADIQUE, Mendes. *Grammatica portugueza pelo methodo confuso*. (1928). 4. ed. Rio de Janeiro: Rocco; Vitória: UFES, 1985.

FREITAS, Raul (pseud. de Antonio Lavrador). *Sonetaços*. São Paulo: Monteiro Lobato Editores, 1923.

FREYRE, Gilberto. *Ordem e progresso*. Rio de Janeiro: José Olympio, 1959. t. 1/2.

GOLDFELDER, Miriam. *Por trás das ondas da Rádio Nacional*. Rio de Janeiro: Paz e Terra, 1980.

GOMES, Bruno. *Adoniran, um sambista diferente*. São Paulo: Martins Fontes; Rio de Janeiro: Funarte, 1987.

GOMES, Paulo Emilio Salles. *Cinema: Trajetória no subdesenvolvimento*. Rio de Janeiro: Paz e Terra, 1980.

GRIECO, Agripino. *Disparates de todos nós*. Rio de Janeiro: Ed. Conquista, 1968. 2 v.

GUIBERNAU, Montserrat. *Nationalism: The Nation-State and Nationalism in the Twenty Century*. Cambridge: Polity Press, 1996.

HOLANDA, Sérgio Buarque de. *Raízes do Brasil*. 4. ed. Brasília: Ed. da UNB, 1963.

——. (org.) *História geral da civilização brasileira*. São Paulo: Difel, 1983. t. II, v. 5.

JORNAL DO BRASIL. Rio de janeiro, 21 mar. 1909.

Kosmos. Rio de Janeiro, 1904-11.

LADEIRA, César. *Acabaram de ouvir...: Reportagem numa estação de rádio*. São Paulo: Nacional, 1935.

LAJOLO, Marisa. "Jeca Tatu em três tempos". In: SCHWARZ, Roberto (Org.). *Os pobres na literatura brasileira*. São Paulo: Brasiliense, 1983.

LAMEGO, Alberto. "Temperamento carioca". In: BANDEIRA, Manuel; ANDRADE, Carlos Drummond de (Orgs.). *Rio de Janeiro em prosa & verso*. Rio de Janeiro: José Olympio, 1965. v. 5. (Coleção Rio 4 séculos).

LENHARO, Alcir. *Cantores do rádio: A trajetória de Nora Ney e Jorge Goulart e o meio artístico de seu tempo*. Campinas: Ed. Unicamp, 1995.

LIMA, Herman. *História da caricatura no Brasil*. Rio de Janeiro: José Olympio, 1963. 4 v.

LOBATO, José Bento Monteiro. *Urupês*. 30. ed. São Paulo: Brasiliense, 1984.

LUSTOSA, Isabel. *Histórias de presidentes: A República no Catete*. Petrópolis: Vozes, 1989.

O Malho. Rio de Janeiro, 1912-6.

A Manha. Rio de Janeiro, 1926-35.

MATTA, Roberto da. *Carnavais, malandros e heróis: Para uma sociologia do dilema brasileiro*. Rio de Janeiro: Zahar, 1979.

MAYA, Alcides. *Machado de Assis: Algumas notas sobre "humour"*. Rio de Janeiro: Leite Ribeiro, 1912.

MENEZES, Raimundo de. *Bastos Tigre e la Belle Époque*. Rio de Janeiro: Ed. Civilização, 1961.

MENUCCI, Sud. *Humour*. São Paulo: Vanorden, 1921.

MORAES, J. Geraldo Vinci de. *As sonoridades paulistanas: Final do século XIX a início do século XX*. Rio de Janeiro: Funarte; São Paulo: Bienal, 1997.

MOREYRA, Alvaro. *Boneca vestida de arlequim*. Rio de Janeiro: Pimenta de Mello, 1921.

____. *Adão, Eva e outros membros da família*. Rio de Janeiro: Pimenta de Mello, 1927.

MOTA, Leonardo. *Sertão alegre*. 4. ed. Rio de Janeiro: INL; Brasília: Cátedra, 1976.

NEVES, Luís F. Baeta. *O paradoxo do coringa*. Rio de Janeiro: Achiamé, 1979.

NOVAIS, Fernando. "Condições da privacidade na colônia". In: NOVAIS, Fernando; SOUZA, Laura de Mello e (Orgs.). *História da vida privada no Brasil*. São Paulo: Companhia das Letras, 1997. v. 1.

ORTIZ, Renato. *A moderna tradição brasileira*. 2. ed. São Paulo: Brasiliense, 1989.

PAIVA, Salvyano C. de. *História ilustrada dos filmes brasileiros, 1929-1988*. Rio de Janeiro: Officinas do Jornal do Brasil, 1922.

____. *Cenas da vida carioca*. Rio de Janeiro: Officinas do Jornal do Brasil, 1924.

O Parafuso. São Paulo, 1917-21.

PEDERNEIRAS, Raul. *Geringonça carioca: Verbetes para um diccionario da giria*. Rio de Janeiro: Officinas do Jornal do Brasil, 1922.

____. *Cenas da vida carioca*. Rio de Janeiro: Officinas do Jornal do Brasil, 1924.

PEIXOTO, Afrânio. *O humor*. Rio de Janeiro: Jackson, 1919.

PINTO, Maria Inez Machado Borges. *Cotidiano e sobrevivência (1890-1914)*. São Paulo: Edusp, Fapesp, 1994.

PIRES, Cornélio. *Musa caipira*. São Paulo: [s.n.], 1910.

O Pirralho. São Paulo, 1909-16.

PONTE PRETA, Stanislaw (pseud. de Sérgio Porto). *A casa demolida*. Rio de Janeiro: Editora do Autor, 1960.

____. *Tia Zulmira e eu*. Rio de Janeiro: Editora do Autor, 1961.

____. *Primo Altamirando e elas*. Rio de Janeiro: Editora do Autor, 1962.

____. *Rosamundo e os outros*. Rio de Janeiro: Editora do Autor, 1963.

____. *Garoto linha dura*. Rio de Janeiro: Editora do Autor, 1964.

____. *FEBEAPÁ-1*. Rio de Janeiro: Editora do Autor, 1966.

PRADO, Antônio Arnoni. "Dialética da grã-finagem (notas sobre a irreverência da Belle Époque)". In: MENEZES, Emílio de. *Obra reunida*. Rio de Janeiro: José Olympio; Curitiba: Secretaria da Cultura do Paraná, 1980.

PUFF & PUCK (pseud. de Guimarães Passos). *Pimentões (Rimas d'O Filhote)*. Rio de Janeiro: Laemmert, 1897.

QUEIROZ JR., Antonio. *222 anedotas de Getúlio Vargas*. Rio de Janeiro: Cia. Brasileira de Artes Gráficas, 1955.

O Queixoto. São Paulo, 1915-6

RAMOS, J. Mário Ortiz. *Televisão, publicidade e cultura de massa*. Petrópolis: Vozes, 1995.

Revista do Rádio. Rio de Janeiro, 1950-9.

RIO, João do. *O momento literário*. (1908). 2. ed. Rio de Janeiro: Fundação Biblioteca Nacional, Departamento Nacional do Livro, 1994.

RODRIGUES, José Honório (Org.). *Correspondência de Capistrano de Abreu*. Rio de Janeiro: Sociedade Capistrano de Abreu, 1962. v. 2.

ROMERO, Silvio. *Realidades e ilusões no Brasil*. (1907). Petrópolis: Vozes, 1979.

RUIZ, Roberto. *O teatro de revista no Brasil: Das origens à Primeira Guerra Mundial*. Rio de Janeiro, Inacen; MinC, 1988.

SÁ JR., Renato Maciel de. *O anedotário da rua da Praia*. Porto Alegre: L&PM, 1995 [1989], v. 1.

SALIBA, Elias T. "Juó Bananére e o humor ítalo-caipira". *Revista de Cultura Vozes*, ano 86, v. 86, maio-jun. 1992.

____. "A dimensão cômica do dilema brasileiro: Testemunhos da Belle Époque". *Revista de Cultura Vozes*, ano 87, v. 90, jan.-fev. 1993.

____. "A macarrônea dos desenraizados: O humor paulista na Belle Époque". In: DIAS, Maria Odila Leite da Silva (Org.). *São Paulo: Metrópole dissonante*. No prelo.

SAMPAIO, Mario Ferraz. *História do rádio e da televisão no Brasil e no mundo (Memórias de um pioneiro)*. Rio de Janeiro: Achiamé, 1984.

SCHWARCZ, Lilia Moritz. *O espetáculo das raças: Cientistas, instituições e questão racial no Brasil do século XIX*. 1. reimp. São Paulo: Companhia das Letras, 1995.

SEVCENKO, Nicolau. *Literatura como missão: Tensões sociais e criação cultural na Primeira República*. São Paulo: Brasiliense, 1983.

____. *Orfeu extático na metrópole: São Paulo, sociedade e cultura nos frementes anos 20*. São Paulo: Companhia das Letras, 1992.

SILVA, Marcos A. da. *Caricata República: Zé Povo e o Brasil*. São Paulo: Marco Zero; Brasília: CNPq, 1990.

SILVEIRA, Miroel. *A contribuição italiana ao teatro brasileiro*. São Paulo: Quíron; Brasília: INL, 1976.

SODRÉ, Nelson Werneck. *História da imprensa no Brasil*. 3. ed. São Paulo: Martins Fontes, 1983.

TIGRE, Bastos. *Versos perversos*. Rio de Janeiro: Coutinho Editor, 1905.

TINHORÃO, J. Ramos. *Música popular: Do gramofone ao rádio e TV*. São Paulo: Ática, 1981.

____. *Pequena história da música popular*. 5. ed. São Paulo: Art Editora, 1986.

TORRES, Alberto. *A organização nacional*. São Paulo: Nacional, 1965 [1918].

VAZ, Leo. *Páginas vadias*. Rio de Janeiro: José Olympio, 1957.

VICTORIA, Marcos. *Ensayo preliminar sobre lo cómico*. Buenos Aires: [s.n.], 1927.
VIEIRA, Ramiro. *Cântico do Brasil caboclo*. São Paulo: Colorado, 1958.

Discos

ALVES, Ataulfo. *Ataulfo Alves*. Odeon, 12047-A, 1941.
BABO, Lamartine. *Lamartine*. Victor, 34219-B, 1937.
BANANÉRE, Juó (pseud. de Alexandre R. Marcondes Machado). *Non fui ista a inrevoluçó qui io sugné*. Columbia, 22033-B, 1931.
____. *U lobo i u gordeirigno*. Columbia, 22034-B, 1931.
ROSA, Noel. *Canções de Noel Rosa cantadas por Noel Rosa*. Continental, 55678-B, 1955.
SILVA, Luis Dias. *Umoristico. No estúdio da rádio*. Disco Arte-Fone, n. 4025-A, 1930.

5. RECÔNDITOS DO MUNDO FEMININO

ADLER, Laure. *Segredos de alcova: Histórias do casal 1850/1930*. Trad. de Maria da Assunção Santos. Lisboa: Terramar, [s.d.].
ALMEIDA, Júlia Lopes de. *Livro das noivas*. Rio de Janeiro: Francisco Alves, 1905.
____. *Eles e elas*. Rio de Janeiro: Francisco Alves, 1922.
____. *A falência*. 2. ed. São Paulo: Hucitec; SCCT-CEC, 1978.
ARAÚJO, Maria Mafalda Baldoino de. *Cotidiano e pobreza: A magia da sobrevivência em Teresina (1877-1914)*. Teresina: Fundação Cultural Monsenhor Chaves, 1995.
ARAÚJO, Rosa Maria Barbosa de. *A vocação do prazer: A cidade e a família no Rio de Janeiro republicano*. Rio de Janeiro: Rocco, 1993.
AZEVEDO, Aluísio. *Livro de uma sogra*. Rio de Janeiro: Edições de Ouro, [s.d.].
BARRETO, Castro. *Médicos e paramédicos*. Rio de Janeiro: Peptol, 1932.
BENJAMIN, Walter. *Obras escolhidas*. Trad. de Rubens Rodrigues Torres Filho e José Carlos Martins Barbosa. 4. ed. São Paulo: Brasiliense, 1994. v. II: Rua de mão única.
BESSE, Susan K. *Restructuring Patriarchy: The Modernization of Gender Inequality in Brazil, 1914/1940*. Carolina do Norte: University Press, 1996.
BEZERRA, Gregório. *Memórias*. Rio de Janeiro: Civilização Brasileira, 1979. v. 1 (1900-45).
BOSI, Ecléa. *Memória e sociedade: Lembranças de velhos*. São Paulo: T. A. Queiroz, 1979.
BRUNO, Hernani da Silva. *História e tradições da cidade de São Paulo*. Rio de Janeiro: José Olympio, 1954. v. 3.

BRUSCHINI, Cristina. *Mulher, casa e família: Cotidiano nas camadas médias paulistanas.* São Paulo: Fundação Carlos Chagas; Vértice, 1990.

CASTRO, Francisco José Viveiros de. *Os delictos contra a honra da mulher.* 2. ed. Rio de Janeiro: Freitas Bastos, 1932.

CHALHOUB, Sidney. *Trabalho, lar e botequim: O cotidiano dos trabalhadores no Rio de Janeiro da Belle Époque.* São Paulo: Brasiliense, 1986.

A cigarra. out. 1915.

A cigarra. abr. 1922.

COBRA, Ercilia Nogueira. *Virgindade inútil e anti-higiênica: Novela libelistica contra a sensualidade egoísta dos homens.* Paris: Société d'Éditions des Maîtres Célébres, [s.d.] [1927].

CÓDIGO civil da República dos Estados Unidos do Brasil. Ed. e anot. de João Luiz Alves. Rio de Janeiro, 1926.

CORAGEM, A. S. *Cuidados higiênicos da mulher grávida.* Rio de Janeiro: Tip. Aurora; UFRJ, 1919. Tese.

CUNHA, Maria Clementina Pereira. "Loucura, gênero feminino: As mulheres do Juquery na São Paulo do início do século XX". *Revista Brasileira de História.* São Paulo, n. 18, 1989.

DIAS, Clotilde do Carmo. *Aluna do telhado.* São Paulo: Livraria Everest Editora, [s.d.].

DIAS, Maria Odila Leite da Silva. *Cotidiano e poder em São Paulo no século XIX.* São Paulo: Brasiliense, 1984.

DUGARD, M. *Vida Moderna.* jun. 1917.

Eu sei de tudo. out. 1927.

FERREIRA FILHO, Alberto Heráclito. *Salvador das mulheres: Condição feminina e cotidiano popular na Belle Époque imperfeita.* Salvador: UFBA, 1994. Dissertação (Mestrado).

FERRON, Wanda Maleronka. *Fazendo moda.* São Paulo: USP, 1996. Tese (Doutorado).

GRAHAM, Sandra Lauderdale. *Proteção e obediência: Criadas e seus patrões no Rio de Janeiro (1860-1910).* Trad. de Viviana Bosi. São Paulo: Companhia das Letras, 1992.

HAHNER, E. June. "Educação e ideologia". *Estudos feministas.* Rio de Janeiro, ano 2, n. 1, CIEC; ECO; UFRJ, 1994.

HELLER, Agnes. *O cotidiano e a história.* 4. ed. Trad. de Carlos Nelson Coutinho e Leandro Konder. São Paulo: Paz e Terra, 1992.

JESUS, Carolina Maria de. *Diário de Bitita.* Rio de Janeiro: Nova Fronteira, 1986.

KEHL, Renato. *Como escolher uma boa esposa.* Rio de Janeiro: Pimenta de Mello, 1925.

KUZNESOF, Elizabeth Anne. "A família na sociedade brasileira: Parentesco, clientelismo e estrutura social", São Paulo, v. 9, n. 17, ANPUH; Marco Zero, set. 1988-fev. 1989.

O LAR feliz. São Paulo: Livraria Agrícola de Chácaras e Quintais, 1916.

LEITE, Miriam Moreira. *Outra face do feminismo: Maria Lacerda de Moura*. São Paulo: Ática, 1984.

LEMOS, Carlos A. C. *Cozinhas etc.: Um estudo sobre as zonas de serviço da casa paulista*. São Paulo: Perspectiva, 1978.

LIMA, Antonio Austregésilo. *Conduta sexual*. Rio de Janeiro: Guanabara, 1934.

____. *Obras completas*. Rio de Janeiro: Guanabara, 1945. v. III.

LIMA, Sandra Lúcia Lopes. *Espelho da mulher*: Revista Feminina (*1916-1925*). São Paulo: USP, 1991. Tese (Doutorado).

LOBATO, José Bento Monteiro. *Urupês*. 11. ed. São Paulo: Nacional, 1937.

LOTITO, Marcia Padilha. *A cidade como espetáculo: Publicidade e vida urbana na São Paulo dos anos 20*. São Paulo: USP, 1997. Dissertação (Mestrado).

LUHMANN, Niklas. *O amor como paixão: Para a codificação da intimidade*. Trad. de Fernando Ribeiro. Lisboa: Difel, 1991.

MACHADO, Antônio Alcântara. *Novelas paulistanas*. Belo Horizonte: Itatiaia; São Paulo: Edusp, 1988.

MARESTAN, Jean. *A educação sexual*. Rio de Janeiro: Editorial Calvino Ltda., 1941.

MASCARO, Sonia de Amorim. *A* Revista Feminina: *Imagens de mulher* (*1914-1930*). São Paulo: USP, 1982. Dissertação (Mestrado).

MENEZES, Raimundo. *Dicionário literário brasileiro*. 2. ed. Rio de Janeiro: Livros Técnicos e Científicos, 1978.

MOTT, Maria Lúcia de Barros. "Biografia de uma revoltada: Ercilia Nogueira Cobra". *Cadernos de Pesquisa*, n. 58, ago. 1986.

MOTTA, Heloisa Alves de Lima e. *Uma menina paulista*. São Paulo: Ed. Totalidade, 1992.

NEEDELL, Jeffrey D. *Belle Époque tropical: Sociedade e cultura de elite no Rio de Janeiro na virada do século*. Trad. de Celso Nogueira. São Paulo: Companhia das Letras, 1993.

NEGREIROS, Odila Ferraz. "A acção da mulher no lar". *Educação*, São Paulo, v. V, n. 1, out. 1928.

OCTAVIO, Laura Oliveira Rodrigo. *Elos de uma corrente: Seguidos de novos elos*. 2. ed. Rio de Janeiro: Civilização Brasileira, 1994. v. 3.

Para Todos, n. 1, 1918.

PEDRO, Joana Maria. *Mulheres honestas e mulheres faladas: Uma questão de classe; Papéis sociais femininos na sociedade de Desterro/Florianópolis* (*1880-1920*). São Paulo: USP, 1992. Tese (Doutorado)

PEIXOTO, Afrânio. *Eunice, ou A educação da mulher*. Rio de Janeiro: W. M. Jackson, 1947.

____. *Sinhazinha*. 6. ed. Rio de Janeiro: Civilização Brasileira; INL, 1975.

PIMENTEL, Silvia. *Evolução dos direitos da mulher: Norma, fato, valor*. São Paulo: Ed. Revista dos Tribunais, 1978.

PINTO, Maria Inez Machado Borges. *Cotidiano e sobrevivência* (*1890-1914*). São Paulo: Edusp; FAPESP, 1994.

PORTO-CARRERO, J. P. *Grandeza e misérias do sexo*. 2. ed. Rio de Janeiro: Irmãos Pongetti, 1949.
PRADO JR., Caio. *História econômica do Brasil*. 4. ed. São Paulo: Brasiliense, 1956.
O PROBLEMA sexual. Rio de Janeiro, 1913.
RAGO, Margareth. *Do cabaré ao lar*. 2. ed. São Paulo: Paz e Terra, 1987.
Revista dos Tribunais, ano X, nov. 1921.
Revista dos Tribunais, ano XVII, mar. 1928.
Revista dos Tribunais, nov. 1927-jul. 1928.
Revista Feminina, 1915-25.
RIBEIRO, Firmino Matias. *Memórias de um lavrador e farmacêutico*. Belo Horizonte: Imprensa Oficial de Minas Gerais, 1975.
RODRIGUES, Nelson. *A menina sem estrela*. São Paulo: Companhia das Letras, 1993.
ROMERO, Mariza. *Do bom cidadão*: *As normas médicas em São Paulo (1889-1930)*. São Paulo: USP, 1995. Dissertação (Mestrado).
RYBCZYNSKI, Witold. *Casa*: *Pequena história de uma ideia*. Trad. de Betina von Staa. Rio de Janeiro: Record, 1997.
SARACENO, Chiara. *Sociologia da família*. Trad. de M. F. Gonçalves de Azevedo. Lisboa: Estampa, 1997.
SCHMIDT, Afonso. *São Paulo de meus amores*. São Paulo: Brasiliense, [s.d.].
SCHPUN, Mônica Raisa. *Paulistanos e paulistanas*: *Rapports de genre à São Paulo dans les années vingt*. Paris: Université de Paris VII, 1994. Tese (Doutorado).
SEVCENKO, Nicolau. *Orfeu extático na metrópole*: *São Paulo, sociedade e cultura nos frementes anos 20*. São Paulo: Companhia das Letras, 1992.
SINGER, Paul I.; MADEIRA, Felicia R. "Estrutura de emprego e trabalho feminino no Brasil". São Paulo, n. 13, Cebrap, 1973.
SOIHET, Rachel. *Condição feminina e formas de violência*: *Mulheres pobres e ordem urbana 1890-1920*. Rio de Janeiro: Forense Universitária, 1989.
SOUZA, Maria Cecília Cortez Christiano de. *Crise familiar e contexto social*: *São Paulo 1890-1921*. São Paulo: USP, 1989. Tese (Doutorado).
O Universo, n. 18, 1908.
VAN DE VELDE, T. H. *Matrimônio perfeito*: *Estudo de sua fisiologia e sua técnica*. Trad. de Pedro Gouvêa Filho. 4. ed. Rio de Janeiro: Civilização Brasileira, 1941 [1925].
VIANNA, Hildegardes. *Antigamente era assim*. Rio de Janeiro: Record, 1994.

6. CARTÕES-POSTAIS, ÁLBUNS DE FAMÍLIA E ÍCONES DA INTIMIDADE

ALMEIDA, Guilherme de. "A casa". *Revista do Arquivo Municipal*, São Paulo, n. 87, 1942.
____. *Cosmópolis*. São Paulo: Nacional, 1927.

AMERICANO, Jorge. *São Paulo nesse tempo (1915-1935)*. São Paulo: Melhoramentos, 1962.

ANDRADE, Carlos Drummond de. *Reunião*. 8. ed. Rio de Janeiro: José Olympio, 1977.

ANDRADE, Mário de. *O turista aprendiz*. 2. ed. São Paulo: Duas Cidades, 1983.

BACHELARD, Gaston. "A poética do espaço". In: ____. *Bachelard: A filosofia do não; O novo espírito científico; A poética do espaço*. Trad. de Antonio da Costa Leal e Lídia do Vale S. Leal. São Paulo: Abril, 1978. (Coleção Os Pensadores).

BANDEIRA, Manuel. *Estrela da vida inteira*. 19. ed. Rio de Janeiro: José Olympio, 1991.

BARROS, Myriam Moraes Lins de. "Memória e família". *Estudos Histórico*, Rio de Janeiro, n. 3, 1989.

BARTHES, Roland. *A câmara clara*. Trad. Rio de Janeiro: Nova Fronteira, 1984.

____. *O óbvio e o obtuso*. Trad. de Léa Novaes. Rio de Janeiro: Nova Fronteira, 1990.

BELCHIOR, Elysio de Oliveira. "Introdução". In: BERGER, Paulo. *O Rio de ontem no cartão-postal 1900-1930*. Rio de Janeiro: Rioarte, 1983.

BELLOMO, Harry Rodrigues. *A estatuária funerária em Porto Alegre (1900--1950)*. Porto Alegre: PUC-RS, 1988. Dissertação (Mestrado).

BENJAMIN, Walter. *Obras escolhidas*. Trad. de Sergio Paulo Rouanet. São Paulo: Brasiliense, 1985. v. I.

____. *Obras escolhidas*. Trad. de Rubens R. Torres Filho e José Carlos M. Barbosa. São Paulo: Brasiliense, 1987. v. II.

BORGES, Maria Elizia. *Arte tumular: A produção dos marmoristas de Ribeirão Preto no período da Primeira República*. São Paulo: USP, 1991. 2 v. Tese (Doutorado).

____. "Arte funerária: representação da criança despida". *Revista História*, São Paulo, v. 14, Editora Unesp, 1995.

BOSI, Ecléa. *Memória e sociedade: Lembranças de velhos*. São Paulo: T. A. Queiroz, 1979.

BOURDIEU, Pierre. *Un Art moyen: Essai sur les usages sociaux de la photographie*. Paris: Minuit, 1978.

BRENDON, Piers. *Thomas Cook: 150 Years of Popular Tourism*. Londres: Secker & Warburg, 1992.

BRESCIANE, Stella (Org.). *Imagens da cidade: Séculos XIX e XX*. São Paulo: ANPUH; Fapesp; Marco Zero, 1994.

CAMARGO, Mônica Junqueira de; MENDES, Ricardo. *Fotografia: Cultura e fotografia paulistana no século XX*. São Paulo: Secretaria Municipal de Cultura, 1992.

CAMPOS, Fernando Ferreira. *Um fotógrafo, uma cidade: Augusto Malta, Rio de Janeiro*. Rio de Janeiro: Maison Graphique, 1987.

CAMPOFIORITO, Quirino. *História da pintura brasileira no século XIX*. Rio de Janeiro: Pinakotheke, 1983. 5 v.

CANDIDO, Antonio. "A atualidade de um romance inatual". In: RIO, João do. *A correspondência de uma estação de cura.* São Paulo: Scipione; Fundação Casa de Ruy Barbosa; Instituto Moreira Salles, 1992.

CARDOSO, Sérgio. "O olhar viajante". In: NOVAES, Adauto (Org.). *O olhar.* São Paulo: Companhia das Letras, 1988.

CARELLI, Mario. *Culturas cruzadas: Intercâmbios culturais entre França e Brasil.* Trad. de Nícia A. Bonatti. Campinas: Papirus, 1994.

Cartão-postal: Fascínio e memória. Rio de Janeiro: Associação de Cartofilia; Solar Grandjean de Montigny-PUC-RJ, 1986.

CASCUDO, Luís da Câmara (Org.). *Antologia da alimentação no Brasil.* Rio de Janeiro: Livros Técnicos e Científicos, 1977.

CHALHOUB, Sidney. *Trabalho, lar e botequim: O cotidiano dos trabalhadores no Rio de Janeiro da Belle Époque.* São Paulo: Brasiliense, 1986.

CORBIN, Alain. *Território do vazio: A praia e o imaginário ocidental.* Trad. de Paulo Neves. São Paulo: Companhia das Letras, 1989.

____. "O segredo do indivíduo". In: PERROT, Michelle (Org.). *História da vida privada.* Trad. de Denise Bottmann e Bernardo Joffily. São Paulo: Companhia das Letras, 1991. v. 4.

CURNIER, Jean-Paul. "Memória de ruínas". Trad. de Magnólia Costa Santos. *Imagens*, Campinas, n. 3, 1994.

DE CERTEAU, Michel; GIARD, Luce; MAYOL, Pierre. *A invenção do cotidiano.* Trad. de Ephraim F. Alves e Lúcia E. Orth. Petrópolis: Vozes, 1996. v. 2: Morar, cozinhar.

DEAN, Warren. *A industrialização de São Paulo (1880-1945).* São Paulo: Difel, 1971.

DURAND, José Carlos. *Arte, privilégio e distinção.* São Paulo: Perspectiva; Edusp, 1989.

EDMUNDO, Luís. *O Rio de Janeiro do meu tempo.* Rio de Janeiro: Imprensa Nacional, 1938.

ENZENSBERGER, Hans Magnus. *Com raiva e paciência.* Trad. de Lya Luft. Rio de Janeiro: Paz e Terra, 1985.

EULÁLIO, Alexandre. "Apresentação". In: RIO, João do. *A correspondência de uma estação de cura.* São Paulo: Scipione; Fundação Casa de Ruy Barbosa; Instituto Moreira Salles, 1992.

FABRIS, Annateresa (Org.). *Fotografia: Usos e funções no século XIX.* São Paulo: Edusp, 1991.

FERNANDES JR., Rubens. "Cartão-postal: O imaginário da cidade de São Paulo". *Revista da Biblioteca Mário de Andrade*, São Paulo, n. 54, 1996.

FERREIRA, Jurandir. *O céu entre montanhas.* São Paulo: Martins, 1948.

FERREZ, Gilberto. *O Rio antigo do fotógrafo Marc Ferrez: Paisagens e tipos humanos do Rio de Janeiro, 1865-1918.* São Paulo: João Fortes Engenharia; Ex-Libris, 1982.

____. *A fotografia no Brasil 1840-1900.* Rio de Janeiro: Funarte; Pró-Memória, 1985.

FERREZ, Marc. *O álbum da avenida Central*. Rio de Janeiro: Ex-Libris, 1982.

FREYRE, Gilberto. *Ordem e progresso*. 2. ed. Rio de Janeiro: José Olympio, 1962.

____. *Alhos & bugalhos*. Rio de Janeiro: Nova Fronteira, 1978.

____. *Modos de homem & modas de mulher*. 2. ed. Rio de Janeiro: Record, 1987.

FRÓES, Leonardo. *Lambe-lambe*. Rio de Janeiro: Secretaria Estadual de Cultura, 1978.

FUGIER, Anne Martim. "Os ritos da vida privada burguesa". In: PERROT, Michelle (Org.). *História da vida privada*. Trad. de Denise Bottmann e Bernardo Joffily. São Paulo: Companhia das Letras, 1991. v. 4.

GILI, F. Marti de. *Novedades para bordar letras y monogramas*. Buenos Aires: Ediciones Marti de Gili, 1946.

GLEZER, Raquel. "Visões de São Paulo". In: BRESCIANE, Stella (Org.). *Imagens da cidade: Séculos XIX e XX*. São Paulo: ANPUH; Fapesp; Marco Zero, 1994.

GOLDSMITH, Arthur A. *The Camera and Its Images*. Nova York: Ridge Press; Newsweek Books, 1979.

GOULART, Paulo Cezar Alves. *Álbum de figurinhas: Configurações e história*. São Paulo: USP, 1989. Dissertação (Mestrado).

HABERMAS, Jürgen. *Mudança estrutural da esfera pública*. Trad. de Flávio Kothe. Rio de Janeiro: Tempo Brasileiro, 1984.

HALBWACHS, Maurice. *A memória coletiva*. Trad. de Laurent Léon Schaffter. São Paulo: Vértice, 1990.

HOBSBAWM, Eric J. *A era dos impérios 1875-1914*. 3. ed. Trad. de Sieni M. Campos e Yolanda S. de Toledo. Rio de Janeiro: Paz e Terra, 1988.

____. *A era do capital 1848-1875*. 2. ed. Trad. de Luciano Costa Neto. Rio de Janeiro: Paz e Terra, 1979.

HOLANDA, Sérgio Buarque de. *Raízes do Brasil*. 12. ed. Rio de Janeiro: José Olympio, 1978.

HOMEM, Maria Cecília Naclério. *O palacete paulistano e outras formas de morar da elite cafeeira (1867-1918)*. São Paulo: Martins Fontes, 1996.

JANOTTI, Maria de Lourdes Monaco (Org.). *Leitura de fragmentos*. São Paulo: Museu da Casa Brasileira, 1988.

KOETZLE, Michael; SCHEID, Uwe. *Feu d'Amour: Seductive smoke*. Cologne: Benedikt Taschen, 1994.

KOSSOY, Boris. *Origens e expansão da fotografia no Brasil: Século XIX*. Rio de Janeiro: MEC; Funarte, 1980.

O LAMBE-LAMBE hoje: O fotógrafo de jardim. São Paulo: Museu Lasar Segall, 1980.

LACERDA, Aline Lopes de. "Os sentidos da imagem. Fotografias em arquivos pessoais". *Acervo*, Rio de Janeiro, v. 6, n. 1/2, Arquivo Nacional, 1993.

LE GOFF, Jacques (Org.). *Enciclopédia Einaudi*. Trad. de Bernardo Leitão, Irene Ferreira e Suzana Ferreira Borges. Lisboa: Imprensa Nacional; Casa da Moeda, 1984. v. 1: Memória: história.

LEITE, Miriam Moreira. *Retratos de família*. São Paulo: Edusp; Fapesp, 1983.

LEMBRANÇAS de Passa Quatro 1888-1988. São Paulo: Raízes, 1987.

LEMOS, Carlos A. C. *Cozinhas etc.: Um estudo sobre as zonas de serviço da casa paulista*. 2. ed. São Paulo: Perspectiva, 1978.

——. "Ambientação ilusória". In: MOURA, Carlos Eugênio Marcondes de (Org.). *Retratos quase inocentes*. São Paulo: Nobel, 1983.

——. *Alvenaria burguesa: Breve história da arquitetura residencial de tijolos em São Paulo a partir do ciclo econômico liderado pelo café*. 2. ed. São Paulo: Nobel, 1989.

LEWIN, Linda. *Política e parentela na Paraíba: Um estudo de caso da oligarquia de base familiar*. Trad. Rio de Janeiro: Record, 1993.

LIMA, Tânia Andrade. "De morcegos e caveiras a cruzes e livros: a representação da morte nos cemitérios cariocas do século XIX (estudo de identidade e mobilidade social)". *Anais do Museu Paulista*, São Paulo, v. 2, 1994.

——. "Pratos e mais pratos: Louças domésticas, divisões culturais e limites sociais no Rio de Janeiro, século XIX". *Anais do Museu Paulista*, São Paulo, v. 3, 1995.

LOBATO, José Bento Monteiro. *Ideias do Jeca Tatu*. 8. ed. São Paulo: Brasiliense, 1957.

MACHADO, Antônio de Alcântara. *Brás, Bexiga e Barra Funda*. São Paulo: Nova Alexandria, 1996.

——. *Laranja da China*. São Paulo: Nova Alexandria, 1996.

Manaus: Memória fotográfica. Manaus: Suframa, 1985.

MAZZA, Marcio Lucas Gimenez. *Lambe-lambe em São Paulo*. São Paulo, USP, 1974. Trabalho de conclusão de curso.

MICELI, Sergio. *Imagens negociadas: Retratos da elite brasileira (1920-40)*. São Paulo: Companhia das Letras, 1996.

MORAES, Marcos Antonio de (Org.). *"Tudo está tão bom, tão gostoso": Postais a Mário de Andrade*. São Paulo: Hucitec; Edusp, 1993.

MORAES, Marcos Antonio de. "Cromos, vilegiatura. Postais a Mário de Andrade". *Revista Cultura Vozes*, v. 87, n. 2, 1993.

MOURA, Carlos Eugênio Marcondes de (Org.). *Retratos quase inocentes*. São Paulo: Nobel, 1983.

NAVA, Pedro. *Baú de ossos*. Rio de Janeiro: José Olympio, 1974.

NEEDELL, Jeffrey D. *Belle Époque tropical: Sociedade e cultura de elite no Rio de Janeiro na virada do século*. Trad. de Celso Nogueira. São Paulo: Companhia das Letras, 1993.

OLSZEWSKI FILHA, Sofia. *A fotografia e o negro na cidade de Salvador 1840-1914*. Salvador: EGBA; Fundação Cultural do Estado da Bahia, 1989.

PEIXOTO, Afrânio. *Panorama da literatura brasileira*. São Paulo: Nacional, 1940.

PENTEADO, Jacob. *Memórias de um postalista*. São Paulo: Martins, 1963.

PINTO, Maria Inês Machado Borges. *Cotidiano e sobrevivência: A vida do trabalhador pobre na cidade de São Paulo (1890-1914)*. São Paulo: Edusp; Fapesp, 1995.

PINTO, Silvio Barini; ZENHA, Celeste. *Imagens da memória postal de Piracicaba.* Piracicaba: Unimep, 1990.

POMIAN, Kryzstof. "Coleção". In: LE GOFF, Jacques (Org.). *Enciclopédia Einaudi.* Trad. de Bernardo Leitão, Irene Ferreira e Suzana Ferreira Borges. Lisboa: Imprensa Nacional; Casa da Moeda, 1984. v. 1: Memória: história.

PROULX, E. Annie. *Postcards.* Londres: Flamingo, 1994.

RAPISARDA, Andrea. *Il mondo in cartolina 1898-1918.* Milão: Rizzoli, 1983.

REIS FILHO, Nestor Goulart. *Quadro da arquitetura no Brasil.* 6. ed. São Paulo: Perspectiva, 1987.

RIBEIRO, Josefina Eloina. *Arte e morte: Arquitetura tumular em São Paulo séculos XIX e XX.* São Paulo: USP, 1977. Tese (Doutorado).

RIO, João do. *A correspondência de uma estação de cura.* São Paulo: Scipione; Fundação Casa de Ruy Barbosa; Instituto Moreira Salles, 1992.

____. *O momento literário.* Rio de Janeiro: Fundação Biblioteca Nacional, 1994.

RIPERT, Aline; FRÈRE, Claude. *La Carte postale: Son histoire, sa fonction sociale.* Lyon: Presse Universitaire de Lyon; Paris: Éditions du CNRS, 1983.

SANTOS, José de Almeida. *Mobiliário artístico brasileiro.* São Paulo: Museu Paulista, 1963.

SCHMIDT, Augusto F. "Pregões musicavam a rua". In: BANDEIRA, Manuel; ANDRADE, Carlos Drummond de (Org.). *Rio de Janeiro em prova & verso.* Rio de Janeiro: José Olympio, 1965.

SEVCENKO, Nicolau. *Literatura como missão: Tensões sociais e criação cultural na Primeira República.* São Paulo: Brasiliense, 1983.

____. *Orfeu extático na metrópole: São Paulo, sociedade e cultura nos frementes anos 20.* São Paulo: Companhia das Letras, 1992.

SILVA, Eliane M. "As operárias da agulha". *Revista de História,* Campinas, n. 2/3, 1991.

SILVA, Moacyr. "O cartão-postal". *Revista Postal Brasileira,* Rio de Janeiro, n. 7-8/21, 1919-20.

SOUZA, Gilda de Mello e. *O espírito das roupas: A moda no século XIX.* São Paulo: Companhia das Letras, 1987.

SPINELLI, João. *Memória paulistana: Postais.* São Paulo: Secretaria de Ciências e Tecnologia; Editora Unesp, [s.d.].

SÜSSEKIND, Flora. *Cinematógrafo de letras: Literatura, técnica e modernização do Brasil.* São Paulo: Companhia das Letras, 1987.

TABBET, Sérgio; PUMAR, Sônia. *O Rio de Janeiro em antigos cartões-postais.* Rio de Janeiro: Edição do Autor, 1985.

TERDIMAN, Richard. *Present Past: Modernity and the Memory Crisis.* Ithaca; Londres: Cornell University Press, 1993.

TURAZZI, Maria Inez. *Poses e trejeitos: A fotografia e as exposições na era do espetáculo (1839-1889).* Rio de Janeiro: Rocco; Funarte, 1995.

VALLADARES, Clarival do Prado. *Arte e sociedade nos cemitérios brasileiros*. Rio de Janeiro: Conselho Federal de Cultura, 1972. 2 v.

VASQUEZ, Pedro. "Olha o 'passarinho'! Uma pequena história do retrato". In: *O retrato brasileiro: Fotografias da Coleção Francisco Rodrigues (1840-1920)*. Rio de Janeiro: Funarte; Fundação Joaquim Nabuco, 1983.

WEST, Shearer. *Fin de Siècle: Art and Society in an Age of Uncertainty*. Woodstock: Overlook Press, 1994.

WHITE, Hayden. *Meta-história*. Trad. de José Laurênio de Mello. São Paulo: Edusp, 1992.

7. A CAPITAL IRRADIANTE: TÉCNICA, RITMOS E RITOS DO RIO

AGASSIZ, Elizabeth Cary. "Nobreza e elegância dos Minas". In: BANDEIRA, Manuel; ANDRADE, Carlos Drummond de (Orgs.). *Rio de Janeiro em prosa & verso*. Rio de Janeiro: José Olympio, 1965.

ALLMAN, William F. *The Stone Age Present: How Evolution Shaped Modern Life; from Sex, Violence and Language to Emotions, Morals and Communities*. Nova York; Londres: Simon and Schuster, 1994.

AMADO, Gilberto. "Que milagre de garota". In: BANDEIRA, Manuel; ANDRADE, Carlos Drummond de (Orgs.). *Rio de Janeiro em prosa & verso*. Rio de Janeiro: José Olympio, 1965.

ANDRADE, Carlos Drummond de. *Lição de coisas*. 2. ed. Rio de Janeiro: José Olympio, 1965.

____. *As impurezas do branco*. 3. ed. Rio de Janeiro: José Olympio, 1976.

____. *Reunião: 10 livros de poesia de Carlos Drummond de Andrade*. Rio de Janeiro: José Olympio, 1977.

____. *Farewell*. Rio de Janeiro: Record, 1996.

ANDRADE, Oswald de. *Um homem sem profissão: Memórias e confissões*; *Sob as ordens de mamãe*. Rio de Janeiro: Civilização Brasileira, 1974.

ASSIS, Machado de. Crônicas diversas. *A Semana: Crônicas (1892-1893)*. São Paulo: Hucitec, 1996.

AUGUSTO, Sérgio. *Este mundo é um pandeiro: A chanchada de Getúlio a JK*. São Paulo: Companhia das Letras, 1989.

AULETE, Caldas. *Dicionário contemporâneo da língua portuguesa*. 2. ed. bras. Rio de Janeiro: Delta, 1964. 5 v.

BANDEIRA, Manuel. *Poesias*. Rio de Janeiro: José Olympio, 1955.

BARBOSA, Francisco de Assis. "Dona Filó é quem diz". In: BANDEIRA, Manuel; ANDRADE, Carlos Drummond de (Orgs.). *Rio de Janeiro em prosa & verso*. Rio de Janeiro: José Olympio, 1965.

BARRETO, Lima. *Diário íntimo*. São Paulo: Brasiliense, 1956.

____. *Os bruzundangas*. São Paulo: Brasiliense, 1956.

____. *Vida e morte de M. J. Gonzaga de Sá*. São Paulo: Brasiliense, 1956.

BAYERZ, Kurt. "Biology and Beauty: Science and Aesthetics in *Fin de Siècle*". In: TEICH, Mikulás; PORTER, Roy. *Fin de Siècle and Its Legacy*. Cambridge: University Press, 1990.

BENJAMIN, Walter. "A obra de arte na era da sua reprodutibilidade técnica". In: BENJAMIN, Walter. *Magia e técnica, arte e política: Ensaios sobre literatura e história da cultura*. 7. ed. São Paulo: Brasiliense, 1994.

BRAGA, Rubem. "Vizinho". In: BANDEIRA, Manuel; ANDRADE, Carlos Drummond de (Orgs.). *Rio de Janeiro em prosa & verso*. Rio de Janeiro: José Olympio, 1965.

BURGESS, Anthony. "Preface". In: WALTER, Mark (Org.). *The Book of Tea*. Paris: Flammarion, [s.d.].

CAMPOS, Lima. "Capoeira, esgrima dos olhos". In: BANDEIRA, Manuel; ANDRADE, Carlos Drummond de (Orgs.). *Rio de Janeiro em prosa & verso*. Rio de Janeiro: José Olympio, 1965.

CARDOSO JR., Abel. *Carmen Miranda: A cantora do Brasil*. Sorocaba: [s.n.], 1978.

CARONE, Edgard. *A República Velha: Instituições e classes sociais*. São Paulo: Difel, 1970.

CENDRARS, Blaise. *Hollywood, la Mecque du cinéma*. Paris: Grasset, 1987.

CHRISTIE, Ian. *The Last Machine: Early Cinema and the Birth of the Modern World*. Londres: BFI Publishing; BBC Educations, 1994.

CRULS, Gastão. *Aparência do Rio de Janeiro*. Rio de Janeiro: José Olympio, 1965. v. 2.

DONALD, James. "The City, the Cinema: Modern Spaces". In: JENKS, Chris (Org.). *Visual Culture*. Londres: Routledge, 1995.

DUNBAR, Robin. *Grooming, Gossip and the Evolution of Language*. Londres: Faber and Faber, 1996.

FANUCCHI, Mario. *Nossa próxima atração: O interprograma no Canal 3*. São Paulo: Edusp, 1996.

FERREIRA, Aurélio Buarque de Holanda. *Novo dicionário da língua portuguesa*. 2. ed. Rio de Janeiro: Nova Fronteira, 1986.

FORTY, Adrian. *Objects of Desire: Design and Society Since 1750*. Londres: Thames & Hudson, 1995.

FREYRE, Gilberto. "O carioca Villa-Lobos". In: BANDEIRA, Manuel; ANDRADE, Carlos Drummond de (Orgs.). *Rio de Janeiro em prosa & verso*. Rio de Janeiro: José Olympio, 1965.

____. *Ordem e progresso*. Rio de Janeiro: José Olympio, 1974.

GATTAI, Zélia. *Anarquistas, graças a Deus*. São Paulo: Companhia das Letras, 2009.

GIL-MONTEIRO, Martha. *Carmen Miranda, a Pequena Notável: Uma biografia não autorizada*. Rio de Janeiro: Record, 1989.

GONZAGA, Alice. *Palácios e poeiras: 100 anos de cinemas no Rio de Janeiro*. Rio de Janeiro: Funarte; Record, 1996.

HAUSSEN, Doris Fagundes. *Rádio e política: Tempos de Vargas a Perón*. Porto Alegre: PUC-RS, 1997.

HELPS, Arthur. *Life and Labours of Mister Brassey*. Londres: Evelyn, Adams & Mackay, 1969.

HERSCHMANN, Micael; LERNER, Kátia. *Lance de sorte: O futebol e o jogo do bicho na Belle Époque carioca*. Rio de Janeiro: Diadorim, 1993.

HOBSBAWM, Eric J. *A era do capital: 1848-1875*. Trad. de Luciano Costa Neto. Rio de Janeiro: Paz e Terra, 1977.

——. *The Age of Empire: 1875-1914*. Londres: Weidenfeld & Nicolson, 1987.

JOHNSON, Douglas & Madeleine. *The Age of Illusion: Art and Politics in France, 1918-40*. Nova York: Rizzoli, 1987.

KIPLING, Rudyard. *Collected Stories*. Londres: David Campbell, 1994.

KOETZLE, Michael; SCHEID, Uwe. *Feu d'Amour: Seductive smoke*. Colônia: Taschen, 1994.

LODGE, Jack. *Hollywood 1930's*. Londres: Multimedia, 1985.

LORD, M. G. *Forever Barbie: The Unauthorized Biography of a Real Doll*. Nova York: William Morrow, 1994.

MAGALHÃES, Álvaro (Org.). *Dicionário enciclopédico brasileiro*. Rio de Janeiro; Porto Alegre; São Paulo: Globo, 1958.

MARWICK, Arthur. *Beauty in History: Society, Politics and Personal Appear anse* c. *1500 to the Present*. Londres: Thames & Hudson, 1988.

MATOS, Cláudia. *Acertei no milhar: Samba e malandragem nos tempos de Getúlio*. Rio de Janeiro: Paz e Terra, 1982.

MELO NETO, João Cabral de. *Antologia poética*. Rio de Janeiro: José Olympio, 1979.

MOURA, Gerson. *Tio Sam chega ao Brasil: A penetração cultural americana*. São Paulo: Brasiliense, 1995.

MURCE, Renato. *Bastidores do rádio: Fragmentos do rádio de ontem e de hoje*. Rio de Janeiro: Imago, 1976.

NEEDELL, Jeffrey D. *Belle Époque tropical: Sociedade e cultura de elite no Rio de Janeiro na virada do século*. Trad. de Celso Nogueira. São Paulo: Companhia das Letras, 1993.

NORMAN, Donald. *Turn Signs Are the Facial Expressions of Automobiles*. Nova York: Addison-Wesley, 1992.

PINTO, Manuel de Souza. "O bota-abaixo de Pereira Passos". In: BANDEIRA, Manuel; ANDRADE, Carlos Drummond de (Orgs.). *Rio de Janeiro em prosa & verso*. Rio de Janeiro: José Olympio, 1965.

REBELO, Marques. "Corpo que era baile e canção". In: BANDEIRA, Manuel; ANDRADE, Carlos Drummond de (Orgs.). *Rio de Janeiro em prosa & verso*. Rio de Janeiro: José Olympio, 1965.

REID, Norman; GOLDING, John (Orgs.). *Léger and Purist Paris*. Londres: The Tate Gallery, 1970.

RIO, João do. *A alma encantadora das ruas*. Rio de Janeiro: Simões, 1951.

——. "O corpo marcado". In: BANDEIRA, Manuel; ANDRADE, Carlos Drummond de (Orgs.). *Rio de Janeiro em prosa & verso*. Rio de Janeiro: José Olympio, 1965.

RIO, João do. "A parada da ilusão". In: CUNHA, Helena Parente (Org.). *Os melhores contos de João do Rio*. São Paulo: Global, 1990.
____. "Hora de football". In: RAMOS, Ricardo (Org.). *A palavra é futebol*. São Paulo: Scipione, 1990.
____. *A correspondência de uma estação de cura*. São Paulo: Scipione; Casa de Ruy Barbosa; Instituto Moreira Salles, 1992.
____. *A profissão de Jacques Pedreira*. Estabelec. e anot. de Rachel Teixeira Valença. 2. ed. São Paulo: Scipione; Casa de Ruy Barbosa; Instituto Moreira Salles, 1992.
____. *J. R.: Uma antologia*. Sel. e apres. de Luís Martins. Rio de Janeiro: INL; Sabiá, [s.d.].
ROUGEMONT, Denis de. *Love in the Western World*. Nova York; Londres: Haper Colophon Books, 1974.
SCHWACZ, Lilia Moritz. "Complexo de Zé Carioca, notas sobre uma identidade mestiça e malandra". *Revista Brasileira de Ciências Sociais*, ano 10, n. 29, out. 1995.
SEVCENKO, Nicolau. "Ascensão e queda de uma cultura". *Jornal da Tarde*, São Paulo, 28 jan. 1995. Caderno Ideias, p. 3.
____. "Brazilian Follies: The Casting, Broadcasting and Consumption of Images of Brazil on both Sides of the Continent, 1930-50". Simpósio Internacional Ways of Working in Latin American Cultural Studies. Londres: Institute of Latin American Studies, University College, abr. 1995. Inéd.
____. *A Revolta da Vacina: Mentes insanas em corpos rebeldes*. São Paulo: Scipione, 1993.
____. *Literatura como missão: Tensões sociais e criação cultural na Primeira República*. São Paulo: Brasiliense, 1983.
____. *Orfeu extático na metrópole: São Paulo, sociedade e cultura nos frementes anos 20*. São Paulo: Companhia das Letras, 1992.
SMIL, Vaclav. *Energy in World History*. Boulder: Westwiew Press, 1994.
SIMÕES, Roberto. "Do pregão ao jingle". In: MARTENSEN, Rodolfo Lima; REIS, Fernando. *História da propaganda no Brasil*. São Paulo: T. A. Queirós, 1990.
TAUNAY, Visconde de. *O Encilhamento: Cenas contemporâneas da Bolsa do Rio de Janeiro em 1890, 1891 e 1892*. São Paulo: Melhoramentos, 1923.
TEICH, Mikulás. "The Unmastered Past of Human Genetics". In: TEICH, Mikulás; PORTER, Roy. *Fin de siècle and Its Legacy*. Cambridge: University Press, 1990.
TOLSTÓI, Ivan. *The Knowledge and the Power: Reflections on the History of Science*. Edinburgh: Canongate, 1990.
TOSTI, Antonio. *Contributo alla conoscenza della stupidità umana*. Palermo: Sellerio, 1991.
TOULET, Emmanuelle. *Birth of the Motion Picture*. Nova York: Harry N. Abrams Inc.; Londres: Thames & Hudson, 1995.

VELLOSO, Mônica Pimenta. *As tradições populares na Belle Époque carioca*. Rio de Janeiro: Funarte; Instituto Nacional do Folclore, 1988.
VIANNA, Hermano. *O mistério do samba*. Rio de Janeiro: Zahar, 1995.

ÍNDICE REMISSIVO

Nicolau Sevcenko foi professor do Departamento de História da USP. Lecionou na PUC-SP, na Unicamp e em Harvard, e foi professor visitante da Georgetown University, em Washington D. C., da Universidade de Illinois e do King's College da Universidade de Londres, onde também foi membro do Center for Latin American Cultural Studies. Publicou diversos livros, entre eles *Literatura como missão* (1983), *Orfeu extático na metrópole* (1992) e *A corrida para o séc. XXI* (2001). Faleceu em 2014.

Elias Thomé Saliba é professor titular do Departamento de História da USP, pesquisador 1A do CNPq, coordenador do site humorhistoria.wordpress.com e autor, entre outros livros, de *Raízes do riso* (2002).

Nelson Schapochnik é historiador, doutor pela USP e professor na Faculdade de Educação da USP.

Paulo César Garcez Marins é historiador, doutor em história social, professor do Museu Paulista da USP e do Programa de Pós-Graduação em Arquitetura e Urbanismo da FAU-USP. Publicou *Através da rótula: Sociedade e arquitetura no Brasil — Séculos XVII a XX* (2001) e organizou, com Zuleika Alvim, *Os céus como fronteira: A verticalização no Brasil* (2013).

Maria Cristina Cortez Wissenbach é historiadora e professora livre-docente responsável pela área de História da África e da Diáspora no Departamento de História da USP.

Autora de artigos e livros sobre a história da escravidão e do período pós-Abolição no Brasil. Pesquisa atualmente dinâmicas do comércio de escravos e as redes de mercadores que atuaram na África Central, século XIX.

MARINA MALUF é historiadora e professora da PUC-SP. Doutora pelo Departamento de História da USP, sob orientação da professora Maria Odila Leite da Silva Dias, publicou, em 1995, *Ruídos da memória*.

MARIA LÚCIA MOTT escreveu trabalhos na área de história e ficção, entre eles *O romance de Ana Durocher* (1995). Fez doutorado em história na USP. Faleceu em 2011.

ZULEIKA M. F. ALVIM é historiadora e mestre em história social pela USP e sócia-proprietária da Grifo Projetos Históricos e Editoriais, autora de *Brava gente!: Os italianos em São Paulo — 1870/1920* (1986) e coautora do livro *Mappin 70 anos* (1985) e *A água no olhar da história*.

1ª edição Companhia das Letras [1998] 10 reimpressões
1ª edição Companhia de Bolso [2021]

Esta obra foi composta pela Verba Editorial
em Janson Text e impressa pela Gráfica Bartira
em ofsete sobre papel Pólen Soft da Suzano S.A.

FSC
www.fsc.org
MISTO
Papel produzido a partir de fontes responsáveis
FSC® C105484

A marca FSC® é a garantia de que a madeira utilizada na fabricação do papel deste livro provém de florestas que foram gerenciadas de maneira ambientalmente correta, socialmente justa e economicamente viável, além de outras fontes de origem controlada.